Eingriffe in die Struktur beherrschender Unternehmen

Europäische Hochschulschriften
Publications Universitaires Européennes
European University Studies

Reihe II
Rechtswissenschaft

Sérle II Series II
Droit
Law

Bd./Vol. 4640

PETER LANG
Frankfurt am Main · Berlin · Bern · Bruxelles · New York · Oxford · Wien

Axel T. Koch

Eingriffe in die Struktur beherrschender Unternehmen

Eine Untersuchung zum europäischen und US-amerikanischen Wettbewerbsrecht

PETER LANG
Internationaler Verlag der Wissenschaften

Bibliografische Information der Deutschen Nationalbibliothek
Die Deutsche Nationalbibliothek verzeichnet diese Publikation in der Deutschen Nationalbibliografie; detaillierte bibliografische Daten sind im Internet über <http://www.d-nb.de> abrufbar.

Zugl.: Heidelberg, Univ., Diss., 2007

D 16
ISSN 0531-7312
ISBN 978-3-631-57511-6

www.peterlang.de

Meiner Frau

Vorwort des Verfassers

Die vorliegende Arbeit wurde im Sommersemester 2007 von der Juristischen Fakultät der Ruprechts-Karls-Universität Heidelberg als Dissertation angenommen. Die mündliche Doktorprüfung fand am 14. August 2007 statt. Rechtsprechung und Literatur wurden bis Ende August 2007 berücksichtigt.

Mein Dank gilt an erster Stelle Herrn Professor Dr. Dr. h.c. Werner F. Ebke, LL.M., der mit dem *Microsoft*-Fall die erste Anregung für diese Arbeit gab, ihre Fertigstellung geduldig begleitete und das Erstgutachten schrieb. Herrn Professor Dr. Winfried Tilmann bin ich für die erfreulich zügige Erstellung des Zweitgutachtens sehr verbunden.

Meinem Arbeitgeber, der Dresdner-Cetelem Kreditbank GmbH, bin ich für die großzügige Unterstützung bei der Veröffentlichung dieser Arbeit sehr verbunden. Für ihre Bemühungen um die Korrektur meiner Dissertation danke ich vor allem Frau Dr. Claudia Veh sowie den Herren Dr. Daniel Walden und Dr. Daniel Gentzik.

Mein größter Dank gilt meiner Familie: Meinen Eltern danke ich aus tiefstem Herzen für ihre finanzielle und ideelle Unterstützung bis zu meinem ersten Staatsexamen, mit dem der Grundstein für diese Arbeit gelegt wurde. Meine Tochter hat mit ihrem sonnigen Gemüt wesentlich zum Gelingen der Arbeit beigetragen. Den größten Beitrag hat jedoch meine Frau Adela geleistet: Ihre Geduld – die ich sehr strapaziert habe – und ihre aufopferungsvolle Unterstützung haben den Abschluss dieser Arbeit überhaupt erst ermöglicht. Ihr ist daher diese Arbeit gewidmet.

München, im August 2007

Inhaltsverzeichnis

Abkürzungsverzeichnis

a. A.	anderer Ansicht
a. a. O.	am angegebenen Ort
a. E.	am Ende
a. F.	alte Fassung
ABl.	Amtsblatt der Europäischen Gemeinschaften
Abs.	Absatz
AER P. & P.	American Economic Review Papers and Proceedings
AER	American Economic Review
aff'd	affirmed
AG	Aktiengesellschaft
ALI-ABA	American Law Institute – American Bar Association
Antitr. Bull.	Antitrust Bulletin
Antitrust L. & Econ. Rev.	Antitrust Law & Economics Review
Antitrust L.J.	Antitrust Law Journal
app.	appeal
Art.	Artikel
Aufl.	Auflage
BB	Betriebsberater
Bd.	Band oder Board (am.)
Berk. J. Int. L.	Berkeley Journal of International Law
Berk. Tech. L.J.	Berkeley Technology Law Journal
Berk. Tech. L.J.	Berkeley Technology Law Journal
BGB	Bürgerliches Gesetzbuch
BGBl.	Bundesgesetzblatt
Bus. Lawyer	Business Lawyer
BVerfG	Bundesverfassungsgericht
bzw.	beziehungsweise
Cal. L. Rev.	California Law Review
cert.	certiorari
Cie.	Compagnie
Cir.	Circuit
CMLR	Common Market Law Review
Col. L. Rev.	Columbia Law Review
Conn. L. Rev.	Connecticut Law Review
Corn. J.L. & Pub. Pol.	Cornell Journal of Law and Public Policy
Corp.	Corporation
DB	Der Betrieb
ders.	derselbe

DoJ	Department of Justice
DTAG	Deutsche Telekom AG
Duquesne Bus. L.J.	Duquesne Business Law Journal
E.L. Rev.	European Law Review
E.L.J.	European Law Journal
EC Comp. Pol. NL.	EC Competition Policy Newsletter
ECLR	European Competition Law Review
EG	Europäische Gemeinschaft / Vertrag zur Gründung der Europäischen Gemeinschaft
EGKS	Europäische Gemeinschaft für Kohle und Stahl
EnWG	Energiewirtschaftsgesetz
et seq.	et sequentes (folgende)
et al.	et alii (und andere)
EuG	Europäisches Gericht erster Instanz
EuGH	Europäischer Gerichtshof
EuR	Europarecht
EuZW	Europäische Zeitschrift für Wirtschaftsrecht
F. R. Civ. Proc.	Federal Rules of Civil Procedure
f./ff.	folgende
F.	Federal Reporter
F.2d	Federal Reporter, Second Series
F.3d	Federal Reporter, Third Series
F.Supp.	Federal Supplement
FCC	Federal Communications Commission
FKVO	Fusionskontrollverordnung
Fl. L. Rev.	Florida Law Review
Fn.	Fußnote
Fordham Int. L.J.	Fordham International Law Journal
Fordham Int. Prop., Med. & Ent. L.J.	Fordham Intellectual Property, Media and Entertainment Law Journal
Fordham Int'l L.J.	Fordham International Law Journal
FS	Festschrift
FTC	Federal Trade Commission
GA	Generalanwalt
GAW	Global Antitrust Weekly
Ga. J. Int'l & Comp. L.	Georgia Journal of International and Comparative Law
Geo. L.J.	Georgetown Law Journal
Geo. Mason L. Rev.	George Mason Law Review
Geo. Mason U. L. Rev.	George Mason University Law Review
Geo. Wash. L. Rev.	George Washington Law Review
GG	Grundgesetz

GK	Gemeinschaftskommentar (Hrsg.: *Hootz, Christian*)
GmbH	Gesellschaft mit beschränkter Haftung
grds.	grundsätzlich
GTE	*Groeben/Thiesing/Ehlermann*, in der 6. Aufl. fortgeführt durch *Groeben/Schwarze*
GVO	Gruppenfreistellungsverordnung
Harv. J. L. & Tech.	Harvard Journal of Law and Technology
Harv. J. Legis.	Harvard Journal on Legislation
Harv. J.L. & Pub. Pol.	Harvard Journal of Law and Public Policy
Harv. L. Rev.	Harvard Law Review
Hast. Comm. & Ent. L.J.	Hastings Communications and Entertainment Law Journal
Hastings L.J.	Hastings Law Journal
Hervorh. v. Verf.	Hervorhebung vom Verfasser
Hrsg.	Herausgeber
i. d. F.	in der Fassung
i. d. R.	in der Regel
i. Erg.	im Ergebnis
i. R. d.	im Rahmen des/der
i. R. v.	im Rahmen von
i. S. d.	im Sinne des
i. S. v.	im Sinne von
i. V. m.	in Verbindung mit
IM	*Immenga/Mestmäcker*
Int. J. Econ. Bus.	International Journal on the Economics of Business
Int. Rev. L. & Econ.	International Review of Law & Economics
Int.	International
IP	Pressemitteilung der Kommission, abrufbar unter *http://europa.eu/rapid*
J. Competition L. & Econ.	Journal of Competition Law & Economics
J. Corp. L.	Journal of Corporate Law
J. Econ. Perspectives	Journal of Economic Perspectives
J. L. & Econ.	Journal of Law and Economics
J. Leg. Stud.	Journal on Legal Studies
J. Pol. Econ.	Journal of Political Economy
JZ	Juristenzeitung
KMU	Kleine und Mittlere Unternehmen
Komm.	Kommission
L. Rev.	Law Review

LLC	Limited Liability Company
LLP	Limited Liability Partnership
L.J.	Law Journal
Law & Pol. Int'l Bus.	Law and Policy in International Business
Loy. L.A. Ent. L. Rev.	Loyola Los Angeles Entertainment Law Review
m. w. N.	mit weiteren Nachweisen
MEMO	Memorandum der Kommission, abrufbar unter *http://europa.eu/rapid*
Mich. L. Rev.	Michigan Law Review
Minn. L. Rev.	Minnesota Law Review
MMR	Multimedia und Recht
N. J. Lawyer	New Jersey Lawyer
N.Y. L. S. L. Rev.	New York Law School Law Review
N.Y. L.J.	New York Law Journal
N.Y.U. L. Rev.	New York University Law Review
NBER	National Bureau of Economic Research
NERA	National Economic Research Associates
NJW	Neue Juristische Wochenschrift
No.	Number
Notre Dame L. Rev.	Notre Dame Law Review
Nr.	Nummer
Nw. U. L. Rev.	Northwestern University Law Review
OECD	Organisation for Economic Cooperation and Development
Ohio St. L.J.	Ohio State Law Journal
Pac. L.J.	Pacific Law Journal
PLI/Corp	Practising Law Institute, Corporate Law and Practice Course Handbook Series
PLI/Pat	Practising Law Institute, Patents, Copyrights, Trademarks and Literary Property Course Handbook Series
Pub. L.	Public Law
PUC	Public Utility Commission
Quart. J. Econ.	Quarterly Journal of Economics
RabelsZ	Rabels Zeitschrift für ausländisches und internationales Privatrecht
Rand J. Econ.	Rand Journal of Economics
RBOC	Regional Bell Operating Company
rev'd	reversed

Rev. Econ. & Stat.	Review of Economics and Statistics
RIW	Recht der Internationalen Wirtschaft
RMC	Revue du Marché Commun
Rs.	Rechtssache
Rspr.	Rechtsprechung
RTDE	Revue trimestrielle du droit européen
S.	Seite
Sec.	Section
Slg.	Sammlung der Rechtsprechung des Gerichtshofes der Europäischen Gemeinschaften
SPEECH	Reden der Kommission, unter *http://europa.eu/rapid* abrufbar
St. Louis U. L.J.	St. Louis University Law Journal
Stan. L. Rev.	Stanford Law Review
str.	strittig
Supp.	Supplement
Sw. U. L. Rev.	Southwestern University Law Review
Tex. L. Rev.	Texas Law Review
Tex. Rev. L. & Pol.	Texas Review of Law and Politics
Tz.	Teilzeichen
U. Chi. L. Rev.	University of Chicago Law Review
U. Co. L. Rev.	University of Colorado Law Review
U. Pa. L. Rev.	University of Pennsylvania Law Review
u. a.	und andere
U.C. Davis L. Rev.	University of California Davis Law Review
U.S.	United States Supreme Court Report
U.S.C.A.	United States Code Annotated
UmwG	Umwandlungsgesetz
USA	United States of America
v.	versus
v. a.	vor allem
vgl.	vergleiche
VO	Verordnung
Vol.	Volume
Vorbem.	Vorbemerkung
Wash. & Lee L. Rev.	Washington and Lee Law Review
Will. L. Rev.	Willamette Law Review
Wis. L. Rev.	Wisconsin Law Review
WL	Westlaw

WRP	Wettbewerb in Recht und Praxis
WuW	Wirtschaft und Wettbewerb
Yale J. Reg.	Yale Journal on Regulation
Yale L.J.	Yale Law Journal
z. B.	zum Beispiel
z. T.	zum Teil
ZGR	Zeitschrift für Unternehmens- und Gesellschaftsrecht
ZHR	Zeitschrift für das gesamte Handels- und Wirtschaftsrecht

Einleitung

Der Umgang mit marktbeherrschenden Unternehmen stößt den Rechtsanwender traditionell auf erhebliche Schwierigkeiten. Einerseits ist Marktbeherrschung – bzw. die sich hiervon lediglich graduell unterscheidende Markt- oder Monopolmacht – in der Wirtschaftstheorie Synonym für Marktergebnisse, deren Entstehung durch die Gewährleistung unverfälschten Wettbewerbs verhindert werden soll; sie steht zudem in Konflikt mit ordoliberalen Vorstellungen eines auf der Freiheit aller Marktteilnehmer fußenden Wettbewerbsprozesses. Andererseits ist zumindest temporäre Marktbeherrschung integraler Bestandteil der perennierenden Abfolge von Pionier- und Imitationsphasen, die Wettbewerb kennzeichnen. Der Rechtsanwender kann sich indes nicht einzig auf das „Entdeckungsverfahren Markt" verlassen;[1] daher stellt sich regelmäßig die Frage, wie er wettbewerbsfähige Marktstrukturen gewährleisten kann.

Ein möglicher Ansatz sind strukturelle Eingriffe. Sie wurden in Deutschland seit Erlaß des Gesetzes gegen Wettbewerbsbeschränkungen kontrovers diskutiert.[2] Dank einer wachsenden „Marktmachtphobie"[3] wurde insbesondere in den 70er Jahren verstärkt die Möglichkeit von Entflechtungen zur Beseitigung vorhandener Unternehmenskonzentration, der hierin angelegten Tendenz zu wettbewerbswidrigem Verhalten und der hieraus resultierenden wirtschaftlichen und politischen Macht diskutiert.[4] Inspiriert wurde die Diskussion unter anderem von industriestrukturpolitischen Ansätzen in den Vereinigten Staaten von Amerika[5] und den dortigen Erfahrungen im Zusammenhang mit dem Instrument der Entflechtung. Im Ergebnis blieb die kaum noch mit wettbewerbli-

---

1 *Ebke* in: *FS Großfeld*, S. 189, 197; *ders.* in *FS MPI*, 197, 205 ff.

2 Zum sog. *Josten*-Entwurf siehe *Möschel*, Entflechtungen, S. 23 f.; *ders.* in: *Diestelkamp*, S. 233, 241 f.; *Duden* in: *FS Böhm*, S. 3 ff. Zu weiteren, primär verhaltensorientierten Vorschlägen (v. a. von *Schmidt* und *Hoppmann*) siehe *Selmer*, S. 3 ff., 8 ff.; sowie *Möschel*, Entflechtungen, S. 2. Zur Möglichkeit von Entflechtungen in anderen Rechtsordnungen vgl. *Schulte-Braucks*, S. 33 ff.

3 *Schmidtchen* in: *FS Hoppmann*, S. 143; siehe dazu auch Fn. 13 (S. 39).

4 Vgl. *Monopolkommission*, 3. Hauptgutachten (1978/79), Rn. 700 ff.; davor *Monopolkommission*, 1. Hauptgutachten (1973/75), Rn. 962 ff.; dazu *Breuel*, WuW 1982, 651, 657 f. Vgl. den sich anschließenden Vorschlag von *Möschel*, Entflechtungen, S. 113 (als Voraussetzung für eine Entflechtung auf den konturenlosen Begriff der „übermäßigen wirtschaftlichen Macht" abstellend); *ders.*, 31 ORDO 69 ff.; ferner *Schulte-Braucks*, S. 223 ff., der zwar formell auf missbräuchliche Verhaltensweisen abstellt, ab Marktanteilen von 50 % jedoch eine Beweislastumkehr annimmt; kritisch hierzu *Möschel*, Entflechtungen, S. 85 ff. („krasses Zickzackdenken"). Zu grundrechtlichen Aspekten einer Entflechtung vgl. die Untersuchungen von *Selmer* (1981) und *Scholz* (1981) (letzterer auf die allzu große „Vermachtung" von Markstrukturen abstellend, a. a. O., S. 17).

5 Im Bereich legislativer Ansätze vgl. den *Industrial Reorganization Act* („*Hart Bill*"), Erstvorlage 1972 als S 3832, introduced to the 92nd Congress, 2nd Session, 118 Cong. Rec. S 11494 – S 11505, daily ed., July 24, 1972; Wiedereinbringung 1973 als S 1167, introduced to the 93rd Congress, 1st Session, 119 Cong. Rec. S 4361 – S 4366, daily ed., March 12, 1973 (abgedruckt in *Goldschmid et al.*, S. 444 ff.); *Concentrated Industries Act* („*Harris Bill*"), S 2614, 92nd Congress, 1st Session (1971), abgedruckt in: Statement, 117 Cong. Rec. S 15447, col. 2, daily ed., Sept. 30, 1971. Zuletzt: *Monopolization Reform Act of 1976* („No Fault Monopoly Bill"), 229 Trade Reg. Rep. (CCH) (May 17, 1976), S. 5 ff.; ferner *Draft Antitrust Law* von *Kaysen/Turner*, S. 266 („undue market power"); sowie *Areeda/Turner III* (1978), § 623a. Eingehend *Ullenbruch*, S. 75 ff.

chen Prinzipien in Einklang zu bringende Diskussion um die Schaffung idealtypischer Marktstrukturen – nicht zuletzt aufgrund praktischer Schwierigkeiten, denen eine derartige Zielsetzung begegnet – sowohl in der Deutschland[6] als auch in den Vereinigten Staaten[7] jedoch ergebnislos.

Zeitgleich konnte der Eindruck entstehen, strukturelle Eingriffe seien im US-amerikanischen Recht stillschweigend auch aus dem wettbewerbsrechtlichen[8] Instrumentarium ausgegliedert worden. Zwar verfügt das Antitrust-Recht über eine „Tradition", die bis in die Zeit der Verabschiedung des Sherman Act zurückreicht; die letzte Entflechtung – nämlich im Fall *AT & T* – liegt aber mittlerweile über ein Viertel Jahrhundert zurück und koinzidierte mit dem Scheitern der industriestrukturpolitischen Diskussion. Das Verfahren gegen *Microsoft* hat jedoch gezeigt, dass Entflechtungen durchaus noch eine Option im Antitrust-Recht sein können. Nahezu zeitgleich mit dem *Microsoft*-Verfahren unterbreitete die Europäische Kommission am 27. September 2000 für das europäische Wettbewerbsrecht[9] einen Vorschlag zur Reform der „Ersten Durchführungsverordnung zu den Artikeln 85 und 86 des Vertrages".[10] Ihre seit 1962 geltende Fassung war bis 30. April 2004 Grundlage für Abhilfemaßnahmen gegen Verstöße gegen die Artikel 81 und 82 EG (Artikel 85 und 86 a. F.).[11] Der Reformvorschlag enthielt unter anderem einen Passus, der der Kommission das Ergreifen von „Maßnahmen struktureller Natur" ermöglichen sollte. Die Kommission ist der Ansicht, diesbezüglich lediglich eine Konkretisierung geltenden Rechts vorgenommen zu haben.[12] Demgegenüber vertrat der Wirtschafts- und Sozialausschuss die Auffassung, dass „eine solche ‚Abhilfe' [...] mit dem *System und dem Geist* selbst des gemeinschaftlichen Wettbewerbsrechts, wie es bereits in Kraft ist und wie es sich auch mit dieser ‚Reform' abzeichnet, *völlig unvereinbar*" sei.[13] Zudem gingen strukturelle Maßnahmen mit außerordentlich hohen „wirt-

---

6 Siehe Prognose bei *Jens*, WuW 1978, 264, 268; später die ablehnenden Stellungnahmen des Bundesrates zum 3. Hauptgutachten der Monopolkommission v. 6. 11. 1981, BR-Drucks. 215/81; sowie der Bundesregierung v. 21. 5. 1981, BT-Drucks. 9/460; ferner *Junge*, WuW 1985, 558, 567 f.

7 Vgl. *Ullenbruch*, S. 206 ff.; sowie *Green et al.*, S. 57 („legislative arteriosclerosis"); *Muris* in: *Eisenach/Lenard*, S. 84; instruktiv auch *Kovacic*, 36 Wayne L. Rev. 1413, 1420-23 (1990).

8 Der *Begriff des Wettbewerbsrechts* ist hier im Sinne von „Recht der Wettbewerbsbeschränkungen", nicht etwa im Sinne von „Recht des unlauteren Wettbewerbs" zu verstehen. Der Einfachheit halber und allgemeinem Sprachgebrauch entsprechend wird jedoch von Wettbewerbsrecht gesprochen werden; die Begriffe des – an sich engeren – „Kartellrechts" und des „Antitrust-Rechts" werden hier synonym verwendet: Siehe insoweit auch *Sullivan/Grimes*, S. 1.

9 Zu einem Überblick über die europäischen Wettbewerbsregeln *Müller-Graff*, Wettbewerbsregeln.

10 Vorschlag der Kommission für eine Verordnung des Rates zur Durchführung der in den Artikeln 81 und 82 EG-Vertrag niedergelegten Wettbewerbsregeln und zur Änderung der Verordnungen (EWG) Nr. 1017/68, (EWG) Nr. 2988/74, (EWG) Nr. 4056/86 und (EWG) Nr. 3975/87 („Durchführungsverordnung zu den Artikeln 81 und 82 EG-Vertrag"), KOM(2000) 582 endg., ABl. 2000 C 365 E/28/284 (im Folgenden „Vorschlag für eine Durchführungsverordnung").

11 Erste Durchführungsverordnung zu den Artikeln 85 und 86 des Vertrages v. 6. 2. 1962, ABl. 1962 13/204 (im Folgenden: VO Nr. 17/62); zuletzt geändert durch VO Nr. 1216/1999 v. 10. 6. 1999, ABl. 1999 L 148/5.

12 Siehe NZZ Nr. 248 vom 24. 10. 2000, S. 25 („Dürfen Kartellwächter Unternehmen trennen?").

13 Stellungnahme des Wirtschafts- und Sozialausschusses zur „Durchführungsverordnung zu den Art. 81 und 82 EG-Vertrag", ABl. 2001 C 155/73, 75 (Hervorh. v. Verf.).

schaftlichen und sozialen Folgekosten" einher, seien nicht einfach durchzuführen und hinsichtlich ihrer gesamtwirtschaftlichen Auswirkungen, ihrer Konsequenzen für die Wettbewerbsfähigkeit der Unternehmen sowie ihres Wirkungsgrads äußerst unsicher.[14]

Dennoch ist der Vorschlag in Artikel 7 Abs. 1 der am 16. Dezember 2002 verabschiedeten und seit 1. Mai 2004 geltenden VO (EG) Nr. 1/2003 verankert worden,[15] ohne dass dies auf besondere Beachtung gestoßen wäre.[16] Die vorliegende Arbeit will diese Lücke schließen. Die Kritik des Wirtschafts- und Sozialausschusses bildet dabei den Ansatz der Untersuchung. Ziel ist zu analysieren, inwieweit strukturelle Eingriffe in der Missbrauchskontrolle sich in „System und Geist" des europäischen Kartellrechts einfügen und/oder im Hinblick auf ihre Kosten, ihre mangelnde Praktikabilität oder ihre ungewissen Auswirkungen abzulehnen sind. Hierzu sollen die langjährigen Erfahrungen des Antitrust-Rechts fruchtbar gemacht werden. Letzteres ist traditionell für die Rechtsvergleichung im Kartellrecht bedeutend.[17] Die dort seit über einem Jahrhundert bestehende Möglichkeit der Entflechtung zieht zudem immer wieder begehrliche Blicke auf sich.[18] Aus Gründen der Übersichtlichkeit beschränkt sich die Untersuchung auf strukturelle Eingriffe im Zusammenhang mit dominierenden Marktstellungen. Unberücksichtigt bleiben Eingriffe im Zusammenhang mit Zuwiderhandlungen gegen Artikel 81 EG, die ebenfalls von Artikel 7 Abs. 1 VO (EG) Nr. 1/2003 erfasst werden,[19] soweit nicht der Anwendungsbereich der reformierten Fusionskontrollverordnung[20] eröffnet ist.

---

14 Stellungnahme des Wirtschafts- und Sozialausschusses, a.a.O., Rn. 2.8.2.3.

15 VO (EG) Nr. 1/2003 des Rates v. 16. 12. 2004 zur Durchführung der in den Art. 81 und 82 des Vertrags niedergelegten Wettbewerbsregeln, ABl. 2003 L 1/1 (nachfolgend VO (EG) Nr. 1/2003). Zu einem Überblick über die neue Verordnung vgl. *Hossenfelder/Lutz*, WuW 2002, 118.

16 Vgl. auch *Klees*, § 6 Rn. 76; zu weiteren Nachweisen siehe unten Fn. 18, 19 und 20 (S. 27).

17 Zur Bedeutung des US-amerikanischen Rechts für die Rechtsvergleichung bereits *Ebke*, 62 RabelsZ 195, 201 f. (1998) (m. w. N.). Vgl. auch *Fleischer/Körber*, WuW 2001, S. 6 ff.

18 Vgl. zuletzt die (erstaunliche) Forderung von *Schmidt*, WuW 1997, 101, 112, nach einer Entflechtungsregelung „à la Sec. 2 Sherman Act" zur Begegnung des Problems der Unternehmenskonzentration *im Lebensmitteleinzelhandel*. Dagegen zu Recht *Lademann*, WuW 1997, 496 ff.

19 Grundsätzlich werden im Zusammenhang mit Art. 81 EG Untersagungsverfügungen ausreichen: wie hier *Mestmäcker* in: *FS Raisch*, S. 441, 445. Strukturelle Eingriffe kommen hier in Betracht bei wettbewerbsbeschränkenden (Teilfunktions-) Gemeinschaftsunternehmen und Minderheitsbeteiligungen: siehe dazu auch Fn. 9 (S. 26). Zur Problematik von Gemeinschaftsunternehmen vgl. die Untersuchungen von *Suter Deplazes* und *Gerwing*; *Schroeder* in: *Grabitz/Hilf*, Art. 81 Rn. 439 ff.; *Scherf*, RIW 1993, 297 ff.; *Lohse*, ZHR 159 (1995), 159, 173 ff.; *Hirsbrunner*, EuZW 2001, 197, 198 f.; Im Hinblick auf Art. 81 Abs. 2 EG eine Anwendung von Art. 81 EG auf konzentrative Vorgänge ablehnend: *Kommission*, Konzentrationsmemorandum, S. 23 (Rn. 11); ferner *Blank*, S. 180 (m. w. N.); *Jones/Gonsález-Diaz*, S. 80; *Korah/Lasok*, 25 CMLR 333, 349 (1988) („too horrendous to contemplate"); *Kerse*, S. 167 (Rn. 6.19). Ebenfalls ablehnend *Immenga/Fuchs*, NJW 1988, 3052; *Mestmäcker* in: *FS Hallstein*, S. 322, 327 ff.; *ders.*, S. 403 ff.; *Fickentscher* in: *FS Böhm*, 261, 270 ff.; *Blank*, S. 108 ff.; *Gerwing*, S. 111 ff.; *Emmerich* in: *FS Steindorff*, S. 951, 956 ff.

20 Siehe Art. 3 Abs. 4 der VO (EG) Nr. 139/2004 des Rates v. 20. 1. 2004 über die Kontrolle von Unternehmenszusammenschlüssen („EG-Fusionskontrollverordnung"), ABl. 2004 L 24/1; sie ersetzt die VO (EWG) Nr. 4064/89 des Rates v. 21. 12. 1989 über die Kontrolle von Unternehmenszusammenschlüssen, ABl. 1989 L 395/1, in Kraft seit 21. 9. 1990. Zur Reform der FKVO siehe das Grünbuch der Kommission v. 11. 12. 2001 über die Revision der VO (EWG) Nr. 4064/89 des Rates, KOM(2001) 745/6 (endg.); dazu *Hirsbrunner*, EuZW 2002, 453, 459 f.

Zu diesem Zweck werden in einem *ersten Teil* der primär- und sekundärrechtliche Rahmen des europäischen Kartellrechts zu analysieren sein; Ziel wird sein, die Systemkonformität struktureller Eingriffe sowie ihre Voraussetzungen zu erforschen. Im *zweiten Teil* werden die Voraussetzungen eines strukturellen Eingriffs im Antitrust-Recht untersucht werden. Hierbei ist zu berücksichtigen, dass die Entwicklung des Antitrust-Rechts, nicht zuletzt aufgrund der eingangs erwähnten industriestrukturpolitischen Diskussion, über einen Zeitraum von über einem Jahrhundert nicht linear verlaufen ist.[21] Im *dritten Teil* sollen schließlich die Erkenntnisse aus der Untersuchung des Antitrust-Rechts für etwaige rechtspolitische Empfehlungen für das europäische Kartellrecht genutzt werden. Vor allem jedoch sollen im dritten Teil die Erfahrungen des Antitrust-Rechts mit strukturellen Eingriffen untersucht werden, um hieraus Erkenntnisse für Praktikabilität und Sinn struktureller Maßnahmen zu gewinnen; soweit hier bereits auf europäischer Ebene entsprechende Erkenntnisse vorhanden sind, sollen diese miteinbezogen werden.

21 Vgl. *U.S. v. United Shoe Machinery Corp.*, 110 F.Supp. 295, 342 (D. Mass. 1953): „It is delusive to treat opinions written by different judges at different times as pieces of a jig-saw puzzle which can be, by effort, fitted correctly into a single pattern." Siehe auch *Sullivan/Grimes*, S. 7; *Lynch*, 1180 PLI/Corp. 303, 325 (2000).

1. Teil: Strukturelle Eingriffe im europäischen Kartellrecht

Die VO (EG) Nr. 1/2003 soll der Kommission unter anderem erlauben, sich „stärker auf die Gewährleistung eines *wirksamen Wettbewerbs* durch [...] die *Aufrechterhaltung wettbewerbsfähiger Marktstrukturen* zu konzentrieren".[1] Kernelement ist die unmittelbare Anwendung des Artikels 81 Abs. 3 EG sowie der damit verbundene Wegfall des Erfordernisses einer rechtsgestaltenden Freistellungsentscheidung durch die Kommission.[2] Vor allem in dieser Hinsicht ist die Reform – abgesehen von vereinzelter Zustimmung[3] – auf vehemente Kritik gestoßen. Sie konzentriert sich auf die nur bedingt mit dem Wortlaut des Artikels 81 Abs. 3 EG zu harmonisierende Abkehr vom Verbotsprinzip hin zu einem System der Legalausnahme, dessen Wirkungsgrad in Frage gestellt wird.[4] Ferner werden ein Mangel an Rechts*sicherheit*[5] für die betroffenen Unternehmen, eine Gefährdung der Rechts*einheit* durch dezentrale Anwendung der Wettbewerbsregeln[6] und die Ungeeignetheit von Gerichten[7] zur Anwendung dieser Regeln kritisiert.

---

1 Vgl. Weißbuch der Kommission über die Modernisierung der Vorschriften zur Anwendung der Art. 81 und 82 EG-Vertrag, ABl. 1999 C 132/1, Rn. 8 (nachfolgend: Weißbuch der Kommission).

2 Zu weiteren Säulen der Reform siehe *Schaub/Dohms*, WuW 1999, 1055; *Kallaugher/Weitbrecht*, 26 ECLR 188, 196 (2005); *Schwarze/Weitbrecht*, § 1 Rn. 6 ff.

3 *Geiger*, EuZW 2000, 165, 325; *Schaub/Dohms*, WuW 1999, 1055; *Bechtold*, BB 2000, 2425; *Ehlermann*, 37 CMLR 537 (2000); Stellungnahme des *Europäisches Parlaments*, EuZW 2000, 99.

4 Vgl. *Deringer*, EuZW 2000, 5 f.; *ders.*, EuZW 2001, 306; *ders.*, EuR 2001, 306 (Wirksamkeitsbeurteilung „Glaubensfrage"); *Emmerich*, WRP 2000, 858, 861 f. („Kartellfreiheit"); *ders.*, WuW 2001, 3; *Fickentscher*, WuW 2001, 446, 450 f.; *Immenga*, EuZW 1999, 609; *Jaeger*, WuW 2000, 1062, 1065; *Mestmäcker*, EuZW 1999, 523, 524 ff.; *Möschel*, JZ 2000, 61, 62 f. („*legislative Lachnummer*"); *ders.*, WuW 2000, 949; *ders.*, WuW 2000, 1096, 1100 f.; *Monopolkommission*, Sondergutachten 28, Rn. 14 ff.; *Paulweber/Kögel*, AG 1999, 500, 507; *Rittner*, EuZW 2000, 129; *ders.*, DB 1999, 1485; zurückhaltend auch *Schütz*, WuW 2000, 686, 689; *Weyer*, ZHR 164 (2000), 611, 615; *Eilmansberger*, JZ 2001, 365 f. Differenzierend *Hoeren* in: *FS Großfeld*, S. 405, 420 f.; *K. Schmidt*, BB 2003, 1237, 1238. *Anders* Weißbuch der Kommission (Fn. 1), Rn. 11 ff.; *Berenguer Fuster*, S. 2; *Deselaers/Obst*, EWS 2000, 41, 43; *Ehlermann*, 37 CMLR 537, 557 (2000); *Gallot*, S. 4; *Geiger*, EuZW 2000, 165 ff.; *Schaub/Dohms*, WuW 1999, 1055, 1065 f.; *Weitbrecht*, EuZW 2000, 496, 497. Siehe auch *Rivas/Stroud*, 38 CMLR 935, 945-47 (2001); *Bartosch*, EuZW 2001, 101, 102 f.; zur Auslegung von Art. 81 Abs. 3 siehe bereits *Müller-Graff*, EuR 1997, 1, 11.

5 *Bartosch*, EuZW 2001, 101, 104 f.; *ders.*, WuW 2000, 462, 468 ff.; *Deringer*, EuZW 2000, 5, 8; *Immenga*, EuZW 1999, 609; *Möschel*, JZ 2000, 61, 64; *Wolf*, EuZW 1999, 641; *Deselaers/Obst*, EWS 2000, 41, 45; *Wesseling*, 26 E. L. Rev. 357, 362 (2001); *Eilmansberger*, JZ 2001, 365, 369. Vgl. ferner die Beiträge von *Michael Baron*, *Luis Berenguer Fuster*, *Gianfranco Rocca* und *Stephen Walzer* auf der Joint Conference on the Reform of European Competition Law, abrufbar unter *http://europa.eu.int/comm/competition/conferences/2000/freiburg/*.

6 Kritisch *Ehlermann*, WuW 2001, 231; *Schütz*, WuW 2000, 686, 692 f.; *Deringer*, EuZW 2000, 5, 8 ff.; *Gröning*, WRP 2000, 882 ff.; *ders.*, WRP 2001, 83 ff.; *Bartosch*, WuW 2000, 462, 467; differenzierter *Fuchs*, EuR 2005 Beiheft 2, 77 ff. (zu Recht konstatierend, dass der verfahrensrechtlichen Dezentralisierung eine materiellrechtliche Zentralisierung gegenüber stehe).

7 Siehe *Emmerich*, WRP 2000, 858, 862; *Fickentscher*, WuW 2001, 446, 454; *Wesseling*, 26 E. L. Rev. 357, 374 (2001); *Möschel*, JZ 2000, 61, 62; *Eilmansberger*, JZ 2001, 365, 366; zu einer neueren Analyse siehe *Jung*, EuR 2005 Beiheft 1, S. 7 ff. Differenzierend *Bartosch*, EuZW 2001, 101, 107. Dagegen *Ehlermann*, 37 CMLR 537, 558 (2000); *Ruppelt* in: *FS Lieberknecht*, S. 515, 524; zurückhaltender *Weyer*, ZHR 164 (2000), 611, 615.

Diese „Überreaktionen“[8] ließen allerdings eine nicht minder brisante Neuregelung unberücksichtigt, die sich allenfalls ansatzweise in dem vor dem Reformvorschlag publizierten Weißbuch der Kommission niedergeschlagen hatte.[9] Im Unterschied zu der bislang in Artikel 3 Abs. 1 VO Nr. 17/62 enthaltenen Ermächtigungsgrundlage für Abhilfemaßnahmen erlaubt der neue Artikel 7 Abs. 1 S. 2 der am 1. 5. 2004 in Kraft getretenen VO (EG) Nr. 1/2003 der Kommission, zur Beendigung festgestellter Zuwiderhandlungen *„alle erforderlichen Maßnahmen“* zu ergreifen. Ausdrücklich erfasst sind nunmehr Maßnahmen *„struktureller Art“*.[10] Nach Auffassung der Kommission entspricht die Neufassung der Kartellverordnung den Möglichkeiten, die bereits vor der Reform zur Verfügung standen. Es handle sich lediglich um eine Klarstellung, die keine Erweiterung von Befugnissen darstelle.[11]

Die wenigen Reaktionen, die der Vorschlag in dieser Hinsicht hervorgerufen hat, vermitteln allerdings den Eindruck, die Rechtsauffassung der Kommission werde nicht uneingeschränkt geteilt. Neben der bereits einleitend erwähnten Kritik des Wirtschaft- und Sozialausschusses[12] stellte beispielsweise der Ministerrat fest, „dass im Hinblick auf Maßnahmen struktureller Art behutsam vorgegangen [...] und dem Verhältnismäßigkeitsgrundsatz Rechnung getragen werden müsse, falls der Kommission ausdrücklich die Befugnis eingeräumt werden sollte, solche Maßnahmen in Ausnahmefällen aufzuerlegen“.[13] Dementsprechend forderte das Europäische Parlament auf Anregung des Ausschusses für Wirtschaft und Währung[14] in einer Entschließung vom 6. September 2001 mit Erfolg eine Verankerung des Verhältnismäßigkeitsprinzips in Artikel 7 Abs. 1 des

8 *Schütz*, WuW 2000, 686, 689.

9 Die Zusammenfassung der Diskussion bezüglich des Weißbuchs enthält keinen Hinweis auf eine Entflechtungsregelung: Vgl. White Paper on Reform of Regulation Nr. 17, Summary of Observations (29. 2. 2000), unter *http://www.europa.eu.int/comm/competition/antitrust/others* abrufbar. Vgl. aber Weißbuch der Kommission (Fn. 1, S. 22), Rn. 79: Danach sollen Teilfunktionsgemeinschaftsunternehmen im Produktionssektor einer vorherigen Kontrolle unterworfen werden, da ihre Gründung „generell mit ganz erheblichen Investitionen und einer starken funktionellen Integration“ einhergehe, so dass „ihre Auflösung durch eine Wettbewerbsbehörde [...] problematisch“ wäre. Andeutungsweise ist auch der zitierten Zielsetzung (S. 25) der „Aufrechterhaltung wettbewerbsfähiger Marktstrukturen“ zu entnehmen, dass strukturelle Eingriffe geplant sein könnten.

10 Art. 7 Abs. 1 S. 2 des Entwurfs sowie der VO (EG) Nr. 1/2003; zum Wortlaut vgl. Fn. 15 (S. 27).

11 Auskunft des Referatsleiters der Direktion A-2 (Entwürfe von Verordnungen und anderen Rechtsakten) bei der GD Wettbewerb Herrn *Emil Paulis* vom 5. 9. 2001 („à titre de clarification“). Siehe auch NZZ Nr. 248 v. 24. 10. 2000, S. 25 („Dürfen Kartellwächter Unternehmen trennen?“).

12 Siehe Fn. 13 (S. 22).

13 Vgl. 2347. Tagung des Rates (Energie/Industrie), Pressemitteilung v. 14. 5. 2001 (C/01/181), S. XIX (Hervorh. v. Verf.). In weiteren Befassungen des Rates wurde Art. 7 nicht mehr diskutiert. Vgl. 2394. Tagung des Rates (Energie/Industrie) v. 4. 12. 2001 in Brüssel (C/01/452). Zur Entstehungsgeschichte siehe *Dalheimer* in: *Grabitz/Hilf*, nach Art. 83 Art. 7 Rn. 3.

14 Vgl. Bericht des Ausschusses für Wirtschaft und Währung v. 21. 6. 2001 (A5-0229/2001) über den Vorschlag für eine Verordnung des Rates zur „Durchführungsverordnung zu den Art. 81 und 82 EG-Vertrag“, S. 8. Vgl. ferner die Stellungnahmen des Ausschusses für Industrie, Außenhandel, Forschung und Energie v. 5. 6. 2001 sowie des Ausschusses für Recht und Binnenmarkt v. 13. 6. 2001. Während ersterer sich jeglichen Kommentars enthält, beschränkt sich letzterer auf die Feststellung, strukturelle Maßnahmen stellten einen „wichtigen Bestandteil des Instrumentariums *jeder* Wettbewerbsbehörde“ dar (S. 43).

Reformvorschlages.[15] Die Notwendigkeit dieser Festschreibung hatte der Ausschuss für Wirtschaft und Währung damit begründet, dass es „unangemessen und voreilig" sei, der Kommission eine „solch weitreichende Befugnis zuzugestehen", denen weder Grenzen gesetzt noch deren Modalitäten geklärt seien.[16] Ähnlich geht die *Union of Industrial Employers' Confederations of Europe (UNICE)* ohne nähere Begründung davon aus, hier werde eine inakzeptable Neuerung im europäischen Kartellrecht festgeschrieben.[17] Ansonsten findet Artikel 7 Abs. 1 S. 2 der VO (EG) Nr. 1/2003 auch in der Kommentarliteratur wenig Beachtung.[18] Allenfalls finden sich knappe Äußerungen des Erstaunens oder der Besorgnis.[19] Das Ziel einer breiten Diskussion der Reform scheint in dieser Hinsicht jedenfalls verfehlt.[20]

Im Folgenden soll untersucht werden, ob strukturelle Abhilfen der Auffassung der Kommission entsprechend geltendem Recht entsprechen. Hierzu wird in einem ersten Schritt zu untersuchen sein, inwieweit die Kommission in der Vergangenheit bereits Maßnahmen struktureller Art ergriffen hat. Da die Kartellverordnungen als sekundärrechtliche Regelung nicht zu einer inhaltlichen Änderung der primärrechtlichen Wettbe-

---

15 Siehe Legislative Entschließung des Europäischen Parlaments v. 6. 9. 2001 zur „Durchführungsverordnung zu den Art. 81 und 82 EG-Vertrag", ABl. 2001 C 72E/305, 306. Vgl. nun Art. 7 Abs. 1 S. 2 und 3 VO (EG) Nr. 1/2003: Zum Wortlaut siehe in § 1 (S. 107).

16 Vgl. den Bericht des Ausschusses für Wirtschaft und Währung (Fn. 14), S. 24/65.

17 Vgl. die vehemente Kritik der *Union of Industrial Employers' Confederations of Europe (UNICE)*, Commentaires sur la modernisation du droit communautaire de la concurrence (2. 3. 2001), S. 5, abrufbar unter *http://www.unice.org*. Ähnlich *Haus*, WuW 2001, 659, 664. Vgl. auch NZZ Nr. 248 vom 24. 10. 2000, S. 25 (Fn. 11, S. 26).

18 Erwähnung bei *Deringer*, EuR 2001, 306, 320 (Entflechtungen als Mittel zur Öffnung einer von Staatsmonopolen durchsetzten Wirtschaft begrüßend); *IM/Ritter (Bd. 1 EG/II)*, VO 1/2003 Art. 7 Rn. 1; *IM/Möschel (Bd. 1 EG/I)*, Art. 82 Rn. 20 (Fn. 69); *Mestmäcker/ Schweitzer*, S. 495 f.; *Koenigs*, DB 2003, 755; *Schmidt*, Wettbewerbspolitik, S. 249; *Weitbrecht*, EuZW 2003, 69, 72; *Wesseling*, 26 E. L. Rev. 357, 360, 363 (2001); *Wind*, 26 ECLR 659 (2005); völlig unberücksichtigt bei *Kallaugher/Weitbrecht*, 26 ECLR 188, 196 (2005); *Immenga/Lange*, RIW 2003, 889, 890; *Eilmansberger*, 42 CMLR 129 Fn. 3 (2005) (konstatierend, dass die VO [EG] Nr. 1/2003 keine wesentlichen Änderungen bringe); *Dirksen* in: *Langen/Bunte*, Art. 82 Rn. 206; *Weiß* in: *Calliess/Ruffert*, Art. 82 Rn. 73. Selbst in Kommentaren zur VO (EG) Nr. 1/2003 wird Art. 7 nur knapp behandelt: vgl. z. B. *Lampert/Niejahr/Kübler/Weidenbach*, Art. 7 Rn. 149; *de Bronett*, Art. 7 Rn. 9; *Lange* in: *Lange*, S. 104; *Bechtold/Bosch/ Brinker/Hirsbrunner*, Art. 7 VO 1/2003 Rn. 17 f.; *Schwarze/ Weitbrecht*, § 6 Rn. 41 ff.

19 Vgl. *K. Schmidt*, BB 2003, 1237, 1242 (i. V. m. Art. 9 „Kommissionstyrannei" befürchtend); *Eilmansberger*, JZ 2001, 365, 374 Fn. 76, der lediglich in einer Fußnote feststellt, dass die Kommission „tatsächlich" Entflechtungsmaßnahmen meine. Siehe ferner *Monti*, 38 CMLR 131, 145 Fn. 61 (2001), demzufolge die Pläne der Kommission überraschend seien und dem Geist der Reform, der auf eine Dezentralisierung der Anwendung der Wettbewerbsregeln abziele, zuwiderliefen. Vgl. aber zu frühen Forderungen nach einem Entflechtungsinstrument für die Kommission zur Beseitigung drohender und bereits vorhandener Konzentration *Rahl*, 8 CMLR 284, 310 (1971).

20 Vgl. auch Stellungnahme des Wirtschafts- und Sozialausschusses zur „Durchführungsverordnung zu den Art. 81 und 82 EG-Vertrag", ABl. 2001 C 155/73, 75 (Rn. 2.8.2.2). Selbst von den Beiträgen auf der Konferenz zur Reform des Wettbewerbsrechts (Fn. 5, S. 25) befassen sich gerade zwei mit der Möglichkeit struktureller Maßnahmen: Vgl. *Plomben*, S. 6 (Rn. 11), der ohne Begründung strukturelle Maßnahmen als ultima ratio „in cases of monopolisation only" – wobei der Begriff der „monopolisation" offen bleibt – zulassen möchte, für andere Missbräuche sowie i. R. d. Art. 81 EG derartige Maßnahmen jedoch ablehnt; sowie *Cederschiöld*, S. 5 (auf eine entsprechend steigende Bedeutung der Europäischen Charta der Grundrechte verweisend).

werbsregeln führen können, wird in einem zweiten Schritt zu untersuchen sein, inwieweit sich strukturelle Eingriffe in die Systematik des EG-Vertrages einfügen. Hierbei ist zu berücksichtigen, dass Artikel 82 EG sich durch einen verhaltensorientierten Ansatz auszeichnet. Er spiegelt sich in den Ermächtigungen der „alten“ wie der „neuen“ Kartellverordnung wider, deren Ziel die Abstellung von Zuwider*handlungen* ist.[21] Maßnahmen zur Veränderung der Markt*struktur* erscheinen mithin als Fremdkörper. In eine ähnliche Richtung deutet Artikel 83 Abs. 2 lit. a EG, der als Instrumente einer derartigen Abstellung vor allem das Buß- sowie das Zwangsgeld nennt, jedoch keine explizite Ermächtigung zur „Gestaltung“ von Wettbewerbsstrukturen enthält. Schließlich wird die Reichweite des Artikel 7 VO (EG) Nr. 1/2003 – unter Berücksichtigung der bisherigen Anwendungspraxis zur alten VO Nr. 17/62 – zu erörtern sein.

§ 1 Strukturelle Eingriffe in der bisherigen Kommissionspraxis

Der einfachste Weg zu untersuchen, inwieweit strukturelle Abhilfen geltendem Recht entsprechen, ist der Nachweis einer „ständigen Übung“ durch die Kommission mit der Billigung des Europäischen Gerichtshofes. Hierzu bedarf es jedoch zunächst einer inhaltlichen Präzisierung des Begriffs der „Maßnahmen struktureller Art“.

A. Begriff der Maßnahme struktureller Art

Der von der Kommission verwendete Begriff der Maßnahme struktureller Art ist unklar. Nach der lakonischen, auf einen Absatz beschränkten Begründung des Reformentwurfs soll hierduch die Veräußerung von Gegenständen des Betriebsvermögens abgesichert werden, die in Fällen des Missbrauchs einer beherrschenden Stellung (und bei bestimmten Artikel 81 EG unterfallenden Kooperationsvereinbarungen) zur Beendigung einer Zuwiderhandlung notwendig sein können.[22] Eine *Verselbständigung* von Betriebsteilen scheint demnach ausgeschlossen. In einem (vertraulichen) Staff Paper an den Ministerrat für Wirtschaftsfragen (2001) definiert die Kommission die Maßnahme struktureller Art jedoch weiter, indem sie auf die Abspaltung von Vermögenswerten abstellt.[23] Die Terminologie der Kommission deutet hier an, dass es auf eine endgültige Abtrennung von Vermögenswerten ankommt, so dass nicht nur die Veräußerung, sondern auch die wirtschaftliche und rechtliche Verselbständigung von Betriebsteilen erfasst wäre.

---

21 Vgl. Art. 3 VO Nr. 17/62: „Stellt die Kommission [...] eine Zuwiderhandlung gegen Art. 85 und 86 des Vertrages fest, so kann sie die beteiligten Unternehmen und Unternehmensvereinigungen *durch Entscheidung verpflichten, die festgestellte Zuwiderhandlung abzustellen.*“

22 Vgl. S. 20 des Vorschlags für eine Durchführungsverordnung (Fn. 10, S. 22).

23 „The term structural remedy as used by the Commission is a broad concept, encompassing all measures that oblige an undertaking to sever physical or intellectual property rights held by it.“ (zitiert nach Auskunft der Generaldirektion Wettbewerb, Direktion A-2, vom 5. 9. 2001).

Beiden Definitionen ist allerdings die *endgültige Abtrennung* von Betriebsteilen gemeinsam. Andererseits stellt die Kommission im Zusammenhang mit der Zusammenschlusskontrolle stellenweise auf den „strukturellen Effekt“ von Anordnungen ab.[24] Daraus zu schließen, der Begriff der Maßnahme struktureller Art sei nicht nur über die Mittel, sondern über die *Wirkung* zu bestimmen, wäre indes verfehlt.[25] Marktstruktur, Marktverhalten und Marktergebnisse sind interdependent. Daher können – und sollen in der Regel – „strukturelle Auswirkungen“ auch bei rein verhaltensorientierten Maßnahmen eintreten. Sie verhindern, dass ein beherrschendes Unternehmen seine Fähigkeit zur Verhinderung wirksamen Wettbewerbs einsetzt und können aufgrund des nunmehr möglichen ungehinderten Zutritts neuer oder der Expansion vorhandener Wettbewerber eine Veränderung der Marktstruktur bewirken.[26] Die Qualifizierung einer Maßnahme als „strukturell“ über ihr Ziel wird dann jedoch zum *Zirkelschluss*. Sie übersieht zudem, dass für die Beurteilung der Wirksamkeit einer Abhilfe unerheblich ist, ob tatsächlich strukturelle Auswirkungen eintreten. Die Wirksamkeit von Wettbewerb misst sich an dem Grad der marktseitigen Kontrolle eines beherrschenden Unternehmens, die sich indes nicht anhand eines Abzählens von Anbietern bestimmen lässt.[27]

Richtigerweise ist daher der Begriff der Maßnahme struktureller Art nicht über das Ziel, sondern *über die Mittel* zu definieren. Eingriffe in Ausschließlichkeitsrechte durch die Begründung von Kontrahierungspflichten fallen dann jedoch – anders als bei einer Definition über das Ziel einer Abhilfe – nicht unter den Begriff der „Maßnahme struktureller Art“.[28] Sie belassen seinem ursprünglichen Inhaber den Kern seines Rechts und betreffen „nur“ seine *Dispositionsbefugnis*, nicht jedoch seine ausschließliche wirtschaftliche Verwertung.[29] Dies kann Auswirkungen auf die Marktstruktur haben, stellt aber eine Verhaltenskontrolle dar, die nicht mit einer Veränderung der *dinglichen Zuordnung von Unternehmensbestandteilen unter Wahrung der mit ihr einhergehenden Ausschließlichkeitswirkung* einhergeht. Lediglich letztere fallen unter den Begriff der Entflechtung im Sinne dieser Untersuchung.

---

24 Vgl. KOMM. – *BT/AT & T* (30. 3. 1999, IV/JV.15), Rn. 203; dazu *XXIX. Wettbewerbsbericht 1999* (Rn. 124, und S. 220 f.): „strukturelle Trennung“ durch „informational firewall“ zwischen *AT & T* und *Telewest*; KOMM. – *Vodafone Airtouch/Mannesmann* (12. 4. 2000, COMP/M.1795), ABl. 2000 C 141/19 (Rn. 60) (Trennung von *Mannesmanns* Tochter *Orange* i. V. m. Verpflichtung, *allen Konkurrenten* das fusionierte Mobilfunknetz diskriminierungsfrei zur Nutzung anzubieten); siehe ferner KOMM. - Merger Remedies Study, Rn. 39 f.; *de Bronett*, Art. 7 Rn. 9 (m. w. N.).

25 So aber offensichtlich *IM/Ritter*, Art. 7 VO 1/2003 Art. 7 Rn. 42, der als strukturelle Abhilfen ohne Rücksicht auf die Entstehungsgeschichte des Art. 7 *nur* Zugangsanordnungen diskutiert.

26 Vgl. hierzu eingehend § 2 A.II. (S. 41 ff.) (m. w. N.).

27 Vgl. auch *Schmidtchen* in: *FS Hoppmann*, S. 143, 147 („Biedermeier-Wettbewerb“); *Kolasky*, 49 Antitr. Bull. 29, 31 (2004).

28 Wie hier *de Bronett*, Art. 7 Rn. 9; anders *Shelanski/Sidak*, 68 U. Chi. L. Rev. 1, 15 (2001), wonach jede Umverteilung wettbewerbsrelevanter Vermögenswerte, also auch die Aufhebung der Ausschließlichkeit eines Rechts, als „structural remedy“ zu betrachten sei. An anderer Stelle (a.a.O., S. 55) sprechen die Autoren jedoch nur noch von „quasi-strukturellen“ Maßnahmen. Zumindest im Gespräch mit Herrn *Paulis* (Fn. 11, S. 26) schien die Kommission einen ähnlich weiten Ansatz zu vertreten. Vgl. auch *van Miert*, WuW 1998, 7, 10.

29 Treffend ist der Begriff des „compulsory sharing“: *Areeda*, 58 Antitrust L.J. 841, 853 (1990).

B. Entflechtungen in der bisherigen Kommissionspraxis

Werden Maßnahmen struktureller Art als Eingriffe definiert, die zu einer endgültigen Veränderung der dinglichen Zuordnung von Unternehmensteilen unter Wahrung der damit einhergehenden Ausschließlichkeitswirkung führen, ist offenkundig, dass kaum Fälle existieren, in denen derartige Abhilfen praktisch relevant wurden. *Positive Anordnungen* von Entflechtungen durch die Kommission finden sich bislang allenfalls im Zusammenhang mit der Rückentflechtung vollzogener wettbewerbswidriger Zusammenschlüsse. Daneben fanden in manchen Fällen Entflechtungen auf der Grundlage *freiwilliger Verpflichtungserklärungen* statt.

I. Positive Entflechtungsanordnungen in der bisherigen Tätigkeit der Kommission

Bis zur Novellierung der Kartellverordnung hat die Kommission in zwei Fällen *positive Entflechtungsverfügungen* auf der Grundlage der VO Nr. 17/62 erlassen. Die erste betrifft den Erwerb einer holländischen Fleisch- und Fischdosenherstellungsfabrik durch *Europemballage*, einer Tochtergesellschaft des US-amerikanischen Unternehmens *Continental Can.*[30] Die Kommission sprach in diesem Fall die Verpflichtung aus, Vorschläge zur Auflösung des vollzogenen Zusammenschlusses zu unterbreiten. Der EuGH hob die Verpflichtung jedoch in einer an späterer Stelle eingehend darzustellenden Entscheidung aus *tatsächlichen* Gründen auf, so dass sie insoweit folgenlos blieb.[31]

In einem zweiten Fall ordnete die Kommission die vollständige Trennung bestehender Verflechtungen auf der Ebene des Eigen- und Fremdkapitals zwischen zwei Konkurrenten auf dem europäischen und US-amerikanischen Markt für Nassrasurartikel – *Gillette* und *Eemland* mit der Marke „*Wilkinson*" – an.[32] Hierbei stützte sich die Kommission jedoch nicht etwa auf die Entscheidung des Europäischen Gerichtshofes im Fall *Continental Can*. Entscheidungsgrundlage war vielmehr das Urteil des Gerichtshofs im Fall *BAT & Reynolds*,[33] das zwar unter anderem die Voraussetzungen eines Kontroller-

---

30 *Continental Can* war in Europa über zahlreiche Tochterunternehmen tätig. Eines (*Schmalbach-Lubeca*) nahm auf dem deutschen Markt eine beherrschende Stellung ein, war jedoch zugleich starker potentieller Wettbewerber auf dem vom Zusammenschluss betroffenen Benelux-Markt.

31 KOMM. – *Continental Can* (9. 12. 1971), ABl. 1972 L 7/25, aufgehoben durch EuGH – *Continental Can* (21. 2. 1973, Rs. 6/72), Slg. 1973, 215. Ausführlich hierzu § 2 A.III.1. (S. 49 ff.).

32 Vgl. KOMM. – *Gillette* (10. 11. 1992), ABl. 1993 L 116/21 (Rn. 13 ff.). *Gillette* hielt einen stimmrechtslosen Anteil von 22 % des Eigen- oder Quasieigenkapitals von *Eemland*, einem zur Veräußerung des Konsumgütergeschäfts des schwedischen Unternehmens *Stora Kopparbergs Bergslags AB* gegründeten Unternehmen. Für sich genommen gewährte dieser Anteil keinen Einfluss; allerdings stammte ein erheblicher Teil des Fremdkapitals von *Eemland* von *Gillette* oder hing von dessen Zahlungswillen ab. Gemessen am Weltumsatz von *Eemland* stellte sich *Gillette* als Großgläubiger dar, von dem *Eemland* finanziell abhängig war und damit faktisch (i. S. d. Art. 3 Abs. 1 lit. b VO 4064/89) kontrolliert wurde, zumal eine Fremdübernahme von *Wilkinson* aufgrund weit reichender Vorkaufs- und Umwandlungsrechte sowie Optionen bei *Eemland* ausgeschlossen war.

33 EuGH – *BAT & Reynolds* (17. 11. 1987, Rs. 142, 156/84), Slg. 1987, 4487.

werbs für Artikel 82 EG konkretisiert,[34] die Möglichkeit einer Entflechtung aber nicht erörtert hatte.[35] Eine gerichtliche Überprüfung der *Gillette*-Entscheidung erfolgte nicht.

Die vorgenannten Fälle betreffen Beteiligungen an Wettbewerbern, also Zusammenschlüsse im weitesten Sinne,[36] die zu einer Verstärkung von beherrschenden Stellungen führten. Derartige Konstellationen fallen seit dem Jahre 1990 unter die Fusionskontrolle, zunächst nach der VO (EWG) Nr. 4064/89 und seit 1. Mai 2004 nach der VO (EG) Nr. 139/2004.[37] Beide Verordnungen enthalten in Artikel 8 Abs. 4 eine ausdrückliche Ermächtigungsgrundlage zur Rückentflechtung vollzogener, aber untersagter[38] Zusammenschlüsse. Der Rekurs auf diese Ermächtigungsgrundlage ist bislang aufgrund des Vollzugsverbotes in Artikel 7 Abs. 1 VO (EG) Nr. 139/2004[39] rar geblieben. Herangezogen wurde sie in Fällen, in denen der Kommission außerhalb ihrer *originären* Kompetenz von mitgliedsstaatlichen Kartellbehörden die Beurteilung von Zusammenschlüssen übertragen wurde.[40] Eine zweite Fallgruppe betrifft Übernahmen im Wege der Abgabe öffentlicher Kauf- und Tauschangebote, die nach Artikel 7 Abs. 2 VO (EG) Nr. 139/2004 keinem Vollzugsverbot unterliegen.[41] Hier hat die Kommission im Jahr 2002 zwei Entflechtungsverfügungen in den Fällen *Schneider Electric/Legrand*[42] sowie *Tetra Laval/Sidel*[43] erlassen. Lediglich in ersterem Fall wurde die Beteiligung weiter veräußert;[44] der zweite Zusammenschluss wurde genehmigt,[45] nachdem das Gericht ers-

---

34 EuGH – *BAT & Reynolds* (17. 11. 1987, Rs. 142, 156/84), Slg. 1987, 4487 (Rn. 48, 65). Im Vordergrund stand die Anwendung von Art. 81 EG auf konzentrative Vorgänge: siehe Fn. 19 (S. 23).

35 Vgl. KOMM. – *Philip Morris, Rembrandt, Rothmans*, XIV. WB 1984, Rn. 99.

36 Vgl. Mitteilung der Kommission zum Begriff des Zusammenschlusses der VO (EWG) 4064/89, ABl. 1998 C 66/5; davor Bekanntmachung über den Begriff des Zusammenschlusses der VO (EWG) Nr. 4064/89, ABl. 1994 C 385/5. Maßgeblich für das Vorliegen eines Zusammenschlusses ist die von gesellschaftsrechtlichen Beziehungen unabhängige tatsächliche Möglichkeit, *einen bestimmenden Einfluss* auf die Tätigkeit eines Unternehmens auszuüben: vgl. Art. 3 Abs. 3 VO (EWG) Nr. 4064/89 sowie Art. 3 Abs. 2 VO (EG) 139/2004.

37 Vgl. Fn. 20 (S. 23). Die VO (EWG) Nr. 4064/89 kam im *Gillette*-Fall gem. Art. 25 Abs. 2 nicht zur Anwendung, da sie erst am 21. 9.1990 in Kraft trat, die Beschwerde aber vom 12. 2. 1990 datierte.

38 Zu Voraussetzungen und Rechtsfolgen eines Widerrufs einer Vereinbarkeitsgenehmigung nach Art. 8 Abs. 5 der VO 4064/89 siehe *Fuchs*, EuZW 1996, 263 ff.

39 Ebenso Art. 7 Abs. 1 VO (EWG) 4064/89.

40 Vgl. Art. 22 Abs. 3 VO (EWG) Nr. 4064/89: KOMM. – *Blokker/Toys „R" US*, ABl. 1998 L 316/1; KOMM. – *Kesko/Tuko* (19. 2. 1997), ABl. 1997 L 174/47; vgl. dazu EuG – *Kesko Oy* (15. 12. 1999, Rs. T-22/97), Slg. 1999, II-3775. In einem weiteren Fall wurde eine Entscheidung nach Art. 8 Abs. 4 VO (EWG) 4064/89 lediglich angekündigt: vgl. KOMM. – *RTL/Veronica/Endemol I* (20. 9. 1995), ABl. 1996 L 134/32 (Rn. 116) (Gemeinschaftsunternehmen); der Zusammenschluss wurde nach strukturellen Veränderungen des Marktes und Rückzug eines Beteiligten jedoch unter Auflagen genehmigt: KOMM. – *RTL/Veronica/Endemol II*, ABl. 1996 L 294/14 (17. 7. 1996), bestätigt durch EuG – *Endemol* (28. 4. 1999, Rs. T-221/95), Slg. 1999, II-1299.

41 Artikel 7 Abs. 3 VO (EWG) Nr. 4064/89 (a. F.).

42 Vgl. KOMM. – *Schneider/Legrand* (COMP/M.2283, 10. 10. 2001), SG (2001) D/291745; dazu *NERA* – GAW Nr. 152 (4. 10. 2001); Pressemitteilungen der Kommission IP/01/1393 v. 10. 10. 2001; IP/02/173 v. 30. 1. 02. *Schneider* durfte die Trennung im Wege eines freihändigen Verkaufs oder einer Platzierung an der Börse vornehmen, sofern die Abspaltung „en bloc" erfolgt.

43 Vgl. KOMM. – *Tetra Laval/Sidel* (30. 10. 2001), ABl. 2004 L 43/13; KOMM. – *Tetra Laval/Sidel* (30. 1. 2002), ABl. 2004 L 38/1 (Entflechtungsverfügung); *Hirsbrunner*, EuZW 2002, 453, 454.

44 Vgl. Pressemitteilung der Kommission IP/02/1471 v. 14. 10. 2002.

ter Instanz beide Verbotsentscheidungen und die entsprechenden Entflechtungsanordnungen aufgehoben hatte.[46] Die präventive Konzentrationskontrolle ist allerdings nicht Gegenstand dieser Untersuchung und wird daher nicht weiter vertieft werden.

II. Verpflichtungszusagen

Es entspricht ständiger Kommissionspraxis, Verfahren ohne förmliche Entscheidung einzustellen, sofern die betroffenen Unternehmen Zusagen machen, die die Funktionsfähigkeit der relevanten Märkte gewährleisten.[47] Mit Einführung des Artikels 9 VO (EG) Nr. 1/2003 wurde diese Übung formalisiert.[48] In einigen Fälle konnten wettbewerbsrechtliche Bedenken der Kommission durch freiwillige Verpflichtungszusagen ausgeräumt werden, die eine Entflechtung zum Gegenstand hatten. In erster Linie betrafen die Verpflichtungen die Entflechtung von Gemeinschaftsunternehmen im Zusammenhang mit Verstößen gegen Artikel 81 EG.[49] Der Missbrauch einer marktbeherrschenden Stellung gab demgegenüber erst in dem im Jahre 2001 abgeschlossenen Verfahren gegen die *Deutsche Post AG* Anlass zu einer Unternehmensrestrukturierung.[50] Das Unternehmen sicherte hier die Übertragung des Unternehmensbereiches der gewerblichen Paketdienste auf eine rechtlich selbständige Gesellschaft zu,[51] ohne dass der Ausgliederung unmittelbar konzentrative Prozesse vorangegangen wären.[52] Ziel der Maßnahme war,

---

45 Vgl. Pressemitteilung der Kommission IP/03/36 v. 13. 1. 2003.

46 Vgl. EuG – *Tetra Laval/Sidel* (25. 10. 2002, Rs. T-5/02), Slg. 2002, II-4381, bestätigt durch EuGH – *Tetra Laval/Sidel* (15. 2. 2005, Rs. C-13/03 P), Slg. 2005, 1113. Siehe ferner EuG – *Schneider Electric* (22. 10. 2002, Rs. T-310/01, 77/02), Slg. 2002, II-4071; dazu auch Pressemitteilung des EuG CJE/02/84 v. 22. 10. 2002. In einem dritten Zussammenschlusskontrollverfahren unterlag die Kommission ebenfalls: vgl. EuG – *Airtours* (6. 6. 2002, Rs. T-342/99), Slg. 2002, II-2585. Zu den drei Urteilen vgl. auch *Lange*, EWS 2003, 1 (die Niederlagen auf eine Überlastung der Merger Task Force bei der Kommission zurückführend); *Schohe*, WuW 2003, 359 ff.; siehe ferner *Brei*, WuW 2003, 585 ff.; *Feddersen*, WuW 2003, 15 ff. (beide zur Entscheidung im Fall *Tetra Laval*).

47 Vgl. z. B. KOMM. – *IBM*, XIV. WB 1984, Rn. 94-95, Bull. EG 10-1984 (Zugang zu Schnittstelleninformationen); KOMM. – *Microsoft*, XXIV. WB 1994, S. 397 (Anhang II 2. lit. h) (Modifizierung der Laufzeit von Lizenzverträgen, Verzicht auf Mindestabnahmeverpflichtungen und die sog. Prozessorklausel); KOMM. – *SWIFT*, ABl. 1997 C 335/3 und *XXVII. Wettbewerbsbericht 1997*, Rn. 68 (Zugang zu Datenübertragungsnetz). Kritisch hierzu *Fuchs*, WuW 1996, 269, 274 ff.; *Mestmäcker* in: *Gerken*, S. 191, 207 (beide den Übergang zu einer kooperativen Industriepolitik befürchtend).

48 Vgl. die Untersuchungen von *Haarmann*; *Temple Lang*, 24 ECLR 347 (2003); *Kahlenberg/Neuhaus*, EuZW 2005, 620 ff. Im Einzelnen vgl. Pressemitteilungen MEMO/05/16 v. 19. 1. 2005 (*Bundesliga*); IP/05/775 v. 22. 6. 2005 (*Coca-Cola*); IP/06/1311 v. 4. 10. 2006 (*Verwertungsgesellschaften*) IP/06/204 v. 22.02.2006 (*De Beers*); IP/06/356 v. 22. 3. 2006 (*Premier League*).

49 KOMM. – *Saint Gobain/Pont-à-Mousson und BSN/Gervais-Danone*, V. WB 1975 (Rn. 34) (gegen Art. 81 EG verstoßende Wettbewerbsbeeinträchtigung im Zusammenhang mit *Gemeinschaftsunternehmen* auf dem Markt für Kfz-Sicherheitsglas); KOMM. – *TWIL/Bekaert/British Steel/Bridon*, WuW 1989, 392 (Entflechtung von Anteilen an Gemeinschaftsunternehmen).

50 KOMM. – *Deutsche Post* (20. 3. 2001), ABl. 2001 L 125/27 (Rn. 20) (Verpflichtung, die Sparte des gewerblichen Paketdienstes auf eine rechtlich selbständige Gesellschaft zu übertragen).

51 KOMM. – *Deutsche Post* (20. 3. 2001), ABl. 2001 L 125/27 (Rn. 20).

52 Tatsächlich finden sich Verpflichtungszusagen meist in der Fusionskontrolle: vgl. Mitteilung der Kommission über im Rahmen der VO (EWG) Nr. 4064/89 des Rates und der VO (EG) Nr. 447/98

die finanzielle Transparenz zwischen reserviertem Bereich und gewerblichen Paketdiensten zu erhöhen und so bei Meidung einer laufenden Verhaltenskontrolle insbesondere Quersubventionen dauerhaft zu verhindern.[53]

III. Rückschlüsse aus der bisherigen Kommissionspraxis

Die anläßlich der Novellierung der VO Nr. 17/62 vertretene Auffassung der Kommission, strukturelle Eingriffe entsprächen geltendem Recht, vermag sich nicht auf eine „ständige Übung" zu stützen. Es existiert bislang kein *durch die europäische Rechtsprechung bestätigter* Fall, in dem Maßnahmen struktureller Art im Sinne dieser Untersuchung angeordnet und *tatsächlich* durchgeführt wurden. Ansätze im Sinne der Auffassung der Kommission sind allerdings sowohl in der Rechtsprechung als auch in der Praxis der Kommission vorhanden, so dass sich die Frage stellt, inwieweit hieraus Rückschlüsse auf die Zulässigkeit von Entflechtungen gezogen werden können.

1. Rückschlüsse aus den bisherigen positiven Entflechtungsanordnungen

Zunächst ist festzustellen, dass die bislang verfügten Entflechtungen den Bereich der Zusammenschlusskontrolle betrafen. Für sie existieren spezielle, die Anwendung der allgemeinen Kartellverordnung verdrängende Ermächtigungsgrundlagen.[54] Der Präzisierung in der VO (EG) Nr. 1/2003 hätte es vor diesem Hintergrund zumindest für den Bereich der Reversion von Konzentrationsprozessen nicht bedurft. Die Existenz von Rückentflechtungsentscheidungen aufgrund von Artikel 82 EG i. V. m. der VO Nr. 17/62 ließe freilich den Schluss zu, Maßnahmen struktureller Natur seien mit Artikel 82 EG schlechthin vereinbar und damit auch auf der Grundlage der ursprünglichen Kartellverordnung zulässig. Zugleich ließe sich von der Zulässigkeit einer auf strukturorientierte Kriterien gestützten und aus Artikel 82 EG abgeleiteten Zusammenschlusskontrolle in

---

der Kommission zulässige Abhilfemaßnahmen, ABl. 2001 C 68/3. Dazu *Bär-Bouyssière* in: *Schwarze*, Europäisches Wettbewersrecht, S. 119, 127 ff. Auch wenn primär die Veräußerung von Unternehmensteilen Gegenstand von Zusagen ist, sind auch *verhaltensbezogene* Zusagen zu akzeptieren, sofern sie wettbewerbsrechtliche Einwände beseitigen: vgl. EuG – *Gencor* (25. 3. 1999, Rs. T-102/96), Slg. 1999, II-753 (Rn. 319); EuG – *Tetra Laval/Sidel* (25. 10. 2002, Rs. T-5/02), Slg. 2002, II-4381 (Rn. 161), insoweit bestätigt durch EuGH – *Tetra Laval/Sidel* (15. 2. 2005, Rs. C-13/03 P), Slg. 2005, I113 (Rn. 85); EuG – *General Electric Co.* (14. 12. 2005, Rs. T-210/01), Slg. 2005, II-5575 (Rn. 555); EuG – *EDP* (21. 9. 2005, Rs. T-87/05), Slg. 2005, II-3745 (Rn. 100). Dagegen zu Recht eine der Fusionskontrolle fremde laufende Verhaltenskontrolle befürchtend *Fuchs*, WuW 1996, 269, 274; a. A. *Hirsbrunner*, EuZW 2001, 197, 200.

53 Zur Problematik von Quersubventionen siehe § 3 A.I.3. b) aa) (S. 124 ff.).

54 Rückentflechtungen sah ferner Art. 66 § 5 Abs. 2 EGKS vor. Die praktisch irrelevant gebliebene Vorschrift wurde durch das Auslaufen des EGKS-Vertrag (Art. 97 EGKS) im Jahre 2002 vollständig bedeutungslos. Zum EGKS vgl. Mitteilung der Kommission über bestimmte Aspekte der Behandlung von Wettbewerbsfällen nach Auslaufen des EGKS-Vertrags, ABl. 2002 C 152/5.

allgemeiner Form darauf schließen, dass Unternehmensgröße und Marktmacht dem Willen des Gesetzgebers widersprechen und damit Entflechtungen auch in anderern Fällen der Missbrauchskontrolle legitimieren.[55]

Gegen eine derartige „Reduktionsthese" spricht, dass eine Zusammenschlusskontrolle im Gegensatz zur Missbrauchskontrolle den Gegenstand eines strukturellen Eingriffs anhand der nach einem Zusammenschluss in der Regel frischen Bruchlinien zu determinieren vermag. Sie stößt daher auf geringere praktische Schwierigkeiten in der Umsetzung.[56] Insbesondere spricht jedoch eine wettbewerbspolitische Wertung gegen eine derartige These. Auf „intern", also mit Hilfe der Mittel des Leistungswettbewerbs gewachsene Unternehmen finden andere Maßstäbe Anwendung als auf „extern" gewachsene Unternehmungen.[57] Die Differenzierung rechtfertigt sich durch die grundlegenden Unterschiede in den Zielsetzungen der *präventiven* Fusionskontrolle und der *repressiven* Missbrauchskontrolle.[58] Gegenstand der ersteren sind Fälle der strukturell untermauerten Kooperation von Marktteilnehmern. Sie führt – im Unterschied zum internen Unternehmenswachstum – zumindest kurzfristig nicht zu einer Erhöhung von Kapazitäten. Zugleich reduziert sie die Zahl der auf einem Markt tätigen Entscheidungsträger.[59] Zumindest in den Fällen, in denen die Zahl der auf einem Markt tätigen Unternehmen als kritisch erachtete Schwellen unterschreitet, liegt die Befürchtung nahe, das Marktergebnis werde nachteilig beeinflusst.[60] Anders als im Rahmen der Dekartellierung und der Missbrauchsaufsicht wird die Beeinträchtigung der „performance" des Marktes lediglich aufgrund der Entstehung nicht kompetitiver Marktstrukturen vermutet.[61] Die hierbei verwendeten „Daumenregeln"[62] eignen sich allenfalls dann, wenn die Untersagung einer konkreten Verhaltensweise nur den status quo ante perpetuiert und damit die Kosten der Intervention überschaubar macht. Eine rückwirkende Strukturkontrolle hingegen muss eine Prognose über die Kosten und Geeignetheit einer Entflechtung abgeben. Wirtschaftstheoretische Konzeptionsschwächen und empirische Erkenntnislücken der genannten Vermutungen erhalten hier ein größeres Gewicht. Dies gilt um-

55 In diesem Sinne *Schulte-Braucks*, S. 219 ff.; hierzu *Möschel*, FIW-Schriftenreihe Nr. 98, S. 48. Vgl. aber auch *Kommission*, Konzentrationsmemorandum (1966), wonach Konzentrationsvorgänge in der EU erwünscht seien, um den Bedürfnissen eines größeren Marktes gerecht zu werden. Zu der daraus resultierenden „doppelten-Standard-Theorie" siehe *Bos/Stuyck/Wytinck*, Rn. 1-006 f. (S. 6 f.); ferner *Goldman/Lyon-Caen/Vogel*, Rn. 604.

56 *Möschel*, Entflechtungen, S. 46; eingehend hierzu im 3. Teil § 2 A.II.1. a) (S. 291 ff.).

57 Vgl. *Mestmäcker* in: *FS Hallstein*, S. 322, 325; *Machlup*, 18 ORDO 35, 51 (1967); *Herrmann*, S. 58; *GTE/Schröter*, Art. 82 Rn. 19; *Jung* in: *Grabitz/Hilf*, Art. 82 Rn. 73, 227; *IM/Möschel (Bd. I EG/I)*, Art. 82 Rn. 122. Für das US-amerikanische Recht vgl. exemplarisch *U.S. v. Philadelphia National Bank*, 374 U.S. 321, 370 (1963): „[...] Corporate growth by internal expansion is socially preferable to growth by acquisition."

58 Gemeinsame Erklärung des Rates und der Kommission für das Ratsprotokoll vom 19. 12. 1989, WuW 1990, 240, 243 (Ziff. 11 lit. b). Zur Anwendbarkeit der VO 17/62 auf Zusammenschlüsse i. S. d. Art. 3 VO (EWG) Nr. 4064/89 siehe § 2 A.III.3. b) dd) (S. 76 f.).

59 *Kommission*, Konzentrationsmemorandum, S. 21; *Blank*, S. 78; *Möschel*, Entflechtungen, S. 46.

60 *Immenga/Fuchs*, NJW 1988, 3052, 3056 (m. w. N.).

61 Vgl. *Immenga/Fuchs*, NJW 1988, 3052, 3056.

62 *Möschel*, Entflechtungen, S. 48 („Daumenregeln mit Sicherheitsnetz").

so mehr, als sich nicht a priori ausschließen lässt, dass im Einzelfall größen- oder marktmachtbedingte Vorteile existieren, deren Gefährdung durch einen strukturellen Eingriff nicht im Interesse des Gemeinwohls ist.[63]

2. *Rückschlüsse aus der Existenz freiwilliger Entflechtungen*

Die Praxis freiwilliger Verpflichtungszusagen wirft die Frage auf, ob auf ein korrespondierendes *Anordnungsrecht* der Kommission auch vor In-Kraft-Treten der VO (EG) Nr. 1/2003 geschlossen werden kann. In diese Richtung deuten Aussagen des Europäischen Gerichtshofs, die die Praxis der Verpflichtungszusagen gebilligt haben. Danach ermächtige Artikel 3 Abs. 1 VO 17/62 die Kommission, „alle" – also sowohl negative als auch positive – Maßnahmen zu ergreifen, die „sich für die Abstellung der Zuwiderhandlung als erforderlich erweisen". Im Wege einer Verpflichtungserklärung stimme ein Unternehmen „lediglich – jeweils aus [seinen] eigenen Gründen – einer Entscheidung zu [...], zu deren einseitigem Erlass die Kommission befugt gewesen wäre".[64]

Die Gleichstellung positiver Anordnungen und freiwilliger Verpflichtungen – die den Vorzug hatte, Dritten ein Rechtsmittel in die Hand zu geben[65] – erklärt sich indes vor allem durch das Bestreben, verfahrensökonomische Ziele nicht einseitig zu Lasten der Rechte von nicht am Verfahren Beteiligter gehen zu lassen. Der Gerichtshof konstatiert andererseits selbst, dass unterschiedliche Motive ein Unternehmen zur Abgabe einer Verpflichtungserklärung veranlassen können.[66] Insbesondere sich strukturell auswirkende Zugeständnisse dürften vor diesem Hintergrund weniger Folge der Erkenntnis sein, dass die Kommission de jure ohnehin zum Erlass einer äquivalenten Maßnahme befugt ist. Es wäre es daher verfehlt, alleine aus der Existenz von freiwilligen Entflechtungsverpflichtungen auf deren Vereinbarkeit mit Artikel 82 EG zu schließen.

---

63 Zur Relation von Marktmacht, Unternehmensgröße und Effizienz wettbewerblicher Prozesse vgl. *Möschel*, FIW-Schriftenreihe Nr. 98, S. 48; ferner ausführlich im 3. Teil § 2 B.I.1. a) (S. 311 ff.) und § 2 B.I.2. a) (S. 319 ff.).

64 EuGH – *Ahlström Osakeyhtiö u. a.* (31. 3. 1993, Rs. C-89/85 u. a.), Slg. 1993, I-1307 (Rn. 181); EuG – *Alrosa (de Beers)* (11. 7. 2007, Rs. T-170/06), noch nicht veröffentlicht (Rn. 106).

65 EuGH – *Ahlström Osakeyhtiö u. a.* (31. 3. 1993, Rs. C-89/85 u. a.), Slg. 1993, I-1307 (Rn. 181), wonach die Verpflichtungszusage Gegenstand einer Nichtigkeitsklage nach Artikel 230 EG (Artikel 173 EG-Vertrag a. F.) sein könne. Anders noch die Kommission und die Schlussanträge des GA *Darmon* (a.a.O., S. 1569, Rn. 534). Vgl. jetzt Art. 9 VO (EG) Nr. 1/2003; ferner EuG – *Alrosa (de Beers)* (11. 7. 2007, Rs. T-170/06), noch nicht veröffentlicht (Rn. 36 ff., 106).

66 In Betracht kommen die Meidung von Verfahrenskosten und unnötiger Publizität durch förmliche Kartellverfahren bzw. förmliche Kartellentscheidungen, aber auch die Möglichkeit, durch Kooperation ein drohendes Bußgeld (Art. 23 VO [EG] Nr. 1/2003) abzuwenden oder zumindest zu mildern. Wie hier *Kallaugher/Weitbrecht*, 26 ECLR 188, 193 (2005).

C. *Ergebnis*

Die bisherige Kommissionspraxis lässt, ungeachtet dessen, dass kein durch den Europäischen Gerichtshof bestätigter Entflechtungsfall existiert, keine zwingenden Rückschlüsse auf die Systemkonformität struktureller Eingriffe zu. Eine Verallgemeinerung scheitert entweder an der Freiwilligkeit der Entflechtungen oder an *praktischen* und *wettbewerbspolitischen* Erwägungen, die eine Übertragung von Entscheidungen im Zusammenhang mit konzentrativen Prozessen auf andere Konstellationen verbieten. Allerdings lassen die vorhandenen Ansätze erkennen, dass Entflechtungen in der Praxis der Kommission entgegen der einleitend genannten Kritik kein absolutes Novum darstellen würden;[67] die praktischen Erfahrungen sind indes begrenzt.[68]

67 Zu Unrecht anders *GK-Schütz*, VO 1/2003 Art. 7 Rn. 21; *Klees*, § 6 Rn. 75.

68 Siehe aber *Kommission*, Merger Remedies; dazu im 3. Teil § 2 A.II.2. (S. 304 ff.).

Aus dem Vorstehenden ergibt sich, dass der neue Artikel 7 Abs. 1 VO (EG) Nr. 1/2003 keine Kodifizierung oder Konkretisierung einer ständigen Praxis darstellt. Da andererseits die Kartellverordnung als sekundärrechtliche Regelung nicht zu einer inhaltlichen Änderung der primärrechtlichen Wettbewerbsregeln führen kann, stellt sich die Frage, inwieweit strukturelle Eingriffe durch die Regelungen des EG-Vertrags gedeckt sind. Gemäß Artikel 82 EG ist „mit dem Gemeinsamen Markt unvereinbar und verboten [...] die missbräuchliche Ausnutzung einer beherrschenden Stellung auf dem Gemeinsamen Markt oder auf einem wesentlichen Teil desselben durch *ein* oder *mehrere* Unternehmen [...]“. Letztere Variante der gemeinsamen Marktbeherrschung liegt vor, wenn mehrere selbständige Unternehmen durch wirtschaftliche Bande „so eng miteinander verknüpft sind, dass sie auf dem Markt in gleicher Weise vorgehen können“.[1] Ihre Behandlung würde indes den Rahmen der vorliegenden Arbeit überschreiten.[2] Sie eignet sich jedenfalls dann nicht für strukturelle Eingriffe, wenn die kollektive Marktbeherrschung durch eine Reaktionsverbundenheit im engen Oligopol begründet ist.[3] Oligopolmodelle rechtfertigen allenfalls *präventive* Eingriffe im Rahmen der Konzentrationskontrolle; sie rechtfertigen indes keine repressiven Eingriffe im Rahmen einer Missbrauchskontrolle, da spieltheoretische Erkenntnisse zwingende Rückschlüsse von der Struktur des Marktes auf bestimmte Verhaltensweisen verhindern.[4]

Das Vorhandensein einer bestimmten Marktstruktur ist in Gestalt einer „beherrschenden Stellung“ mithin Prämisse für die Feststellung eines Verstoßes gegen Artikel 82 EG. Anknüpfungspunkt seiner Verbotsanordnung sind aber in erster Linie missbräuchliche Verhaltensweisen. Da nicht die Innehabung einer beherrschenden Stellung „mit dem Gemeinsamen Markt unvereinbar und verboten“ ist, spricht der Wortlaut der

---

1 Vgl. EuGH – *Almelo* (27. 4. 1994, Rs. C-393/92), Slg. 1994, I-1477 (Rn. 42); EuGH – *Frankreich u. a./Kommission (Kaliprodukte)* (31. 8. 1998, Rs. C-68/94, 30/95), Slg. 1998, I-1375 (Rn. 221); EuGH – *Librandi* (1. 10. 1998, Rs. C-38/97), Slg. 1998, I-5955 (Rn. 32); EuG – *Airtours* (6. 6. 2002, Rs. T-342/99), Slg. 2002, II-2585 (Rn. 63). Zur *Airtours*-Entscheidung vgl. *Haupt*, EWS 2002, 361; *Bartosch*, EuZW 2002, 645; *Christensen/Rabassa*, 22 ECLR 227, 235 (2001).

2 Eingehend hierzu *Aigner*; vgl. auch *IM/Möschel (Bd. 1 EG/I)*, Art. 82 Rn. 105 ff.

3 Offen kann daher bleiben, inwieweit Art. 82 EG überhaupt auf paralleles Kollusivverhalten im engen Oligopol Anwendung findet: vgl. *GTE/Schröter*, Art. 82 Rn. 84 (m. w. N.). In der Rechtsprechung ist anerkannt, dass eine durch Merkmale wie „Marktkonzentration, Transparenz und Homogenität des Erzeugnisses“ begründete Reaktionsverbundenheit ausreichen kann, um eine gemeinsame Beherrschung anzunehmen: vgl. EuG – *Gencor* (25. 3. 1999, Rs. T-102/96), Slg. 1999, II-753 (Rn. 276); *Airtours*, a.a.O. (Rn. 60); ferner EuGH – *Cie. maritime belge* (16. 3. 2000, Rs. C-395, 396/96 P), Slg. 2000, I-1365 (Rn. 45); *Rivas/Stroud*, 38 CMLR 935, 969 (2001). Fehlen rechtliche Bande, bedarf es für die Annahme fehlenden wirksamen Wettbewerbs im Innen- und Außenverhältnis jedoch „eindeutiger Beweise“: vgl. *Airtours*, a.a.O. (Rn. 63 ff.); zu geringfügigen Beweiserleichterungen siehe nunmehr EuG – *Impala* (13. 7. 2006, Rs. T-464/04), nicht veröffentlicht; hierzu *Weidenbach/Leupold*, EWS 2006, 433 ff.

4 Zur Oligopoltheorie vgl. *Kantzenbach et al.*, S. 13 ff., 39 ff.; *Haupt*, EWS 2002, 361, 362 f. Wie hier ablehnend *Kantzenbach et al.*, a.a.O.; *Kantzenbach/Kruse*, S. 132 ff.; *Monti*, 38 CMLR 131 (2001); anders *Posner* in: *Goldschmid et al.*, S. 393 (Dekonzentrationsbemühungen befürwortend).

Vorschrift daher zunächst gegen die Möglichkeit von Maßnahmen, die durch Veränderung der Marktstruktur die Voraussetzungen für einen Verstoß beseitigen.[5] Andererseits enthält Artikel 82 EG – anders als Artikel 81 Abs. 2 EG – keine Regelung hinsichtlich der Rechtsfolgen seines Verbots, so dass die Verbotsfolge insoweit als offen bezeichnet werden kann.[6] Diese Offenheit findet sich in Artikel 83 Abs. 1 EG wieder, der die Ausgestaltung konkreter Rechtsfolgen durch „zweckdienliche Verordnungen und Richtlinien" vorsieht.[7] Artikel 83 Abs. 2 lit. a EG zeigt zwar, dass hierbei vor allem an Geldbußen und Zwangsgelder gedacht ist. Wie das „insbesondere" des ersten Halbsatzes des zweiten Absatzes zeigt, ist diese Regelung aber nicht abschließend.

Die Frage, inwieweit Maßnahmen struktureller Art zur Durchsetzung des Missbrauchsverbots in Betracht kommen, hängt folglich wesentlich vom Ergebnis einer teleologischen Auslegung der Wettbewerbsregeln ab, welche die Reichweite *„zweckdienlicher"* Maßnahmen näher bestimmt. Da die Wettbewerbsregeln in das Gesamtgefüge der Wirtschaftsverfassung der Europäischen Gemeinschaft eingebettet sind,[8] sind dabei die weitergehenden Vertragsziele sowie das durch den Vertrag zur Erfüllung dieser Ziele bereit gestellte Instrumentarium zu berücksichtigen. Daher wird im Folgenden zu untersuchen sein, inwieweit Maßnahmen struktureller Art nicht nur vom Schutzzweck der Wettbewerbsregeln gedeckt, sondern angesichts des Fehlens gleichwertiger Instrumente erforderlich sind, um den Wettbewerbsregeln – in der Terminologie des Gerichtshofes – praktische Wirksamkeit zu verleihen.[9]

A. Maßnahmen struktureller Art im Zielsystem des Artikels 82 EG

Artikel 82 EG enthält neben der bereits zitierten Generalklausel eine nicht abschließende („insbesondere") Aufzählung von Regelbeispielen.[10] Sie verbieten Verhaltensweisen, die typischerweise in vertikalen Beziehungen zu Lieferanten, Abnehmern oder Verbrauchern auftreten.[11] Soweit ihr Gegenstand die Überhöhung von Preisen, die Beschrän-

---

5 So *Möhring* in: *Wahl/Serick/Niederländer*, S. 345, 347; *Jung* in: *Grabitz/Hilf*, Art. 82 Rn. 9.

6 So auch *Fickentscher* in *FS Böhm*, 261, 272; *Schulte-Braucks*, S. 295.

7 Diesen Zusammenhang übersieht *K. Schmidt*, BB 1990, 719, 722, wonach die Konzeption des Art. 82 EG als Verbotsnorm und eben nicht als Eingriffsnorm gegen eine Eignung der Vorschrift für eine – allerdings präventive – Marktstrukturkontrolle spreche.

8 Grundlegend zur europäischen Wirtschaftsverfassung *Müller-Graff*, 59 RabelsZ 749-756 (1995); vgl. auch *Mussler*, S. 16 ff. zum Begriff der Wirtschaftsverfassung.

9 Vgl. EuGH – *Corbeau* (19. 5. 1993, Rs. C-320/91), Slg. 1993, I-2533 (Rn. 11); ferner Schlussanträge GA *Ruiz-Jarabo* in EuGH – *Langnese/Iglo* (1. 10. 1998, Rs. C-279/95 P), Slg. 1998, I-5609 (Rn. 39); weitere Nachweise zum „effet utile" unten Fn. 292 (S. 81).

10 Zuletzt EuGH – *British Airways* (15. 3. 2007, Rs. C-95/04 P), noch nicht veröffentlicht (Rn. 57). Zu einem neueren Überblick über Art. 82 EG vgl. *Eilmansberger*, 42 CMLR 129-177 (2005).

11 Vgl. *IM/Möschel (Bd. 1 EG/I)*, Art. 82 Rn. 130. Verboten ist insbesondere die unmittelbare oder mittelbare Erzwingung von unangemessenen Einkaufs- oder Verkaufspreisen oder sonstigen Geschäftsbedingungen (Art. 82 lit. a); die Einschränkung der Erzeugung, des Absatzes oder der technischen Entwicklung zum Schaden der Verbraucher (Art. 82 lit. b); die Anwendung unterschiedlicher Bedingungen bei gleichwertigen Leistungen gegenüber Handelspartnern, wodurch diese im

kung von Produktionsvolumina oder die Einschränkung der technischen Entwicklung zum Gegenstand haben, handelt sich um Verhaltensweisen, die typischerweise im Zusammenhang mit dem wirtschaftstheoretischen Monopolmodell genannt werden.[12] Letzterem liegt die Annahme zugrunde, dass dem alleinigen oder dominierenden Anbieter eines Gutes strukturell bedingte Entscheidungsfreiräume erwachsen.[13] Sie ermöglichen einem Unternehmen, durch Preisüberhöhung und/oder Verknappung des Angebots[14] seinen Gewinn zu maximieren, ohne dass sich dies als Ergebnis eines Strebens nach effizienteren Produktionsmethoden darstellt. Ergebnis ist ein im Vergleich zu kompetitiven Bedingungen suboptimales Marktergebnis, das sich schädigend auf das gesellschaftliche Wohl auswirkt.[15] Indem die Regelbeispiele primär monopolistische Verhaltensweisen verbieten, scheinen sie sich mithin darauf zu beschränken, die *Folgen* einer Marktstruktur zu kontrollieren, während die Marktstruktur als solche akzeptiert wird und damit in gewisser Hinsicht Bestandsschutz genießt. Tatsächlich wird Entsprechendes vertreten, begegnet jedoch den im Folgenden darzustellenden Bedenken.

I. Bestandsschutz marktbeherrschender Stellungen?

Die von Artikel 82 EG verbotenen Manifestationen von Marktunvollkommenheiten treten nur auf, wenn sie nicht durch den Zutritt anderer Marktteilnehmer ausgeglichen wer-

---

Wettbewerb benachteiligt werden (Art. 82 lit. c); und schließlich die an den Abschluss von Verträgen geknüpften Bedingung, daß die Vertragspartner zusätzliche Leistungen annehmen, die weder sachlich noch nach Handelsbrauch in Beziehung zum Vertragsgegenstand stehen (Art. 82 lit. d).

12 Zur Monopoltheorie vgl. *Tirole*, S. 65 ff.; *Viscusi et al.*, S. 78 ff.; *Kaysen/Turner*, S. 11 ff.; *Shepherd*, Economics, S. 43 ff.; *Scherer/Ross*, S. 19 ff., 53 f.; *Schmidt*, US-amerikanische und deutsche Wettbewerbspolitik, S. 32 ff.; *Sullivan/Grimes*, S. 31 f. Das Modell des Monopols in der Form des Alleinanbieters ist in der marktwirtschaftlichen Realität selten anzutreffen: wie hier *Sullivan/Grimes*, S. 18, 30. Soweit es sich daher um ein graduelles Phänomen handelt, werden die Begriffe der Marktmacht, Marktbeherrschung und des Monopols im Folgenden synonym verwendet.

13 Zumindest die ältere ökonomische Literatur nimmt sogar an, dass eine konzentrierte Marktstruktur *zwangsläufig* das Marktverhalten der betreffenden Unternehmen und damit ein nachteiliges Marktergebnis *determiniere*: Zu dem empirisch begründeten, allerdings einer theoretisch fundierten kausalen Verknüpfung entbehrenden Struktur-Verhalten-Marktergebnis-Paradigma vgl. *Schmidtchen* in: *FS Hoppmann*, S. 143, 145 f.; *Schmidt*, Wettbewerbspolitik, S. 57 ff.; *Mestmäcker* in: *FS Raisch*, S. 441, 453; *Joliet*, 5 RTDE 646, 650 (1969); *Kaysen/ Turner*, S. 41. Zu den insoweit kritischen Konzentrationsraten vgl. *Ullenbruch*, S. 25 ff, 113 (m. w. N.); *Stigler*, Memoirs, S. 99 ff.; *Muris* in: *Eisenach/Lenard*, S. 84. Kritik bei *Möschel*, Entflechtungen, S. 99 („Daumenregeln"); *Dewey* in: *Goldschmid et al.*, S. 3.

14 Zum „Output" eines Marktes gehören auch Innovationen als potentielle Substitute vorhandener Produkte: *Romaine/Salop*, 7-3 Geo. Mason L. Rev. 1, 2 (1999).

15 Zu möglichen Wohlfahrtsverlusten vgl. *Hovenkamp*, 88 Mich. L. Rev. 1, 6, 14-16 (1989); *ders.*, 78 Iowa L. Rev. 371, 373-74 (1993) (zum sog. „rent-seeking behavior"); *Shelanski/Sidak*, 68 U. Chi. L. Rev. 1, 38-39 (2001); *Eisner*, S. 238 (zum sog. „paper entrepreneurialism"). Siehe aber auch *Posner*, Antitrust, S. 10 f.; dagegen *Lande*, 58 Antitrust L.J. 631 (1989). Zu Studien, die den durch Monopole und Oligopole verursachten „welfare loss" auf 2,5 – 6 % des BSP der USA beziffern, vgl. *Ullenbruch*, S. 32 ff. (m. w. N.).

den können.[16] Regelmäßig üben die aufgrund der Stellung eines Unternehmens als alleiniger oder dominierender Anbieter zu erzielenden Gewinne eine Anziehungskraft auf andere Marktteilnehmer aus, die zwangsläufig zu Marktzutritt führen und damit monopolistische Verhaltensweisen unwirtschaftlich machen wird.[17] Existieren keine unüberwindbaren Marktzutrittsschranken[18], wird eine stete, wettbewerbsimmanente Abfolge von Vorstoß- und Verfolgungsphasen („workable competition")[19] in der Regel dazu führen, dass vorhandene Marktmacht „erodiert" wird. Das Verbot des in Artikel 82 EG umschriebenen Marktverhaltens beherrschender Unternehmen unterdrückt indes die nach außen in Erscheinung tretenden Symptome für die Existenz von Verhaltensfreiräumen und vermindert damit den Anreiz, durch Markteintritt zum Abbau der beherrschenden Stellung beizutragen.[20] Die Kontrolle des *Marktverhaltens* hätte insofern eine Zementierung der *Marktstruktur* zur Folge.[21]

Hieraus wird zum Teil gefolgert, der EG-Vertrag akzeptiere das „Fehlen jeglichen Wettbewerbs"[22] und setze die Existenz marktbeherrschender Stellungen voraus, ohne sie in ihrem Bestand antasten zu wollen.[23] Da der EG-Vertrag kein „Monopolisierungsverbot" kenne – wobei dem teilweise noch ein „im Sinne des Sherman Act" hinzugefügt

---

16 Marktzutritt kann durch räumliche Erweiterung (*market extension*), produktbezogene Erweiterung (*product extension*) in Form externer oder interner Diversifikation oder durch Neugründung von Unternehmen erfolgen. Vgl. *Schmidt*, Wettbewerbspolitik, S. 69 ff.

17 Vgl. *Waldman*, S. 77; ferner *Bork*, Antitrust Paradox, S. 311.

18 Der Begriff der „Marktzutrittsschranke" ist unklar. Vgl. grundlegend *Bain*, Barriers (1971); dagegen *Stigler*, Organization, S. 67 ff. Die heutige Wirtschaftstheorie schlägt einen Mittelweg ein, der *Bain* folgt, indem er diejenigen Faktoren zu bestimmen sucht, die potentiellen Wettbewerb davon abhalten, übermäßige Gewinne zu erodieren, gleichzeitig jedoch im Sinne *Stiglers* die Höhe der erzielten Gewinne als Indikator für die Höhe der Marktzutrittsschranke unter Berücksichtigung derjenigen Investitionen bestimmt, die das etablierte Unternehmen bei seinem anfänglichen Markteintritt tätigen musste: vgl. *Schmalensee*, 56 Antitrust L.J. 41, 44 (1987). Zu weiteren Ansätzen vgl. bereits die Darstellung bei *Jickeli*, S. 27 ff.; siehe auch *Scherer/Ross*, S. 356 ff.; *Schmidtchen* in: *FS Hoppmann*, S. 143, 145 ff. Insbesondere von Vertretern der sog. Chicago-School wird die Existenz von Marktzutrittsbarrieren vollständig geleugnet: vgl. *Demsetz* in: *Goldschmid et al.*, S. 164, 165; *ders.*, 72 Am. Econ. Rev. 47 (1982); *Bork*, Antitrust Paradox, S. 91 ff., 310 ff.; siehe aber auch *Shepherd*, Treatment, S. 49 (die Bedeutung von Marktzutrittsschranken herabspielend).

19 Zum Konzept der „workable" oder „effective competition" vgl. *Herdzina*, S. 33 ff.; *Möschel* in: *FS Rittner*, S. 405, 420; *Schmidt*, Wettbewerbspolitik, S. 10 f.; *Lange/Mendner/Berzau*, S. 10 ff.; *Mestmäcker*, S. 172 ff. Zu dem Konzept des „vollkommenen Wettbewerbs", das aber der Marktrealität nicht gerecht wird, vgl. *Scherer/Ross*, S. 19 ff., 53 f.; *Kaysen/Turner*, S. 11 ff.; *Herrmann*, S. 21; *Schmidt*, a. a. O., S. 5 ff.; *Mestmäcker*, a. a. O.; Kritik bei *McKenzie*, S. 19. Zu den Konzepten der freien Konkurrenz (*Smith*), der „monopolistic competition" (*Chamberlin*), sowie der „workable" oder „effective competition" siehe auch *Areeda/Hovenkamp/Solow IIA*, §§ 409 ff.; *Shepherd*, Economics, S. 33 ff.

20 Wie hier *Immenga* in: *FS Mestmäcker*, S. 593, 605; *IM/Möschel (Bd. 1 EG/I)*, Art. 82 Rn. 133 ff.

21 Siehe *Joliet*, 5 RTDE 646, 682 f., 688 ff. (1969) (weitergehend Art. 82 EG sogar den Zweck absprechend, Wettbewerb schützen zu wollen).

22 Schlussanträge GA *Roemer* EuGH – *Continental Can* (21. 2. 1973, Rs. 6/72), Slg. 1973, 215, 257.

23 Vgl. *Joliet*, S. 97 ff.; *ders.*, 5 RTDE 646, 689 f. (1969); *Möhring* in: *Wahl/Serick/Niederländer*, S. 345, 347 ff.; Schlussanträge GA *Roemer* in EuGH – *Continental Can* (21. 2. 1973, Rs. 6/72), Slg. 1973, 215, 257; *Ballerstedt* in: *FS Böhm*, S. 179, 182; *Jung* in: *Grabitz/Hilf*, Art. 82 Rn. 9 f., 114 ff., 202; *GTE/Schröter*, Art. 82 Rn. 20; differenzierend *IM/Ritter (Bd. 2, 1. Aufl. 1997)*, VO 17 Art. 3 Rn. 43. Missverständlich *Dubois*, S. 301, 306: „La position dominante abusive est interdite ipso facto. [...] [La Commission] interdit une position dominante [...]." Hierzu *Mestmäcker*, S. 362.

wird[24] –, genießen nach dieser Auffassung marktbeherrschende Stellungen unabhängig von der Art ihrer Entstehung oder Aufrechterhaltung *Bestandsschutz.*[25] Entsprechend könne eine Entflechtung marktbeherrschender Stellungen gar nicht in Betracht kommen. Untermauert wurde diese Argumentation – zumindest bis zum Inkrafttreten der VO (EG) Nr. 1/2003 – durch das Fehlen einer ausdrücklichen Entflechtungsermächtigung.[26] Zudem wird die Befürchtung geäußert, eine Entflechtung könne zur Gleichstellung internen und externen Wachstums führen, dadurch Leistungsanreize vernichten und „negative Rückwirkungen auf die wirtschaftliche Effizienz" haben.[27]

Durch die Gegenüberstellung von Verhaltens- und Marktstrukturkontrolle stellt sich Artikel 82 EG für Vertreter dieser Ansicht als Versuch dar, das Problem marktbeherrschender Stellungen umfassend durch eine Bindung an das öffentliche Wohl zu lösen und damit (lediglich) die „Ausbeutung" von Freiräumen gegenüber Verbrauchern und Handelspartnern zu verhindern.[28] Eine derartige Betrachtung verleiht der Vorschrift einen regulierenden, „dirigistischen"[29] Charakter, der dazu führt, unternehmerische Entscheidungen durch behördliche zu ersetzen. Dabei wird unterstellt, Artikel 82 EG habe nicht die Funktion, wirksamen Wettbewerb zu erhalten oder zu entwickeln und könne nicht als Instrument zur „Gewährleistung funktionsfähigen Wettbewerbs" betrachtet werden,[30] da allein die Existenz einer beherrschenden Stellung eine nachhaltige Schwächung des Wettbewerbs mit sich bringe. Raum für den Schutz der Handlungsfreiheit anderer Marktteilnehmer bleibt nach dieser Auffassung nur insofern, als irgendein Restwettbewerb vorhanden ist, der gefährdet wird.[31]

II. Kritik

Wollte man der soeben dargestellten Auffassung folgen, müssten strukturelle Eingriffe von vorneherein als systemwidrig gewertet werden. Im Hinblick auf den Schutzzweck

---

24 *Jung* in: *Grabitz/Hilf*, Art. 82 Rn. 10; *Emmerich* in: *Dauses*, H. I § 1 Rn. 314.

25 Vgl. *Joliet*, S. 252; *Emmerich* in: *Dauses*, H. I § 1 Rn. 314; *GTE/Schröter*, Art. 82 Rn. 19; *Jung* in: *Grabitz/Hilf*, Art. 82 Rn. 114.

26 *Möhring* in: *Wahl/Serick/Niederländer*, S. 345, 347; *Fickentscher* in: *FS Böhm*, S. 261, 271 f.

27 *GTE/Schröter*, Art. 82 Rn. 19; andeutungsweise auch *IM/Möschel (Bd. 1 EG/I)*, Art. 82 Rn. 271.

28 In diesem Sinne *Fickentscher* in: *FS Böhm*, S. 261, 271 f.; *Joliet*, 5 RTDE 646, 682 f. (1969). Im Grunde übersieht dieser Gedanke die Entdeckung der klassischen englischen Nationalökonomie, dass öffentliches und Individualinteresse mit Hilfe der auf den „natürlichen Freiheiten" der Marktteilnehmer beruhenden „unsichtbaren Hand" des Wettbewerbs harmonisiert werden können: dazu Fn. 301 (S. 219). Wie hier *Mestmäcker*, S. 176 f.

29 *Jung* in: *Grabitz/Hilf*, Art. 82 Rn. 10. An anderer Stelle (Rn. 11) räumt *Jung* jedoch ein, dass sich Art. 82 EG nicht auf eine Verhaltenskontrolle beschränke.

30 In diesem Sinne *GTE/Schröter*, Art. 82 Rn. 21 (allerdings in Rn. 33 anerkennend, dass Art. 81 und 82 EG dieselbe Zielsetzung zugrunde liegt); *Joliet*, 5 RTDE 646, 683 (1969); *Jung* in: *Grabitz/Hilf*, Art. 82 Rn. 9.

31 Siehe GA *Roemer*, Schlussanträge zu EuGH – *Continental Can* (21. 2. 1973, Rs. 6/72), Slg. 1973, 215, 257, wonach Art. 82 EG auf die Fälle, in denen nur ein „unbedeutender, marginaler Restwettbewerb" verschwinde, nicht anwendbar sei.

der Wettbewerbsregeln sowie auf praktische Schwierigkeiten bei der Kontrolle von Marktergebnissen, die bei der Subsumtion eines „Ausbeutungsmissbrauchs“ stets vorzunehmen ist, begegnet die Konzeption einer lediglich „regulierenden“ Kontrolle von Marktmacht jedoch erheblichen Bedenken.

1. Schutzzweck der europäischen Wettbewerbsregeln

Die in den Artikeln 81 ff. EG enthaltenen Wettbewerbsregeln erfüllen eine Doppelfunktion. Soweit sie bestimmte Verhaltensweisen mit dem Gemeinsamen Markt für unvereinbar erklären, verweisen sie auf das grundlegende Vertragsziel der „Errichtung eines Gemeinsamen Marktes und einer Wirtschafts- und Währungsunion“ (Artikel 2 EG).[32] Der Errichtung eines „Systems, das den Wettbewerb innerhalb des Binnenmarkts vor Verfälschungen schützt“ (Artikel 3 Abs. 1 lit. g EG) kommt hierbei „grundlegende“ und „unerlässliche“ Bedeutung zu.[33] *Zwingend vorgeschriebene Mittel* zur Errichtung des Systems unverfälschten Wettbewerbs sind wiederum die Wettbewerbsregeln.[34] Sie sind damit zunächst zentrales Instrument zur Errichtung eines Binnenmarktes, der auf der Grundlage der durch den EG-Vertrag gewährten Freiheiten frei von Hindernissen für den Wirtschaftsverkehr – gleich ob hoheitlichen oder privaten Ursprungs[35] – ist.[36]

Soweit die „Ziele“ der Artikel 2 und 3 EG *„zwingende Geltung“* beanspruchen,[37] kommt dem Ziel des Artikels 3 Abs. 1 lit. g EG jedoch auch autonome Bedeutung zu.[38] Schwierigkeiten bereitet hier regelmäßig die Definition „unverfälschten Wettbewerbs“. Es geht hierbei um die mittlerweile klassische Frage, inwieweit das Vorhandensein von Wettbewerb ergebnisorientiert, also durch eine Analyse, ob die ökonomischen Zielfunktionen des Wettbewerbs[39] erfüllt werden, oder aber von seinen Voraussetzungen her zu

---

32 Zu den Vertragszielen vgl. *Müller-Graff* in: *Dauses*, A.I Rn. 112 ff.; *ders.*, Binnenmarktziel.

33 Siehe EuGH – *Courage Ltd./Crehan* (20. 9. 2001, Rs. C-453/99), Slg. 2001, I-6297 (Rn. 20); EuGH – *Eco Swiss* (1. 6. 1999, Rs. C-126/97), Slg. 1999, I-3055 (Rn. 36); zur Bedeutung des Systems unverfälschten Wettbewerbs vgl. *Müller-Graff* in: *Dauses*, A.I Rn. 129; zur wettbewerbsverfassten Marktwirtschaft als gemeineuropäisches Verfassungsprinzip *Müller-Graff*, EuR 1997, 433; *ders.*, ZHR 168 (2004), 1 ff.

34 Vgl. EuGH – *Frankreich/Hohe Behörde* (21. 12. 1954, Rs. 1/54), Slg. 1954, 1, 31; EuGH – *Isoglukose* (25. 10. 1978, Rs. 125/77), Slg. 1978, 1991 (Rn. 25/27); *Müller-Graff* in: *Dauses*, A.I Rn. 129; *Mestmäcker* in: *Gerken*, S. 191, 204; *Grabitz* in: *Grabitz/Hilf*, Art. 2 Rn. 15 f.

35 Vgl. Art. 3 Abs. 1 lit. c, 31 und 86 EG; *Everling*, in: *FS Mestmäcker*, S. 365, 374 ff. (m. w. N.).

36 Vgl. EuGH – *Italien/Rat und Kommission* (13. 7. 1966, Rs. 32/65), Slg. 1966, 457, 483; EuGH – *Continental Can* (21. 2. 1973, Rs. 6/72), Slg. 1973, 215 (Rn. 25); EuGH – *Orkem* (18. 10. 1989, Rs. 374/87), Slg. 1989, 3283 (Rn. 19); EuGH – *Telekommunikations-Endgeräte* (19. 3. 1991, Rs. C-202/88), Slg. 1991, I-1223 (Rn. 41). Eingehend *Mestmäcker*, S. 177 f.; *ders.* in: *FS Böhm*, S. 345, 351 ff., 363 ff.

37 Vgl. EuGH – *Continental Can* (21. 2. 1973, Rs. 6/72), Slg. 1973, 215 (Rn. 25) (Hervorh. v. Verf.).

38 Vgl. insoweit auch die Präambel zum EG-Vertrag, Abs. 4; ferner Art. 4 Abs. 2 EG sowie EuGH – *Continental Can* (21. 2. 1973, Rs. 6/72), Slg. 1973, 215 (Rn. 25); EuGH – *Metro I* (25. 10. 1977, Rs. 26/76), Slg. 1977, 1875 (Rn. 20).

39 Vgl. *Schmidt*, Wettbewerbspolitik, S. 11 f., 28; *Turner*, 70 Harvard L.J. 281, 282 (1956/57): In seiner als *„statisch“* bezeichneten Komponente soll Wettbewerb der Marktleistung entsprechende

beurteilen ist. Zumindest in der deutschen Literatur herrscht der letztere, ordoliberale Ansatz vor.[40] Wettbewerb wird als Interaktionsprozess verstanden, dessen Grundlage die individuelle Handlungsfreiheit ist. Seine immanente Unvorhersehbarkeit verbietet es, ihn darauf zu beschränken, ex ante vorgegebene Ziele zu erfüllen.[41] Das Erreichen ökonomischer Ziele stellt sich als Reflex des Schutzes der individuellen Freiheit *und* Verpflichtung dar, sich wirtschaftlich autonom zu betätigen und zu entfalten.[42] Die Gewährleistung der Wettbewerbsfreiheit aller Marktteilnehmer soll verhindern, dass einer von ihnen die Macht erlangt, Initiative und Vorstöße zu ökonomischem Fortschritt zu verhindern; sie verwehrt es einem Pionierunternehmen auch, den nachfolgenden Wettbewerb zu beschränken und so einer Verbreitung seiner Leistung entgegen zu wirken.[43]

Der Gerichtshof folgt dieser Auffassung, wenn er feststellt, der Vertrag fordere einen „wirksamen Wettbewerb" im Sinne des auf der Handlungsfreiheit aller Marktteilnehmer beruhenden Konzepts der „*workable competition*".[44] Dabei ist der Schutzzweck der Artikel 81 und 82 EG *identisch*,[45] auch wenn der Wettbewerb in Gegenwart eines marktbeherrschenden Unternehmens per se „geschwächt" ist, weil die Zahl der Anbieter – und damit die Wahlfreiheit der Gegenseite[46] – herabgesetzt ist, die Marktstruktur bestimmte Typen von Beschränkungen erst ermöglicht oder sich der Zutritt auf einen Markt, den ein bereits etabliertes Unternehmen dominiert, regelmäßig schwieriger gestaltet.[47] Die Herstellung *wirksamen* Wettbewerbs erfordert lediglich einen Schutz des

---

Preise gewährleisten, den Einsatz von Produktionsfaktoren an ihrer sinnvollsten Stelle steuern (optimale Faktorallokation) und eine bestmögliche Befriedigung von Konsumentenbedürfnissen durch die Orientierung des Angebots an den Käuferpräferenzen sicherstellen. In seiner *dynamischen* Komponente soll er eine fortwährende flexible Anpassung an Veränderungen der Nachfragestruktur und der Produktionstechniken bewirken und die Entstehung, den Einsatz und die Verbreitung des technischen Fortschritts in Gestalt neuer Produkte und Produktionsmethoden beschleunigen.

40 Zum eher utilitaristischen Ansatz anderer Mitgliedstaaten vgl. *van Miert*, WuW 1995, 553, 554; zur zunehmenden Kritik am ordoliberalen Ansatz vgl. *Eilmansberger*, 42 CMLR 129, 130 (2005).

41 *Müller-Graff*, EuR 1997, 433, 436. Zur Notwendigkeit einer Orientierung an der Handlungsfreiheit als primärem Schutzzweck siehe bereits *Müller-Graff*, EuR 1992, 1, 22. Eingehend *Schmidtchen* in: *FS Hoppmann*, S. 143, 160 (auf die Unfähigkeit der Wirtschaftstheorie, einen Beitrag zur wertenden Schutzzieldefinition zu geben, verweisend); vgl. auch *Mestmäcker*, S. 169 f.; *Birk*, S. 163; *Goldman/Lyon-Caen/Vogel*, Rn. 493; *Möschel* in: *FS Rittner*, S. 405, 415.

42 Vgl. *Vogelenzang*, 13 CMLR 61, 63 (1976). Zum Grundsatz der autonomen Entscheidungsfindung (Selbständigkeitspostulat), der die „intelligente" Anpassung an das Verhalten von Wettbewerbern erlaubt, vgl. EuGH – *Suiker Unie* (16. 12. 1975, Rs. 40/73 u. a.), Slg. 1975, 1663 (Rn. 173); EuGH – *Züchner/ Bayerische Vereinsbank* (14. 7. 1981, Rs. 172/80), Slg. 1981, 2021 (Rn. 13 f.); EuGH – *Ahlström Osakeyhtiö u. a.* (31. 3. 1993, Rs. C-89/85 u. a.), Slg. 1993, I-1307 (Rn. 63); EuGH – *Deere* (28. 5. 1998, Rs. C-7/95), Slg. 1998, I-3111 (Rn. 86); EuGH – *Hüls (Polypropylen)* (8. 7. 1999, Rs. 199/92 P), Slg. 1999, I-4287 (Rn. 159 f.). Siehe ferner *Goldman/ LyonCaen/Vogel*, Rn. 494; *Schmidtchen* in: *FS Hoppmann*, S. 143, 156 f.; *Herdzina*, S. 13 f.

43 Siehe *Hoppmann*, S. 286, 289; vgl. auch *Schmidtchen* in: *FS Hoppmann*, S. 143, 155 f.

44 Ausdrücklich EuGH – *Metro I* (25. 10. 1977, Rs. 26/76), Slg. 1977, 1875 (Rn. 20). Freilich ist die Gewährleistung wirksamen Wettbewerbs i. Erg. zweckgebunden: siehe EuGH, a. a. O.; *Herdzina*, S. 16 ff.; *Birk*, S. 163; *van Miert*, WuW 553, 554. Zur „workable competition" vgl. Fn. 19 (S. 40).

45 *GTE/Schröter*, Art. 82 Rn. 33.

46 Vgl. EuGH – *Continental Can* (21. 2. 1973, Rs. 6/72), Slg. 1973, 215 (Rn. 29).

47 Siehe *Herdzina*, S. 84 ff., 88; *Birk*, S. 166; *Rittner*, § 5 Rn. 45. Insoweit kann von einer „Störung durch Zustand" gesprochen werden: vgl. *Borchardt/Fickentscher* in: *Fickentscher*, S. 89, 112 ff.

„noch bestehenden Wettbewerbs oder *dessen Entwicklung*"[48] vor „Verhinderungen", „Einschränkungen", „Verfälschungen" oder „Verzerrungen"[49], die sich als künstlich, unangemessen oder nicht leistungsbedingt[50] darstellen oder einem beherrschenden Unternehmen bei wirksamem Wettbewerb nicht möglich wären.[51]

Für Artikel 82 EG erfordert der Schutzzweck der Wettbewerbsregeln daher lediglich, „auf dem Markt einen *tatsächlichen* oder *potentiellen* Wettbewerb zu erhalten".[52] Dem liegt die Annahme zugrunde, dies werde in Abwesenheit wettbewerbsbeschränkender Verhaltensweisen zu einer wirksamen – allerdings *marktseitigen* – Kontrolle der Fähigkeit zu unabhängigem Verhalten führen und eine Ausdehnung von Marktmacht auf weitere Märkte verhindern.[53] Dabei genügt allein die Aussicht, dass eine Ausübung der Fähigkeit zu unabhängigem Verhalten zu Marktzutritt – soweit er im Hinblick auf Marktzutrittsschranken und Kostenstruktur des jeweiligen Wettbewerbers sinnvoll ist – führt und damit Einbußen in Form von Gewinneinbrüchen oder Marktanteilsverlusten nach sich zieht. Einen Zwang zu aktuellem Wettbewerb kennt das europäische Recht insoweit nicht.[54] Soweit sich „wirksamer Wettbewerb" durch eine stete Abfolge von Vorstoß- und Imitationsphasen kennzeichnet, wird auch deutlich, dass Schutzgegenstand der Wettbewerbsregeln nicht die Herstellung einer – wie auch immer gearteten – idealtypischen Marktstruktur sein kann. Geschützt wird vielmehr der Wettbewerb in der Form, in der ihn ein Marktteilnehmer vorfindet.[55]

2. *Unzulänglichkeit von Marktergebniskontrollen*

Eine Messung des Marktergebnisses stößt regelmäßig auf erhebliche praktische Schwierigkeiten. Sie treten unabhängig davon auf, ob das Marktergebnis zur Grundlage eines strukturellen Eingriffs gemacht werden soll[56] oder lediglich eine rein regulierende Kontrolle marktbeherrschender Unternehmen – wie sie zum Teil Artikel 82 EG zugeschrie-

---

48 Ständige Rechtsprechung: vgl. Fn. 115 (S. 54); Hervorh. v. Verf.

49 Zu den Termini vgl. *Birk*, S. 167.

50 EuGH – *Hoffmann-La Roche* (13. 2. 1979, Rs. 85/76), Slg. 1979, 461 (Rn. 90).

51 Vgl. hierzu *Mestmäcker* in: *FS Hallstein*, S. 322, 335 f.

52 Vgl. EuGH – *Continental Can* (21. 2. 1973, Rs. 6/72), Slg. 1973, 215 (Rn. 25). Zu eng daher *Schnelle*, EuZW 1994, 556, 557 f., dem zufolge die Formulierung des „noch bestehenden Wettbewerbs oder dessen Entwicklung" bestehenden Restwettbewerb voraussetze.

53 Vgl. *Mestmäcker*, S. 351, 367; *IM/Möschel (Bd. 1 EG/I)*, Art. 82 Rn. 5; *GTE/Schröter*, Art. 86 Rn. 19; *Emmerich* in: *Dauses*, H. I § 1 Rn. 353. Auch *Jung* in: *Grabitz/Hilf*, Art. 82 Rn. 8, erkennt dies an, glaubt jedoch dennoch, in Art. 82 EG einen Ansatz hoheitlicher Lenkung zu erkennen.

54 *IM/Ritter (Bd. 2, 1. Aufl. 1997)*, VO 17 Art. 3 Rn. 40.

55 EuGH – *Lancôme* (10. 7. 1980, Rs. 99/79), Slg. 1980, 2511 (Rn. 24); EuGH – *ETA/DK Investment (Swatch)* (10. 12. 1985, Rs. 31/85), Slg. 1985, 3933 (Rn. 11). Siehe auch *Mestmäcker*, S. 171.

56 Zu einem derartigen Ansatz vgl. *Herrmann*, S. 79 ff., der zu entflechtende Marktmacht durch eine Analyse ergebnisorientierter (Preisverhalten und Gewinnmessungen) sowie struktureller Kriterien (Umsatz, Beschäftigtenzahl, Ressourcenvorteile und Finanzkraft) bestimmen will.

ben wird – bezweckt wird.[57] Sie treten ferner gleichermaßen auf, wenn die (quantitative oder qualitative) *Innovationsleistung* eines Unternehmens, seine *Ertragsraten* oder – sei es auf der Grundlage eines Vergleichsmarktkonzeptes oder einer Gewinnspannenanalyse – die *Wettbewerbskonformität eines Preises*[58] Gegenstand einer Bewertung ist.[59]

Problematisch ist zunächst die *Ermittlung* aussagekräftiger und vor allem justiziabler Daten. Vielfach werden die Kriterien, die eine Bewertung des Marktergebnisses ermöglichen sollen, in ihrem Aussagegehalt ambivalent sein. Dies gilt vor allem für das Kriterium der Gewinnspannen[60], aber auch für dasjenige der Innovationsleistung eines Unternehmens.[61]Auch die tatsächliche Messung eines Datums bereitet zum Teil erhebliche Schwierigkeiten. Hier bleibt vielfach nur die Möglichkeit, der Messung Angaben der betroffenen Unternehmen zugrunde zu legen, was letzteren die Möglichkeit eröffnet, das Ergebnis der Datenerhebung zu ihren Gunsten zu beeinflussen.[62] Schließlich stößt

---

57 Vgl. z. B. zur Entgeltregulierung im Telekommunikationsbereich *Immenga*, WuW 1999, 949 ff.; *Klotz/Delgado/Fehrenbach*, WuW 2003, 346 ff.; *Schalast/Rößner*, WuW 2004, 595 ff. (jew.). Zur Entgeltregulierung im Energiebereichsiehe *Bolsenkötter* in *PwC*, S. 243 ff.

58 Dazu *IM/Möschel (Bd. 1 EG/I)*, Art. 82 Rn. 137 ff.; *Deselaers* in: *Grabitz/Hilf*, Art. 82 Rn. 286 ff.

59 Diese Schwierigkeiten räumen selbst Vertreter der Chicago-School, deren zentrales Argument die überlegene Effizienz dominierender Unternehmen ist, ein: vgl. *Bork*, Antitrust Paradox, S. 124 f.

60 Einige Studien belegen hier eine positive Korrelation zwischen Gewinnhöhe und Marktkonzentration: vgl. *Viscusi et al.*, S. 149; *Posner* in: *Goldschmid et al.*, S. 393; v. a. *Demsetz* in: *Goldschmid et al.*, S. 171; Übersicht der Untersuchungen bei *Weiss* in: *Goldschmid et al.*, S. 184, 204-15; *Shepherd*, 54 Rev. Econ. & Stat. 25-37 (1972). Die hieraus gezogenen Schlüsse sind indes gegensätzlich. Vgl. einerseits *Bain*, Industrial Organization, S. 445 ff.; *ders.*, 65 Quart. J. Econ. 293, 317-21 (1951); *Posner* in: *Goldschmid et al.*, S. 393; *Weiss* in: *Goldschmid et al.*, S. 184, 186 (alle hierin einen Beleg für eine Beeinträchtigung des Wettbewerbs, i. d. R. durch Kollusion, sehend); siehe andererseits *Demsetz* in: *Goldschmid et al.*, S. 164, 174 ff.; *Brozen*, 14 J. L. & Econ. 351, 365 (1971); *Baker/Bresnahan*, 61 Antitrust L.J. 3, 5 (1992); *McChesney*, 23 Harv. J. L. & Pub. Pol. 133, 139 (1999) (alle hierin einen Beleg für die überlegene Effizienz der betroffenen Unternehmen sehend; sog. „differential efficiency hypothesis"). Zu einer differenzierten Analyse letzterer Theorie siehe *Shepherd*, 35 N.Y. L. S. L. Rev. 917, 927 (1990); *Viscusi et al.*, S. 150, *Scherer/Ross*, S. 430-36 (m. w. N.); *Herrmann*, S. 88 ff.; *Turner*, 70 Harv. L. Rev. 281, 311 (1956/57); vgl. ferner *Schmidt*, Wettbewerbspolitik, S. 59; *Shepherd*, Economics, S. 182 f.; *Rittaler*, S. 236: Danach sei eine überlegene Effizienz bis zur Ausschöpfung von „scale economies" für höhere Gewinnspannen verantwortlich; danach seien hohe Gewinne nur noch Ausdruck von Marktmacht.

61 Vgl. die Studie von *Blonigen/Taylor* (dort auch zum Verhältnis von Konzentration und Innovationsgrad eines Marktes, a. a. O., S. 19); *Markham* in: *Goldschmid et al.*, S. 247, 262 ff., wonach die quantitative Bewertung von *Innovationen* – dem Vorgang der Vermarktung von Inventionen – der Bedeutung einzelner *Inventionen*, die als Produkt individuellen Genies zu einem entscheidenden Paradigmenwechsel in einem Segment führen können, nicht ausreichend Rechnung trage. Zu Versuchen einer qualitativen, allerdings stets wertungsabhängigen Beurteilung der Innovationsleistung *Microsofts* vgl. *Liebowitz/Margolis*, S. 127 ff. (beschränkt auf *Anwendungs*software); ähnlich positiv *McKenzie*, S. 115 ff., insbes. 130 ff.; anders *Prentice*, 57 Ohio St. L.J. 1163, 1185 (1996); für *IBM* vgl. *Fisher et al.*, S. 35 ff.; dagegen *Schulte-Braucks*, S. 194 ff.; *DeLamarter*, S. 71.

62 Dies gilt v. a. für die Gewinnspannenanalyse, die sich i. d. R. auf den Jahresabschluss des betroffenen Unternehmens stützen muss. Er lässt nur bedingt Rückschlüsse auf das Vorhandensein wettbewerbspolitisch unerwünschter Freiräume zu, zumal die zeitlich verteilten Kosten manipulierbar, z. T. unangemessen oder volkswirtschaftlich unerwünscht sind: zu Recht kritisch *Demsetz* in: *Goldschmid et al.*, S. 164, 175; *Viscusi et al.*, S. 260; *Baker/Bresnahan*, 61 Antitrust L.J. 3, 5 (1992); *Jacquemin/De Jong*, S. 142 ff.; *Emmerich* in: *Dauses*, H. I § 1 Rn. 363; *Dirksen* in: *Langen/Bunte*, Art. 82 Rn. 94. Zu den unterschiedlichen Methoden der Messung von Preisüberhöhungen siehe *Kuhn*, WuW 2006, 578 ff.

die *Bewertung* eines Marktergebnisses auf der Grundlage der erhobenen Daten auf Hindernisse. In Ermangelung objektiver, universal gültiger Anforderungen an das „richtige" Marktergebnis bedarf es hierzu regelmäßig eines Vergleichs mit anderen Unternehmen. Im Falle der Marktbeherrschung durch Einzelunternehmen werden sich auf demselben relevanten Markt tätige Wettbewerber, die sich für einen Vergleich eignen, jedoch kaum finden lassen; bei oligopolistisch strukturierten Märkten lässt sich nicht ausschließen, dass die potentiell bereits vorhandene strukturelle Störung des Wettbewerbs das Vergleichsresultat verfälscht. Es bleibt mithin nur der Vergleich zu sachlich, zeitlich und/ oder geographisch verwandten Märkten, der sich wiederum dem Verdacht aussetzt, den Eigenheiten des in Frage stehenden Marktes nicht genügend Rechnung zu tragen.[63]

Neben den erwähnten praktischen Schwierigkeiten begegnet eine Marktergebniskontrolle wettbewerbspolitischen Bedenken. Wird ein bestimmtes Marktergebnis als unzureichend empfunden, bedarf es konsequenterweise auch der Feststellung, welches alternative Marktergebnis das „richtige" ist, also beispielsweise der Vorgabe, ab wann ein Preis nicht mehr „übertrieben"[64] oder „eindeutig"[65] überhöht ist oder nicht mehr als in einem „vernünftigen Verhältnis zum wirtschaftlichen Wert der erbrachten Leistung"[66] steht. Der damit notwendige Oktroy eines Datums widerspricht jedoch – abgesehen von dem auch hier relevanten Problem des Fehlens universal gültiger Vorgaben – dem Verständnis von Wettbewerb als freiem, dynamischem und damit unvorhersehbarem Interaktionsprozess.[67] Insbesondere lässt sich dem Blick auf das *in der Vergangenheit* erzielte Marktergebnis nicht zwangsläufig entnehmen, dass eine andere Wettbewerbsstruktur zu einem besseren Marktergebnis geführt hätte. Erst recht lässt sich ihm nicht entnehmen, dass durch einen Eingriff langfristig ein besseres Ergebnis als ohne die Intervention erzielt werden kann.[68]

Schließlich kann sich eine Kontrolle von Ausbeutungsmissbräuchen im Hinblick auf das Ziel der Gewährleistung wirksamen Wettbewerbs als kontraproduktiv erweisen.

---

63 Zu den Schwierigkeiten eines Vergleichs vgl. *Möschel*, WuW 1999, 832, 841 (m. w. N.); *Kaysen/Turner*, S. 53 f.; ferner *Deselaers* in: *Grabitz/Hilf*, Art. 82 Rn. 286 ff. Marktergebnistests generell ablehnend *Emmerich* in: *Dauses*, H. I § 1 Rn. 341; *Goldman/Lyon-Caen/Vogel*, Rn. 540; vgl. auch *Mussler*, S. 108; *Borchardt/Fickentscher*, S. 62; *de Bronett* in: *Wiedemann*, § 22 Rn. 52.

64 EuGH – *GM Continental* (13. 11. 1975, Rs. 26/75), Slg. 1975, 1367 (Rn. 11/12), die Entscheidung KOMM. – *GM Continental* (19. 12. 1974), ABl. 1975 L 29/14 aufhebend.

65 KOMM. – *British Leyland* (2. 7. 1984), ABl. 1984 L 207/11 (Rn. 28), bestätigt durch EuGH – *British Leyland* (11. 11. 1986, Rs. 226/84), Slg. 1986, 3263 (Rn. 27).

66 EuGH – *GT-Link* (17. 7. 1997, Rs. C-242/95), Slg. 1997, I-4449 (Rn. 39) (m. w. N.); ferner EuGH – *United Brands* (14. 2. 1978, Rs. 27/76), Slg. 1978, 207 (Rn. 248/257); EuGH – *Basset/SACEM* (9. 4. 1987, Rs. 402/85), Slg. 1987, 1747 (Rn. 19); EuGH – *Tournier* (13. 7. 1989, Rs. 395/87), Slg. 1989, 2521 (Rn. 38); EuGH – *Bodson* (4. 5. 1988, Rs. 30/87), Slg. 1988, 2479 (Rn. 31); EuGH – *TNT Traco/Poste Italiane* (17. 5. 2001, Rs. C-340/99), Slg. 2001, I-4109 (Rn. 46); EuGH – *La Crespelle* (5. 10. 1994, Rs. C-323/93), Slg. 1994, I-5077 (Rn. 20 ff.); EuG – *Micro Leader* (16. 12. 1999, Rs. T-198/98), Slg. 1999, II-3989 (Rn. 56); *Emmerich* in: *Dauses*, H.I § 1 Rn. 352.

67 Wie hier skeptisch *IM/Möschel (Bd. 1 EG/I)*, Art. 82 Rn. 133; *Mussler*, S. 108; *Borchardt/Fickentscher*, S. 62; *de Bronett* in: *Wiedemann*, § 22 Rn. 52; vgl. auch *Mestmäcker*, S. 352 (m. w. N.).

68 I. Erg. wie hier kritisch *Hatch* in: *Eisenach/Lenard*, S. 23 f.; *Romaine/Salop*, 7-3 Geo. Mason L. Rev. 1, 39 (1999); *Piraino*, 93 Nw. U. L. Rev. 1, 62 (1998).

Dies betrifft einmal Märkte, die sich durch einen hohen anfänglichen – und unter Umständen bei Marktaustritt verlorenen („sunk costs"[69]) – Investionsaufwand kennzeichnen. Hier wird die Möglichkeit, auch überdurchschnittliche Erträge zu erzielen, zum Teil als unabdingbare Grundlage zur Bildung re-investierbarer Rücklagen, darüber hinaus generell als integraler Bestandteil eines den Marktfortschritt fördernden Anreizsystems begriffen.[70] In diesem Fall ist nicht nur fraglich, ob überhaupt eine (korrekturbedürftige) Unvollkommenheit des Marktes vorliegt; vielmehr droht die Kontrolle von Preisen und/oder Gewinnspannen den Fortschritt des Marktes zu beeinträchtigen. Im Hinblick auf das Ziel der Gewährleistung funktionsfähigen Wettbewerbs erweist sich die Kontrolle von Ausbeutungsmissbräuchen auch dann als kontraproduktiv, wenn sie die Symptome für das Vorliegen von Entscheidungsfreiräumen durch Regulierung unterdrückt und damit den Anreiz für einen Marktzutritt von Wettbewerbern senkt.[71] Sie ist mithin nur dort sinnvoll, wo die Aussicht auf das Entstehen oder die Wiederbelebung von Wettbewerb – unter Umständen auch unter dem Schirm (sog. „umbrella-Effekt") eines überhöhten Preises – *gänzlich* ausgeschlossen ist.[72] In der Regel wird dies jedoch lediglich bei gesetzlichen Monopolen der Fall sein.

3. *Zusammenfassende Stellungnahme*

Die Auffassung, Artikel 82 EG setze das Vorhandensein einer beherrschenden Stellung voraus und unterwerfe diese lediglich einer regulierenden Verhaltenskontrolle, ohne die Marktstellung in ihrem Bestand antasten zu wollen, lässt sich kaum stützen.[73] Zwar lässt allein der Wortlaut der Regelbeispiele des Artikel 82 EG einen entsprechenden Schluss zu, soweit ihm zu entnehmen ist, dass vor allem Marktteilnehmer in vertikalen Beziehungen zum marktbeherrschenden Unternehmen geschützt werden sollen. Die Regelbeispiele sind aber nicht abschließend, so dass eine derartige Folgerung per se erheblichen Bedenken begegnet.[74] Überdies würde sie dem systematischen Zusammenhang der Wettbewerbsregeln nicht gerecht. Artikel 82 EG ist *vorrangig* im Kontext des in Artikel 3 Abs. 1 lit. g EG verankerten, autonomen und vor allem zwingenden Ziel des un-

69 Siehe hierzu insbesondere *Baumol*, 72 AER 1 (1987); ferner *Schmalensee*, 56 Antitrust L.J. 41, 47 (1987); *Katz/Shapiro* in: *Eisenach/Lenard*, S. 34 f.; *Lenard* in: *Eisenach/Lenard*, S. 4.

70 Vgl. *Gey*, WuW 2001, 933, 935; *Kolasky*, 49 Antitr. Bull. 29, 32 (2004); kritischer zur Problematik der wettbewerbsgerechten Gewinnspanne *Shepherd* in: *Kovaleff II*, S. 1037. Die Frage taucht regelmäßig im Zusammennhang mit sog. „Schumpeterschen Märkten" auf: siehe hierzu die Diskussion in § 2 A.III.3. a) cc) (S. 63 m. w. N. in Fn. 179).

71 Wie hier *Immenga* in: *FS Mestmäcker*, S. 593, 605; *IM/Möschel (Bd. 1 EG/I)*, Art. 82 Rn. 134.

72 Ähnlich *IM/Möschel (Bd. 1 EG/I)*, Art. 82 Rn. 135; anders *GTE/Schröter*, Art. 82 Rn. 193, der in diesem Fall lediglich Zurückhaltung anmahnt; *Emmerich* in: *Dauses*, H.I. § 1 Rn. 353, demzufolge der Schutz vor Ausbeutungsmissbräuchen „gleichrangig" sei.

73 Wie hier – ohne Begründung – *Mestmäcker/Schweitzer*, S. 496.

74 Vgl. EuGH – *Continental Can* (21. 2. 1973, Rs. 6/72), Slg. 1973, 215 (Rn. 26); EuGH – *Cie. maritime belge* (16. 3. 2000, Rs. C-395, 396/96 P), Slg. 2000, I-1365 (Rn. 112). Vgl. auch *IM/Möschel (Bd. 1 EG/I)*, Art. 82 Rn. 131; ferner *Mestmäcker*, S. 389 ff., 396 ff.

verfälschten Wettbewerbs zu sehen. Zwar ist der Wettbewerb in Anwesenheit eines marktbeherrschenden Unternehmens regelmäßig „geschwächt“; hieraus ergibt sich aber ebenso wenig wie im Rahmen des Artikel 81 EG, dass eine hoheitliche Lenkung an die Stelle des durch die Marktkräfte bereitgestellten Regulierungsmechanismen treten solle. Vielmehr gehen die Wettbewerbsregeln des EG-Vertrages *gleichermaßen* davon aus, dass der auf der Handlungsfreiheit der Marktteilnehmer beruhende Wettbewerb entweder zu einer Disziplinierung marktbeherrschender Unternehmen oder zu einem Verlust der vorherrschenden Stellung führen wird. Für eine regulierende Kontrolle des Marktergebnisses bleibt hier allenfalls subsidiär in den Fällen Raum, in denen eine marktseitige Kontrolle nicht oder nicht rechtzeitig genug möglich ist.[75] Dies gilt umso mehr, als Marktergebniskontollen auf praktische Schwierigkeiten stoßen und sich im Hinblick auf das Ziel unverfälschten Wettbewerbs vielfach als kontraproduktiv erweisen.[76] Letzteres wird von denjenigen, die nur von Maßnahmen struktureller Art „negative Rückwirkungen auf die wirtschaftliche Effizienz“ befürchten, übersehen. Es erstaunt daher nicht, dass die europäische Kartellpraxis – ebenso wie die US-amerikanische[77] – es vorzieht, sich insbesondere in die Preisbildung von Unternehmen nicht einzuschalten.[78]

Soweit gegen strukturelle Eingriffe angeführt wird, Artikel 82 EG beschränke sich auf eine hoheitliche Regulierung des Marktverhaltens beherrschender Unternehmen und sei nicht geeignet, wirksamen Wettbewerb zu erhalten oder zu entwickeln, kann diese Annahme nach dem Vorstehenden keinen Bestand haben. Die Wettbewerbsregeln zielen vielmehr gerade darauf ab, die Entstehung von Verhaltensfreiräumen ebenso wie ihre Aufrechterhaltung oder Vertiefung zu verhindern, soweit sie nicht auf der überlegenen Wirtschaftsleistung eines Unternehmens beruhen. Ist jedoch die Verhinderung und Beseitigung von Marktmacht finale Folge der Anwendung der Wettbewerbsregeln, kann ein Bestandsschutz marktbeherrschender Stellungen nicht existieren. Insofern steht ein an der Handlungsfreiheit aller Marktteilnehmer ausgerichtetes Wettbewerbssystem, das bestrebt ist, Märkte für den Wettbewerb offen zu halten oder – sofern erforderlich – zu öffnen, strukturellen Eingriffen nicht per se entgegen.[79] Allerdings ergeben sich aus

---

75 Wie hier *IM/Möschel (Bd. 1 EG/I)*, Art. 82 Rn. 135.

76 Vgl. S. 46; wie hier *Vogelenzang*, 13 CMLR 61, 63 (1976); siehe auch Mitteilung der Kommission zur Untersuchung der europäischen Gas- und Elektrizitätssektoren gemäß Artikel 17 der Verordnung (EG) Nr. 1/2003 (Abschlußbericht), KOM(2006) 851 endg., Rn. 66.

77 Siehe Fn. 92 (S. 271).

78 Vgl. *XXIV. Wettbewerbsbericht 1994*, Rn. 207; *IM/Möschel (Bd. 1 EG/I)*, Art. 82 Rn. 136 („diffuse Gerechtigkeitsvorstellungen“); *ders.*, WuW 1999, 832, 840 („Mauerblümchendasein“ der kartellrechtlichen Preiskontrolle); anders *Jung in: Grabitz/ Hilf*, Art. 82 Rn. 144 (allerdings einräumend, dass de facto kaum ein Missbrauch festgestellt wurde). Anders liegt der Fall, wenn nationale Preisunterschiede eine sachlich nicht gerechtfertigte, den integrationspolitischen Zielen des EG-Vertrages widersprechende Diskriminierung indizieren: vgl. EuGH – *Deutsche Grammophon* (8. 6. 1971, Rs. 78/70), Slg. 1971, 487 (Rn. 19); EuGH – *United Brands* (14. 2. 1978, Rs. 27/76), Slg. 1978, 207 (Rn. 227); EuG – *Tetra Pak II* (6. 10. 1994, Rs. T-83/91), Slg. 1994, II-755 (Rn. 160, 208). Zu einer Übersicht vgl. *Kon/Turnbull*, 24 ECLR 70, 82-84 (2003); *Gal*, 49 Antitr. Bull. 343 (2004); *Kuhn*, WuW 2006, 578 ff.

79 I. Erg. ähnlich – wenn auch für das deutsche Kartellrecht – *Scholz*, S. 67.

dem Schutzzweck der Wettbewerbsregeln auch Grenzen eines strukturellen Eingriffs. Da per se freiheitsbeschränkende Marktstrukturen nicht existieren,[80] Wettbewerb als ergebnisoffener Prozess verstanden wird und die Anwendung der Artikel 81 ff. EG lediglich die Wettbewerbsstruktur in ihrer vorgefundenen Form schützen soll, ist die Schaffung einer „vollkommenen" Wettbewerbsstruktur – zumal über ihre Ausgestaltung kein Konsens besteht – im Wege einer industriestrukturpolitisch motivierten „Zerschlagung" marktbeherrschender Stellungen ausgeschlossen.[81]

III. Eingriffe in die Marktstruktur aufgrund vorangegangenen Verhaltens?

Obgleich weder der Schutzzweck der Wettbewerbsregeln noch die Regelbeispiele des Artikels 82 EG strukturelle Eingriffe von vorneherein ausschließen, knüpft der Wortlaut des Artikels 82 EG primär an zweckbestimmtes *Verhalten* eines marktbeherrschenden Unternehmens, nicht an seine marktbeherrschende Stellung als solche an.[82] Eingriffe zur Veränderung der Marktstruktur decken sich daher auf den ersten Blick nicht mit der Verbotsanordnung des Missbrauchsverbotes. Im Folgenden wird daher zu untersuchen sein, inwieweit das Verbot missbräuchlicher Verhaltensweisen und seine Durchsetzung durch strukturelle Eingriffe zu harmonisieren sind. „Paradigmatische"[83] Bedeutung kommt dabei der Entscheidung des Europäischen Gerichtshofes im Fall *Continental Can* zu. Hier wird insbesondere zu analysieren sein, inwieweit die Tragweite der Entscheidung über die ihr zugrunde liegende Zusammenschlusskonstellation hinaus geht.

1. Continental-Can-Doktrin

Der Entscheidung des Europäischen Gerichtshofes im Fall *Continental Can* lag ein Unternehmenserwerb zugrunde, der nach Auffassung der Kommission zu einer Verstärkung einer bereits vorhandenen marktbeherrschenden Stellung führte und daher zu entflechten war.[84] Generalanwalt *Roemer* vertrat in seinen Schlussanträgen in dem Fall die Auffassung, marktbeherrschende Stellungen genössen unabhängig von der Art ihrer Entstehung Bestandsschutz.[85] Dem schloss sich der Gerichtshof, auch wenn er die Entscheidung der Kommission *aus tatsächlichen Gründen* nicht aufrecht erhielt, nicht an und bestätigte die Rechtsauffassung der Kommission.[86] Der Gerichtshof stützte sich dabei im Wesentlichen auf drei Argumente, nämlich auf das Prinzip der vertragsautono-

80 *Herdzina*, S. 94, 234; vgl. auch *Scholz*, S. 75.
81 Anderer Auffassung *Schulte-Braucks*, S. 293 f.
82 Vgl. *Ballerstedt* in: *FS Böhm*, S. 179, 182.
83 *Mestmäcker* in: *FS Raisch*, S. 441, 454.
84 KOMM. – *Continental Can* (9. 12. 1971), ABl. 1972 L 7/25. Zum Sachverhalt vgl. § 1 B.I. (S. 30).
85 Zu den Schlussanträgen des GA *Roemer* siehe Fn. 22 (S. 40).
86 EuGH – *Continental Can* (21. 2. 1973, Rs. 6/72), Slg. 1973, 215 (Rn. 26).

men Auslegung, auf den systematischen Zusammenhang zwischen den Artikeln 81 und 82 EG sowie auf eine Assimilierung von Verhalten und strukturellem Erfolg.

Der Gerichtshof betont zunächst, dass allein aus dem Fehlen einer mit Artikel 66 § 5 Abs. 2 EGKS vergleichbaren ausdrücklichen Ermächtigungsgrundlage nicht auf die Unzulässigkeit einer (Rück-) Entflechtung geschlossen werden dürfe. Insoweit gelte das Prinzip der vertragsautonomen Auslegung, die sich an „Geist, Aufbau und Wortlaut" des EG-Vertrages orientiert.[87] Diese Auslegung stützt der Gerichtshof in einem zweiten Schritt auf die Festellung, dass den Artikeln 81 und 82 EG die Zielsetzung der Aufrechterhaltung eines Systems unverfälschten Wettbewerbs (Artikel 3 Abs. 1 lit. g EG) gemeinsam ist, die sie „auf verschiedenen Ebenen" zu verwirklichen suchen.[88] Aufgrund der Wechselbeziehung dieser komplementären und in Idealkonkurrenz stehenden Vorschriften[89] lassen sich – obgleich Artikel 82 EG keine Ausnahme vom Missbrauchsverbot vorsieht – insbesondere durch eine Gegenüberstellung der positiv formulierten Freistellungsgründe des Artikels 81 Abs. 3 EG und der negativen Regelbeispiele des Artikel 82 Abs. 2 EG Kriterien ableiten, die eine *tatbestandliche* Konkretisierung von Missbräuchen ermöglichen.[90] Im Gegenzug ergeben sich die Grenzen einer Freistellung nach Artikel 81 Abs. 3 EG aus dem Vorhandensein oder der Begründung einer beherrschenden Stellung.[91] Der primärrechtliche – und als solcher weder durch Gruppen- noch durch Einzelfreistellung zu modifizierende[92] – Artikel 82 EG begrenzt mithin den Bereich, in dem wirtschaftliche Vorteile im Sinne des Artikels 81 Abs. 3 EG eine Wett-

87 Vgl. EuGH – *Continental Can* (21. 2. 1973, Rs. 6/72), Slg. 1973, 215 (Rn. 22). Siehe ferner EuGH – *Commercial Solvents* (6. 3. 1974, Rs. 6, 7/73), Slg. 1974, 223, 252 (Rn. 32); EuGH – *GB-INNO-BM/ATAB (Tabakwaren)* (16. 11. 1977, Rs. 13/77), Slg. 1977, 2115 (Rn. 28/29); EuGH – *Hoffmann-La Roche* (13. 2. 1979, Rs. 85/76), Slg. 1979, 461 (Rn. 125); EuGH – *Michelin* (9. 11. 1983, Rs. 322/81), Slg. 1983, 3461 (Rn. 29). Zustimmend *Mestmäcker*, S. 351; dagegen *Fickentscher* in: *FS Böhm*, S. 261, 271 f.; *Möhring* in: *Wahl/Serick/Niederländer*, S. 345, 347 f.

88 EuGH – *Continental Can* (21. 2. 1973, Rs. 6/72), Slg. 1973, 215 (Rn. 25).

89 Vgl. hierzu auch EuGH – *Ahmed Saeed* (11. 4. 1989, Rs. 66/86), Slg. 1989, 803 (Rn. 37, 46); EuG – *Tetra Pak I* (10. 7. 1990, Rs. T-51/89), Slg. 1990, II-309 (Rn. 21 f.); Schlussanträge GA *Fennelly* in EuGH – *Cie. maritime belge* (16. 3. 2000, Rs. C-395, 396/96 P), Slg. 2000, I-1365 (Rn. 22) (m. w. N.); ferner *Mestmäcker*, S. 358; *Jung* in: *Grabitz/Hilf*, Art. 82 Rn. 9.

90 Vgl. *Mestmäcker* in: *FS Raisch*, S. 441, 447. Anders als Art. 81 EG kennt Art. 82 keine „echte" Rechtfertigung von Missbräuchen; der Einfluss des Art. 81 Abs. 3 beschränkt sich somit auf die tatbestandliche Definition von Missbräuchen und stellt allenfalls eine „unechte" Rechtfertigung dar. Siehe hierzu Schlussanträge GA *Lenz* in EuGH – *Ahmed Saeed* (11. 4. 1989, Rs. 66/86), Slg. 1989, 803 (Rn. 41); ferner EuGH – *Ahmed Saeed*, a.a.O., S. 848 (Rn. 32); EuG – *Tetra Pak I* (10. 7. 1990, Rs. T-51/89), Slg. 1990, II-309 (Rn. 25); EuG – *BPB Industries und British Gypsum* (1. 4. 1993, Rs. T-65/89), Slg. 1993, II-389 (Rn. 75), bestätigt durch EuGH (6. 5. 1995, Rs. C-310/93 P), Slg. 1994, I-865 (Rn. 67 f.); EuGH – *Hoffmann-La Roche* (13. 2. 1979, Rs. 85/76), Slg. 1979, 461 (Rn. 120) (missverständlich). Siehe auch *Jung* in: *Grabitz/Hilf*, Art. 82 Rn. 126 ff.

91 EuGH – *Continental Can* (21. 2. 1973, Rs. 6/72), Slg. 1973, 215 (Rn. 25); EuG – *Tetra Pak I* (10. 7. 1990, Rs. T-51/89), Slg. 1990, II-309 (Rn. 15 ff.); *Mestmäcker*, S. 356 f. Grundlegend zur Freistellung vom Kartellverbot nach Art. 81 Abs. 3 *Müller-Graff*, EuR 1992, 1 ff.

92 Das Missbrauchsverbot greift daher selbst dann ein, wenn eine beherrschende Stellung durch freigestellte Wettbewerbsbeschränkungen erworben wurde: EuG – *Tetra Pak I* (10. 7. 1990, Rs. T-51/89), Slg. 1990, II-309 (Rn. 25). Vgl. auch *GTE/Schröter*, Art. 82 Rn. 40.

bewerbsbeschränkung rechtfertigen können.[93] Bestimmte Verhaltensweisen können daher zwar einem nicht beherrschenden Unternehmen erlaubt, einem Marktbeherrscher aber verboten sein.[94] Diese Prinzipien finden nach Auffassung des Europäischen Gerichtshofes in der Regelung des Artikels 81 Abs. 3 lit. b EG ihren Niederschlag. Sie verdeutlicht, dass das Ziel der Herstellung eines Systems unverfälschten Wettbewerbs nicht nur darauf abzielt, Verfälschungen des Wettbewerbs zu verhindern, sondern a fortiori seinem vollständigen Ausschluss vorzubeugen.[95] Das Prinzip, demzufolge der Wettbewerb keinesfalls ausgeschlossen werden dürfe, ist insoweit *allgemein verbindlich* und findet auch auf Artikel 82 EG Anwendung.[96]

Die dritte Argumentationslinie des Gerichtshofes in der *Continental-Can*-Entscheidung stützt sich – zu Recht – auf die Auffassung, es könne auf eine Unterscheidung zwischen Maßnahmen, welche die Struktur des Unternehmens betreffen, und Verhaltensweisen, die sich auf den Markt auswirken, nicht ankommen. *Jede strukturelle Maßnahme könne die Marktverhältnisse beeinflussen*, sofern sie ein Unternehmen größer und wirtschaftlich stärker mache.[97] Unternehmensstruktur und Marktverhältnisse stünden mitnichten isoliert nebeneinander, sondern beeinflussten sich wechselseitig; im Umkehrschluss habe jede Verhaltensweise eines marktbeherrschenden Unternehmens, die eine Veränderung der Unternehmensgröße bewirke, Auswirkungen auf die Marktstruktur.[98] Ein Missbrauch liege aufgrund dieser Reziprozität vor, „wenn ein Unternehmen in beherrschender Stellung diese dergestalt verstärkt, dass der erreichte Beherrschungsgrad den Wettbewerb wesentlich behindert, dass also nur noch Unternehmen auf dem Markt bleiben, die in ihrem Marktverhalten von dem beherrschenden Unternehmen abhängen [...]“,[99] der Markt dadurch abgeschottet[100] oder die Angebotsstruktur

---

93 Da die für marktbeherrschende Unternehmen bestehenden Handlungspflichten vorhersehbar sind, liegt in der Begrenzung der Reichweite einer eventuellen Freistellung kein Verstoß gegen die Rechtssicherheit: siehe hierzu *Dirksen* in: *Langen/Bunte*, Art. 82 Rn. 202 (m. w. N.); ferner EuGH – *Cie. maritime belge* (16. 3. 2000, Rs. C-395, 396/96 P), Slg. 2000, I-1365 (Rn. 33).

94 Vgl. EuGH – *Tetra Pak II* (14. 11. 1996, Rs. C-333/94 P), Slg. 1996, I-5951 (Rn. 24); EuGH – *Cie. maritime belge* (16. 3. 2000, Rs. C-395, 396/96 P), Slg. 2000, I-1365 (Rn. 37, 114); EuG – *Tetra Pak I* (10. 7. 1990, Rs. T-51/89), Slg. 1990, II-309 (Rn. 25); EuG – *BPB Industries und British Gypsum* (1. 4. 1993, Rs. T-65/89), Slg. 1993, II-389 (Rn. 75), bestätigt durch EuGH – *BPB Industries und British Gypsum* (6. 5. 1995, Rs. C-310/93 P), Slg. 1994, I-865 (Rn. 67 f.); EuG – *Coca Cola* (22. 3. 2000, Rs. T-125, 127/97), Slg. 2000, II-1733 (Rn. 80); EuG – *Tetra Laval/Sidel* (25. 10. 2002, Rs. T-5/02), Slg. 2002, II-4381 (Rn. 157); *Mestmäcker* in: *FS Raisch*, S. 441, 447; *ders.* in: *FS Böhm*, S. 345, 378; *IM/Möschel (Bd. 1 EG/I)*, Art. 82 Rn. 120; *Weiß* in: *Calliess/Ruffert*, Art. 82 Rn. 29 ff.; *GTE/Schröter*, Art. 82 Rn. 162; *de Bronett* in: *Wiedemann*, § 22 Rn. 40.

95 EuGH – *Continental Can* (21. 2. 1973, Rs. 6/72), Slg. 1973, 215 (Rn. 24 f.). Ähnlich EuGH – *Coöperatieve Stremsel- en Kleurselfabriek* (25. 3. 1981, Rs. 61/80), Slg. 1981, 851 (Rn. 18); EuGH – *GB-INNO-BM* (13. 12. 1991, Rs. C-18/88), Slg. 1991, I-5941 (Rn. 24); EuG – *Tetra Pak I* (10. 7. 1990, Rs. T-51/89), Slg. 1990, II-309 (Rn. 23).

96 Wie hier *Mestmäcker* in: *FS Raisch*, S. 441, 448. Dagegen *Möhring* in: *Wahl/Serick/Niederländer*, S. 345, 347, wonach einem „Nebensatz“ keine derartige Zielsetzung entnommen werden könne.

97 EuGH – *Continental Can* (21. 2. 1973, Rs. 6/72), Slg. 1973, 215 (Rn. 21).

98 EuGH – *Continental Can* (21. 2. 1973, Rs. 6/72), Slg. 1973, 215 (Rn. 27).

99 EuGH – *Continental Can* (21. 2. 1973, Rs. 6/72), Slg. 1973, 215 (Rn. 26) (Hervorh. v. Verf.); vgl. auch EuG – *EDP* (21. 9. 2005, Rs. T-87/05), Slg. 2005, II-3745 (Rn. 47); zu letztgenannter Entscheidung siehe *Völcker*, 43 CMLR 1409, 1433-34 (2006).

dergestalt geändert wird, dass die „Handlungsfreiheit des Verbrauchers auf dem Markt ernstlich“ gefährdet wird.[101] Wie sich aus Artikel 82 Abs. 2 lit. c und d EG ergebe, sei für das Missbrauchsverbot unerheblich, ob eine Schädigung der Verbraucher unmittelbar herbeigeführt werde oder sich eine entsprechende Wirkung mittelbar aus dem „Eingriff in die Struktur des tatsächlichen Wettbewerbs, von dem Artikel 3 Buchstabe f des Vertrages (Artikel 3 Abs. 1 lit. g EG n. F.) handelt“[102] und dessen Ziel sei, „auf dem Markt einen *tatsächlichen* oder *potentiellen* Wettbewerb zu erhalten“, ergebe.[103]

Infolgedessen kommt es für die Bestimmung des Missbrauchsbegriffs wesentlich auf das Ergebnis einer Verhaltensweise an, während die Wahl der „Mittel und Verfahren“, mit denen der Wettbewerb ausgeschlossen wird, zunächst unerheblich ist.[104] Zudem enthält Artikel 82 EG keine erschöpfende Aufzählung der Arten der nach dem Vertrag verbotenen missbräuchlichen Ausnutzung einer beherrschenden Stellung.[105] Jedes unternehmerische Verhalten, das zu einer Ausdehnung oder Aufrechterhaltung der beherrschenden Stellung führt und damit *einen Ausschluss des Wettbewerbs* zur Folge hat, könne danach missbräuchlich sein. Eine „so einschränkende Voraussetzung wie die Ausschaltung jeglichen Wettbewerbs“ ist dabei ebenso wenig erforderlich[106] wie ein Kausalzusammenhang in dem Sinne, dass die missbräuchliche Verhaltensweise gerade durch die beherrschende Stellung ermöglicht werden muss.[107]

2. *Folgerungen aus der Continental-Can-Doktrin*

Aus dem *Continental-Can*-Urteil ergibt sich zunächst, dass Maßnahmen struktureller Art nicht allein wegen des Fehlens einer expliziten primärrechtlichen Entflechtungsermächtigung abgelehnt werden können. Maßgeblich sind vielmehr „Geist, Aufbau und Wortlaut“ des EG-Vertrages. Dies gilt freilich unabhängig von der einer Entscheidung zugrunde liegenden Fallkonstellation. Das Ergebnis der vertragsautonomen Auslegung

---

100 EuGH – *Continental Can* (21. 2. 1973, Rs. 6/72), Slg. 1973, 215 (Rn. 25).

101 EuGH – *Continental Can* (21. 2. 1973, Rs. 6/72), Slg. 1973, 215 (Rn. 29).

102 EuGH – *Continental Can* (21. 2. 1973, Rs. 6/72), Slg. 1973, 215 (Rn. 26); vgl. auch EuGH – *Commercial Solvents* (6. 3. 1974, Rs. 6, 7/73), Slg. 1974, 223 (6. Leitsatz); EuGH – *United Brands* (14. 2. 1978, Rs. C-27/76), Slg. 1978, 207 (Rn. 183); EuG – *BPB Industries und British Gypsum* (1. 4. 1993, Rs. T-65/89), Slg. 1993, II-389 (Rn. 95); EuGH – *Deutsche Post/GZS* (10. 2. 2000, Rs. C-147, 148/97), Slg. 2000, I-825 (Rn. 60); zuletzt EuGH – *British Airways* (15. 3. 2007, Rs. C-95/04 P), noch nicht veröffentlicht (Rn. 106). Insofern ist die Ansicht, Art. 82 EG suche, anders als Sec. 2 Sherman Act, nur unmittelbare Schädigungen des Verbrauchers zu verhindern, nicht jedoch den Wettbewerb zu schützen, widerlegt: a. A. *Joliet*, 5 RTDE 646, 682 f., 688 ff. (1969).

103 EuGH – *Continental Can* (21. 2. 1973, Rs. 6/72), Slg. 1973, 215 (Rn. 25); st. Rspr.: siehe EuG – *General Electric Co.* (14. 12. 2005, Rs. T-210/01), Slg. 2005, II-5575 (Rn. 86).

104 EuGH – *Continental Can* (21. 2. 1973, Rs. 6/72), Slg. 1973, 215 (Rn. 27); vgl. auch EuG – *Aéroports de Paris* (12. 12. 2000, Rs. T-128/98), Slg. 2000, II-3929 (Rn. 170).

105 EuGH – *Continental Can* (21. 2. 1973, Rs. 6/72), Slg. 1973, 215 (Rn. 26).

106 EuGH – *Continental Can* (21. 2. 1973, Rs. 6/72), Slg. 1973, 215 (Rn. 29).

107 EuGH – *Continental Can* (21. 2. 1973, Rs. 6/72), Slg. 1973, 215 (Rn. 27).

geht daher über den der *Continental-Can*-Entscheidung zugrunde liegenden Fall der Rückabwicklung eines Zusammenschlusses hinaus.[108]

Der Gerichtshof bestätigt insofern das Ergebnis der bisherigen Analyse. Demnach ist Artikel 82 EG integraler Bestandteil eines der Aufrechterhaltung eines funktionsfähigen Wettbewerbs dienenden Instrumentariums. Es steht in einem engen systematischen Zusammenhang einerseits zu Artikel 81 EG, andererseits zu Artikel 3 Abs. 1 lit. g EG. Artikel 81 Abs. 3 lit. b EG wiederum zeigt, dass kein Grund wettbewerbswidrige Verhaltensweisen rechtfertigt, die aufgrund des Ausschlusses jeglichen Wettbewerbs zur Begründung einer beherrschenden Stellung führen. Diese Grenze gilt auch für beherrschende Unternehmen. Artikel 82 EG lässt nicht das Ergebnis zu, das Artikel 81 Abs. 3 lit. b EG zu verhindern sucht.[109] Beherrschenden Unternehmen ist mithin verboten, die Marktstruktur im Vergleich zu dem Zustand, der ohne die fragliche Verhaltensweise bestünde, zu verändern, indem sie ihre bestehende Position mit wettbewerbswidrigen Mitteln vertiefen oder künstlich aufrechterhalten. Da schließlich ein auf eine Stärkung des beherrschenden Unternehmens zielendes Verhalten und die Marktverhältnisse *in wechselseitigem Bezug* zueinander stehen und zugleich die „Mittel und Verfahren" der nachteiligen Beeinflussung der letzteren unerheblich sind, lassen sich Rechtswidrigkeit von Marktverhalten und Marktstruktur – unabhängig von der zugrunde liegenden Zuwiderhandlung – nicht strikt trennen. Das Werturteil über die zum Schutz des Wettbewerbs verbotenen Mittel wirkt sich auch auf das mit ihrer Hilfe erzielte Resultat aus. Daher muss die *Begründung*[110], *Aufrechterhaltung* oder *Vertiefung* einer beherrschenden Stellung zumindest dann, wenn sie mit wettbewerbswidrigen Mitteln erfolgt, nicht ohne weiteres hingenommen werden.[111] Die *Continental-Can*-Doktrin entzieht damit der Ansicht die Grundlage, Artikel 82 EG diene lediglich einer Kontrolle rechtswidrigen Verhaltens, ohne Veränderungen der nicht an der Rechtswidrigkeit des beanstandeten Verhaltens teilhabenden Unternehmensstruktur bewirken zu können.[112]

---

108 I. Erg. wie hier *Mestmäcker* in: *FS Raisch*, S. 441, 454; ferner *Schulte-Braucks*, S. 297; vgl. auch *Emmerich* in: *Dauses*, H. I § 1 Rn. 403 (mit einer weiten Definition von „Strukturmissbräuchen"); zurückhaltender *IM/Möschel (Bd. 1 EG/I)*, Art. 82 Rn. 122, 271 (die *Continental-Can*-Doktrin auf Fälle externen Wachstums beschränkend, was typischerweise Sachverhalte betreffe, in denen der Missbrauch in einer „isolierten Einzelmaßnahme" liege).

109 So EuGH – *Continental Can* (21. 2. 1973, Rs. 6/72), Slg. 1973, 215 (Rn. 25).

110 Aufgrund des systematischen Zusammenhangs zwischen Art. 81 und 82 EG kann hier dahinstehen, ob die Begründung einer beherrschenden Stellung bereits nach Art. 82 EG zu beurteilen wäre: Für Zusammenschlüsse die Anwendung von Art. 82 EG befürwortend: *Mestmäcker*, S. 417; *Dubois*, S. 132; *Emmerich* in: *Dauses*, H. I § 1 Rn. 406. Differenzierend *Fickentscher* in: *FS Böhm*, S. 261. *Ablehnend*: EuG – *Gencor* (25. 3. 1999, Rs. T-102/96), Slg. 1999, II-753 (Rn. 155); *GTE/Schröter*, Art. 82 Rn. 288; *Jung* in: *Grabitz/Hilf*, Art. 82 Rn. 239; *Dirksen* in: *Langen/Bunte*, Art. 82 Rn. 193; *Gleiss/Hirsch*, Art. 86 Rn. 109; *Waelbroeck/Frignani* in: *Megret*, Rn. 875; *Niemeyer*, RIW 1991, 448, 452; ferner Gemeinsame Erklärung des Rates und der Kommission für das Ratsprotokoll v. 19. 12. 1989, WuW 1990, 240, 243 (Ziff. 11 lit. b).

111 Zu Unrecht anders *Klees*, § 6 Rn. 78.

112 Vgl. *Mestmäcker*, S. 362; *ders.* in: *FS Raisch*, S. 441, 456; ähnlich *IM/Möschel (Bd. 1 EG/I)*, Art. 82 Rn. 122. Anders *Sura* in: *Langen/Bunte*, VO Nr. 1/2003, Art. 7 Rn. 4.

Artikel 82 EG verbietet jedoch nach einhelliger Auffassung nicht „das bloße Innehaben einer beherrschenden Stellung“.[113] Gleichzeitig gewährleistet der durch den Gerichtshof im Fall *Continental Can* hergestellte Zusammenhang zu Artikel 81 EG, dass lediglich ein Verbot der Begründung, Vertiefung oder Aufrechterhaltung einer beherrschenden Stellung mit Mitteln besteht, deren Strukturwirkung nicht mehr Ergebnis eines normalen, auch bei Vorliegen einer beherrschenden Stellung zulässigen[114] Produkt- und Dienstleistungswettbewerbs ist. Nach der Rechtsprechung der europäischen Gerichte sind nur Verhaltensweisen missbräuchlich, „die die Struktur eines Marktes beeinflussen *können*, auf dem der Wettbewerb gerade wegen der Anwesenheit des fraglichen Unternehmens *bereits geschwächt* ist, und die die *Aufrechterhaltung des auf dem Markt noch bestehenden Wettbewerbs oder dessen Entwicklung* durch die Verwendung von Mitteln behindern, welche von den Mitteln eines normalen Produkt- oder Dienstleistungswettbewerbs auf der Grundlage der Leistungen der Marktbürger abweichen.“[115]

Damit sind der Erwerb, die Verstärkung oder die Aufrechterhaltung einer marktbeherrschenden Stellung im Wege des Leistungswettbewerbs grundsätzlich zulässig. Im Zusammenhang mit Artikel 82 EG kann daher – cum grano salis – von einem *qualifizierten Monopolisierungsverbot* gesprochen werden,[116] soweit die Antithese zwischen der zum Schutz des Wettbewerbs erfolgenden Ächtung bestimmter Mittel und dem Werturteil über das mit ihrer Hilfe erzielte Resultat der Marktbeherrschung bzw. der Gegensatz zwischen der Aufsicht über „Wettbewerbsbeschränkungen durch Maßnahme“ und „durch Zustand“ überwunden wird.[117] Das Konzept einer Verhaltenskontrolle bleibt hierbei unangetastet, da sich das Verbot am wettbewerbswidrigen Verhalten eines Unternehmens orientiert.[118] Wie die US-amerikanischen Erfahrungen zeigen und im Folgenden näher zu untersuchen sein wir, erlaubt der Begriff des „Monopolisierungsverbotes“ allerdings keinen zwingenden Rückschlüsse auf die zulässigen Abhilfen.[119]

---

113 EuG – *Cie. maritime belge* (8. 10. 1996, Rs. T-24-26/93), Slg. 1996, II-1201 (Rn. 60).

114 Vgl. EuG – *Deutsche Bahn* (21. 10. 1997, Rs. T-229/94), Slg. 1997, II-1689 (Rn. 78).

115 Vgl. EuGH – *Hoffmann-La Roche* (13. 2. 1979, Rs. 85/76), Slg. 1979, 461 (Rn. 91); EuGH – *L'Oréal* (11. 12. 1980, Rs. 31/80), Slg. 1980, 3775 (Rn. 27); EuGH – *Michelin* (9. 11. 1983, Rs. 322/81), Slg. 1983, 3461 (Rn. 70); EuGH – *AKZO Chemie* (3. 7. 1991, Rs. C-62/86), Slg. 1991, I-3359 (Rn. 69); EuGH – *British Airways* (15. 3. 2007, Rs. C-95/04 P), noch nicht veröffentlicht (Rn. 66). Siehe ferner EuG – *Tetra Pak I* (10. 7. 1990, Rs. T-51/89), Slg. 1990, II-309 (Rn. 23); EuG – *BPB Industries und British Gypsum* (1. 4. 1993, Rs. T-65/89), Slg. 1993, II-389 (Rn. 67 ff.); EuGH – *Cie. maritime belge* (16. 3. 2000, Rs. C-395, 396/96 P), Slg. 2000, I-1365 (Rn. 113); EuG – *ITT Promedia* (17. 7. 1998, Rs. T-111/96), Slg. 1998, II-2937 (Rn. 138); EuG – *Aéroports de Paris* (12. 12. 2000, Rs. T-128/98), Slg. 2000, II-3929 (Rn. 170); EuG – *SELEX Sistemi Integrati SpA / Kommission* (12. 12. 2006, Rs. T-155/04), noch nicht veröffentlicht (Rn. 107); EuG – *DSD* (24. 5. 2007, Rs. T-151/01), noch nicht veröffentlicht (Rn. 120).

116 Ähnlich *Mestmäcker* in: *FS Raisch*, S. 441, 448.

117 Noch expliziter EuGH – *Ufex u. a.* (4. 3. 1999, Rs. C-119/97 P), Slg. 1999, I-1341 (Rn. 92 ff.), dazu Schlussanträge GA *Ruiz-Jarabo Colomer* (v. 26. 5. 1998), a.a.O., Rn. 70 ff. Zur Unterscheidung von Beschränkungen durch „Maßnahme“ und „Zustand“ vgl. bereits Fn. 47, S. 43.

118 Anders *Koch* in: *Grabitz/Hilf*, 4. EL, Art. 86 Rn. 7, wonach grundlegende, nicht näher bezeichnete Unterschiede zwischen Missbrauchs- und Monopolverbot bestünden.

119 Siehe insoweit im 2. Teil § 3 A.I. (S. 248 ff.).

3. *Die Continental-Can-Doktrin als Grundlage eines Missbrauchsverbotes mit Beseitigungsfolge?*

Soweit eine der wesentlichen Implikationen der *Continental-Can*-Doktrin eine Annäherung des Unwerturteils gegenüber den zum Schutz des Wettbewerbs verbotenen Verhaltensweisen und gegenüber den mit ihrer Hilfe erzielten Ergebnissen ist, stellt sich die Frage, inwieweit Artikel 82 EG ein „Missbrauchsverbot mit Beseitigungsfolge“[120] zu entnehmen ist, das überdies im Hinblick auf den systematischen Zusammenhang zu Artikel 81 Abs. 3 lit. b EG auch auf die Fälle der Begründung einer marktbeherrschenden Stellung durch missbräuchliche Verhaltensweisen Anwendung fände.[121]

Rückhalt findet ein derartiger Ansatz in der explizit auf das *Continental-Can*-Urteil gestützten Entscheidung des Europäischen Gerichtshofs im Fall *Ufex u. a.*[122] Dem Fall lag eine Beschwerde von Wettbewerbern der Eilkurierdienstleistungen erbringenden *SFMI Chronopost* gegen einen Einstellungsbeschluss der Kommission zugrunde. Die Gesellschaft hatte ihre markführende Stellung innerhalb von zwei Jahren dank wettbewerbswidriger Quersubventionen[123] der französischen Muttergesellschaft *La Poste* erworben. Der EuGH vertrat die Auffassung, dass der Wettbewerb verzerrt worden sei und weiter verfälscht werde, selbst wenn die fragliche Zuwiderhandlung – was offen blieb – abgestellt worden sei. Daher sei die Kommission nach den Artikeln 2, 3 Abs. 1 lit. g und 82 EG auch nach der Einstellung wettbewerbswidriger Praktiken „weiterhin dafür zuständig“, zur „*Beseitigung oder Neutralisierung*“ ihrer wettbewerbswidrigen *Wirkungen* tätig zu werden.[124] Die Kommission hätte sich ein Urteil über die Schwere und die Dauer der Beeinträchtigungen und ihrer *fortdauernder Wirkungen* auf die Wettbewerbsverhältnisse in der Gemeinschaft bilden und „alle zur Wiederherstellung gesunder Wettbewerbsverhältnisse“ dienlichen Maßnahmen ergreifen[125] bzw. „für eine unverfälschte Wettbewerbslage“ sorgen müssen.[126] Andernfalls käme dies einer paradoxen „Prämie“ auf erfolgreiches wettbewerbswidriges Verhalten gleich, zumal seine freiwillige Einstellung indziere, dass das Ziel der Ausschaltung von Wettbewerb erreicht sei.[127]

Welche konkreten Maßnahmen dem Gerichtshof vorschwebten, ist nach wie vor offen, da das Verfahren nach einer erneuten Einstellungsverfügung der Kommission

---

120 Vgl. *Fickentscher* in: *FS Böhm*, S. 261, 268 f., i. Erg. (a.a.O., S. 275) jedoch den Schwerpunkt bei der Verhaltenskontrolle setzend; vgl. auch *Plomben*, S. 6 (Rn. 11), der ohne Begründung Entflechtungen „in cases of monopolisation“ befürwortet: vgl. hierzu bereits Fn. 20 (S. 27).

121 Vgl. hierzu in § 2 A.III.2. (S. 53, m. w. N. in Fn. 110).

122 Vgl. EuGH – *Ufex u. a.* (4. 3. 1999, Rs. C-119/97 P), Slg. 1999, I-1341 (Rn. 2 ff.); zu vorangegangenen Urteilen in derselben Sache vgl. EuGH – *SFEI* (11. 7. 1996, Rs. C-39/94), Slg. 1996, I-3547; EuG – *Ufex u. a.* (14. 12. 2000, Rs. T-613/97), Slg. 2000, II-4055 (m. w. N.).

123 Zur Problematik wettbewerbswidriger Quersubventionen siehe § 3 A.I.3. b) aa) (S. 124 ff.).

124 EuGH – *Ufex u. a.* (4. 3. 1999, Rs. C-119/97 P), Slg. 1999, I-1341 (Rn. 94).

125 EuGH – *Ufex u. a.* (4. 3. 1999, Rs. C-119/97 P), Slg. 1999, I-1341 (Rn. 84 f., 92 ff.).

126 EuG – *Ufex u. a.* (25. 5. 2000, Rs. T-77/95), Slg. 2000, II-2167 (Rn. 52).

127 Siehe Schlussanträge GA *Ruiz-Jarabo Colomer* in EuGH – *Ufex u. a.* (4. 3. 1999, Rs. C-119/97 P), Slg. 1999, I-1341 (Rn. 71).

auch 15 Jahre nach Einlegung der ersten Beschwerde keinen Abschluss gefunden hat.[128] Zweifelhaft ist indes nicht zuletzt im Hinblick auf den seit der ersten Beschwerde aus dem Jahre 1990 verstrichenen erheblichen Zeitraum, dass mit der „*Neutralisierung oder Beseitigung*" der wettbewerbswidrigen *Auswirkungen* einer Wettbewerbsverzerrung eine Wiederherstellung des status quo ante – also eine Marktsituation, in der *SFMI Chronopost* nicht Marktführer gewesen wäre – gemeint war. Freilich wäre dies im Fall *Continental Can*, auf den sich der EuGH stützt, Konsequenz eines Obsiegens der Kommission gewesen. Allerdings lag letzterer Entscheidung ein Zusammenschluss im weitesten Sinne zugrunde. Anknüpfungspunkt für einen strukturellen Eingriff wäre mithin eine Verhaltensweise gewesen, deren Kausalität für das zu beseitigende Ergebnis zweifelsohne festgestanden hätte. Gleichzeitig hätte sich der Eingriff als Kehrseite des Vollzugsverbotes dargestellt, das aus der unmittelbaren Geltung des Verbotes des Artikel 82 EG folgt. Eine positive Anordnung der Entflechtung hätte sich insoweit nicht aus dem Kontext der zugrundeliegenden, als wettbewerbswidrig erachteten Verhaltensweise gelöst, auch wenn sie natürlicherweise die Struktur des betreffenden Unternehmens und damit des Marktes beeinflusst hätte.[129] Zugleich hätten sich zumindest bei einer zeitnahen Rückentflechtung die praktischen Schwierigkeiten eines strukturellen Eingriffs insoweit in Grenzen gehalten, als die noch vorhandenen Bruchlinien die Individualisierung des Entflechtungsgegenstandes erleichtert hätten.[130] Außerhalb der Fälle des messbaren externen Unternehmenswachstums stößt eine „Rückabwicklung" wettbewerbswidrigen Verhaltens jedoch auf erheblichere Schwierigkeiten.[131] Sie resultieren insbesondere aus den zur Bestimmung von Marktmacht herangezogenen Kriterien und der Definition missbräuchlicher Verhaltensweisen.

a) „Beherrschende Stellung" im Sinne des Artikels 82 EG

Im Folgenden sollen der Begriff der „beherrschenden Stellung", der neben dem „Missbrauch" wesentliches Tatbestandsmerkmal des Artikel 82 EG ist, sowie die zu seiner Bestimmung herangezogenen Kriterien untersucht werden.[132] Ziel ist auch hier zu klä-

---

128 Vgl. insoweit die Klage der *UFEX u. a.* gegen die nicht veröffentlichte erneute Einstellungsverfügung der Kommission vom 19. 11. 2004, eingereicht am 2. 2. 2005, Rs. T-60/05.

129 Zum Teil wird die Auffassung vertreten, die Kommission hätte sich selbst im Fall der Bestätigung ihrer Entscheidung im Fall *Continental Can* darauf beschränken müssen, lediglich deklaratorisch die Nichtigkeit des Zusammenschlusses festzustellen: In diesem Sinne *Dirksen* in: *Langen/Bunte*, Art. 82 Rn. 192; *Jung* in: *Grabitz/Hilf*, Art. 82 Rn. 282; *GTE/Schröter*, Art. 82 Rn. 61. Dagegen im Hinblick auf die geringe Flexibilität einer *Nichtigkeit ex lege* zu Recht *IM/Möschel (Bd. 1 EG/I)*, Art. 82 Rn. 32; *Gleiss/Hirsch*, Art. 86 Rn. 135; *Koch* in: *Grabitz/Hilf*, 4. EL, Art. 86 Rn. 86; *Kerse*, S. 167 (Rn. 6.19); *Korah/Lasok*, 25 CMLR 333, 349 (1988).

130 Vgl. in § 1 B.I. (S. 34 f.). Zur Relevanz von Bruchlinien vgl. im 3. Teil § 2 A.II.1. a) (S. 291 ff.).

131 Siehe *IM/Möschel (Bd. 1 EG/I)*, Art. 82 Rn. 271.

132 Dritte Voraussetzung ist die hier nicht relevante *spürbare Beeinträchtigung des Handels zwischen den Mitgliedstaaten*: Vgl. EuGH – *British Sugar/Kommission* (29. 4. 2004, Rs. C-359/01), Slg.

ren, inwieweit die Kriterien zur Feststellung von Marktbeherrschung unter Berücksichtigung ökonomischer Theorien zu Marktmacht Rückschlüsse auf die Adäquanz einer Folgenbeseitigungsanordnung – oder andere Schlüsse – zulassen.

aa) Begriff der „beherrschenden Stellung"

Der vertragsautonom auszulegende Begriff der beherrschenden Stellung stellt einen „normativen Zweckbegriff" dar. Er dient der Ermittlung des Punktes, ab dem „die Neutralisierung wirtschaftlicher Macht nicht mehr dem Markt überlassen werden kann, sondern zur Aufgabe des Rechts wird".[133] Von den Regelbeispielen des Artikels 82 Abs. 2 lit. a und b EG ausgehend charakterisiert sich Marktbeherrschung zunächst durch die Fähigkeit, den Preis eines Produktes oder einer Dienstleistung autonom zu bestimmen oder ihre Erzeugung sowie ihren Absatz zu kontrollieren, ohne dass dies dem betroffenen Unternehmen zum Nachteil gereichte.[134] Wird die „Kontrolle der Erzeugung und des Absatzes" auf die Gesamtheit des relevanten Marktes bezogen, ist die Kontrolle fremder Produktionsvolumina und fremden Absatzes durch die Behinderung von Wettbewerbern[135] komplementäre Facette der Fähigkeit zu unabhängigem Verhalten.[136] Folgerichtig definiert der Gerichtshof in ständiger Rechtsprechung Marktbeherrschung als die sich aus dem „Zusammentreffen mehrerer Faktoren"[137] ergebende „wirtschaftliche Machtstellung eines Unternehmens, die dieses in die Lage versetzt, die Aufrechterhaltung eines wirksamen Wettbewerbs auf dem relevanten Markt zu verhindern, indem sie dem Unternehmen die Möglichkeit verschafft, sich seinen Wettbewerbern, seinen Ab-

---

2004, I-4933 (Rn. 27); EuG – *Raiffeisen Zentralbank Österreich / Kommission* (14. 12. 2006, Rs. T-259/02 u. a.), noch nicht veröffentlicht (Rn. 163, m. w. N.).

133 *Mestmäcker*, Unternehmen, S. 8; *Mestmäcker*, S. 169; *IM/Möschel (Bd. 1 EG/I)*, Art. 82 Rn. 39, 67 (m. w. N.); *Jacquemin/De Jong*, S. 198 („diffusion of economic power" als primäres Ziel von Art. 82); *Eilmansberger*, 42 CMLR 129, 137 (2005).

134 EuGH – *United Brands* (14. 2. 1978, Rs. 27/76), Slg. 1978, 207 (Rn. 182 f.); EuGH – *Hoffmann-La Roche* (13. 2. 1979, Rs. 85/76), Slg. 1979, 461 (Rn. 39); EuGH – *Deutsche Post/GZS* (10. 2. 2000, Rs. C-147, 148/97), Slg. 2000, I-825 (Rn. 60). Siehe auch EuG – *Hilti* (12. 12. 1991, Rs. T-30/89), Slg. 1991, II-1439 (Rn. 93).

135 Die Kommission stellte zunächst vorrangig auf die wirtschaftliche Potenz eines Unternehmens ab, das Markgeschehen insbesondere durch Verdrängung von Wettbewerbern zu beeinflussen: Vgl. *Kommission*, Konzentrationsmemorandum (1966), S. 25. Spätere Entscheidungen hingegen stellten eher auf das Fehlen wirksamen Wettbewerbs ab: Vgl. KOMM. – *Continental Can* (9. 12. 1971), ABl. 1972 L 7/25, 35; KOMM. – *GEMA I* (2. 6. 1971), ABl. 1971 L 134/15, 21; KOMM. – *Chiquita* (17. 12. 1975), ABl. 1976 L 95/1, 11, 13. Zur aktuellen Praxis siehe Nachweise Fn. 422 (S. 99).

136 Vgl. *Gleiss/Hirsch*, Art. 86 Rn. 74; *Dirksen in: Langen/Bunte*, Art. 82 Rn. 111 (m. w. N.); *Emmerich* in: *Dauses*, H. I § 1 Rn. 367; *Mestmäcker*, S. 383. Eine Differenzierung zwischen Wettbewerbsverhinderungsmacht und Fehlen von Wettbewerb erübrigt sich in dieser Hinsicht: wie hier *Goldman/Lyon-Caen/Vogel*, Rn. 539; *Weiß* in: *Calliess/Ruffert*, Art. 82 Rn. 8; *Emmerich*, a.a.O., Rn. 337; *IM/Möschel (Bd. 1 EG/I)*, Art. 82 Rn. 67; *Jung* in: *Grabitz/ Hilf*, Art. 82 Rn. 57.

137 EuGH – *United Brands* (14. 2. 1978, Rs. 27/76), Slg. 1978, 207 (Rn. 63/66); EuGH – *Cie. maritime belge* (16. 3. 2000, Rs. C-395, 396/96 P), Slg. 2000, I-1365 (Rn. 114) (m. w. N. – st. Rspr.).

nehmern und schließlich den Verbrauchern gegenüber in nennenswertem Umfang unabhängig zu verhalten".[138]

bb) *Kriterien zur Feststellung einer beherrschenden Stellung*

Es besteht weitgehend Einigkeit, dass der Begriff der beherrschenden Stellung – sei es auf Anbieter- oder auf Nachfrageseite[139] – eines Bezugsobjektes in Gestalt eines sachlich, geographisch und zeitlich relevanten Marktes[140] bedarf, das die Wettbewerbsverhältnisse widerspiegelt.[141] In *sachlicher* Hinsicht werden daher zunächst Märkte abgegrenzt, deren Produkte unter Berücksichtigung ihrer Preise bzw. ihrer Veränderung[142] sowie der Besonderheiten eines Marktes aus Sicht der jeweiligen Marktgegenseite funktionell hinreichend austauschbar sind (Bedarfsmarktkonzept).[143] Auch der Angebotselastizität, also der – realistischen – Fähigkeit anderer *Anbieter*, bei Preiserhöhungen

---

138 *St. Rspr.*: vgl. z. B. EuGH – *United Brands* (14. 2. 1978, Rs. 27/76), Slg. 1978, 207 (Rn. 63 f.); EuGH – *Cie. maritime belge* (16. 3. 2000, Rs. C-395, 396/96 P), Slg. 2000, I-1365 (Rn. 34); EuG – *Van den Bergh Foods* (23. 10. 2003, Rs. T-65/98), Slg. 2003, II-4653 (Rn. 154); zuletzt EuG – *EDP* (21. 9. 2005, Rs. T-87/05), Slg. 2005, II-3745 (Rn. 48); EuG – *General Electric Co.* (14. 12. 2005, Rs. T-210/01), Slg. 2005, II-5575 (Rn. 85, m. w. N.); EuG – *France Télécom SA* (30. 1. 2007, Rs. T-340/03), online abrufbar (Rn. 99).

139 Vgl. Art. 82 Abs. 2 lit. a („unangemessene *Einkaufs*bedingungen"); EuGH – *CICCE* (28. 3. 1985, Rs. 298/83), Slg. 1985, 1105 (Rn. 28); EuG – *British Airways* (17. 12. 2003, Rs. T-219/99), Slg. 2003, II-5917 (Rn. 101), ohne Diskussion bestätigt durch EuGH – *British Airways* (15. 3. 2007, Rs. C-95/04 P), noch nicht veröffentlicht; siehe auch Leitlinien der Kommission für die Anwendung der EG-Wettbewerbsregeln im Telekommunikationsbereich, ABl. 1991 L 233/2 (Rn. 82). Zur Nachfragemacht siehe auch *IM/Möschel (Bd. 1 EG/I)*, Art. 82 Rn. 69 f. (m. w. N.).

140 Vgl. Bekanntmachung der Kommission über die Definition des relevanten Marktes im Sinne des Wettbewerbsrechts der Gemeinschaft, ABl. 1997 C 372/5 (Rn. 1); ferner die darauf aufbauenden Leitlinien der Kommission vom 9. 7. 2002 zur Marktanalyse und Ermittlung beträchtlicher Marktmacht gemäß der Richtlinie 2002/21/EG über einen gemeinsamen Rechtsrahmen für elektronische Kommunikationsnetze und -dienste, ABl. 2002 C 165/6 (Rn. 33 ff.). Zu einer Kritik der Bekanntmachung von 1997 vgl. *Camesasca/van den Bergh*, 47 Antitr. Bull. 143 (2002).

141 *Jung* in: *Grabitz/Hilf*, Art. 82 Rn. 60; *Gleiss/Hirsch*, Art. 86 Rn. 12 f.; *Emmerich* in: *Dauses*, H. I § 1 Rn. 316; *Dirksen* in: *Langen/Bunte*, Art. 82 Rn. 17 f.; *Mestmäcker*, S. 375 ff.; *Ritter/Braun/Rawlinson*, S. 332; *Goldman/Lyon-Caen/Vogel*, Rn. 542. Zu abweichenden, auf die frz. Lehre des „partenaire obligatoire" gestützten Ansichten vgl. *Glais*, RMC 1987, 203, 206; *Hoet*, RMC 1989, S. 135, 154 ff. Zu Recht kritisch *Jung*, a.a.O.

142 Vgl. EuG – *France Télécom SA* (30. 1. 2007, Rs. T-340/03), online abrufbar (Rn. 90); KOMM. – *Fußball-WM* (20. 7. 1999), ABl. 2000 L 5/55 (Rn. 66 ff.); KOMM. – *Microsoft* (24. 3. 2004), C(2004)900 final (Rn. 369 ff.); Bekanntmachung über die Definition des relevanten Marktes (Fn. 140), ABl. 1997 C 372/5 (Rn. 15, 17); zum sog. „hypothetischen Monopolistentest" vgl. Leitlinien zur Ermittlung beträchtlicher Marktmacht (Fn. 140), ABl. 2002 C 165/6 (Rn. 40 f.); siehe nunmehr auch KOMM. – *AstraZeneca (15. 6. 2005, COMP/A. 37.507/F3)*, abrufbar auf der Webseite der Kommission, Rn. 128, 344; dazu *Völcker*, 43 CMLR 1409, 1431 (2006).

143 St. Rspr.: vgl. EuGH – *Continental Can* (21. 2. 1973, Rs. 6/72), Slg. 1973, 215 (Rn. 32); EuG – *Kish Glass* (30. 3. 2000, Rs. T 65/96), Slg. 2000, II-1885 (Rn. 62); EuG – *British Airways* (17. 12. 2003, Rs. T 219/99), Slg. 2003, II-5917 (Rn. 91); EuG – *France Télécom SA* (30. 1. 2007, Rs. T-340/03), online abrufbar (Rn. 78); KOMM. – *Michelin* (20. 6. 2001), ABl. 2002 L 143/1 (Rn. 110 ff., m. w. N.); Bekanntmachung über die Definition des relevanten Marktes (Fn. 140), ABl. 1997 C 372/5 (Rn. 7); ferner Leitlinien über horizontale Zusammenarbeit, ABl. 2001 C 3/2 (Rn. 47 ff.) (zur Notwendigkeit von Technologiemärkten).

durch einfache Produktionsumstellungen auf Veränderungen der Nachfrage zeitnah zu reagieren, ist Rechnung zu tragen.[144] In *geographischer Hinsicht* bestimmt sich der relevante Markt als derjenige, „in dem die Wettbewerbsbedingungen hinreichend homogen sind und [der] sich von benachbarten Gebieten durch spürbar unterschiedliche Wettbewerbsbedingungen unterscheidet".[145] Regelmäßig handelt es sich hierbei nicht um ein Gebiet, dass sich über den gesamten Gemeinsamen Markt erstreckt, sondern sich auf einen „wesentlichen Teil" desselben – der stellenweise in geographischer Hinsicht eng umrissen sein kann – beschränkt.[146] Schließlich bedarf es einer *zeitlichen* Kongruenz von Marktbeherrschung und Missbrauch,[147] wobei nicht erforderlich ist, dass die beherrschende Stellung bereits über einen gewissen Zeitraum hinweg Bestand hatte.[148]

Der dergestalt abgegrenzte relevante Markt wird in einem zweiten Schritt auf das Vorliegen einer beherrschenden Stellung untersucht. Sie ergibt sich aus dem *„Zusammentreffen mehrerer Faktoren"*, die jeweils für sich genommen nicht ausschlaggebend sein müssen.[149] Indizielle Wirkung kann hierbei sowohl marktinhärenten als auch unternehmensbezogenen ***strukturellen Kriterien***, aber auch dem *Verhalten des betreffenden Unternehmens* sowie den *Marktergebnissen* zukommen. Innerhalb der marktbezogenen strukturellen Kriterien misst die Praxis dem „Vorliegen erheblicher Marktanteile in hohem Maße" Bedeutung zu.[150] Abgesehen von den Fällen der Monopole sowie der ihnen gleichgestellten faktischen Alleinanbieterstellungen[151] und „Quasimonopole"[152] – die als notwendigerweise marktbeherrschend bezeichnet werden[153] – können „besonders hohe Anteile – von außergewöhnlichen Umständen abgesehen – *ohne weiteres den Beweis* für das Vorliegen einer beherrschenden Stellung" erbringen", sofern sie eine ge-

---

144 Vgl. EuGH – *Continental Can* (21. 2. 1973, Rs. 6/72), Slg. 1973, 215 (Rn. 33 ff.); Leitlinien zur Ermittlung beträchtlicher Marktmacht (Fn. 140, S. 58), ABl. 2002 C 165/6 (Rn. 52 ff., m. w. N.); KOMM. – *Microsoft* (24. 3. 2004), C(2004)900 final (Rn. 388 ff.).

145 Vgl. EuG – *Tiercé Ladbroke* (12. 6. 1997, Rs. T-504/93), Slg. 1997, II-923 (Rn. 102); Bekanntmachung über die Definition des relevanten Marktes (Fn. 140, S. 58), ABl. 1997 C 372/5 (Rn. 8); KOMM. – *Michelin* (20. 6. 2001), ABl. 2002 L 143/1 (Rn. 119 ff.).

146 Vgl. *Dirksen in: Langen/Bunte*, Art. 82 Rn. 32 (m. w. N. zur Rspr.). Siehe auch Bekanntmachung über die Definition des relevanten Marktes (Fn. 140, S. 58), ABl. 1997 C 372/5 (Rn. 50).

147 EuGH – *Suiker Unie* (16. 12. 1975, Rs. 40/73 u. a.), Slg. 1975, 1663 (Rn. 450); EuGH – *United Brands* (14. 2. 1978, Rs. 27/76), Slg. 1978, 207 (Rn. 23/33 f.). Vgl. auch *Dirksen* in: *Langen/Bunte*, Art. 82 Rn. 36; *Jung* in: *Grabitz/Hilf*, Art. 82 Rn. 48 (jeweils m. w. N.).

148 Siehe Bekanntmachung über die Definition des relevanten Marktes (Fn. 140, S. 58), ABl. 1997 C 372/5 (Rn. 20 ff.); siehe *GTE/Schröter*, Art. 82 Rn. 155 (m. w. N.).

149 Siehe bereits Nachweise Fn. 137 (S. 57).

150 EuGH – *Hoffmann-La Roche* (13. 2. 1979, Rs. 85/76), Slg. 1979, 461 (Rn. 39). Relativierend: Mitteilung über Zugangsvereinbarungen im Telekommunikationsbereich (Fn. 250, S. 74), ABl. 1998 C 265/2 (Rn. 73).

151 Vgl. EuGH – *RTE und ITP (Magill)* (6. 4. 1995, Rs. C-241, 242/91 P), Slg. 1995, I-743 (Rn. 47); EuGH – *Bronner* (26. 11. 1998, Rs. C-7/97), Slg. 1998, I-7791 (Rn. 35); EuGH – *GVL* (2. 3. 1983, Rs. 7/82), Slg. 1983, 483 (Rn. 45); KOMM. – *Microsoft* (24. 3. 2004), C(2004)900 final (Rn. 435).

152 EuGH – *Hoffmann-La Roche* (13. 2. 1979, Rs. 85/76), Slg. 1979, 461 (Rn. 67).

153 Siehe *GTE/Schröter*, Art. 82 Rn. 121; *IM/Möschel (Bd. 1 EG/I)*, Art. 82 Rn. 82; *Dirksen in: Langen/Bunte*, Art. 82 Rn. 39, jew. m. w. N. zur Rspr.

wisse Dauerhaftigkeit aufweisen.[154] Regelmäßig wird eine derartige Beweiswirkung bei Marktanteilen zwischen 70-80 % angenommen.[155] Eine Schwelle, deren Unterschreiten die Annahme von Marktbeherrschung ausschließt, existiert demgegenüber nicht. In der Regel wird eine beherrschende Stellung jedoch lediglich in Ausnahmefällen bei Marktanteilen unterhalb von 40 % festgestellt werden können.[156]

Regelmäßig sichert die Kommission ihren Befund auch in Fällen hoher Marktanteile durch zusätzliche Indizien ab, deren Bedeutung allerdings umgekehrt proportional zur Höhe des Marktanteil ist. Berücksichtigung finden zum einen im relevanten Markt angelegte strukturelle Elemente wie die Angebots- und Nachfragestruktur[157] sowie gesetzliche, administrative, produkt- oder produktionsspezifische und sogar strategische – also auf das Verhalten des Marktbeherrschers zurückzuführende – Marktzutrittshemmnisse.[158] Zum anderen können strukturelle Wettbewerbsvorteile eines Unternehmens in die Bestimmung von Marktbeherrschung einfließen.[159] Die bloße Größe eines Unternehmens lässt dabei regelmäßig keine Schlüsse zu;[160] berücksichtigungsfähig sind je-

---

154 EuGH – *Hoffmann-La Roche* (13. 2. 1979, Rs. 85/76), Slg. 1979, 461 (Rn. 41); EuGH – *Cie. maritime belge* (16. 3. 2000, Rs. C-395, 396/96 P), Slg. 2000, I-1365 (Rn. 132); EuG – *General Electric Co.* (14. 12. 2005, Rs. T-210/01), Slg. 2005, II-5575 (115). Vgl. auch KOMM. – *Deutsche Post* (20. 3. 2001), ABl. 2001 L 125/27 (Rn. 32); KOMM. – *Michelin* (20. 6. 2001), ABl. 2002 L 143/1 (Rn. 176); KOMM. – *DSD* (20. 4. 2001), ABl. 2001 L 166/1 (Rn. 95); KOMM. – *NDC Health/IMS Health* (3. 7. 2001), ABl. 2002 L 59/18 (Rn. 59); KOMM. – *Microsoft* (24. 3. 2004), C(2004)900 final (Rn. 435). Differenzierter EuGH – *DLG* (15. 12. 1994, Rs. C-250/92), Slg. 1994, I-5641 (Rn. 48: „wichtiger Anhaltspunkt"). Überblick bei *GTE/Schröter*, Art. 82 Rn. 92 ff.

155 Vgl. Fn. 154. Anders EuGH – *AKZO Chemie* (3. 7. 1991, Rs. C-62/86), Slg. 1991, I-3359 (Rn. 60: 50 % über vier Jahre sind „ohne weiteres Beweis" für Marktbeherrschung); dagegen Schlussanträge GA *Lenz*, a. a. O., S. 3418 (Rn. 124); *IM/Möschel (Bd. 1 EG/I)*, Art. 82 Rn. 82 (a. E.). Ähnlich wie der EuGH: Mitteilung über Zugangsvereinbarungen im Telekommunikationsbereich (Fn. 250, S. 74), ABl. 1998 C 265/2 (Rn. 73); EuG – *General Electric Co.* (14. 12. 2005, Rs. T-210/01), Slg. 2005, II-5575 (Rn. 571); EuG – *France Télécom SA* (30. 1. 2007, Rs. T-340/03), online abrufbar (Rn. 100); KOMM. – *Michelin* (20. 6. 2001), ABl. 2002 L 143/1 (Rn. 176).

156 Wie hier *Bartosch*, EuZW 2002, 389, 391. Anders *Emmerich* in: *Dauses*, H. I § 1 Rn. 343; *Dirksen* in: *Langen/Bunte*, Art. 82 Rn. 51; *Jung* in: *Grabitz/Hilf*, Art. 82 Rn. 85; *IM/Möschel (Bd. 1 EG/I)*, Art. 82 Rn. 85; *Ritter/Braun/Rawlinson*, S. 339, die eine Untergrenze von 25 % Marktanteil annehmen. Die Kommission sieht darin nur ein Indiz für *Marktmacht*, die sich dadurch auszeichne, dass ein Unternehmen in der Lage sei, „*Preise durchzusetzen, die über dem freien Marktpreis liegen, und – zumindest* kurzfristig – *höhere Gewinne als normal zu erzielen*", was „*auch unterhalb der Schwelle der Marktbeherrschung*" möglich sei: Leitlinien für vertikale Beschränkungen, ABl. 2000 C 291/1 (Rn. 119); Leitlinien über horizontale Zusammenarbeit, ABl. 2001 C 3/2 (Fn. 17).

157 EuGH – *Hoffmann-La Roche* (13. 2. 1979, Rs. 85/76), Slg. 1979, 461 (Rn. 51, 60, 63, 66); EuGH – *United Brands* (14. 2. 1978, Rs. 27/76), Slg. 1978, 207 (Rn. 111); EuG – *General Electric Co.* (14. 12. 2005, Rs. T-210/01), Slg. 2005, II-5575 (Rn. 273); vgl. auch KOMM. – *Nestlé/Perrier* (22. 7. 1992), ABl. 1992 L 356/1 (Rn. 77 ff.); KOMM. – *Irish Sugar* (22. 7. 1997), ABl. 1997 L 258/1 (Rn. 108); KOMM. – *Virgin/B.A.* (14. 7. 1999), ABl. 2000 L 30/1 (Rn. 88); KOMM. – *Michelin* (20. 6. 2001), ABl. 2002 L 143/1 (Rn. 178); KOMM. – *Microsoft* (24. 3. 2004), C(2004)900 final (Rn. 448 ff.: Netzeffekte). Überblick bei *IM/Möschel (Bd. 1 EG/I)*, Art. 82 Rn. 80 (m. w. N.).

158 Siehe *IM/Möschel (Bd. 1 EG/I)*, Art. 82 Rn. 77; *Jung* in: *Grabitz/Hilf*, Art. 82 Rn. 86, jew. m. w. N. Zum Begriff der Marktzutrittsschranke vgl. Fn. 18 (S. 40). Zu strategischen Zutrittsbarrieren siehe *Scherer/Ross*, S. 380 ff.; *Jickeli*, S. 63 ff.; *Shepherd*, Economics, S. 208 ff.; *Viscusi et al.*, S. 165 ff.; zu einer Kritik der europäischen Kartellpraxis siehe *Arowolo*, 26 ECLR 247 (2005).

159 Eingehend *GTE/Schröter*, Art. 82 Rn. 107 ff.

160 EuGH – *Hoffmann-La Roche* (13. 2. 1979, Rs. 85/76), Slg. 1979, 461 (Rn. 47); *GTE/Schröter*, Art. 82 Rn. 113 (m. w. N. – h. M.).

doch *technologische*[161] und *kommerzielle*[162] Vorteile sowie überdurchschnittliche *Kapazitäten und Ressourcen*[163] eines Unternehmens im Vergleich zu Wettbewerbern.[164] Nach Auffassung des Gerichtshofs kann es sogar „zweckmäßig sein, [...] Tatsachen zu berücksichtigen, die als missbräuchliches Verhalten angeführt worden sind, ohne dass damit diese Eigenschaft bereits als festgestellt gelten müsste".[165] Über eine Gewinnspannenanalyse zur Feststellung möglicher Missbräuche kann insoweit auch das Marktergebnis Berücksichtigung finden.[166]

cc) Stellungnahme

Obgleich es sich bei dem Begriff der beherrschenden Stellung um einen *normativen* Begriff handelt, muss die Rechtsanwendung den zugrunde liegenden *ökonomischen* Sachverhalt in Bezug nehmen. Dabei muss sie aus einer Fülle interdependenter Faktoren diejenigen heraus filtern, die den Schluss rechtfertigen, dass nicht mehr das „Spiel von Angebot und Nachfrage"[167] wirtschaftliche Macht neutralisieren, sondern ein hoheitlicher

161 Vgl. EuG – *Hilti* (12. 12. 1991, Rs. T-30/89), Slg. 1991, II-1439 (Rn. 93: gewerbliche Schutzrechte); EuG – *Tetra Pak II* (6. 10. 1994, Rs. T-83/91), Slg. 1994, II-755 (Rn. 110: Patente); EuG – *France Télécom SA* (30. 1. 2007, Rs. T-340/03), online abrufbar (Rn. 114: technische Anbindungsmöglichkeiten); KOMM. – *Michelin* (20. 6. 2001), ABl. 2002 L 143/1 (Rn. 183: Vorteile aufgrund intensiver Forschung und Entwicklung); KOMM. – *Decca Navigator System* (21. 12. 1988), ABl. 1989 L 43/27 (Rn. 95 f.: Patente). Siehe auch EuGH – *Hoffmann-La Roche* (13. 2. 1979, Rs. 85/76), Slg. 1979, 461 (Rn. 48); EuGH – *Michelin* (9. 11. 1983, Rs. 322/81), Slg. 1983, 3461 (Rn. 55); EuGH – *AKZO Chemie* (3. 7. 1991, Rs. C-62/86), Slg. 1991, I-3359 (Rn. 61).

162 Siehe z. B. EuGH – *Hoffmann-La Roche* (13. 2. 1979, Rs. 85/76), Slg. 1979, 461 (Rn. 48: hoch entwickelte Vertriebsorganisation); EuGH – *United Brands* (14. 2. 1978, Rs. 27/76), Slg. 1978, 207 (Rn. 88: etablierter Markenname; Rn. 121: *optimale Unternehmensstruktur* durch Integration auf sämtlichen Produktions- und Absatzstufen); EuG – *General Electric Co.* (14. 12. 2005, Rs. T-210/01), Slg. 2005, II-5575 (Rn. 241: vertikale Integration mit Finanzdienstleistern); EuG – *France Télécom SA* (30. 1. 2007, Rs. T-340/03), online abrufbar (Rn. 114 f.: Vertriebsnetz); KOMM. – *Eurofix-Bauco/Hilti* (22. 12. 1987), ABl. 1988 L 65/19 (Rn. 21) (Rn. 69: hohe Integration auf der Vertriebsebene); KOMM. – *BPB Industries* (5. 12. 1988), ABl. 1989 L 10/50 (Rn. 116: hohe Integration auf Produktionsebene); KOMM. – *Blokker/Toys „R" US* (26. 6. 1997), ABl. 1998 L 316/1 (Rn. 62, Rn. 82: hohe Diversifikation). Vgl. hierzu *Ritter/Braun/Rawlinson*, S. 342 ff.

163 Vgl. z. B. KOMM. – *CEWAL* (23. 12. 1992), ABl. 1993 L 34/20 (Rn. 59); KOMM. – *Continental Can* (9. 12. 1971), ABl. L 7/25 (Rn. 3: Zugang zu Rohstoffmärkten; Rn. 12 f.: Wirtschafts- und Finanzkraft); EuGH – *Bodson* (4. 5. 1988, Rs. 30/87), Slg. 1988, 2479 (Rn. 29); KOMM. – *Chiquita* (17. 12. 1975), ABl. 1976 L 95/1 (erhebliche Verflechtung).

164 Siehe auch *Jung* in: *Grabitz/Hilf*, Art. 82 Rn. 84 (m. w. N.).

165 Siehe EuGH – *United Brands* (14. 2. 1978, Rs. 27/76), Slg. 1978, 207 (Rn. 67); KOMM. – *TACA* (16. 9. 1998), ABl. 1999 L 95/1 (Rn. 534 ff.); KOMM. – *Deutsche Post* (20. 3. 2001), ABl. 2001 L 125/27 (Rn. 32); KOMM. – *Michelin* (20. 6. 2001), ABl. 2002 L 143/1 (Rn. 197: *Michelins* Verhalten „starker Beweis"); KOMM. – *Virgin/B.A.* (14. 7. 1999), ABl. 2000 L 30/1 („*überaus erfolgreiches*" Agieren von *British Airways*). Regelmäßig bedeutsam ist das Preisverhalten des Unternehmens: vgl. *GTE/Schröter*, Art. 82 Rn. 95 ff.; *Ritter/Braun/Rawlinson*, S. 344; *IM/Möschel (Bd. 1 EG/I)*, Art. 82 Rn. 98 (jew. m. w. N.); dagegen *Koch* in: *Grabitz/Hilf*, Art. 86 Rn. 15.

166 Zustimmend *GTE/Schröter*, Art. 82 Rn. 118 (m. w. N.); vgl. KOMM. – *Microsoft* (24. 3. 2004), C(2004)900 final (Rn. 464). Zur Kritik vgl. bereits Fn. 59 (S. 45).

167 EuGH – *United Brands* (14. 2. 1978, Rs. C-27/76), Slg. 1978, 207 (Rn. 227/233).

Eingriff vonnöten ist. Die Feststellung einer beherrschenden Stellung wird dadurch zu einem äußerst *wertungsabhängigen* Prozess.[168] Allein dies verbietet – ständiger Rechtsprechung entsprechend – kategorische Werturteile über beherrschende Stellungen,[169] die zur Grundlage einer Entflechtungsanordnung gemacht werden könnten.

Darüber hinaus wird im Rahmen der Messung von Marktbeherrschung der Höhe von Marktanteilen regelmäßig ein zu hoher Stellenwert eingeräumt:[170] Problematisch ist dies zunächst deshalb, weil Marktanteile Funktion einer ebenfalls wertungsabhängigen Marktabgrenzung sind, die im europäischen Recht zudem tendenziell eng ausfällt.[171] Sie stellen zudem lediglich (statische) Momentaufnahmen des Marktgeschehens dar,[172] die keine Aussage über die *Funktionsfähigkeit von Wettbewerb* erlauben. Letztere ist bereits dann gegeben, wenn eine ausreichende Disziplinierung des beherrschenden Unternehmens durch kurzfristigen aktuellen und/oder potentiellen – aber wirksamen – Wettbewerb erfolgt.[173] Kehrseite dieser Disziplinierung ist, dass ein beherrschendes Unternehmen, das seine Interessen „in vernünftigem Maße" verteidigen und sich insoweit auch dem Preis von Wettbewerbern anpassen darf,[174] seinen Marktanteil unter Umständen aufrecht erhalten kann[175] Dem trägt der geringen Stellenwert, den die europäische Kartellpraxis Fluktuationen in der Höhe von Marktanteilen oder temporären Phasen auch „ungestümen Wettbewerbs"einräumt, nicht ausreichend Rechnung.[176]

Schließlich lässt sich der Stellenwert, der Marktanteilen eingeräumt wird, kaum mit neueren ökonomischen Modellen vereinbaren. Betroffen sind vor allem die (auch

---

168 Wie hier *Waelbroeck/Frignani* in: *Megret*, Rn. 264 („subjectif et aléatoire"); vgl. auch *Pearce de Azevedo/Walker*, 24 ECLR 640-643 (2003).

169 Vgl. Nachweise in Fn. 94 (S. 51), Fn. 226 (S. 71), Fn. 281 (S. 80) und Fn. 313 (S. 84).

170 Wie hier kritisch *Bellamy/Child* (1993), Rn. 9-026; *Goldman/Lyon-Caen/Vogel*, Rn. 541; *Korah*, 17 CMLR 395, 400 (1980); *Mestmäcker*, S. 376; *Schmidtchen* in: *FS Hoppmann*, S. 143, 159; *Turnbull*, 17 ECLR 96, 97 (1996); *Jung* in: *Grabitz/Hilf*, Art. 82 Rn. 86. Vgl. auch *Kommission*, Konzentrationsmemorandum, S. 25 (statische Betrachtung von Marktanteilen nicht ausreichend).

171 Vgl. *Dirksen* in: *Langen/Bunte*, Art. 82 Rn. 29 (m. w. N.).

172 Ähnlich *IM/Möschel (Bd. 1 EG/I)*, Art. 82 Rn. 64.

173 Wie hier kritisch *Schmidtchen* in: *FS Hoppmann*, S. 143, 159. Zur Bedeutung potentiellen Wettbewerbs siehe EuGH – *Continental Can* (21. 2. 1973, Rs. 6/72), Slg. 1973, 215 (Rn. 25) sowie oben S. 52; EuG – *EDP* (21. 9. 2005, Rs. T-87/05), Slg. 2005, II-3745 (Rn. 189); *GTE/Schröter*, Art. 82 Rn. 103; zurückhaltender *IM/Möschel (Bd. 1 EG/I)*, Art. 82 Rn. 76 (m. w. N.).

174 Vgl. Fn. 224 (S. 70). Allerdings ist nicht jeder Preiswettbewerb zulässig: vgl. EuGH – *AKZO Chemie* (3. 7. 1991, Rs. C-62/86), Slg. 1991, I-3359 (Rn. 70:); EuG – *France Télécom SA* (30. 1. 2007, Rs. T-340/03), online abrufbar (Rn. 185 ff.). Z. T. wird daher versucht, Preisänderungen danach zu beurteilen, ob sie Reaktion auf Wettbewerb oder Teil einer Strategie zur Aufrechterhaltung von Marktanteilen sind: vgl. EuGH – *Hoffmann-La Roche* (13. 2. 1979, Rs. 85/76), Slg. 1979, 461 (Rn. 70); EuGH – *United Brands* (14. 2. 1978, Rs. 27/76), Slg. 1978, 207 (Rn. 126/128); KOMM. – *British Midland/Aer Lingus* (26. 2. 1992), ABl. 1992 L 96/34 (Rn. 21).

175 Vgl. *Schmidtchen* in: *FS Hoppmann*, S. 143, 159; anders *IM/Möschel (Bd. 1 EG/I)*, Art. 82 Rn. 74.

176 Vgl. EuGH – *United Brands* (14. 2. 1978, Rs. 27/76), Slg. 1978, 207 (Rn. 111); EuGH – *Hoffmann-La Roche* (13. 2. 1979, Rs. 85/76), Slg. 1979, 461 (Rn. 44, 70); EuG – *General Electric Co.* (14. 12. 2005, Rs. T-210/01), Slg. 2005, II-5575 (Rn. 117, 150); EuG – *France Télécom SA* (30. 1. 2007, Rs. T-340/03), online abrufbar (Rn. 101, 104 m. w. N.); KOMM. – *TACA* (16. 9. 1998), ABl. 1999 L 95/1 (Rn. 533); KOMM. – *Irish Sugar* (22. 7. 1997), ABl. 1997 L 258/1 (Rn. 105); KOMM. – *Flachglas* (7. 12. 1988), ABl. 1989 L 33/44 (Rn. 79); KOMM. – *ECS/AKZO II* (14. 12. 1985), ABl. 1985 L 374/1 (Rn. 69). Zustimmend *IM/Möschel (Bd. 1 EG/I)*, Art. 82 Rn. 78.

wettbewerbspolitischen) Ansätze der Chicago-School,[177] die insbesondere das Antitrust-Recht beeinflusst haben,[178] sowie die im Kontext dynamischer Märkte entwickelte Theorie der „Schumpeterschen Märkte“[179]. Nach beiden Theorien sind hohe Marktkonzentrationen nicht Ausdruck geschwächten, sondern uneingeschränkt funktionsfähigen Wettbewerbs, aus dem das effizienteste Unternehmen als – vorübergehender[180] – Sieger eines sich selbst regulierenden, staatlicher Intervention entzogenen Prozesses hervorgeht.[181] Im Falle letzterer Theorie sind hohe Marktanteile sogar zwingende Folge der Charakteristika einiger Märkte, die sich insbesondere durch Netzeffekte[182] auszeichnen.[183] Sie seien zugleich Voraussetzung für deren dynamische Entwicklung.[184] Wettbewerb findet danach nicht *innerhalb* eines Marktes, sondern *um* den Markt statt.[185]

Beide Theorien begegnen freilich Bedenken. Die ihnen zugrunde liegende Vorstellung eines sich selbst regulierenden Marktes[186], der stets von sich aus effiziente Resultate hervorbringen wird, muss nämlich – ohne dass hierfür empirische Anhaltspunkte existierten – die Möglichkeit wettbewerbswidriger Verhaltensweisen auf einem hierfür

---

177 Überblick bei *Posner*, 127 U. Pa. L. Rev. 925 (1978/79); *Schmidtchen* in: *FS Hoppmann*, S. 143, 146 ff.; *Schmidt*, Wettbewerbspolitik, S. 19 ff.; *Evans/Padilla*, 72 U. Chi. L. Rev. 73, 77-78 (2005). Zu einer synoptischen Darsellung der traditionellen Theorie und Chicago-School siehe *Fox/Sullivan*, 62 N.Y.U. L. Rev. 936, 945, 970 (App.) (1987); *Adams/Brock*, 66 U. Co. L. Rev. 257, 262-93 (1995).

178 Zum Einfluss der Chicago-School vgl. *Kovacic*, 60 Fordham L. Rev. 49, 50-51 (1991); *ders.*, 36 Wayne L. Rev. 1413, 1445-46 (1990); *Gifford*, 25 Sw. U. L. Rev. 621, 629 (1996); *Buxbaum*, WuW 1989, 566 ff.; *Kovaleff* in: *Kovaleff*, S. 195 ff.

179 Begriff bei *Schmalensee*, 90 AER P. & P., 192-196 (2000).

180 Kritisch zur angeblichen Erosion von Marktmacht *Shepherd*, Treatment, S. 113 ff., 120 ff., 304 ff. (mit empirischen Erhebungen hierzu); *Möschel*, Entflechtungen, S. 50; *Areeda/Hovenkamp III*, § 634; *Gal*, 49 Antitr. Bull. 343, 355 (2004).

181 Für die Theorie der Schumpeterschen Märkte siehe *Schmalensee*, 90 AER P. & P., 192, 193 (2000); *Shelanski/Sidak*, 68 U. Chi. L. Rev. 1, 10-15 (2001); *Schmidt*, Wettbewerbspolitik, S. 108 ff. Für die Chicago-School vgl. *Bork*, Antitrust Paradox, S. 118, 133; *Posner*, 13 J. L. & Econ. 365, 417 (1970) (aus diesem Grund strukturelle Eingriffe grundsätzlich ablehnend).

182 Zu diesen „demand side economies of scale“ oder „network externalities“ und der damit verbundenen Möglichkeit eines „lock-in“ *David*, 75 AER P. & P. 332-37 (1985); *Katz/Shapiro*, 75 AER 424-40 (1985); *dies.*, in: *Eisenach/Lenard*, S. 32 ff.; *Roe*, 109 Harv. L. Rev. 641-68 (1996); *Farrell/Saloner*, 16 Rand J. Econ. 70-83 (1985); *Farrell/Katz*, 43 Antitr. Bull. 609-50 (1998); *Piraino*, 93 Nw. U. L. Rev. 1, 62 (1998); *Romaine/Salop*, 7-3 Geo. Mason L. Rev. 1, 4 (1999); *Litan/Niskanen*, S. 77, sowie *Mestmäcker* in *FS MPI*, 248, 256 f. Ablehnend *Liebowitz/Margolis*, S. 49 ff., 127 ff., 163 ff.; *Shelanski/Sidak*, 68 U. Chi. L. Rev. 1, 7 Fn. 21 (2001); *Muris* in: *Eisenach/Lenard*, S. 87; *ders.*, 67 Antitrust L.J. 693, 720-23 [2000]; *Evans/Schmalensee* in: *Evans et al.*, S. 67 ff.

183 Vgl. *Baumol*, 72 AER 1 (1987); *Katz/Shapiro* in: *Eisenach/Lenard*, S. 34 ff.; *Schmalensee*, 56 Antitr. L.J. 41, 47 (1987); *Hovenkamp*, 84 Mich. L. Rev. 213, 264-74 (1985); *Kantzenbach et al.*, S. 23 f.; *Zimmermann*, WRP 2004, 1260 ff.; ablehnend *Liebowitz/Margolis*, S. 80 ff.

184 Vgl. *Gey*, WuW 2001, 933, 935; *Piraino*, 75 N.Y.U. L. Rev. 809, 885-86 (2000) (m. w. N.). Die Annahme basiert auf den Schumpeterschen Hypothesen (*Schumpeter*, S. 84): dazu *Scherer/Ross*, S. 613 ff.; *Schmidt*, Wettbewerbspolitik, S. 108 ff. Kritisch *Shepherd* in: *Kovaleff*, S. 1005, 1037 (wonach die Gewinne z. T. über das zur Bildung von Rücklagen erforderliche hinausgehen).

185 Vgl. *Schmalensee*, 90 AER P. & P., 192, 193 (2000); *McKenzie*, S. 54. *Dagegen Comanor*, 46 Antitr. Bull. 115, 128-31 (2001); *Levinson/Romaine/Salop*, 46 Antitr. Bull. 135, 139 (2001), beide die Möglichkeit unterstreichend, durch Kompatibilitätsförderung Netzeffekte zu umgehen; zu einer neueren Kritik am Schumpeter'schen Ansatz siehe *Baker*, Beyond Schumpeter, S. 4 ff.

186 Die Vorstellung ist an sich unbedenklich und liegt gleichermaßen der Vorstellung von Wettbewerb als „Entdeckungsverfahren“ zugrunde: vgl. *v. Hayek*, Wettbewerb (1968); *Litan/Niskanen*, S. 67.

anfälligeren Markt[187] zumindest implizit negieren oder als irrational und damit unwahrscheinlich ablehnen.[188] Auch ist aus juristischer Perspektive, deren Augenmerk auf dem Versuch einer Korrektur der Wirklichkeit liegt, der Verweis auf ein sich selbst regulierendes, stets effizientes „Entdeckungsverfahren Markt" wenig hilfreich und kann daher nicht ohne Einzelfallprüfung als Grund für eine völlige Abstinenz des Staates angeführt werden.[189] Allerdings verdeutlichen die soeben dargestellten Ansätze, dass eine durch ein einzelnes Unternehmen dominierte Marktstruktur nicht zwingend ein Unwerturteil hierüber rechtfertigt.

Auch die Eigenheiten der übrigen (ergänzenden) Kriterien zur Feststellung einer beherrschenden Stellung sprechen gegen ein Werturteil gegenüber Marktmacht, das ihre Entflechtung unabhängig von jedweder ursächlicher Wettbewerbsverzerrung rechtfertigen könnte. So werden zwar regelmäßig explizit als solche bezeichnete „Marktzutrittsschranken" untersucht. Die Analyse erschöpft sich aber in der Umschreibung erhöhter Marktzutrittskosten.[190] Keine Berücksichtigung findet, inwieweit der Marktbeherrscher selbst die fraglichen Hindernisse überwinden musste und damit ein *dem Wesen des Leistungswettbewerbs widersprechender Vorteil* gegenüber Konkurrenten vorliegt.[191] In anderen Fällen finden in der Unternehmensstruktur begründete Vorteile – wie beispielsweise die technologische und kommerzielle Überlegenheit eines Unternehmens – Berücksichtigung, die Produkt desjenigen Prozesses sind, den zu schützen Aufgabe der

187 Paradigmatisch hierfür sind Netzeffekte, die einen Marktzutritt erheblich erschweren können: vgl. *Fisher*, 90 AER P. & P. 180 (2000); *ders.*, Direct Testimony, Rn. 45 (S. 16); ähnlich *Shapiro Declaration*, S. 4; *Hatch* in: *Eisenach/Lenard*, S. 23 f.; *Katz/Shapiro* in: *Eisenach/Lenard*, S. 34; *Priest*, 4 Tex. Rev. L. & Pol. 141, 144 (1999); *anders McKenzie*, S. 93 f.; *Muris* in: *Eisenach/Lenard*, S. 87 ff.; *Liebowitz/ Margolis*, S. 109 ff.

188 Siehe *Posner*, 127 U. Pa. L. Rev. 925, 928-30 (1978/79); *ders.* in: RIW-Schriftenreihe Nr. 98, S. 58, 66; *Larson*, 63 Antitrust L.J. 239, 264 (1994); *Bork*, Antitrust Paradox, S. 367, 373-74. Ausführliche Darstellung bei *Schmidtchen* in: *FS Hoppmann*, S. 143, 148 ff. Zur Kritik an dieser Prämisse vgl. *Kaplow*, 85 Col. L. Rev. 515, 548-52 (1985); *Fezer*, JZ 1986, 817, 819. Zu einer ausführlichen Kritik der Thesen der Chicago-School vgl. *Shepherd*, 35 N.Y. L. Sch. L. Rev. 917, 925 (1990) (auf logische Inkonsistenzen hinweisend); *ders.*, Economics, S. 185 („ideological leanings rather than a sound scientific basis"); *Lande*, 58 Antitrust L.J. 631 (1989); *Adams* in: *Adams*, S. 349, 357 ff.; *Schmidt/Rittaler*, S. 91 ff.; *Schmidtchen* in: *FS Hoppmann*, S. 143, 151 f. Vgl. auch *Eisner*, S. 237; *Schmidtchen* in: *FS Hoppmann*, S. 143, 160; *Mestmäcker*, S. 177, die darauf hinweisen, dass die These der Selbstregulierung dadurch relativiert wird, dass der Rahmen zur Gestaltung von Transaktionen stets durch den Staat vorgegeben wird. Die Thesen der Chicago-School wurden zwischenzeitlich nuanciert: vgl. *Shepherd*, 35 N.Y. L. Sch. L. Rev. 917, 917-18 (1990); *Royall*, 63 Antitrust L.J. 445 (1995). Zu den „Post Chicago Economics" siehe *Lande*, 62 Antitrust L.J. 193-202 (1993); *Bomse*, 847 PLI/Corp 745, 763 (1994); instruktiv auch *Brennan*, 69 Geo. Wash. L. Rev. 1042 (2001).

189 Vgl. *Ebke* in: *FS Großfeld*, S. 189, 197; *ders.*, RIW 2001, 560; ferner *Möschel*, Entflechtungen, S. 50 f.; *Pitofsky*, 16 Berk. Tech. L.J. 535, 539-41 (2001); ebenso *Fisher/Rubinfeld* in: *Evans/Fisher/Rubinfeld/Schmalensee*, S. 4; *Wagner*, 51 Hastings L.J. 1073, 1096-1102 (2000); *Körber*, RIW 2004, 568, 573. Siehe auch *McGowan*, 16 Berk. Tech. L.J. 729, 734-35 (2001).

190 Zu dieser Bain'schen Konzeption von Marktzutrittsschranken vgl. bereits Fn. 18 (S. 40, m. w. N.).

191 Siehe *Turnbull*, 17 ECLR 96, 97, 102 (1996); *Korah*, 17 CMLR 395, 406-408 (1980); *Baden-Fuller*, E. L. Rev. 1979, 423, 429, 440. Die Feststellung der Höhe der Kosten eines Marktzutritts erlaubt allerdings eine Aussage darüber, inwieweit Wettbewerber für strategische Verhaltensweisen anfälliger sein könnten: vgl. *Sullivan/Grimes*, S. 66.

Wettbewerbsregeln ist.[192] Ein Unwerturteil gegenüber einem Unternehmen, das wettbewerbsadäquat die für eine Tätigkeitsaufnahme auf dem Markt erforderlichen Mittel aufgebracht hat und entsprechende Vorteile erlangt, ist in diesem Fall jedoch ausgeschlossen, da andernfalls Leistungsanreize gefährdet und letztlich die Effizienz eines Unternehmens sanktioniert würden.[193] Diese Bedenken werden auch nicht dadurch beseitigt, dass Marktverhalten und Marktergebnis in die Wertung einfließen, ob eine beherrschende Stellung vorliegt. Zum einen ist das Marktverhalten eines Unternehmens regelmäßig ambivalent und wird erst durch das Vorliegen einer beherrschenden Stellung wettbewerblich bedenklich.[194] Seine ergänzende, im Falle des Preisverhaltens jedoch zum Teil konstitutive Berücksichtigung im Rahmen der Bewertung einer Marktposition birgt mithin die Gefahr eines Zirkelschlusses.[195] Zum anderen sind Marktergebniskontrollen aufgrund der praktischen und wettbewerbspolitischen Bedenken, denen sie begegnen, gleichermaßen ungeeignet, der Analyse einer beherrschenden Stellung den zwingenden Charakter zu verleihen, der erforderlich wäre, um eine Entflechtung zu rechtfertigen.[196]

dd) Folgerungen aus dem Begriff der „beherrschenden Stellung"

Der Begriff der beherrschenden Stellung setzt sich aus zwei Komponenten zusammen, nämlich der *Fähigkeit zu unabhängigem Verhalten* und der *Fähigkeit zur Verhinderung wirksamen Wettbewerbs.*[197] Soweit keine unüberwindbaren Marktzutrittsschranken vorhanden sind, ist letztere Fähigkeit Voraussetzung für erstere.[198] Würde einem Unterneh-

192 Vgl. insoweit *Korah*, 17 CMLR 395, 414 (1980), die eine „apparent irrelevancy of efficiency" beklagt; ähnlich *Turnbull*, 17 ECLR 96, 102 (1996).

193 Eine adäquate Berücksichtigung der Leistung des beherrschenden Unternehmens kann ggf. auf der Ebene des Tatbestandsmerkmals der missbräuchlichen Ausnutzung stattfinden: Dies entspricht der Rechtsprechung des EuGH, wonach ein Unternehmen einen *angemessenen* Ausgleich für die Kosten der Entwicklung eines durch gewerbliche Schutzrechte geschützten Gutes verlangen kann: vgl. EuGH – *Parke, Davis/Proebel* (29. 2. 1968, Rs. 24/67), Slg. 1968, 85, 113; EuGH – *Renault* (5. 10. 1988, Rs. 53/87), Slg. 1988, 6039 (Rn. 17); *Dirksen in: Langen/Bunte*, Art. 82 Rn. 95 (m. w. N.). Problematisch ist die Bewertung der „Angemessenheit" des Ausgleichs: vgl. *Eilmansberger*, EuZW 1992, 625, 626.

194 Vgl. auch *IM/Möschel (Bd. I EG/I)*, Art. 82 Rn. 94; *Emmerich* in: *Dauses*, H. I § 1 Rn. 342; *Dirksen* in: *Langen/Bunte*, Art. 82 Rn. 56. Vgl. allerdings *IM/Möschel (Bd. I EG/I)*, Art. 86 Rn. 100, der in der Verdrängung von Wettbewerbern ein taugliches Indiz für Marktbeherrschung sieht.

195 Wie hier *Ritter/Braun/Rawlinson*, S. 344; *IM/Möschel (Bd. I EG/I)*, Art. 82 Rn. 95; *Dirksen* in: *Langen/Bunte*, Art. 82 Rn. 58; *Bellamy/Child* (1987), Rn. 8-030 Fn. 58; vgl. auch Schlussanträge GA *Kirschner* in EuG – *Tetra Pak I* (10. 7. 1990, Rs. T-51/89), Slg. 1990, II-309 (Rn. 64).

196 Dennoch grundsätzlich Marktergebnistests befürwortend *GTE/Schröter*, Art. 82 Rn. 118. Dagegen *Emmerich* in: *Dauses*, H. I § 1 Rn. 341; *Goldman/Lyon-Caen/Vogel*, Rn. 540.

197 Vgl. Fn. 138 (S. 58).

198 Wie hier *Dirksen in: Langen/ Bunte*, Art. 82 Rn. 12 f.; *a. A.: GTE/Schröter*, Art. 82 Rn. 72. Nach der Rechtsprechung existiert keine Rangfolge zwischen der Wettbewerbsverhinderungsmacht und Fähigkeit zu unabhängigem Verhalten: vgl. EuGH – *Michelin* (9. 11. 1983, Rs. 322/81), Slg. 1983, 3461 (abwechselnd modale [Rn. 30: „indem"] und kumulative Verknüpfung [Rn. 37: „und"]; ferner EuGH – *RTE und ITP (Magill)* (6. 4. 1995, Rs. C-241, 242/91 P), Slg. 1995, I-743 (Rn. 47: Wettbewerbsverhinderungsmacht ausreichend).

men die Fähigkeit genommen, sich wettbewerbswidrig zu verhalten, könnte eine nachhaltige Ausübung von (erheblicher) Marktmacht[199] nicht mehr erfolgen, ohne dass das Unternehmen empfindliche Einbußen hinnehmen müsste. Spiegelbildlich zu den beiden Komponenten des Marktbeherrschungsbegriffs lassen sich zwei Kategorien von Merkmalen unterscheiden. In die erste fallen marktinhärente oder unternehmensbezogene Charakteristika, die den Zutritt zu einem Markt erschweren und – neben einem hohen Marktanteil – Grundlage der Fähigkeit zu unabhängigem Verhalten sind. Der zweiten Kategorie sind strukturelle Merkmale zuzuordnen, die es einem Unternehmen ermöglichen, sich wettbewerbswidrig zu verhalten oder entsprechende glaubhafte „psychologische Marktzutrittschranken"[200] zu errichten. Handelt es sich hierbei um Vorteile, die in der Unternehmensstruktur siedeln, eignen sie sich prinzipiell für einen strukturellen Eingriff, der das Unternehmen eines *Instruments zur Verzerrung des Wettbewerbs* beraubt.

Im Unterschied zu einer anlaßgebundenen Zerschlagung beherrschender Stellungen wäre mit einem derartigen Eingriff nicht zwingend ein unmittelbarer Marktanteilsverlust verbunden. Die Marktmacht des Unternehmens, also seine Fähigkeit zu zumindest kurzfristig unabhängigen Verhalten,[201] bliebe insoweit unangetastet. Daher greifen in diesem Fall die vorstehend diskutierten Bedenken nicht. Da Ziel der Entflechtung nicht die Beseitigung der Fähigkeit zu unabhängigem Verhalten als solche ist, sondern Entflechtungsgegenstand lediglich diejenigen Vorteile sind, die wettbewerbswidriges Verhalten erlauben, spielt die Feststellung der beherrschenden Stellung nur eine untergeordnete Rolle. Die Bedenken gegen ihre Wertungsabhängigkeit und den Stellenwert von Marktanteilen treten daher in den Hintergrund. Auch die Befürchtung, eine Entflechtung könne zu einer Beseitigung von Leistungsanreizen führen, greift nur bedingt, wenn der strukturelle Vorteil – auch wenn er zunächst mit wettbewerbsadäquaten Mitteln geschaffen wurde – missbräuchlich *zweckentfremdet* wurde. Die der *Continental-Can*-Doktrin zugrunde liegende Überwindung des Gegensatzes zwischen Verhaltens- und Strukturkontrolle greift hier in modifizierter Form, indem das Werturteil über das zum Schutz des Wettbewerbs verbotene Verhalten die mit seiner Hilfe aufrechterhaltene Marktbeherrschung – in Gestalt der durch den instrumentalisierten strukturellen Vorteil vermittelten Fähigkeit zur Verhinderung wirksamen Wettbewerbs – erfasst.

Dies gilt freilich nur dann, wenn die Zweckentfremdung nachgewiesen ist. Die Beseitigung rein psychologischer Marktzutrittsschranken, deren Bestand auf einer in der Vergangenheit noch nicht materialisierten Möglichkeit wettbewerbswidrigen Verhaltens beruht, scheidet aus. Darüber hinaus kämen etwaige Bedenken im Hinblick auf das Fehlen eines notwendigen Kausalzusammenhangs zwischen Missbrauch und strukturellem Erfolg[202] nicht zum Tragen, wenn Ziel der Entflechtung die Beseitigung von Wettbe-

199 Zum Begriff der Marktmacht siehe bereits Fn. 156 (S. 60).

200 Vgl. KOMM. – *ECS/AKZO II* (14. 12. 1985), ABl. 1985 L 374/1 (Rn. 69), bestätigt durch EuGH – *AKZO Chemie* (3. 7. 1991, Rs. C-62/86), Slg. 1991, I-3359 (Rn. 58, 61).

201 Siehe insoweit die Definition von Marktmacht der Kommission in Fn. 156 (S. 60).

202 Vgl. dazu § 2 A.III.3. b) cc) (S. 74 ff.) und im 2. Teil § 2 A.III.2. (S. 195 ff.).

werbsverhinderungsmacht ist und feststeht, dass ein struktureller Vorteil *unabdingbare* Voraussetzung für einen bestimmten Typus wettbewerbswidrigen Verhaltens ist. Bedenken ergeben sich dann allenfalls im Hinblick auf die „besondere Verantwortung" beherrschender Unternehmen.[203] Sie könnte dazu führen, dass strukturelle Vorteile entflochten werden, deren Einsatz durch nicht beherrschende Unternehmen zulässig ist. Der insoweit drohenden Gefährdung von Leistungsanreizen lässt sich indes begegnen, indem lediglich solche „Instrumente" beseitigt werden, die Wettbewerbsverzerrungen von erheblichem Gewicht ermöglichen.

In der Praxis werden im Rahmen der Wertung, ob eine beherrschende Stellung vorliegt, die beiden Elemente des Marktbeherrschungsbegriffs allerdings nicht unterschieden.[204] Insbesondere wird regelmäßig nicht danach differenziert, welche Markt- oder Unternehmensmerkmale die Fähigkeit zu unabhängigem Verhalten oder diejenige zur Verhinderung wirksamen Wettbewerbs begründen.[205] Die fehlende Differenzierung begegnet insoweit Bedenken, als der isolierte Blick auf die Markt- und Unternehmensstruktur regelmäßig nur eine statische Erfassung aktuellen Wettbewerbs erlaubt.[206] Hinsichtlich der eigentlich relevanten Fähigkeit, auch potentiellen Wettbewerb zu verhindern, kann dies irreführend sein.[207] Daher ist es zweckmäßig, das Verhalten des beherrschenden Unternehmens gegenüber Wettbewerbern zu berücksichtigen.[208] Ein Vorzug dieser Betrachtung ist, dass bestimmt werden kann, welche strukturellen Gegebenheiten für die Fähigkeit zur Verhinderung wirksamen Wettbewerbs relevant sind. Abweichend von dem Grundsatz, dass eine Unterscheidung der Fähigkeiten zu unabhängigem Verhalten oder zur Verhinderung wirksamen Wettbewerbs nicht erforderlich ist[209], lässt sich dergestalt bereits im Rahmen der Marktbeherrschungsanalyse der potentielle Gegenstand einer Entflechtung determinieren.

Schwierigkeiten kann allerdings die Identifizierung derjenigen strukturellen Vorteile bereiten, die unabdingbare Voraussetzung für bestimmte, erhebliche Wettbewerbsverzerrungen sind und die sich für eine Entflechtung eignen. So kann beispielsweise die Wirtschafts- und Finanzkraft eines beherrschenden Unternehmens Aufschluss über seine Fähigkeit geben, erfolgreich eine Strategie der *Kampfpreisunterbietung* zu verfolgen. Ungeachtet des wirtschaftstheoretischen Streites über die Wahrscheinlichkeit einer derartigen, vielfach für irrational gehaltenen Strategie[210] – und damit auch der Erforderlich-

203 Vgl. hierzu § 2 A.III.3. b) aa) (S. 69 ff.).

204 Differenzierend allerdings EuG – *AAMS* (22. 11. 2001, Rs. T-139/98), Slg. 2001, II-3413 (Rn. 51).

205 Vgl. aber KOMM. – *Deutsche Post* (20. 3. 2001), ABl. 2001 L 125/27 (Rn. 32), wonach die Möglichkeit zur Quersubventionierung Marktbeherrschung begründe.

206 Siehe Fn. 172 (S. 62).

207 Für die Charakterisierung eines Verhaltens als wettbewerbswidrig kommt es inds auf die Existenz potentiellen Wettbewerbs nicht an: vgl. zu Recht *IM/Möschel (Bd. 1 EG/I)*, Art. 82 Rn. 74.

208 Vgl. Fn. 165 (S. 61) sowie Schlussanträge GA *Jacobs* in EuGH – *Bronner* (26. 11. 1998, Rs. C-7/97), Slg. 1998, I-7791 (Rn. 32).

209 Siehe Fn. 136 (S. 57).

210 Nach einer Ansicht stellt die Kampfpreisunterbietung ein selbstschädigendes und damit unwahrscheinliches Verhalten dar, da die durch sie eintretenden Verluste nach erfolgreicher Verdrängung

keit eines Eingriffs schlechthin – müsste ein struktureller Eingriff jedoch ausscheiden. Zum einen ist eine Entflechtung weniger geeignet als die Geldbuße, um zu einer wirksamen Herabsetzung der Wirtschafts- und Finanzkraft zu führen;[211] zum anderen käme ein struktureller Eingriff zur Beseitigung dieses Potentials einer Durchsetzung vager Gerechtigkeitsvorstellungen gleich,[212] die in einer an wettbewerblichen Prinzipien orientierten Rechtsordnung keinen Raum haben.

Anders verhält es sich, wenn die Kampfpreisstrategie in der Variante der Quersubventionierung auftritt.[213] Hier lässt sich der strukturelle Vorteil, der Grundlage für die Wettbewerbsverzerrung ist, eindeutig identifizieren, da abgrenzbare Geschäftsbereiche vorliegen, die wiederum einer strukturellen Trennung zugänglich sind. Über diese Fälle hinaus kommt eine Entflechtung grundsätzlich in Betracht, wenn ein Missbrauch kausal darauf zurückzuführen ist, dass die Aktivität eines Unternehmens sich auf unterschiedliche Geschäftsbereiche und damit Märkte verteilt. Hierbei kann es sich sowohl um vor- oder nachgelagerte Produktionsstufen als auch um komplementäre Sparten handeln. Erforderlich ist lediglich, dass die in Frage stehenden Märkte in einem so engen Zusammenhang stehen, dass eine beherrschende Stellung auf der Gesamtheit der beherrschten Märkte besteht. Neben Quersubventionen kommt hier insbesondere die Kontrolle des Zugangs zu wesentlichen Einrichtungen in Betracht; beide sollen an späterer Stelle analysiert werden.

b) *Definition missbräuchlicher Verhaltensweisen*

Im Folgenden sollen Begriff und Fallgruppen missbräuchlichen Verhaltens einschließlich der hierbei zu berücksichtigenden Kausalverknüpfungen untersucht werden. Ziel ist zu klären, inwieweit hieraus Rückschlüsse auf die Zulässigkeit einer Rückabwicklung der Auswirkungen eines Missbrauchs gezogen werden können.

---

eines Wettbewerbers nicht durch Preissteigerungen kompensiert werden können: siehe *Posner*, 127 U. Pa. L. Rev. 925, 928 (1978/79); *Bork*, Antitrust Paradox (1978), S. 406 („beneficial practices"); *Easterbrook*, 48 U. Chi. L. Rev. 263-337 (1981); *McGee*, 23 J. L. & Econ. 289, 292-94 (1980); *Baker*, 62 Antitrust L.J. 585, 586 (1994) (Angehörige der *FTC* zitierend); *Liebowitz/Margolis*, S. 252 ff. V. a. spieltheoretische Erkenntnisse sprechen indes gegen die Hypothese der Irrationalität: vgl. *Bolton/Brodley/Riordan*, 89 Geo. L.J. 2495, 2496-97 (2001); *Baker*, 58 Antitrust L.J. 645, 649 (1989); *Romaine/Salop*, 7-3 Geo. Mason L. Rev. 1, 21 (1999); *ten Kate/Niels*, 47 Antitr. Bull. 1, 22 (2002); Schlussanträge GA *Lenz* in EuGH – *AKZO Chemie* (3. 7. 1991, Rs. C-62/86), Slg. 1991, I-3359 (Rn. 142). Zurückhaltend *Elzinga/Mills*, 89 Geo. L.J. 2475, 2479 (2001); dagegen *Cass/Hylton*, 8 Geo. Mason L. Rev. 1, 19 (1999). Kritisch zur These der Irrationaliät auch *Kaplow*, 85 Col. L. Rev. 515, 548-52 (1985) (auf unzulängliche Kontrolle durch Aktienmärkte hinweisend). Zu Überblicken vgl. *Larson*, 14 J. Corp. L. 377, 381-84 (1989) (m. w. N.); *Viscusi et al.*, S. 266; *Scherer/Ross*, S. 468 ff.; *Areeda/ Turner*, 88 Harv. L. Rev. 697, 706-709, 732 (1975); *Sullivan/Grimes*, S. 144 ff.

211 Zu Bußgeldern siehe auch § 2 B.II.2. b) (S. 92 f.).

212 Vgl. *Joliet*, 5 RTDE 646, 660 f. (1969), auf die Gefahr der Gleichsetzung von Finanzmacht und Marktbeherrschung hinweisend.

213 Zur Problematik von Quersubventionen vgl. § 3 A.I.3. b) aa) (S. 124 ff.).

aa) Begriff des Missbrauchs

Der Begriff des Missbrauchs umfasst mehrere Fallgruppen. Die erste betrifft Verhaltensweisen, die sich die Unausweichlichkeit einer beherrschenden Stellung zunutze machen und vor- bzw. nachgelagerte Wirtschaftsstufen und/oder Konsumenten *unmittelbar* schädigen. Sie haben ihren Niederschlag in den *nicht erschöpfenden* Regelbeispielen des Artikels 82 EG gefunden. Die Kontrolle dieser „Ausbeutungsmissbräuche" ist aus den bereits dargelegten praktischen und wettbewerbspolitischen Gründen subsidiär.[214]

Eine zweite, vielfach nur schwer von ersterer abzugrenzende[215] Fallgruppe betrifft nach ständiger Rechtsprechung diejenigen Verhaltensweisen eines marktbeherrschenden Unternehmens, die Einfluss auf die Marktstruktur nehmen können *und* die den aktuellen oder potentiellen Wettbewerb durch Mittel behindern, die sich nicht als Ergebnis eines „normalen Produkt- oder Dienstleistungswettbewerbs" darstellen.[216] Die sich zum Teil überschneidenden Regelbeispiele geben hier nur ansatzweise Aufschluss über die Tatbestandsmerkmale derartiger Behinderungsmissbräuche. Entsprechend hat sich die europäische Kartellpraxis weitgehend von ihnen gelöst und eigenständige, unter die Generalklausel des Artikels 82 Abs. 1 EG zu subsumierende Fallgruppen gebildet. Sie orientieren sich an typischerweise im Geschäftsverkehr auftretenden Verhaltensweisen.[217]

Vor allem in der deutschen Literatur werden schließlich „Marktstrukturmissbräuche" als dritte Fallgruppe unterschieden. Sie betreffen Konstellationen, in denen unmittelbare Marktstrukturveränderungen durch konzentrative Vorgänge herbeigeführt werden.[218] Erkenntnisgewinn verspricht diese Fallgruppe allenfalls insoweit, als die Kausalität des wettbewerbswidrigen Verhaltens für den Erfolg regelmäßig unzweifelhaft ist. Nach der Rechtsprechung des Europäischen Gerichtshofes bedarf es der Kategorie der Marktstrukturmissbräuche jedoch weder für den Begriff des Missbrauchs noch für die

---

214 Vgl. § 2 A.II.3. (S. 47 f. m. w. N. in Fn. 78); *de Bronett* in: *Wiedemann*, § 22 Rn. 51; *XXVIII. Wettbewerbsbericht 1998*, Rn. 71; *XXIX. Wettbewerbsbericht 1999*, Rn. 57; *XXX. Wettbewerbsbericht 2000*, Rn. 98; *XXXI. Wettbewerbsbericht 2001*, Rn. 75.

215 Ursache hierfür ist, dass Austausch- und Wettbewerbsbeziehungen regelmäßig koinzidieren oder die Benachteiligung von Teilnehmern nicht dominierter Märkte (gewollte) Auswirkungen auf die Wirksamkeit des Wettbewerbs auf dem beherrschten Markt hat: vgl. insoweit EuGH – *United Brands* (14. 2. 1978, Rs. 27/76), Slg. 1978, 207 (Rn. 182/83); dazu Anm. *Markert*, EuR 1979, 48 ff. Ferner EuGH – *Ahmed Saeed* (11. 4. 1989, Rs. 66/86), Slg. 1989, 803 (Rn. 43); EuGH – *Alsatel* (5. 10. 1988, Rs. 247/86), Slg. 1988, 5987 (Rn. 10); EuGH – *Porto di Genova* (10. 12. 1991, Rs. C-179/90), Slg. 1991, I-5889 (Rn. 19); KOMM. – *Microsoft*, XXIV. WB 1994, S. 397 (Anhang II 2. lit. h) (von der tatsächlichen Installation unabhängige, produktionsmengenabhängige Lizenzgebühr für Betriebssysteme, die zu einem Ausschluss horizontaler Wettbewerber führt); KOMM. – *DSD* (20. 4. 2001), ABl. 2001 L 166/1 (Rn. 101 ff.); KOMM. – *Michelin* (20. 6. 2001), ABl. 2002 L 143/1 (Rn. 215 f.). Zu einer Analyse vertikaler Beschränkungen und ihrer horizontalen Auswirkungen vgl. *Schwintowski* in: *FS Sandrock*, S. 901, 907 ff.

216 Siehe bereits Nachweise in Fn. 115 (S. 54).

217 Somit haben die Regelbeispiele kaum eigenständige Bedeutung. Vgl. *Dirksen* in: *Langen/Bunte*, Art. 82 Rn. 72; *IM/Möschel (Bd. 1 EG/I)*, Art. 86 Rn. 129; *Jung* in: *Grabitz/Hilf*, Art. 82 Rn. 241. Anders *GTE/Schröter*, Art. 82 Rn. 171; *de Bronett* in: *Wiedemann*, § 22 Rn. 45.

218 *Gleiss/Hirsch*, Art. 86 Rn. 52; *Dirksen* in: *Langen/Bunte*, Art. 82 Rn. 79; *IM/Möschel (Bd. 1 EG/I)*, Art. 82 Rn. 263 ff.; *Jung* in: *Grabitz/Hilf*, Art. 82 Rn. 137 f.

Annäherung der Werturteile gegenüber Verhalten und Erfolg,[219] da die Wahl der Mittel, mit denen die Marktstruktur verändert wird, unerheblich ist und jede Behinderung des Wettbewerbs auch einen Eingriff in die Marktstruktur darstellt.[220]

Eine detaillierte Darstellung aller in Betracht kommenden Fallkonstellationen der hier alleine interessierenden Behinderungsmissbräuche verbietet sich vorliegend allein aus Platzgründen. Den Fallgruppen sind allerdings eine Reihe von Charakteristika gemein. So ist zunächst das Vorliegen eines Missbrauchs *objektiv* zu bestimmen.[221] Dies scheint insofern widersprüchlich, als subjektive Elemente insbesondere im Zusammenhang mit gezielten Preisunterbietungen immer wieder Eingang in die Rechtsprechung finden.[222] Objektivität ist daher so zu verstehen, dass es eines schuldhaften Verhaltens nicht bedarf; sie verhindert aber nicht, dass subjektiven Kriterien zur Bewertung ambivalenter Verhaltensweisen indizielle Wirkung beigemessen wird.[223]

Darüber hinaus ist es einem beherrschenden Unternehmen zwar grundsätzlich gestattet, „seine eigenen Interessen zu wahren" und *„in angemessenem Umfang* [...] so vorzugehen, wie es dies zum Schutz seiner Interessen für richtig hält"[224] oder zu nehmen, was „der Markt hergibt".[225] Unternehmen in marktbeherrschender Stellung tragen aber, auch wenn mit der Feststellung einer derartigen Marktposition als solcher kein Werturteil verbunden ist, *unabhängig von den Ursachen* der beherrschenden Stellung

219 Wie hier eine zweigliedrige Einteilung vertretend *Mestmäcker*, S. 389 ff., 396 ff. (verbraucher- und wettbewerbswidriges Verhalten); *Borchardt/Fickentscher*, S. 70 (Behinderung und Ausnutzung); *Waelbroeck/Frignani* in: *Megret*, Rn. 267 („abus-exploitation" und „abus-monopolisation"); *Bellamy/Child* (1994), Rn. 9-046 ff. („anti-competitive abuses" und „unfair exploitation"); grds. auch *IM/Möschel (Bd. 1 EG/I)*, Art. 82 Rn. 5. Zu einer Übersicht über die verschiedenen Klassifikationen siehe *GTE/Schröter*, Art. 82 Rn. 169.

220 Vgl. Fn. 104 (S. 52) und § 2 A.III.3. b) dd) (S. 76); i. Erg. wie hier *Eilmansberger*, 42 CMLR 129, 152 (2005), der Marktstrukturmissbräuche nach ihrer Wirkung auf die Marktstruktur beurteilt.

221 EuGH – *Continental Can* (21. 2. 1973, Rs. 6/72), Slg. 1973, 215 (Rn. 29); EuGH – *Hoffmann-La Roche* (13. 2. 1979, Rs. 85/76), Slg. 1979, 461 (Rn. 91); EuGH – *AKZO Chemie* (3. 7. 1991, Rs. C-62/86), Slg. 1991, I-3359 (Rn. 69); EuG – *Aéroports de Paris* (12. 12. 2000, Rs. T-128/98), Slg. 2000, II-3929 (Rn. 170); EuG – *ITT Promedia* (17. 7. 1998, Rs. T-111/96), Slg. 1998, II-2937 (Rn. 139); EuG – *General Electric Co.* (14. 12. 2005, Rs. T-210/01), Slg. 2005, II-5575 (Rn. 549).

222 Vgl. EuGH – *GM Continental* (13. 11. 1975, Rs. 26/75), Slg. 1975, 1367 (Rn. 20); EuGH – *Hoffmann-La Roche* (13. 2. 1979, Rs. 85/76), Slg. 1979, 461 (Rn. 115); EuG – *BPB Industries und British Gypsum* (1. 4. 1993, Rs. T-65/89), Slg. 1993, II-389 (Rn. 69); EuG – *Tetra Pak II* (6. 10. 1994, Rs. T-83/91), Slg. 1994, II-755 (Rn. 151). Bedenklich EuGH – *Cie. maritime belge* (16. 3. 2000, Rs. C-395, 396/96 P), Slg. 2000, I-1365 (Rn. 119). Zu den einen „Verdrängungsplan" belegenden Indizien vgl. EuGH – *AKZO Chemie* (3. 7. 1991, Rs. C-62/86), Slg. 1991, I-3359 (Rn. 142 ff.).

223 Wie hier *IM/Möschel (Bd. 1 EG/I)*, Art. 82 Rn. 126 (m. w. N.); *Temple Lang*, 18 Fordham Int. L.J. 437, 522 (1994). Anders *Gleiss/Hirsch*, Art. 86 Rn. 58; *Jung* in: *Grabitz/Hilf*, Art. 82 Rn. 110; *Emmerich* in: *Dauses*, H. I § 1 Rn. 354. Ausführliche Diskussion bei *Eilmansberger*, 42 CMLR 129, 146 et seq. (2005), der subjektiven Elementen in einigen Fällen konstitutive Wirkung beimisst.

224 Vgl. EuG – *BPB Industries und British Gypsum* (1. 4. 1993, Rs. T-65/89), Slg. 1993, II-389 (Rn. 69); siehe auch EuGH – *United Brands* (14. 2. 1978, Rs. C-27/76), Slg. 1978, 207 (Rn. 184: „in vernünftigem Maße"); ferner EuG – *General Electric Co.* (14. 12. 2005, Rs. T-210/01), Slg. 2005, II-5575 (Rn. 306); EuG – *British Airways* (17. 12. 2003, Rs. T-219/99), Slg. 2003, II-5917 (Rn. 279); *Mestmäcker* in: *FS Raisch*, S. 441, 459.

225 EuGH – *United Brands (Chiquita)* (14. 2. 1978, Rs. C-27/76), Slg. 1978, 207 (Rn. 227/233).

eine „besondere Verantwortung" für den Wettbewerb auf dem Gemeinsamen Markt.[226] Der Kreis zulässiger Verhaltensweisen ist mithin im Vergleich zu denjenigen, die einem nicht beherrschenden Unternehmen erlaubt sind, eingeschränkt.

Überdies sind Verhaltensweisen, deren Missbräuchlichkeit festgestellt wurde, keiner Artikel 81 Abs. 3 EG entsprechenden Freistellung zugänglich.[227] Eine *unwertausschließende* Rechtfertigung, insbesondere durch positive wirtschaftliche Auswirkungen wie Effizienzgewinne, scheidet mithin aus.[228] Allerdings können aufgrund der bereits dargestellten Interdependenz von Artikel 81 und 82 EG objektiv vorliegende sachliche „Rechtfertigungsgründe"[229] bzw. eine „objektive wirtschaftliche Rechtfertigung"[230] für eine Verhaltensweise *tatbestandsausschließend* wirken.[231] Dabei muss das marktbeherrschende Unternehmen den Verhältnismäßigkeitsgrundsatz beachten.[232] Im Hinblick auf die wettbewerbliche Ambivalenz der meisten Verhaltensweisen entspricht eine *tatbestandsimmanente* und *umfassende* Abwägung der beteiligten Interessen, auch wenn dies angesichts des apodiktischen Urteilsstils des EuGH nicht immer deutlich zu Tage tritt, ständiger Rechtsprechung.[233] Umso deutlicher hat der Gerichtshof dies nun in seinem

---

226 Siehe EuGH – *Cie. maritime belge* (16. 3. 2000, Rs. C-395, 396/96 P), Slg. 2000, I-1365 (Rn. 37); EuGH – *Michelin* (9. 11. 1983, Rs. 322/81), Slg. 1983, 3461 (Rn. 57); EuG – *General Electric Co.* (14. 12. 2005, Rs. T-210/01), Slg. 2005, II-5575 (Rn. 549); vgl. auch Fn. 94 (S. 51; m. w. N.); ferner KOMM. – *AstraZeneca (15. 6. 2005, COMP/A. 37.507/F3),* abrufbar auf der Webseite der Kommission, Rn. 676; dazu *Völcker*, 43 CMLR 1409, 1432 (2006)

227 Vgl. *GTE/Schröter*, Art. 82 Rn. 176; vgl. auch Fn. 302 (S. 82). Zu Art. 81 Abs. 3 EG vgl. die Leitlinien der Kommission zur Anwendung von Artikel 81 Absatz 3 EG-Vertrag, ABl. 2004 C 101/97.

228 Anders *Jung* in: *Grabitz/Hilf*, Art. 82 Rn. 129; zur Rolle ökonomischer Analyse im europäischen Kartellrecht siehe generell *Eilmansberger*, 42 CMLR 129, 137 (2005).

229 Sachliche Rechtfertigungsgründe waren bislang insbesondere im Zusammenhang mit Zugangsverweigerungen von Bedeutung. Eingehend hierzu *Temple Lang*, 18 Fordham Int. L.J. 437, 512 f. (1994). Vgl. ferner *Deselaers* in: *Grabitz/Hilf*, Art. 82 Rn. 357; *ders.*, EuZW 1995, 563, 568; *IM/Möschel (Bd. I)*, Art. 86 Rn. 207; *Jung* in: *Grabitz/Hilf*, Art. 82 Rn. 130 („ökonomische Vertretbarkeit"); ebenso *Dirksen* in: *Langen/Bunte*, Art. 82 Rn. 148 (für Preismissbräuche). Zu berücksichtigen ist, dass es einem beherrschenden Unternehmen nicht zusteht, *„aus eigener Initiative Maßnahmen zu ergreifen, um Produkte zu eliminieren, die es zu Recht oder Unrecht im Vergleich zu eigenen Erzeugnissen für qualitativ minderwertig hält"*: EuG – *Irish Sugar* (14. 5. 1999, Rs. T-228/97), Slg. 1999, II-2969 (Rn. 192). Zur Problematik der Berufung auf Immaterialgüterrechte als „sachliche Rechtfertigung" vgl. *Wedekind* (1989); *Eilmansberger*, EuZW 1992, 625 ff.; *Mestmäcker* in: *FS Raisch*, S. 441, 450 f.; *Körber*, RIW 2004, 881 ff.; *Jung* in: *Grabitz/Hilf*, Art. 82 Rn. 195 ff.; *Loewenheim*, GRUR 1982, 461, 462 ff.; *IM/Möschel (Bd. I EG/I)*, Art. 86 Rn. 246 ff. Ferner EuG – *IMS Health* (26. 10. 2001, Rs. T-184/01 R), Slg. 2001, II-3193 (Rn. 125); KOMM. – *Microsoft* (24. 3. 2004, COMP/37.792), C(2004)900 final (Rn. 710 ff.); dazu EuG – *Microsoft* (22. 12. 2004, Rs. T-201/04), ABl. 2005 C 69/16 (Rn. 133, 214 ff.).

230 EuGH – *British Airways* (15. 3. 2007, Rs. C-95/04 P), noch nicht veröffentlicht (Rn. 69); siehe davor EuG – *British Airways* (17. 12. 2003, Rs. T-219/99), Slg. 2003, II-5917 (Rn. 280).

231 Wie hier *Jung* in: *Grabitz/Hilf*, Art. 82 Rn. 127.

232 Ausdrücklich EuGH – *United Brands* (14. 2. 1978, Rs. C-27/76), Slg. 1978, 207 (Rn. 184/194); siehe auch EuG – *IECC II* (16. 9. 1998, Rs. T-133, 204/95), Slg. 1998, II-3645 (Rn. 102); sowie Schlussanträge GA *La Pergola* in EuGH – *Deutsche Post/GZS* (10. 2. 2000, Rs. C-147, 148/97), Slg. 2000, I-825 (Rn. 19), sowie EuGH, a. a. O., Rn. 60.

233 Vgl. Schlussanträge der GA *Jacobs* in EuGH – *Bronner* (26. 11. 1998, Rs. C-7/97), Slg. 1998, I-7791 (Rn. 57); *IM/Möschel (Bd. 1 EG/I)*, Art. 82 Rn. 165 („Theorie der beweglichen Schranken"); vgl. auch EuG – *ITT Promedia* (17. 7. 1998, Rs. T-111/96), Slg. 1998, II-2937 (Rn. 139); wie hier *Sullivan*, 48 Antitr. Bull. 377, 379 (2003); unklar *Dirksen* in: *Langen/Bunte*, Art. 82 Rn. 81 f.

Urteil im Fall *British Airways* formuliert:[234] Zwar bedarf es danach zur Annahme eines Missbrauchs nicht des Nachweises eines Schadens für den Verbraucher im Sinne des Artikels 82 Abs. 2 lit. b) EG.[235] Ein Missbrauch liegt jedoch jedenfalls dann vor, wenn die für den Wettbewerb nachteilige Verdrängungswirkung eines Verhaltens nicht durch „Effizienzvorteile", die auch dem Verbraucher zugutekommen, zumindest ausgeglichen wird oder wenn sie über dasjenige hinausgeht, was zur Erreichung solcher Vorteile erforderlich ist.[236] Effizienzerwägungen finden demnach bereits Berücksichtigung,[237] sollen aber nach dem Willen der Kommission künftig im Rahmen eines „more economic approach" eine noch größere Rolle spielen.[238]

bb) Kausalitätserfordernisse

Der Wortlaut des Artikels 82 EG suggeriert eine gewisse kausale Verknüpfung zwischen beherrschender Stellung und Missbrauch derselben.[239] Nach Auffassung des Gerichtshof bedarf es zur Feststellung eines Missbrauchs jedoch keiner Kausalität in dem Sinne, dass ein Missbrauch *durch* das Vorliegen einer beherrschenden Stellung ermöglicht wurde, also „die durch eine beherrschende Stellung erlangte Wirtschaftskraft *als Mittel für die Verwirklichung des Missbrauchs* eingesetzt werde".[240] Ebenso wenig ist erforderlich, dass durch eine Wettbewerbsverzerrung ein Erfolg in Form einer „Ausschaltung jeglichen Wettbewerbs" erzielt wurde.[241]

---

234 KOMM. – *Virgin/B.A.* (14. 7. 1999), ABl. 2000 L 30/1, bestätigt durch EuG – *British Airways* (17. 12. 2003, Rs. T-219/99), Slg. 2003, II-5917 und EuGH – *British Airways* (15. 3. 2007, Rs. C-95/04 P), noch nicht veröffentlicht. Derselbe Sachverhalt wurde von in den USA nicht als Verstoß gegen Sec. 2 Sherman Act gewertet: *Virgin Atlantic Airways LTD v. British Airways PLC*, 257 F.3d 256 (2nd Cir. 2001); siehe dazu *ten Kate/Niels*, 49 Antitr. Bull. 1, 3-7 (2004).

235 EuGH – *British Airways* (15. 3. 2007, Rs. C-95/04 P), noch nicht veröffentlicht (Rn. 57 f., 106); vgl. auch Fn. 102 (S. 52); ferner *Eilmansberger*, 42 CMLR 129, 135 (2005).

236 EuGH – *British Airways* (15. 3. 2007, Rs. C-95/04 P), noch nicht veröffentlicht (Rn. 86).

237 Wie hier *Mertikopoulou*, 28 ECLR 241, 247 (2007); zurückhaltend *GTE/Schöter*, Art. 82 Rn. 176; a.A. *Dreher/Adam*, 28 ECLR 278 (2007).

238 Zum „more economic approach" vgl. KOMM. – Discussion paper on the application of Article 82 of the Treaty to exclusionary abuses (Dez. 2005), insbes. Rn. 84 ff.; vgl. dazu *Völcker*, 43 CMLR 1409, 1428 (2006); *Wirtz/Möller*, WuW 2006, 226 ff.; *A. Schmidt*, WuW 2006, 1097 ff. ; *Albers*, WuW 2006, 3; *Schmidtchen*, WuW 2006 S. 6 ff.; *Immenga*, WuW 2006, 463; *Mertikopoulou*, 28 ECLR 241 (2007); *Dreher/Adam*, 28 ECLR 278 (2007); *Behrens* in: *Behrens u. a. (2006)*, S. 13; ablehnend *IM/Möschel (Bd. 1 EG/I)*, Art. 82 Rn. 121. Zur Rolle von Effizienzerwägungen i. R. d. Art. 81 EG siehe *Marquis*, 32 E.L. Rev. 29-47 (2007).

239 Vgl. *Gleiss/Hirsch*, Art. 86 Rn. 57; Schlussanträge *GA Lenz* in EuGH – *AKZO Chemie* (3. 7. 1991, Rs. C-62/86), Slg. 1991, I-3359 (Rn. 41) („entgegen dem Wortsinn").

240 EuGH – *Hoffmann-La Roche* (13. 2. 1979, Rs. 85/76), Slg. 1979, 461 (Rn. 91); KOMM. – *Tetra Pak II* (24. 7. 1991), ABl. 1992 L 72/1 (Rn. 104), bestätigt durch EuG – *Tetra Pak II* (6. 10. 1994, Rs. T-83/91), Slg. 1994, II-755 (Rn. 113); EuGH – *Tetra Pak II* (14. 11. 1996, Rs. C-333/94 P), Slg. 1996, I-5951 (Rn. 24 f.); hierzu v. a. Schlussanträge GA *Ruiz-Jarabo Colomer*, a. a. O. 5970 ff. (Rn. 38 ff., m. w. N.).

241 Siehe in § 2 A.III.1. (S. 52, m. w. N.). Eingehend zur Erforderlichkeit einer ursächlichen Verknüpfung *Eilmansberger*, 42 CMLR 129, 140-46 (2005); (m. w. N.).

Problematisch ist dies vor allem in den Fällen, in denen beherrschter und vom Missbrauch betroffener Markt divergieren. Zwar erlaubt der Verzicht auf einen Ursachenzusammenhang, Fälle des „Missbrauchtransfers“[242] bzw. der Ausnützung einer vom beherrschten Markt ausgehenden „Hebelwirkung“ („leveraging“) zu erfassen.[243] Damit wird die „besondere Verantwortung“ beherrschender Unternehmen auf Drittmärkte ausgedehnt.[244] Ebenso wie in der US-amerikanischen Kartellpraxis, die dem Modell des „leveraging“ mit zunehmender Skepsis begegnet,[245] zeichnet sich hier aber eine Tendenz ab, unter Berufung auf wirtschaftswissenschaftliche Erkenntnisse die Ausweitung der Tätigkeit eines Unternehmens auf Drittmärkte einschließlich der damit verbundenen Bildung von Mischunternehmen als zumindest wettbewerblich neutral, wenn nicht positiv einzustufen.[246] Der Verhaltensmaßstab beherrschender Unternehmen auf Drittmärkten wird hierdurch gelockert.[247]

Bereits nach der bisherigen Rechtsprechung reichte es jedoch nicht aus, irgendeine missbräuchliche Verhaltensweise eines beherrschenden Unternehmens auf einem Drittmarkt festzustellen.[248] Für die Feststellung eines Missbrauchs genügt aber, wenn – unabhängig vom Erfolgsort – der Markt, auf dem der Missbrauch stattfindet, mit dem beherrschten Markt koinzidiert.[249] Sofern die vorgenannten Märkte divergieren, genügt

---

242 Begriff bei *Emmerich* in: *Dauses*, H. I § 1 Rn. 357.

243 In diesem Sinne *Gleiss/Hirsch*, Art. 86 Rn. 56 ff.; *Koch* in: *Grabitz/Hilf*, (4. EL) Art. 86 Rn. 49.

244 Deshalb das Erfordernis einer kausalen Verknüpfung ablehnend: *Bellamy/Child* (1993), Rn. 9-045; *IM/Möschel (Bd. 1 EG/I)*, Art. 82 Rn. 103; *Ritter/Braun/Rawlinson*, S. 354 f.; *GTE/Schröter*, Art. 82 Rn. 133; *Dirksen* in: *Langen/Bunte*, Art. 86 Rn. 85; *Weiß* in: *Calliess/Ruffert*, Art. 82 Rn. 40; *Jung* in: *Grabitz/Hilf*, Art. 82 Rn. 107; *Mestmäcker* in: *FS Raisch*, S. 441, 457; *Emmerich* in: *Dauses*, H. I § 1 Rn. 357 f. Anders hingegen *Waelbroeck/Frignani* in: *Megret*, Rn. 276 f.; *Eilmansberger*, 42 CMLR 129, 145 (2005), der zu Recht darauf hinweist, dass ein Kausalitätserfordernis der Abgrenzung zu unlauteren Wettbewerbshandlungen dient, die nicht unter Art. 82 fallen.

245 Vgl. im 2. Teil § 2 B.I.2. (S. 227 ff.). Vgl. auch *Fleischer*, RIW 2000, 22 ff.

246 Vgl. EuG – *Tetra Laval/Sidel* (25. 10. 2002, Rs. T-5/02), Slg. 2002, II-4381 (Rn. 155) (Beurteilung der Konglomeratwirkungen eines Zusammenschlusses); hierzu *Feddersen*, WuW 2003, 15 ff.; siehe auch EuG – *General Electric Co.* (14. 12. 2005, Rs. T-210/01), Slg. 2005, II-5575; hierzu *Völcker*, 43 CMLR 1409, 1440 (2006); zum „leveraging“ im europäischen Kartellrecht siehe auch die eingehende Untersuchung von *Nothhelfer*.

247 EuG – *Tetra Laval/Sidel* (25. 10. 2002, Rs. T-5/02), Slg. 2002, II-4381 (Rn. 155 ff., 192 ff.), unter Berufung auf EuG – *Airtours* (6. 6. 2002, Rs. T-342/99), Slg. 2002, II-2585 (Rn. 63). Zwar wird die Möglichkeit eines „leveraging“ anerkannt, aber strengen Beweisanforderungen unterworfen; vgl. auch EuG – *General Electric* (14. 12. 2005, Rs. T-210/01), Slg. 2005, II-5575 (Rn. 325 ff.).

248 Wie hier *Dreher/Adam*, 28 ECLR 278, 282 (2007). Vgl. Schlussanträge GA *VerLoren van Themaat* in EuGH – *Michelin* (9. 11. 1983, Rs. 322/81), Slg. 1983, 3461, 3530. Zur wettbewerbspolitischen Notwendigkeit einer Reduktion vgl. Schlussanträge *GA Ruiz-Jarabo Colomer* in EuGH – *Tetra Pak II* (14. 11. 1996, Rs. C-333/94 P), Slg. 1996, I-5951 (Rn. 42); *Jung* in: *Grabitz/Hilf*, Art. 82 Rn. 121; *de Bronett* in: *Wiedemann*, § 22 Rn. 100.

249 Unerheblich ist, ob die Maßnahme dazu dient, eine beherrschende Stellung auf dem Primärmarkt aufrechtzuerhalten oder die Wettbewerbsstruktur auf einem Drittmarkt zu beeinflussen. Regelmäßig betroffen sind v. a. liberalisierte Märkte. Vgl. z. B. KOMM. – *GSM-Mobilfunkdienste in Italien* (4. 10. 1985), ABl. 1995 L 280/49 (Rn. 17) (überhöhte Verbundgebühren); EuGH – *Commercial Solvents* (6. 3. 1974, Rs. 6, 7/73), Slg. 1974, 223 (Rn. 24 f.) (Lieferungsverweigerung, um selbst Sekundärmarktprodukt herzustellen); EuGH – *CBEM (Télémarketing)* (3. 10. 1985, Rs. C-311/84), Slg. 1985, 3261 (Rn. 26) (Vorbehalten einer *Hilfstätigkeit* auf benachbartem Markt); EuGH – *RTE und ITP (Magill)* (6. 4. 1995, Rs. C-241, 242/91 P), Slg. 1995, I-743 (Rn. 47, 56). Ferner KOMM. –

ferner, wenn zumindest der wettbewerbswidrige Erfolg auf dem beherrschten Markt eintritt.[250] Einer weitergehenden Kausalverknüpfung bedarf es dann nicht. Anders liegt der Fall, „wenn sich ein Verhalten auf einem *von dem beherrschten Markt verschiedenen Markt dort* auswirkt",[251] also weder Handlungs- noch Erfolgsort mit dem beherrschten Markt koinzidieren. Zur Feststellung eines Missbrauchs bedarf es hier einer derart engen Verbindung zwischen den betroffenen Märkten, dass sie „einer beherrschenden Stellung auf der Gesamtheit der relevanten Märkte" gleichkommt.[252] Fehlt es an einer solchen, scheidet in den Fällen, in denen die Qualifizierung einer Verhaltensweise als wettbewerbswidrig von der Feststellung einer beherrschenden Stellung abhängt, ein Missbrauch im Sinne des Artikel 82 EG aus. Insofern bedarf es doch eines Zusammenhangs zwischen Marktmacht und Missbrauch in dem Sinne, dass die Vorteile, die ein Unternehmen auf dem nicht beherrschten Markt erzielt, nicht hätten erlangt werden dürfen, hätte wirksamer Wettbewerb auf dem primären Markt bestanden.[253]

cc) Folgerungen

Ausgangsfrage dieses Abschnittes war, inwieweit die einen Missbrauch charakterisierenden Tatbestandsmerkmale Rückschlüsse auf die Zulässigkeit eines Missbrauchsverbotes mit Beseitigungsfolge zulassen. Die für den hier alleine interessierenden Behinderungsmissbrauch anzulegenden Maßstäbe offenbaren, dass die kategorische Anordnung

---

Flughafen Frankfurt (14. 1. 1998), ABl. 1998 L 72/30 (Rn. 69), i. V. m. S. 48 (Rn. 98) (Vorbehalten des abgeleiteten Markts für die Erbringung von Bodenverkehrsdiensten); EuGH – *Telekommunikations-Endgeräte* (19. 3. 1991, Rs. C-202/88), Slg. 1991, I-1223 (Rn. 51); EuGH – *ERT* (18. 6. 1991, Rs. C-260/89), Slg. 1991, I-2925 (Rn. 22).

250 Siehe Schlussanträge GA *Ruiz-Jarabo Colomer* in EuGH – *Tetra Pak II* (14. 11. 1996, Rs. C-333/94 P), Slg. 1996, I-5951 (Rn. 55); Mitteilung der Kommission über die Anwendung der Wettbewerbsregeln auf Zugangsvereinbarungen im Telekommunikationsbereich, ABl. 1998 C 265/2 (Rn. 81); EuGH – *AKZO Chemie* (3. 7. 1991, Rs. C-62/86), Slg. 1991, I-3359 (Rn. 42 ff.) (Kampfpreise auf nicht beherrschtem Markt); EuGH – *BPB Industries und British Gypsum* (6. 4. 1995, Rs. C-310/93 P), Slg. 1995, I-865 (Rn. 82 ff.) (i. V. m. Schlussanträgen GA *Léger*, a.a.O. S. 904 – Rn. 11); EuG – *Tiercé Ladbroke* (12. 6. 1997, Rs. T-504/93), Slg. 1997, II-923 (Rn. 133).

251 EuGH – *Tetra Pak II* (14. 11. 1996, Rs. C-333/94 P), Slg. 1996, I-5951 (Rn. 27).

252 EuGH – *BPB Industries und British Gypsum* (6. 4. 1995, Rs. C-310/93 P), Slg. 1995, I-865 (Rn. 82 ff.) (Schlussanträge GA *Léger*, m. w. N., vgl. auch EuGH, a.a.O., S. 904 [Rn. 11]); EuGH – *Tetra Pak II* (14. 11. 1996, Rs. C-333/94 P), Slg. 1996, I-5951 (Rn. 31); davor KOMM. – *Tetra Pak II* (24. 7. 1991), ABl. 1992 L 72/1 (Rn. 104); EuG – *Tetra Laval/Sidel* (25. 10. 2002, Rs. T-5/02), Slg. 2002, II-4381 (Rn. 197); KOMM. – *Microsoft* (24. 3. 2004), C(2004)900 final (Rn. 528). Zu den Kriterien für eine enge Verbindung vgl. EuG – *Tetra Laval/Sidel*, a.a.O., Rn. 192 ff.; EuG – *Tetra Pak II* (6. 10. 1994, Rs. T-83/91), Slg. 1994, II-755 (Rn. 186); Schlussanträge GA *Lenz* in EuGH – *AKZO Chemie* (3. 7. 1991, Rs. C-62/86), Slg. 1991, I-3359 (Rn. 42); Schlussanträge GA *Léger* EuGH – *BPB Industries und British Gypsum*, a.a.O., Rn. 78.

253 KOMM. – *Tetra Pak II* (24. 7. 1991), ABl. 1992 L 72/1 (Rn. 101 Abs. 3, 104); wie hier *Deselaers* in: *Grabitz/Hilf*, Art. 82 Rn. 347; anders *Dirksen* in: *Langen/Bunte*, Art. 82 Rn. 85, wonach es ausreiche, dass das missbräuchliche Verhalten dem Marktbeherrscher zurechenbar sei; anders auch *Emmerich* in: *Dauses*, H. I § 1 Rn. 358 (wonach die besondere Verantwortung beherrschender Unternehmen diesen „schattengleich" auf nicht beherrschte Märkte folge).

einer Beseitigungsfolge nicht sachgerecht wäre. Dies gilt zunächst insoweit, als beherrschenden Unternehmen eine „besondere Verantwortung" für den Wettbewerb aufgebürdet wird. Sie untersagt ihnen auch Verhaltensweisen, die einem nicht beherrschenden Unternehmen durchaus gestattet sein können, weil sie aufgrund ihrer „positiven wirtschaftlichen Auswirkungen" einer Freistellung nach Artikel 81 Abs. 3 EG zugänglich wären. Eine vergleichbare Rechtfertigung unterbleibt jedoch im Rahmen des Artikel 82 EG – zumindest bislang – weitgehend. Außerhalb flagranter und schwerwiegender Wettbewerbsverzerrungen ist die Bewertung von Missbräuchen daher vielfach ambivalent. Es erscheint in diesem Fall jedoch unverhältnismäßig, wenn trotz dieser Ambivalenz die – aus Sicht des betroffenen Unternehmens Sanktionscharakter aufweisende – Beseitigung der Folgen einer im Ansatz unbedenklichen Verhaltensweise anzuordnen.

Darüber hinaus zeigt auch die Diskussion um die Fälle der Marktdivergenz, dass ein allgemeines Missbrauchsverbot mit Beseitigungsfolge verfehlt wäre. Dass Verhaltensweisen, deren Auswirkungen ausschließlich auf nicht beherrschten Märkten eintreten, als missbräuchlich qualifiziert werden können, belegt, dass Artikel 82 EG auch dann eingreift, wenn ein Missbrauch weder dazu geführt hat, vorhandene Marktmacht ursächlich aufrecht zu erhalten oder zu erweitern oder eine neue beherrschende Position zu begründen. Ausreichend ist eine kausale Verknüpfung zwischen missbräuchlicher Verhaltensweise und der davon ausgehenden, gegebenenfalls auch schwachen Wirkung auf den Markt.[254] Artikel 82 EG erfasst mithin auch Verhaltensweisen, die lediglich *abstrakt geeignet* sind, ursächlich für Erwerb, Aufrechterhaltung oder Intensivierung einer beherrschenden Stellung zu sein. Eine „Folgenbeseitigung" scheidet bei einer derartigen Konzeption bereits begrifflich aus.

Bleibt ein konkreter Verursachungsbeitrag jedoch offen, würde der Missbrauch lediglich zum *Anlass* für eine Entflechtung genommen. Dies widerspricht zum einen dem Grundsatz, dass die Innehabung einer beherrschenden Stellung als solche nicht verboten ist, zum anderen der Annahme, dass die Anwendung der Wettbewerbsregeln lediglich verhindern soll, dass eine Marktposition auf- oder ausgebaut wird, die ohne die Wettbewerbsverzerrung nicht hätte aufgebaut werden können. Zudem bestünde die Gefahr, Unternehmen zu entflechten, deren beherrschende Stellung Produkt von Leistungswettbewerb ist.[255] Folge hiervon wäre, dass im Grundsatz erwünschtes Verhalten abgeschreckt würde. Verstärkt würde dieser Effekt dadurch, dass Artikel 82 EG auch Verhaltensweisen erfasst, die ohne eine enge Verbindung zu dem beherrschten Markt oder ohne ihre – möglicherweise schwache – Auswirkungen auf den beherrschten Markt wegen ihrer positiven wirtschaftlichen Auswirkungen auf dem Drittmarkt freistellungsfähig wären. Gleichzeitig greifen auch hier die bereits diskutierten Bedenken im Hinblick auf die Unmöglichkeit kategorischer Werturteile über Marktmacht. Die anlassgebundene Haf-

---

254 Vgl. *Mestmäcker* in: *FS Raisch*, S. 441, 457 (m. w. N.); *IM/Möschel (Bd. 1 EG/I)*, Art. 82 Rn. 123; *Vogelenzang*, 13 CMLR 61, 66-67 (1976).

255 Vgl. auch *IM/Möschel (Bd. 1 EG/I)*, Art. 82 Rn. 122.

tung – die zudem erheblichen, an späterer Stelle zu erörternden praktischen Schwierigkeiten begegnet[256] – verwechselt insofern den Anlass für eine Intervention mit ihrem Grund und steht in Widerspruch zur Konzeption des Artikel 82 EG. Sie dient nicht der Wiederherstellung von Wettbewerb, der sich über seine Voraussetzungen definiert, sondern soll letztlich eine – idealtypische – Marktstruktur schaffen, die die Entstehung von Entscheidungsfreiräumen unwahrscheinlich macht. Da kaum Einigkeit über die Struktur idealtypischer Märkte besteht, muss eine derartige Zielsetzung jedoch ausscheiden.[257]

*dd) Exkurs: Fortbestand der „*Continental-Can*"-Doktrin bei Zusammenschlüssen*

Nach der hier vertretenen Auffassung stellen „Marktstrukturmissbräuche" keine eigenständige Fallgruppe dar. Die von ihnen betroffenen Zusammenschlussfälle – wie sie auch der Entscheidung im Fall *Contiental Can* zugrunde lagen – erlauben jedoch in der Regel, den Nachweis eines *konkreten Verursachungsbeitrags* einer Zuwiderhandlung für einen strukturellen Erfolg zu führen. Daher sind „Marktstrukturmissbräuche" für eine Folgenbeseitigungsverpflichtung besonders geeignet. Der *Continental-Can*-Doktrin kam besondere Bedeutung für die Kontroverse zu, ob die Artikel 81 und 82 EG – einschließlich der Kartellverordnung – auf Zusammenschlussfälle anzuwenden seien.[258] Nach Inkrafttreten der Fusionskontrollverordnung (EWG) Nr. 4064/89 bzw. ihrer Novellierung durch die VO (EG) Nr. 139/2004 stellt sich freilich die Frage, ob sich die Doktrin insoweit „erledigt" hat.[259]

Nach dem eindeutigen Wortlaut des Artikels 22 Abs. 1 VO (EWG) Nr. 4064/89 (Artikel 21 Abs. 1 VO (EG) Nr. 139/2004) ist ausschließlich die Fusionskontrollverordnung auf Zusammenschlüsse im Sinne ihres Artikel 3 anzuwenden.[260] Die Durchführungsverordnungen zu den Artikeln 81 und 82 EG finden keine Anwendung.[261] Außerhalb der Fälle des Artikel 3 FKVO bleibt jedoch die Kartellverordnung voll anwend-

---

256 Siehe im 2. Teil unter § 2 A.III.2. b) (S. 208 ff.).

257 Siehe insoweit bereits § 2 A.II.1. (S. 42 ff.).

258 Vgl. ferner vor Erlass der VO 4064/89: KOMM. – *Tetra Pak I* (26. 7. 1988), ABl. 1988 L 272/27 (Rn. 46 f.), bestätigt durch EuG – *Tetra Pak I* (10. 7. 1990, Rs. T-51/89), Slg. 1990, II-309; in ihrer *Gillette*-Entscheidung (siehe Fn. 32, S. 30) berief sich die Kommission nicht auf die *Continental-Can*-Doktrin. Zur Anwendung der Art. 81 und 82 EG auf Zusammenschlüsse vgl. insbesondere *Immenga/Fuchs*, NJW 1988, 3052 ff.; davor *Kommission*, Konzentrationsmemorandum (1966), S. 26 (Rn. 25 f.). Überblick bei *Bolze*, S. 102 (Rn. 190 ff.); *Jung* in: *Grabitz/Hilf*, Art. 82 Rn. 228.

259 Vgl. *K. Schmidt*, BB 1990, 719, 722, wonach die *Continental-Can*-Doktrin nur auf Fälle aggressiver Zusammenschlüsse Anwendung finde, bei denen der Zusammenschluss durch missbräuchliche Verhaltensweisen erzwungen werde: So bleibe das Konzept der Verhaltenskontrolle unangetastet, zudem sei die Schutzrichtung eine andere als bei Zusammenschlüssen. Ähnlich *Fickentscher* in: *FS Böhm*, S. 261, 275 f.; *Joliet*, 5 RTDE 646, 693 (1969). Vgl. nun *Schnelle*, EWS 2002, 271, 272. Zu Recht ablehnend *IM/Möschel (Bd. 1 EG/I)*, Art. 82 Rn. 271.

260 Eine Ausnahme gilt für Gemeinschaftsunternehmen ohne gemeinschaftsweite Bedeutung, die eine Koordinierung des Verhaltens unabhängig bleibender Unternehmen bezwecken oder bewirken.

261 Zu den Durchführungsverordnungen siehe Art. 22 Abs. 1 VO (EG) Nr. 139/2004.

bar.[262] Als sekundärrechtliche Vorschriften können die Fusionskontrollverordnungen indes die Anwendbarkeit der primärrechtlichen Artikel 81 und 82 EG nicht ausschließen.[263] Daher handelt es sich hierbei lediglich um einen Kunstgriff, der die Anwendung der Artikel 81 und 82 EG auf Fusionssachverhalte praktisch ausschließt.[264] Möglich bleibt jedoch nach wie vor ihre Anwendung in Verbindung mit Artikel 85 EG (Artikel 89 EG-Vertrag a. F.).[265] Die praktische Reichweite der letztgenannten Vorschrift ist freilich gering, da sie die Kommission lediglich ermächtigt, Empfehlungen zur Abstellung zu geben und gegebenenfalls Feststellungsentscheidungen zu treffen. Sie gibt ihr jedoch nicht die Möglichkeit, die Abstellung einer Zuwiderhandlung anzuordnen und selbst durchzusetzen. Insofern ist sie für die Möglichkeit von Maßnahmen struktureller Natur nicht weiter von Bedeutung.[266] Im Übrigen hat die Kommission ausdrücklich erklärt, von einer Anwendung der Artikel 81 und 82 EG auf Zusammenschlüsse im Sinne des Artikels 3 VO (EWG) Nr. 4064/89 (Artikel 3 VO (EG) Nr. 139/2004) absehen zu wollen.[267] Die Frage ihrer Anwendbarkeit ist mithin theoretischer Natur[268] und soll deshalb vorliegend nicht weiter vertieft werden.

IV. Folgerung: Mögliche Reichweite von Entflechtungen nach Artikel 82 EG

Sowohl der missbräuchliches Verhalten voraussetzende Wortlaut als auch der Schutzzweck des Artikels 82 EG lassen die Begründung beherrschender Stellungen mit den Mitteln „eines normalen Produkt- oder Dienstleistungswettbewerbs" zu. Eingriffe zu ihrer unmittelbaren Beseitigung scheiden damit zunächst aus. Artikel 82 EG enthält aber ein durch das Abweichen von den Mitteln des Leistungswettbewerbs qualifiziertes Monopolisierungsverbot. Das Verbot der Ausübung der Fähigkeit zur Verhinderung wirksamen Wettbewerbs dient der Kontrolle und gegebenenfalls Eliminierung der Fähigkeit

---

262 Wie hier *Jung* in: *Grabitz/Hilf*, Art. 82 Rn. 236. Denkbar bleibt eine Anwendung der *Continental-Can*-Doktrin auf Minderheitsbeteiligungen und den Erwerb der Kontrolle über kooperative Teilfunktionsgemeinschaftsunternehmen, sofern diese zu einer Verstärkung einer beherrschenden Stellung führen und sie nicht von der FKVO erfasst werden. Siehe bereits Fn. 19 (S. 23). Hier überwiegen indes kooperative Elemente, so dass eine vorrangige Anwendung des Art. 81 EG vorzuziehen ist. Zu beachten ist Art. 81 Abs. 3 lit. b EG.

263 *GTE/Schröter*, Art. 82 Rn. 283; *IM/Möschel (Bd. 1 EG/I)*, Art. 86 Rn. 266; *Emmerich* in: *Dauses*, H. I § 1 Rn. 246 ff.; *Dirksen* in: *Langen/Bunte*, Art. 82 Rn. 191; *Mestmäcker/Schweitzer*, S. 384 ff.

264 *Niemeyer*, RIW 1991, 448, 449.

265 Vgl. *IM/Möschel (Bd. 1 EG/I)*, Art. 82 Rn. 266; a. A. *Jung in: Grabitz/Hilf*, Art. 82 Rn. 236.

266 Es kann daher dahingestellt bleiben, ob die Anwendung von Art. 85 EG aufgrund seines vermeintlich provisorischen Charakters ausgeschlossen ist: hierzu *Niemeyer*, RIW 1991, 448, 449 ff.

267 Vgl. die Erklärung der Kommission für das Ratsprotokoll vom 19. 12. 1989, WuW 1990, 240, 243 (Ziff. 11 lit. a). Die Kommission behält sich allerdings vor, gegenüber Zusammenschlüssen im Sinne des Art. 3, die keine gemeinschaftsweite Bedeutung im Sinne des Art. 1 haben, in den nicht von Art. 22 vorgesehenen Fällen nach dem Verfahren des Art. 85 EG (Art. 89 a. F.) tätig zu werden. Ein Tätigwerden gegenüber Zusammenschlüssen mit einem weltweiten Gesamtumsatz unter 2 Mrd. Euro oder einem gemeinschaftsweiten Umsatz von weniger als 100 Mio. Euro oder gegenüber Zusammenschlüssen, die der 2/3-Regel nicht genügen, sei indes nicht beabsichtigt.

268 Wie hier *Dirksen* in: *Langen/Bunte*, Art. 82 Rn. 191; *IM/Möschel (Bd. 1 EG/I)*, Art. 86 Rn. 266.

zu unabhängigem Verhalten durch die Kräfte des Marktes. Marktstruktur und Marktverhalten beeinflussen sich dabei wechselseitig. Daher folgt aus dem Verstoß gegen das Verbot des Rekurses auf Mittel, die im Widerspruch zur Wettbewerbsordnung stehen, ein mittelbares Unwerturteil über den strukturellen Erfolg, der ohne die Wettbewerbsverzerrung nicht bestünde.[269] Die primäre Anknüpfung des Artikels 82 EG an zweckbestimmtes Verhalten bleibt dabei zwar bestehen. Für einen generellen Bestandsschutz für beherrschende Stellungen ist aber kein Raum.

Hieraus folgt allerdings nicht, dass strukturelle Eingriffe zur Wiederherstellung „gesunder Wettbewerbsstrukturen" zulässig wären, sobald ein Missbrauch festgestellt wurde.[270] Gegen ein derartiges generelles „Missbrauchsverbot mit Beseitigungsfolge" spricht insbesondere, dass das Verbot des Artikels 82 EG auch die Fälle erfasst, in denen ein Missbrauch lediglich abstrakt geeignet ist, einen ursächlichen Beitrag für den Erwerb, die Aufrechterhaltung oder die Intensivierung von Marktbeherrschung zu leisten. Zwar ließe sich annehmen, dass das abgeleitete Werturteil auch diese Konstellationen erfasst. In diesem Fall stünde aber – systemwidrigerweise – nicht ein Missbrauch, sondern die Marktstruktur selbst im Vordergrund.[271] Die Wertungsabhängigkeit der rechtlichen Analyse einer beherrschenden Stellung verbietet indes kategorische Werturteile ebenso wie (neuere) ökonomische Erkenntnisse, denen zufolge temporäre Marktmacht Ausdruck gesunden Wettbewerbs ist. In wettbewerbspolitischer Hinsicht besteht insoweit Gefahr, dass mit Mitteln des Leistungswettbewerbs erworbene Marktstellungen sanktioniert und damit auch erwünschtes Verhalten abgeschreckt wird. Dies gilt auch im Hinblick darauf, dass die besondere Verantwortung beherrschender Unternehmen diesen Verhaltensweisen verbietet, die unter „normalen" Wettbewerbsbedingungen unbedenklich sind. Raum für eine Entflechtung im Sinne einer Folgenbeseitigung bleibt daher allenfalls dann, wenn die wesentliche Kausalität eines Missbrauchs für einen strukturellen Erfolg messbar ist. In diesem Fall ist aber zu berücksichtigen, dass in Ermangelung von Bruchlinien die Identifizierung des Entflechtungsgegenstandes regelmäßig Schwierigkeiten bereitet.[272] Zudem wird ein „Zurückdrehen der Uhr" der dynamischen Entwicklung von Märkten nicht gerecht. Schließlich fügen sich gestalterische Eingriffe von Kartellbehörden schlecht in ein System ein, dessen Prämisse es ist, dass die Sicherung pluralistischer Prinzipien die besten Marktergebnisse zu Tage fördert.[273]

Maßnahmen struktureller Art kommen in Anlehnung an den zwei Elemente enthaltenden Marktbeherrschungsbegriff ferner dort in Betracht, wo die Fähigkeit zur Verhinderung von Wettbewerb in der Unternehmensstruktur angelegt ist. Auch hier wird

269 So gesehen ist die Feststellung von *Dubois* (Fn. 23, S. 40), die Kommission „verbiete eine beherrschende Stellung", zutreffend, wenn auch missverständlich.

270 So aber i. Erg. *Schulte-Braucks*, S. 297; wie hier i. Erg. ablehnend *IM/Möschel (Bd. 1 EG/I)*, Art. 82 Rn. 271 (unter Hinweis auf Unterschiede zwischen internem und externem Wachstum); siehe auch *Mestmäcker/Schweitzer*, S. 496; *Emmerich*, Kartellrecht, S. 182; *Klees*, § 6 Rn. 78.

271 I. Erg. wie hier *Mestmäcker/Schweitzer*, S. 496; *Emmerich*, Kartellrecht, S. 182.

272 Siehe im 2. Teil § 2 A.I.3. (S. 185 ff.) und § 2 A.III.2. b) (S. 208 ff.).

273 Vgl. bereits § 1 B.III.1. (S. 33 f.).

der Gegensatz zwischen Verhalten und Struktur überwunden, indem das Werturteil über das zum Schutz des Wettbewerbs verbotene Verhalten die mit seiner Hilfe aufrechterhaltene Marktbeherrschung erfasst und damit erlaubt, die durch den instrumentalisierten strukturellen Vorteil vermittelte Fähigkeit zur Verhinderung wirksamen Wettbewerbs zu beseitigen. Der Eingriff dient hier zwar im Ergebnis auch dazu, eine Perpetuierung von Marktstrukturen, die unabhängiges Verhalten erlauben, zu verhindern. Anders als bei der retroaktiven Folgenbeseitigung ist hier aber der Bezug zum Verhaltenselement des Artikels 82 EG und der Zielsetzung, wirksamen Wettbewerb für die Zukunft herzustellen, größer. Der strukturelle Eingriff rechtfertigt sich in diesem Fall aus der Überlegung, dass er wirksamer als eine laufende Verhaltenskontrolle ist.[274] Es besteht indes ebenfalls die Gefahr einer Beseitigung von Leistungsanreizen, sofern der genutzte strukturelle Vorteil mit wettbewerbsadäquaten Mitteln geschaffen wurde oder die Wettbewerbsverzerrung schwach ist. Daher können weder die fernliegende Möglichkeit freiheitsgefährdender Auswirkungen bestimmter Unternehmensstrukturen noch einmalige strukturbedingte Verdrängungspraktiken einen marktöffnenden Eingriff rechtfertigen.[275] Erforderlich ist vielmehr die Erwartung, das marktbeherrschende Unternehmen werde regelmäßig zu gleichgearteten, durch eine reine Verhaltenskontrolle nur schwer zu erfassenden und schwerwiegenden wettbewerbswidrigen Verhaltensweisen greifen, die ihren Ursprung in einem determinierbaren strukturellen Vorteil haben. Der Schluss auf eine derartige Wiederholungsgefahr wird nur dann gerechtfertigt sein, wenn mehrere gleichgeartete Beschränkungshandlungen in der Vergangenheit festgestellt wurden.

In diesem Kontext sind die Ausführungen des EuGH im Fall *Ufex u. a.* zu sehen, wonach die Kommission, die ihrer Überwachungsfunktion nicht nachgekommen war,[276] sich ein Urteil über die *fortdauernde Wirkung der (eingestellten) Wettbewerbsbeschränkungen* hätte bilden und „für eine unverfälschte Wettbewerbslage" hätte sorgen müssen. Insbesondere hätte die Kommission prüfen müssen, ob die Struktur des Marktes für Eilkurierdienstleistungen dauerhaft so verändert wurde, dass ein wirksamer Wettbewerb für die Zukunft ausgeschlossen wurde, und nötigenfalls die *Voraussetzungen für wirksamen Wettbewerb* wiederherstellen müssen, indem sie die Möglichkeit weiterer Wettbewerbsverzerrungen beseitigt hätte.[277] In Betracht wären deshalb vor allem Maßnahmen gekommen, die – wie letztlich im Fall der *Deutschen Post AG* auf freiwilliger Basis geschehen[278] – der auf einem geschützten Markt tätigen französischen Post die Möglichkeit genommen hätte, erneut eine kompetitive Bedrohung ihres Tochterunternehmens mit Hilfe von Quersubventionen und der vorzugsweisen Gewährung eines Zugangs zu ihren Einrichtungen abzuwenden.

---

274 Siehe insoweit die Diskussion in § 3 A.I.3. (S. 111 ff., m. w. N. in Fn. 32, S. 112).

275 Vgl. allerdings *Herdzina*, S. 94, 234, wonach auch eine freiheitssichernde Wettbewerbspolitik sich auf die Beseitigung freiheitsgefährdender Marktstrukturen konzentrieren könne.

276 Siehe Schlussanträge GA *Ruiz-Jarabo Colomer* EuGH – *Ufex u. a.* (4. 3. 1999, Rs. C-119/97 P), Slg. 1999, I-1341 (Rn. 70 ff.). Zum Fall *Ufex u. a.* siehe bereits § 2 A.III.3. (S. 55).

277 So ausdrücklich Schlussanträge GA *Ruiz-Jarabo Colomer*, a.a.O., Rn. 72.

278 Vgl. § 1 B.II. (S. 32).

V. *Strukturelle Eingriffe bei hoheitlich sanktionierten beherrschenden Stellungen?*

Nach dem Vorstehenden existiert ein Bestandsschutz beherrschender Stellung nicht. Strukturelle Eingriffe stoßen dennoch unter anderem deshalb auf Bedenken, weil weder rückblickend bei der Bestimmung von Marktbeherrschung noch zukunftsgerichtet bei der Analyse missbräuchlichen Verhaltens ausreichend Berücksichtigung findet, inwieweit das bisherige und künftige Verhalten des Marktbeherrschers einschließlich seiner Auswirkungen Ausdruck eines unter normalen Bedingungen zulässigen Leistungswettbewerbs oder – anders formuliert – von überlegener Effizienz ist. Die damit verbundenen Bedenken im Hinblick auf eine Gefährdung von Leistungsanreizen greifen freilich dann nicht, wenn – wie im Fall *Ufex u. a.* – beherrschende Stellungen in Frage stehen, deren Begründung nicht unter kompetitiven Bedingungen stattfand, weil sie durch hoheitliche Gewährung vor Wettbewerb geschützt sind oder waren. Letzteres betrifft vor allem Märkte, die seit Beginn der 90er Jahre verstärkt Gegenstand von Bemühungen um eine Liberalisierung waren.[279]

Die betreffenden Märkte zeichnen sich aufgrund des Umstandes, dass sie erst seit kurzer Zeit unter kompetitiven Bedingungen operieren, regelmäßig durch ihre besondere Empfindlichkeit aus.[280] Traditionell bilden sie einen Schwerpunkt der Tätigkeit der Kommission.[281] Betroffen sind insbesondere der Verkehrs-,[282] Energie-,[283] Post-[284] und Telekommunikationssektor[285]. Dabei ergeben sich allerdings Besonderheiten aus der

279 Siehe *Mestmäcker* in: *Gerken*, S. 191, 196. Zur Frage, inwieweit Art. 82 i. V. m. Art. 86 EG in den Dienst eines Abbaus bestehender Monopolrechte gestellt oder der Begründung neuer Rechte entgegen gesetzt werden kann: *Mestmäcker*, 52 RabelsZ 526 ff. (1988); *Bach*, S. 126 ff.

280 Vgl. Schlussanträge GA *Ruiz-Jarabo Colomer* in EuGH – *Ufex u. a.* (4. 3. 1999, Rs. C-119/97 P), Slg. 1999, I-1341 (Rn. 71).

281 Vgl. *Mario Monti*, Rede v. 14. 11. 2001, S. 12 (SPEECH/01/540); *Weitbrecht*, EuZW 2002, 581, 586. Zur Tätigkeit deutscher Kartellbehörden: *Zinsmeister*, WuW 1999, 115, 117; *Klose*, S. 24.

282 Siehe *Bartosch*, WuW 2005, 1122 ff. (m. w. N.); *Ende/Kaiser*, WuW 2004, 26 ff. (m. w. N.); *Koenig/Neumann/Schellberg*, WuW 2006, 139 ff.

283 Siehe eingehend § 3 A.I.3. c) (S. 131 ff.).

284 Überblick bei *Comandini* in: *Geradin*, S. 135 ff.; *Schwintowski*, EWS 2002, 552 ff.; *Gärditz*, EWS 2005, 490. vgl. ferner die novellierte Richtlinie 2002/39/EG v. 10. 6. 2002 zur Änderung der Richtlinie 97/67/EG im Hinblick auf die weitere Liberalisierung des Marktes für Postdienste in der Gemeinschaft, ABl. 2002 L 176/21; Bekanntmachung der Kommission über die Anwendung der Wettbewerbsregeln auf den Postsektor und über die Beurteilung bestimmter staatlicher Maßnahmen betreffend Postdienste, ABl. 1998 C 39/2.

285 Grundlegend *Müller-Graff* in: *Lamnek/Tinnefeld*, S. 156 ff.; Übersicht bei *Larouche* in: *Geradin*, S. 15 ff.; *IM/Möschel (Bd. 1 EG/I)*, Art. 82 Rn. 284 ff. *Cave/Crowther*, 26 ECLR 481, 486-87 (2005). Siehe auch Leitlinien für den Telekommunikationsbereich (Fn. 139, S. 58), ABl. 1991 L 233/2; Mitteilung über Zugangsvereinbarungen im Telekommunikationsbereich (Fn. 250, S. 74), ABl. 1998 C 265/2; VO (EG) Nr. 2887/2000 des Europäischen Parlaments und des Rates vom 18. 12. 2000 über den entbündelten Zugang zum Teilnehmeranschluss, ABl. 2000 L 336/4; siehe auch die neuen Richtlinien des Europäischen Parlaments und des Rates v. 7. 3. 2002: 2002/19/EG über den Zugang zu elektronischen Kommunikationsnetzen und zugehörigen Einrichtungen sowie deren Zusammenschaltung (*Zugangsrichtlinie*), ABl. 2002 L 108/7; 2002/20/EG über die Genehmigung elektronischer Kommunikationsnetze und -dienste (*Genehmigungsrichtlinie*), ABl. 2002 L 108/21; 2002/22/EG über den Universaldienst und Nutzerrechte bei elektronischen Kommunikationsnetzen und -diensten (*Universaldienstrichtlinie*), ABl. 2002 L 108/51; 2002/21/EG über einen

Regelung des Artikels 295 i. V. m. den Artikeln 31 und 86 EG. Ihre Auswirkungen sollen im Folgenden knapp untersucht werden.[286]

1. Zulässigkeit der Begründung von hoheitlich geschützter Monopolmacht

Nach Artikel 295 EG bleiben die Eigentumsordnungen der Mitgliedstaaten durch den EG-Vertrag unberührt. Die Vorschrift enthält einen nationalstaatlichen Vorbehalt hinsichtlich der Zuordnung von Produktionsgütern, der Bestimmung des Umfangs hoheitlicher Wirtschaftstätigkeit sowie der Überführung von Produktionsmitteln in Gemein- oder Privateigentum.[287] Zwar kann der Vorschrift kein generelles Verbot von Entflechtungen entnommen werden, da diese zwar Eigentumsrechte einzelner Unternehmen, nicht jedoch die Eigentumsordnung der Mitgliedstaaten berühren.[288] Nach ständiger Rechtsprechung hat der in Artikel 295 EG enthaltene Vorbehalt – in Verbindung mit den Artikeln 31[289] und 86 Abs. 1 EG – aber zur Folge, dass die bloße Schaffung einer beherrschenden Stellung durch die Gewährung besonderer oder ausschließlicher Rechte *als solche* nicht mit Artikel 82 EG unvereinbar ist.[290]

Artikel 295 EG ist indes im Zusammenhang mit anderen Vertragsbestimmungen zu sehen. Der Begriff der „Eigentumsordnung" wird daher auch durch die übergeordneten Zielsetzungen des EG-Vertrages, darunter das Ziel der Errichtung eines Systems unverfälschten Wettbewerbs, geprägt.[291] *Ein Mitgliedstaat* verstößt deshalb gegen die in Artikel 86 Abs. 1 i. V. m. Artikel 82 EG aufgestellten Verbote, wenn er durch hoheitliche Maßnahmen die praktische Wirksamkeit der Wettbewerbsregeln beeinträchtigt.[292] Unzulässig ist die Schaffung einer Situation, in der das begünstigte Unternehmen zur

---

gemeinsamen Rechtsrahmen für elektronische Kommunikationsnetze und -dienste (*Rahmenrichtlinie*), ABl. 2002 L 108/33. Dazu auch *Bartosch*, EuZW 2002, 389 ff.; *Haus*, WuW 2004, 171 ff.

286 Zur Problematik öffentlicher Unternehmen nach dem EG-Vertrag siehe *Weiß*, EuR 2003, S. 166; siehe auch *Schweitzer*, in: *Behrens u. a.* (2006), S. 81 ff.

287 Vgl. *Müller-Graff*, EuR 1997, 433, 442; *Kingreen* in: *Calliess/Ruffert*, Art. 295 Rn. 10 (mit Streitstanddarstellung); *Brinker* in: *Schwarze*, Art. 295 Rn. 3; *Schmidt-Preuß*, AG 1996, 1, 10.

288 Vgl. insoweit Art. 8 Abs. 4 VO (EG) 139/2004 (Art. 8 Abs. 4 VO [EG] 4064/89) und Art. 66 § 5 Abs. 2 EGKS, die zulässige Rückentflechtungen regeln. Wie hier *Schulte-Braucks*, S. 307 f. Anders *Möhring* in: *Wahl/Serick/Niederländer*, S. 345, 350 ff.

289 Handelsmonopole i. S. d. Art. 31 sind kaum mehr relevant: *Emmerich* in: *Dauses*, H. II Rn. 30 ff.

290 Siehe zuletzt EuGH – *Servizi Ausiliari Dottori Commercialisti Srl* (30. 3. 2006, Rs. C-451/03), Slg. 2006, I-2941 (Rn. 23); EuGH – *TNT Traco/Poste Italiane* (17. 5. 2001, C-340/99), Slg. 2001, I-4109 (Rn. 44) (m. w. N.); offen gelassen in EuGH – *British Telecommunications* (20. 3. 1985, Rs. 41/83), Slg. 1985, 873 (Rn. 22).

291 Siehe *Müller-Graff*, EuR 1997, 433, 442; vgl. auch *Emmerich* in: *Dauses*, H. II Rn. 49 (m. w. N.).

292 Explizit EuGH – *Corbeau* (19. 5. 1993, Rs. C-320/91), Slg. 1993, I-2533 (Rn. 11). Ferner EuGH – *GB-INNO-BM/ATAB* (16. 11. 1977, Rs. 13/77), Slg. 1977, 2115 (Rn. 30/35); EuGH – *Bundesanstalt für Güterfernverkehr/Gebr. Reiff* (17. 11. 1993, Rs. C-185/91), Slg. 1993, I-5801 (Rn. 14); EuGH – *Deutsche Post/GZS* (10. 2. 2000, Rs. C-147, 148/97), Slg. 2000, I-825 (Rn. 39). Zum Gedanken des „effet utile" vgl. *Everling* in: *FS Mestmäcker*, S. 365, 374 ff. (m. w. N.); *Maasch* in: *FS Raisch*, S. 417, 425 f.; *Waelbroeck/Frignani* in: *Megret*, Rn. 386; siehe bereits Fn. 9 (S. 38).

missbräuchlichen Ausnutzung seiner beherrschenden Stellung veranlasst[293] oder herausgefordert[294] wird bzw. die Ausübung des ausschließlichen Rechts als solche missbräuchlich erscheint.[295] Ähnlich wie im Urteil im Fall *Continental Can* nähern sich auch hier vor dem Hintergrund des Ziels unverfälschten Wettbewerbs die zu diesem Zweck verbotenen Mittel und die mit diesen Mitteln erzielten Resultate einander an. Das Verbot des Artikels 86 Abs. 1 i. V. m. Artikel 82 EG wendet sich gegen die Schaffung und – expressis verbis – die Beibehaltung[296] von Rahmenbedingungen, die Missbräuche im Sinne des Artikels 82 EG ermöglichen.[297] Missbrauch kann sowohl ein Ausbeutungs-[298] als auch ein Behinderungsmissbrauch,[299] bei dem regelmäßig eine „Ausdehnung" der beherrschenden Stellung erfolgt, sein. Die Grenze zwischen zulässiger Begründung von Monopolen bzw. Verleihung ausschließlicher Rechte sowie unzulässiger Ausdehnung der geschützten Position verläuft mithin, auch wenn sie terminologisch Eingang in die Judikatur des Gerichtshofes gefunden hat,[300] nicht trennscharf.[301] Im Umkehrschluss kann eine unqualifizierte Unantastbarkeit beherrschender Stellungen, die auf hoheitlicher Gewährung beruhen, nicht angenommen werden.

Während der Missbrauch gemäß Artikel 82 EG jedoch „in einem Gemeinwesen, das die Herrschaft des Rechts als obersten Grundsatz anerkennt", nicht genehmigungsfähig ist,[302] können Mitgliedstaaten die Übertragung gegen Artikel 82 EG verstoßender Rechte an ein Unternehmen, das mit Dienstleistungen von allgemeinem wirtschaftlichem Interesse betraut ist,[303] gemäß Artikel 86 Abs. 1 i. V. m. Abs. 2 EG „rechtferti-

---

293 EuGH – *GT-Link* (17. 7. 1997, Rs. C-242/95), Slg. 1997, I-4449 (Rn. 33); EuGH – *Dusseldorp u. a.* (25. 6. 1998, Rs. C-203/96), Slg. 1998, I-4075 (Rn. 61); EuGH – *TNT Traco/Poste Italiane* (17. 5. 2001, C-340/99), Slg. 2001, I-4109 (Rn. 44); EuGH – *Deutsche Post/GZS* (10. 2. 2000, Rs. C-147, 148/97), Slg. 2000, I-825 (Rn. 48).

294 EuGH – *Silvano Raso* (12. 2. 1998, Rs. C-163/96), Slg. 1998, I-533 (Rn. 28 ff.) (Interessenkonflikt); vgl. auch KOMM. – *La Poste* (23. 10. 2001), ABl. 2002 L 120/19 (Rn. 63).

295 EuGH – *Höfner und Elser* (23. 4. 1991, Rs. C-41/90), Slg. 1991, I-1979 (Rn. 29); EuGH – *La Crespelle* (5. 10. 1994, Rs. C-323/93), Slg. 1994, I-5077 (Rn. 18); EuGH – *Porto di Genova* (10. 12. 1991, Rs. C-179/90), Slg. 1991, I-5889 (Rn. 17); zuletzt EuGH – *Servizi Ausiliari Dottori Commercialisti Srl* (30. 3. 2006, Rs. C-451/03), Slg. 2006, I-2941 (Rn. 23).

296 EuGH – *Corbeau* (19. 5. 1993, Rs. C-320/91), Slg. 1993, I-2533 (Rn. 11).

297 EuGH – *ERT* (18. 6. 1991, Rs. C-260/89), Slg. 1991, I-2925 (Rn. 37); EuGH – *Corsica Ferries France* (18. 6. 1998, Rs. C-266/96), Slg. 1998, I-3949 (Rn. 40); KOMM. – *GSM-Mobilfunkdienste in Italien* (4. 10. 1995), ABl. 1995 L 280/49 (Rn. 17).

298 Vgl. EuGH – *Porto di Genova* (10. 12. 1991, Rs. C-179/90), Slg. 1991, I-5889 (Rn. 18).

299 EuGH – *Telekommunikationsdienste* (17. 11. 1992, Rs. C-271, 281, 289/90), Slg. 1992, I-5833.

300 Vgl. EuGH – *GB-INNO-BM* (13. 12. 1991, Rs. C-18/88), Slg. 1991, I-5941 (Rn. 24); EuGH – *Telekommunikationsdienste* (17. 11. 1992, Rs. C-271, 281, 289/90), Slg. 1992, I-5833 (Rn. 36); KOMM. – *Flughafen Frankfurt* (14. 1. 1998), ABl. 1998 L 72/30 (Rn. 101).

301 Wie hier *Emmerich* in: *Dauses*, H. II Rn. 68 (m. w. N.); ferner *Bach*, S. 50 ff. Anders *Jung* in: *Grabitz/Hilf*, Art. 82 Rn. 114, 116 (m. w. N.).

302 Schlussanträge des GA *Lenz* in: EuGH – *Ahmed Saeed* (11. 4. 1989, Rs. 66/86), Slg. 1989, 803 (Rn. 41); vgl. bereits § 2 A.III.3. b) aa) (S. 69 ff.).

303 Vgl. hierzu Mitteilung der Kommission zu Leistungen der Daseinsvorsorge in Europa, ABl. 2001 C 17/4, sowie das Grünbuch der Kommission zu Dienstleistungen von allgemeinem Interesse v. 21. 5. 2003, KOM(2003) 270 (dort v.a. Rn. 15 ff.); ferner § 1 Abs. 1 Nr. 1 und Abs. 2 der Post-Universaldienstleistungsverordnung v. 15. 12. 1999, BGBl. I 1999, Nr. 65; hierzu die entsprechenden Bestimmungen der Art. 3 bis 6 der Richtlinie 97/67/EG (Fn. 284, S. 80), ABl. 1998 L 15/14.

gen".[304] Im Rahmen der insoweit erforderlichen Abwägung der beteiligten Interessen findet eine Verhältnismäßigkeitsprüfung statt, bei der der Mitgliedstaat „in überzeugender Weise" darzulegen hat,[305] dass die Erfüllung der einem Unternehmen übertragenen Aufgabe „*nur* durch die Einräumung solcher Rechte gesichert" und nicht „ebenso mit anderen Mitteln erreicht werden" könne.[306] Obgleich Artikel 86 Abs. 2 S. 1 EG als Ausnahmevorschrift eng auszulegen ist,[307] genügt bereits, wenn ohne die gewährten Ausschließlichkeitsrechte die Erfüllung der übertragenen Aufgabe „zu wirtschaftlich tragbaren Bedingungen" *gefährdet* wird.[308] Einer Bedrohung des *finanziellen Gleichgewichts* oder der *wirtschaftlichen Überlebensfähigkeit* des betrauten[309] Unternehmens bedarf es nicht.[310] Allerdings darf die Entwicklung des Handelsverkehrs nicht in einem Ausmaß beeinträchtigt werden, „das dem Interesse der Gemeinschaft" zuwiderläuft.[311]

2. *Betraute Unternehmen als Adressaten des Missbrauchsverbotes*

Die vorstehenden Ausführungen betreffen in erster Linie das Recht der Mitgliedstaaten, durch die Verleihung von besonderen Befugnissen und Ausschließlichkeitsrechten in das Marktgeschehen einzugreifen. Dieses Recht wirkt sich indes unmittelbar auf die Be-

---

Zum Begriff des allgemeinen wirtschaftlichen Interesses siehe *Emmerich* in: *Dauses*, H. II, Rn. 148 ff.; eingehend die Untersuchung von *Essebier* (2005). Zu den Modellen der Daseinsvorsorge aus EG-rechtlicher und ökonomischer Sicht *Blankart*, WuW 2002, 340 ff.

304 EuGH – *Dusseldorp u. a.* (25. 6. 1998, Rs. C-203/96), Slg. 1998, I-4075 (Rn. 61); EuGH – *TNT Traco/Poste Italiane* (17. 5. 2001, C-340/99), Slg. 2001, I-4109 (Rn. 51 ff.) (jew. m. w. N.); vgl. auch schon EuGH – *ERT* (18. 6. 1991, Rs. C-260/89), Slg. 1991, I-2925 (Rn. 34). Vgl. ferner z. B. KOMM. – *Ilmailulaitos/Luftfartsverket* (10. 2. 1999), ABl. 1999 L 69/24 (Rn. 21); KOMM. – *AFS/Aéroports de Paris* (11. 6. 1998), ABl. 1998 L 230/10 (Rn. 49); KOMM. – *Portugiesische Flughäfen* (10. 2. 1999), ABl. 1999 L 69/31 (Rn. 23). Zur Bedeutung des Art. 86 Abs. 2 siehe *Scharpf*, EuR 2005, 605 (m. w. N.); *Weiß*, EuR 2003, S. 166, 183 ff.

305 Siehe EuGH – *Dusseldorp u. a.* (25. 6. 1998, Rs. C-203/96), Slg. 1998, I-4075 (Rn. 67); ferner EuGH – *Kommission/Niederlande* (23. 10. 1997, Rs. C-157/94), Slg. 1997, I-5699 (Rn. 51).

306 EuG – *IECC II* (16. 9. 1998, Rs. T-133, 204/95), Slg. 1998, II-3645 (Rn. 98), bestätigt durch EuGH – *IECC II* (17. 5. 2001, Rs. C-450/98), Slg. 2001, I-3947. Vgl. auch *Jungbluth* in: *Langen/Bunte*, Art. 86 Rn. 36 (m. w. N.); *Paulweber/Weinand*, EuZW 2001, 232, 236; *Emmerich* in: *Dauses*, H. II Rn. 52 (m. w. N.).

307 EuGH – *GT-Link* (17. 7. 1997, Rs. C-242/95), Slg. 1997, I-4449 (Rn. 50).

308 EuGH – *Kommission/Niederlande* (23. 10. 1997, Rs. C-157/94), Slg. 1997, I-5699 (Rn. 52); EuGH – *Kommission/Italien* (23. 10. 1997, Rs. C-158/94), Slg. 1997, I-5789 (Rn. 54); EuGH – *Kommission/Frankreich* (23. 10. 1997, Rs. C-159/94), Slg. 1997, I-5815 (Rn. 59). Vgl. ferner EuGH – *Corbeau* (19. 5. 1993, Rs. C-320/91), Slg. 1993, I-2533 (Rn. 16); ähnlich EuGH – *British Telecommunications* (20. 3. 1985, Rs. 41/83), Slg. 1985, 873 (Rn. 33). Siehe *Paulweber/Weinand*, EuZW 2001, 232, 236 f. (m. w. N.).

309 Zum Begriff der „Betrauung" i. S. d. Art. 86 vgl. *Emmerich* in: *Dauses*, H. II Rn. 153 f.

310 Zu Recht kritisch hierzu *Möschel*, WuW 1999, 832, 836; *Schnelle/Bartosch*, EWS 2001, 411, 417 f.; *Paulweber/Weinand*, EuZW 2001, 232, 237.

311 EuGH – *Sydhavnens Sten & Grus* (23. 5. 2000, Rs. C-209/98), Slg. 2000, I-3743 (Rn. 74); EuGH – *TNT Traco/Poste Italiane* (17. 5. 2001, Rs. C-340/99), Slg. 2001, I-4109 (Rn. 52); EuGH – *Deutsche Post/GZS* (10. 2. 2000, Rs. C-147, 148/97), Slg. 2000, I-825 (Rn. 41); EuGH – *Dusseldorp u. a.* (25. 6. 1998, Rs. C-203/96), Slg. 1998, I-4075 (Rn. 67); ähnlich auch schon EuGH – *Corbeau* (19. 5. 1993, Rs. C-320/91), Slg. 1993, I-2533 (Rn. 14).

urteilung der Tätigkeit von betrauten Unternehmen nach den Wettbewerbsregeln aus:[312] Artikel 82 EG findet, wie sich aus Artikel 86 Abs. 2 EG ergibt, unabhängig von der Ursache für die beherrschende Stellung Anwendung.[313] Eine Ausnahme gilt lediglich für den Fall, dass der nationale Rechtsrahmen jegliches wettbewerbliches Verhalten des Unternehmens ausschließt.[314] In diesem Fall scheiden Entflechtungen zur Beseitigung *echter* staatlicher Monopole mangels Anwendbarkeit der Artikel 81 und 82 EG aus.

Soweit die Wettbewerbsregeln jedoch Anwendung finden, rechtfertigt die Ausstattung eines Unternehmens mit hoheitlichen Ausschließlichkeitsrechten regelmäßig die Annahme von Marktbeherrschung.[315] Das Vorliegen eines Missbrauchs beurteilt sich dann *nach allgemeinen Kriterien*, also auch unter Berücksichtigung der legitimen Eigeninteressen des betroffenen Unternehmens.[316] Unterschiede ergeben sich insofern, als die besondere Verantwortung des Marktbeherrschers für das System unverfälschten Wettbewerbs höher ist, wenn seine Marktposition auf staatlicher Gewährung beruht.[317] Zudem sinkt das wettbewerbspolitische Schutzbedürfnis eines Unternehmens im Hinblick auf die Aufrechterhaltung von Leistungs- und Investitionsanreizen, wenn die beherrschende Stellung nicht mit den Mitteln des Leistungswettbewerbs erworben wurde.

Anders als im Normalfall des Artikels 82 EG können betraute Unternehmen aber einen Missbrauch nach Artikel 86 Abs. 2 S. 1 EG rechtfertigen. Voraussetzung ist in entsprechender Anwendung der für die Mitgliedsstaaten geltenden Prinzipien, dass eine

---

312 Zum funktional verstandenen Unternehmensbegriff vgl. EuGH – *Job Centre* (11. 12. 1997, Rs. C-55/96), Slg. 1997, I-7119 (Rn. 21 ff., m. w. N.); EuG – *SELEX Sistemi Integrati SpA* (12. 12. 2006, Rs. T-155/04), noch nicht veröffentlicht (Rn. 50); EuG – *FENIN* (4. 3. 2003, Rs. T-319/99), Slg. 2003, II-357 (Rn. 35): Unternehmen ist „jede eine *wirtschaftliche* Tätigkeit ausübende Einheit, *unabhängig von ihrer Rechtsform* und der Art ihrer Finanzierung". Ausreichend ist eine *wirtschaftliche* Selbständigkeit der Einheit: vgl. EuGH – *Geigy (Farbstoffe II)* (14. 7. 1972, Rs. 52/69), Slg. 1972, 787 (Rn. 44 f.); EuGH – *Cie. maritime belge* (16. 3. 2000, Rs. C-395, 396/96 P), Slg. 2000, I-1365 (Rn. 35) (m. w. N.). Die Tätigkeit muss nicht entgeltlich sein: EuGH – *Höfner und Elser* (23. 4. 1991, Rs. C-41/90), Slg. 1991, I-1979 (Rn. 21 ff.); EuG – *SELEX*, a.a.O. (Rn. 77). Eingehend zum Unternehmensbegriff *Lange*, WuW 2002, 953 ff.

313 Vgl. EuG – *EDP* (21. 9. 2005, Rs. T-87/05), Slg. 2005, II-3745 (Rn. 109); *Jung* in: *Grabitz/Hilf*, Art. 82 Rn. 74; *Dirksen in: Langen/Bunte*, Art. 82 Rn. 39 (jeweils m. w. N.). Die Zulässigkeit eines Verhaltens nach nationalem Recht ist unerheblich: vgl. EuGH – *Verband der Sachversicherer* (27. 1. 1987, Rs. 45/85), Slg. 1987, 405 (Rn. 7 ff.); *Jung*, a.a.O., Rn. 136 (m. w. N.).

314 Siehe EuG – *EDP* (21. 9. 2005, Rs. T-87/05), Slg. 2005, II-3745 (Rn. 119); vgl. auch EuGH – *Suiker Unie u. a.* (16. 12. 1975, Rs. 40/73 u. a.), Slg. 1975, 1663 (Rn. 71 f.); EuGH – *Tiercé Ladbroke* (11. 11. 1997, Rs. C-359/95 P und C-379/95 P), Slg. 1997, I 6265 (Rn. 33); EuG – *Atlantic Container Line u. a.* (30. 9. 2003, Rs. T-191/98 u. a.), Slg. 2003, II-3275 (Rn. 1130).

315 EuGH – *Höfner und Elser* (23. 4. 1991, Rs. C-41/90), Slg. 1991, I-1979 (Rn. 28); EuGH – *ERT* (18. 6. 1991, Rs. C-260/89), Slg. 1991, I-2925 (Rn. 31); EuGH – *Porto di Genova* (10. 12. 1991, Rs. C-179/90), Slg. 1991, I-5889 (Rn. 14); EuGH – *Corsica Ferries Italia* (17. 5. 1994, Rs. C-18/93), Slg. 1994, I-1783 (Rn. 40); EuGH – *Silvano Raso* (12. 2. 1998, Rs. C-163/96), Slg. 1998, I-533 (Rn. 25); EuGH – *TNT Traco/Poste Italiane* (17. 5. 2001, Rs. C-340/99), Slg. 2001, I-4109 (Rn. 43); EuGH – *Deutsche Post/GZS* (10. 2. 2000, Rs. C-147, 148/97), Slg. 2000, I-825 (Rn. 38); KOMM. – *AFS/Aéroports de Paris* (11. 6. 1998), ABl. 1998 L 230/10 (Rn. 72), bestätigt durch EuG – *Aéroports de Paris* (12. 12. 2000, Rs. T-128/98), Slg. 2000, II-3929; KOMM. – *Ilmailulaitos/Luftfartsverket* (10. 2. 1999), ABl. 1999 L 69/24 (Rn. 33); KOMM. – *Spanische Flughäfen* (26. 7. 2000), ABl. 2000 L 208/37 (Rn. 41).

316 Vgl. Fn. 304 (S. 83).

317 Wie hier *Emmerich* in: *Dauses*, H. II Rn. 70.

Wettbewerbsverzerrung sich als erforderlich erweist, um die Erfüllung der übertragenen Aufgaben sicher zu stellen, und keine milderen Mittel zur Verfügung stehen.[318] Eine Rechtfertigung scheitert, wenn die Wettbewerbsverzerrung nicht mehr vom Zweck des verliehenen Ausschließlichkeitsrechts gedeckt ist oder sie das Maß dessen überschreitet, was zur Erreichung des mit der Verleihung des Ausschließlichkeitsrechts bezweckten Ziels erforderlich ist. Relevante Fallgruppen sind insbesondere diejenigen, in denen ein Unternehmen versucht, seine beherrschende Stellung auf einem geschützten Markt ohne sachliche Rechtfertigung auf benachbarte, wettbewerblich geprägte Märkte zu übertragen, indem es den Zutritt von Konkurrenten durch einen Rekurs auf Ausschließlichkeitsrechte erschwert oder ausschließt.[319] Wettbewerbswidrig ist auch die Unterdrückung von Marktzutritt, wenn der Monopolist nicht in der Lage ist, die Nachfrage hinsichtlich der betreffenden Leistung zu befriedigen.[320] Ebenso missbräuchlich ist die Unterdrückung eigenen bzw. fremden technologischen Fortschritts,[321] sofern die Beschränkung nicht erforderlich ist, um die Erbringung der Dienstleistung von allgemeinem wirtschaftlichen Interesse zu gewährleisten.[322]

3. *Folgerungen für die Zulässigkeit von strukturellen Maßnahmen*

Beruht ein gemäß Artikel 86 Abs. 2 S. 1 EG nicht zu rechtfertigender Missbrauch zwangsläufig auf der Verleihung besonderer oder ausschließlicher Rechte, ist richtiger Adressat einer Abstellungsverfügung der betrauende Mitgliedstaat selbst.[323] Dieser ist auch der richtige Adressat, sofern die durch die Gewährung besonderer Rechte begründete Stellung trotz des Artikels 295 EG zu beseitigen ist; für Entflechtungsverfügungen im Sinne der vorliegenden Untersuchung ist in diesem Fall kein Raum, wenngleich sich auch hier die im Hinblick auf das Ziel unverfälschten Wettbewerbs verbotenen Mittel und die mit diesen Mitteln erzielten Resultate einander annähern.

---

318 Siehe *GTE/Schröter*, Art. 82 Rn. 51; *Mestmäcker* in: *FS Raisch*, S. 441, 452; anders *Jung* in: *Grabitz/Hilf*, Art. 82 Rn. 13.

319 Vgl. Nachweise in Fn. 282 (S. 80: Bodenabfertigungsdienste und Hafenzugänge); Fn. 284 (S. 80: Eilkurierdienste und Massendrucksachen) und Fn. 285 (S. 80: Telekommunikation); ferner EuGH – *CBEM* (3. 10. 1985, Rs. C-311/84), Slg. 1985 (Rn. 26 f.). Grds. ist die Ausweitung der Tätigkeit auf nicht geschützte Märkte zulässig: vgl. EuG – *UPS Europe* (20. 3. 2002, Rs. T-175/99), Slg. 2002, II-1915 (Rn. 63); dazu Anm. *Grave*, EuZW 2002, 379, 384; *Schnelle*, EWS 2002, 271 ff.

320 EuGH – *Höfner und Elser* (23. 4. 1991, Rs. C-41/90), Slg. 1991, I-1979 (Rn. 31); EuGH – *Job Centre* (11. 12. 1997, Rs. C-55/96), Slg. 1997, I-7119 (Rn. 27 ff.); EuGH – *Carra u. a.* (8. 6. 2000, Rs. 258/98), Slg. 2000, I-4217 (Rn. 13); vgl. ferner Bekanntmachung zum Postsektor (Fn. 284, S. 80), ABl. 1998 C 39/2 (Ziff. 2.7).

321 EuGH – *Porto di Genova* (10. 12. 1991, Rs. C-179/90), Slg. 1991, I-5889 (Rn. 18 f.).

322 Betroffen ist z. B. die Problematik des nicht-materiellen Remailing: vgl. Schlussanträge GA *La Pergola*, EuGH – *Deutsche Post/GZS* (10. 2. 2000, Rs. C-147, 148/97), Slg. 2000, I-825 (Rn. 19).

323 Vgl. *Mestmäcker* in: *FS Raisch*, S. 441, 452 (m. w. N.).

Verbleibt dem betrauten Unternehmen indes ein Entscheidungsspielraum, sind Missbräuche von dem *betrauten Unternehmen selbst abzustellen.*[324] Da ein Angriff auf die in diesem Fall durch Artikel 295 EG geschützte beherrschende Stellung ausscheidet, sind Entflechtungsverfügungen nur mit dem Ziel denkbar, einem betrauten Unternehmen die Möglichkeit zu nehmen, missbräuchliche Verhaltensweisen an den Tage zu legen, die auf einem von dem nicht geschützten relevanten Markt abgrenzbaren Markt stattfinden oder sich zumindest dort auswirken. Auch hier ist jedoch unerheblich, ob der Machttransfer, durch den der Wettbewerb auf einem sekundären Markt beeinträchtigt wird, auf die durch den hoheitlichen Akt vermittelte Macht zurückzuführen ist.[325] Die in Betracht kommenden Konstellationen sind enger als in den Fällen, in denen eine Rechtfertigung regelmäßig ausscheidet,[326] da eine Marktdivergenz hier zwingend erforderlich ist. Relevante Fallgruppen sind zum einen diejenigen, in denen das beherrschende Unternehmen den Zugang zu einem Markt, auf dem es selbst tätig ist, aufgrund des ihm verliehenen Ausschließlichkeitsrechts kontrolliert; zum anderen diejenigen, in denen eine Quersubventionierung zugunsten des nicht geschützten Marktes stattfindet.

In beiden Fällen ist der Marktbeherrscher auf abgrenzbaren Märkten tätig, so dass eine Entflechtung in Betracht kommt. Ihre Grenze ergibt sich wiederum aus der bedingten Zulässigkeit von Vorzugsrechten. Maßnahmen struktureller Art sind nur in dem Maße möglich, wie der Bestand des unter Beachtung des Verhältnismäßigkeitsgrundsatzes zulässigerweise begründeten Monopols auf dem Primärmarkt nicht in Frage gestellt und die Wahrnehmung der dem Unternehmen angetragenen Aufgaben nicht gefährdet wird. Dabei ist zu berücksichtigen, dass nach der Rechtsprechung auch von dem spezifischen Interesse trennbare Dienstleistungen beschränkt werden können, sofern dies für den Erhalt des wirtschaftlichen Gleichgewichts des betrauten Unternehmens erforderlich ist.[327] Die Berücksichtigung des finanziellen Gleichgewichts bleibt jedoch auf den relevanten Markt der Dienstleistung von allgemeinem wirtschaftlichen Interesse beschränkt. Das Ausnutzen der geschützten Stellung, um einen kompetitiven Vorteil auf einem anderem als dem geschützten Markt zu erhalten, bleibt daher unzulässig.[328]

---

324 EuGH – *Ladbroke Racing* (11. 11. 1997, Rs. C-359, 379/95), Slg. 1997, I-6225 (Rn. 33 f.); EuG – *Irish Sugar* (14. 5. 1999, Rs. T-228/97), Slg. 1999, II-2969 (Rn. 130); KOMM. – *Deutsche Post* (25. 7. 2001), ABl. 2001 L 331/40 (Rn. 99 f.).

325 Siehe EuGH – *Telekommunikationsdienste* (17. 11. 1992, Rs. C-271, 281, 289/90), Slg. 1992, I-5833 (Rn. 36); vgl. ferner bereits Fn. 240 (S. 72).

326 Siehe dazu § 2 A.V.2. (S. 85 f., m. w. N.).

327 Vgl. auch EuGH – *Albany* (21. 09. 1999, Rs. C-67/96), Slg. 1999, I-5751 (Rn. 107). EuGH – *TNT Traco/Poste Italiane* (17. 5. 2001, Rs. C-340/99), Slg. 2001, I-4109 (Rn. 54): Die in letzterem Fall streitgegenständlichen Ausgleichszahlungen sind nun in Art. 9 Abs. 4 der Richtlinie 97/67/EG (Fn. 284, S. 80), ABl. 1998 L 15/14, geregelt: vgl. *XXXI. Wettbewerbsbericht 2001*, Rn. 505.

328 Siehe EuGH – *TNT Traco/Poste Italiane* (17. 5. 2001, C-340/99), Slg. 2001, I-4109 (Rn. 57 f.). Denkbar ist, dass eine Tätigkeit auf wettbewerblich geprägten Märkten dem finanziellen Gleichgewicht des Monopolisten zuträglich ist, weil Einnahmen aus dem wettbewerblichen Bereich zur Finanzierung des Universaldienstes im geschützten Bereich dienen. Unzulässig ist indes, wenn eine Quersubvention (regelmäßig in Gestalt einer Kostenfehlallokation) zu Gunsten des nicht geschützten Bereichs erfolgt.

B. Maßnahmen struktureller Art im Mittelsystem des EG-Vertrages

Die Frage der Systemkonformität struktureller Maßnahmen lässt sich nur unter Berücksichtigung der vom EG-Vertrag, speziell von Artikel 83 Abs. 2 lit. a EG, vorgesehenen Instrumente abschließend beantworten. Im Folgenden wird deshalb zu untersuchen sein, ob das vom EG-Vertrag zur Verfügung gestellte Mittelsystem gleichwertige, aber weniger einschneidende Instrumente als eine Entflechtung bereit stellt, um den Wettbewerbsregeln „praktische Wirksamkeit" zu verleihen.[329] Primär geht es hierbei um kartellrechtliche Instrumente; vorab sollen jedoch auch andere vom Vertrag vorgesehene Mittel knapp untersucht werden.

I. Industriepolitische Gestaltungsmöglichkeiten

(Fern-) Ziel der Gewährleistung unverfälschten Wettbewerbs ist unter anderem die optimale Erfüllung ökonomischer Zielfunktionen.[330] Dazu gehört auch die Verhinderung mittelbarer oder unmittelbarer Schädigungen des Verbrauchers durch den Abbau oder die Verhinderung beherrschender Stellungen.[331] Kartellrechtliche Maßnahmen stellen dabei nur eine mögliche Lösung dar. Einen weiteren Blickwinkel wählen industrieökonomische Ansätze.[332] Sie versuchen, die Bezüge zwischen Marktstruktur, dem Verhalten von Marktteilnehmern und der daraus resultierenden „performance" des Marktes zu klären und dergestalt Wege zur Schaffung kompetitiver Marktstrukturen zu finden.[333]

Tatsächlich enthält Artikel 157 EG (Artikel 130 EG-Vertrag a. F.)[334] ausdrücklich eine industriepolitische Ermächtigung.[335] Im Einklang mit der vom Gerichtshof enoncierten „zwingenden" Geltung des Ziels unverfälschten Wettbewerbs[336] steht sie jedoch ausweislich Artikel 157 Abs. 3 EG in ihrer Verbindlichkeit hinter den Wettbewerbsregeln zurück.[337] Para-wettbewerbliche Bemühungen, die auf die Entstehung kompetitiver

329 Siehe dazu bereits § 1 (S. 37 m. w. N. in Fn. 9).

330 Dies gilt unabhängig von der Diskussion um die inhaltliche Bestimmung des Begriffs des unverfälschten Wettbewerbs; zu den ökonomischen Zielfunktionen vgl. bereits Fn. 39 (S. 42).

331 Siehe insoweit bereits Fn. 15 (S. 39).

332 Eingehend *Tirole*, S. 3; *Scherer/Ross*, S. 5, 7 ff.

333 Außer Betracht bleiben hier direkte Eingriffe wie die Regulierung oder gar die Nationalisierung von (natürlichen) Monopolen: dazu *Viscusi et al.*, S. 344 ff. Der Rückgriff auf die Regulierung ist vom Ansatz her – der Verhinderung des sog. „cream skimming" – gut gemeint, hat i. Erg. jedoch meist nur den Schutz des Monopolisten vor Wettbewerb zur Folge: vgl. *Litan/Niskanen*, S. 68 f. („Faustian bargain"); *Herrmann*, S. 37; *Adams/Brock*, 66 U. Co. L. Rev. 257, 267-68 (1995).

334 Vgl. auch Art. 2 EG (Förderung der Wettbewerbsfähigkeit).

335 Grundlegend hierzu *Müller-Graff* in: *Dauses*, A.I Rn. 117; *ders.* in: *Becker/Scholz*, S. 337 ff. Siehe auch *Sauter*, S. 59 ff. Zur Frage, ob die Vorschrift lediglich *rahmensetzende* Industriepolitik zulässt oder eine *intervenierende* Industriepolitik erlaubt *Mussler*, S. 169 ff.

336 Siehe Fn. 37 (S. 42).

337 Siehe *Müller-Graff* in: *Dauses*, A.I Rn. 117; *ders.*, EuR 1992, 1, 21 ff. (speziell zum Spannungsverhältnis zu umweltpolitischen Zielen); wie hier auch *Sauter*, S. 92 ff., 111 ff.; *Bos/ Stuyck/Wytinck*, Rn. 1-027 (S. 21); *Schütz* in: *Oberender*, S. 57, 64.

Marktstrukturen abzielen und dem mit einer Maßnahme struktureller Art verfolgten Ziel gleich kommen, stellen daher zumindest dann keine Alternative zu kartellrechtlichen Lösungen – und damit auch einer Entflechtung – dar, wenn sie in Konflikt mit zwingenden Mittelcharakter des Wettbewerbs stehen. Dies betrifft beispielsweise Bemühungen um eine Förderung kleiner und mittlerer Unternehmen.[338] Ihre Existenz wird zwar als Zeichen gesunden Wettbewerbs verstanden; ihre Förderung geht aber zum Teil mit einer teilweisen Abkehr von wettbewerblichen Prinzipien einher.[339]

Andere legislative Instrumente[340] wie beispielsweise die Steuerung unternehmerischen Verhaltens mit Hilfe des Steuer-,[341] Konzern- und Bilanzrechts[342] lassen sich angesichts des Subsidiaritätsprinzips und des damit verbundenen Grundsatzes der begrenzten Einzelermächtigung[343] bzw. der Kompetenzverteilung des EG-Vertrages[344] auf europäischer Ebene allenfalls im Wege von Harmonisierungsbemühungen nutzen. Daher stellen sich derartige Instrumente vielfach als Teil eines gewollten Wettbewerbs der Systeme dar.[345] Sie eignen sich nur dann für einen Zugriff durch den europäischen Gesetzgeber, wenn sie eine Verzerrung von Wettbewerbsverhältnissen bewirken.[346] Zwar sind diese Instrumente integraler Bestandteil des Rahmens, innerhalb dessen sich Wettbewerb entfalten kann.[347] Sie sind aber allenfalls Ergänzung, nicht Ersatz für eine genuine Marktöffnung auf der Basis unverfälschten Wettbewerbs. Dies gilt umso mehr, als ihre prognostizierenden Elemente, die die relevanten Ursache-Wirkungs-Beziehungen

---

338 Vgl. zum Begriff der kleinen und mittleren Unternehmen (KMU) siehe *Förster*, EWS 2005, 4.

339 Betroffen sind *Freistellungen von Absprachen*: vgl. Bekanntmachung der Kommission über Vereinbarungen von geringerer Bedeutung, ABl. 2001 C 368/18; ferner Gruppenfreistellungsverordnungen wie die VO (EG) Nr. 2790/1999 v. 22. 12. 1999 über die Anwendung von Art. 81 Abs. 3 des Vertrages auf Gruppen von vertikalen Vereinbarungen und aufeinander abgestimmten Verhaltensweisen, ABl. 1999, L 336/21; Nr. 2658/2000 v. 29. 11. 2000 über die Anwendung von Art. 81 Abs. 3 des Vertrages auf Gruppen von Spezialisierungsvereinbarungen, ABl. 2000 L 304/3; Nr. 2659/2000 v. 29. 11. 2000 über die Anwendung von Art. 81 Abs. 3 des Vertrages auf Gruppen von Vereinbarungen über Forschung und Entwicklung, ABl. 2000 L 304/7; Leitlinien für vertikale Beschränkungen, ABl. 2000 C 291/1, Rn. 11. Zu den Freistellungsverordnungen siehe *Wagner*, WRP 2003, 1369. Betroffen sind ferner *Vorzugsbehandlungen im Bereich der Beihilfeaufsicht*: vgl. Mitteilung über „De-minimis"-Beihilfen, ABl. 1996 C 68/9; ferner Gemeinschaftsrahmen für Beihilfen an KMU, ABl. 1996 C 213/4; siehe jetzt VO (EG) Nr. 69/2001 v. 12. 1. 2001 über die Anwendung der Artikel 87 und 88 EG-Vertrag auf „De-minimis"-Beihilfen, ABl. 2001 L 10/30.

340 Vgl. den Überblick bei *Möschel*, Entflechtungen, S. 75 ff.

341 Vgl. z. B. die durch die Änderung des § 8b KStG durch das Steuersenkungsgesetz v. 23. 10. 2000 (BGBl. I 2000, 1433) angestrebte Schaffung von Anreizen zur Veräußerung von Anteilen von Kapitalgesellschaften an anderen in- und ausländischen Kapitalgesellschaften („Entflechtung der Deutschland-AG"). Siehe dazu *Hillebrandt*, DBW 2001, S. 711 ff.

342 Vgl. hierzu *Göthel*, DB 2001, 2057 ff.

343 Siehe bereits S. 150 (Fn. 275).

344 Vgl. Art. 30 EG, woraus sich ergibt, dass die Kompetenz zur Regelung geistigen und kommerziellen Eigentums den Mitgliedstaaten zukommt. Zur Problematik der hoheitlichen Festlegung von Standards siehe *Litan/Niskanen*, S. 73, 77. Zur gemeinschaftlichen Festlegung von Normen siehe Leitlinien über horizontale Zusammenarbeit, ABl. 2001 C 3/2 (Rn. 159 ff.).

345 Hierzu bereits *Ebke* in *FS MPI*, S. 198, 204 f. (m. w. N.); ferner *Streit/Mussler* in: *Gerken*, S. 75 ff.

346 Vgl. z. B. Art. 86 Abs. 2 und 87 Abs. 1 EG sowie die Art. 93, 94 ff. EG. Vgl. allerdings Art. 157 EG; zur praktischen Umsetzung industriepolitischer Ansätze *Mussler*, S. 181 ff.

347 Vgl. *Eisner*, S. 237; ähnlich *Schmidtchen* in: *FS Hoppmann*, S. 143, 160; *Mestmäcker*, S. 177.

regelmäßig unzureichend erfassen, ihrerseits zu Wettbewerbsverzerrungen führen können.[348] Als taugliche Alternative zu kartellrechtlichen Instrumenten scheiden industriepolitische Handlungsmöglichkeiten daher aus.

II. Durch die europäische Wettbewerbsordnung bereitgestellte Mittel

Im Folgenden sollen die von den europäischen Wettbewerbsregeln selbst vorgesehenen Instrumente untersucht werden. Mittel zur Durchsetzung des Wettbewerbsrechts sind zum einen zivilrechtliche, durch Wettbewerber eingesetzte Instrumente, zum anderen die der Kommission zur Verfügung stehenden Mittel.

1. Durchsetzung des Wettbewerbsrechts durch Marktteilnehmer

Die Wettbewerbsregeln und die von ihnen aufgestellten Verbote stellen *unmittelbar geltendes Recht* dar.[349] Deshalb kann ihnen auch durch andere Marktteilnehmer[350] auf zivilrechtlichem Wege durch die Inanspruchnahme der Hilfe nationaler Gerichte Geltung verschafft werden.[351] Bereits vor der Novellierung der Kartellverordnung war die zivilrechtliche Durchsetzung der Wettbewerbsregeln *komplementär* zur hoheitlichen Verfol-

---

348 Paradigmatisch ist der Beihilfebereich, dessen Volumen zu empfindlichen Wettbewerbsverzerrungen auf dem Binnenmarkt geführt hat: Vgl. für das Jahr 2000 Pressemitteilung IP/02/754 v. 23. 5. 2002; ferner *XXIX. Wettbewerbsbericht 1999*, Rn. 201. Die letzte Aufstellung der Beihilfen ist abrufbar unter *http://ec.europa.eu/competition/state_aid/studies_reports/2007_spring_de.pdf.*

349 Unberücksichtigt bleibt an dieser Stelle die parallele Anwendung nationalen Kartellrechts: dazu EuGH – *Walt Wilhelm* (13. 2. 1969, Rs. 14/68), Slg. 1969, 1 (Rn. 6) (sog. „*Walt Wilhelm*-Doktrin"); *Klose*, S. 94 ff. Vgl. nunmehr ausdrücklich Art. 3 VO (EG) Nr. 1/2003. Eventuelle Konflikte zum deutschen Kartellrecht relativieren sich seit der 7. Novelle des GWB, BGBl. I 2005, 2114, durch die das GWB zum 1. 7. 2005 weitgehend den Art. 81 ff. EG angeglichen wurde.

350 Wettbewerber erfüllen insofern stets auch *Aufgaben im Allgemeininteresse*: vgl. EuGH – *Courage Ltd./Crehan* (20. 9. 2001, Rs. C-453/99), Slg. 2001, I-6297 (Rn. 27). Dies gilt auch dann, wenn sie im Wege der Beschwerde bei der Kommission tätig werden: vgl. Schlussanträge GA *Ruiz-Jarabo Colomer* in EuGH – *Ufex u. a.* (4. 3. 1999, Rs. C-119/97 P), Slg. 1999, I-1341 (Rn. 74). Zur Beschwerdebefugnis vgl. Art. 7 Abs. 2 VO (EG) Nr. 1/2003; ferner Art. 5 VO (EG) Nr. 773/2004 der Kommission vom 7. 4. 2004 über die Durchführung von Verfahren auf der Grundlage der Art. 81 und 82 EG-Vertrag durch die Kommission, ABl. 2004 L 123/18; zum Umfang der Untersuchungspflichten der Kommission siehe EuG – *Haladjian Frères SA / Kommission* (27. 9. 2006, Rs. T-204/03), noch nicht veröffentlicht (Rn. 27 ff.).

351 Vgl. § 87 GWB (i. d. Fassung vom 1. 9. 2005); ferner EuGH – *BRT/SABAM I* (30. 1. 1974, Rs. 127/73), Slg. 1974, 51 (Rn. 15); EuGH – *Marty/ Estée Lauder* (10. 7. 1980, Rs. 37/79), Slg. 1980, 2481 (Rn. 13); EuGH – *Delimitis/Henninger Bräu* (28. 2. 1991, Rs. C-234/89), Slg. 1991, I-935 (Rn. 45). Zu möglichen Konfliktfällen nach alter Rechtslage vgl. Bekanntmachung der Kommission über die Zusammenarbeit zwischen der Kommission und den Gerichten der Mitgliedstaaten bei der Anwendung der Art. 85 und 86 EGV, ABl. 1993 C 39/6 (Rn. 18, 22); EuGH – *Masterfoods Ltd./HB Icecream Ltd.* (14. 12. 2000, Rs. C-344/98), Slg. 2000, I-11369 (Rn. 52) = EuZW 2001, 113 (m. Anm. *Geiger*). Dazu auch *Kamann/Horstkotte*, WuW 2001, S. 458 ff.; siehe auch EuGH – *Manfredi* (13. 7. 2006, Rs. C-295-298/04), Slg. 2006, I-6619. Eingehend zur Konkurrentenklage im EG-Wettbewerbsrecht *Birk*, EWS 2003, 159 ff.; *Andreangeli*, 25 ECLR 758 (2004).

gung von Wettbewerbsverstößen.[352] Sie stellt insofern eine unerläßliche Ergänzung zur zunehmend selektiven Tätigkeit der Kommission dar.[353] Mit der Novelle der Kartellverordnung und der damit verbundenen Hinwendung zu einem System der Legalausnahme, die mit der 7. GWB-Novelle im deutschen Recht nachvollzogen wurde,[354] ist dieser Stellenwert erhöht worden.[355] Er soll nach dem Willen der Kommission weiter wachsen, da die private Durchsetzung der Wettbewerbsregeln „völlig unterentwickelt" sei.[356]

Anders als Artikel 81 EG enthält Artikel 82 EG keine explizite Nichtigkeitsfolge, sieht aber ein *unmittelbar wirkendes Verbot* vor. Seine Umsetzung wird von dem Imperativ gelenkt, den Wettbewerbsregeln „praktische Wirksamkeit" zu verleihen.[357] Sofern vertragliche Regelungen Gegenstand eines Missbrauchs sind, werden diese daher in der Regel gemäß § 134 BGB nichtig sein;[358] denkbar ist auch eine Vertragsanpassung.[359] In Betracht kommen ferner Beseitigungsansprüche, vor allem aber der *Prävention* dienende Unterlassungsansprüche und der *Kompensation* dienende Schadenersatzansprüche.

Das vorstehend dargestellte Instrumentarium ist aber regelmäßig nicht geeignet, eine der Entflechtung ähnelnde Wirkung *für die Zukunft* zu entfalten. Entweder fehlt es – wie im Falle der Beseitigungsansprüche – per se an einer in die Zukunft gerichteten Wirkung oder diese ist nicht ausreichend, um künftiges wettbewerbswidriges Verhalten zu verhindern. So dienen Unterlassungsansprüche zwar der Prävention; sie wirken aber nur inter partes und können aufgrund der zu ihrer Durchsetzung erforderlichen Bestimmtheit nicht alle Varianten wettbewerbswidrigen Verhaltens verhindern. Schadener-

---

352 EuGH – *Brasserie de Haecht/Wilkin & Janssen* (6. 2. 1973, Rs. 28/72), Slg. 1973, 77 (Rn. 16).

353 Vgl. Bekanntmachung über die Zusammenarbeit zwischen der Kommission und den Gerichten (Fn. 351, S. 89), ABl. 1993 C 39/6 (Rn. 15); novelliert durch die Bekanntmachung v. 27. 4. 2004 (Fn. 355), ABl. 2004 C 101/54 (Rn. 5). Kritisch zum „rührenden Vertrauen in die Wirksamkeit der nationalen Durchsetzung des Wettbewerbsrechts" *Tickle/Tyler* in: *Lonbay/Biondi*, S. 133 ff.; kritisch auch *Möschel*, WuW 2007, 483 ff. (mit Hinweis auf erhebliche Missbrauchsrisiken).

354 Siehe Fn. 349 (S. 89).

355 Vgl. Fn. 7 (S. 25); ferner den 7. und 8. Erwägungsgrund der VO (EG) Nr. 1/2003 sowie Art. 6 und 15 der VO (EG) Nr. 1/2003; dazu auch Bekanntmachung der Kommission über die Zusammenarbeit zwischen der Kommission und den Gerichten der EU-Mitgliedstaaten bei der Anwendung der Artikel 81 und 82 des Vertrags, ABl. 2004 C 101/54; vgl. auch *Wind*, 26 ECLR 659, 663 (2005); eingehende Darstellung bei *Schwarze/Weitbrecht*, § 11 Rn. 1 ff.

356 Vgl. KOMM. – Grünbuch zu Schadenersatzklagen wegen Verletzung des EU-Wettbewerbsrechts (19. 12. 2005), KOM(2005)672 endg. (S. 4 Ziff. 1.2); siehe auch die Rede von Wettbewerbskommissarin Kroes SPEECH/07/128 v. 8. 3. 2007. Kritisch zu den Plänen *Martin*, 28 ECLR 2 (2007); davor *Hempel*, WuW 2005, 137 ff.; *Möschel*, WuW 2006, 1; ferner *Ost* in: *Behrens u. a. (2006)*, S. 109 ff.; zu ersten praktischen Erfahrungen siehe *Bittner* in: *Behrens u. a. (2006)*, S. 151 ff.

357 Vgl. EuGH – *Courage Ltd./Crehan* (20. 9. 2001, Rs. C-453/99), Slg. 2001, I-6297 (Rn. 26).

358 Str.: vgl. Darstellung bei *Jung* in: *Grabitz/Hilf*, Art. 82 Rn. 278 ff.; *IM/Möschel (Bd. 1 EG/I)*, Art. 82 Rn. 27 (m. w. N.); a. A. *Dirksen* in: *Langen/Bunte*, Art. 82 Rn. 208 (§ 138 i. V. m. § 242 BGB); *Gleiss/Hirsch*, Art. 86 Rn. 133 ff. Siehe auch Fn. 129 (S. 56) und Fn. 19 (S. 23). Vgl. aber auch *Emmerich* in: *Dauses*, H. I § 1 Rn. 411; *Jung*, a.a.O., Rn. 280: Beide weisen zu Recht darauf hin, dass auch § 134 BGB keine zwingende Nichtigkeit vorsieht.

359 Siehe *IM/Möschel (Bd. 1 EG/I)*, Art. 82 Rn. 26; *Jung* in: *Grabitz/Hilf*, Art. 82 Rn. 282; *Dirksen* in: *Langen/Bunte*, Art. 82 Rn. 208; *GTE/Schröter*, Art. 82 Rn. 59. Hat die Vereinbarung einen Zusammenschluss zum Gegenstand, ist angesichts der im Vergleich zu Art. 81 Abs. 2 EG offeneren Regelung strittig, ob eine Nichtigkeit ex lege einzutreten habe: vgl. *Jung* in: *Grabitz/Hilf*, Art. 82 Rn. 282; siehe auch Fn. 129 (S. 56).

satzansprüche verhindern zwar, dass ein Unternehmen die Früchte seines wettbewerbswidrigen Verhaltens voll ernten kann. Ihre abschreckende und damit präventive Wirkung ist aber beschränkt. Zum einen bleiben Ersatzansprüche regelmäßig hinter dem Gewinn zurück, den ein Unternehmen aufgrund seines wettbewerbswidrigen Verhaltens zu erzielen vermag.[360] Dies gilt vor allem dann, wenn der Gewinn immaterieller Natur ist, weil das Unternehmen künftigen Marktzutritt abschreckt, indem es lediglich seinen Willen demonstriert, sich wettbewerbswidriger Mittel zu bedienen, um seine Marktstellung zu erhalten.[361] Zum anderen bleibt eine Vielzahl von Wettbewerbsverzerrungen unentdeckt, ungemeldet oder begegnet auf der Ebene des Schadensnachweises erheblichen Schwierigkeiten. Es bestehen daher erhebliche Chancen, dass ein Unternehmen zumindest einen Teil des aus einem Missbrauch resultierenden Gewinns behalten kann.[362] Das US-amerikanische Recht versucht dies durch die Verdreifachung eines festgestellten Schadens („treble damages") zu kompensieren;[363] kontinentaleuropäische Rechtsordnungen kennen ein vergleichbares Institut nicht, so dass sich der Präventionseffekt in Grenzen hält.[364] Auch verändern zivilrechtliche Abhilfe- und Kompensationsmöglichkeiten nicht die Marktstruktur. Der aus ihr erwachsende Anreiz zu wettbewerbswidrigem Verhalten bleibt daher regelmäßig unverändert.

2. *Hoheitliche Durchsetzung des Wettbewerbsrechts*

Zu den durch die europäische Wettbewerbsordnung bereitgestellten hoheitlichen Instrumenten gehören zum einen die auf Artikel 308 EG (Artikel 235 EG-Vertrag a. F.) gestützten[365] Regelungen der EG-Fusionskontrollverordnung Nr. 139/2004; zum anderen die in Artikel 83 Abs. 2 lit. a EG vorgesehenen „zweckdienlichen Verordnungen und Richtlinien", die *insbesondere* „die Beachtung der in Artikel 81 Abs. 1 und Artikel 82 EG genannten Verbote durch die Einführung von *Geldbußen* und *Zwangsgeldern*" gewährleisten sollen. Die Geeignetheit letzterer soll in einem ersten Schritt untersucht

360 Vgl. aber § 33 Abs. 3 GWB (n. F.): Hier kann der Gewinn gem. § 287 ZPO berücksichtigt werden.
361 Vgl. *Romaine/Salop*, 7 Geo. Mason L. Rev. 1, 10, 20 (1999); *Baker*, 58 Antitrust L.J. 645, 649 (1989) („reputation for irrationality"). Speziell im Hinblick auf Kampfpreisunterbietungen siehe *Hancher/Buendia Sierra*, 35 CMLR 901, 915 (1998); *IM/Möschel (Bd. 1 EG/I)*, Art. 82 Rn. 166; *Emmerich* in: *Dauses*, H. I § 1 Rn. 391; *Jung* in: *Grabitz/Hilf*, Art. 82 Rn. 190; *Phlips* (1987); vgl. auch EuG – *France Télécom SA* (30. 1. 2007, Rs. T-340/03), online abrufbar (Rn. 264) (die abschreckende Wirkung der Kampfpreisunterbietung auf einzelne Wettbewerber feststellend).
362 Explizit EuGH – *Courage Ltd./Crehan* (20. 9. 2001, Rs. C-453/99), Slg. 2001, I-6297 (Rn. 27).
363 Siehe dazu Fn. 23 (S. 262).
364 So auch *Mestmäcker*, WuW 2000, 683. Vgl. aber die Forderung von MdB *Schauerte* (CDU/CSU), private Schadensersatzklagen zuzulassen: Protokoll der 239. Sitzung im Bundestag v. 6. 6. 2002 (14. Wahlperiode), S. 23965: Da diese bereits nach geltendem Recht möglich sind, ist wohl eine Anlehnung an das amerikanische Institut der „treble damages" gemeint. Zur Zukunft privater Kartellrechtsdurchsetzung siehe *Berrisch/Burianski*, WuW 2005, 878 ff.; *Koch*, WuW 2005, 1210 ff.
365 Siehe 7. Erwägung der VO (EG) Nr. 139/2004; 8. Erwägung der VO (EWG) Nr. 4064/89.

werden; in einem zweiten Schritt werden die in Artikel 83 EG nicht explizit erwähnten, aber ständig praktizierten verhaltensorientierten Anordnungen zu untersuchen sein.

a) *Prävention mit Hilfe der Fusionskontrolle*

Die auf der Grundlage der novellierten VO (EG) Nr. 139/2004 durchgeführte Fusionskontrolle und die Aufsicht über missbräuchliche Verhaltensweisen haben gleichermaßen zum Ziel, nachteilige Beeinflussungen des Marktergebnisses durch die Ausnutzung von Verhaltensspielräumen zu verhindern. Anders als die Missbrauchsaufsicht beruht die Zusammenschlusskontrolle jedoch auf *Vermutungen* hinsichtlich des Verhältnisses von Marktstruktur und daraus resultierender Behinderung des Wettbewerbs.[366]

Von ihrer Zielsetzung her ist die Fusionskontrolle mithin präventiver Natur und als solche ungeeignet, *bestehende* Marktbeherrschung zu beseitigen; sie soll vor diesem Hintergrund hier nicht vertieft werden.[367] Zwar ist denkbar, dass im Zuge eines Zusammenschlusses Entflechtungen durchgesetzt werden,[368] die eine bestehende beherrschenden Stellung beseitigen. Da Entflechtungen auf der Grundlage des Artikels 8 Abs. 4 VO (EG) Nr. 139/2004 nur möglich sind, um den Zustand *vor* dem Zusammenschluss wiederherzustellen, kann dies aber nur im Wege der freiwilligen Verpflichtung geschehen.[369] Darüber hinaus wird stellenweise sogar eingewandt, dass die Fusionskontrolle den *Abbau* von Marktbeherrschung erschwere, soweit sie den Aufbau von Marktgegenmacht behindere.[370] Daher stellt die Fusionskontrolle – zumal diese auf europäischer Ebene erst im Jahre 1990 eingeführt wurde – kein adäquates Mittel dar, um bereits vorhandene und wettbewerbswidrigerweise aufrechterhaltene marktbeherrschende Stellungen zu kontrollieren und zu beseitigen.

b) *Geldbußen*

Artikel 23 Abs. 2 VO (EG) Nr. 1/2003 (Artikel 15 Abs. 2 VO 17/62 a. F.) sieht für vollendete, schuldhafte und noch nicht verjährte Verstöße gegen das *materielle* Kartellrecht die Verhängung von Geldbußen gegen Unternehmen und Unternehmensvereinigungen

---

366 Vgl. den 26. Erwägungsgrund der VO (EG) Nr. 139/2004.

367 Zu einer Übersicht über die europäische Fusionskontrolle – auch im Vergleich zur U.S.-amerikanischen – siehe *Sullivan*, 48 Antitr. Bull. 377-425 (2003); *Emmerich*, Kartellrecht, S. 187 ff.

368 Zu den Zwangsmitteln vgl. Art. 14 Abs. 2 VO (EG) Nr. 139/2004. Vgl. auch Fn. 143 (S. 307).

369 Dazu Mitteilung über zulässige Abhilfemaßnahmen (Fn. 52, S. 32), ABl. 2001 C 68/3; einschränkend aber EuG – *Alrosa* (11. 7. 2007, Rs. T-170/06), noch nicht veröffentlicht (Rn. 140).

370 Vgl. Vorschlag bei *Dubois*, S. 317; ferner *Schulte-Braucks*, S. 25; *Shepherd*, Treatment, S. 119. Zu Recht kritisch zum Gegenmachtkonzept *Herrmann*, S. 37 ff.; *Nordemann*, S. 45 ff.; *Adams* in: *Goldschmid et al.*, S. 363. Der Aufbau von Marktgegenmacht oder von gegengewichtiger Marktmacht erfordert hohe Konzentrationsgrade, deren Aufbau langwierig ist und der Existenz kollusive Verhaltensweisen fördert. Das Konzept ist mithin wettbewerbspolitisch fragwürdig.

vor.[371] Ihre Höhe ist nunmehr nur noch auf 10 % des von dem Entscheidungsadressaten im vorausgegangenen Geschäftsjahr erzielten Gesamtumsatzes begrenzt.[372] Die Festsetzung der Höhe einer Geldbuße orientiert sich an Dauer und Schwere der Zuwiderhandlung sowie an zahlreichen anderen Faktoren, deren Gewichtung weitgehend in das Ermessen der Kommission gestellt ist.[373] Erhebliche Bedeutung kommt dabei dem präventiven Ziel der Abschreckung zu.[374] Sie soll vor allem durch die Höhe von Geldbußen und den darin enthaltenen Gedanken der Gewinnabschöpfung erreicht werden.[375]

Zur Erhöhung der Abschreckungswirkung hat die Kommission bereits vor der Novellierung der Kartellverordnung vermehrt auf die Möglichkeit der umsatzabhängigen Bußgeldbemessung zurück gegriffen und seit dem Jahre 1998 kontinuierlich die Höhe der Geldbußen gesteigert.[376] In der Regel handelt es sich bei den geahndeten Verstößen jedoch um solche gegen Artikel 81 EG.[377] Geldbußen – und generell förmliche Entscheidungen – im Zusammenhang mit Missbräuchen sind demgegenüber verhältnismäßig selten.[378] Ursache hierfür ist, dass Artikel 82 EG lange Zeit ein Schattendasein fristete[379] und die Rechtslage daher nicht selten klärungsbedürftig ist.[380] Eine bemerkens-

371 Grundlegend EuGH – *Musique Diffusion Française* (7. 6. 1983, Rs. 100-103/80), Slg. 1983, 1825 (Rn. 97, 119-21); s. auch die überarbeiteten Leitlinien der Kommission für das Verfahren zur Festsetzung von Geldbußen gemäß Artikel 23 Absatz 2 Buchstabe a) der Verordnung (EG) Nr. 1/2003, ABl. 2006 C 210/2; sowie die überarbeite Mitteilung der Kommission über den Erlass und die Ermäßigung von Geldbußen in Kartellsachen, ABl. 2006 C 298/17 („Kronzeugenregelung"); dazu *Albrecht*, WRP 2007, 417. Zur Verjährung s. Art. 25 VO (EG) Nr. 1/2003; zur Rechtsnatur von Bußgeldern vgl. *Hamann* (1992); *F. Schmidt*, S. 93 ff. (dort auch zum Bußgeldverfahren).

372 Zur Rechtslage nach Art. 15 Abs. 2 VO Nr. 17/62 siehe *F. Schmidt*, S. 91.

373 Siehe EuGH – *Danone* (8. 2. 2007, Rs. C-3/06), noch nicht veröffentlicht (Rn. 25, m. w. N.); EuG – *Danone* (25. 10. 2005, Rs. T-38/02), Slg. 2005, II-4407 (Rn. 137); beispielhaft EuG – *Raiffeisen Zentralbank Österreich / Kommission* (14. 12. 2006, Rs. T-259/02 u. a.), noch nicht veröffentlicht (Rn. 216 ff.). Grds. erfordert die Festsetzung einer Geldbuße weder Fortwirken noch Fortwähren der Zuwiderhandlung: EuGH – *Buchler* (15. 7. 1970, Rs. 44/69), Slg. 1970, 733 (Rn. 49); EuGH – *Boehringer* (15. 7. 1970, Rs. 45/69), Slg. 1970, 769 (Rn. 53); EuGH – *ACF Chemiefarma* (15. 7. 1970, Rs. 41/69), Slg. 1970, 661 (Rn. 172/176).

374 Daneben verfolgt die Geldbuße freilich repressive Zwecke: EuGH – *Buchler* (15. 7. 1970, Rs. 44/69), Slg. 1970, 733 (Rn. 49).

375 Explizit EuGH – *Musique Diffusion Française* (7. 6. 1983, Rs. 100-103/80), Slg. 1983, 1825 (insbes. Rn. 108); EuGH – *Weig (Karton)* (16. 11. 2000, Rs. 280/98 P), Slg. 2000, I-9757 (Rn. 75); EuG – *Danone* (25. 10. 2005, Rs. T-38/02), Slg. 2005, II-4407 (Rn. 168), bestätigt durch EuGH – *Danone* (8. 2. 2007, Rs. C-3/06), noch nicht veröffentlicht (Rn. 37). Vgl. auch Leitlinien für das Verfahren zur Festsetzung von Geldbußen (Fn. 371, S. 93), ABl. 2006 C 210/2 (Rn. 28, 30).

376 Vgl. *F. Schmidt*, S. 89 f.; *Winkler*, Der Syndikus, Heft 32 (2003), S. 21 ff.; *Scholz/Haus*, EuZW 2002, 682 ff.; kritisch hierzu *Soltész/Steinle/Bielesz*, EuZW 2003, 202 ff.

377 Übersicht über die in jüngerer Zeit verhängten Geldbußen in den Pressemitteilungen der Kommission IP/01/1743 v. 5. 12. 2001; MEMO/05/454 v. 30.11.2005; MEMO/07/70 v. 21. 2. 2007, MEMO/07/29 v. 24. 1.2007 und MEMO/06/337 v. 20. 9. 2006. Die höchsten Gesamtstrafen betrugen EUR 992 Mio. (IP/07/209 v. 21. 2. 2007) und EUR 855,23 Mio. (IP/01/1625 v. 21. 11. 2001); aktuelle Statistik unter *http://ec.europa.eu/comm/competition/cartels/statistics/statistics.pdf* abrufbar.

378 Vgl. Übersicht bei *IM/Möschel (Bd. 1 EG/I)*, Art. 82 Rn. 36.

379 Siehe *IM/Möschel (Bd. 1, 1. Aufl. 1997)*, Art. 86 Rn. 36 f.; *ders. (Bd. 1 EG/I)*, Art. 82 Rn. 37.

380 Ständiger Übung entsprechend beschränkt sich die Kommission mit Rücksicht auf den Grundsatz der Rechtssicherheit bei erstmaligen und nicht evidenten Missbräuchen auf symbolische Geldbußen oder verzichtet gänzlich hierauf: vgl. z. B. KOMM. – *Fußball-WM* (20. 7. 1999), ABl. 2000

werte Ausnahme stellt die gegen *Microsoft* verhängte Geldbuße dar, die mit EUR 497,2 Mio. die bislang höchste gegen ein Einzelunternehmen verhängte Sanktion darstellt.[381]

Obgleich Artikel 83 Abs. 2 lit. a EG „insbesondere" an Geldbußen zur Durchsetzung der Wettbewerbsregeln gedacht hat, ist zweifelhaft, ob es sich hierbei um ein ausreichend wirksames Mittel zur Öffnung von Märkten für den Wettbewerb handelt.[382] Systemimmanent muss die Geldbuße an vollendete Wettbewerbsverzerrungen anknüpfen und ist aufgrund des Bestimmtheitsgebotes akzessorisch zu ihnen. Sie vermag aber weder die Folgen wettbewerbswidrigen Verhaltens, insbesondere die hiervon ausgehende Signalwirkung für andere Marktteilnehmer,[383] ungeschehen zu machen, noch ist sie in der Lage zu verhindern, dass ein Unternehmen andere, gleichermaßen wettbewerbswidrige Wege einschlägt, um das in einer Anordnung enthaltenen Verbot zu umgehen.[384] Soweit Geldbußen ihre Präventionswirkung aus der zu ihrer Höhe reziproken Abschreckung ableiten, bestehen – trotz des Anstiegs der Höhe der Geldbußen – darüber hinaus Zweifel, ob eine ausreichende Wirkung (und damit eine wirksame marktseitige Kontrolle von Marktbeherrschung) erzielt werden kann. Ähnlich wie bei zivilrechtlichen Schadenersatzansprüchen wird die präventive Wirkung einer Geldbuße durch die Aussicht kompensiert, gänzlich unentdeckt zu bleiben.[385] Insbesondere aufgrund der durch eine Wettbewerbsverzerrung ausgehenden Signalwirkung besteht zudem eine erhebliche Wahrscheinlichkeit, dass ein Unternehmen – nicht zuletzt aufgrund verfahrensbedingter Verzögerungen – über längere Zeit hinweg die Früchte seines wettbewerbswidrigen Verhaltens ernten kann. Schließlich bleibt die Geldbuße – wie eine Studie der *OECD* gezeigt hat – regelmäßig hinter dem aus einer Wettbewerbsverzerrung resultierenden Gewinn zurück, so dass sich die Abschreckungswirkung in Grenzen hält.[386] Ob sich durch den proklamierten Willen der Kommission, die Höhe von Geldbußen zu steigern, hieran etwas ändern wird, bleibt abzuwarten.[387]

L 5/55; KOMM. – *Deutsche Post* (20. 3. 2001), ABl. 2001 L 125/27; Leitlinien für das Verfahren zur Festsetzung von Geldbußen (Fn. 371, S. 93), ABl. 2006 C 210/2 (Rn. 36).

381 Vgl. KOMM. – *Microsoft* (24. 3. 2004), C(2004)900 final (Art. 3). Die davor höchste Einzelstrafe (75 Mio. ECU) in einem Missbrauchsverfahren wurde im Fall *Tetra Pak II* verhängt; siehe auch KOMM. – *AstraZeneca* (15. 6. 2005, COMP/A. 37.507/F3), nicht veröffentlicht (EUR 60 Mio); KOMM. – *Telefónica* (4. 7. 2007, COMP/38.784), nicht veröffentlicht (EUR 151 Mio.); dazu Pressemitteilung der Kommission IP/07/1011 v. 4. 7. 2007.

382 Bejahend *Schwarze/Weitbrecht*, § 6 Rn. 44.

383 Siehe Fn. 361 (S. 91).

384 Wie hier *Adams* in: *Brock/Elzinga*, S. 183; *Kovacic*, 31 Conn. L. Rev. 1285, 1311 (1999).

385 Diese geringe Aufdeckungswahrscheinlichkeit ist maßgebliches Motiv für die nun mit der VO (EG) Nr. 1/2003 vorgenommene Erweiterung der Untersuchungsbefugnisse der Kommission: siehe Art. 17 ff. VO (EG) Nr. 1/2003; dazu auch die 25. Begründungserwägung der Verordnung.

386 Vgl. *OECD*, Fighting Hard-Core Cartels (2002), S. 74, 87, wonach lediglich in vier von 119 Verfahren gegen sog. „hard-core"-Kartelle – keiner davon auf europäischer Ebene – Bußgelder verhängt wurden, die die geschätzten Gewinne aus der Kartellaktivität überstiegen.

387 Vgl. nun die Leitlinien für das Verfahren zur Festsetzung von Geldbußen gemäß Art. 23 Abs. 2 lit. a) der VO (EG) Nr. 1/2003; dazu Pressemitteilung der Kommission IP/06/857 v. 28. 6. 2006.

c) *Zwangsgelder*

Die Anordnung von Zwangsgeldern gemäß Artikel 24 Abs. 1 lit. a VO (EG) Nr. 1/2003 (Artikel 16 Abs. 1 lit. a und b VO 17/62) soll gegenwärtige, objektive Verstöße gegen das Wettbewerbsrecht abstellen und zukünftige verhindern und dient damit sowohl repressiven als auch präventiven Zwecken.[388] Bislang war die Höhe von Zwangsgeldern auf EUR 1.000,00[389] begrenzt. Obwohl jeder Tag einer Zuwiderhandlung eine autonome Verletzung darstellt[390] und für jede Anordnung ein eigenständiges Zwangsgeld festgesetzt werden kann[391], blieb die Präventionswirkung aufgrund der regelmäßig höheren Umsätze beherrschender Unternehmen gering. Die novellierte VO (EG) Nr. 1/2003 trägt dem Rechnung, indem jetzt Zwangsgelder „bis zu einem Höchstbetrag von 5 % des im vorausgegangenen Geschäftsjahr erzielten durchschnittlichen Tagesumsatzes für jeden Tag des Verzugs" verhängt werden können. Hierdurch erhöht sich zwar die Wahrscheinlichkeit, dass einzelne Kommissionsentscheidungen befolgt werden. Die Präventionswirkung bleibt aber begrenzt, da Voraussetzung für die Anordnung eines Zwangsgeldes ist, dass eine Abstellungsanordnung ergangen ist und die Kommission – als Kollegium (!) – den Verzug mit der Erfüllung der darin enthaltenen Anordnungen feststellt. Zugleich beschränkt sich die vorbeugende Wirkung auf die in der Abstellungsverfügung enthaltene Anordnung. Für die marktöffnende Wirkung kommt es mithin auf die Reichweite der durch das Zwangsgeld abgesicherten Anordnung an. Damit ist das Zwangsgeld – in Ermangelung anderweitiger Befugnisse zur Gewaltanwendung gegenüber Personen oder Sachen[392] – zwar notwendiges, aber nur *akzessorisches Instrument* zur Durchsetzung der im Folgenden darzustellenden verhaltensorientierten Anordnungen.

d) *Verhaltensorientierte Anordnungen*

Gemäß Artikel 7 Abs. 1 VO (EG) Nr. 1/2003 kann die Kommission, sofern sie auf eine Beschwerde hin oder von Amts wegen „eine Zuwiderhandlung gegen Artikel 81 oder Artikel 82 des Vertrags [feststellt...], die beteiligten Unternehmen und Unternehmensvereinigungen durch Entscheidung verpflichten, die festgestellte Zuwiderhandlung abzustellen."[393] Dies entspricht der Formulierung in Artikel 3 Abs. 1 der VO Nr. 17/62. Artikel 7 Abs. 1 VO (EG) Nr. 1/2003 ermächtigt die Kommission jedoch auch, den Unternehmen und Unternehmensvereinigungen „hierzu alle erforderlichen Abhilfemaßnah-

---

388 Vgl. *F. Schmidt*, S. 92.

389 Siehe Art. 2 VO (EG) Nr. 1103/97 über bestimmte Vorschriften im Zusammenhang mit der Einführung des Euro (ABl. 1999 L 162/1) (Ersetzung von „Rechnungseinheiten" durch „Euro").

390 Art. 16 Abs. 1 HS. 1 VO Nr. 17/62; nunmehr Art. 24 Abs. 1 HS. 1 VO (EG) Nr. 1/2003.

391 Vgl. KOMM. – *Hasselblad* (2. 12. 1981), ABl. 1982 L 161/18 (Art. 9); KOMM. – *Zoja/CSC-ICI* (14. 12. 1972), ABl. 1972 L 299/51, 57; *Jung* in: *Grabitz/Hilf*, Art. 82 Rn. 274 (m. w. N.).

392 Vgl. EuGH – *Hoechst* (21. 9. 1989, Rs. 46/87, 227/88), Slg. 1989, 2859 (Rn. 33 ff.).

393 Siehe Fn. 350 (S. 89).

men verhaltensorientierter *oder struktureller* Art [vorzuschreiben], die gegenüber der festgestellten Zuwiderhandlung verhältnismäßig und für eine wirksame Abstellung der Zuwiderhandlung erforderlich sind."[394] Bereits vor der Novellierung der Kartellverordnung mussten indes nach der Rechtsprechung des Gerichtshofes Anordnungen nach Artikel 3 Abs. 1 VO 17/62 der „Natur der festgestellten Zuwiderhandlung Rechnung tragen" und ihr angepasst sein.[395] Zur Wiederherstellung unverfälschten Wettbewerbs war die Kommission ermächtigt, „*alles* zu tun, um die Zuwiderhandlung abzustellen".[396] Daher konnten Verpflichtungen nach dieser Vorschrift „sowohl die Anordnung zur Vornahme bestimmter Tätigkeiten oder Leistungen, die unrechtmäßig unterblieben sind, beinhalten als auch das Verbot, bestimmte Tätigkeiten, Praktiken oder *Zustände*, die dem Vertrag widersprechen, fortzuführen oder fortdauern zu lassen".[397] Zudem durften Unternehmen auch nach den zur VO Nr. 17/62 entwickelten Grundsätzen keine Belastungen auferlegt werden, welche die Grenzen dessen überschritten, „was zur Erreichung des angestrebten Ziels, der Wiederherstellung der Legalität im Hinblick auf die verletzten Vorschriften, *angemessen* und *erforderlich* ist".[398] Das Novum des Artikels 7 Abs. 1 VO (EG) Nr. 1/2003 ist folglich, dass explizit Maßnahmen struktureller Art zugelassen werden.[399] Dem Grundsatz der Verhältnismäßigkeit genügende *Abstellungsverfügungen* und *positive Anordnungen* waren bereits nach Artikel 3 Abs. 1 VO Nr. 17/62 zulässig.[400] Sie sollen im Folgenden untersucht werden; dabei kann die zur VO Nr. 17/62 ergangene Rechtsprechung herangezogen werden.[401]

---

394 Siehe bereits Fn. 15 (S. 27).

395 EuGH – *Commercial Solvents* (6. 3. 1974, Rs. 6, 7/73), Slg. 1974, 223 (Rn. 45); EuG – *RTE* (10. 7. 1991, Rs. T-69/89), Slg. 1991, II-485 (Rn. 108); EuGH – *RTE und ITP (Magill)* (6. 4. 1995, Rs. C-241, 242/91 P), Slg. 1995, I-743 (Rn. 90); EuGH – *Langnese/Iglo* (1. 10. 1998, Rs. C-279/95 P), Slg. 1998, I-5609 (Rn. 74); EuG – *Aéroports de Paris* (12. 12. 2000, Rs. T-128/98), Slg. 2000, II-3929 (Rn. 82) (ständige Rechtsprechung).

396 EuGH – *Demo-Studio Schmidt* (11. 10. 1983, Rs. 210/81), Slg. 1983, 3045 (Rn. 15).

397 EuGH – *Commercial Solvents* (6. 3. 1974, Rs. 6, 7/73), Slg. 1974, 223 (Rn. 45); EuG – *Aéroports de Paris* (12. 12. 2000, Rs. T-128/98), Slg. 2000, II-3929 (Rn. 82) (ständige Rechtsprechung); vgl. ferner KOMM. – *Hugin/Liptons* (8. 12. 1977), ABl. 1977 L 22/23, 35 (Art. 3), aus tatsächlichen Gründen aufgehoben durch EuGH – *Hugin* (31. 5. 1979, Rs. 22/78), Slg. 1979, 1869.

398 Vgl. EuG – *RTE* (10. 7. 1991, Rs. T-69/89), Slg. 1991, II-485 (Rn. 108); EuG – *ITP* (10. 7. 1991, Rs. T-76/89), Slg. 1991, II-575 (Rn. 80); EuGH – *RTE und ITP (Magill)* (6. 4. 1995, Rs. C-241, 242/91 P), Slg. 1995, I-743 (Rn. 90 ff.); EuGH – *National Panasonic* (26. 6. 1980, Rs. 136/79), Slg. 1980, 2033 (Rn. 28-30); EuGH – *Cinétheque* (11. 7. 1985, Rs. 60, 61/84), Slg. 1985, 2605 (Rn. 25 f.); EuGH – *Schräder* (11. 7. 1989, Rs. 265/87), Slg. 1989, 2237 (Rn. 21).

399 Zur Frage, ob es sich hierbei um eine Neuerung handelt, siehe § 3 C. (S. 148 ff.).

400 Die Reichweite des Art. 3 Abs. 1 fand regelmäßig nur knappe Beachtung: vgl. *GTE/de Bronett*, Art. 83 VO Nr. 17 Rn. 47; *Waelbroeck/Frignani* in: *Megret*, Rn. 386; *Sauter* in: *Langen/Dirksen*, VO Nr. 17/62, Art. 3 Rn. 1; *Weiß* in: *Calliess/Ruffert*, Art. 82 Rn. 73 („sogar positive Anordnungen"); siehe auch *Emmerich* in: *Dauses*, H. I § 1 Rn. 409; *Jung* in: *Grabitz/Hilf*, Art. 82 Rn. 274. Zu einer eingehenden Darstellung siehe *Müller-Tautphaeus*, S. 233 ff.

401 Wie hier *Loewenheim/Messen/Riesenkampff*, VerfVO, Art. 7 Rn. 3; zu einer umfassenden Sammlung von Fallbeispielen siehe *de Bronett* in: *Schröter/Jakob/Mederer*, VO Nr. 17, Art. 3 Rn. 3 ff.

aa) Abstellungsverfügungen

Artikel 82 EG enthält ein unmittelbar wirkendes Verbot.[402] Gesonderter Abstellungsverfügungen bedarf es mithin nicht. In der Praxis der Kommission haben sie sich dessen ungeachtet durchgesetzt, nachdem sie – anders als die lediglich deklaratorische *Feststellung* eines Missbrauchs[403] – konstitutiv sind und daher mit einer Zwangsgeldandrohung unmittelbar durchgesetzt werden können.[404] Tatsächlich begnügt sich die Kommission regelmäßig damit, den Adressaten einer Entscheidung ohne nähere Präzisierung im Tenor zur Abstellung zu verpflichten.[405] Zur Wahrung des Bestimmtheitsgebots genügt, in Verbindung mit den Entscheidungsgründen, die Vorgabe einer „klaren Erfolgsverpflichtung".[406] Aus Gründen der Verfahrensökonomie präzisiert die Kommission in Einzelfällen jedoch bereits in der Entscheidung selbst, unter welchen Bedingungen der Entscheidungsadressat „aus der Missbrauchszone herauskommt"[407] oder verpflichtet die Unternehmen, innerhalb bestimmter Fristen Vorschläge zu unterbreiten, wie „der dem Vertrag entsprechende *Zustand* wiederhergestellt werden kann".[408]

Die Reichweite von Abstellungsanordnungen hat sich zwar an dem zu orientieren, was erforderlich ist, um die Wirksamkeit einer Verbotsentscheidung sicherzustellen,[409] ist aber de facto beschränkt. Zum einen darf die Kommission dort, wo mehrere Wege zur Verfügung stehen, um eine Zuwiderhandlung abzustellen, über eine einfache Unter-

---

402 Vgl. auch Art. 1 VO (EG) Nr. 1/2003; Art. 1 VO 17/62.

403 Zur Zulässigkeit von Feststellungsanordnungen vgl. Art. 7 Abs. 1 S. 3 VO (EG) Nr. 1/2003. Die Vorschrift kodifiziert die bisherige Rechtsprechung, derzufolge bei Wiederholungsgefahr oder unklarer Rechtslage nicht explizit in der VO Nr. 17/62 erwähnte Feststellungsanordnungen getroffen werden konnten: vgl. EuGH – *GVL* (2. 3. 1983, Rs. 7/82), Slg. 1983, 483 (Rn. 24 ff.).

404 Vgl. *GTE/Schröter*, Art. 82 Rn. 54; *Jung* in: *Grabitz/Hilf*, Art. 82 Rn. 273 (unstreitig).

405 Vgl. z. B. KOMM. – *HOV-SVZ/MCN* (29. 3. 1994), ABl. 1994 L 104/34 (Art. 2); KOMM. – *Van den Bergh Foods* (11. 3. 1998), ABl. 1998 L 246/1 (Art. 4); KOMM. – *Virgin/B.A.* (14. 7. 1999), ABl. 2000 L 30/1 (Art. 3); KOMM. – *DSD* (20. 4. 2001), ABl. 2001 L 166/1 (Art. 2), bestätigt durch EuG – *DSD* (24. 5. 2007, Rs. T-151/01 und T-289/01), noch nicht veröffentlicht; KOMM. – *Deutsche Post (Remailing)* (25. 7. 2001), ABl. 2001 L 331/40 (Art. 2); KOMM. – *Michelin* (20. 6. 2001), ABl. 2002 L 143/1 (Art. 3); KOMM. – *GVG/FS* (27. 8. 2003, COMP/37.685), Art. 4; KOMM. – *Microsoft* (24. 3. 2004), C(2004)900 final (Art. 4).

406 EuG – *Aéroports de Paris* (12. 12. 2000, Rs. T-128/98), Slg. 2000, II-3929 (Rn. 83); EuGH – *Langnese/Iglo* (1. 10. 1998, Rs. C-279/95 P), Slg. 1998, I-5609 (Rn. 78): zum Bestimmtheitsgebot vgl. EuGH – *Kommission/Frankreich und Vereinigtes Königreich* (22. 2. 1989, Rs. 92, 93/87), Slg. 1989, 405 (Rn. 22).

407 KOMM. – *Chiquita* (17. 12. 1975), ABl. 1976 L 95/1, 16, 19 (Reduzierung des Preises um mindestens 15 %); hierzu Schlussanträge GA *Mayras* in EuGH – *United Brands* (14. 2. 1978, Rs. 27/76), Slg. 1978, 207, 343; *Deselaers* in: *Grabitz/Hilf*, Art. 82 Rn. 294.

408 Vgl. KOMM. – *Continental Can* (9. 12. 1971), ABl. 1972 L 7/25; KOMM. – *Gillette* (10. 11. 1992), ABl. 1993 L 116/21 (Art. 4); ferner EuGH – *Commercial Solvents* (6. 3. 1974, Rs. 6, 7/73), Slg. 1974, 223 (Rn. 45); KOMM. – *Hugin/ Liptons* (8. 12. 1977), ABl. 1977 L 22/23, 35 (Art. 3), aufgehoben durch EuGH – *Hugin* (31. 5. 1979, Rs. 22/78), Slg. 1979, 1869; KOMM. – *AFS/Aéroports de Paris* (11. 6. 1998), ABl. 1998 L 230/10 (Art. 2); KOMM. – *Flughafen Frankfurt* (14. 1. 1998), ABl. 1998 L 72/30 (Art. 2); *Waelbroeck/Frignani* in: *Megret*, Rn. 386 (m. w. N.).

409 *Waelbroeck/Frignani* in: *Megret*, Rn. 386; Schlussanträge des GA *Ruiz-Jarabo* in EuGH – *Langnese/Iglo* (1. 10. 1998, Rs. C-279/95 P), Slg. 1998, I-5609 (Rn. 39); vgl. auch Fn. 292 (S. 81).

lassungsverfügung nicht hinaus gehen,[410] da ihr nicht obliegt, den Unternehmen vorbehaltene Entscheidungen durch eigene zu ersetzen. Zum anderen beschränken sich Abstellungsverfügungen auf festgestellte Zuwiderhandlungen. In der Regel untersagt die Kommission zwar – mit Billigung der europäischen Rechtsprechung[411] – zusätzlich die Wiederholung derselben Verhaltensweise und das Ergreifen von Maßnahmen, die Gleiches oder Ähnliches bewirken.[412] Es bedarf aber eines erneuten, zeitaufwändigen Verfahrens, um die Unzulässigkeit vergleichbarer Maßnahmen festzustellen. Die präventive Wirkung derartiger Verbote beschränkt sich mithin darauf, als straferhöhendes Kriterium bei der Festsetzung einer neuen Geldbuße herangezogen werden zu können.[413] Sowohl die faktische Möglichkeit als auch der aus einer bestimmten Marktstruktur resultierende Anreiz zu wettbewerbswidrigem Verhalten bleiben hierdurch unberührt. Die Auswirkungen von Abstellungsverfügungen beschränken sich insofern auf eine Erhöhung der Abschreckung; insbesondere bei Konstellationen, in denen die Wettbewerbsbeschränkung hohe Erträge verspricht oder sie nur schwer nachzuweisen ist, reicht eine derartige Wirkung jedoch regelmäßig nicht aus.[414]

bb) Positive Anordnungen

Artikel 7 Abs. 1 VO (EG) Nr. 1/2003 erlaubt seinem Wortlaut nach lediglich das *Abstellen* von „Zuwiderhandlungen". Wird „Handlung" im rechtlichen Sinn als Tun, Dulden oder Unterlassen verstanden, ist eine positive Anordnung im Grundsatz lediglich Kehrseite des Verbots eines Unterlassens trotz entsprechender Handlungsverpflichtung. Vielfach geht die positive Anordnung jedoch hierüber hinaus und unterscheidet sich damit qualitativ in erheblichem Maße von einer einfachen Abstellungsverfügung.

---

410 Siehe EuG – *Automec II* (18. 9. 1992, Rs. T-24/90), Slg. 1992, II-2223 (Rn. 51 f.); EuGH – *Ford* (28. 2. 1984, Rs. 228, 229/82), Slg. 1984, 1129 (Rn. 22); *IM/Ritter (Bd. 1 EG/II)*, VO 1/2003 Art. 7 Rn. 41. Dies betrifft v. a. den Bereich der rechtsgeschäftlichen Wettbewerbsbeschränkungen, z. B. bei Vertriebssystemen: vgl. EuGH – *Suiker Unie* (16. 12. 1975, Rs. 40/73 u. a.), Slg. 1975, 1663 (Rn. 482 f., 489) (für Art. 82 EG); KOMM. – *Schöller* (23. 12. 1992), ABl. 1993 L 183/1, und KOMM. – *Langnese-Iglo* (23. 12. 1992), ABl. 1993 L 183/19, z. T. aufgehoben durch EuG – *Schöller* (8. 6. 1995, Rs. T-9/93), Slg. 1995, II-1611 (Rn. 159 ff.), EuG – *Langnese-Iglo* (8. 6. 1995, Rs. T-7/93), Slg. 1995, II-1533 (Rn. 205 ff.), und EuGH – *Langnese/Iglo* (1. 10. 1998, Rs. C-279/95 P), Slg. 1998, I-5609 (Rn. 74). Zum insoweit relevanten Grundsatz der Privatautonomie vgl. EuGH – *Orkem* (18. 10. 1989, Rs. 374/87), Slg. 1989, 3283 (Rn. 19); EuG – *Aéroports de Paris* (12. 12. 2000, Rs. T-128/98), Slg. 2000, II-3929 (Rn. 82); KOMM. – *Chiquita* (17. 12. 1975), ABl. 1976 L 95/1, 19; vgl. auch Schlussanträge *GA Jacobs* in EuGH – *Bronner* (26. 11. 1998, Rs. C-7/97), Slg. 1998, I-7791 (Rn. 56); zuletzt EuG – *Alrosa (de Beers)* (11. 7. 2007, Rs. T-170/06), noch nicht veröffentlicht (Rn. 103, 126).

411 Vgl. EuG – *Tetra Pak II* (6. 10. 1994, Rs. T-83/91), Slg. 1994, II-755 (Rn. 221). Kritisch hierzu im Hinblick auf das Bestimmtheitsgebot: *IM/Ritter (Bd. 1 EG/II)*, VO 1/2003 Art. 7 Rn. 34.

412 Vgl. bereits Nachweise in Fn. 405 (S. 97).

413 Vgl. Leitlinien zur Festsetzung von Geldbußen (Fn. 371, S. 93), ABl. 1998 C 9/3; siehe auch KOMM. – *Michelin* (20. 6. 2001), ABl. 2002 L 143/1 (Rn. 361).

414 Wie hier *IM/Ritter (Bd. 1 EG/II)*, VO 1/2003 Art. 7 Rn. 34.

Bereits vor Inkrafttreten der VO (EG) Nr. 1/2003 war für den insoweit wortgleichen Artikel 3 Abs. 1 VO Nr. 17/62 anerkannt, dass dieser „die Anordnung zur Vornahme bestimmter Tätigkeiten oder Leistungen“ erlaubte, sofern eine Handlungsverpflichtung bestand und sich in ihrer Nichtbefolgung ein missbräuchliches Verhalten manifestierte.[415] Entsprechend wurden – zum Teil im Wege einstweiliger Maßnahmen[416] – in einigen Entscheidungen Verpflichtungsverfügungen erlassen. In der Regel handelte es sich dabei um Belieferungsverpflichtungen, deren Inhalt sich, soweit es sich um einen rechtswidrigen *Abbruch* von Geschäftsbeziehungen handelte, am Umfang früherer Lieferungen orientierte.[417] Neben der Lieferung einer bestimmten Menge eines unentbehrlichen Rohstoffs[418] wurde unter anderem die Bereitstellung wöchentlicher TV-Programmlisten,[419] die Weiterbelieferung in einem bestimmten Umfang, beschränkt auf die Erhaltung des status quo,[420] die Gewährung eines minimalen Marktzugangs[421] sowie der Zugang zu einem urheberrechtlich geschützten System zur Datenerfassung[422] angeordnet. Die Maßnahmen gehen zum Teil über den Rahmen einer Anordnung, die sich als Kehrseite eines Unterlassungsverbotes darstellen würde, hinaus, indem sie nicht nur eine Verpflichtung aussprechen, dem konkret von einer Leistungsverweigerung betroffe-

---

415 Vgl. Fn. 397 und Fn. 400 (S. 96); EuGH – *RTE und ITP (Magill)* (6. 4. 1995, Rs. C-241, 242/91 P), Slg. 1995, I-743 (Rn. 90); ferner *Kerse*, S. 167 („well established“). Zu früheren Zweifeln vgl. *Joliet*, 5 RTDE 646, 690 (1969); *Joliet*, S. 254 f.; ablehnend *Dubois*, S. 306.

416 Zur Zulässigkeit einstweiliger Maßnahmen vgl. jetzt Art. 8 der VO (EG) Nr. 1/2003. Zur Zulässigkeit nach der VO Nr. 17/62 vgl. EuGH – *Camera Care* (17. 1. 1980, Rs. 792/79 R), Slg. 1980, 119 (Rn. 17 f.); KOMM. – *NDC Health/ IMS Health* (3. 7. 2001), ABl. 2002 L 59/18 (Rn. 37 ff.).

417 Vgl. EuGH – *Commercial Solvents* (6. 3. 1974, Rs. 6, 7/73), Slg. 1974, 223 (Rn. 46); EuG – *Peugeot* (21. 5. 1990, Rs. T-23/90 R), Slg. 1990, II-195 (Rn. 30). Gegebenenfalls kann eine Belieferungspflicht zum Gegenstand einer Auflage im Rahmen einer Freistellung nach Art. 81 Abs. 3 EG gemacht werden. Vgl. EuGH – *Ford* (17. 9. 1985, Rs. 25, 26/84), Slg. 1985, 2725 (Rn. 33); davor EuGH – *Ford* (28. 2. 1984, Rs. 228, 229/82), Slg. 1984, 1129; ferner KOMM. – *ACI* (27. 7. 1994), ABl. 1994 L 224/28 (Art. 2); KOMM. – *Eurotunnel* (13. 12. 1994), ABl. 1994 L 354/66 (Art. 2 A lit. c), wegen fehlerhafter Tatsachenfeststellung aufgehoben durch EuG – *SNCF, British Railways* (22. 10. 1996, Rs. T-79, 80/95), Slg. 1996, II-1491. Vgl. *XXIX. Wettbewerbsbericht 1999*, S. 184.

418 KOMM. – *Zoja/CSC-ICI* (14. 12. 1972), ABl. 1972 L 299/51, 57 (Art. 2), bestätigt durch EuGH – *Commercial Solvents* (6. 3. 1974, Rs. 6, 7/73), Slg. 1974, 223 (Rn. 46).

419 KOMM. – *Magill TV Guide/ITP, BBC und RTE* (21. 12. 88), ABl. 1989 L 78/43 (Art. 2).

420 EuG- *Peugeot* (12. 7. 1991, Rs. T-23/90), Slg. 1991, II-653 (Rn. 45); vgl. auch KOMM. – *BBI/Boosey & Hawkes* (29. 7. 1987), ABl. 1987 L 286/36 (Rn. 24) (einstweilige Anordnung); KOMM. – *ECS/AKZO I* (29. 7. 1983), ABl. 1983 L 252/13 (Art. 1) (einstweilige Anordnung, Verbot diskriminierender Preise und Festlegung eines Mindestpreises für bestimmte Produkte). Ferner KOMM. – *IGR I und II*, XI. WB 1981 (Rn. 94) und XIV. WB 1984 (Rn. 92) (Erteilung von Lizenzen); KOMM. – *Napier Brown/British Sugar*, XVI. WB 1986 (Rn. 74); KOMM. – XV. WB 1985 (Rn. 49) (zu den Fällen *Hilti* und *Veng/Ford*); in letzteren Fällen führte bereits die Ankündigung einstweiliger Maßnahmen zu einer freiwilligen Abstellung der Zuwiderhandlung.

421 KOMM. – *B & I/Sealink* (11. 6. 1992), XXII. WB 1992, Rn. 219.

422 KOMM. – *NDC Health/IMS Health* (3. 7. 2001), ABl. 2002 L 59/18, einstweilige Maßnahmen ausgesetzt durch EuG – *IMS Health* (10. 8. 2001, Rs. T-183/01), Slg. 2001, II-2349 (Rn. 24), und EuG – *IMS Health* (26. 10. 2001, Rs. T-184/01 R), Slg. 2001, II-3193; Verfahren eingestellt durch KOMM. – *NDC Health/IMS Health* (13. 8. 2003), ABl. 2003 L 268/69. Vgl. auch Pressemitteilung der Kommission IP/02/1430 v. 4. 10. 2002. Die dem System zugrunde liegenden Informationen waren indes frei erhältlich: daher zu Recht kritisch *Schwarze*, EuZW 2002, 75, 80 f.; eingehende Darstellung bei *Bartl* (2005); *Höppner*, EuZW 2004, 748 ff.; *Ong*, 26 ECLR 215-224 (2005).

nen Unternehmen, sondern auch anderen Unternehmen diskriminierungsfrei Zugang zur streitgegenständlichen Leistung zu gewähren.[423]

e) *Einschränkungen der Verhaltenskontrolle*

Positive Anordnungen verfügen über den Vorzug, anders als einfache Abstellungsverfügungen über den der Entscheidung zugrunde liegenden Einzelfall hinauszugehen. Damit sind sie grundsätzlich eher geeignet, eine zukunftsgerichtete marktöffnende Wirkung zu erzielen. Sie begegnen indes anderen Schwierigkeiten, die im Folgenden anhand des *Microsoft*-Falles und des Beispiels der Liberalisierung aufgezeigt werden sollen.

aa) *Fallstudie: Das Verfahren gegen Microsoft*

Das europäische Verfahren gegen *Microsoft* hat – ebenso wie sein US-amerikanisches Pendant[424] – viel Aufsehen erregt.[425] Dem Verfahren lag zunächst eine aus dem Jahre 1998 datierende Beschwerde von *Sun Microsystems, Inc.*, zugrunde.[426] Eine erste Beschwerdemitteilung erging allerdings erst im Jahre 2000 und wurde im Jahre 2001 erweitert.[427] Die abschließende, noch auf die VO Nr. 17/62 gestützte Entscheidung der Kommission – gegen die Berufung eingelegt wurde – erging erst am 24. 3. 2004.[428]

Gegenstand des Verfahrens waren im Wesentlichen zwei Vorwürfe. Zum einen wurde dem Software-Hersteller zur Last gelegt, zum Nachteil des *Real Players* von *RealNetworks* seine eigene Medienabspielsoftware (*Windows Media Player*) mit dem Betriebssystem gekoppelt zu haben.[429] *Microsoft* wurde insoweit verpflichtet, eine Ver-

---

423 Vgl. z. B. KOMM. – *Magill TV Guide/ITP, BBC und RTE* (21. 12. 88), ABl. 1989 L 78/43 (Art. 2); KOMM. – *NDC Health/IMS Health* (3. 7. 2001), ABl. 2002 L 59/18 (Art. 1); zuletzt KOMM. – *Microsoft* (24. 3. 2004), C(2004)900 final (Art. 5).

424 Siehe hierzu unten § 2 A.III.2. a) (S. 196 ff.).

425 Zu einer Kritik siehe *Körber*, RIW 2004, 568 ff.; *ders.*, RIW 2004, 881; *Kallaugher/Weitbrecht*, 26 ECLR 188, 191 (2005); *Bartosch*, RIW 2005, 241; *Fichert/Sohns*, WuW 2004, 907 ff.; *Zimmerlich*, WRP 2004, 1260 ff.; *Appeldoorn*, 26 ECLR 653-658 (2005); *Thyri*, WuW 2005, 388 ff.; *Geradin*, 41 CMLR 1519, 1532-39 (2004).

426 Siehe KOMM. – *Microsoft* (24. 3. 2004), C(2004)900 final (Rn. 3).

427 Vgl. Pressemitteilung der Kommission IP/00/141 v. 10. 2. 2000 (zur Untersuchung der Auswirkungen von *Windows 2000*); ferner Beschwerdemitteilung v. 31. 7. 2000 (IP/00/906) sowie vom 30. 8. 2001 (IP/01/1232); ferner *XXXI. Wettbewerbsbericht 2001*, S. 47 (Rn. 207 ff.). *Microsoft* war bereits mehrfach Gegenstand von Verfahren: Überblick in Pressemitteilung IP/00/141; KOMM. – *Microsoft*, XXIX. WB 1999, S. 183, dazu Pressemitteilung IP/99/317 vom 10. 5. 1999.

428 KOMM. – *Microsoft* (24. 3. 2004, COMP/37.792), C(2004)900 final, dort auch zu einer eingehenden Darstellung des Verfahrensganges (Rn. 3 ff.); siehe auch *Körber*, RIW 2004, 568, 570.

429 KOMM. – *Microsoft* (24. 3. 2004), C(2004)900 final (Rn. 302 ff., 792 ff.). Zur Problematik von Kopplungspraktiken siehe *Ahlborn/Evans/Padilla*, 49 Antitr. Bull. 287, 305-14 (2004); *Körber*, RIW 2004, 568, 573 f.; *Eilmansberger*, 42 CMLR 129, 153-55 (2005) (dort auch zur diffizilen Abgrenzung zu Bündlungspraktiken); zur Rechtfertigung siehe *Burkert*, S. 57 ff. Zur Kritik an der *Microsoft*-Entscheidung siehe *Körber*, RIW 2004, 568, 573-76.

sion des Betriebssystems ohne den *Windows Media Player* anzubieten.[430] Zum anderen wurde dem Unternehmen vorgeworfen, sein Betriebssystem *Windows 2000* mit seiner (gleichnamigen) Server-Software und anderen eigenen Programmen, die den Funktionsumfang von Client/Server-Anwendungen wie unterstützender Systemsoftware oder Sicherheitssystemen erweitern,[431] *preislich* und *technisch* gebündelt zu haben.[432] Wettbewerbern seien demgegenüber technische Informationen des Betriebssystems, die eine Kommunikation zwischen Server- und Betriebssystem erlauben (Schnittstelleninformationen) vorenthalten oder nur diskriminierend weitergegeben worden.[433] Der *gleichförmige* Zugang zu Schnittstelleninformationen sei jedoch angesichts des konstant über 90 % liegenden Marktanteils *Microsofts* auf dem Markt für Betriebssysteme[434] „unabdingbar", um mit dem Unternehmen wirksam konkurrieren zu können.[435] Das Unternehmen wurde deshalb verpflichtet, diejenigen technischen Informationen des Betriebssystems, die eine Kommunikation von Servern und auf Einzelplatzrechnern installierten Betriebssystemen ermöglichen, *allen Wettbewerbern* zu angemessenen Bedingungen und in nicht diskriminierender Weise zeitnah offen zu legen.[436] *Microsoft* wurde ferner verpflichtet, einen Kontrollmechanismus vorzuschlagen, der unter anderem – ein Novum – einen von der Kommission auf Vorschlag *Microsofts* zu ernennenden, unabhängigen Treuhänder vorsieht.[437]

Die faktische Umsetzung der *Microsoft*-Entscheidung hat sich allerdings erheblich verzögert. Gegen die Entscheidung wurde am 7. 6. 2004 Klage erhoben.[438] Die Anordnungen wurden zunächst bis zur Entscheidung des Europäischen Gerichts Erster Instanz über den Antrag *Microsofts* auf Erlaß einstweiliger Maßnahmen ausgesetzt. Nach dessen abschlägiger Entscheidung[439] nahm die Kommission Gespräche mit *Microsoft* über die Befolgung der Auflagen auf und führte eine Marktuntersuchung zu den – nur zöger-

430 KOMM. – *Microsoft* (24. 3. 2004), C(2004)900 final (Art. 6 i. V. m. Rn. 302 ff., 792 ff.); zur (mangelhaften) Umsetzung vgl. *NERA* – GAW Nr. 325 (4. 3. 2005).

431 Die Kommission verwendet hier den Begriff der „Middleware": siehe dazu Fn. 146 (S. 199).

432 Siehe Beschwerdemitteilung v. 30. 8. 2001 (IP/01/1232).

433 KOMM. – *Microsoft* (24. 3. 2004), C(2004)900 final (Rn. 144-301; 546 ff., 574); die Kommission stellt ein durch den Vortrag anderer Marktteilnehmer belegtes Verhaltensmuster fest (Rn. 573 ff.).

434 KOMM. – *Microsoft* (24. 3. 2004), C(2004)900 final (Rn. 435); zum Vorliegen einer beherrschenden Stellung des Unternehmens vgl. auch *Körber*, RIW 2004, 568, 572.

435 Beschwerdemitteilung v. 30. 8. 2001 (IP/01/1232); KOMM. – *Microsoft* (24. 3. 2004), C(2004)900 final (Rn. 692, 712; Rn. 779 ff.). Die Kommission spricht hier u. a. von der Notwendigkeit „gleicher Ausgangsbedingungen". Zur Kritik hieran siehe Fn. 105 (S. 123); *Thyri*, WuW 2005, 388 ff.

436 KOMM. – *Microsoft* (24. 3. 2004, COMP/37.792), C(2004)900 final (Art. 5; Rn. 998 ff.). Mit Entscheidung vom 1. 6. 2005 hat die Kommission ferner mitgeteilt, dass *Microsoft* der Verteilung von Quellcode, der auf der Grundlage offen gelegter Schnittstelleninformationen von Dritten programmiert wurde, zustimmen müsse. Auch hiergegen wurde am 10. 8. 2005 Berufung eingelegt: siehe Rs. T-313/05, ABl. 2005 C 257/16; hierzu auch *NERA* – GAW Nr. 352 (9. 9. 2005).

437 KOMM. – *Microsoft* (24. 3. 2004), C(2004)900 final (Rn. 1043 ff.; Art. 7); der Treuhänder soll u.a. die Angemessenheit der Zugangsentgelte *Microsofts* überwachen; kritisch hierzu im Hinblick auf die Verwendung unbestimmter Rechtsbegriffe *Geradin*, 41 CMLR 1519, 1545 (2004).

438 ABl. 2004 C 179/18.

439 EuG – *Microsoft* (22. 12. 2004, Rs. T-201/04), ABl. 2005 C 69/16; hierzu *Kallaugher/Weitbrecht*, 26 ECLR 188, 191 (2005); *Bartosch*, RIW 2005, 241.

lich unterbreiteten[440] – Vorschlägen *Microsofts* zur Interoperabilität durch.[441] Im Lichte der Ergebnisse dieser Marktuntersuchung erließ die Kommission eine Entscheidung gemäß Artikel 24 Abs. 1 der VO (EG) Nr. 1/2003, in der sie – unterstützt durch den zwischenzeitlich ernannten Treuhänder[442] – *Microsoft* unter Androhung eines täglichen Bußgeldes in Höhe von EUR 2 Mio. aufforderte, der bislang ungenügenden Befolgung der Auflagen abzuhelfen.[443] Da *Microsoft* im Juli 2006 nicht ausreichend Abhilfe geschaffen hatte, wurde eine Geldbuße von EUR 280 Mio. verhängt.[444]

Eine Entscheidung des Europäischen Gerichts Erster Instanz wird für den 17. September 2007 erwartet; es steht indes weder zu erwarten, dass das Verfahren damit einen Abschluss gefunden haben wird[445] noch hat das Verfahren als solches wettbewerbswidriges Verhalten *Microsofts* abstellen können. Vielmehr sind erneute Beschwerden über *Microsoft* im Zusammenhang mit der preislichen und technischen Bündelung von Office-Programmen sowie mit *Windows Vista* bekannt geworden.[446] Auch die Anordnungen aus der Entscheidung aus dem Jahre 2004 werden nach wie vor nur unzureichend umgesetzt, was die Kommission dazu veranlasst hat, erneut die Festsetzung eines täglichen Bußgeldes – diesmal in Höhe von EUR. 3 Mio. – anzudrohen.[447] Obgleich die Entstehungsgeschichte der VO (EG) Nr. 1/2003 dies nicht erwarten ließ,[448] hat die amtierende Wettbewerbskommissarin diesbezüglich sogar geäußert, dass auch strukturelle Eingriffe in Erwägung zu ziehen seien, nachdem auch die neuen Vorschläge *Microsofts* unzureichend zu sein scheinen.[449]

bb) Liberalisierte Märkte

Das *Microsoft*-Verfahren unterscheidet sich insofern von anderen Verfahren der Kommission, als dort zwar Zugangsverpflichtungen ausgesprochen wurden, die im Prinzip einer unbestimmten Anzahl von Marktteilnehmern zugute kamen; die Überwachung der Verpflichtung fiel aber angesichts der überschaubaren Anzahl von Nutznießern und der

440 *NERA* – GAW Nr. 321 (4. 2. 2005); Nr. 329 (1. 4. 2005); Nr. 337 (27. 5. 2005: zur Androhung von Zwangsgeld); Nr. 338 (3. 6. 2005); Nr. 339 (10. 6. 2005); zu ähnlichen Schwierigkeiten i. R. d. Umsetzung des US-amerikanischen „consent decree" vgl. *NERA* – GAW Nr. 359 (28. 10. 2005).

441 Siehe Pressemitteilung der Kommission IP/05/673 v. 6. 6. 2005.

442 Vgl. Pressemitteilung der Kommission IP/05/1215 v. 5. 10. 2005.

443 Vgl. Pressemitteilung der Kommission IP/05/1695 v. 22. 12. 2005.

444 Vgl. Pressemitteilung der Kommission IP/06/979 v. 12. Juli 2006.

445 Siehe Pressemitteilung der Kommission MEMO/06/76 v. 15. 2. 2005.

446 *NERA* – GAW Nr. 407 (6. 10. 2006); Nr. 375 (18. 2. 2006) und Nr. 354 (23. 9. 2005); vgl. auch *Spiegel Online* v. 26. 1. 2007, unter *http://www.spiegel.de/wirtschaft/0,1518,462539,00.html* abrufbar; siehe auch *Körber*, RIW 2004, 568, 571; ferner im 3. Teil § 2 B.I.4. (S. 334).

447 Vgl. Pressemitteilung der Kommission MEMO/07/90 v. 1. 3. 2007; MEMO/07/136 v. 23. 4. 2007; ferner *Spiegel Online* v. 1. 3. 2007, unter *http://www.spiegel.de/wirtschaft/0,1518,469437,00.html* abrufbar; *NERA* – GAW Nr. 429 (23. 3. 2007).

448 Siehe Fn. 9 (S. 26).

449 Vgl. *NERA* – GAW Nr. 434 (27. 4. 2007); vgl. auch Fn. 561 (S. 368).

Natur der in Frage stehenden Leistungen nicht schwer. Die *Microsoft*-Entscheidung behilft sich hier zwar mit einem Treuhänder; die zögerliche Umsetzung der Verfügungen belegt aber, dass die Geeignetheit einer Verhaltenskontrolle, *zeitnah* messbare Ergebnisse zu liefern, insbesondere dann fraglich ist, wenn zur Abstellung einer Zuwiderhandlung Mitwirkungshandlungen des betroffenen Unternehmens erforderlich sind und/ oder die Überwachung der Abstellung mit erheblichen Schwierigkeiten verbunden ist. Überdies erhält die Verhaltenskontrolle in den Fällen, in denen eine Vielzahl von Wettbewerbern betroffen sind, einen regulierenden Charakter.

Das Problem wird noch deutlicher im Zusammenhang mit Ausnahmebereichen, deren Vorzugsrechte, begleitet von Bemühungen um eine Deregulierung der fraglichen Sektoren, abgebaut wurden.[450] Die Ingangsetzung des Wettbewerbsprozesses verläuft hier zum Teil schleppend.[451] Schwierigkeiten erwachsen insbesondere dann, wenn die fraglichen Märkte nur partiell für den Wettbewerb freigegeben werden. Dies ermöglicht es den begünstigten Unternehmen, die Vorzüge eines geschützten Marktes gewinnbringend auf wettbewerblich geprägten Märkten zu nutzen, da ihnen grundsätzlich nicht verboten ist, außerhalb des reservierten Bereichs am Wettbewerb teilzunehmen.[452] Zugleich verfügen die betreffenden Unternehmen über beträchtliche, durch Einnahmen aus dem geschützten Bereich gespeiste Kapitalreserven sowie über eine bereits zu Zeiten des Bestehens der Vorzugsstellung etablierte Infrastruktur.[453] Die Wettbewerbsvorteile erlauben trotz des Abbaus von Vorzugsrechten eine signifikante Behinderung aufkeimenden Wettbewerbs.

Insoweit hat sich gezeigt, dass allein der Abbau von Vorzugsrechten nicht ausreicht, um kompetitive Bedingungen auf einem Markt entstehen zu lassen. Stattdessen bedarf es regelmäßig einer laufenden, umfassenden Verhaltenskontrolle. Sie wird sowohl durch speziell zu diesem Zweck geschaffene Aufsichtsbehörden als auch durch allgemeine Kartellbehörden wahrgenommen.[454] In ersterem Fall wirkt die Aufsicht präventiv, bevor die ihr unterworfenen Unternehmen tätig werden. In letzterem Fall findet die Kontrolle lediglich hinsichtlich bereits umgesetzter Verhaltensweisen statt, dient aber im Rahmen der Abhilfen gleichermaßen der Prävention.[455] Beide Fälle widersprechen letztlich dem Ideal eines freien Spiels der Marktkräfte. Erfolgt die stützende (Re-)

---

450 Siehe dazu bereits § 2 A.V. (S. 80 f.) sowie unten § 3 A.I.3. c) (S. 131 ff.).

451 Siehe Nachweise in Fn. 64 und Fn. 155 (S. 131).

452 EuG – *UPS Europe* (20. 3. 2002, Rs. T-175/99), Slg. 2002, II-1915 (Rn. 63); dazu Anm. *Grave*, EuZW 2002, 379, 384; siehe auch *Schnelle*, EWS 2002, 271 ff.

453 Zum Stand der Deregulierungsbemühungen siehe *Paulweber/Weinand*, EuZW 2001, 232; *XXX. Wettbewerbsbericht 2000*, Rn. 170 ff.; *XXXI. Wettbewerbsbericht 2001*, Rn. 85 ff. Vgl. auch *Mario Monti*, Rede v. 14. 10. 2002 (SPEECH/02/478); *ders.*, Rede v. 8. 7. 2002 (SPEECH/02/323).

454 Zum Nebeneinander von Regulierung und Wettbewerbsaufsicht siehe *Möschel*, WuW 2002, 683; *Schebstadt*, WuW 2005, 6; *Cave/Crowther*, 26 ECLR 481-490 (2005); *Geradin*, 41 CMLR 1519, 1546-52 (2004); *Schweitzer*, in: *Behrens u. a.* (2006), S. 81 ff. Siehe auch KOMM. – *Deutsche Telekom AG* (21. 5. 2003), ABl. 2003 L 263/9 (Rn. 54), wonach regulierte Preise die Anwendung von Art. 82 EG nicht ausschließen.

455 Unzutreffend *Britsch* in *PwC*, S. 240, der lediglich der Fusionskontrolle als präventiv bezeichnet.

Regulierung durch die Kommission, widerspricht sie vor allem dem Geist des Artikels 82 EG.[456] Auch erweist sie sich angesichts der bereits festgestellten Unzulänglichkeiten der Verhaltenskontrolle und chronisch begrenzter Ressourcen der Kommission als wenig effektiv.[457] Dies gilt umso mehr, als das Nebeneinander von Regulierung durch spezialisierte Aufsichtsbehörde und Aufsicht durch eine Kartellbehörde zu einer Duplizierung von Verhaltenskontrollen führt: Deutlich wird dies im Telekommunikationssektor, dessen Regulierung unter Anwendung wettbewerblicher Prinzipien erfolgen soll, deren Einhaltung wiederum die Kommission überwacht.[458] Grundsätzlich ist die Kommission aber bestrebt, eine Duplizierung zu vermeiden; sie behält sich dennoch vor, zumindest dann Artikel 82 EG ergänzend anzuwenden, wenn ein Erfolg auf nationaler Ebene nicht in angemessener Zeit oder auf wirksame Weise erzielt wird.[459] Unter Berücksichtigung dieser Umstände stellt das Phänomen der Re-Regulierung auch unter rechtsstaatlichen Gesichtspunkten einen *erheblich belastenden* Eingriff dar; Maßnahmen struktureller Art wären hier unter Umständen vorzuziehen.[460]

III. Ergebnis: Ergänzungsbedürftigkeit des vorhandenen Instrumentariums

Ausgangsfrage dieses Abschnittes war, ob das vom EG-Vertrag zur Verfügung gestellte Mittelsystem ausreicht, um den Wettbewerbsregeln „praktische Wirksamkeit" zu verleihen. Die vorstehende Diskussion zeigt, dass die Instrumente des EG-Vertrags in bestimmten Fällen ungeeignet sind, Missbräuche dauerhaft oder – den Erfordernissen eines Marktes entsprechend – rechtzeitig zu verhindern und damit einen Beitrag zum Abbau bestehender Marktbeherrschung zu leisten. Ungenügend sind industriepolitische Maßnahmen, die regelmäßig mit dem Ziel unverfälschten Wettbewerbs konfligieren. Die zivilrechtliche Durchsetzung der Wettbewerbsregeln ist bislang „unterentwickelt", wirkt überdies mangels ausreichender Abschreckungswirkung kaum präventiv und lässt die Struktur des Marktes – einschließlich eventueller Anreize zu wettbewerbswidrigem Verhalten – unverändert. Letzteres gilt auch für die primär präventive Fusionskontrolle.

---

456 Siehe hierzu die Diskussion in § 2 A. (S. 38 ff., insbes. S. 47 ff.).

457 Wie hier *Mestmäcker* in: *FS Steindorff*, S. 1045, 1059. Siehe auch § 3 A.I.3. c) (S. 131 ff.).

458 Vgl. Rahmenrichtlinie 2002/21/EG (Fn. 285, S. 80); dazu *Cave/Crowther*, 26 ECLR 481 (2005).

459 Vgl. Mitteilung über Zugangsvereinbarungen im Telekommunikationsbereich, ABl. 1998 C 265/2 (Rn. 11 ff., insbes. Rn. 14, 21 und 31); siehe auch Mitteilung der Kommission betreffend die Bereitstellung von Telekommunikations- und Kabelfernsehnetzen durch ein und denselben Betreiber sowie die Aufhebung der Beschränkungen bei der Nutzung von Telekommunikationsnetzen für die Bereitstellung von Kabelfernsehkapazität, ABl. 1998, C 71/4 (Rn. 66 ff., insbes. Rn. 68); ferner *La Rochefordière*, EC Comp. Pol. NL. 06/2000, S. 34, 39; *Squire/Sanders*, S. 24 ff.; siehe ferner Fn. 64 (S. 117).

460 Aus diesem Grund eine konsequente Entflechtung von Monopolisten fordernd *Mestmäcker* in: *FS Steindorff*, S. 1045, 1059 (mit Verweis auf den *AT & T*-Fall); siehe ferner *Büdenbender*, WuW 2000, 119, 124; *Nikolinakos*, 22 ECLR 25, 27 (2001) (beide die Überlegenheit struktureller im Vergleich zu verhaltensorientierten Ansätzen betonend).

Auch die rein verhaltensorientierte Durchsetzung des Wettbewerbsrechts erweist sich teilweise als wenig effektiv. Sie lässt die Marktstruktur (zunächst) unangetastet und ist aufgrund niedriger Aufklärungsquoten, unzureichender Abschreckungswirkung und stellenweise erheblicher Verfahrensdauern dort ungeeignet, wo der Anreiz zu wettbewerbswidrigem Verhalten hoch und die in Frage stehenden Missbräuche – quantitativ oder qualitativ – schwer zu kontrollieren sind. Die in diesem Fall erforderliche kontinuierliche Überwachung verleiht Artikel 82 EG einen regulierenden Charakter, der der Vorschrift nicht zukommt. Das Problem wird besonders deutlich im Kontext (teil-) liberalisierter Märkte, stellt sich aber überall dort, wo die wirksame Abstellung eines Missbrauchs auch für die Zukunft nur durch eine laufende Verhaltenskontrolle gewährleistet würde, die aufgrund der erforderlichen Mitwirkung des betroffenen Unternehmens dort an ihre Grenzen stößt, wo der Anreiz zu wettbewerbswidrigem Verhalten hoch ist und das Unternehmen die Möglichkeit hat, Anordnungen der Kommission durch eine faktische Verweigerungshaltung zu umgehen. Gerade der *Microsoft*-Fall zeigt, dass dieser Fall nicht nur im Zusammenhang mit vormals geschützten Märkten auftreten muss.

Soweit jedoch das vorhandene Instrumentarium nicht ausreicht, um das Ziel eines wirksamen und unverfälschten Wettbewerbs – und damit auch zum Abbau von Marktmacht – zu gewährleisten, kann es – auch im Hinblick auf die insoweit offene Regelung des Artikels 83 Abs. 2 lit. a EG – nicht als abschließend betrachtet werden. Insoweit stehen strukturelle Eingriffe auch nicht in Widerspruch zum Mittelsystem des Vertrages.

§ 3 Entflechtungsanordnungen nach der VO (EG) Nr. 1/2003

Nach dem Ergebnis der bisherigen Untersuchung fügen sich strukturelle Abhilfen als Mittel sowohl der Beseitigung der *identifizierbaren* Folgen einer Zuwiderhandlung als auch der Vorbeugung weiterer Zuwiderhandlungen in „System und Geist" der Missbrauchskontrolle ein. Gegenstand dieses Abschnittes wird – unter Berücksichtigung der bisherigen Untersuchungsergebnisse – der konkrete Rückgriff auf Maßnahmen struktureller Art auf der Grundlage des Artikels 7 Abs. 1 VO (EG) Nr. 1/2003 sein. In einem zweiten Schritt werden Fragen des Grundrechtsschutzes angesprochen werden, wobei sich die Darstellung im Hinblick auf die Regelungen der Artikel 30 und 295 EG und die insoweit verfügbaren Erfahrungen des US-amerikanischen Rechts auf den Bereich des Eigentumsschutzes beschränken wird.[1] Abschließend wird die Rechtslage nach der bisherigen VO Nr. 17/62 erörtert werden.

A. Artikel 7 Abs. 1 VO (EG) Nr. 1/2003 als Grundlage für strukturelle Eingriffe

Artikel 7 Abs. 1 S. 2 und 3 VO (EG) Nr. 1/2003 ermächtigt die Kommission, einem Unternehmen „alle erforderlichen Abhilfemaßnahmen verhaltensorientierter oder struktureller Art [vorzuschreiben], die gegenüber der festgestellten Zuwiderhandlung verhältnismäßig und für eine wirksame Abstellung der Zuwiderhandlung erforderlich sind. Abhilfemaßnahmen struktureller Art können nur in Ermangelung einer verhaltensorientierten Abhilfemaßnahme von gleicher Wirksamkeit festgelegt werden, oder wenn letztere im Vergleich zu Abhilfemaßnahmen struktureller Art mit einer größeren Belastung für die beteiligten Unternehmen verbunden wäre." Allein dem Wortlaut nach dient der strukturelle Eingriff nur der *Abstellung weiterer Zuwiderhandlungen*; diese Fallgruppe soll im Folgenden zuerst untersucht werden. Überdies wird zu prüfen sein, ob die nach der bisherigen Analyse ebenfalls systemkonformen *Entflechtungen als Mittel der Folgenbeseitigung* gleichermaßen von der Entflechtungsermächtigung erfasst werden.

I. Artikel 7 Abs. 1 S. 2 und 3 VO (EG) Nr. 1/2003 als Mittel der Prävention

Die in Artikel 7 Abs. 1 S. 2 und 3 VO (EG) Nr. 1/2003 enthaltenen Kriterien entsprechen den Prüfungselementen des Verhältnismäßigkeitsgrundsatzes. Er gehört nach ständiger Rechtsprechung ohnehin zu den allgemeinen Prinzipien des Gemeinschaftsrechts.[2]

---

1 Zu Untersuchungen grundrechtsrelevanter Fragen vgl. bereits *Scholz* (1981) und *Selmer* (1981).

2 Siehe EuGH – *Internationale Handelsgesellschaft* (17. 12. 1970, Rs. 11/70), Slg. 1970, 1125 (Rn. 3); EuGH – *Fedesa u. a.* (13. 11. 1990, Rs. C 331/88, , Slg. 1990, I-4023 (Rn. 13); EuGH – *Crispoltoni u. a.* (5. 10. 1994, Rs. C 133/93, C 300/93 und C 362/93), Slg. 1994, I-4863 (Rn. 41); EuGH – *National Farmers' Union u. a.* (5. 5. 1998, Rs. C 157/96), Slg. 1998, I-2211 (Rn. 60);

Nach dem autonom zu bestimmenden, dem deutschen Recht jedoch sehr ähnlichen Grundsatz hängt die Rechtmäßigkeit einer Anordnung oder Regelung davon ab, ob die Maßnahme „zur Erreichung der mit der fraglichen Regelung zulässigerweise verfolgten Ziele *geeignet* und *erforderlich* [ist]. Dabei ist, wenn mehrere geeignete Maßnahmen zur Auswahl stehen, die am wenigsten belastende zu wählen; ferner müssen die verursachten Nachteile in angemessenem Verhältnis zu den angestrebten Zielen stehen".[3]

Soweit es sich hierbei um einen allgemeinen Rechtsgrundsatz handelt, war er bereits in Artikel 3 Abs. 1 VO Nr. 17/62 „implizit" enthalten.[4] Aufgrund dessen durfte die Kommission auch vor In-Kraft-Treten der VO (EG) Nr. 1/2003 Unternehmen keine Belastungen auferlegen, die die Grenzen dessen überschreiten, „was zur Erreichung des angestrebten Ziels, der Wiederherstellung der Legalität im Hinblick auf die verletzten Vorschriften, *angemessen* und *erforderlich* ist".[5] Im Verhältnis zur VO Nr. 17/62 enthält die Ergänzung des Artikel 7 Abs. 1 VO (EG) Nr. 1/2003 mithin – zumindest auf den ersten Blick – lediglich eine Klarstellung. Unter Berücksichtigung des Verhältnismäßigkeitsgrundsatzes werden im Folgenden die Voraussetzungen für strukturelle Eingriffe näher zu beleuchten sein. Dabei wird die durch den Verhältnismäßigkeitsgrundsatz vorgegebene Prüfungsreihenfolge eingehalten werden; besonderes Augenmerk soll hierbei vorab auf die richterliche Kontrolldichte gelegt werden.[6] Sodann sollen relevante Fallgruppen untersucht werden.

1. Richterliche Kontrolldichte in Kartellverfahren

Artikel 229 EG sieht vor, dass dem Gemeinschaftsrichter „die Befugnis zu unbeschränkter Ermessensnachprüfung" und zur Änderung oder Verhängung von Zwangsmaßnahmen übertragen werden kann.[7] Voraussetzung ist allerdings, dass dies in der Verordnung, welche die Zwangsmaßnahme enthält, ausdrücklich vorgesehen ist. Für den Bereich des Kartellrechts ist dies mit Artikel 31 VO (EG) Nr. 1/2003 (Artikel 17 VO 17/62) lediglich für Geldbußen und Zwangsgelder geschehen.[8] Zwar dürften letzte-

---

EuG – *General Electric Co.* (14. 12. 2005, Rs. T-210/01), Slg. 2005, II-5575 (Rn. 726). Eingehend *Emiliou*, S. 134 ff., 171 ff.; *Kischel*, EuR 2000, 380 ff.; *Usher*, S. 37 ff. Vgl. i. Ü. Fn. 15 (S. 27).

3 EuGH – *Fedesa u. a.* (13. 11. 1990, Rs. C-331/88), Slg. 1990, I-4023 (Rn. 13); EuGH – *Crispoltoni* (5. 10. 1994, Rs. C-133, 300, 362/93), Slg. 1994, I-4863 (Rn. 41); EuGH – *Schräder* (11. 7. 1989, Rs. 265/87), Slg. 1989, 2237 (Rn. 21 f.) (Hervorh. v. Verf.); EuGH – *Zuid-Hollandse Millieufederatie and Natur en Millieu* (9. 3. 2006, Rs. C-174/05), Slg. 2006, I-2443 (Rn. 28); EuG – *Alrosa (de Beers)* (11. 7. 2007, Rs. T-170/06), noch nicht veröffentlicht (Rn. 103).

4 EuG – *ITP* (10. 7. 1991, Rs. T-76/89), Slg. 1991, II-575 (Rn. 80).

5 Vgl. Nachweise in Fn. 398 (S. 96) und Fn. 266 (S. 149).

6 Allgemein zum Verfahren nach der VO (EG) Nr. 1/2003 *Mestmäcker/Schweitzer*, S. 473 ff.; zu einem hervorragenden Überblick siehe *Schwarze/Weitbrecht*, §§ 4-6 und 10.

7 Zum Begriff der „unbeschränkten Ermessensnachprüfung" vgl. die Untersuchung von *F. Schmidt*. Zur Kontrolldichte im Kartellverfahen siehe *Everling*, WuW 1989, 877, 880 ff. (insbes. S. 890).

8 Vgl. den 33. Erwägungsgrund der VO (EG) Nr. 1/2003; siehe hierzu auch EuGH – *Danone* (8. 2. 2007, Rs. C-3/06), noch nicht veröffentlicht (Rn. 60 f.).

re regelmäßig Entflechtungsverfügungen flankieren, da ihre Beugefunktion die Durchsetzung einer Verfügung erst ermöglicht.[9] Daraus folgt aber nicht, dass die Befugnis zu unbeschränkter Ermessensnachprüfung auch für strukturelle Maßnahmen gilt. Der Vergleich zu anderen Vertragssprachen zeigt, dass der in Artikel 229 EG enthaltene Begriff der „Zwangsmaßnahmen" lediglich Maßnahmen mit Sanktionscharakter wie Geldbußen und Zwangsgelder betrifft.[10] Ein struktureller Eingriff ist indes von seiner Zielsetzung nicht Sanktion, sondern Abhilfe und unterfällt damit nicht Artikel 229 EG. Insofern erstreckt sich die unbeschränkte Ermessensnachprüfung dem Grundsatz der begrenzten Einzelermächtigung entsprechend auf ein etwaiges Zwangsgeld, erfasst jedoch nicht die strukturelle Verfügung, dessen Durchsetzung es dient.

Maßnahmen struktureller Art unterliegen mithin der Rechtmäßigkeitskontrolle des Artikels 230 EG. Die Prüfung beschränkt sich auf die Verletzung wesentlicher Formvorschriften, die Verletzung des EG-Vertrags oder einer bei seiner Durchführung anzuwendenden Rechtsnorm oder auf das Vorliegen eines Ermessensmissbrauchs. Der praktische Unterschied zur erweiterten Ermessensprüfung nach Artikel 229 EG besteht in erster Linie darin, dass der Gemeinschaftsrichter keine eigene Abhilfe anordnen oder die von der Kommission beschlossene ändern kann. Er muss sich auf die Feststellung der Nichtigkeit der Kommissionsentscheidung beschränken. Artikel 229 und 230 EG stimmen jedoch insoweit überein, als in beiden Fällen die Grundentscheidung unter Zugrundelegung derselben Maßstäbe auf ihre formelle und materielle Rechtmäßigkeit hin überprüft wird.[11] Ein besonderes Augenmerk wird dabei auf die Einhaltung von Verfahrensgrundrechten gelegt.[12]

Zu berücksichtigen ist hierbei allerdings, dass der Gemeinschaftsrichter der Kommission bei der Beurteilung wirtschaftlicher Sachverhalte ein „gewisses Ermessen" zugesteht. Seine Ausübung unterliegt nur „unter Berücksichtigung des Beurteilungsspielraums, der [...] Bestimmungen wirtschaftlicher Art [...] zugrunde liegt", der richterlichen Kontrolle.[13] Sie beschränkt sich daher auf die Überprüfung der materiellen Rich-

---

9 Zum Charakter von Zwangsgeldern vgl. bereits § 2 B.II.2. c) (S. 95).

10 Siehe *F. Schmidt*, S. 75 (mit Verweis auf die englische und französische Vertragsfassung).

11 Vgl. *F. Schmidt*, S. 162; dort auch zur Frage der Eigenständigkeit der Verfahren (a.a.O. S. 133 ff.).

12 Zu den Verfahrensgrundrechten siehe § 3 B.I. (S. 141 f.).

13 Siehe EuGH – *Tetra Laval/Sidel* (15. 2. 2005, Rs. C-13/03 P), Slg. 2005, I-1113 (Rn. 38); EuGH – *Frankreich u. a./Kommission (Kaliprodukte)* (31. 8. 1998, Rs. C-68/94, 30/95), Slg. 1998, I-1375 (Rn. 223); EuG – *Gencor* (25. 3. 1999, Rs. T-102/96), Slg. 1999, II-753 (Rn. 164); EuG – *General Electric Co.* (14. 12. 2005, Rs. T-210/01), Slg. 2005, II-5575 (Rn. 60); EuG – *EDP* (21. 9. 2005, Rs. T-87/05), Slg. 2005, II-3745 (Rn 151); EuG – *Haladjian Frères SA* (27. 9. 2006, Rs. T-204/03), noch nicht veröffentlicht (Rn. 30, m. w. N.); EuG – *France Télécom SA* (30. 1. 2007, Rs. T-340/03), noch nicht veröffentlicht (Rn. 129); EuG – *Alrosa (de Beers)* (11. 7. 2007, Rs. T-170/06), noch nicht veröffentlicht (Rn. 108). Im Kontext des Art. 81 Abs. 3 EG siehe EuGH – *Balkan-Import-Export* (22. 1. 1976, Rs. 55/75), Slg. 1976, 19 (Rn. 8); EuGH – *BAT & Reynolds* (17. 11. 1987, Rs. 142, 156/84), Slg. 1987, 4487 (Rn. 62); EuG – *SPO u.a.* (21. 2. 1995, Rs. T-29/92), Slg. 1995, II-289 (Rn. 288), bestätigt durch EuGH – SPO u. a. (15. 3. 1996, Rs. C-137/95 P), Slg. 1996, I-1611 (Rn. 35); EuG – *La Cinq* (24. 1. 1992, Rs. T-44/90), Slg. 1992, II-1 (Rn. 85); EuG – *Asia Motor France I* (29. 6. 1993, Rs. T-7/92), Slg. 1993, II-669 (Rn. 33). Siehe

tigkeit des Sachverhalts, auf *offensichtliche* Beurteilungsfehler sowie auf Ermessensmissbräuche.[14] Der Gemeinschaftsrichter darf jedoch die angeführten Beweise sowohl auf ihre sachliche Richtigkeit und Kohärenz als auch auf ihre Vollständigkeit hin überprüfen; insbesondere darf er kontrollieren, ob sie die aus ihnen gezogenen Schlüsse zu stützen vermögen.[15] Besondere Sorgfalt ist bei der Beurteilung voraussichtlicher Marktentwicklungen zu verwenden.[16] Insofern zeichnet sich eine gewisse Tendenz in der Rechtsprechung ab, Kommissionsentscheidungen vollumfänglich sowohl in rechtlicher wie auch in tatsächlicher Hinsicht zu überprüfen.[17]

2. *Geeignetheit struktureller Maßnahmen*

Prämisse für einen strukturellen Eingriff ist im Hinblick auf das Prinzip der begrenzten Einzelermächtigung, dass sich die Maßnahme in dem durch die Ermächtigungsgrundlage vorgezeichneten Rahmen bewegt und tatsächlich den von der Grundlage erlaubten Zweck verfolgt. Dies ist vollumfänglich durch den Gerichtshof überprüfbar.[18] Der der Kommission zugestandene Ermessenspielraum führt im Rahmen der Beurteilung der *Geeignetheit* einer Maßnahme, bei der ihre Erfolgswahrscheinlichkeit zu prognostizieren ist, allerdings dazu, dass sich der Gerichtshof unter Zugrundelegung eines ex-ante-Maßstabs auf eine Prüfung beschränkt, ob eine Anordnung bei ihrem Erlass manifest ungeeignet ist, das angestrebte Ziel zu erreichen, oder auf offensichtlich irrigen Beurteilungen künftiger Auswirkungen basiert.[19] In der Regel wird die Geeignetheit einer strukturellen Maßnahme deshalb keine Schwierigkeiten bereiten, wenn einem Unternehmen ein struktureller Vorteil genommen wird, der *unabdingbare* Voraussetzung für einen Missbrauch ist.[20]

---

auch *Everling*, WuW 1989, 877, 884 ff., insbes. S. 890 (m. w. N.). Die Rechtsprechung differenziert im Übringen nicht zwischen Ermessen und Beurteilungsspielraum.

14 Vgl. auch *F. Schmidt*, S. 151 (m. w. N.); vgl. z. B. EuG – *Tokai Carbon u. a.* (15. 6. 2005, Rs. T-71/03, 74/03, 87/03 und 91/03), Slg. 2005, II-1181 (Rn. 259); siehe aber auch EuG – *Alrosa (de Beers)* (11. 7. 2007, Rs. T-170/06), noch nicht veröffentlicht (Rn. 109, 122, m. w. N.), wonach dieser Maßstab nur im Zusammenhang mit der prognostischen Zusammenschlusskontrolle gelte.

15 EuGH – *Tetra Laval/Sidel* (15. 2. 2005, Rs. C-13/03 P), Slg. 2005, I-1113 (Rn. 39); EuG – *General Electric Co.* (14. 12. 2005, Rs. T-210/01), Slg. 2005, II-5575 (Rn. 63, m. w. N.).

16 EuG – *General Electric Co.* (14. 12. 2005, Rs. T-210/01), Slg. 2005, II-5575 (Rn. 64, m. w. N.).

17 Vgl. *Wesseling*, 26 E. L. Rev. 357, 371 (2001); *Everling*, WuW 1989, 877, 889 (m. w. N.); *OECD*, Competition Law, S. 43.

18 EuGH – *Deutschland/Parlament und Rat (Tabakwerbeverbot)* (5. 10. 2000, Rs. C-376/98), Slg. 2000, I-8419 (Rn. 83); EuG – *EDP* (21. 9. 2005, Rs. T-87/05), Slg. 2005, II-3745 (Rn. 87).

19 EuGH – *Crispoltoni* (5. 10. 1994, Rs. C-133, 300, 362/93), Slg. 1994, I-4863 (Rn. 43); EuGH – *Schröder* (7. 2. 1973, Rs. 40/72), Slg. 1973 (Rn. 14); EuGH – *IECC I* (17. 5. 2001, Rs. C-449/98), Slg. 2001, I-3875 (Rn. 87); zu weiteren Nachweise siehe Fn. 3 (S. 108); vgl. ferner *Emiliou*, S. 192; ähnlich *Kischel*, EuR 2000, 380, 386.

20 Vgl. insoweit die Diskussion in § 2 A.III.3. a) dd) (S. 66) und § 2 A.IV. (S. 79).

Der Schwerpunkt der Verhältnismäßigkeitsprüfung liegt auf der *Erforderlichkeit* einer Maßnahme. Artikel 7 Abs. 1 S. 3 VO (EG) Nr. 1/2003 regelt insofern zwei Konstellationen. „Verhältnismäßig" sollten demnach Eingriffe sein, in der keine verhaltensorientierten Abhilfemaßnahme *von gleicher Wirksamkeit* vorhanden ist; „verhältnismäßig" sind aber auch Eingriffe, die im Verhältnis zu einer verhaltensorientierten Abhilfe eine geringere Belastung *für die beteiligten Unternehmen* darstellen. Die Gegenüberstellung beider Varianten („*oder*") belegt, dass – abweichend von allgemeinen Grundsätzen der Verhältnismäßigkeit[21] – strukturelle Eingriffe auch dann zulässig sein können, wenn eine verhaltensorientierte Maßnahme *gleich wirksam* wäre.

Inwieweit die in Artikel 7 Abs. 1 S. 3, 2. Halbsatz VO (EG) Nr. 1/2003 genannte Option praktische Bedeutung entfalten wird, ist indes zweifelhaft. Zwar wird für strukturelle Eingriffe ins Feld geführt, dass sie unter rechtsstaatlichen Gesichtspunkten als punktuelle Maßnahmen vorzuziehen und im Vergleich zu einer laufenden Verhaltenskontrolle mit geringeren Belastungen für die betroffenen Unternehmen verbunden seien.[22] Ob diese Argumentation vor dem Hintergrund der US-amerikanischen Erfahrungen aufrecht erhalten werden kann, ist aber zweifelhaft.[23] Entscheidend ist, dass es sich hierbei um eine gewissermaßen *altruistische Entflechtung* handelt. Ihre praktische Relevanz ist fraglich, da es einem Unternehmen aufgrund seiner größeren Sachnähe ohne weiteres möglich sein wird, die vermeintliche Belastung durch eine Verhaltenskontrolle zu widerlegen.[24] Soll einem Unternehmen die Wahl zwischen strukturellen und verhaltensorientierten Maßnahmen gelassen werden,[25] geht es nicht um eine entsprechende Anordnungsbefugnis, sondern liegt ein Fall der unter Artikel 9 fallenden Verpflichtungszusage vor.[26] Praktisch relevant ist die Regelung des Artikels 7 Abs. 1 S. 3, 2. Halbsatz VO (EG) Nr. 1/2003 allerdings insoweit, als nur die durch den verhaltensorientierten Eingriff entstehenden Belastungen *für das betroffene Unternehmen* zu berücksichtigen sind. Daraus ergibt sich im Umkehrschluss, dass die mit einer an sich systemfremden Verhaltenskontrolle verbundenen Belastungen für die Allgemeinheit die Erforderlichkeit eines strukturellen Eingriffs als solche *nicht* rechtfertigen können.[27]

Angesichts der vorstehenden Zweifel wird eine Abhilfe struktureller Art regelmäßig nur in Ermangelung einer verhaltensorientierten Maßnahme *von gleicher Wirksam-*

21 Vgl. in § 3 A.I. (S. 108, Fn. 3).
22 Siehe *Mestmäcker* in: *FS Steindorff*, S. 1045, 1059; ferner in § 3 A.I.3. a) bb) (S. 120).
23 Siehe im 3. Teil § 2 C.I. (S. 356 ff.).
24 Wie hier *GK-Schütz*, VO 1/2003, Art. 7 Rn. 22; *Klees*, § 6 Rn. 81.
25 In diesem Sinne die Kommisison in Comp. Pol. NL No. 1, Spring 2003, 4 f.
26 Insofern wenig aufschlussreich *Lampert/Niejahr/Kübler/Weidenbach*, Art. 7 Rn. 149 a. E.
27 Zu etwaigen Belastungen der Allgemeinheit siehe *OECD* (17. 9. 2001), Restructuring Public Utilities for Competition (Fn. 32, S. 112), S. 21. Zur Systemwidrigkeit einer laufenden Verhaltenskontrolle siehe § 2 A.II.3. (S. 47 ff.).

keit in Betracht kommen.[28] Das Vorhandensein weniger einschneidender Abhilfen wurde in der bisherigen Anwendungspraxis zur VO Nr. 17/62 eigenständig durch den Gerichtshof geprüft, ohne dass dabei etwaige Beurteilungsspielräume Erwähnung gefunden hätten.[29] Stellt sich eine Maßnahme jedoch aus einer Sicht ex ante als *„einziges Mittel* zur Abstellung der Zuwiderhandlung" dar, ist sie auch erforderlich.[30] Insoweit musste sich die Kommission bereits nach alter Rechtslage grundsätzlich nicht auf weniger geeignete Mittel verweisen lassen, sondern nur das relativ mildeste Mittel *unter gleich geeigneten* wählen.[31] Dass ein struktureller Eingriff das einzige Mittel zur Abstellung einer Zuwiderhandlung ist, kann aber ausgeschlossen werden. Von seiner Zielsetzung her soll ein struktureller Eingriff künftige Zuwiderhandlungen verhindern. Er ersetzt mithin eine andernfalls erforderliche laufende Verhaltenskontrolle, indem er den in der Unternehmensstruktur selbst angesiedelten Anreiz und die Fähigkeit zu wettbewerbswidrigem Verhalten beseitigt.[32] Dieses Ziel kommt im 12. Erwägungsgrund der VO (EG) Nr. 1/2003 zum Ausdruck. Danach sind „Änderungen an der Unternehmensstruktur, wie sie *vor* der Zuwiderhandlung bestand, nur dann verhältnismäßig, wenn ein erhebliches, durch die Struktur eines Unternehmens als solcher bedingtes Risiko anhaltender oder wiederholter Zuwiderhandlungen gegeben ist".[33] Insofern konkurrieren strukturelle Eingriffe als Mittel der Prävention naturgemäß immer mit einer Verhaltenskontrolle und können niemals die *einzig* geeignete Maßnahme sein.

Damit kommt es darauf an, ob eine verhaltensorientierte Abhilfe *weniger wirksam* ist. Insofern bedarf es einer Prognose hinsichtlich des weiteren Verhaltens der betroffenen Unternehmen. Derartige Prognosen sind, wie der EuGH im Fall *Tetra Laval/Sidel* betont hat, auch unter Berücksichtigung des der Kommission in Wirtschaftsfragen zugestandenen Spielraums mit „großem Bedacht" durchzuführen.[34] Gerade in diesem Fall bedürfe es einer sorgfältigen richterlichen Kontrolle hinsichtlich der sachlichen Richtigkeit, Zuverlässigkeit, Kohärenz und Vollständigkeit der zur Beurteilung einer „komplexen Situation" herangezogenen Beweise.[35] Erforderlich seien „eindeutige Beweise" für die Tatsachen, die die Plausibilität der Prognose der Kommission stützen soll.[36]

---

28 Vgl. EuG – *Automec II* (18. 9. 1992, Rs. T-24/90), Slg. 1992, II-2223 (Rn. 52), wonach die Kommission nicht befugt sei, *„den Parteien bezüglich der verschiedenen möglichen, allesamt dem Vertrag entsprechenden Verhaltensweisen ihre eigene Wahl aufzuzwingen"*. Vgl. i. Ü. Fn. 410 (S. 98).

29 Vgl. *Kischel*, EuR 2000, 380, 387 (m. w. N.).

30 Vgl. EuGH – *RTE und ITP (Magill)* (6. 4. 1995, Rs. C-241, 242/91 P), Slg. 1995, I-743 (Rn. 91).

31 Siehe auch *de Bronett*, Art. 7 Rn. 10.

32 Vgl. bereits § 2 A.IV (S. 77 ff.); ferner Auskunft der Generaldirektion Wettbewerb vom 5. 9. 2001 (Frau *Dorothee Dahlheimer*); *OECD*, Recommendation of the OECD (17. 9. 2001) und *OECD*, Restructuring Public Utilities.

33 Vgl. auch *Schnelle*, Der Syndikus März/April 2003.

34 EuGH – *Tetra Laval/Sidel* (15. 2. 2005, Rs. C-13/03 P), Slg. 2005, I-1113 (Rn. 42); EuG – *General Electric Co.* (14. 12. 2005, Rs. T-210/01), Slg. 2005, II-5575 (Rn. 64); zu ersterer Entscheidung siehe auch *Scheffler*, EuZW 2005, 751 (eine zu starke Ökonomisierung befürchtend). Zum Beurteilungsspielraum der Kommission siehe § 3 A.I.1. (S. 108 f.).

35 EuGH – *Tetra Laval/ Sidel* (15. 2. 2005, Rs. C-13/03 P), Slg. 2005, I-1113 (Rn. 39).

36 Siehe Nachweise in Fn. 15 (S. 110).

Die Umstände, die letztlich die Prognose stützen, dass eine Verhaltenskontrolle weniger wirksam als ein struktureller Eingriff sein wird, sind unklar. Aus dem 12. Erwägungsgrund der VO (EG) Nr. 1/2003 ergibt sich lediglich, dass ein *erhebliches* Risiko wiederholter oder anhaltender Zuwiderhandlungen gegeben sein muss. Dass allein ein wirtschafts*theoretisch* plausibler Anreiz besteht, eine Zuwiderhandlung zu wiederholen, dürfte insoweit kaum ausreichen. Für den Fall der präventiven Fusionskontrolle hat der EuGH entschieden, dass allein das Vorhandensein eines strukturell bedingten Anreizes und eine korrespondierenden Fähigkeit zu wettbewerbswidrigem Verhalten nicht ausreichen, um eine Untersagungsverfügung (und eine nachfolgende Entflechtungsverfügung) zu rechtfertigen. Stattdessen müsse auch geprüft werden, inwiefern die Anreize durch andere Faktoren verringert oder sogar beseitigt würden. Insoweit seien auch *verhaltensorientierte Zusagen* des betreffenden Unternehmens berücksichtigen.[37]

Wenn bereits für den Bereich der präventiven Fusionskontrolle, der eine Verhaltenskontrolle an sich fremd ist,[38] so hohe Anforderungen gestellt werden, muss dies a fortiori für die Anwendung des Artikels 7 Abs. 1 VO (EG) Nr. 1/2003 gelten. Das Gericht erster Instanz hatte insoweit sogar die Prüfung gefordert, inwieweit der Anreiz zu wettbewerbswidrigem Verhalten aufgrund der Rechtswidrigkeit der fraglichen Verhaltensweisen, der Wahrscheinlichkeit ihrer Entdeckung, ihrer Verfolgung durch die zuständigen Behörden sowohl auf Gemeinschaftsebene als auch auf nationaler Ebene und aufgrund möglicher finanzieller Sanktionen verringert oder sogar beseitigt würde.[39] Der EuGH hat diese Anforderungen allerdings als nicht mit dem Präventionszweck der Zusammenschlusskontrolle vereinbar betrachtet.[40] Da sich die Zielsetzungen von Fusions- und Missbrauchskontrolle unterscheiden,[41] sind die Erwägungen des Gerichtshofes aber auf den Bereich der ersteren, die naturgemäß mit Vermutungen arbeitet, beschränkt.

Für Entflechtungen nach Artikel 7 Abs. 1 VO (EG) Nr. 1/2003 folgt hieraus, dass auch zu prüfen ist, ob der Anreiz zu wettbewerbswidrigem Verhalten durch nationale oder gemeinschaftsweite Kontrollen bzw. hieraus resultierende Sanktionen verringert wird.[42] Nach dem Ergebnis der bisherigen Untersuchung ist dies zwar nicht der Fall;[43] angesichts der hohen Beweisanforderungen des Gerichtshofes wird eine einzelfallbezogene Prüfung unter Berücksichtigung der Besonderheiten des Sitzstaates eines Unternehmens aber kaum zu umgehen sein. Eine Alternative wäre, die Prognose hinsichtlich

37 EuG – *Tetra Laval/Sidel* (25. 10. 2002, Rs. T-5/02), Slg. 2002, II-4381 (Rn. 159), bestätigt durch EuGH – *Tetra Laval/ Sidel* (15. 2. 2005, Rs. C-13/03 P), Slg. 2005, I-1113 (Rn. 74, 88).

38 Siehe *Fuchs*, WuW 1996, 269, 274.

39 EuG – *Tetra Laval/Sidel* (25. 10. 2002, Rs. T-5/02), Slg. 2002, II-4381 (Rn. 159); vlg. auch EuG – *General Electric Co.* (14. 12. 2005, Rs. T-210/01), Slg. 2005, II-5575 (Rn. 312): Hier wurde der Kommission vorgeworfen, den Abschreckungseffekt des Art. 82 EG nicht berücksichtigt zu haben.

40 EuGH – *Tetra Laval/ Sidel* (15. 2. 2005, Rs. C-13/03 P), Slg. 2005, I-1113 (Rn. 75); vgl. auch EuG – *General Electric Co.* (14. 12. 2005, Rs. T-210/01), Slg. 2005, II-5575 (Rn. 73, 303).

41 Vgl. bereits die Diskussion in § 1 B.III.1. (S. 33 ff.).

42 Anders für die präventive Fusionskontrolle EuG – *General Electric Co.* (14. 12. 2005, Rs. T-210/01), Slg. 2005, II-5575 (Rn. 73).

43 Siehe die Diskussion in § 2 B.II. (S. 89 ff.).

des Wirkungsgrades einer Verhaltenskontrolle auf den Nachweis zu stützen, dass eine solche bereits stattgefunden, sich jedoch als unzureichend erwiesen hat. Artikel 7 Abs. 1 S. 3, 1. Halbsatz VO (EG) Nr. 1/2003 erfordert von seinem Wortlaut her einen entsprechenden Nachweis zwar nicht. Allein die hohen Beweisanforderungen an die Prognose der Wirksamkeit einer Verhaltenskontrolle legen aber nahe, zunächst auf eine Verhaltenskontrolle zurückzugreifen. Da zudem nach der Rechtsprechung des Gerichtshofes der Umstand der Rechtswidrigkeit von Missbräuchen zu berücksichtigen – also die Gesetzestreue der betroffenen Unternehmen zunächst zu vermuten ist – kann ein allgemeiner Erfahrungssatz, dass eine Verhaltenskontrolle weniger wirksam ist, nicht existieren. Daraus ergibt sich de facto eine Abstufung dahinghend, dass bei erstmaligen Verstößen zunächst die Wirksamkeit einer Verhaltenskontrolle auszuloten ist. Es genügt mithin nicht, dass eine strukturelle Maßnahme – was regelmäßig der Fall sein wird – besser geeignet ist, eine Zuwiderhandlung abzustellen.[44]

Ein weiterer Umstand, der die Prognose stützt, dass eine Verhaltenskontrolle weniger wirksam ist, ist das *bisherige Gebaren des betroffenen Unternehmens*. Zusätzliche Anhaltspunkte ergeben sich ferner daraus, dass eine *unbestimmte Anzahl von Wettbewerbern* von der festgestellten Zuwiderhandlung – oder von Maßnahmen, die Gleiches oder Ähnliches bewirken[45] – betroffen ist. Die Wirksamkeit einer Verhaltenskontrolle wird in diesem Fall allein aufgrund der Vielzahl möglicher Verstöße und der damit verbundenen Schwierigkeit, rechtzeitig Abhilfe zu schaffen, beeinträchtigt. Aus Artikel 7 Abs. 1 S. 3, 2. Halbsatz VO (EG) Nr. 1/2003 ergibt sich aber, dass allein die Belastung der Allgemeinheit durch die Notwendigkeit einer Verhaltenskontrolle nicht ausreicht, um den Rekurs auf strukturelle Abhilfen zu rechtfertigen. Daher muss die Ungeeignetheit einer Verhaltenskontrolle auch *qualitativ* bestimmt werden. Es bedarf insoweit des Nachweises, dass die abzustellenden Zuwiderhandlungen ihrer Natur nach schwer nachzuweisen oder – rechtzeitig – abzustellen sind. Entsprechende Schwierigkeiten treten bei rechtsgeschäftlichen Beschränkungen,[46] die ohne weiteres kontrolliert werden können, in der Regel nicht auf. Problematisch sind aber die im Folgenden zu untersuchenden Fälle der *Zugangsbehinderungen* sowie der *Quersubventionen*.[47]

---

44 I. Erg. wie hier *Sura* in: *Langen/Bunte*, VO Nr. 1/2003, Art. 7 Rn. 4; *Klees*, § 6 Rn. 81; *K. Schmidt*, BB 2003, 1237, 1242; anders *Dalheimer* in: *Grabitz/Hilf*, nach Art. 83 Art. 7 Rn. 12.

45 Siehe Fn. 412 (S. 98).

46 Zu möglichen Beschränkungen, die sowohl unter Art. 82 Abs. 2 lit. a, lit. c und – im Falle von Kopplungsstrategien – lit. d EG als auch unter Art. 81 EG fallen können, vgl. Leitlinien für vertikale Beschränkungen, ABl. 2000 C 291/1 (Rn. 106 ff.); *Emmerich* in: *Dauses*, H. I § 1 Rn. 371 ff. (m. w. N.); *IM/Möschel (Bd. 1 EG/I)*, Art. 82 Rn. 177 ff.; siehe auch die eingehende Untersuchung von *Kapp*. Zu Rabatten vgl. *Lange*, WuW 2002, 220, 222 ff.; *Kleinmann*, EWS 2002, 466 ff. Zu Kopplungsgeschäften siehe bereits Fn. 429 (S. 100). Gerade bei rechtsgeschäftlichen Beschränkungen ist zu berücksichtigen, dass nach der Rechtsprechung des EuGH die Vertragsautonomie des Marktbeherrschers besondere Bedeutung entfaltet: vgl. Fn. 410 (S. 98).

47 Vgl. *OECD* (17. 9. 2001), Restructuring Public Utilities for Competition (Fn. 32, S. 112), S. 21 ff. Siehe auch *Dalheimer* in: *Grabitz/Hilf*, nach Art. 83 Art. 7 Rn. 14.

a) Strukturelle Eingriffe im Zusammenhang mit Zugangsbehinderungen

Unter bestimmten Voraussetzungen sind marktbeherrschende Unternehmen verpflichtet, Wettbewerbern Zugang zu Infrastrukturen, Produkten, Dienstleistungen, Immaterialgütern oder technischen und kommerziellen Informationen[48], die von ihnen kontrolliert werden, zu gewähren. Diese Verpflichtung führt zu erheblichen Schwierigkeiten, die im Sinne der vorgenannten Kriterien eine Entflechtung rechtfertigen. Die Verpflichtung als solche ist allerdings im Hinblick auf die daraus resultierenden Beschränkungen der Privatautonomie eines beherrschenden Unternehmens sowie die Gefährdung von Leistungsanreizen umstritten und soll deshalb kurz erörtert werden, zumal sich hieraus unter Umständen Einschränkungen für strukturelle Eingriffe ergeben.

aa) Erforderlichkeit struktureller Eingriffe bei Zugangsbehinderungen

Unter *„außergewöhnlichen Umständen"* kann die Privatautonomie eines beherrschenden Unternehmens beschränkt werden.[49] Die Beschränkung ist allenfalls zum Schutz des Wettbewerbs insgesamt, nicht einzelner Wettbewerber, gerechtfertigt.[50] Rechtsfolge ist eine Verpflichtung, eine Leistung im weitesten Sinne zu angemessenen und nicht diskriminierenden Bedingungen bereitzustellen oder Zugang zu einer Einrichtung zu gewähren.[51] Dabei hat der Marktbeherrscher grundsätzlich „wie eine unabhängige Behörde" zu handeln.[52] Insbesondere darf er nicht seine eigene Geschäftssparte gegenüber Wettbewerbern bevorzugen, sofern diese ebenfalls auf dem relevanten Markt tätig ist oder Wettbewerb auf einem Drittmarkt dazu führt, dass die beherrschende Stellung auf dem Primärmarkt gefährdet werden könnte.[53] Sind die Kapazitäten begrenzt, kann sich

48 Zu den in Betracht kommenden „Einrichtungen" im weitesten Sinn vgl. *Fleischer/Weyer*, WuW 1999, 350, 354; *IM/Möschel (Bd. 1 EG/I)*, Art. 82 Rn. 239.

49 Siehe EuGH – *Volvo/Veng* (5. 10. 1988, Rs. 238/87), Slg. 1988, 6211 (Rn. 9); EuGH – *RTE und ITP (Magill)* (6. 4. 1995, Rs. C-241, 242/91 P), Slg. 1995, I-743 (Rn. 50); EuGH – *IMS Health* (29. 4. 2004, Rs. C-418/01), Slg. 2004, I-5039 (Rn. 22).

50 Siehe EuG – *IMS Health* (10. 8. 2001, Rs. T-183/01), Slg. 2001, II-2349 (Rn. 145); EuG – *Microsoft* (22. 12. 2004, Rs. T-201/04), ABl. 2005 C 69/16 (Rn. 150); Schlussanträge GA *Jacobs* in EuGH – *Bronner* (26. 11. 1998, Rs. C-7/97), Slg. 1998, I-7791 (Rn. 58); *Temple Lang*, 18 Fordham Int. L.J. 437, 489 f. (1994); *Deselaers* in: *Grabitz/Hilf*, Art. 82 Rn. 356 (m. w. N.).

51 Vgl. bereits Nachweise in § 2 B.II.2. d) bb) (S. 98 f.); ferner KOMM. – *London European/SABENA* (4. 11. 1988), ABl. 1988 L 317/47 (Rn. 31) (Computerreservierungssystem); KOMM. – *IBM*, XIV. WB 1984, Rn. 95 (Schnittstelleninformationen; dazu Fn. 47, S. 32); KOMM. – *British Midland/Aer Lingus* (26. 2. 1992), ABl. 1992 L 96/34 (Rn. 26) (Interlining); KOMM. – *Sealink II* (21. 12. 1993), ABl. 1994 L 15/8, 16 (Rn. 66); Vgl. auch *Mestmäcker* in: *FS Raisch*, S. 441, 465 (m. w. N.).

52 KOMM. – *Sealink II* (21. 12. 1993), ABl. 1994 L 15/8 (Rn. 75).

53 KOMM. – *HOV-SVZ/MCN* (29. 3. 1994), ABl. 1994 L 104/34, 55 (Rn. 247 f.), bestätigt durch EuG – *Deutsche Bahn* (21. 10. 1997, Rs. T-229/94), Slg. 1997, II-1689, 1721 ff. (Rn. 81 ff.) und EuGH – *Deutsche Bahn* (27. 4. 1999, C-436/97 P), Slg. 1999, I-2387; EuGH – *ERT* (18. 6. 1991, Rs. C-260/89), Slg. 1991, I-2925, 2962 (Rn. 37); KOMM. – *Sealink II* (21. 12. 1993), ABl. 1994 L 15/8, 16 (Rn. 66).

die Pflicht des Marktbeherrschers – sofern er keine zumutbare Erweiterung vornehmen kann[54] – darauf reduzieren, aus einer größeren Anzahl von Wettbewerbern nach objektiven und transparenten Kriterien auszuwählen.[55]

Die Verpflichtung zu neutraler, behördenähnlicher Entscheidung führt zu Interessenkollisionen.[56] Sie treten zunächst auf, wenn der Beherrscher einer unabdingbaren Leistung auch *als Wettbewerber* tätig ist. Als solcher verfügt das Unternehmen über einen erheblichen Anreiz, Wettbewerber gegenüber eigenen Unternehmensparten beim Zugang zu einer von ihm kontrollierten Einrichtung im weitesten Sinn zu diskriminieren. Dabei genügt es bereits, wenn Anträge verzögert bearbeitet, technische Schwierigkeiten behauptet, die technische Konfiguration modifiziert oder – wie im Fall *Microsoft*[57] – technische Informationen zurückgehalten werden, um erhebliche Wettbewerbsnachteile zu begründen.[58] In der Regel handelt es sich hierbei um Umstände, die in die Beherrschungssphäre des beherrschenden Unternehmens fallen und – nicht zuletzt aufgrund ihrer Spezifizität – auch durch spezialisierte Regulierungsbehörden nur schwer oder mit erheblichen Verzögerungen zu kontrollieren sind.[59] Zugleich verliert das beherrschende Unternehmen den Anreiz, seine „Einrichtung" zu verbessern und zu erweitern, da entsprechende Investitionen stets auch Wettbewerbern zugute kämen.[60]

Die zweite Kategorie von Interessenkonflikten steht im Zusammenhang mit der Stellung des Marktbeherrschers *als Eigentümer der Einrichtung* oder als *Erbringer der Leistung*. Die Verpflichtung zur Gewährung von Zugang soll nicht enteignend wirken und das Unternehmen soll nicht zu mehr gezwungen werden, als von ihm unter Wettbewerbsbedingungen zu erwarten wäre. Daher ist der Zugang zu einer Einrichtung oder Leistung nur gegen angemessenes Entgelt zu gewähren.[61] Das beherrschende Unternehmen wird indes naturgemäß versuchen, den Gewinn bei der Gestellung der Einrichtung zu maximieren, also die „Angemessenheit" des Preises zu beeinflussen.[62] Weiß es, dass die Höhe des Zugangsentgelts auch die Aussichten von Wettbewerbern beeinflusst, droht entweder die Festsetzung eines prohibitiv hohen Preises oder die Entstehung einer

54 Vgl. KOMM. – *Hafen von Rødby* (21. 12. 1993), ABl. 1994 L 55/52, 56 (Rn. 16).
55 *Deselaers*, EuZW 1995, 563, 566 f.; *IM/Möschel (Bd. 1 EG/I)*, Art. 82 Rn. 228.
56 Vgl. *Temple Lang*, 18 Fordham Int. L.J. 437, 479, 500 (1994); siehe auch *OECD* (17. 9. 2001), Restructuring Public Utilities (Fn. 32, S. 112), S. 21.
57 Vgl. Fn. 441 (S. 102).
58 Vgl. Mitteilung über Zugangsvereinbarungen im Telekommunikationsbereich, ABl. 1998 C 265/2 (Rn. 94); *Squire/Sanders*, S. 21 ff. Vgl. auch zuletzt die Beiträge zum Symposium der Kommission hinsichtlich des sog. „unbundling the local loop", also der Öffnung der „letzten Meile" im Telekommunikationsbereich: Tenor ist, dass die Fortschritte bislang nicht hinreichend zufriedenstellend sind und zusätzliche Maßnahmen erforderlich sind. Die Ergebnisse sind abrufbar unter *http://europa.eu.int/comm/competition/liberalization/telecom/local_loop/hearing.html*.
59 Vgl. *OECD* (17. 9. 2001), Restructuring Public Utilities (Fn. 32, S. 112), S. 21 f.
60 Vgl. *OECD* (17. 9. 2001), Restructuring Public Utilities (Fn. 32, S. 112), S. 21.
61 Vgl. EuGH – *Wachauf* (13. 7. 1989, Rs. 5/88), Slg. 1989, 2609 (Rn. 19), dazu auch unten S. 144.
62 Vgl. *Temple Lang*, 18 Fordham Int. L.J. 437, 479, 500 (1994); *OECD* (17. 9. 2001), Restructuring Public Utilities (Fn. 32, S. 112), S. 21.

schwer zu kontrollierenden *Kosten-Preis-Schere*.[63] Diese Schwierigkeiten gelten unabhängig davon, ob im Falle (teil-) liberalisierter Märkte eine Regulierungsbehörde existiert. Insoweit haben gerade die Bemühungen um die Stützung des Liberalisierungsprozesses auf dem Telekommunikationsmarkt gezeigt, dass die bislang erzielten Ergebnisse trotz der Existenz von Regulierungsbehörden nicht ausreichen. Es besteht daher ein Bedürfnis nach einer weiteren Stützung des Prozesses durch Anwendung des Artikels 82 EG.[64] Gleiches gilt für die nachfolgend gesondert darzustellenden Liberalisierungsbemühungen im Energiebereich.[65]

Konsequenz dieses Dilemmas – das dadurch verstärkt wird, dass für ein beherrschendes Unternehmen ein starker Anreiz besteht, kontinuierlich neue Taktiken zu entwickeln, mit denen die Gewährung des Zugangs verzögert, die Entgelte erhöht oder die Qualität einer Einrichtung vermindert werden kann[66] – ist die Notwendigkeit, sowohl Zugangsbedingungen als auch Angemessenheit des Zugangsentgeltes zu kontrollieren.[67] Eine Verpflichtung, bestimmte Investitionen zur Verbesserung der Einrichtung zu täti-

63 Zum sog. „price squeezing", das sich dadurch auszeichnet, dass ein vertikal integriertes Unternehmen mit Zugang zu wesentlichen Leistungen, Produkten oder Rohstoffen den Preis für diese nur geringfügig unterhalb des Preises für End- oder Zwischenprodukte oder -leistungen ansetzt, vgl. *Bergmann*, WuW 2001, 234; *Gerstner*, WuW 2003, 131 (unter besonderer Berücksichtigung der Problematik von Infrastrukturzugängen); *Hoffmann*, WuW 2003, 1278 ff. Vgl. auch Mitteilung der Kommission über Zugangsvereinbarungen im Telekommunikationsbereich, ABl. 1998 C 265/2 (Rn. 117). Zu den Methoden zur Feststellung einer Kosten-Preis-Schere vgl. KOMM. – *Deutsche Telekom AG* (21. 5. 2003), ABl. 2003 L 263/9 (Rn. 106 ff.); zugrunde lag der Vorwurf einer Behinderung von Wettbewerbern auf dem Markt für den Ortsnetzzugang für Endkunden: vgl. Pressemitteilung IP/02/686 v. 8. 5. 2002 (COMP/37.451); ferner Pressemitteilung IP/04/281 v. 1. 3. 2004 (zu weiteren Preissenkungen der DTAG im Breitbandsektor wegen einer vermuteten Kosten-Preis-Schere); zu weiteren Verfahren siehe Pressemitteilung IP/02/483 v. 27. 3. 2002 (Verfahren gegen *KPN*); KOMM. – *Telefónica* (4. 7. 2007, COMP/38.784) (nicht veröffentlicht).

64 Vgl. *Squire/Sanders*, S. 33 ff., insbes. S. 37 und 40, wonach auf den Märkten für Telekommunikation weiterhin sowohl diskriminiert würde als auch nicht kostenorientierte Entgelte verlangt würden; dazu auch Pressemitteilung der Kommission IP/02/348 v. 1. 3. 2002; vgl. ferner IP/03/717 v. 21. 5. 2003 (hinsichtlich der Unzulänglichkeit der bislang erzielten Fortschritte). Zu einer eingehenden Bilanz der Liberalisierung vgl. den 8. Bericht der Kommission über die Umsetzung des Reformpakets für den Telekommunikationssektor v. 3. 12. 2002, KOM(2002) 695; zuletzt Communication of the Commission on Market Reviews under the Regulatory Framework (6. 2. 2006), COM(2006) 28 final (zumindest im Festnetzbereich noch erhebliche Schwierigkeiten konstatierend); vgl. ferner *Monopolkommission*, Wettbewerbsentwicklung; siehe auch Fn. 155 (S. 131); ferner *Junghanns*, WuW 2002, 567, demzufolge es bislang nicht gelungen sei, Preismissbräuche der *DTAG* zu kontrollieren.

65 Siehe dazu unten § 3 A.I.3. c) (S. 131 ff.).

66 Siehe *OECD* (17. 9. 2001), Restructuring Public Utilities (Fn. 32, S. 112), S. 22.

67 Vgl. KOMM. – *AAMS* (17. 6. 1998), ABl. 1998 L 252/47 (Rn. 60), bestätigt durch EuG – *AAMS* (22. 11. 2001, Rs. T-139/98), Slg. 2001, II-3413 (kontinuierliche Kontrolle des Zugangs zum Vertriebsnetz eines ehemaligen Zigarettenmonopols für drei Jahre). Im Fall *IBM* wurde die Verpflichtung des Unternehmens, Wettbewerbern Schnittstelleninformationen zu liefern, zehn Jahre (!) lang durch die Kommission überwacht, bis *IBM* von seinem Recht Gebrauch machte, diese Überwachung einseitig zu beenden; siehe dazu Fn. 47 (S. 32). Zur Kontrolle der Angemessenheit des Zugangsentgelts siehe KOMM. – *NDC Health/IMS Health* (3. 7. 2001), ABl. 2002 L 59/18 (Rn. 215) (Rückgriff auf Schiedsgutachter bei Ausbleiben einer einvernehmlichen Lösung). Zur Preisregulierung siehe auch *Zenke/Thomale*, WuW 2005, 28 ff.

gen, wird sich allerdings in der Regel nicht durchsetzen lassen.[68] Hierdurch wird eine Form der Regulierung geschaffen, die im Falle ihrer Ausübung durch die Kommission die Grenze zu einer *spezialisierten* Behörden vorbehaltenen Eingriffsform überschreitet.[69] Sie begegnet zudem – insbesondere im Fall der Entgeltregulierung – praktischen Schwierigkeiten, die ihre Effektivität erheblich einschränken.[70] Regelmäßig ist die laufende Verhaltenskontrolle nicht in der Lage, kurz- bis mittelfristig wesentliche strukturelle Veränderungen auf dem Markt durchzusetzen.[71] Sie lässt sich schließlich kaum mit dem Artikel 82 EG zugrunde liegenden Verständnis eines freien und unverfälschten, an der Handlungsfreiheit der Marktteilnehmer orientierten Wettbewerbs in Einklang bringen.[72] In den Fällen liberalisierter Märkte kommt erschwerend die Gefahr einer Duplizierung von Verhaltenskontrollen hinzu.[73]

Nicht zuletzt kommt ein Kontrahierungszwang zu spät, wenn die missbräuchliche Geschäftsverweigerung bereits erfolgsgekrönt war. Der Marktaustritt des betroffenen Unternehmens ist zunächst unumkehrbar und führt bereits als solcher zu einer nachteiligen Veränderung der Wettbewerbsstruktur. Selbst in dem Fall, dass es nicht zu einem Marktaustritt kommt, begründet die mit einer Leistungsbehinderung verbundene Signalwirkung eine *psychologische Marktzutrittsschranke* für andere Wettbewerber, die zu einer Störung der Wettbewerbsstruktur führt.[74] Die Wiederherstellung wirksamen Wettbewerbs setzt in diesen Fällen voraus, dass die Gefahr einer Wiederholung ausgeschlossen ist.[75] Ein Kontrahierungszwang belässt dem Unternehmen indes seine instrumenta sceleris einschließlich des Anreizes, diese zu nutzen. Die abschreckende Wirkung eines Buß- oder Zwangsgeldes bietet hierfür keine ausreichende Gewähr, zumal sie mit der Notwendigkeit eines neuen, zeitaufwändigen Verfahrens einhergeht.[76]

---

68 *OECD* (17. 9. 2001), Restructuring Public Utilities (Fn. 32, S. 112), S. 21.

69 Vgl. *Temple Lang*, 23 Fordham Int. L.J. 116, 118 (2000); *Geradin*, 41 CMLR 1519, 1549-50 (2004) (Eingriffe der Kommission auf Fälle beschränken wollend, in denen eine vorhandene Regulierungsbehörde unzulängliche Maßnahmen ergriffen hat); vgl. ferner § 2 B.II.2. e) bb) (S. 102).

70 Wie hier *Mestmäcker* in: *FS Steindorff*, S. 1045, 1059; *Geradin*, 41 CMLR 1519, 1543-46 (2004); vgl. auch das 3. Hauptgutachten der Monopolkommission (1978/79), Tz. 678; dazu Fn. 4 (S. 21). zu den praktischen Schwierigkeiten siehe bereits § 2 A.II.2. (S. 44 ff., m. w. N. in Fn. 57, S. 45).

71 Siehe *van Miert* in: *Geradin*, S. 1, 11; *Paulweber/Weinand*, EuZW 2001, 232, 234. Vgl. auch Pressemitteilung IP/02/686 v. 8. 5. 2002: Danach habe sich vier Jahre nach der Liberalisierung keine wesentliche Veränderung der Struktur des deutschen Telekommunikationsmarktes ergeben.

72 Siehe § 2 A.II.3. (S. 47 ff.). Wie hier Schlussanträge GA *Jacobs* EuGH – *Bronner* (26. 11. 1998, Rs. C-7/97), Slg. 1998, I-7791 (Rn. 69); ähnlich *Möschel*, WuW 1999, 832, 836 ff.

73 Siehe hierzu die Darstellung in § 2 B.II.2. e) bb) (S. 104).

74 Zur Signalwirkung von Geschäftsverweigerungen vgl. EuGH – *United Brands* (14. 2. 1978, Rs. C-27/76), Slg. 1978, 207 (Rn. 190); KOMM. – *British Midland/Aer Lingus* (26. 2. 1992), ABl. 1992 L 96/34; KOMM. – *BBI/Boosey & Hawkes* (29. 7. 1987), ABl. 1987 L 286/36; siehe ferner die Nachweise in Fn. 210 (S. 67) sowie die Studie von *Squire/Sanders*, S. 57 ff. (mit empirischen Belegen für den Wettbewerb um die „letzte Meile" auf dem Telekommunikationsmarkt).

75 Aufgrund praktischer Schwierigkeiten wird in der Regel Wiederherstellung des status quo ante nicht möglich sein: siehe die Diskussion in § 2 A.IV. (S. 77 ff.).

76 Vgl. bereits die Diskussion in § 2 B.II.2. b) (S. 92 ff.).

bb) Geeignetheit struktureller Maßnahmen

Die vorbezeichneten Unzulänglichkeiten einer Verhaltenskontrolle zeigen, dass grundsätzlich ein Bedürfnis für geeignetere und damit im Sinne des Verhältnismäßigkeitsgrundsatzes erforderliche Maßnahmen besteht. In praktischer Hinsicht eignen sich Maßnahmen struktureller Art insoweit, als Zugangsverpflichtungen grundsätzlich abgrenzbare Märkte voraussetzen.[77] Praktikabilitätserwägungen im Hinblick auf das Fehlen von Bruchlinien treten somit in den Hintergrund; inwieweit derartige Überlegungen überhaupt relevant sind, sollen die US-amerikanischen Erfahrungen zeigen.

Zumindest *in der Theorie* beseitigen strukturelle Eingriffe überdies eine Reihe von Schwierigkeiten bei der laufenden Verhaltenskontrolle. Wird die Doppelstellung eines beherrschenden Unternehmens als Wettbewerber *und* (potentieller) Anbieter durch eine Entflechtung beseitigt, entfällt zunächst der Anreiz zur Diskriminierung. Mit ihm entfällt der Anreiz, Wissensvorsprünge diskriminierend einzusetzen, was zur Verbreitung von Information und damit zu einer effizienteren Nutzung einer Leistung beiträgt.[78] Als reiner Anbieter hat das Unternehmen zudem Interesse daran, die Basis der Nutzer einer Einrichtung oder der Bezieher einer Leistung zu erweitern. Daher wird es sein Angebot qualitativ und quantitativ, beispielsweise durch freiwillige Kapazitätserweiterungen, kontinuierlich verbessern, sofern gewährleistet ist, dass die Zugangsentgelte kostendeckend sind.[79]

Auch die Schwierigkeiten im Zusammenhang mit der Kontrolle der Angemessenheit des Zugangsentgeltes entfallen zumindest teilweise. Zwar bleibt das Interesse an einer Gewinnmaximierung auch bei einer strukturellen Trennung unverändert. Es wird aber nicht mehr durch den Anreiz, den Wettbewerb durch überhöhte Preise zu beeinträchtigen, verstärkt. Mithin erhöhen sich die Aussichten, dass sich die Preisfindung an rationalen Kriterien und damit an marktwirtschaftlichen Prinzipien orientiert. Selbst für den Fall, dass eine Regulierung des Zugangsentgeltes weiterhin für erforderlich gehalten wird, können dem Marktbeherrscher vor diesem Hintergrund größere Spielräume bei der Preisgestaltung, beispielsweise durch Einführung eines Price-Cap-Verfahrens, eingeräumt werden.[80] Zugleich begegnet die Entgeltregulierung nicht mehr denselben Schwierigkeiten wie bei integrierten Unternehmen, da es nicht zu der im Zusammenhang mit Quersubventionen relevanten Problematik einer missbräuchlichen Verteilung von Kosten zwischen Unternehmenssparten, die verschiedene Märkte bedienen, kommen kann. Informationsvorsprünge des Unternehmens gegenüber der Kartellbehörde in

---

77 EuGH – *IMS Health* (29. 4. 2004, Rs. C-418/01), Slg. 2004, I-5039 (Rn. 44); hierzu auch *Geradin*, 41 CMLR 1519, 1529-30 (2004).

78 Vgl. *OECD* (17. 9. 2001), Restructuring Public Utilities (Fn. 32, S. 112), S. 21 (m. w. N.).

79 Vgl. *OECD* (17. 9. 2001), Restructuring Public Utilities (Fn. 32, S. 112), S. 21 f.

80 Vgl. *OECD*, Restructuring Public Utilities (Fn. 32, S. 112), S. 21. Das Price-Cap-Verfahren umgeht Probleme bei der Kostenzuordnung: vgl. *Joskow/Noll*, 51 Stan. L. Rev. 1249, 1269-71 (1999).

Bezug auf seine Kostenstruktur, die eine Kosten- und damit Preiskontrolle bei integrierten Unternehmen regelmäßig erschweren, fallen daher weniger ins Gewicht.[81]

Schließlich spricht für einen strukturellen Eingriff, dass er – zumindest der Theorie nach – im Vergleich zu einer Regulierung einen weniger intensiven Eingriff darstellen kann.[82] Im Idealfall verhindert er den Rekurs auf eine regulierende Verhaltenskontrolle, die Artikel 82 EG fremd, kostspielig und darüber hinaus ineffektiv ist.[83] Für Wettbewerber entfällt ein wesentliches Zutritts- und Konkurrenzhemmnis, so dass der strukturelle Eingriffe eben jene wettbewerbswidrigen Auswirkungen, die eine abgeschlossene wettbewerbswidrige Verhaltensweise überdauern, beseitigt.[84] Zugleich erhalten Wettbewerber eine Planungs- und Rechtssicherheit, die unabdingbare Voraussetzung für wirksamen Wettbewerb ist.[85] Auch für den betroffenen Marktbeherrscher kann die Entflechtung Vorteile bringen. Sie befreit ihn von einer kontinuierlichen, zeit- und kostenintensiven Verhaltenskontrolle und setzt damit Ressourcen frei, die für Innovationen und Kostensenkungen eingesetzt werden können und damit im Ergebnis dem Konsumenten zugute kommen.[86] Artikel 7 Abs. 1 S. 3, 2. Halbsatz VO (EG) Nr. 1/2003 zeigt allerdings, dass die vorstehenden Erwägungen im Rahmen der Prüfung der *Erforderlichkeit* einer Maßnahme nur bedingt zu berücksichtigen sind.[87] Inwieweit diese Ansprüche erfüllt werden, soll anhand der US-amerikanischen Erfahrungen überprüft werden; eine abschließende Beurteilung soll daher an späterer Stelle erfolgen.

cc) *Einschränkungen auf Tatbestandsebene*

Die vorstehende Diskussion beruht auf der Annahme, dass ein beherrschendes Unternehmen verpflichtet ist, ***in einer unbestimmten Anzahl*** von Fällen Zugang zu einer Leistung im weitesten Sinn zu gewähren. Eine Entflechtung kommt aus Gründen der Erforderlichkeit allenfalls in diesem Fall in Betracht.[88] Die Verpflichtung, Wettbewerbern zu nicht diskriminierenden Bedingungen Zugang zu gewähren, stößt indes aus rechts- und

81 Zur Problematik von Quersubventionen vgl. § 3 A.I.3. a) cc) (S. 120 ff.). Wie hier *OECD*, Restructuring Public Utilities (Fn. 32, S. 112), S. 21 f.

82 Siehe insoweit bereits Fn. 32 (S. 112).

83 Vgl. *Mestmäcker*, in *FS Steindorff*, S. 1045, 1059; *Temple Lang*, 18 Fordham Int. L.J. 437, 479, 500 (1994).

84 Vgl. EuGH – *Ufex u. a.* (4. 3. 1999, Rs. C-119/97 P), Slg. 1999, I-1341; ferner Fn. 74 (S. 118).

85 Siehe auch *Mestmäcker*, in: *FS Steindorff*, S. 1045, 1059.

86 Vor diesem Hintergrund dezidiert strukturelle Eingriffe befürwortend: *Mestmäcker*, in *FS Steindorff*, S. 1045, 1059; ferner *Temple Lang*, 18 Fordham Int. L.J. 437, 479, 500 (1994). Zurückhaltend *IM/Möschel (Bd. 1, 1. Aufl. 1997)*, Art. 86 Rn. 261; *La Rochefordière*, EC Comp. Pol. NL 06/2001, S. 11. Vgl. auch *Paulweber/Weinand*, EuZW 2001, 232, 234, die zwar die Notwendigkeit „positiv-gestaltender Eingriffe" erkennen, letztlich aber nur regulierende Eingriffe diskutieren. Gegen eine grundsätzliche Verpflichtung, Gestellung und Nutzung wesentlicher Einrichtungen zu trennen: *Deselaers* in: *Grabitz/Hilf*, Art. 82 Rn. 360; ferner *IM/Ritter (Bd. 2, 1. Aufl. 1997)*, VO 17 Art. 3 Rn. 43, wonach Eingriffe in die Marktstruktur unzulässig seien; siehe dazu Fn. 272 (S. 149).

87 Siehe bereits die Diskussion in § 3 A.I.3. (S. 111).

88 Siehe insoweit bereits die Diskussion in § 3 A.I.3. (S. 111 ff.).

wettbewerbspolitischer Sicht auf Bedenken.[89] Schwierigkeiten bereitet der Konflikt zwischen dem Ziel unverfälschten Wettbewerbs und der auch beherrschenden Unternehmen zukommenden Vertragsfreiheit.[90] Problematisch ist ferner die mögliche Gefährdung von Leistungsanreizen. Eine Zugangsgewährung beseitigt Anreize für Wettbewerber, eigene Anstrengungen zu unternehmen;[91] Leistungsstimuli werden ferner gefährdet, wenn die „Einrichtung" durch das beherrschende Unternehmen mit Mitteln des Leistungswettbewerbs geschaffen wurde.[92] Letztere Problematik verschärft sich, wenn nicht nur ein Kontrahierungszwang, sondern eine Entflechtung durchgesetzt werden soll.

Eine eingehende Darstellung der Problematik um Zugangsbehinderungen, die in einem engen Zusammenhang mit der dem US-amerikanischen Recht entlehnten und von der Kommission übernommenen „essential facilities doctrine"[93] steht, würde den Rahmen der vorliegenden Untersuchung überschreiten. Nach der Rechtsprechung, die es bislang abgelehnt hat, die „essential facilities doctrine" zu übernehmen, existiert aber ungeachtet ihrer „besonderen Verantwortung" keine generelle Kontrahierungspflicht für beherrschende Unternehmen.[94] Der Zugang zu einer Leistung wird aber missbräuchlich verweigert oder behindert, wenn hierfür keine sachliche Rechtfertigung vorliegt[95] und

---

89 Zum Begriff der Diskriminierung vgl. EuGH – *British Airways* (15. 3. 2007, Rs. C-95/04 P), noch nicht veröffentlicht (Rn. 133, 143 f., m. w. N.); *Eilmansberger*, 42 CMLR 129, 139-40 (2005).

90 Vgl. Schlussanträge GA *Jacobs* in EuGH – *Bronner* (26. 11. 1998, Rs. C-7/97), Slg. 1998, I-7791 (Rn. 56); *Fleischer/Weyer*, WuW 1999, 350, 355; *Korah*, 17 CMLR 395, 403 (1980); *de Bronett in: Wiedemann*, § 22 Rn. 64; KOMM. – *Microsoft* (24. 3. 2004), C(2004)900 final (Rn. 547).

91 Vgl. Schlussanträge GA *Jacobs* EuGH – *Bronner* (26. 11. 1998, Rs. C-7/97), Slg. 1998, I-7791 (Rn. 62 ff.). Ähnlich *de Bronett* in: *Wiedemann*, § 22 Rn. 65; *Turnbull*, 17 ECLR 96, 101 (1996).

92 Vgl. GA *Jacobs* in EuGH – *Bronner* (26. 11. 1998, Rs. C-7/97), Slg. 1998, I-7791 (Rn. 57); *Geradin*, 41 CMLR 1519, 1540-41 (2004).

93 Vgl. *Kommission*, Essential Facilities, S. 93; ferner Schlussanträge GA *Jacobs* in EuGH – *Bronner* (26. 11. 1998, Rs. C-7/97), Slg. 1998, I-7791 (Rn. 48 ff.) (m. w. N.); KOMM. – *NDC Health/IMS Health* (3. 7. 2001), ABl. 2002 L 59/18 (Rn. 64; dazu auch Fn. 193, S. 65); Überblick bei *Doherty*, 38 CMLR 397, 405 (2001) (m. w. N.). Zur Problematik der „essential facilities doctrine" im europäischen Kartellrecht vgl. – *die Eigenständigkeit verneinend – Markert*, WuW 1995, 560; *ders.* in: *FS Mestmäcker*, S. 661 ff.; *Müller*, EuZW 1998, 232; *Temple Lang*, 18 Fordham Int. L.J. 437 (1994); *ders.*, 23 Fordham Int. L.J. 116, 118 (2000); *ders.*, 21 Fordham Int. L.J. 1296, 1356 et seq. (2000). Vgl. ferner – *die Eigenständigkeit der Theorie in gewisser Hinsicht bejahend – Schwarze*, EuZW 2002, 75, 78; *Jung* in: *Grabitz/Hilf*, Art. 82 Rn. 224; *Emmerich* in: *Dauses*, H. I § 1 Rn. 374 (m. w. N.); *de Bronett* in: *Wiedemann*, § 22 Rn. 66; *IM/Möschel (Bd. 1 EG/I)*, Art. 82 Rn. 239; *GTE/Schröter*, Art. 82 Rn. 263. Siehe des Weiteren *Mestmäcker* in *FS Steindorf*, S. 1045 ff.; *Deselaers*, EuZW 1995, 563 ff.; *Turnbull*, 17 ECLR 96, 101 (1996); *Fleischer/Weyer*, WuW 1999, 350; *Schwintowski*, WuW 1999, 842; *Bahr*, WuW 2002, 234; eingehend die rechtsvergleichenden Untersuchungen von *Beckmerhagen* (2002); *Geradin*, 41 CMLR 1519, 1525 et seq. (2004); siehe auch *Körber*, RIW 2004, 881, 885 ff.

94 Vgl. KOMM. – *BBI/Boosey & Hawkes* (29. 7. 1987), ABl. 1987 L 286/36 (Rn. 19), wonach ein Marktbeherrscher grundsätzlich nicht verpflichtet ist, „gegen ihn gerichteten Wettbewerb zu subventionieren"; *Temple Lang*, 18 Fordham Int. L.J. 437, 486 (1994). Anders *Dirksen* in: *Langen/Bunte*, Art. 82 Rn. 172; *Jung* in: *Grabitz/Hilf*, Art. 82 Rn. 156; *Opi*, 11 Fordham Int. Prop., Med. & Ent. L.J. 409, 415, 428 (2001) („general duty to share as well as to supply"). Diese Auffassung verkennt, dass eine Kontrahierungspflicht Ergebnis einer umfassenden Interessenabwägung ist: wie hier GA *Jacobs* in EuGH – *Bronner* (26. 11. 1998, Rs. C-7/97), Slg. 1998, I-7791 (Rn. 57); nunmehr auch *IM/Möschel (Bd. 1 EG/I)*, Art. 82 Rn. 220 (anders noch in der Vorauflage).

95 Siehe hierzu Fn. 229 (S. 71); ferner Schlussanträge GA *Gulmann* in EuGH – *RTE und ITP (Magill)* (6. 4. 1995, Rs. C-241, 242/91 P), Slg. 1995, I-743 (Rn. 131); *Doherty*, 38 CMLR 397, 404

„*jeglicher Wettbewerb*" ausgeschaltet zu werden droht.[96] Die Leistung des Marktbeherrschers muss überdies „unerlässlich" oder „unentbehrlich" sein bzw. es darf „kein tatsächlicher oder potentieller Ersatz" für sie existieren, weil „technische, rechtliche oder nur wirtschaftliche Hindernisse" die Duplizierung der Leistung „unmöglich machen oder zumindest unzumutbar erschweren".[97] Ist das rechtliche Hindernis ein Immaterialgüterrecht, muss die Leistungsverweigerung das Aufkommen eines neuen Erzeugnisses oder einer neuen Dienstleistung, für die potentiell Nachfrage besteht, auf einem abgrenzbaren Markt verhindern.[98]

Aus wettbewerbspolitischer Sicht sind insbesondere die Fälle der wirtschaftlichen Hindernisse problematisch. Der EuGH hat aber – entgegen den Annahmen der Kommission im *Microsoft*-Fall[99] – klargestellt, dass Artikel 3 Abs. 1 lit. g EG nicht erfordert, dass alle Wettbewerber unter gleichförmigen Bedingungen operieren.[100] Auch genügt zumindest dann, *wenn eine Leistung unter Wettbewerbsbedingungen geschaffen wurde*, nicht, dass ein Wettbewerber sich „im Wesentlichen darauf beschränken will, Erzeugnisse oder Dienstleistungen anzubieten, die vom Inhaber [der wesentlichen Leistung]

(2001); *Fleischer/Weyer*, WuW 1999, 350, 355; *Mestmäcker* in: *FS Raisch*, S. 441, 465. Richtigerweise ist die Frage der Rechtfertigung zuletzt zu prüfen: wie hier *Bartosch*, RIW 2005, 241, 246.

96 EuGH – *Commercial Solvents* (6. 3. 1974, Rs. 6, 7/73), Slg. 1974, 223 (Rn. 25); EuGH – *CBEM (Télémarketing)* (3. 10. 1985, Rs. C-311/84), Slg. 1985, 3261 (Rn. 24 ff.); EuGH – *GB-INNO-BM* (13. 12. 1991, Rs. C-18/88), Slg. 1991, I-5941 (Rn. 18 f.); EuGH – *RTE und ITP (Magill)* (6. 4. 1995, Rs. C-241, 242/91 P), Slg. 1995, I-743 (Rn. 56); EuGH – *Bronner* (26. 11. 1998, Rs. C-7/97), Slg. 1998, I-7791 (Rn. 41); EuGH – *IMS Health* (29. 4. 2004, Rs. C-418/01), Slg. 2004, I-5039 (Rn. 28); EuG – *Tetra Pak II* (6. 10. 1994, Rs. T-83/91), Slg. 1994, II-755 (Rn. 115); EuG – *Irish Sugar* (14. 5. 1999, Rs. T-228/97), Slg. 1999, II-2969 (Rn. 167); EuG – *Microsoft* (22. 12. 2004, Rs. T-201/04), ABl. 2005 C 69/16 (Rn. 206 ff.). Vgl. auch Mitteilung über Zugangsvereinbarungen im Telekommunikationsbereich, ABl. 1998 C 265/2 (Rn. 84, 88 ff.). Vor diesem Hintergrund ist irrelevant, ob eine Geschäftsverbindung *abgebrochen* oder ihre *Aufnahme verweigert* wurde: wie hier *Emmerich* in: *Dauses*, H. I § 1 Rn. 376; anders *IM/Möschel (Bd. 1 EG/I)*, Art. 86 Rn. 224. Das Vorverhalten des beherrschenden Unternehmens ermöglicht aber die Bewertung sachlicher Rechtfertigungsgründe: vgl. *Korah*, 17 CMLR 395, 403 (1980); *Dirksen* in: *Langen/Bunte*, Art. 82 Rn. 172; *Mestmäcker* in: *FS Raisch*, S. 441, 464. Vgl. auch KOMM. – *AstraZeneca (15. 6. 2005, COMP/A. 37.507/F3)*, nicht veröffentlicht, Rn. 676 ff. (Missbrauch durch Patentklagen); dazu *Völcker*, 43 CMLR 1409, 1432 (2006); *Hirsbrunner*, EWS 2005, 488.

97 EuGH – *Bronner* (26. 11. 1998, Rs. C-7/97), Slg. 1998, I-7791 (Rn. 38 ff.); dazu Schlussanträge GA *Jacobs*, S. 7809 (Rn. 51); EuGH – *IMS Health* (29. 4. 2004, Rs. C-418/01), Slg. 2004, I-5039 (Rn. 37 f.). Ähnlich bereits EuG – *Tiercé Ladbroke* (12. 6. 1997, Rs. T-504/93), Slg. 1997, II-923 (Rn. 131 f.); EuG – *European Night Services u. a.* (15. 9. 1998, Rs. T-374/94 u. a.), Slg. 1998, II-3141 (Rn. 208); KOMM. – *Microsoft* (24. 3. 2004, COMP/37.792), C(2004)900 final (Rn. 547 ff.); dazu EuG – *Microsoft* (22. 12. 2004, Rs. T-201/04), ABl. 2005 C 69/16 (Rn. 206 ff.). So bereits *Temple Lang*, 18 Fordham Int. L.J. 437, 493 (1994); vgl. auch *Eilmansberger*, EWS 2003, 12, 15.

98 Siehe EuGH – *IMS Health* (29. 4. 2004, Rs. C-418/01), Slg. 2004, I-5039 (Rn. 37 ff.); EuG – *Microsoft* (22. 12. 2004, Rs. T-201/04), ABl. 2005 C 69/16 (Rn. 206); davor EuGH – *RTE und ITP (Magill)* (6. 4. 1995, Rs. C-241, 242/91 P), Slg. 1995, I-743 (Rn. 60, m. w. N.). Zur Problematik der Definition der Neuheit eines Produkts siehe *Bartosch*, RIW 2005, 241, 244; *Geradin*, 41 CMLR 1519, 1531 (2004). Vgl. i. Ü. auch *Körber*, RIW 2004, 881, 887 ff. Zur Problematik von Immaterialgüterrechten siehe bereits Fn. 229 (S. 71).

99 Siehe Fn. 435 (S. 101).

100 Vgl. EuGH – *Bronner* (26. 11. 1998, Rs. C-7/97), Slg. 1998, I-7791 (Rn. 43); Schlussanträge GA *Jacobs*, a.a.O., Rn. 67.

bereits auf dem abgeleiteten Markt angeboten werden".[101] Darüber hinaus ist bei der Beurteilung der wirtschaftlichen Rentabilität einer Duplizierung sowohl der Umfang der Tätigkeit des beherrschenden Unternehmens[102] als auch der Umstand zu berücksichtigen, unter welchen Bedingungen die begehrte Leistung geschaffen wurde.[103] Dies erlaubt eine adäquate Berücksichtigung von Leistungsanreizen für Unternehmen, die eine „Einrichtung" für den Eigenbedarf mit Mitteln des Leistungswettbewerbs geschaffen haben.[104] Ein genereller Kontrahierungszwang, der zu den eingangs dargestellten Konflikten führen könnte, scheidet insoweit regelmäßig aus. Dies gilt auch im Fall *Microsoft*, der zudem lediglich Zugangs*behinderungen* betraf.[105]

Anders liegt der Fall unter Zugrundelegung der vorgenannten Kriterien bei Unternehmen, die ihre Stellung (zunächst) mit staatlicher Unterstützung in einem geschützten Bereich aufgebaut haben. Hierbei handelt es sich um die Fälle, die regelmäßig im Kontext der „essential facilities doctrine" diskutiert werden. Ein genereller Kontrahierungszwang stößt hier auf weniger Bedenken, da die Investitionen auf dem beherrschten Primärmarkt nicht unter Rentabilitätsgesichtspunkten getätigt wurden. Es fehlt mithin an einer Vergleichbarkeit zu Wettbewerbern, die unter kompetitiven Bedingungen in den Markt eintreten müssen. Der Einwand der Rentabiltität einer Duplizierung greift hier ebenso wenig wie der Einwand einer Gefährdung von Leistungsstimuli.[106] Wurde der Primärmarkt noch nicht liberalisiert, hat das beherrschende Unternehmen jedoch seine Tätigkeit – zulässigerweise[107] – auf einen komplementären Markt ausgedehnt, stehen der Duplizierbarkeit der auf dem Primärmarkt bereitgestellten Leistung zudem in der Regel rechtliche Hindernisse entgegen.[108] Wurde der Primärmarkt hingegen bereits libe-

---

101 EuGH – *IMS Health* (29. 4. 2004, Rs. C-418/01), Slg. 2004, I-5039 (Rn. 48 f.): Das Urteil betrifft zwar eine Lizenzerteilung für ein geistiges Eigentumsrecht, ist aber auf sonstige Eigentumsrechte übertragbar. Ersteren ist insoweit – auch aus empirischer Sicht – kein größerer Schutz beizumessen. Zu entsprechenden empirischen Studien vgl. *Mansfield*, 32 Mgt. Sci. 173 (1986); *Levin et al.*, 75-2 AER P. & P. 20 (1985); *Levin*, 76 AER P. & P. 199 (1986); *FTC*, Special Report No. 1741, 69 Antitrust & Trade Reg. Rep. 670 (Dec. 7, 1995); *FTC*, Anticipating the 21st Century, Chap. 6, S. 7-9 (m. w. N.); *Lao*, Corn. J.L. & Pub. Pol. 193, 215-16 (1999).

102 Siehe EuGH – *Bronner* (26. 11. 1998, Rs. C-7/97), Slg. 1998, I-7791 (Rn. 46); EuGH – *IMS Health* (29. 4. 2004, Rs. C-418/01), Slg. 2004, I-5039 (Rn. 28); zur Rentabilitätsvermutung vgl. *Fleischer/Weyer*, WuW 1999, 350, 360.

103 EuGH – *IMS Health* (29. 4. 2004, Rs. C-418/01), Slg. 2004, I-5039 (Rn. 29, 30) (wonach „der Grad der Einbeziehung der Nutzer in die Entwicklung" der Leistung zur berücksichtigen ist).

104 Vgl. insoweit auch die Überlegungen in EuG – *Microsoft* (22. 12. 2004, Rs. T-201/04), ABl. 2005 C 69/16 (Rn. 207), insbesondere im Vergleich zu den *Magill*- und *IMS-Health*-Entscheidungen. Die abschließende Entscheidung steht hier noch aus.

105 Vgl. die Diskussion auf S. 101 (Fn. 435). Unklar ist, ob durch die Behinderungen signifikante Auswirkungen auf dem Servermarkt eingetreten sind: Zu einem Überblick über Anteile auf dem Server-Markt vgl. *http://www.netcraft.com/survey/*. Danach verfügt *Microsoft* zu keinem Zeitpunkt einen über einem Drittel liegenden Marktanteil (lag allerdings noch im Jahre 2005 relativ konstant bei ca. 20 %). Konstant höher ist der Marktanteil von *Apache*-Servern (ca. 60 % im Mittel). Wie hier i. Ü. *Körber*, RIW 2004, 881, 889.

106 Vgl. Schlussanträge GA *Jacobs* in *Bronner* (26. 11. 1998, Rs. C-7/97), Slg. 1998, I-7791 (Rn. 66).

107 Siehe Nachweise in Fn. 319 (S. 85).

108 In diesem Fall kommen zudem u. U. Kontrahierungspflichten aufgrund sachlich nicht gerechtfertigter, an nationalstaatliche Kriterien anknüpfender Diskriminierung in Betracht (vgl. Art. 12 und

ralisiert, bedarf es aufgrund des Fortwirkens der ursprünglich geschützten Stellung aktiver Förderungsmaßnahmen, die auf eine gewisse Trennung von Gestellung und Nutzung einer mit hoheitlicher Unterstützung geschaffenen Einrichtung hinausläuft.[109] Zugleich handelt es sich hierbei um eine Konstellation, in der aufgrund der unbestimmten Anzahl der betroffenen Wettbewerber die Erforderlichkeit eines strukturellen Eingriffs indiziert ist. In der Regel finden sich hier bereits zahlreiche, im Rahmen der Liberalisierungsbemühungen verabschiedete generell-abstrakte Zugangsregelungen.[110] Diese gehen indes über die Tatbestandsmerkmale einer Zugangsverpflichtung nach Artikel 82 EG regelmäßig hinaus.[111] Allein aus etwaigen Verletzung der abstrakt-generellen Regelungen kann mithin nicht auf einen Verstoß gegen Artikel 82 EG – und damit auf die Zulässigkeit struktureller Eingriffe – geschlossen werden.

b) *Erforderlichkeit struktureller Eingriffe bei Quersubventionen*

Der zweite Typ von Wettbewerbsbeschränkungen, für den strukturelle Eingriffe diskutiert werden, sind Quersubventionen. Diese sollen in einem ersten Schritt untersucht werden; sodann wird auf die Problematik ihrer Kontrolle und die Geeignetheit von Entflechtungen, die hierbei auftretenden Schwierigkeiten zu umgehen, einzugehen sein.

aa) *Missbräuchlichkeit von Quersubventionen*

Quersubventionen stellen einen Unterfall der missbräuchlichen (Kampf-) Preisunterbietung dar.[112] Im Rechtssinne geht es dabei um die Bestimmung der Grenze, ab der die Preisgestaltung eines beherrschenden Unternehmens nicht mehr Ausdruck von Leis-

---

Art. 82 Abs. 2 lit. c EG): vgl. z. B. EuGH – *Sacchi* (30. 4. 1974, Rs. 155/73), Slg. 1974, 409 (Rn. 17); EuGH – *GVL* (2. 3. 1983, Rs. 7/82), Slg. 1983, 483 (Rn. 55 f.); sowie EuGH – *British Leyland* (11. 11. 1986, Rs. 226/84), Slg. 1986, 3297 (Rn. 22 ff.); EuGH – *ERT* (18. 6. 1991, Rs. C-260/89), Slg. 1991, I-2925 (Rn. 37); KOMM. – *HOV-SVZ/MCN* (29. 3. 1994), ABl. 1994 L 104/34 (Rn. 247 f.), bestätigt durch EuG – *Deutsche Bahn* (21. 10. 1997, Rs. T-229/94), Slg. 1997, II-1689 (Rn. 81 ff.), und EuGH – *Deutsche Bahn* (27. 4. 1999, C-436/97 P), Slg. 1999, I-2387. Siehe auch *Emmerich* in: *Dauses*, H. I § 1 Rn. 381 ff.; *IM/Möschel (Bd. 1 EG/I)*, Art. 82 Rn. 255 ff.

109 Ähnlich *Emmerich* in: *Dauses*, H. I § 1 Rn. 380; *Dirksen* in: *Langen/Bunte*, Art. 82 Rn. 177a; weitergehend *Deselaers* in: *Grabitz/Hilf*, Art. 82 Rn. 348. Siehe auch *Mestmäcker* in: *FS Raisch*, S. 441, 466 f.; eingehende Darstellung bei *IM/Möschel (Bd. 1 EG/I)*, Art. 82 Rn. 273 ff.

110 Vgl. Art. 12 lit. a Zugangsrichtlinie (Fn. 250, S. 74), ABl. 2002 L 108/7; dazu *Bartosch*, EuZW 2002, 389, 396; Art. 18 ff. Erdgas-Richtlinie 2003/55/EG (Fn. 162, S. 131), ABl. 2003 L 176/57; Art. 20 ff. Richtlinie 2003/54/EG für den Elektrizitätsbinnenmarkt (Fn. 162, S. 131), ABl. 2003 L 176/37; VO (EWG) Nr. 2299/89 des Rates v. 24. 7. 1989 über einen Verhaltenskodex im Zusammenhang mit computergesteuerten Buchungssystemen, ABl. 1989 L 220/1, geändert durch VO (EG) Nr. 3089/93 des Rates v. 29. 10. 1993, ABl. 1993 L 278/1 und VO (EG) Nr. 323/99 des Rates v. 8. 2. 1999, ABl. 1999 L 40.

111 Wie hier *Geradin*, 41 CMLR 1519, 1549 (2004).

112 Vgl. *Hancher/Buendia Sierra*, 35 CMLR 901, 912 (1998).

tungswettbewerb ist.[113] Nach europäischem Verständnis erfordert dies das Vorliegen einer Verdrängungsabsicht.[114] Sie wird der ökonomischen Definition des „predatory pricing“ entsprechend vermutet, wenn ein Preis die *durchschnittlichen variablen Kosten* unterschreitet.[115] In diesem Fall ist im Hinblick auf die mit jeder produzierten Einheit verbundenen Verluste „kein anderes wirtschaftliches Ziel als die Ausschaltung eines Konkurrenten denkbar“.[116] Liegt der Preis unterhalb der *durchschnittlichen Gesamtkosten*, bedarf es weiterer Kriterien, die eine Verdrängungsabsicht belegen, obgleich auch hier langfristig Verluste eintreten.[117] In Ausnahmefällen kann nach Auffassung des EuGH sogar ein die *durchschnittlichen Gesamtkosten* deckender Preis gegen Artikel 82 EG verstoßen.[118] Da kostendeckende Preise allerdings Ausdruck von Leistungswettbewerb sind, ist diese Fallgruppe auf Konstellationen zu beschränken, in denen ein etwaiger Kostenvorteil nicht Produkt von Leistungswettbewerb ist.[119] Auf den vom EuGH entschiedenen Fall traf dies deshalb zu, weil die Preisbildung der beteiligten Unternehmen Produkt einer Absprache war.

Quersubventionen betreffen als Unterfall die Frage, wann ein Preis missbräuchlich wird, weil ein Unternehmen strukturelle Kostenvorteile wettbewerbswidrig einsetzt. Dabei ist berücksichtigen, dass Mehrproduktunternehmen Verbundvorteile, die sich aus einer Mischkonzernstruktur ergeben, grundsätzlich nutzen dürfen.[120] Denkbar sind

---

113 Preiswettbewerb ist grds. zulässig: vgl. Fn. 174 (S. 62) und Fn. 224 (S. 70); Schlussanträge GA *Fennelly* in EuGH – *Cie. maritime belge*, (16. 3. 2000, Rs. C-395, 396/96 P), Slg. 2000, I-1365 (Rn. 132); zur Problematik der Preisangleichung vgl. auch EuG – *France Télécom SA* (30. 1. 2007, Rs. T-340/03), online abrufbar (Rn. 176 ff.). Zu Kampfpreisen im europäischen Recht siehe *Jung* in: *Grabitz/Hilf*, Art. 82 Rn. 192 ff.; *IM/Möschel (Bd. 1 EG/I)*, Art. 82 Rn. 166 ff. (jew. m. w. N.); *Springer*, 18 ECLR 251 (1997); *Andrews*, 19 ECLR 49-57 (1998); *Kon/Turnbull*, 24 ECLR 70, 71-76 (2003).

114 Zur Kritik an der Verwendung subjektiver Kriterien vgl. Fn. 223 (S. 70).

115 Zu den ökonomischen Grundlagen vgl. *Areeda/Turner*, 88 Harv. L. Rev. 697 (1975).

116 Vgl. EuGH – *AKZO Chemie* (3. 7. 1991, Rs. C-62/86), Slg. 1991, I-3359 (Rn. 71 f., 90 ff.); EuGH – *Tetra Pak II* (14. 11. 1996, Rs. C-333/94 P), Slg. 1996, I-5951 (Rn. 41); EuG – *BPB Industries und British Gypsum* (1. 4. 1993, Rs. T-65/89), Slg. 1993, II-389; zuletzt EuG – *France Télécom SA* (30. 1. 2007, Rs. T-340/03), online abrufbar (Rn. 130).

117 EuGH – *AKZO Chemie* (3. 7. 1991, Rs. C-62/86), Slg. 1991, I-3359 (Rn. 72); EuGH – *Tetra Pak II* (14. 11. 1996, Rs. C-333/94 P), Slg. 1996, I-5951 (Rn. 41); EuG – *Michelin* (30. 10. 2003, Rs. T 203/01), Slg. 2003, II-4071 (Rn. 241 f.); siehe zuletzt KOMM – *Wanadoo* (16. 7. 2003, COMP/38.322), bestätigt durch EuG – *France Télécom SA* (30. 1. 2007, Rs. T-340/03), online abrufbar (Rn. 195). Zur Rechtfertigung solcher Verluste vgl. *Areeda/Turner*, 88 Harv. L. Rev. 697, 704 Fn. 20 (1975); *Turnbull*, 17 ECLR 96, 99 (1996).

118 EuGH – *Cie. maritime belge* (16. 3. 2000, Rs. C-395, 396/96 P), Slg. 2000, I-1365 (Rn. 109 f.); dazu *Weitbrecht*, EuZW 2002, 581, 585. Zu Recht kritisch hierzu Schlussanträge GA *Fennelly* in EuGH – *Cie. maritime belge*, a.a.O. (Rn. 132); *Waelbroeck/Frignani* in: *Megret*, Rn. 547; *Deselaers in: Grabitz/Hilf*, Art. 82 Rn. 304 (m. w. N.); *IM/Möschel (Bd. 1 EG/I)*, Art. 82 Rn. 175; *Korah*, S. 106; *Hancher/Buendia Sierra*, 35 CMLR 901, 918 (1998).

119 Wie hier *Deselaers* in: *Grabitz/Hilf*, Art. 82 Rn. 302; *Mestmäcker* in: *FS Steindorff*, 1045, 1049.

120 Vgl. Bekanntmachung zum Postsektor (Fn. 284, S. 80), ABl. 1998 C 39/2 (Ziff. 3.1. und 3.3.); siehe auch EuG – *Tetra Pak II* (6. 10. 1994, Rs. T-83/91), Slg. 1994, II-755, 839 (Rn. 186); EuG – *General Electric Co.* (14. 12. 2005, Rs. T-210/01), Slg. 2005, II-5575 (Rn. 65 ff.); EuG – *UPS Europe* (20. 3. 2002, Rs. T-175/99), Slg. 2002, II-1915 (Rn. 64) (Existenz eines Mehrproduktunternehmens allein nicht ausreichend für Verstoß gegen Artikel 82 EG); hierzu *Grave*, EuZW 2002, 379, 384 (m. w. N.).

daher zwei Varianten.[121] In der ersten verwendet ein beherrschendes Unternehmen Gewinne aus einem abgrenzbaren Markt, um durch eine Kampfpreisunterbietung auf einem anderen Markt auftretende Verluste zu kompensieren.[122] Eigenständige Bedeutung kommt dieser Variante – obwohl sie dem gegen Kampfpreisunterbietungen erhobenen Einwand mangelnder Rationalität begegnet[123] – nicht zu. Im europäischen Kartellrecht kommt es aber weder auf das Eintreten von Verlusten noch auf deren Ausgleich („recoupment") an.[124] Bedeutender ist deshalb die zweite Variante der Quersubvention, in der Kosten, die (auch) zur Erbringung einer Leistung auf einem Markt entstehen, einem sachlich oder geographisch abgrenzbaren Markt zugewiesen werden.[125] Eine missbräuchliche Kostenunterschreitung ist in diesem Fall bei isolierter Betrachtung des ersten Marktes nicht nachzuweisen.[126]

Mit der Entscheidung der Kommission im Verfahren gegen die *Deutsche Post AG* wurde die bislang ungeklärte Rechtslage zur Frage der missbräuchlichen Kostenunterschreitung bei „Multiprodukt"- oder „Multidienst"-Unternehmen erstmalig – wenn auch nur für ein geschütztes, zugleich auf wettbewerblich geprägten Märkten tätiges Unternehmen – einer Klärung zugeführt.[127] Die Kommission entschied hier, dass eine Unterschreitung der hypothetisch bei einer isolierten Produktion eines Gutes entstehenden Kosten („standalone costs") nicht gegen Artikel 82 EG verstoße.[128] Vielmehr bedürfe es einer Unterschreitung der *leistungsspezifischen Zusatzkosten* („incremental costs"), also der auf dem auf dem zweiten Markt für die Erbringung eines zusätzlichen Dienstes entstehenden durchschnittlichen variablen Kosten.[129] Von diesen abzugrenzen seien *gemeinsame Fixkosten*, also diejenigen Kosten, die erst mit der vollständigen Einstellung der Aktivitäten eines Unternehmens entfielen.[130] Dazu gehörten aufgrund des öffentli-

121 Eingehend zur Problematik der Quersubventionierung *Abbamonte*, 23 E.L. Rev. 414 (1998); *Schnelle/Bartosch*, EWS 2001, 411 ff; *Deselaers* in: *Grabitz/Hilf*, Art. 82 Rn. 361.

122 Zulässig sind Transfers von einem wettbewerblich geprägten in einen reservierten Bereich oder innerhalb des letzteren, die das finanzielle Gleichgewicht eines betrauten Unternehmens aufrecht erhalten: vgl. Bekanntmachung zum Postsektor (Fn. 284, S. 80), ABl. 1998 C 39/2 (Ziff. 3.2.); EuGH – *TNT Traco/Poste Italiane* (17. 5. 2001, C-340/99), Slg. 2001, I-4109 (Rn. 57 f.).

123 Vgl. *XVI. Wettbewerbsbericht 1986*, Rn. 334 ff.; *Brennan*, 40 Antitr. Bull. 455, 458-65 (1995).

124 EuGH – *Tetra Pak II* (14. 11. 1996, Rs. C-333/94 P), Slg. 1996, I-5951 (Rn. 44); EuG – *France Télécom SA* (30. 1. 2007, Rs. T-340/03), lediglich online abrufbar (Rn. 224 ff.).

125 Voraussetzung ist auch hier, dass zwischen Primär- und Sekundärmarkt eine so enge Verbindung besteht, dass eine auf beide Märkte bezogene beherrschende Stellung angenommen werden kann: siehe § 2 A.III.3. b) bb) (S. 72 ff.); anders *Emmerich* in: *Dauses*, H. I § 1 Rn. 391.

126 Vgl. Bekanntmachung zum Postsektor (Fn. 284, S. 80), ABl. 1998 C 39/2 (Ziff. 3.1.); Leitlinien für den Telekommunikationsbereich (Fn. 139, S. 58), ABl. 1991 L 233/2 (Rn. 102). Ferner *Hancher/Buendia Sierra*, 35 CMLR 901, 905 (1998); *Brennan*, 40 Antitr. Bull. 455, 475 (1995).

127 Siehe KOMM. – *Deutsche Post* (20. 3. 2001), ABl. 2001 L 125/27 (Rn. 47), wonach deshalb von der Verhängung eines Bußgeldes abgesehen wurde. Zu dem Verfahren vgl. in § 1 B.II. (S. 32).

128 Siehe KOMM. – *Deutsche Post* (20. 3. 2001), ABl. 2001 L 125/27 (Rn. 5); instruktiv hierzu *Abbamonte*, 23 E.L. Rev. 414, 416 (1998).

129 KOMM. – *Deutsche Post* (20. 3. 2001), ABl. 2001 L 125/27 (Rn. 9 ff.). Anders noch Danach sollten die nicht unterschritten werden, zu denen auch ein nach verteilter Anteil an den *gemeinsamen Fixkosten* und den *Gemeinkosten* gehöre.

130 Vgl. KOMM. – *Deutsche Post* (20. 3. 2001), ABl. 2001 L 125/27 (Rn. 5 ff.), hierzu auch *Schnelle/Bartosch*, EWS 2001, 411, 415.

chen Versorgungsauftrages der *Deutschen Post AG* auch Reservekapazitäten zur Befriedigung des Spitzenbedarfs unter Wahrung bestimmter Qualitätsmerkmale. Würden sie durch den Zusatzdienst genutzt, handle es sich dennoch nicht um „incremental costs".[131] In Anwendung der für Kampfpreise geltenden Grundsätze ist jedoch eine Quersubvention auch bei einer Unterschreitung der durchschnittlichen Gesamtkosten denkbar,[132] sofern zusätzliche Indizien eine Verdrängungsabsicht belegen. In diesem Fall bedarf es einer anteiligen Berücksichtigung der gemeinsamen Fixkosten und der Gemeinkosten.[133]

bb) Erforderlichkeit struktureller Eingriffe im Zusammenhang mit Quersubventionen

Die Analyse von Artikel 7 Abs. 1 VO (EG) Nr. 1/2003 hat gezeigt, dass strukturelle Eingriffe in Betracht kommen, wenn aus der Struktur eines Unternehmens sowohl die Fähigkeit als auch ein erheblicher Anreiz zu wettbewerbswidrigem Verhalten resultieren. Den Zuwiderhandlungen muss zudem im Hinblick auf die Natur der in Frage stehenden Wettbewerbsverzerrungen *und* der Zahl der betroffenen Konkurrenten nicht wirksam oder nicht rechtzeitig durch eine Verhaltenskontrolle begegnet werden können. Werden diese Grundsätze auf die vorstehenden Varianten der missbräuchlichen Preisunterbietung angewandt, folgt hieraus, dass Entflechtungen nur im Zusammenhang mit einer missbräuchlichen Kostenfehlallokation in Betracht kommt. Bei Quersubventionen in Gestalt unmittelbarer Vermögenstransfers und missbräuchlichen Preisanpassungen ohne Kostenunterschreitung ist eine Verhaltenskontrolle demgegenüber nicht mit erheblichen Schwierigkeiten verbunden. Sie erfordern deshalb keinen strukturellen Eingriff.

Bei Quersubventionen in Gestalt unmittelbarer Vermögenstransfers ist zwar die Fähigkeit, Verluste aus einer Preisunterbietung durch Einnahmen aus einem anderen Geschäftsbereich zu kompensieren, Ausfluss einer integrierten oder diversifizierten Unternehmensstruktur. Der Nachweis unmittelbarer Vermögenstransfers von einem Geschäftsbereich in einen anderen stößt aber nicht auf signifikante Schwierigkeiten. Letztere resultieren nur aus dem Erfordernis eines Nachweises einer Kostenunterschreitung auf dem relevanten Markt. Die Konstellation unterscheidet sich damit nicht von den Fällen der Kampfpreisunterbietung durch ein *nicht* diversifiziertes oder integriertes Unternehmen. Sie sind im Hinblick auf die Gefahr einer Durchsetzung vager Gerechtigkeitsvorstellungen für eine Entflechtung ungeeignet.[134] Ebenfalls unproblematisch ist eine Verhaltenskontrolle bei „Kampfpreisen", bei denen eine Kostenunterschreitung

131 Siehe KOMM. – *Deutsche Post* (20. 3. 2001), ABl. 2001 L 125/27 (Rn. 9 ff.).

132 Bekanntmachung zum Postsektor (Fn. 284, S. 80), ABl. 1998 C 39/2 (Ziff. 3.4.), wonach die *durchschnittlichen Gesamtkosten* nicht unterschritten werden sollten.

133 Bekanntmachung zum Postsektor (Fn. 284, S. 80), ABl. 1998 C 39/2 (Ziff. 3.4.) (Verteilung nach „objektiven Kriterien wie Absatz, [Arbeits-] Aufwand oder Nutzungsintensität"). Gemeinkosten fallen lediglich einmalig bei der Errichtung des ersten Dienstes an: vgl. *Hancher/Buendia Sierra*, 35 CMLR 901, 906-908 (1998).

134 Siehe § 2 A.III.3. a) dd) (S. 67 f.).

nicht vorliegt. Die zur Beurteilung der Missbräuchlichkeit des Verhaltens erforderlichen Vorgänge – nämlich die gezielte Anpassung oder das Unterschreiten der Preise eines Wettbewerbers – sind hier ohne weiteres ersichtlich. Abgesehen davon, dass Preisanpassungen ohne Kostenunterschreitung allenfalls in Ausnahmefällen missbräuchlich sein können, sind sie nicht auf eine in der Unternehmensstruktur angesiedelte Fähigkeit zur Verhinderung wirksamen Wettbewerbs zurückzuführen, weil es einer Kompensation mangels entsprechender Verluste nicht bedarf.

Anders liegt der Fall in den Fällen der Quersubvention in Gestalt der missbräuchlichen Kostenallokation. Eine Verhaltenskontrolle begegnet hier erheblichen Hindernissen.[135] Sie resultieren aus den Schwierigkeiten bei der Kontrolle der Richtigkeit der von einem Unternehmen vorgenommenen Zuordnung der Kosten zu einzelnen Geschäftsbereichen. Problematisch ist zudem die Klassifizierung variabler und fixer Kosten sowie die unter Umständen gebotene quotale Verteilung von gemeinsamen, durch die Nutzung von Verbundvorteilen allerdings niedrigeren Fixkosten. Die Schwierigkeiten sind vergleichbar mit denjenigen bei der Kontrolle der Angemessenheit eines Zugangsentgeltes, zumal regelmäßig schwierig ist, überhaupt verlässliche Daten über die Kosten eines Unternehmens zu erhalten.[136] Sie treten unabhängig davon auf, ob die Überwachung durch eine Kartellbehörde oder durch eine spezialisierte Regulierungsbehörde erfolgt.[137] Resultat ist auch hier eine Form der quasi-regulierenden Verhaltenskontrolle, die kaum als „Maßnahme zur Wiederherstellung *wirksamen Wettbewerbs*“ zu bezeichnen ist.

Die Möglichkeit, durch Kostenfehlallokation die Unterschreitung von Grenzkosten zu verschleiern und auf diesem Wege Wettbewerber zu verdrängen, jedenfalls aber ein psychologisches Marktzutrittshemmniss aufzubauen, stellt zugleich einen *Anreiz* zur Quersubventionierung dar.[138] Nahezu unstrittig besteht dieser Anreiz insbesondere im Zusammenhang mit (teil-) liberalisierten Märkten.[139] Im Prinzip verhindert die Entgeltregulierung auf dem beherrschten Primärmarkt die Erzielung von Monopolgewinnen. Ist ein Sekundärmarkt, auf dem das beherrschende Unternehmen ebenfalls tätig ist, Wettbewerb ausgesetzt, verhindert letzterer ebenfalls die Erzielung von Monopolgewinnen. Können jedoch Kosten, die zur Erbringung der Leistung auf dem Sekundärmarkt anfallen, dem Primärmarkt zugeordnet werden, kann der Preis dort – mit Genehmigung der zuständigen Regulierungsbehörde – missbräuchlich angehoben werden. Die parallele Tätigkeit auf zwei Märkten ermöglicht insofern die Erzielung insgesamt höherer Gewinne.[140] Ein unmittelbarer Schaden für die Verbraucher tritt durch die Überhöhung

---

135 Wie hier *Geradin* in: *Geradin*, S. 181, 193 f.; *Koenig*, EuZW 2002, 289.

136 Vgl. *OECD*, Restructuring Public Utilities, S. 24; ferner Fn. 62 (S. 45).

137 Vgl. bereits die eingehende Diskussion in § 2 A.II.2. (S. 44 ff.) und in § 3 A.I.3. a) aa) (S. 116 f.). Siehe ferner Art. 11 Abs. 2 der Zugangsrichtlinie 2002/19/EG (Fn. 250, S. 80), ABl. 2002 L 108/7.

138 Siehe *Baker*, 62 Antitrust L.J. 585, 589 (1994); *Piraino*, 75 N.Y.U. L. Rev. 809, 841 (2000). Zum „predatory pricing“ als psychologisches Zutrittshemmnis siehe Fn. 361 (S. 91).

139 Vgl. *Brennan*, 40 Antitr. Bull. 455, 458-65 (1995); *ders.*, 32 Antitr. Bull. 741, 746-66 (1987).

140 Vgl. *Brennan*, 32 Antitr. Bull. 741, 746-66 (1987); *ders.*, 40 Antitr. Bull. 455, 463-64 (1995).

von Preisen auf dem Primärmarkt ein; ein mittelbarer Schaden kann zudem aus der Verdrängung von Wettbewerbern auf dem Sekundärmarkt resultieren.[141]

Die Kommission hat vor diesem Hintergrund bereits für einige (teil-) *liberalisierte Märkte* (zaghafte) organisatorische Trennungen angeregt. Die betroffenen Märkte stellen, da die Nutzung von Verbundvorteilen grundsätzlich legitim ist, den Haupt-, wenn auch nicht den ausschließlichen Anwendungsfall des Problemkreises der wettbewerbswidrigen Nutzung struktureller Kostenvorteile dar, da letztere in diesem Fall regelmäßig nicht unter Wettbewerbsbedingungen entstanden sind.[142] Die von der Kommission angeregten Maßnahmen verfolgen dabei eine doppelte Zielsetzung, indem sie zum einen Quersubventionen, zum anderen diskriminierende Zugangsbehinderungen verhindern sollen. Insbesondere für den Bereich der Telekommunikationsmärkte wurde hier bereits früh eine „eine strukturelle Trennung", also die Schaffung getrennter organisatorischer Einheiten angeregt.[143] Der ehemalige Kommissar für Wettbewerb *Karel van Miert* dementierte allerdings später, dass eine Trennung von Netz- und Diensteebene geplant gewesen sei, da sich dies „auf längere Sicht als ein erhebliches Investitionshemmnis" ausgewirkt hätte.[144] Offenkundig hält die Kommission es nunmehr zur Verwirklichung des Transparenzgebotes und des Diskriminierungsverbotes für ausreichend, wenn bei vertikal integrierten Unternehmen eine nach Geschäftssparten *getrennte Buchführung und Bilanzierung* eingerichtet werde, so dass eine Diskriminierung von Wettbewerbern bzw. eine Quersubventionierung verhindert werde.[145] Ähnliche Regelungen finden sich für den Postmarkt[146] und die finanziellen Beziehungen zwischen öffentlichen Unternehmen und den Mitgliedstaaten.[147] Im Zusammenhang mit Kabelfernsehnetzen nimmt die Kommission demgegenüber an, dass lediglich die *vollständige strukturelle Trennung* die Gewähr für die Entstehung wirksamen Wettbewerbs biete und zugleich Garantin für

---

141 Vgl. EuG – *Ufex u. a.* (14. 12. 2000, Rs. T-613/97), Slg. 2000, II-4055 (Rn. 64 ff.) (m. w. N.); *Hancher/Buendia Sierra*, 35 CMLR 901, 938-42 (1998); *Abbamonte*, 23 E.L. Rev. 414, 430-33 (1998); *Schnelle/Bartosch*, EWS 2001, 411, 412 ff.

142 Wie hier *Hancher/Buendia Sierra*, 35 CMLR 901, 904 (1998); zu eng *Haus*, WuW 2001, 659, 661; *Brennan*, 40 Antitr. Bull. 455 (1995) (Quersubvention *nur* bei einem Nebeneinander von reserviertem und nicht reserviertem Bereich).

143 Vgl. Leitlinien für die Anwendung der EG-Wettbewerbsregeln im Telekommunikationsbereich, ABl. 1991 L 233/2 (Rn. 106 f.).

144 Siehe *van Miert*, WuW 1998, 7, 9.

145 Vgl. Mitteilung über Zugangsvereinbarungen im Telekommunikationsbereich, ABl. 1998 C 265/2 (Rn. 71); ferner Art. 2 lit. e der VO (EG) Nr. 2887/2000 über den entbündelten Zugang zum Teilnehmeranschluss (Fn. 250, S. 74), ABl. L 336/1, wonach der diskriminierungsfreie und kostenorientierte Zugang zur „letzten Meile" (auch „local loop") nicht mit einer „Änderung der Eigentumsverhältnisse" einhergehe. Auch die Zugangsrichtlinie 2002/19/EG (Fn. 250, S. 74), ABl. 2002 L 108/7, sieht in Art. 11 Abs. 1 nur eine getrennte Buchführung vor; ebenso Art. 13 der Rahmenrichtlinie 2002/21/EG (Fn. 285, S. 80); kritisch hierzu *Tarrant*, 24 ECLR 273-279 (2003).

146 Vgl. Bekanntmachung zum Postsektor (Fn. 284, S. 80), ABl. 1998 C 39/2, 13, 17.

147 Vgl. auch Art. 1 Abs. 2 der Richtlinie 2000/52/EG der Kommission zur Änderung der Richtlinie 80/723/EWG über die Transparenz der finanziellen Beziehungen zwischen den Mitgliedstaaten und den öffentlichen Unternehmen (26. 7. 2000), ABl. 2001 L 193/75. Zur mangelhaften Umsetzung der Richtlinie vgl. Pressemitteilung der Kommission IP/03/19 v. 8. 1. 2003.

Innovationsschübe sei.[148] Anders als die Vorgängerrichtlinie, die lediglich eine rechnungslegerische Trennung vorsah, sieht die derzeit in Kraft befindliche „Kabelfernsehrichtlinie“ daher eine rechtliche Verselbständigung von Kabel- und Fernmeldenetz in echte „separate subsidiaries“ vor.[149] Dies gilt auch für den im Folgenden zu darzustellenden Energiesektor.

Die im Zusammenhang mit Liberalisierungbemühungen angestellten Überlegungen sind ratione materiae auf die Anwendung des Artikels 82 EG übertragbar. Eine rein vorbeugende Strukturkontrolle scheidet zwar im Hinblick auf etwaige Verbundvorteile und auf die Notwendigkeit, Leistunganreize zu bewahren, aus.[150] In den Fällen, in denen das beherrschende Unternehmen der missbräuchlichen Quersubventionierung – oder der hiermit regelmäßig eng zusammenhängenden Zugangsbehinderung – überführt wurde und eine entsprechende Wiederholungsgefahr besteht, ist eine Trennung von Geschäftssparten in separate organisatorische Einheiten aber nicht nur *geeignet*, um wirksamen Wettbewerb sicherzustellen, sondern angesichts der erheblichen Schwierigkeiten einer Kostenkontrolle *erforderlich*, um eine Abstellung der Zuwiderhandlung für die Zukunft zu gewährleisten und eine regelmäßig nur beschränkt wirksame, kostenintensive Verhaltenskontrolle zu verhindern.[151] Eine getrennte Buchführung genügt in der Regel nicht. Sie beseigt nicht die Notwendigkeit einer laufenden Überwachung einschließlich der mit ihr verbundenen Schwierigkeiten einer Kostenzuordnung.[152] Inwieweit dann durch einen Eingriff in die Struktur eines Unternehmens Verbundvorteile gefährdet werden, soll anhand der US-amerikanischen Erfahrungen untersucht werden.[153]

---

148 Siehe *Arthur D. Little*, Cable Review, Anhang 2 zur Mitteilung betreffend die Bereitstellung von Telekommunikations- und Kabelfernsehnetzen (Fn. 459, S. 104), ABl. 1998, C 71/4, 17 ff.

149 Vgl. Richtlinie 1999/64/EG der Kommission zur Änderung der Richtlinie 90/288/EWG im Hinblick auf die Organisation ein- und demselben Betreiber gehörender Telekommunikations- und Kabelfernsehnetze in rechtlich getrennte Einheiten (23. 6. 1999), ABl. 1999 L 175/39. Die *Deutsche Telekom AG* hat ihr Kabelfernsehnetz zwischenzeitlich verselbständigt und teilweise veräußert, behält sich jedoch eine Minderheitsbeteiligung i. H. v. 25 % vor. Vgl. *Möschel*, WuW 1999, 832, 837; *ders.*, Beilage MMR 2/2001, 13, 17 (die doppelte Eigentümerposition der DTAG als maßgebliches Hindernis für die Entwicklung des Netzausbaus bezeichnend und – aus Sicht der Monopolkommission – eine strukturelle Trennung begrüßend; indes mögliche Interessenkonflikte hinsichtlich der Beibehaltung des Anteils von 25 % befürchtend).

150 Anders *Koenig*, EuZW 2002, 289 (generelle Trennungspflicht für Verbundunternehmen fordernd).

151 Wie hier *van Miert*, WuW 1998, 7, 9; *ders.* in: *Geradin*, S. 1, 11; *Nikolinakos*, 22 ECLR 25, 27 (2001); *Geradin* in: *Geradin*, S. 181, 193 f.; vgl. auch die in Fn. 148 (S. 130) erwähnte Studie, S. 21; *OECD*, Restructuring Public Utilities, S. 24; sowie § 3 A.I.3. a) bb) (S. 119 f., m. w. N.).

152 Wie hier unter Verweis auf die Erfahrungen in Großbritannien *Ryan*, 24 ECLR 241, 248 (2003). Vgl. auch die Regelung in Art. 11 Abs. 2 der Zugangsrichtlinie 2002/19/EG (Fn. 250, S. 74), ABl. 2002 L 108/7, wonach die Regulierungsbehörden zur Überwachung des Diskriminierungsverbots und des Transparenzgebotes eine Vorlage der Bücher verlangen können.

153 Zur Gefährdung von Verbundvorteilen siehe auch *Geradin* in: *Geradin*, S. 181, 193 f.; *OECD* (17. 9. 2001), Restructuring Public Utilities (Fn. 32, S. 112), S. 24.

c) *Exkurs: Liberalisierung des Energiesektors*

Wie bereits angedeutet, besteht insbesondere im Energiesektor ein Bedürfnis nach Stützung des eingeleiteten Liberalisierungsprozesses.[154] Die Kommission identifiziert hier in ihrem aktuellen Abschlussbericht über die Untersuchung des Energiesektors trotz der bereits erzielten Fortschritte erhebliche Wettbewerbsprobleme auf dem Gas- und Elektrizitätssektor.[155] Im Wesentlichen beklagt die Kommission eine nach wie vor unverändert hohe Marktkonzentration und daraus resultierende erhebliche Marktmacht,[156] die fortbestehende Beschränkung auf nationale Versorgungsgebiete,[157] mangelnde Transparenz[158] und eine unzulängliche Preisbildung.[159] Kritisch ist nach Auffassung der Kommission insbesondere die vertikale Abschottung der Märkte. Die vertikale Integration führe zu (den bereits erörterten) systemimmanenten Interessenkonflikten, die Investitionen in die Energieversorgungsnetze verhinderten; zugleich behinderten sie Marktzutritt, da ein effektiver und diskriminierungsfreier Netzzugang nicht gewährleistet sei.[160]

Die Kommission beabsichtigt, die festgestellten Mängel durch eine rigorosere Anwendung der Fusionskontrollverordnung sowie der Artikel 81 und 82 EG abzustellen.[161] Dabei geht ihr Ansatz hinsichtlich der Anwendung des Artikels 82 EG über den bereits durch die novellierten Erdgas- und Elektrizitätsrichtlinien vorgegebenen Rahmen hinaus.[162] Die bis 1. Juli 2007 umzusetzenden Richtlinien enthalten zum einen umfangrei-

---

154 Grundlegend zu den gemeinschaftsrechtlichen Rahmenbedingungen der Liberalisierung der Energiewirtschaft *Müller-Graff* in: *FS Tilman*, S. 721 ff.; *IM/Möschel (Bd. 1 EG/I)*, Art. 82 Rn. 277 ff.

155 Mitteilung der Kommission, Untersuchung der europäischen Gas- und Elektrizitätssektoren gemäß Artikel 17 der Verordnung (EG) Nr. 1/2003 (Abschlußbericht), KOM(2006) 851 endg.; vollständiger Bericht unter *http://ec.europa.eu/comm/competition/antitrust/others/sector_inquiries/energy/* abrufbar (SEC[2006] 1724 v. 10. 1. 2007); dazu Pressemitteilungen der Kommission IP/07/26 v. 10. 1. 2007. Siehe davor bereits den Bericht der Kommission über die Fortschritte bei der Schaffung des Erdgas- und Elektrizitätsbinnenmarktes (15.11.2005), KOM(2005) 568 endgültig; ferner Pressemitteilung der Kommission IP/06/174 v. 16. 2. 2006. Zum Stand der Liberalisierung vgl. auch Mitteilung der Kommission v. 13. 3. 2001 an den Rat und das Europäische Parlament zur Vollendung des Energiebinnenmarktes, KOM(2001) 0125 endg.; Pressemitteilung der Kommission IP/02/1423 v. 2. 10. 2002; ferner *Slot* in: *Geradin*, S. 49 ff.; *Albers*, 25 Fordham Int'l L.J. 909 (2002); sowie Pressemitteilung des Statistischen Amts der EG STAT/02/115 v. 26. 9. 2002 (zu den Wettbewerbsindikatoren im Elektrizitätsmarkt).

156 Abschlussbericht KOM(2006) 851 endg. (Fn. 155), Rn. 14; eine ergänzende Untersuchung von *London Economics* macht diese Marktkonzentration für die deutlich über Wettbewerbsniveau liegenden Energiepreise verantwortlich: Pressemitteilung der Kommission IP/07/522 v. 20. 4. 2007; Studie unter *http://ec.europa.eu/comm/competition/sectors/energy/inquiry/index.html* abrufbar.

157 Abschlussbericht KOM(2006) 851 endg. (Fn. 155), Rn. 21 ff.

158 Abschlussbericht KOM(2006) 851 endg. (Fn. 155), Rn. 24.

159 Abschlussbericht KOM(2006) 851 endg. (Fn. 155), Rn. 27 ff. Daneben wird mangelhafter Wettbewerb auf nachgelagerten Märkten, Regelenergiemärkten und LNG (Flüssiggas)-Märkten festgestellt: Abschlussbericht (a.a.O.), Rn. 31 ff.

160 Abschlussbericht KOM(2006) 851 endg. (Fn. 155), Rn. 18.

161 Abschlussbericht KOM(2006) 851 endg. (Fn. 155), Rn. 52; zu neueren Verfahren, u. a. gegen *RWE, E.ON* und *Gaz de France (GdF)*, vgl. Pressemitteilungen der Kommission MEMO/07/186 v. 11. 5. 2007 und *NERA* – GAW Nr. 448 (28. 7. 2007).

162 Siehe Richtlinien 2003/54/EG v. 26. 6. 2003 über gemeinsame Vorschriften für den Elektrizitätsbinnenmarkt und zur Aufhebung der Richtlinie 96/92/EG, ABl. 2003 L 176/37, und 2003/55/EG v.

che Verpflichtungen zur Gewährung diskriminierungsfreien Zugangs.[163] Zum anderen sehen sie Entbündelungsmaßnahmen („unbundling“) für vertikal integrierte Energieversorgungsunternehmen vor.[164] In Deutschland wurden die Richtlinien bereits umgesetzt.[165] Zu den vorgesehenen Maßnahmen gehören vor allem rechtliche und operationelle Entflechtungen.[166] Danach müssen Energieversorgungsunternehmen den Netzbetrieb in rechtlich selbständigen Einheiten organisieren.[167] Ihre Unabhängigkeit ist durch organisatorische Maßnahmen abzusichern.[168] Hinzu treten Verpflichtungen zu buchhalterischer und informatorischer Trennung.[169] Letztere beschränkt den Umgang mit wirtschaftlich sensiblen Informationen bzw. ihren Transfer zwischen den Sparten.[170]

Eine eigentumsrechtliche Entflechtung („ownership unbundling“) ist jedoch explizit nicht vorgesehen;[171] sie hätte sich in Ermangelung eines entsprechenden politischen Konsenses nicht durchsetzen lassen.[172] Unter Hinweis auf „wirtschaftliche Belege“ zur Überlegenheit vollständiger Entflechtungen fordert die Kommission jedoch nunmehr genau eine solche. Sie behält sich explizit vor, auch eigentumsrechtliche Entflechtungen im Wege der Anwendung der Wettbewerbsregeln durchzusetzen, sofern aus der Umsetzung der zweiten Elektrizitäts- und Gasrichtlinien über die rechtliche Entflechtung „kein wahrer Fortschritt und keine wirkliche Gleichbehandlung aller Marktteilnehmer resultiert“.[173] Sie erwartet hiervon zum einen eine Beseitigung des systemimmanenten Inte-

---

26. 6. 2003 über gemeinsame Vorschriften für den Erdgasbinnenmarkt und zur Aufhebung der Richtlinie 98/30/EG, ABl. 2003 L 176/57.

163 Art. 18, 19 Erdgas-Richtlinie 2003/55/EG (Fn. 162); Art. 20 Elektrizitätsrichtlinie 2003/54/EG (Fn. 162); vgl. auch *Bolsenkötter* in *PwC*, S. 279 ff. Zu der in diesem Kontext relevanten Problematik von (alten) Vorzugsrechten vgl. *Talus/Wälde*, 32 E.L. Rev. 125-137 (2007); EuGH – *VEMW* (7. 6. 2005, Rs. C-17/03), Slg. 2005, I-4983; XXXV. Wettbewerbsbericht 2005, S. 26. Zur Kalkulation von Nutzungsentgelten siehe *Zenke/Thomale*, WuW 2005, 28 ff.

164 Siehe *Lecheler/Gundel*, EuZW 2004, 621, 626 f.; *Lecheler/Herrmann*, WuW 2005, 482 ff. Siehe auch *Kriete/Werner*, WuW 2004, 1272 ff. Zu den Adressaten der Entflechtung vgl. Art. 2 Nr. 20 Elektrizitätsrichtlinie 2003/54/EG (Fn. 162); § 3 Nr. 38 EnWG und *Britsch* in *PwC*, S. 5 ff.

165 Zweites Gesetz zur Neuregelung des Energiewirtschaftsrechts v. 7. 7. 2005, BGBl. 2005, S. 1970 ff., in Kraft getreten am 13. 7. 2005 (nachfolgend „EnWG“).

166 Vgl. hierzu die Untersuchung von *Volz*.

167 Siehe Art. 10 Abs. 1, 15 Abs. 1 Elektrizitätsrichtlinie 2003/54/EG (Fn. 162); Art. 9 Abs. 1, 13 Abs. 2 Erdgas-Richtlinie 2003/55/EG (Fn. 162); § 7 EnWG; *Britsch/Rausch* in *PwC*, S. 25 ff. (dort auch zu den Gestaltungsmöglichkeiten der Entflechtung). Anders noch Art. 14 Abs. 3, Erwägung Nr. 30 der Richtlinie 96/92/EG für den Elektrizitätsbinnenmarkt, ABl. 1997 L 27/20, und Art. 13 Abs. 3, Erwägung Nr. 22 der Richtlinie 98/30/EG für den Erdgasbinnenmarkt, ABl. 1998 L 204/1.

168 Art. 9 Abs. 2, 13 Abs. 2, 15 Erdgas-Richtlinie 2003/55/EG (Fn. 162); Art. 10 Abs. 2, 15 Abs. 2, 17 Elektrizitätsrichtlinie 2003/54/EG (Fn. 162); siehe auch § 8 EnWG. Eingehend *Liesenhoff/Küper* in *PwC*, S. 85 ff.

169 Zur buchhalterischen Trennung vgl. Art. 16, 17 Erdgas-Richtlinie 2003/55/EG (Fn. 162); Art. 18, 19 Elektrizitätsrichtlinie 2003/54/EG (Fn. 162); § 10 EnWG; eingehend *Poullie* in *PwC*, S. 149 ff.; *Kriete/Werner*, WuW 2004, 1272 ff.; siehe auch die Untersuchung von *Loos*.

170 Art. 12, 16 Elektrizitätsrichtlinie 2003/54/EG (Fn. 162); Art. 10, 14 Erdgas-Richtlinie 2003/55/EG (Fn. 162); vgl. auch § 9 EnWG; eingehend *Dirks* in *PwC*, S. 117 ff.

171 Siehe Art. 17 Elektrizitätsrichtlinie 2003/54/EG (Fn. 162); Art. 15 Erdgas-Richtlinie 2003/55/EG (Fn. 162).

172 Vgl. *Britsch* in *PwC*, S. 4.

173 Vgl. Pressemitteilung der Kommission IP/06/174 v. 16. 2. 2006; Abschlussbericht KOM(2006) 851 endg. (Fn. 155, S. 131), Rn. 44, 45, 55; vollständiger Abschlussbericht SEC(2006) 1724 endg.

ressenkonflikts vertikal integrierter Unternehmen, zum anderen eine Vermeidung einer „übermäßig detaillierten und komplexen Regulierung".[174] Dabei ist die Kommission der Auffassung, keine signifikanten Synergieeffekte zu gefährden.[175]

Ob es hier tatsächlich zu vollständigen – auch eigentumsrechtlichen – Entflechtungen kommen wird, ist nicht zuletzt im Hinblick auf die bereits dargelegten strengen Voraussetzungen struktureller Eingriffe fraglich.[176] Zunächst bleibt abzuwarten, inwieweit die durch die Erdgas- und Elektrizitätsrichtlinie vorgegebenen Restrukturierungen zu einem Fortschritt führen. Bereits jetzt zeichnet sich jedoch ab, dass jedenfalls die deutsche Energiewirtschaft bei den möglichen Gestaltungsvarianten der Verselbständigung des Netzes ein Pachtmodell der Übertragung auf eine neue Gesellschaft vorzieht. Dabei wird die Netzgesellschaft „schlank" gehalten, also mit nur wenigen Führungskräften besetzt, das Geschäft aber im Wesentlichen vom bisherigen Energieversorger weiter betrieben. Dies verhindert, dass die Netzgesellschaft das für einen selbständigen Betrieb eines Netzes erforderliche Know-how erwerben kann. Es ist mithin fraglich, ob die Netzgesellschaft in der Lage sein wird, ihre Aufgaben eigenverantwortlich wahrzunehmen.[177] Sollte es zu weitergehenden Entflechtungsmaßnahmen kommen, ist jedoch auch zweifelhaft, ob die von der Kommission geäußerten Erwartungen zu einer Beseitigung der Regulierung sowie die Annahme, es werde nicht zu substantiellen Synergieverlusten kommen, zutreffen. Das US-amerikanische Recht wird hier weiteren Aufschluss geben.

4. *Verhältnismäßigkeit im engeren Sinn*

Nach dem europäischen Verhältnismäßigkeitsgrundsatz müssen die verursachten Nachteile einer Maßnahme stets in angemessenem Verhältnis zu den angestrebten Zielen stehen.[178] Gegenstand der Prüfung ist eine umfassende Abwägung, die einerseits den Eingriff in Relation zum Wettbewerbsverstoß, andererseits die Kosten der Maßnahme für die Allgemeinheit und für den Betroffenen ins Verhältnis zu den zu erwartenden Vorteilen setzt.[179] Erweist sich eine Entflechtung im Zuge der Angemessenheitsprüfung aufgrund der Beeinträchtigung individueller Interessen oder solcher der Allgemeinheit als unverhältnismäßig im engeren Sinne, muss auf weniger geeignete Maßnahmen zurückgegriffen werden. Wie generell bei wirtschaftlich komplexen Sachverhalten ist je-

(Fn. 155), Rn. 1026; im Vergleich zum vorläufigen Bericht vom 16. 2. 2006 ist der Ton des Abschlussberichtes allerdings moderater.

174 Paradoxerweise sollen parallel die Befugnisse der Regulierungsbehörden erweitert werden: Abschlussbericht KOM(2006) 851 endg. (Fn. 155, S. 131), Rn. 57 ff.

175 Abschlussbericht KOM(2006) 851 endg. (Fn. 155, S. 131), Rn. 56.

176 Wie hier im Ergebnis skeptisch nunmehr auch *Klees/Hauser*, WuW 2007, 596 ff.

177 Siehe *Britsch/Rausch* in *PwC*, S. 25 f. (mit entsprechender Kritik).

178 Siehe Fn. 3 (S. 108).

179 Siehe *Kischel*, EuR 2000, 380, 383 f. (m. w. N.).

doch auch hier der Ermessensspielraum der Kommission zu beachten, der jedenfalls de jure zu einer Beschränkung der richterlichen Kontrolle auf offensichtliche Beurteilungsfehler führt.[180] Unklar ist allerdings die Darlegungs- und Beweislast hinsichtlich der individuellen Nachteile.[181] Sie soll an dieser Stelle ebenso offen bleiben wie die Frage, welche Interessen im Rahmen der Angemessenheitsprüfung zu berücksichtigen sind. Aufschluss sollen hier die US-amerikanischen Erfahrungen geben.

Der Verhältnismäßigkeitsgrundsatz im engeren Sinne ist vorliegend jedoch insoweit von Bedeutung, als er es verbietet, einen schwerwiegender Eingriff wie eine Entflechtung zur Verhinderung von Verhaltensweisen vorzunehmen, deren Auswirkungen auf die Wettbewerbsverhältnisse schwach sind. Bereits nach den Ergebnissen der bisherigen Untersuchung ist die Beseitigung von Wettbewerbsverhinderungsmacht nur systemkonform, wenn der zu beseitigende strukturelle Vorteil *unabdingbare Voraussetzung* für einen Missbrauch von *erheblichem* Gewicht ist.[182] Rechtsdogmatisch richtig ist dies mithin im Rahmen der Angemessenheit zu prüfen. Gleiches gilt für etwaige Belastungen der Allgemeinheit durch eine laufende Verhaltenskontrolle. Sie sind zwar nicht im Rahmen der Erforderlichkeit zu berücksichtigen.[183] Sie können aber Abwägungselement zugunsten der Angemessenheit eines strukturellen Eingriffs sein, der eine *wirksamere* Abhilfe verspricht als eine Verhaltenskontrolle. Artikel 7 Abs. 1 S. 3, 2. Halbsatz VO (EG) Nr. 1/2003, der sich nur auf verhaltensorientierte Abhilfen von gleicher Wirksamkeit („*letztere*") bezieht, ist nicht zu entnehmen, dass er die allgemeinen Grundsätze der Verhältnismäßigkeit auch für den im 1. Halbsatz genannten Fall modifizieren soll.

Ebenfalls ein im Rahmen der Angemessenheit zu erörtendes Problem speziell im Kontext von Leistungsverweigerungen ist, dass charakteristisch für diese ist, dass Austausch- und Wettbewerbsverhältnis regelmäßig zwar komplementäre, aber *abgrenzbare* Märkte zugrunde liegen.[184] Sie lassen sich grundsätzlich von unterschiedlichen Unternehmen bedienen und eignen sich damit für eine Entflechtung. Vielfach wird die komplementäre, für den Eigenbedarf vorgesehene Leistungsstufe jedoch von einem *unselbständigen Unternehmensteil* bedient werden. Für eine Zugangsverpflichtung ist nicht erforderlich, dass die komplementäre Leistungsstufe von einem selbständigen Tochterunternehmen bedient wird, sofern für eine Leistung zumindest potentiell eine eigene, spezifische Nachfrage besteht.[185] Sollen aber unselbständige Unternehmensteile entflochten

---

180 Vgl. Nachweise in Fn. 13 (S. 109); siehe auch *Kischel*, EuR 2000, 380, 387.

181 Vgl. *Emiliou*, S. 183.

182 Vgl. insoweit die Diskussion in § 2 A.III.3. a) dd) (S. 66) und § 2 A.IV. (S. 79).

183 Siehe die Diskussion in § 3 A.I.3. (S. 111).

184 Wie hier *Eilmansberger*, EWS 2003, 12, 14 (Machttransfer als zentrales Missbrauchselement). Zur Marktabgrenzung § 2 A.III.3. a) bb) (S. 58 f.).

185 So auch *Temple Lang*, 18 Fordham Int. L.J. 437, 483 (1994). Vgl. ferner Mitteilung über Zugangsvereinbarungen im Telekommunikationsbereich, ABl. 1998 C 265/2 (Rn. 126). Siehe EuGH – *IMS Health* (29. 4. 2004, Rs. C-418/01), Slg. 2004, I-5039 (Rn. 44 ff.); dazu auch Schlussanträge GA *Tizzano* (Rn. 56 ff.). Im Verfahren zur Aussetzung der einstweiligen Maßnahmen hatte *IMS Health* sich noch mit Erfolg darauf berufen, dass keine getrennte Märkte bestünden: EuG – *IMS Health* (26. 10. 2001, Rs. T-184/01 R), Slg. 2001, II-3193 (Rn. 80, 105). Unter Zugrundelegung der Krite-

werden, begegnet dies unter Umständen praktischen Schwierigkeiten. Zum einen fehlt es regelmäßig an Bruchlinien, so dass sich die Identifizierung des Entflechtungsgegenstandes problematisch gestaltet. Zum anderen ist die Ausgliederung eines lebensfähigen Unternehmens aus einer bislang organischen Einheit problematisch; insbesondere besteht die Gefahr, dass durch die Auflösung des bisherigen Unternehmensverbundes Effizienzvorteile beseitigt werden. Der Verlust dieser Vorteile ist im Rahmen der Angemessenheit zu berücksichtigen; inwieweit diese Gefahr realistisch ist, soll gleichermaßen anhand der US-amerikanischen Erfahrungen untersucht werden.

II. Entflechtungen nach der VO (EG) Nr. 1/2003 als Mittel der Folgenbeseitigung?

Nach der *Continental-Can*-Rechtsprechung nähern sich die Werturteile gegenüber den zum Schutz unverfälschten Wettbewerbs verbotenen Verhaltensweisen und gegenüber den mit ihrer Hilfe erzielten Ergebnissen an, so dass im Prinzip eine „Neutralisierung und Beseitigung" der Auswirkungen der Zuwiderhandlung in Betracht kommt.[186] Derartige in die Vergangenheit gerichtete Maßnahmen dienen jedoch allenfalls aufgrund der mit ihnen einhergehenden Abschreckungswirkung der Abstellung *künftiger* Zuwiderhandlungen. Artikel 7 Abs. 1 S. 2 VO (EG) Nr. 1/2003 stellt jedoch nach seinem Wortlaut lediglich auf die Beendigung der *festgestellten* Zuwiderhandlung ab. Die Vorschrift scheint folglich mit Hilfe *beendeter* wettbewerbswidriger Verhaltensweisen erzielte strukturelle Erfolge unangetastet lassen und sich darauf beschränken zu wollen, künftige Behinderungsmissbräuche zu verhindern. Hierfür spricht auch der 12. Erwägungsgrund der VO (EG) Nr. 1/2003, demzufolge strukturelle Eingriffe nur dann verhältnismäßig sein sollen, wenn *„ein erhebliches, durch die Struktur eines Unternehmens als solcher bedingtes Risiko anhaltender oder wiederholter Zuwiderhandlungen gegeben ist."* Insoweit wäre die Regelung sogar als *Einschränkung* der nach der VO Nr. 17/62 geltenden Rechtslage zu sehen, da nach der letzteren jedenfalls die (Rück-) Entflechtung der Folgen eines wettbewerbswidrigen und unzweifelhaft für die Verstärkung der bestehenden Marktbeherrschung ursächlichen Verhaltens für grundsätzlich zulässig erachtet wurde[187] und darüber hinaus eine Verpflichtung der Kommission bestand, auch nach Beendigung einer Zuwiderhandlung dafür Sorge zu tragen, dass ihre Auswirkungen neutralisiert und beseitigt werden.[188]

Freilich ließe sich vertreten, dass eine Folgenbeseitigung auch dem Ziel dient, das Auftreten von Zuwiderhandlungen gegen Artikel 82 EG in Form von Ausbeutungsmissbräuchen, die durch den rechtswidrigen Erwerb einer beherrschenden Stellung ermög-

---

rien zur Abgrenzung des relevanten Marktes (siehe Fn. 143, S. 58) wäre die Begründung eines eigenen Marktes allerdings naheliegend gewesen.

186 Siehe § 2 A.III.3. (S. 55 ff.).

187 Vgl. Fn. 86 (S. 49).

188 Siehe § 2 A.III.3. (S. 55 ff.).

licht werden, zu verhindern. In diesem Fall stellt der Ausbeutungsmissbrauch jedoch nicht den „festgestellten“ Missbrauch dar; ein struktureller Eingriff zur Beseitigung der Fähigkeit zu unabhängigem Verhalten würde den bereits zur VO Nr. 17/62 entwickelten Grundsatz, wonach die Abhilfe der Natur der festgestellten Zuwiderhandlung angepasst sein muss, verletzen. Zum anderen bestehen grundsätzliche Bedenken gegen einen Rekurs auf strukturelle Maßnahmen, wenn die Kausalität einer Wettbewerbsverzerrung für den Erwerb oder die Aufrechterhaltung der beherrschenden Stellung nicht eindeutig ist. Etwaige Ausbeutungsmissbräuche stehen als solche nicht in Widerspruch zum Ziel eines wirksamen und unverfälschten Wettbewerbs und können auch aufgrund einer rechtmaßig erworbenen und daher hinzunehmenden beherrschenden Stellung auftreten.[189]

Dennoch ist nicht anzunehmen, dass Artikel 7 Abs. 1 VO (EG) Nr. 1/2003 in seiner Reichweite auf rein präventive Entflechtungen beschränkt werden sollte. Hiergegen spricht zunächst die Zielsetzung des Artikels 82 EG selbst, die durchaus eine Folgenbeseitigung zulässt, da es auf die „Mittel und Verfahren“, mit denen der strukturelle Erfolg erzielt wurde, nicht ankommt.[190] Sofern die Ursächlichkeit einer Wettbewerbsverzerrung für den Erwerb oder die Aufrechterhaltung einer beherrschenden Stellung qualitativ und quantitativ messbar ist, würde zudem ein Absehen von einer Folgenbeseitigung zu jener paradoxen Prämie wettbewerbswidrigen Verhaltens führen, die den Gerichtshof veranlasst hat, eine Beseitigungs- und Neutralisierungsverpflichtung der Kommission anzunehmen.[191] Schließlich spricht der 12. Erwägungsgrund der VO (EG) Nr. 1/2003 auch von „Änderungen an der Unternehmensstruktur, wie sie *vor* der Zuwiderhandlung bestand“, was auf eine Folgenbeseitigung hindeutet.[192] Insbesondere im Zusammenhang mit Verstößen gegen Artikel 81 EG war dabei an die Entflechtung von wettbewerbswidrigen Teilfunktionsgemeinschaftsunternehmen und Minderheitsbeteiligungen gedacht, soweit sie nicht in den Anwendungsbereich der Fusionskontrollverordnung fallen.[193] Da es sich hierbei auch um eine Maßnahme zur Folgenbeseitigung eines wettbewerbswidrigen Verhaltens handelt, wird deutlich, dass allein der nicht eindeutige Wortlaut des Artikel 7 Abs. 1 VO (EG) Nr. 1/2003 nicht als Argument gegen eine Zulässigkeit von Folgenbeseitigungsmaßnahmen herangezogen werden kann. Dies gilt umso mehr, als eine Folgenbeseitigung auch eine Abschreckung künftiger, vergleichbarer Zuwiderhandlungen bewirkt und damit vom Wortlaut der Ermächtigungsgrundlage gedeckt wäre.

Zweifelhaft ist allerdings, inwieweit Maßnahmen zur Folgenbeseitigung *erforderlich* sind. Einschränkungen ergeben sich zunächst daraus, dass der Nachweis der Ursächlichkeit einer Wettbewerbsverzerrung für einen strukturellen Erfolg außerhalb von Zusammenschlusskonstellationen regelmäßig schwierig ist. Darüber hinaus sprechen gewichtige wettbewerbspolitische und – insbesondere im Hinblick auf fehlende Bruch-

189 Siehe § 2 A.III.3. b) cc) (S. 74 ff.).
190 Siehe Fn. 104 (S. 52).
191 Siehe § 2 A.III.3. (S. 55 ff., m. w. N. in Fn. 127, S. 55).
192 Zum Wortlaut des 12. Erwägungsgrundes vgl. auszugsweise S. 112.
193 Siehe Fn. 19 (S. 23) und Fn. 9 (S. 26).

linien – praktische Argumente gegen Maßnahmen zur Beseitigung der Folgen von Behinderungsmissbräuchen.[194] Schließlich ist eine Entflechtung, sofern ein notwendiger Kausalzusammenhang zwischen Verhalten und strukturellem Erfolg nachgewiesen werden kann, nicht zwingend das einzige Mittel zur Folgenbeseitigung. Dies ergibt sich aus der Rechtsprechung des EuGH im Fall *Tetra Laval/Sidel*. Danach ist zu berücksichtigen, wenn ein Unternehmen bestimmte verhaltensorientierte Zusagen macht,[195] auch wenn dies zu einer systemwidrigen laufenden Verhaltenskontrollen führen kann.[196] Diese Erwägungen gelten a fortiori für Konstellationen, in denen der Nachweis der Ursächlichkeit einer Zuwiderhandlung nicht so eindeutig möglich ist wie im Fall eines Zusammenschlusses. Daher ist zweifelhaft, ob die nach der hier vertretenen Auffassung grundsätzlich gegebene Möglichkeit einer Folgenbeseitigung praktisch relevant werden wird.

III. Zusammenfassung

Strukturelle Eingriffe sind verhältnismäßig im Sinne des Artikels 7 Abs. 1 VO (EG) Nr. 1/2003, wenn *(1)* die Struktur eines Unternehmens unabdingbare Voraussetzung für das Auftreten eines *(2)* Missbrauchs von erheblichem Gewicht ist. Ferner muss *(3)* ein erhebliches, in der Unternehmensstruktur selbst angelegtes Risiko einer Wiederholungsgefahr bestehen, weil ein Anreiz zu weiteren Wettbewerbsverzerrungen besteht, dem *(4)* durch eine Verhaltenskontrolle im Hinblick auf die Natur der in Frage stehenden Wettbewerbsverzerrungen *und* der Zahl der betroffenen Konkurrenten nicht wirksam oder nicht rechtzeitig begegnet werden kann. Die insoweit erforderliche Prognose muss auf „eindeutige Beweise" gestützt werden, wobei einerseits dem bisherigen Verhalten des Unternehmens, auch Umständen Rechnung zu tragen ist, die zu einer Verringerung der Anreize zu wettbewerswidrigen Verhalten führen können. Im Ergebnis führt dies dazu, dass die Wirksamkeit einer Verhaltenskontrolle jedenfalls bei erstmaligen Zuwiderhandlungen zunächst ausgelotet werden muss. Im Grundsatz folgt hieraus, dass Maßnahmen struktureller Art nur in Ausnahmefällen in Betracht kommen.[197]

Anreize zu wettbewerbswidrigem Verhalten bestehen insbesondere dann, wenn ein beherrschendes Unternehmen verpflichtet ist, Zugang zu einer von ihm kontrollierten Einrichtung im weitesten Sinn zu gewähren. Sie resultieren aus der Doppelstellung des Unternehmens als Wettbewerber und Eigentümer der Einrichtung. Die Kontrolle der Zugangsverpflichtung ist mit erheblichen Schwierigkeiten verbunden, da einerseits auf der Grundlage der – beeinflussbaren – Kosten eines Unternehmens die Angemessenheit

---

194 Siehe § 2 A.IV. (S. 77 ff.).

195 Siehe Fn. 37 (S. 113); EuG – *Gencor* (25. 3. 1999, Rs. T-102/96), Slg. 1999, II-753 (Rn. 319).

196 Daher zu Recht kritisch *Fuchs*, WuW 1996, 269, 274 (allerdings für die Fusionskontrolle).

197 Wie hier, allerdings ohne nähere Begründung, *Loewenheim/Messen/Riesenkamff*, VerfVO, Art. 7 Rn. 59; *Schwarze/Weitbrecht*, § 6 Rn. 43; vgl. auch *Klees*, § 6 Rn. 75 ff.; *Sura* in: *Langen/Bunte*, VO Nr. 1/2003, Art. 7 Rn. 4.

des Zugangsentgelts zu überwachen ist und dem beherrschenden Unternehmen andererseits möglich ist, die Einhaltung der Zugangsverpflichtung faktisch zu umgehen. Strukturelle Eingriffe werden *in der Regel* aber nur im Zusammenhang mit (teil-) liberalisierten Märkten in Betracht kommen. Dies ergibt sich zunächst aus dem Umstand, dass eine generelle Zugangsverpflichtung regelmäßig nur in diesem Bereich begründet werden kann oder aufgrund spezialgesetzlicher Regelungen begründet wurde. In letzterem Fall folgt hieraus jedoch nicht zwingend, dass auch eine Zugangsverpflichtung im Sinne des Artikels 82 EG besteht, deren Verletzung zu Maßnahmen struktureller Art führen muss. Darüber hinaus zwingen die hohen Beweisanforderungen an die Prognose der Wiederholungsgefahr dazu, den Beweis der ungenügenden Wirksamkeit einer Verhaltenskontrolle zu erbringen. Auf (teil-) liberalisierten Märkten kann dies unter Umständen durch den Verweis auf die bisherigen Bemühungen der dort vorhandenen Regulierungsbehörden geschehen. Schließlich ist auf diesen Märkten auch das Erfordernis der quantitativen Unzulänglichkeit einer Verhaltenskontrolle erfüllt, da regelmäßig eine unbestimmte Anzahl von Wettbewerbern von Wettbewerbsverzerrungen betroffen ist.

Eine Verhaltenskontrolle erscheint ferner in den Fällen der Quersubventionen regelmäßig weniger wirksam. Hier ergeben sich die Schwierigkeiten einer Verhaltenskontrolle in qualitativer Hinsicht vor allem aus der Notwendigkeit, die Kosten eines Unternehmens zu überwachen. Vergleichbare Schwierigkeiten ergeben sich allerdings nicht im Zusammenhang mit Quersubventionen in Form von Vermögenstransfers sowie bei „Kampfpreisen" ohne Kostenunterschreitung (die ohnehin wettbewerblich ambivalent sind und daher nur in Ausnahmefällen als missbräuchlich angesehen werden sollten). Auch bei der Fallgruppe der Quersubventionen werden Entflechtungen in der Regel nur im Zusammenhang mit (teil-) liberalisierten Märkten in Betracht kommen. Ursache ist, dass gerade in diesem Fall ein erheblicher Anreiz besteht, Kostenfehlallokationen vorzunehmen, um die Erträge eines Unternehmens trotz Preisregulierung auf einem Primärmarkt insgesamt zu erhöhen. Zudem ist die Wahrnehmung von Kostenvorteilen aus einer integrierten oder diversifizierten Unternehmensstruktur grundsätzlich zulässig; dieses Argument kann indes nur bedingt in den Fällen Geltung beanspruchen, in denen der Kostenvorteil – wie im Fall ehemaliger Staatsmonopole – nicht Produkt von Leistungswettbewerb ist. Schließlich kann auch hier auf die Bemühungen der zuständigen Regulierungsbehörde verwiesen werden, um die fehlende Geeignetheit einer Verhaltenskontrolle zu belegen. Zu berücksichtigen ist in jedem Fall, dass ein struktureller Eingriff das finanzielle Gleichgewicht eines Unternehmens, dem eine im allgemeinen wirtschaftlichen Interesse liegende Aufgabe übertragen wurde, nicht beeinträchtigen darf.[198]

Grundsätzlich kommen strukturelle Eingriffe allerdings auch in Betracht, wenn das beherrschende Unternehmen seine Marktstellung im Wege des Leistungswettbewerbs aufgebaut hat. Für Leistungsverweigerungen ist in diesem Fall aber zu berücksichtigen, dass ein Missbrauch nur unter außergewöhnlichen Umständen anzunehmen

198 Siehe § 2 A.V.3. (S. 85 ff.).

ist. Unter besonderen Umständen – beispielsweise bei Vorliegen erheblicher Netzeffekte[199], die das beherrschende Unternehmen zum Zeitpunkt seines Markteintritts nicht zu überwinden hatte[200] – ist denkbar, dass eine Leistung als unabdingbar betrachtet wird. Auf der Rechtsfolgenseite ist dann aber zu berücksichtigen, dass der Verhältnismäßigkeitsgrundsatz voraussetzt, dass die mangelnde Geeignetheit einer Verhaltenskontrolle belegt ist. In Ermangelung eines entsprechenden allgemeinen Erfahrungssatzes ist daher zwingend zunächst auf die Mittel der Verhaltenskontrolle zurückzugreifen, dessen Ungeeignetheit jedoch in der Regel erst nach einem gewissen Zeitraum festzustellen sein wird. Unter Berücksichtigung entsprechender Verfahrensdauern ist kaum zu erwarten, dass ein struktureller Eingriff noch zu einem Zeitpunkt erfolgt, zu dem er nennenswerte Auswirkungen auf die Marktverhältnisse hat.

Auch bei Quersubventionen ist zweifelhaft, inwieweit strukturelle Eingriffe in Betracht kommen. Wurde eine Unternehmensstruktur mit den Mitteln des Leistungswettbewerbs aufgebaut, ist die Wahrnehmung von Verbundvorteilen grundsätzlich zulässig. Zugleich muss die Anpassung an die Preise von Wettbewerbern – sofern keine Kostenunterschreitung vorliegt – als Ausdruck von Leistungswettbewerb auch ungeachtet der „besonderen Verantwortung" beherrschender Unternehmen zulässig sein;[201] jedenfalls handelt es sich hierbei nicht um eine Verhaltensweise, die schwer zu kontrollieren wäre. Liegt eine Kostenfehlallokation allerdings vor, greifen die gegen eine Kostenkontrolle streitenden Bedenken allerdings unabhängig davon, ob das Unternehmen seine Marktstellung im Wege des Leistungswettbewerbs aufgebaut hat oder nicht. Allerdings besteht – anders als im Fall der Regulierung – in der Regel kein gesteigerter Anreiz, Kosten aus einem Markt in missbräuchlicher Weise einem anderen Markt zuzuordnen. Es fällt daher schwerer, die Erforderlichkeit eines strukturellen Eingriffs zu rechtfertigen. Auch hier muss jedoch zunächst eine Verhaltenskontrolle unternommen werden, da sich nicht ausschließen lässt, dass das Unternehmen sich gesetzestreu verhalten wird.

Nach der hier vertretenen Auffassung sind schließlich auch Maßnahmen struktureller Art zur Beseitigung der durch einen Behinderungsmissbrauch verursachten Folgen nach Artikel 7 Abs. 1 VO (EG) Nr. 1/2003 möglich. Sie sind insoweit systemkonform. Voraussetzung ist, dass der Nachweis eines ursächlichen und nachvollziehbaren Beitrages zum Erwerb oder der Aufrechterhaltung der beherrschenden Stellung erbracht werden kann. Strukturelle Eingriffe zur Verhinderung von Ausbeutungsmissbräuchen sind demgegenüber nicht von Artikel 7 Abs. 1 VO (EG) Nr. 1/2003 gedeckt. Weder stehen Ausbeutungsmissbräuche als solche in Widerspruch zum Ziel eines wirksamen und unverfälschten Wettbewerbs noch würden sie die festgestellte Zuwiderhandlung darstellen, die eine Entflechtung unter dem Aspekt der Folgenbeseitigung rechtfertigt. Folgenbeseitigungsmaßnahmen werden indes angesichts der praktischen Schwierigkeiten des

---

199 Siehe dazu Fn. 182 (S. 63); vgl. auch *Zimmerlich*, WRP 2004, 1260, 1261.
200 Zu entsprechenden Überlegungen im Verfahren gegen *Microsoft* vgl. Fn. 430 (S. 238).
201 Siehe insoweit die Kritik in Fn. 118 (S. 125).

Nachweises einer (fortwirkenden) Kausalität eines Behinderungsmissbrauchs für den erlangten Grad der Marktbeherrschung nur in Ausnahmefällen in Betracht kommen. Eine mögliche Konstellation ist, da Zusammenschlüsse unter die Fusionskontrollverordnung fallen, die vollständige Verdrängung des einzigen Konkurrenten, sofern ein erneuter Markteintritt aufgrund hoher Marktzutrittsschranken unwahrscheinlich ist.

B. Maßnahmen struktureller Art und Grundrechtsschutz

Es liegt auf der Hand, dass strukturelle Maßnahmen besonders schwerwiegende Eingriffe darstellen. Insoweit stellt sich die Frage, inwieweit die betroffenen Unternehmen vor derartigen Interventionen geschützt sind. Einen gewissen Schutz bieten bereits die strengen Anforderungen, die sich aus der Anwendung des Verhältnismäßigkeitsgrundsatzes ergeben. Er setzt allerdings voraus, dass die Anwendung des Verhältnismäßigkeitsprinzips im Verfahren sichergestellt ist; der hieraus resultierende Schutz soll in einem ersten Schritt untersucht werden. Überdies ist die Kommission bei der Anwendung sowohl des formellen als auch des materiellen Wettbewerbsrechts an das primäre und sekundäre Gemeinschaftsrecht gebunden. Es schließt gemäß Artikel 6 EU die den Rechtsüberzeugungen der Mitgliedsstaaten gemeinsamen Grundrechte ein.[202] Ergänzend sind die leitenden Grundsätze *Europäischen Konvention zum Schutz der Menschen- und Grundrechte* (4. 11. 1950) zu berücksichtigen.[203] Geschützt werden in erster Linie natürliche Personen; auf juristische Personen finden die Grundrechte aber (in nuancierter Form) unmittelbare Anwendung.[204] Dieser Grundrechtsschutz wird in einem zweiten Schritt zu untersucht; aus Gründen der Übersichtlichkeit beschränkt sich die Darstellung auf das Eigentumsrecht, das das durch strukturelle Eingriffe gefährdete Erworbene schützt.[205]

---

202 Vgl. EuGH – *Gutachten 2/94*: Beitritt der Gemeinschaft zur Konvention zum Schutze der Menschenrechte und Grundfreiheiten (28. 3. 1996), Slg. 1996, I-1759 (Rn. 33); EuGH – *Schmidberger* (12. 6. 2003, Rs. C-112/00), Slg. 2003, I-5659 (Rn. 71); EuGH – *Omega* (14. 10. 2004, Rs. C-36/02), Slg. 2004, I-9609 (Rn. 33); EuG – *General Electric Co.* (14. 12. 2005, Rs. T-210/01), Slg. 2005, II-5575 (Rn. 725, m. w. N.); *Pernice*, NJW 1990, 2409, 2414; eingehend zur gemeinschaftsrechtlichen Begründung von Grundrechten *Nicolaysen*, EuR 2003, 719; zum Verhältnis von Grundrechten und Grundfreiheiten siehe *Müller-Graff*, EuR 2006, Beiheft 1, S. 19 ff.

203 Gemeinsame Erklärung des Europäischen Parlaments, des Rats und der Kommission zur Achtung der Menschenrechte vom 5. 4. 1977 ABl. 1977 C 103/1; EuGH – *Gutachten 2/94* (Fn. 202); EuGH – *Johnston* (15. 5. 1986, Rs. 222/84), Slg. 1986, 1651 (Rn. 18); EuG – *SCK und FNK* (22. 10. 1997, Rs. T-213/95, 18/96), Slg. 1997, II-1739 (Rn. 53).

204 EuGH – *Orkem* (18. 10. 1989, Rs. 374/87), Slg. 1989, 3283 (Rn. 30 f.); EuGH – *Hoechst* (21. 9. 1989, Rs. 46/87, 227/88), Slg. 1989, 2859 (Rn. 13); *Schwarze*, EuZW 2001, 517 ff.

205 Siehe *Jarass*, § 22 Rn. 4 (dort auch zur Abgrenzung zur Berufsfreiheit). Zu ausführlicheren Darstellungen des Grundrechtsschutzes vgl. *Müller-Graff* in: *Becker/Scholz*, S. 203 ff.; *ders.* in: *Müller-Graff/Riedel*, S. 9 ff.; *Breitenmoser/Riemer/Seitz*, S. 197 ff.; *Schwarze*, NJW 2005, 3459 ff.

Neben dem Grundsatz der Verhältnismäßigkeit muss das Verwaltungsverfahren nach der Kartell-VO verfahrensrechtlichen Anforderungen genügen, um einen fairen Prozess zu gewährleisten.[206] Dazu zählt vor allem der in Artikel 27 Abs. 1 VO (EG) Nr. 1/2003 verankerte Grundsatz des rechtlichen Gehörs,[207] der auch zugunsten interessierter Dritter eingreift.[208] Ebenso bedeutsam ist die vollumfängliche Wahrung der Verteidigungsrechte der Parteien, die das Recht auf Akteneinsicht umfasst (Artikel 27 Abs. 2 VO [EG] Nr. 1/2003).[209] Hierzu gehört auch die Pflicht zur Begründung von Kommissionsentscheidungen (Artikel 253 EG). Sie ermöglicht erst eine richterliche Kontrolle und damit die Wahrung der Verteidigungsrechte eines Unternehmens.[210] Zu den weiterhin zu berücksichtigenden Grundsätzen gehören vor allem die Prinzipien des „nulla poena sine lege“,[211] des „ne bis in idem“,[212] des Rückwirkungsverbotes,[213] des Vertrauensschutzes,[214] der Rechtssicherheit[215] und der Verfolgungs- und Vollstreckungsverjährung.[216]

---

206 Vgl. Art. 27 VO (EG) Nr. 1/2003 (davor Art. 19 Abs. 1 VO 17/62 i. V. m. Art. 4 VO 99/63); ferner EuG – *General Electric Co.* (14. 12. 2005, Rs. T-210/01), Slg. 2005, II-5575 (Rn. 629 ff.); EuGH – *Hoffmann-La Roche* (13. 2. 1979, Rs. 85/76), Slg. 1979, 461 (Rn. 9 ff.); EuGH – *Timex* (20. 3. 1985, Rs. 264/82), Slg. 1985, 849 (Rn. 30); EuGH – *Orkem* (18. 10. 1989, Rs. 374/87), Slg. 1989, 3283 (Rn. 32 ff.); EuG – *Société Générale* (8. 3. 1995, Rs. T-34/93), Slg. 1995, II-545 (Rn. 71 ff.); EuG – *Mannesmann Röhrenwerke* (20. 2. 2001, Rs. T-112/98), Slg. 2001, II-729 (Rn. 67). Eingehend *Grzybek*, S. 89 ff., 97 ff.; *Lenz/Mölls*, WuW 1991, 771 ff.; *F. Schmidt*, S. 191.

207 Vgl. u. a. EuG – *Danone* (25. 10. 2005, Rs. T-38/02), Slg. 2005, II-4407 (Rn. 33, 50); zur Funktion der Mitteilung der Beschwerdepunkte EuG – *Cie. générale maritime* (28. 2. 2002, Rs. T-86/95, Slg. 2002, II-1011 (Rn. 442 m. w. N.); EuG – *Schneider Electric* (22. 10. 2002, Rs. T-310/01), Slg. 2002, II-4071 (Rn. 438); EuG – *Schneider Electric* (11. 07. 2007, Rs. T-351/03), nicht rechtskräftig (Schadensersatzanspruch wegen Verletzung des Anspruchs auf rechtliches Gehör); EuG – *France Télécom SA* (30. 1. 2007, Rs. T-340/03) (Rn. 18). Generell *Pernice*, NJW 1990, 2409, 2414.

208 Art. 27 Abs. 3 VO (EG) Nr. 1/2003; siehe auch den 32. Erwägungsgrund der VO (EG) Nr. 1/2003.

209 Vgl. EuGH – *Technische Universität München* (21. 11. 1991, Rs. C-269/90), Slg. 1991, I-5469 (Rn. 14); EuG – *Solvay (Soda I)* (29. 6. 1995, Rs. T-30/91), Slg. 1995, II-1779 (Rn. 83); EuG – *ICI (Soda I)* (29. 6. 1995, Rs. T-36/91), Slg. 1995, II-1847 (Rn. 93); EuG – *ICI (Soda II)*, Slg. 1995, II-1901 (Rn. 64); EuG – *Mayr-Melnhof (Karton)* (14. 5. 1998, Rs. T-347/94), Slg. 1998, II-1751 (Rn. 312 ff.); EuGH – *Cie. maritime belge* (16. 3. 2000, Rs. C-395, 396/96 P), Slg. 2000, I-1365 (Rn. 142); zuletzt EuG – *Ahmed Ali Yusuf* (21. 9. 2005, Rs. T-306/01), Slg. 2005, II-3533 (Rn. 325); EuGH – *Danone* (8. 2. 2007, Rs. C-3/06), noch nicht veröffentlicht (Rn. 68 m. w. N.).

210 EuG – *Tokai Carbon u. a.* (15. 6. 2005, Rs. T-71/03, 74/03, 87/03 und 91/03), Slg. 2005, II-1181 (Rn. 139 ff.); EuG – *Danone* (25. 10. 2005, Rs. T-38/02), Slg. 2005, II-4407 (Rn. 95 f. m. w. N.).

211 EuGH - *Kirk* (10. 7. 1984, Rs. 63/83), Slg. 1984, 2689 (Rn. 22); EuGH – *Danone* (8. 2. 2007, Rs. C-3/06), noch nicht veröffentlicht (Rn. 30).

212 Vgl. EuGH – *Boehringer* (14. 12. 1972, Rs. 7/72), Slg. 1972, 1281 (Rn. 3); EuG – *Tokai Carbon u. a.* (15. 6. 2005, Rs. T-71/03, 74/03, 87/03 und 91/03), Slg. 2005, II-1181 (Rn. 112 m. w. N.) zur Frage der Anwendung des „ne bis in idem“-Grundsatzes bei internationalen Sachverhalten.

213 Eingehend EuGH – *Danone* (8. 2. 2007, Rs. C-3/06), noch nicht veröffentlicht (Rn. 87, 88).

214 EuGH – *Bosch* (6. 4. 1962, Rs. 13/61), Slg. 1962, 97, 113; EuGH – *Racke* (25. 1. 1979, Rs. 98/78), Slg. 1979, 69 (Rn. 20); EuG – *Bayer* (29. 5. 1991, Rs. T-12/90), Slg. 1991, II-219 (Rn. 28 f.), bestätigt durch EuGH – *Bayer* (15. 12. 1994, Rs. C-195/91 P), Slg. 1994, I-5619. Ein Schutz des Vertrauens in eine gleichförmige Rechtsanwendung existiert indes nicht: EuG – *General Electric Co.* (14. 12. 2005, Rs. T-210/01), Slg. 2005, II-5575 (Rn. 119, m. w. N.).

215 Vgl. Fn. 93 (S. 51); EuGH – *Danone* (8. 2. 2007, Rs. C-3/06), noch nicht veröffentlicht (Rn. 37).

Die Einhaltung der vorgenannten Grundsätze, die zunehmend in den Fokus des Gemeinschaftsrichters gerückt sind,[217] gewährleistet eine objektive Berücksichtigung aller für eine Entscheidung relevanten Umstände. Dies bietet eine gewisse Gewähr für sachlich richtige Entscheidungen, was Voraussetzung für die Wahrung der Grundrechte der Beteiligten ist.[218] Zugleich findet sich hier ein Gegengewicht zu dem weiten Ermessen, dass der Kommission bei komplexen wirtschaftlichen Sachverhalten eingeräumt wird. Bedenken ergeben sich dennoch insbesondere im Zusammenhang mit strukturellen Eingriffen im Hinblick darauf, dass die Kommission sowohl die Rolle des Anklägers als auch des Richters übernimmt.[219] Die europäische Rechtsprechung hat hieran bislang keinen Anstoß genommen und sieht in der Funktion des Anhörungsbeauftragten[220] sowie der Berücksichtigung der obenstehenden Verfahrensgrundsätze eine ausreichende Sicherheit für die Verteidigungsrechte eines Unternehmens.[221] Im Hinblick auf die vorstehenden Bedenken können die verfahrensrechtlichen Anforderungen indes lediglich notwendige, nicht jedoch hinreichende Bedingung für einen umfassenden Grundrechtsschutz von Unternehmen sein. Insofern kommt dem nachfolgend zu untersuchenden Grundrecht auf Eigentum erhebliche Bedeutung zu.

II. Entflechtungen und Eigentumsschutz

Im Zusammenhang mit der Diskussion um die Zulässigkeit einer Rückentflechtung von wettbewerbswidrigen Zusammenschlüssen ist vertreten worden, dass strukturelle Eingriffe einen nach Artikel 295 EG *unzulässigen Eingriff* in die Eigentumsordnung der Mitgliedstaaten darstelle.[222] Diese Ansicht steht, wie bereits dargelegt, in Widerspruch zu Entstehungsgeschichte und Schutzzweck des Art. 295 EG.[223] Tatsächlich misst die Rechtsprechung des EuGH Eingriffe in das Eigentumsrecht individueller Marktteilnehmer nicht an dieser Norm.[224] Zwar ist das Eigentum an körperlichen Sachen und an immateriellen Rechten im europäischen Recht sowohl in seinem Bestand als auch in seiner

---

216 Siehe Art. 25 und 26 VO (EG) Nr. 1/2003 und oben Fn. 371 (S. 93).

217 Siehe die in den vorangegangenen Fußnoten aufgeführten Nachweise; ferner *F. Schmidt*, S. 151.

218 Siehe *Everling*, WuW 1989, 877, 880 ff.; ferner EuG – *Schneider Electric* (22. 10. 2002, Rs. T-310/01, 77/02), Slg. 2002, II-4071 (oben Fn. 46, S. 32). Eingehend zum Grundrechtsschutz im Verfahren nach der VO 17/62 *Gumbel* (2000).

219 Wie hier kritisch *Rittner*, EuZW 2000, 129; *Wesseling*, 26 E. L. Rev. 357, 376 (2001).

220 Vgl. Beschluss der Kommission vom 23. 5. 2001 über das Mandat von Anhörungsbeauftragten in bestimmten Wettbewerbsverfahren, ABl. 2001 L 162/21; siehe hierzu auch EuG – *General Electric Co.* (14. 12. 2005, Rs. T-210/01), Slg. 2005, II-5575 (Rn. 717 ff.).

221 Vgl. EuG – *General Electric* (14. 12. 2005, Rs. T-210/01), Slg. 2005, II-5575 (Rn. 625, 629 ff.); EuG – *Shell (Polypropylen)* (10. 3. 1992, Rs. T-11/89), Slg. 1992, II-757 (Rn. 39); EuG – *Enso Española (Karton)*, (14. 5. 1998, Rs. T-348/94), Slg. 1998, II-1875 (Rn. 55 ff.); EuGH – *Musique Diffusion Française* (7. 6. 1983, Rs. 100-103/80), Slg. 1983, 1825 (Rn. 7 ff.).

222 Vgl. *Möhring* in: *Wahl/Serick/Niederländer*, S. 345, 350 ff.

223 Siehe insoweit bereits Fn. 288 (S. 81). Wie hier *Schulte-Braucks*, S. 307 f.

224 Siehe *GTE/Hochbaum*, Art. 295 Rn. 4 f.; siehe insofern oben Fn. 202 (S. 140).

Nutzungs- bzw. Ausübungsmöglichkeit geschützt.[225] Grundlage hierfür sind aber – zumindest bis zum In-Kraft-Treten der *Charta der Grundrechte der Europäischen Union* – die „gemeinsamen Verfassungskonzeptionen der Mitgliedstaaten“ sowie Artikel 1 des 1. Zusatzprotokolls der EMRK.[226] Der Eigentumsschutz stellt mithin *eigenständiges* Gemeinschaftsrecht dar, das aus einer „autonomen Rechtsquelle fließt“ und Vorrang vor nationalstaatlich gewährten Grundrechtspositionen beansprucht.[227]

1. Allgemeine Grundsätze des Eigentumsschutzes im europäischen Recht

Die Prüfung, ob ein Eingriff in das Eigentumsrecht vorliegt, gestaltet sich zweigliedrig. Zunächst ist zu untersuchen, ob und inwieweit das Eigentumsrecht infolge seiner sozialen Bindung in den einzelnen Mitgliedstaaten einer Beschränkung unterliegt.[228] Fehlt es an einer derartigen Beschränkung, so stellt sich der Inhalt des Eigentumsrechts als umfassendes Verfügungs- und Nutzungsrecht dar.[229] Ein Eingriff liegt vor, wenn eine eigentumsfähige Position entzogen oder ihre Nutzung, Verfügung oder Verwertung Beschränkungen unterworfen wird.[230] Der Schwerpunkt der Prüfung konzentriert sich auf die *gemeinschaftsrechtliche Rechtfertigung* einer Beschränkung.[231] Sie scheidet aus, wenn der Eingriff keinen „dem allgemeinen Wohl dienenden Zielen der Gemeinschaft“ entspricht und im Hinblick auf den verfolgten Zweck einen „unverhältnismäßigen, nicht tragbaren Eingriff in die Vorrechte des Eigentümers darstellt, der das Eigentumsrecht *in seinem Wesensgehalt* antastet“.[232] Der Wesensgehalt ist dabei nicht im Sinne eines unantastbaren Kernbereichs zu verstehen, sondern stellt sich als Ergebnis einer – auch für

---

225 Siehe Art. 6 Abs. 1 und 2 EU und EuGH – *Hauer/Land Rheinland-Pfalz* (13. 12. 1979, Rs. 44/79), Slg. 1979, 3727 (Rn. 17 ff.); EuGH – *Biovilac* (6. 12. 1984, Rs. 59/83), Slg. 1984, 4057 (Rn. 22). Eingehend *Günter*, S. 33 ff. Ein eigenständiges Institut des Rechts am eingerichteten und ausgeübten Gewerbebetrieb existiert hingegen nicht: wie hier *Jarass*, § 22 Rn. 13.

226 EuGH – *Hauer/Land Rheinland-Pfalz* (13. 12. 1979, Rs. 44/79), Slg. 1979, 3727 (Rn. 17); EuGH – *Laserdisken ApS / Kulturministeriet* (12. 9. 2006, Rs. C-479/04), Slg. 2006, I-8089 (Rn. 62, m. w. N.); EuG – *General Electric Co.* (14. 12. 2005, Rs. T-210/01), Slg. 2005, II-5575 (Rn. 725). Die am 7. 12. 2000 in Nizza proklamierte, nach dem vorläufigen Scheitern des Europäischen Verfassungsvertrages aber noch nicht verbindliche *Charta der Grundrechte der Europäischen Union*, ABl. 2000 C 364/8, basiert in ihrem Art. 17, der das Eigentumsrecht schützt, auf dem Zusatzprotokoll. Zur Grundrechtscharta vgl. insbesondere *Müller-Graff/Kreß/Lorz*, JZ 2006, 455 f.; zur Bedeutung des Verfassungsvertrages siehe *Müller-Graff* in: *Jopp/Matl*, S. 87 ff.

227 EuGH – *Internationale Handelsgesellschaft* (17. 12. 1970, Rs. 11/70), Slg. 1970, 1125 (Rn. 3); siehe auch BVerfG (7. 6. 2000), EuZW 2000, 702, 704 (Bananenmarktordnung); *Nettesheim*, Jura 2001, 686 ff.; *Pernice*, NJW 1990, 2409, 2412 f. Diese Autonomie übersieht *Haus*, WuW 2001, 659, 664, in seiner Kritik an Art. 7 des Reformvorschlags der Kommission (Fn. 10, S. 22).

228 EuGH – *Hauer/Land Rheinland-Pfalz* (13. 12. 1979, Rs. 44/79), Slg. 1979, 3727 (Rn. 20); siehe auch EuGH – *The Queen/ Secretary of State for Health* (10. 12. 2002, Rs. C-491/01), Slg. 2002, I-11453 (Rn. 149); zu weiteren Nachweisen vgl. *Breitenmoser/Riemer/Seitz*, S. 253 ff.

229 Siehe *Günter*, S. 239; zu den schutzfähigen Positionen siehe *Jarass*, § 22 Rn. 6 ff.

230 Vgl. Art. 1 des 1. Zusatzprotokolls zur EMRK; siehe auch *Jarass*, § 22 Rn. 14 ff.

231 Vgl. *Günter*, S. 44 f.

232 EuGH – *Hauer/Land Rheinland-Pfalz* (13. 12. 1979, Rs. 44/79), Slg. 1979, 3727 (Rn. 23). Kritisch *Günter*, S. 241 (m. w. N.).

andere Grundrechte vorzunehmenden[233] – wertenden Abwägung von Interessen dar.[234] Damit findet der Verhältnismäßigkeitsgrundsatz auch hier Anwendung.[235]

Wie sich aus der Bezugnahme auf das erste Zusatzprotokoll der EMRK ergibt, findet hierbei eine Differenzierung zwischen finalen Eingriffen in das Eigentumsrecht und Beschränkung der Ausübung desselben nicht statt.[236] Beide sind gleichermaßen vor dem Hintergrund der dem Allgemeinwohl dienenden Zielsetzungen des EG-Vertrages – zu denen auch das Interesse an der Aufrechterhaltung eines wirksamen Wettbewerbs zählt – und dem Maßstab der Verhältnismäßigkeit zu messen.[237] Im Prinzip würde sich daher eine dem deutschen Recht entsprechende Unterscheidung zwischen Enteignung (Artikel 14 Abs. 3 GG) und Inhalts- und Schrankenbestimmung (Artikel 14 Abs. 1 S. 2, Abs. 2 GG), die unterschiedlichen verfassungsrechtlichen Rechtfertigungen unterliegen, erübrigen.[238] Das 1. Zusatzprotokoll der EMRK stellt die bei Vorliegen eines öffentlichen Interesses zulässige Enteignung jedoch unter Gesetzesvorbehalt und fordert eine Entschädigungsregelung; zudem hat der Gerichtshof – ungeachtet seiner Ausführungen in den Fällen *Metallurgiki Halyps* und *Hoogovens Groep*[239] – deutlich gemacht, dass es mit den Erfordernissen des Grundrechtsschutzes unvereinbar sei, wenn eine Maßnahme der Gemeinschaft den Betroffenen „entschädigungslos um die Früchte seiner Arbeit und der von ihm [...] vorgenommenen Investitionen" bringe.[240] Nicht zuletzt im Hinblick auf das Prinzip der begrenzten Einzelermächtigung bedarf es daher doch einer Differenzierung zwischen Beschränkung der Ausübung und Entzug des Eigentumsrechts.[241]

---

233 Vgl. EuGH – *Schmidberger* (12. 6. 2003, Rs. C-112/00), Slg. 2003, I-5659 (Rn. 80 f.). Für die dem Erwerbsschutz dienende Berufsfreiheit vgl. EuGH – *Nold*, (14. 5. 1974, Rs. 4/73) Slg. 1974, 491 (Rn. 14); hierzu *Günter*, S. 16 ff., 238 f.; *Haslinger*, WuW 2007, 343, 347 ff. Da Einschränkungen i. d. R. nach dem Verhältnismäßigkeitsprinzip und der Wesensgehaltsgarantie zu beurteilen sind, sind Eigentumsrecht und Berufsfreiheit kaum abgrenzbar: vgl. insofern die Gleichbehandlung in EuGH – *Alessandrini u. a.* (30. 6. 2005, Rs. C-295/03), Slg. 2005, I-5673 (Rn 86, m. w. N.); siehe auch *Jarass*, § 22 Rn. 4 (wonach auf die Abgrenzung regelmäßig verzichtet werde).

234 Wie hier *Pernice*, NJW 1990, 2409, 2416; *Müller-Michaels*, S. 47; *Gumbel*, S. 272. Diese Abwägung hat als allgemeiner Grundsatz Eingang in Artikel 52 Abs. 1 der *Charta der Grundrechte der Europäischen Union* gefunden: Eingehend zur Charta und den Einschränkungsmöglichkeiten der in ihr verankerten Rechte nach Art. 52 *Schwarze*, EuZW 2001, 517 ff.

235 Siehe EuGH – *Wachauf/Bundesamt für Ernährung und Forstwirtschaft* (13. 7. 1989, Rs. 5/88), Slg. 1989, 2609; *Kischel*, EuR 2000, 380, 384 f.

236 Vgl. auch EuGH – *Metallurgiki Halyps* (9. 12. 1982, Rs. 258/81), Slg. 1982, 4261 (Rn. 13); sowie EuGH – *Hoogovens Groep* (19. 9. 1985, Rs. 172, 226/83), Slg. 1985, 2831 (Rn. 29), wonach kein Verstoß gegen das Eigentumsrecht bei einer Beeinträchtigung der *Rentabilität* und *Substanz* eines Unternehmens im Interesse eines höherrangigen Ziels vorliege. Kritisch hierzu *Günter*, S. 46.

237 Letztlich gilt dies auch nach der Grundrechtscharta: vgl. die Darstellung bei *Jarass*, § 22 Rn. 20 ff.

238 Vgl. *Scholz*, S. 155 ff.; *Selmer*, S. 61 ff.

239 Oben Fn. 236 (S. 144).

240 EuGH – *Wachauf* (13. 7. 1989, Rs. 5/88), Slg. 1989, 2609 (Rn. 19); zur Rechtsprechung des EuGMR siehe *Kingreen* in: *Calliess/Ruffert (1. Aufl. 1999)*, Art. 6 EU Rn. 119.

241 Siehe *Müller-Michaels*, S. 46 f. Dies gilt auch insoweit, als die Charta der Grundrechte der Europäischen Union gemäß Art. 52 Abs. 3 und Art. 53 Bezug auf die EMRK nimmt und diese nicht einschränken soll.

Stellt man zunächst auf die Auswirkungen einer Entflechtung für das *betroffene Unternehmen* ab, so konkretisieren die erhöhten Anforderungen, die an ein Unternehmen in marktbeherrschender Stellung gestellt werden, auch die Sozialpflichtigkeit des Eigentums. Sein Gebrauch wird folglich gewissen Schranken unterworfen. Dies gilt insbesondere insoweit, als nach der vorstehenden Diskussion strukturelle Eingriffe vor allem Unternehmen betreffen werden, die ihre Marktstellung zunächst im wettbewerbsfreien Raum aufgebaut haben. Folge ist, dass sie einer erhöhten Sozialbindung unterliegen.[242] Wenig problematisch sind daher die Fälle, in denen mit einer Anordnung keine Sachsubstanz entzogen wird, sondern lediglich der Gebrauch des Eigentums unter Beachtung des Verhältnismäßigkeitsgrundsatzes Beschränkungen unterworfen wird. Daher ist bei *umgestaltenden strukturellen Eingriffen* eine Enteignung nicht anzunehmen.[243] Hier gilt nichts anderes als bei der zwangsweisen Gewährung des Zugangs zu einer „Einrichtung", die zudem im Hinblick auf die Kompensierung durch ein angemessenes Nutzungsentgelt nicht entschädigungslos einhergeht.[244]

Bei der Aufspaltung eines Unternehmens oder der Abspaltung von Teilen desselben finden im Gegensatz zur umgestaltenden Entflechtung Vermögensübertragungen statt.[245] Die Grenze zu einer reinen Nutzungsbeschränkung ist hier überschritten.[246] Zu berücksichtigen ist aber, dass die Anordnung der Trennung von Vermögenswerten, die *contra legem* – sei es durch Zusammenschluss oder durch Behinderungsmissbrauch – aufgebaut *oder aufrechterhalten* wurden, lediglich einen Verweis des Unternehmers in die Schranken der Rechtsordnung, *nicht* eine Enteignung darstellt.[247] Aus den bereits dargelegten Gründen wird im Rahmen der Missbrauchskontrolle in der Regel jedoch mangels entsprechendem Kausalitätsnachweis nicht ohne weiteres behauptet werden können, dass eine beherrschende Stellung bzw. Vermögenswerte, auf denen sie beruht, contra legem aufgebaut wurde.[248] Allerdings soll der strukturelle Eingriff dem Unternehmen ein Instrument nehmen, künftige Wettbewerbsverzerrungen zu begehen, zu denen es bei funktionsfähigem Wettbewerb unter Umständen gar nicht mehr in der Lage wäre. Die Wiederholungsgefahr ist dabei aus der wiederholten missbräuchlichen Instru-

---

242 Wie hier *Koenig/Kühling/Winkler*, WuW 2003, 228, 241; *Haslinger*, WuW 2007, 343, 347. Vgl. auch BVerwG, Urteil v. 24. 4. 2001, 6 C 6/00, MMR 2001, 681, 690 (auf die erhöhte Sozialbindung bei rechtlich geschützten Monopolen verweisend).

243 *Duden* in: *FS Böhm*, S. 3, 17; *Papier* in: *Maunz/Dürig*, Art. 14 Rn. 508 f.; a. A. *Selmer*, S. 61 ff.

244 *Markert*, WuW 1995, 560, 564; *Emmerich* in: *FS Großfeld*, S. 223, 229; ebenso *IM/Möschel (Bd. 1 EG/I)*, Art. 82 Rn. 241; i. Erg. auch *de Bronett* in: *Wiedemann*, § 22 Rn. 68. Anders *Schnelle*, EuZW 1994, 556, 559 f. (Enteignung); differenzierend *Schmidt-Preuß*, AG 1996, 1, 9 f.

245 Zu möglichen Varianten der gesellschaftsrechtlichen Abwicklung im deutschen Recht siehe § 123 UmwG; ferner *Scholz*, S. 63 f.; *Kerber*, S. 119 ff.; *Schnorbus*, S. 34 f.

246 Vgl. insoweit *Haslinger*, WuW 2007, 343, 345 (für das „ownership unbundling").

247 Vgl. *Schulte-Braucks*, S. 309. Für Art. 14 GG *Papier* in: *Maunz/Dürig*, Art. 14 GG Rn. 508 f. Vgl. ferner *Kerber*, S. 76 ff, für die Rückentflechtung vollzogener Zusammenschlüsse.

248 Siehe § 2 A.III.3. b) cc) (S. 74 ff.).

mentalisierung des strukturellen Vorteils in der Vergangenheit abzuleiten.[249] Die Situation unterscheidet sich nicht von derjenigen, in der eine Position contra legem aufgebaut wurde: Auch hier wird das Unternehmen lediglich in die Schranken der Rechtsordnung verwiesen, ohne dass eine entschädigungspflichtige Enteignung anzunehmen ist.

Mangels Enteignung stellt sich die Frage nach der Notwendigkeit einer Artikel 1 Abs. 2 des 1. Zusatzprotokolls zur EMRK entsprechenden Ermächtigungsgrundlage a priori nicht, wobei diesem Erfordernis jedenfalls mit der Neuregelung der Kartellverordnung genüge getan wäre. Selbst wenn jedoch eine Enteignung angenommen würde, bliebe die Maßnahme nicht entschädigungslos.[250] Der Entflechtungsadressat erhielte im Rahmen von Veräußerungslösungen den Verkaufspreis für die zu entflechtenden Unternehmensteile. Alternativ würde er für die Übertragung von Aktiva durch die Übernahme von Passiva durch das entflochtene Unternehmen sowie durch den Erhalt von Anteilen entschädigt. Diese Vorteile müsste er sich im Wege der Vorteilsausgleichung anrechnen lassen.[251] Solange in ersterem Fall ein ausreichender Verkaufspreis erzielt würde, läge eine hinreichende Entschädigung – die unterhalb des Marktwertes liegen kann[252] – vor; eine Entschädigungspflicht bestünde lediglich dann, wenn der Kaufpreis im Rahmen der Vorteilsausgleichung nicht angemessen wäre.[253]

3. Eigentumsrechte der Anteilseigner

Bei strukturellen Eingriffen, die das Eigentumsrecht von Anteilseignern berühren können, ist zu berücksichtigen, dass der Anteilseigner in den Fällen einer Abspaltung und Ausgliederung als Formen der gesellschaftsrechtlichen Abwicklung grundsätzlich in seiner Stellung als (Teil-) Eigentümer eines Unternehmens unangetastet bleibt.[254] Etwas anderes gilt nur für die Fälle der *Aufspaltung* zur Aufnahme oder zur Neugründung[255] sowie für die Fälle, in denen Anteilseigner verpflichtet werden sollten, ihre Anteile am abspaltenden oder empfangenden Unternehmensträger zu veräußern, um faktische Einflussnahmen auszuschließen. Erstere Konstellation wird im europäischen Wettbewerbsrecht kaum in Betracht kommen, sofern dem Entflechtungsadressaten die Wahl der zur Erreichung des Enflechtungsziels möglichen Methoden überlassen bleibt. Lediglich in

---

249 Siehe § 3 A.I.3. (S. 111 ff.).

250 Vgl. *Möschel*, Entflechtungen, S. 136 ff.; ebenso *Schulte-Braucks*, S. 308, die deshalb eine Enteignung verneinen. Dagegen *Selmer*, S. 61 ff., 78; *Haus*, WuW 2001, 659, 664.

251 Vgl. *Papier* in: *Maunz/Dürig*, Art. 14 GG Rn. 508 f.

252 Siehe *Jarass*, § 22 Rn. 23 (m. w. N. und Hinweis darauf, dass der Rechtswidrigkeit des Erwerbs bei der Bemessung der Entschädigung Rechnung getragen werden kann).

253 Vgl. *Duden* in: *FS Böhm*, S. 3, 17.

254 Siehe *Möschel*, Entflechtungen, S. 135 ff. (ohne Einschränkung nach der gewählten Verkaufsmethode); sowie *Schulte-Braucks*, S. 310, die eine Enteignung ablehnen, weil die Anteilsinhaber eine Entflechtung nicht entschädigungslos hinnehmen müssten.

255 Vgl. § 123 Abs. 1 UmwG; in diesen Fällen wird die alte Gesellschaft liquidiert.

letztgenanntem Fall stellt sich dann die Frage der ausreichenden Kompensation. Sie soll mit Hilfe der Erfahrungen des US-amerikanischen Rechts beantwortet werden.

Gegebenenfalls verändert sich allerdings der Wert der Beteiligung. Selbst in den Fällen einer Abspaltung, in deren Rahmen die Anteilseigner Anteile am auszugründenden Unternehmen im Verhältnis zur Beteiligung am ausgründenden Unternehmen erhalten,[256] kann die Summe der an mehreren Unternehmen gehaltenen Anteile nicht zwingend mit dem vorher bestehenden Ganzen gleichgesetzt werden.[257] Abweichungen in der Werthaltigkeit werden sich insbesondere dann ergeben, wenn die Marktbeherrschung an den Aktienmärkten ihren Niederschlag im Unternehmenswert gefunden hat, dieser jedoch nach der Entflechtung mit erheblichen Abschlägen bedacht wird. Ob eine derartige „Entkapitalisierung" tatsächlich eintritt, ist angesichts der Erfahrungen des US-amerikanischen Rechts ebenso zweifelhaft wie die Frage, ob es sich hierbei überhaupt um einen zu berücksichtigenden Nachteil handelt.[258] In jedem Fall ist hier nicht das Eigentum, sondern das Vermögen betroffen, das als solches nicht geschützt ist.[259] Veränderungen des Werts der Anteile können daher lediglich im Rahmen der Beurteilung der Verhältnismäßigkeit einer Maßnahme Berücksichtigung finden, sofern sie so erheblich sind, dass sie nicht durch das dem allgemeinen Wohl dienende Ziel unverfälschten Wettbewerbs kompensiert werden. Dabei ist indes zu berücksichtigen, dass ein eventueller Wertverlust die Kehrseite des Gewinns darstellt, den ein Missbrauch mit sich bringen würde. Soweit Anteilsinhaber an diesem Gewinn teilhaben, müssen sie Verluste als Ausdruck des mit einer Anlage verbundenen Risikos hinnehmen.

4. *Ergebnis*

Strukturelle Eingriffe sind in der Regel nicht als Enteignung zu werten, die – zumal sie weder für die betroffenen Unternehmen noch für Anteilseigner entschädigungslos vonstatten gehen – mit Rücksicht auf Artikel 1 Abs. 2 des 1. Zusatzprotokolls zur EMRK einer speziellen Ermächtigungsgrundlage bedürften. Eine Ausnahme stellt die (Sekundär-) Entflechtung auf der Ebene der Anteilseigner dar; hier stellt sich die Frage nach einer „angemessenen" Entschädigung. Die Zulässigkeit eines strukturellen Eingriffs bestimmt sich im Hinblick auf das autonom zu bestimmende Grundrecht auf Eigentum jedoch in allen Fällen – ebenso wie für andere Grundrechte – nach der *Verhältnismäßigkeit* des Eingriffs, deren Fehlen zu einer Verletzung des Wesensgehaltes des Eigentums

256 Sog. pro-rata-Lösungen, vgl. *Kerber*, S. 119 ff.

257 So zutreffend *Selmer*, S. 64, entgegen *Möschel*, Entflechtungen, S. 137.

258 Siehe dazu im 3. Teil § 2 B.II.1. a) und b) (S. 343 ff.).

259 Vgl. EuGH – *Deutschland/Rat* (5. 10. 1994, Rs. C-280/93), Slg. 1994, I-4973 (Rn. 79); EuGH – *Alessandrini u. a.* (30. 6. 2005, Rs. C-295/03), Slg. 2005, I-5673 (Rn. 88): Danach wird der Erhalt von Marktanteilen nicht vom Eigentumsbegriff erfasst. Dasselbe gilt für kaufmännische Interessen oder Aussichten, deren Ungewissheit zum Wesen wirtschaftlicher Tätigkeit gehört: EuGH – *Nold* (14. 5. 1974, Rs. 4/73), Slg. 1974, 491 (Rn. 13 f.). Wie hier i. Ü. *Jarass*, § 22 Rn. 12.

führt. Hieraus ergibt sich ein Gleichlauf zwischen den tatbestandlichen, am Verhältnismäßigkeitsgrundsatz zu messenden Voraussetzungen des strukturellen Eingriffs und der Zulässigkeit des Eingriffs in das Eigentum. Dabei ist zu berücksichtigen, dass eine strukturelle Abhilfe der dem Gemeinwohl dienenden Zielsetzung der Wiederherstellung unverfälschten Wettbewerbs und damit mittelbar dem Schutz der Rechte und Freiheiten anderer Marktteilnehmer dient.[260] Das Fehlen eines milderen Mittels ist – sofern die Notwendigkeit einer vorangehenden Verhaltenskontrolle akzeptiert wird – bereits belegt. Fraglich bleibt mithin nur, ob etwaige Beeinträchtigungen für Anteilseigner oder Unternehmen außer Verhältnis zu ihrem Nutzen stehen. Hierzu sollen die US-amerikanischen Erfahrungen Aufschluss geben.

C. *Exkurs: Maßnahmen struktureller Art nach der VO Nr. 17/62?*

Wie bereits dargelegt, vertritt die Kommission die Auffassung, durch Artikel 7 Abs. 1 VO (EG) Nr. 1/2003 keine neuen Befugnisse erhalten zu haben.[261] Die Frage, ob diese Ansicht zutreffend ist, ist heute nur noch rechtshistorischer Natur. Sie soll jedoch im Folgenden – zum Teil resümierend – untersucht werden, weil sie ein Licht auf die stellenweise vertretene Auffassung wirft, durch Artikel 7 VO (EG) Nr. 1/2003 sei eine „inakzeptable" Neuerung in das europäische Kartellrecht eingefügt worden.[262] Bezeichnenderweise wurde diese anläßlich der 7. GWB-Novelle – obgleich sie zu einer weitgehenden Anlehnung an das europäische Kartellrecht geführt hat – nicht übernommen.[263]

Durch die Novellierung der sekundärrechtlichen Kartellverordnung konnten die primärrechtlichen Artikel 81 ff. EG keine Änderung erfahren. Die nach der hier vertretenen Ansicht grundsätzlich zu bejahende Systemkonformität struktureller Eingriffe[264] gilt daher sowohl für die VO Nr. 17/62 als auch für die VO (EG) Nr. 1/2003. Darüber hinaus durfte die Kommission nach der zur VO Nr. 17/62 ergangenen Rechtsprechung bereits *„alles"* tun, was der Natur der festgestellten Zuwiderhandlung entsprach, um eine Zuwiderhandlung abzustellen.[265] Vor allem durfte sie die „wirksamste und den Um-

---

260 Insofern wären auch die Voraussetzungen für eine *Enteignung* nach der Grundrechtscharta erfüllt. Siehe hierzu *Jarass*, § 22 Rn. 21.

261 Siehe Fn. 11 (S. 26).

262 Vgl. Fn. 17 (S. 27).

263 Siehe Fn. 349 (S. 89). § 32 Abs. 2 GWB n. F. ist zwar z. T. wörtlich an Art. 7 VO (EG) Nr. 1/2003 angelehnt, beschränkt sich aber darauf, die Kartellbehörde zu ermächtigen, zur Abstellung von Wettbewerbsverstößen *„den Unternehmen oder Vereinigungen von Unternehmen alle Maßnahmen [aufzugeben], die für eine wirksame Abstellung der Zuwiderhandlung erforderlich und gegenüber dem festgestellten Verstoß verhältnismäßig sind"*; vgl. auch *Weitbrecht*, EuZW 2004, 449. Siehe auch Begr. zum RegE der 7. GWB-Novelle, BT-Drucks. 15/3640 S. 33 re. Sp., wonach der Begriff der strukturellen Maßnahme zu unbestimmt sei; siehe allerdings *Emmerich*, Kartellrecht, S. 510 (m. w. N.), demzufolge auch nach § 32 GWB ebenso strukturelle Maßnahmen zulässig seien wie nach der VO (EG) Nr. 1/2003.

264 Siehe hierzu die Diskussion in § 2 (S. 37 ff.).

265 Siehe insoweit Fn. 395 und Fn. 396 (S. 96).

ständen des Einzelfalls am ehesten angemessene“ Maßnahme[266] ergreifen, was – neben positiven Anordnungen – Verbote beinhaltete, „bestimmte Tätigkeiten, Praktiken *oder Zustände, die dem Vertrag widersprechen,* fortzuführen oder fortdauern zu lassen“.[267]

Der Wortlaut dieser der Kommission zugesprochenen Befugnisse – einschließlich der in der Kommentarliteratur weitgehend unbeachtet gebliebenen Befugnis zur Abstellung von vertragswidrigen Zuständen – deckt auch strukturelle Eingriffe, sofern sie der Natur der festgestellten Zuwiderhandlung entsprechen und der Verhältnismäßigkeitsgrundsatz gewahrt ist.[268] Freilich könnte daran gedacht werden, der Gerichtshof habe nicht die Möglichkeit in Betracht gezogen, seine Aussagen könnten verwendet werden, um die Zulässigkeit einer Entflechtung zu begründen. Diesem Gedanken steht indes zum einen die vom Gerichtshof gewollte Überwindung des Gegensatzes von Marktstruktur und Marktverhalten gegenüber,[269] zum anderen die explizit festgestellte Pflicht der Kommission, auch dann noch die *wettbewerbswidrigen Wirkungen* einer Verhaltensweise zu *beseitigen* und zu *neutralisieren*, wenn sie bereits eingestellt wurde.[270]

Freilich existiert kein Präzedenzfall, der aus heutiger Sicht nicht nach der Fusionskontrollverordnung zu behandeln wäre, in dem die Reichweite der Rechtsprechung einem Praxistest unterzogen worden wäre.[271] Die Weite der Formulierungen der Europäischen Gerichte, auch im Hinblick auf die Verwendung des Begriffs der dem Vertrag widersprechenden „Zustände“, deutet allerdings darauf hin, dass nach ihrem Willen keine Handlungsmöglichkeit versperrt werden sollte, also sowohl eine Beseitigung konkret messbarer struktureller Folgen als auch eine präventive Entflechtung der einem Missbrauch dienenden strukturellen Vorteile möglich sein sollte.[272] Dies gilt umso mehr, als vor der Novellierung der Kartellverordnung die zur Verfügung stehenden Mittel zur Durchsetzung des Wettbewerbsrechts noch unzureichender waren. Weder Zwangsgelder noch Geldbußen erreichten Höhen, die eine wirksame Abschreckung gewährleisten konnten; die zivilrechtliche Durchsetzung des europäischen Kartellrechts blieb zudem – ausweislich der aktuellen Bemühungen der Kommission[273] – kümmerlich.

---

266 Vgl. EuGH – *Camera Care* (17. 1. 1980, Rs. 792/79 R), Slg. 1980, 119 (Rn. 17).

267 Siehe Fn. 397 (S. 96) (Hervorh. v. Verf.).

268 I. Erg. wie hier *Mestmäcker/Schweitzer*, S. 495, wonach Art. 7 Abs. 1 VO (EG) Nr. 1/2003 lediglich eine Klarstellung enthalte; ebenso *Emmerich*, Kartellrecht, S. 181 (§ 13 Rn. 11); a. A. *Schwarze/Weitbrecht*, § 6 Rn. 36.

269 Siehe § 2 A.III.2. (S. 52 f.) und § 2 A.IV. (S. 77 ff.). Angesichts der Überwindung des Gegensatzes von Marktstruktur und Marktverhalten lässt sich ausschließen, mit dem Begriff der vertragswidrigen Zustände sei die Beseitigung von „Wettbewerbsbeschränkungen durch Zustand“ gemeint.

270 EuGH – *Ufex, DHL und CRIE* (4. 3. 1999, Rs. C-119/97 P), Slg. 1999, I-1341 (Rn. 94 f.), ausdrücklich auf EuGH – *Continental Can* (21. 2. 1973, Rs. 6/72), Slg. 1973, 215, verweisend.

271 Siehe § 1 B. (S. 30 ff.).

272 I. Erg. wie hier *Loewenheim/Messen/Riesenkamff*, VerfVO, Art. 7 Rn. 4. Anders *IM/Ritter (Bd. 2, 1. Aufl. 1997)*, VO 17 Art. 3 Rn. 43, dem zufolge die Wettbewerbsstruktur nicht verändert werden dürfe: *Ritter* erkennt jedoch an, dass die strikte Einhaltung dieses Grundsatzes nicht durchzuhalten ist und in manchen Fällen – insbesondere bei der preislichen Kontrolle – sinnvoller sei, „der Freiheit des Marktzugangs“ den Vorrang einzuräumen. In der Neuauflage des Kommentars wurde diese Position kommentarlos aufgegeben.

273 Siehe Fn. 356 (S. 90).

Mit Rücksicht auf diese Rechtsprechung beschränkt sich die Neuerung in Artikel 7 Abs. 1 S. 3, 1. Halbsatz VO (EG) Nr. 1/2003 bei rein semantischer Betrachtung darauf, dass der Verhältnismäßigkeitsgrundsatz und Maßnahmen struktureller Art explizit in die Vorschrift aufgenommen wurden.[274] Angesichts der Systemkonformität struktureller Eingriffe hätte es insoweit jedoch – auch im Hinblick auf das in den Artikeln 5 und 7 Abs. 1 S. 2 EG (Artikel 3b und 4 Abs. 1 S. 2 EG-Vertrag a. F.) verankerte Prinzip der begrenzten Einzelermächtigung[275] – keiner Novellierung des Artikels 3 Abs. 1 VO Nr. 17/62 bedurft, da die Reichweite der Vorschrift durch die Rechtsprechung hinreichend konkretisiert (wenn auch nicht praktisch angewandt) war. Allerdings enthält Artikel 7 Abs. 1 S. 3, 2. Halbsatz VO (EG) Nr. 1/2003 insoweit eine Erweiterung von Befugnissen, als nunmehr auch bei *gleich geeigneten* Maßnahmen strukturelle Eingriffe angeordnet werden können, sofern eine Verhaltenskontrolle den stärker belastenden Eingriff darstellt.[276] Ob die Neuerung praktische Relevanz entfalten wird, ist aus den bereits dargelegten Gründen fraglich.[277] Im Hinblick auf die Systemkonformität struktureller Eingriffe konnte die Novellierung jedoch auch in dieser Hinsicht auf Artikel 83 Abs. 1 EG gestützt werden, ohne dass es eines Rekurses auf Artikel 308 EG bedurft hätte.[278] Eine gilt freilich nur insoweit, als mit dem strukturellen Eingriff keine Enteignung einhergeht, die einer speziellen Ermächtigungsgrundlage bedarf.

---

274 Vgl. bereits § 2 B.II.2. d) (S. 95 f.); i. Erg. ähnlich *K. Schmidt*, BB 2003, 1237, 1243.

275 Vgl. z. B. EuGH – *Deutschland/Parlament und Rat (Tabakwerbeverbot)* (5. 10. 2000, Rs. C-376/98), Slg. 2000, I-8419 (Rn. 83); eingehend *Schweitzer/Hummer*, Rn. 335 ff. Das Prinzip der begrenzten Einzelermächtigung gilt ungeachtet dessen, dass die Kommission unzweifelhaft über die Kompetenz zur Vollziehung des Wettbewerbsrechts verfügt: vgl. Art. 85 Abs. 1 und 211 EG; EuG – *Ufex u. a.* (25. 5. 2000, Rs. T-77/95), Slg. 2000, II-2167 (Rn. 39) (m. w. N.); *Schweitzer/Hummer*, Rn. 1260.

276 Übersehen von *Loewenheim/Messen/Riesenkamff*, VerfVO, Art. 7 Rn. 4.

277 Siehe in § 3 A.I.3. (S. 111).

278 Anders *Haus*, WuW 2001, 659, 663; *GK-Schütz*, Art. 7 Rn. 23. Die Entstehungsgeschichte der Fusionskontrollverordnung ist nicht vergleichbar: Hier wurde eine Heranziehung des Art. 308 EG zur Verwirklichung des Ziels des unverfälschten Wettbewerbs für erforderlich gehalten, da eine Anwendung des Art. 82 EG auf Zusammenschlusstatbestände (nach umstrittener Auffassung, vgl. bereits oben S. 53) das Vorliegen einer beherrschenden Stellung, Art. 81 den Fortbestand der Unabhängigkeit von Unternehmen voraussetze: vgl. *Fickentscher* in *FS Böhm*, S. 261, 271 f. Zur Entstehung der VO (EWG) Nr. 4064/89 siehe *Brinker* in: *Schwarze*, Art. 83 Rn. 5.

§ 4 Ergebnisse zum europäischen Recht

Artikel 82 EG ist im systematischen Zusammenhang zu den Artikeln 3 Abs. 1 lit. g und 81 Abs. 3 lit. b EG zu sehen. Daher akzeptiert der EG-Vertrag die Entstehung von Freiräumen, die Produkt der rechtlich bewehrten Handlungsfreiheit eines Marktteilnehmers sind. Toleriert wird das Bestehen von Freiräumen allerdings nur unter der Prämisse, dass die wirksamem Wettbewerb innewohnende Abfolge von Vorstoß- und Imitationsphasen dazu führt, systemimmanente Verhaltensfreiräume abzubauen. Daher rechtfertigt, wie sich aus Artikel 81 Abs. 3 lit. b EG ergibt, nichts den Ausschluss wirksamen Wettbewerbs. Hieraus folgt, dass der EG-Vertrag Marktbeherrschung nicht als unabänderlich ansieht und sich mit einer hoheitlich beaufsichtigten Bindung derselben an das öffentliche Wohl zufrieden gibt, zumal diese die Abfolge von Vorstoß- und Imitationsphasen beeinträchtigt und daher allenfalls subsidiär ist.

Missbräuchlich ist deshalb, wenn ein Unternehmen in beherrschender Stellung in die Struktur des tatsächlichen Wettbewerbs eingreift, also seine Position mit Mitteln, die von denjenigen eines normalen Produkt- oder Dienstleistungswettbewerbs abweichen, intensiviert oder aufrecht erhält oder ein Unternehmen eine beherrschende Stellung auf diesem Wege begründet. Darin enthalten ist eine Überwindung der klassischen Antithese von Wettbewerbsbeschränkung durch Zustand und durch Maßnahme. Sie führt dazu, dass eine beherrschende Stellung im Widerspruch zur europäischen Rechtsordnung steht, wenn sie auf wettbewerbswidrige Mittel – gleich welcher Art – zurückzuführen ist. Ähnliches gilt für die Begründung von Monopolstellungen durch Verleihung ausschließlicher Rechte durch die Mitgliedstaaten. Führen diese zwingend dazu, dass die Wahrnehmung der übertragenen Rechte einen Missbrauch darstellt, ohne dass dieser zur Wahrnehmung von Aufgaben im allgemeinen wirtschaftlichen Interesse erforderlich wäre, steht die Marktbeherrschung im Widerspruch zur europäischen Rechtsordnung.

Das im Hinblick auf das Ziel unverfälschten Wettbewerbs ausgesprochene Verbot bestimmter Mittel führt mithin zu einem Unwerturteil über die mit ihrer Hilfe erlangte, intensivierte oder aufrechterhaltene Marktbeherrschung, die sowohl die Fähigkeit zu unabhängigem Verhalten als auch diejenige zur Verhinderung wirksamen Wettbewerbs erfasst. Eingriffen zur Beseitigung der letztgenannten Fähigkeiten kann mithin nicht entgegen gehalten werden, sie stünden in Widerspruch zu den Zielsetzungen des Artikels 82 EG. Andererseits folgt hieraus nicht, dass Marktbeherrschung unmittelbar zu beseitigen wäre. Artikel 82 EG setzt vorrangig auf eine marktseitige Kontrolle der Fähigkeit zu unabhängigem Verhalten, indem er den noch bestehenden Wettbewerb oder dessen Entwicklung zu schützen sucht. Ziel eines Eingriffs kann daher niemals sein, *außerhalb der Folgenbeseitigung* bestehende Freiräume durch Schaffung aktuellen Wettbewerbs unmittelbar zu beseitigen. Ein derartiges Ziel fügt sich weder in ein System der Verhaltenskontrolle ein noch ist es möglich, eine „ideale" Marktstruktur, von der keine freiheitsgefährdenden Auswirkungen mehr ausgehen, zu bestimmen.

In Betracht kommen allerdings Eingriffe, mit denen die Voraussetzungen für unverfälschten Wettbewerb (wieder) hergestellt werden, indem einem Unternehmen die in seiner Unternehmensstruktur angesiedelte Fähigkeit zur Verhinderung wirksamen Wettbewerbs genommen wird. Grundsätzlich kommen überdies auch Eingriffe zur Beseitigung der Folgen einer Zuwiderhandlung in Betracht, da die hierdurch erzielte Marktstruktur im Widerspruch zur Rechtsordnung steht und eine Belassung der Unternehmensstruktur wettbewerbswidriges Verhalten prämieren würde. Eine Enteignung ist in diesen Fällen in der Regel zu verneinen, da die Entflechtung die Eigentümerstellung der Anteilseigner nicht verändern wird und im Verhältnis zum Unternehmen lediglich einen Verweis desselben in die Schranken der Rechtsordnung oder eine Konkretisierung der Sozialpflichtigkeit des Eigentums darstellt.

Systemkonform erlaubt Artikel 7 Abs. 1 VO (EG) Nr. 1/2003 Eingriffe struktureller Art, wenn die Struktur eines Unternehmens sowohl die Fähigkeit zu wettbewerbswidrigem Verhalten als auch einen entsprechenden Anreiz hierzu vermittelt. Der drohende Missbrauch muss von erheblichem Gewicht sein. Zugleich muss ihm durch eine Verhaltenskontrolle im Hinblick auf die Natur der in Frage kommenden Zuwiderhandlung und der Zahl der betroffenen Konkurrenten nicht wirksam oder nicht rechtzeitig begegnet werden können. Schließlich muss die mittels „eindeutiger Beweise" zu prognostizierende Wiederholungsgefahr signifikant sein, wobei auch als Ausfluss des ausdrücklich in Artikel 7 Abs. 1 VO (EG) Nr. 1/2003 verankerten Verhältnismäßigkeitsgrundsatzes weniger einschneidenden Mitteln Rechnung zu tragen ist: Die Analyse der vom Vertrag auch außerhalb der Wettbewerbsregeln zur Verfügung gestellten Mittel hat jedoch gezeigt, dass diese aufgrund einer (bislang) zu geringen Abschreckungswirkung nicht immer geeignet sind, ausreichend marktöffnende Wirkung zu erzielen oder dass sie schlechthin keine Alternative zu den zwingenden Mitteln der Wettbewerbsregeln bieten. Allerdings rechtfertigt allein die Belastung der Allgemeinheit – oder der Kommission – durch eine Verhaltenskontrolle nicht als solche den Rekurs auf eine strukturelle Abhilfe, wie sich aus Artikel 7 Abs. 1 S. 3, 2. Halbsatz VO (EG) Nr. 1/2003 ergibt. Daher wird in der Regel die Wirksamkeit einer Verhaltenskontrolle auszuloten sein.

Vor dem Hintergrund des Vorstehenden wird sich der Anwendungsbereich struktureller Eingriffe in erster Linie auf solche zur Verhinderung von Quersubventionen und von Leistungsverweigerungen im Zusammenhang mit (teil-) liberalisierten Märkten beschränken. Insbesondere hier bestehen entsprechende Anreize, strukturelle Vorteile zum Nachteil von Wettbewerbern einzusetzen. Zudem wird sich die Annahme der Wettbewerbswidrigkeit der genannten Zuwiderhandlungen am ehesten hier rechtfertigen lassen, da die genutzten strukturellen Vorteile regelmäßig nicht mit den Mitteln des Leistungswettbewerbs erworben wurden. Schließlich wird sich die Unzulänglichkeit einer Verhaltenskontrolle durch einen Blick auf die Erfolge der zuständigen Regulierungsbehörde belegen lassen. Inwieweit auch außerhalb der vorgenannten Konstellationen strukturelle Eingriffe vorgenommen werden, ist demgegenüber zweifelhaft, bleibt aber abzuwarten. Zweifelhaft ist auch die Relevanz der in Artikel 7 Abs. 1 S. 3, 2. Halbsatz VO (EG) Nr. 1/2003 genannte Möglichkeit „altruistischer" Entflechtungen.

Systemkonform und – trotz nicht eindeutigen Wortlauts – von Artikel 7 Abs. 1 VO (EG) Nr. 1/2003 gedeckt sind ferner Eingriffe zur Beseitigung der Folgen einer Zuwiderhandlung. Sie verfolgen insoweit auch präventive Ziele, soweit sie aufgrund der mit ihnen verbundenen Abschreckungswirkung der Gefahr einer Wiederholung der Zuwiderhandlung durch andere Unternehmen begegnen. Ob diese Konstellation praktisch relevant werden wird, erscheint indes zweifelhaft, da der Nachweis der Ursächlichkeit einer Zuwiderhandlung für einen bestimmten strukturellen Erfolg außerhalb von konzentrativen Vorgängen schwierig ist. Zudem stößt eine Folgenbeseitigung in dem dynamischen Kontext von Marktprozessen auf praktische Schwierigkeiten, die sich insbesondere aufgrund Zeitablaufs ergeben und die kaum mit einem Verständnis des Wettbewerbs als ergebnisoffenem Prozess in Einklang zu bringen sind.

Nach der hier vertretenen Auffassung wären Entflechtungsmaßnahme im vorbezeichneten Umfang bereits nach der VO Nr. 17/62 möglich gewesen, da in dieser bereits der Verhältnismäßigkeitsgrundsatz verankert war und insofern dieselben Prinzipien Anwendung gefunden hätten wie nach dem nunmehr geltenden Artikel 7 Abs. 1 VO (EG) Nr. 1/2003. Dass die Kommission dennoch einen Klärungsbedarf gesehen hat, lässt allerdings darauf schließen, dass sie beabsichtigt, künftig häufiger auf Maßnahmen struktureller Art zurückzugreifen. Hintergrund ist letztlich die Überlegung, strukturelle Maßnahmen seien als punktuelle Eingriffe einer laufenden Verhaltenskontrolle überlegen; ob diese Annahme zutrifft, werden die US-amerikanischen Erfahrungen zeigen.

2. Teil: Entflechtungen im US-amerikanischen Antitrust-Recht

Die Unternehmensentflechtung ist dem Supreme Court zufolge „the most important of antitrust remedies". Sie sei einfach, verhältnismäßig leicht zu handhaben und sicher.[1] Die Bedeutung dieser Aussage geht über ihren ursprünglichen Kontext der (Rück-) Entflechtung einer Unternehmensbeteiligung hinaus:[2] „Dissolution", „divestiture" und „divorcement", bekannt als die „three D's of antitrust enforcement",[3] gehören, wie zuletzt das Verfahren gegen *Microsoft* gezeigt hat, zu den grundsätzlich anerkannten, allerdings höchst umstrittenen Instrumenten des „antitrust law".[4]

Eine ausdrückliche Ermächtigungsgrundlage für Eingriffe struktureller Art enthalten die „antitrust laws", zu denen in erster Linie der Sherman Act aus dem Jahre 1890[5] sowie der Clayton Act aus dem Jahre 1914 gehören,[6] ebenso wenig wie der zeitgleich mit dem Clayton Act verabschiedete FTC Act[7]. Section 4 Sherman Act ermächtigt bundesstaatliche Bezirksgerichte lediglich, auf Antrag eines „District Attorney of the United States" im Rahmen eines Verfahrens „in equity" *Zuwiderhandlungen gegen den Sherman Act zu unterbinden oder ihnen vorzubeugen* („to prevent and restrain violations of this act").[8] Ebenso unbestimmt ist die auf Verletzungen des Clayton Act beschränkte, nahezu wortgleiche Regelung in Section 15 Clayton Act.[9] Section 16 Clayton Act ermöglicht ferner privaten Klägern, nach denselben Regeln wie in Verfahren vor einem „court of equity" Gebots- und Verbotsverfügungen bei Zuwiderhandlungen gegen das Antitrust-Recht zu fordern.[10] Schließlich ermächtigt Section 5(a)(1) FTC Act die Federal Trade Commission, „unfair methods of competition" – die sowohl unlautere

1 *U.S. v. E.I. Du Pont de Nemours & Co.*, 366 U.S. 316, 330-31 (1961) (m. w. N.) („simple, relatively easy to administer, and sure."); *U.S. v. Microsoft Corp.*, 253 F.3d 34, 105 (D.C. Cir. 2001).

2 Vgl. *U.S. v. Microsoft Corp.*, Plaintiffs' Memorandum in Support of Proposed Final Judgment, 2000 WL 53065 (Sec. IV.A.1). Zum *Du-Pont*-Fall siehe in § 3 A.II. (S. 256 f.).

3 Eingehend *Oppenheim/Timberg/Van Cise*, 19 Geo. Wash. L. Rev. 119, 120 et seq. (1950); *Oppenheim et al.*, S. 885, 1042; *Adams* in: *Brock/Elzinga*, S. 191. Siehe auch *Herrmann*, S. 3; *Oehler*, S. 92 f.; *Schulte-Braucks*, S. 61 ff.

4 Vgl. *U.S. v. United Shoe Machinery Corp.*, 110 F.Supp. 295, 349 (D. Mass. 1953).

5 15 U.S.C.A. § 1 ff.

6 Vgl. Sec. 1 Clayton Act, 15 U.S.C.A. § 12. Zu den „antitrust laws" gehören auch die hier nicht relevanten Vorschriften des Wilson Tariff Act (15 U.S.C.A. §§ 8-11) sowie § 2 des Robinson-Patman Act. Die im Jahre 2002 vom Senat eingesetzte *Antitrust Modernization Commission* empfiehlt – mit Ausnahme des Robinson Patman Act – ihre unveränderte Beibehaltung (Report S. 9 ff.).

7 FTC Act: 38 Stat. 717, 15 U.S.C.A. §§ 41-48; dazu *Winerman*, 71 Antitrust L.J. 1 (2003).

8 15 U.S.C.A. § 4: „The several circuit [district] courts of the United States are hereby invested with jurisdiction to prevent and restrain violations of this act; and it shall be the duty of the several district attorneys of the United States [United States Attorneys], in their respective districts, under the direction of the Attorney General, to institute proceedings in equity to prevent and restrain such violations. Such proceedings may be by way of petition setting forth the case and praying that such violation shall be enjoined or otherwise prohibited. [...]".

9 15 U.S.C.A. § 25. Erfasst werden Verstöße gegen Sec. 2, 3 und 7 Clayton Act (15 U.S.C.A. §§ 13, 14, 18), also Diskriminierungspraktiken, Ausschließlichkeitsbindungen und Zusammenschlüsse.

10 15 U.S.C.A. § 26 („[...] under the same conditions and principles as injunctive relief against threatened conduct that will cause loss or damage is granted by courts of equity [...]").

Wettbewerbspraktiken als auch Zuwiderhandlungen gegen die Kartellgesetze oder ihren Geist erfassen[11] – zu unterbinden.[12] Section 5(b) FTC Act beschränkt die FTC hierbei allerdings auf *Abstellungs- und Unterlassungsverfügungen.*[13]

Für alle vorgenannten Ermächtigungsgrundlagen ist mittlerweile anerkannt, dass sie auch strukturelle Eingriffe erlauben. Für Section 16 Clayton Act wurde dies allerdings in einem Fall entschieden, in dem ein Bundesstaat als „parens patriae"[14] gegen einen von der FTC genehmigten Zusammenschluss vorging.[15] Die Entscheidung ist bislang ein auf eine Rückentflechtung beschränkter Einzelfall geblieben und steht im Zusammenhang mit der laxen Kartellpolitik der Regierung Präsident *Reagans.*[16] Sie ist daher einer Verallgemeinerung nicht zugänglich.[17] Daher werden strukturelle Eingriffe im Zusammenhang mit Privatklagen im Folgenden nicht vertieft werden. Weitgehend unberücksichtigt wird ferner die Tätigkeit der FTC bleiben,[18] die teilweise mit derjenigen des Department of Justice konkurriert.[19] De facto hat die FTC auf der Grundlage von Section 5(b) FTC Act[20] lediglich vereinzelte, nicht in unmittelbarem Zusammenhang mit der Fusionskontrolle gemäß Section 7 Clayton Act stehende Entflechtungen angeordnet.[21] Sie scheiterte indes aufgrund struktureller Mängel innerhalb der Behörde[22] in

11 Vgl. *FTC v. Sperry & Hutchinson Co.*, 405 U.S. 233, 241-44 (1972) (m. w. N.). Zum Begriff der „unfair methods of competition" siehe *Posner,* 37 U. Chi. L. Rev. 47, 48 (1969); *Kayne*, 49 Antitr. Bull. 783-798 (2004).

12 FTC Act: 38 Stat. 717, 15 U.S.C.A. §§ 41-48. Daneben besteht gemäß Clayton Act § 11 (15 U.S.C.A. § 21) eine eigene Kompetenz zur Durchsetzung der Sections 2, 3, 7 und 8 Clayton Act.

13 15 U.S.C.A. § 45(b) („[...] cease and desist from using such method of competition [...].").

14 Vgl. Sec. 4C Clayton Act (15 U.S.C.A. § 15c). Zur Problematik der Durchsetzung des Antitrust-Rechts durch Bundesstaaten siehe *Greve*, 72 U. Chi. L. Rev. 99 (2005) (m. w. N.).

15 *California v. American Stores*, 495 U.S. 271, 296 (1990); zur Entscheidung der FTC vgl. *In re American Stores Co. et al.*, 111 F.T.C. 80 (1988). Zu der davor geführten Debatte um die Zulässigkeit struktureller Eingriffe im Rahmen von Privatklagen vgl. *Timmins*, 84 Mich. L. Rev. 1579-97 (1986); *Huron*, 19 Pac. L.J. 143-70 (1987) (jeweils m. w. N.). Zur Kritik an der Entscheidung der FTC vgl. *Gellhorn et al.*, in: *Kovaleff*, S. 386; *Sims/Herman*, 65 Antitrust L.J. 865, 894-95 (1997).

16 Vgl. *Steuer*, 59 Fordham L. Rev. 799, 806-807 (1991); siehe ferner *Skitol*, 9 Corn. J. L. & Pub. Pol. 239, 251 (1999); *Folsom* in: *Kovaleff*, S. 833 ff.; instruktiv *Squeri*, 1181 PLI/Corp 873, 893-95 (2000). Zur Kartellpolitik der Regierung *Reagan* vgl. *Buxbaum*, WuW 1989, 566 ff.

17 Vgl. *California v. American Stores*, 495 U.S. 271, 295-96 (1990), wonach bei strukturellen Eingriffen private und hoheitliche Abhilfemöglichkeiten nicht zwingend äquivalent seien.

18 Zum Verfahren der FTC vgl. bereits *Oehler*, S. 74 ff.; siehe des weiteren *Shughart*, S. 130 f.; *Areeda/Kaplow*, § 142 (S. 69 f.).

19 Vgl. *FTC v. Cement Institute*, 333 U.S. 683, 694-95 (1948). Das Konkurrenzverhältnis wird durch ein formalisiertes Abstimmungsverfahren und die Verabschiedung gemeinsamer Richtlinien relativiert: vgl. *Antitrust Division Manual*, VII-2 (3rd Edition, 1998; Revised in Part, 2001). Eingehend *Kuhmann*, S. 86 ff. (zu Recht die Transparenz der Aufgabenverteilung kritisierend); ferner *Gellhorn et al.* in: *Kovaleff*, S. 390 ff.; kritisch auch *Areeda/Kaplow*, § 158, Fn. 200 (S. 100).

20 Zur Zulässigkeit des Rekurses auf Sec. 5(b) Clayton Act, um strukturelle Maßnahmen anzuordnen, vgl. *FTC v. Sperry & Hutchinson Co.*, 405 U.S. 233, 244 (1972) („*lika a court of equity*"); zu einer eingehenden Darstellung vgl. *Averitt*, 40 Ohio St. L.J. 781, 784-94 (1979).

21 *L.G. Balfour Co. v. FTC*, 442 F.2d 1, 18, 23 (7th Cir. 1971) (Enflechtung eines Tochterunternehmens, wo der geheime Erwerb eines Konkurrenten als Monopolisierung betrachtet wurde). Vgl. ferner *Ekco Products Co. v. FTC*, 347 F.2d 745, 753 (7th Cir. 1965); Zwangslizenzerteilung in *American Cyanamid Co. v. FTC*, 363 F.2d 757, 771-72 (6th Cir. 1966), *Eli Lilly & Co.*, 95 F.T.C. 538, 546-52 (1980); *Xerox Corp.*, 86 F.T.C. 364 (1975).

den 70er Jahren mit ihren Ambitionen, oligopolistisch geprägte Märkte zu restrukturieren.[23] Insoweit war die FTC bislang nicht in der Lage, einen bleibenden Beitrag zum Antitrust-Recht im Kontext der Entflechtung von Marktmacht beizusteuern.[24]

Die vorliegende Untersuchung beschränkt sich deshalb auf die Regelung in Section 4 Sherman Act, die es Gerichten im Verfahren der „equity" ermöglicht, auf Antrag[25] Zuwiderhandlungen gegen den Sherman Act zu unterbinden oder ihnen vorzubeugen.[26] Zentraler Tatbestand im Zusammenhang mit Entflechtungen ist die als strafrechtliche[27] Norm konzipierte Generalklausel in Section 2 Sherman Act.[28] Sie verbietet jegliche „Monopolisierung", den Versuch derselben sowie den Zusammenschluss und die „Verschwörung" zur Monopolisierung.[29] Die Formulierung der Norm deutet darauf hin, dass der Verstoß gegen Section 2 Sherman Act mehr erfordert als die Innehabung eines Monopols. Der Supreme Court entschied allerdings in seiner bislang „jüngsten" streitigen Entflechtungsentscheidung im Verfahren gegen die *United Shoe Machinery Corp.*, dass es dem Richter nicht nur obliege, die *Fortsetzung von Verhaltensweisen*, die ein „monopolizing" darstellen, zu unterbinden und dem Unternehmen die *Früchte seines Gesetzesverstoßes* zu nehmen. Vielmehr treffe ihn die „inescapable responsibility", das *rechtswidrige Monopol vollständig zu beseitigen* bzw. – an anderer Stelle – „auszurot-

---

22 Vgl. *Posner*, 37 U. Chi. L. Rev. 47, 53, 84 et seq. (1969); *Kovacic*, 5 Geo. Mason L. Rev. 313, 315 (1997); *ders.*, 31 Conn. L. Rev. 1285, 1316 (1999); *Greene et al.*, S. 361 f.; *Shughart*, S. 128 f.

23 Vgl. *Exxon Corp.*, 98 F.T.C. 453, 456-59 (1981); *Kellogg Co.*, 99 F.T.C. 8, 11-16 (1982); *General Foods Corp.*, 103 F.T.C. 204, 206-208 (1984); *International Tel. & Tel. Corp. et al.*, 104 F.T.C. 280, 284-85 (1984); *E.I. du Pont de Nemours & Co. (Titandioxid)*, 96 F.T.C. 653 (1980), sowie *Ethyl Corp.*, 101 F.T.C. 425 (1983), rev'd sub nom. *E.I. du Pont de Nemours & Co. v. FTC*, 729 F.2d 128 (2nd Cir. 1984); *Reuben H. Donnelly Corp.*, 95 F.T.C. 1 (1980), enforcement denied, 630 F.2d 290 (2nd Cir. 1980). Die nicht gerichtlich torpedierten Verfahren wurden eingestellt: siehe *Kellogg*, a.a.O., S. 269; *Exxon Corp.* et al., a.a.O., S. 461; *General Foods Corp.*, a.a.O., S. 364-68; *International Tel. & Tel. Corp. et al.*, a.a.O., S. 451; *In re E.I. du Pont de Nemours & Co. (Titandioxid)*, a.a.O., S. 748. Vgl. dazu harsche Kritik bei *Kovacic*, 74 Iowa L. Rev. 1105, 1120 (1989); *Fox/Sullivan*, 62 N.Y.U. L. Rev. 936, 943 (1987); ferner *Sullivan/Grimes*, S. 76; *Möschel*, Oligopolmissbrauch, S. 30 ff., 66.

24 Siehe *Kovacic*, 5 Geo. Mason L. Rev. 313, 315 (1997); *Areeda/Kaplow*, § 142 (S. 71 f.). Zur Kritik an der Tätigkeit der FTC vgl. *Gellhorn et al.* in: *Kovaleff*, S. 412 f. (m. w. N.); *Shughart*, S. 99; *Posner*, 37 U. Chi. L. Rev. 47, 50-52 (1969) („rudderless; poorly managed and poorly staffed; obsessed with trivia; politicized; all in all, inefficient and incompetent."). Differenzierter *Langenfeld*, 49 Antitr. Bull. 457 (2004); *Simons/Scheffman*, 49 Antitr. Bull. 471 (2004); *Hoffman/Royal*, 71 Antitrust L.J. 319 (2003); *Pitofsky*, 72 U. Chi. L. Rev. 209, 213 (2005).

25 Die Antragsbefugnis wird i. d. R. durch das Department of Justice, dieses vetreten durch den Assistant Attorney General, wahrgenommen: siehe *Gellhorn et al.* in: *Kovaleff*, S. 407. Zu Aufbau und Befugnissen des Department of Justice *Squeri*, 1181 PLI/Corp 873, 881-88 (2000).

26 Zum Verfahren siehe *Gavil*, 13-Sum Antitrust 7, 10 (1999).

27 Die strafrechtliche Verfolgung von Monopolen ist selten: vgl. *Kovacic*, 31 Conn. L. Rev. 1285, 1292 (1999); zuletzt *American Tobacco Co. v. U.S.*, 328 U.S. 781 (1946).

28 Sec. 2 Sherman Act findet gem. Sec. 1 i. V. m. Sec. 16 Clayton Act auch für private Kläger Anwendung und wird über Section 5(a)(1) FTC Act auch von der FTC angewandt.

29 15 U.S.C.A. § 2: „Every person who shall monopolize, or attempt to monopolize, or combine or conspire with any other person or persons, to monopolize any part of the trade or commerce among the several States, or with foreign nations, shall be deemed guilty of a felony [...]."

ten".[30] Tatsächlich führt der Supreme Court dieses Ziel, das auch Eingang in das Verfahren gegen die *Microsoft Corp.* fand,[31] sogar an erster Stelle an, erlaubt jedoch explizit den Rekurs auf „weniger drastische" Mittel als eine sofortige Entflechtung.

Im Hinblick auf die Section 4 Sherman Act zugrunde liegende Interdependenz zwischen der Natur eines Verstoßes und seiner Abhilfe wirft die Formulierung zunächst die Frage auf, inwieweit das Vorhandensein von Monopol- oder Marktmacht („market power") – die sich lediglich graduell unterscheiden und deshalb über den Wortlaut des Sherman Act hinaus weitgehend synonym verwendet werden[32] – einen Verstoß darstellt und damit eine Abhilfe präjudiziert. In einem zweiten Schritt werden die Zielsetzungen von Entflechtungsverfügungen – unter Berücksichtigung der weiteren Elemente des „monopolizing" – zu untersuchen sein. Schließlich sollen die von der Rechtsprechung entwickelten Abwägungskriterien bei der Wahl von Abhilfen untersucht werden.

§ 1 „Monopoly power" als Verstoß gegen Section 2 Sherman Act?

Dass und unter welchen Voraussetzungen Section 4 Sherman Act *strukturelle* Eingriffe erlaubt, erschließt sich aus dem Wortlaut der Regelung nicht. Auch die Entstehungsgeschichte des Gesetzes lässt allenfalls vage erkennen, dass bei seiner Verabschiedung derartige Maßnahmen in Erwägung gezogen wurden.[33] Aus der Vorschrift ergibt sich aber, dass die Reichweite zulässiger Abhilfen in engem Zusammenhang zur Definition des Verstoßes gegen Section 2 Sherman Act steht. Letztere gestaltet sich jedoch schwierig, da die Generalklauseln des Sherman Act „idealen Verfassungsklauseln ähnlich" anpassungsfähig sind.[34] Der dem Sherman Act in diesem Zusammenhang zuerkannte Charakter einer *„charter of freedom"*[35] führt mithin dazu, dass der Begriff des „monopoli-

30 *U.S. v. United Shoe Machinery Corp.*, 391 U.S. 244, 250-51 (1968): „[It] is the duty of the court to prescribe relief which will *terminate the illegal monopoly*, deny to the defendant the fruits of its statutory violation, and ensure that there remain no practices likely to result in monopolization in the future. [...] The trial court is charged with the *inescapable responsibility* to achieve this objective, although it may, if circumstances warrant, accept a formula for achieving the result by means less drastic than immediate dissolution or divestiture." (Hervorh. v. Verf.).

31 *U.S. v. Microsoft Corp.*, 253 F.3d 34, 103 (D.C. Cir. 2001); on remand, 2002 WL 31439450, *5 (D.D.C. 2002).

32 Vgl. *Areeda/Kaplow*, § 336a (S. 554); *Fisher*, Direct Testimony, Rn. 28 (S. 10); einschränkend *Areeda/Hovenkamp IIIA*, § 801 (wonach lediglich „substantial market power" mit „monopoly power" gleichzusetzen sei); kritisch zu dieser Gleichsetzung *Mason*, 47 Yale L.J. 34, 45-46 (1937).

33 Vgl. *Fraidin*, 33 Geo. Wash. L. Rev. 899, 902-903 (1965) (m. w. N.).

34 *Appalachian Coals, Inc. v. U.S.*, 288 U.S. 344, 359-60 (1933): „[...] with a generality and adaptability comparable to that found to be desirable in constitutional provisions." Vgl. ferner Senator *Sherman*, 21 Cong. Reg. 1768, 2564 (1890); sowie *State Oil v. Khan*, 522 U.S. 3, 20-21 (1998): „The general presumption that legislative changes should be left to Congress has less force with respect to the Sherman Act in light of the accepted view that Congress expected the courts to give shape to the statute's broad mandate by drawing on common-law tradition."; ähnlich *National Society of Professional Engineers v. U.S.*, 435 U.S. 679, 688 (1978); *U.S. v. United Shoe Machinery Corp.*, 110 F.Supp. 295, 348 (D. Mass. 1953).

35 *Appalachian Coals, Inc. v. U.S.*, 288 U.S. 344, 359-60 (1933).

zing" im Laufe der langjährigen Anwendungsgeschichte des Sherman Act nicht immer einheitlich interpretiert wurde.[36] Unterschiedliche Bewertung erfuhr vor allem die Frage, inwieweit *Marktmacht als solche* einen Verstoß gegen den Sherman Act darstelle. Einen Wendepunkt stellt die Entscheidung von Richter *Learned Hand* im Verfahren gegen die *Aluminium Corporation of America* („*Alcoa*")[37] dar. Sie hat manchen Beobachter dazu veranlasst, dem „alten" einen „neuen" Sherman Act gegenüberzustellen,[38] der zugunsten einer strukturorientierten Betrachtung (weitgehend) auf ein Verhaltenselement verzichte. Diese Annahme wird im Folgenden anhand einiger Schlüsselentscheidungen zu Section 2 Sherman Act untersucht werden, die sich vielfach zugleich dadurch auszeichnen, dass sie strukturelle Eingriffe nach sich zogen.

A. „Mere size is no offense"

Die Geburtsstunde der Entflechtung markiert die Entscheidung des Obersten Gerichtshofes im Fall *Northern Securities*.[39] Das Urteil steht in unmittelbarem Zusammenhang zu einer vor Verabschiedung des Sherman Act eingeleiteten Konzentrationsbewegung, die durch erste Urteile zu Section 2 sogar gefördert worden war.[40] Charakteristisch für diese Bewegung waren horizontale Zusammenschlüsse zum Zwecke der Ausschaltung von Wettbewerb („merger to monopoly").[41] Das *Northern-Securities*-Urteil setzte dieser Welle ein Ende; es folgten weitere Entscheidungen gegen Unternehmen, die unter ähnlichen Umständen zustande gekommen waren.[42] Im konkreten Fall wurden allerdings lediglich Stimm- und Dividendenbezugsrechte beschränkt, was zu einer mehr oder minder „freiwilligen" Auflösung der Holding, mittels derer sich Tycoons wie *J. P. Morgan* und *James Hill* die gemeinsame Kontrolle über zwei Eisenbahnlinien gesichert hatten, führte.[43] Seine Entscheidung begründete der Supreme Court mit dem Erfordernis, diejenigen

36 Instruktiv zur Entwicklung des Antitrust-Rechts *Kovacic*, 71 Antitrust L.J. 377, 393 et seq. (2003).

37 *U.S. v. Aluminum Co. of America*, 44 F.Supp. 97 (S.D.N.Y. 1941), aff'd in part, rev'd in part, 148 F.2d 416 (2nd Cir. 1945); 91 F. Supp. 333 (S.D.N.Y. 1950).

38 Vgl. *Rostow*, 14 U. Chi. L. Rev. 567 (1946); ihm folgend *Schulte-Braucks*, S. 44.

39 *Northern Securities Co. v. U.S.*, 193 U.S. 197 (1904).

40 Vgl. *U.S. v. E.C. Knight Co.*, 156 U.S. 1 (1895); *U.S. v. Trans-Missouri Freight Association*, 166 U.S. 290 (1897). Vgl. auch *Kovacic*, 74 Iowa L. Rev. 1105, 1112-13 (1989); *Freyer*, S. 135, 141.

41 Siehe hierzu *Fraidin*, 33 Geo. Wash. L. Rev. 899, 905 et seq. (1965); *Sullivan/Grimes*, S. 515.

42 Betroffen sind *U.S. v. Standard Oil Co. of New Jersey*, 221 U.S. 1 (1911); *U.S. v. American Tobacco Co.*, 221 U.S. 106 (1911); *U.S. v. Eastman Kodak Co.*, 226 F. 62 (W.D.N.Y. 1915), decree entered, 230 F. 522 (W.D.N.Y. 1916), cert. denied, 255 U.S. 578 (1921); *U.S. v. Corn Products Refining* Co., 234 F. 964 (S.D.N.Y. 1916), app. dismissed, 249 U.S. 621 (1919); *U.S. v. E.I. Du Pont de Nemours & Co.*, 188 F. 127 (D. Del. 1911); *U.S. v. International Harvester Co.*, 214 F. 987 (D. Minn. 1914), app. dismissed, 248 U.S. 587 (1918); 10 F.2d 827 (D. Minn. 1926) (supplemental petition dismissed), aff'd, 274 U.S. 693 (1927); *U.S. v. American Can Co.*, 230 F. 859 (D. Md.), supplemental petition dismissed, 234 F. 1019 (D. Md. 1916); *U.S. v. United Shoe Machinery Corp.*, 247 U.S. 32 (1918); *U.S. v. Lehigh Valley R.R.*, 254 U.S. 255 (1920); *U.S. v. Reading Co.*, 253 U.S. 26 (1920); *U.S. v. U.S. Steel Corp.*, 251 U.S. 417 (1920).

43 Eingehend *Fraidin*, 33 Geo. Wash. L. Rev. 899, 907-908 (1965); *Schulte-Braucks*, S. 69.

Maßnahmen zu ergreifen, die zur Durchsetzung des dem Sherman Act zugrunde liegenden Verbots jeglicher „restraint of trade“[44] *„notwendig oder geeignet“* seien.[45]

Dass die vorgefundene Monopolmacht jedoch als solche als verbotene „restraint of trade“ betrachtet worden wäre und sich der Sherman Act damit gegen bestimmte Marktstrukturen als solche richtete, ließ sich dem *Northern-Securities*-Urteil nicht entnehmen. Entsprechende Anhaltspunkte finden sich erst im *Standard-Oil*-Urteil des Supreme Court sowie der ebenfalls aus der Feder von Chief Justice *White* stammenden *American-Tobacco*-Entscheidung. Danach stelle der unter Verstoß gegen den Sherman Act bewirkte Zustand eine *Wettbewerbsbeschränkung „in and of itself“* dar.[46] Tatsächlich lag der Vorwurf in den Verfahren gegen *Standard Oil* und *American Tobacco* jedoch weniger auf dem Umstand, dass beide Unternehmen ihre Macht im Wege des externen Wachstums begründet hatten, dessen Anfänge im ersten Fall 40, im zweiten Fall immerhin noch 20 Jahre zurück lagen. Der Supreme Court führt vielmehr aus, dass weder „common law“ noch der darauf fußende Sherman Act sich per se gegen *„monopoly in the concrete“* oder gegen *„mere size“* richteten. Die Entstehung von Monopolen und die damit verbundene Gefahr von (Preis-) Missbräuchen werde vielmehr durch den Schutz der Vertragsfreiheit verhindert.[47] Section 1 und 2 Sherman Act hätten gleichermaßen zum Ziel, „undue restraints of trade“ zu verhindern, wobei Section 2 lediglich Auffangtatbestand für Beschränkungen der Vertragsfreiheit sei, die nicht von Section 1 erfasst würden. Da für letztere die „rule of reason“ gelte, müsse sie – abweichend von vorangegangenen Urteilen[48] – auch für Section 2 Anwendung finden. Auch externes Wachstum sei daher zulässig, so lange es auf Vernunfterwägungen gründe.[49]

---

44 *Northern Securities Co. v. U.S.*, 193 U.S. 197, 331 (1904); vgl. auch *Sullivan/Grimes*, S. 515.

45 *Northern Securities Co. v. U.S.*, 193 U.S. 197, 244 (1904): „The courts may enforce the provisions of the statute by such orders and decrees as are necessary or appropriate to that end“.

46 *U.S. v. Standard Oil Co. of New Jersey*, 221 U.S. 1, 77 (1911) (auszugsweise wiedergegeben in Fn. 4, S. 180); *U.S. v. American Tobacco Co.*, 221 U.S. 106, 187 (1911); *U.S. v. E.I. Du Pont de Nemours & Co.*, 188 F. 127, 145-46 (D. Del. 1911). Zu einer ausführlichen Darstellung des *Standard-Oil*-Falles im Vgl. zum *Microsoft*-Fall vgl. *Bauer*, 5 Duquesne Bus. L.J. 81, 82-86 (2003).

47 Vgl. *U.S. v. Standard Oil Co. of New Jersey*, 221 U.S. 1, 58, 62 (1911): „[...] The dread of enhancement of prices and of other wrongs [...] led [...] to the prohibition [... of] all contracts or acts which were unreasonably restrictive of competitive conditions. [...] By the *omission of any direct prohibition against monopoly in the concrete* [sec. 2] indicates a consciousness that the freedom of the individual right to contract when not unduly or improperly exercised was the most efficient means for the prevention of monopoly, since the operation of the centrifugal and centripetal forces resulting from the right to freely contract was the means by which monopoly would be inevitably prevented if no extraneous or sovereign power imposed it and no right to make unlawful contracts having a monopolistic tendency were permitted.“ (Hervorh. v. Verf.).; ähnlich *U.S. v. American Tobacco Co.*, 221 U.S. 106, 182 (1911). Siehe ferner Nachweise in Fn. 58.

48 Vgl. *U.S. v. Standard Oil Co. of New Jersey*, 221 U.S. 1, 90-96 (1911) (J. *Harlan*, dissenting); ferner *U.S. v. Trans-Missouri Freight Ass.*, 166 U.S. 290, 326 (1896); *U.S. v. Joint Traffic Ass.*, 171 U.S. 505, 559 (1898).

49 *U.S. v. Standard Oil Co. of New Jersey*, 221 U.S. 1, 61-62 (1911). Angesichts der eindeutig wettbewerbswidrigen Verhaltensweisen *Standard Oils* bestand im Grunde kein Bedarf für eine Vernunftregel, deren Konturen zudem bis heute diffus sind. Vgl. Kritik bei *Areeda/Kaplow*, § 131 (S. 51), § 303 (S. 449) („cloudy“); *Freyer*, S. 139; *Posner*, Antitrust Law, S. 27 („murky“). Tatsächlich findet die „rule of reason“ nur auf Sec. 1 Sherman Act Anwendung: vgl. *Arthur*, 68 Anti-

Die Grenze für derartige Wachstumsvorgänge zog der Oberste Gerichtshof dort, wo ihr eigentlicher Beweggrund die Erlangung von Marktmacht zur Schädigung Dritter war („specific intent"). Das Volumen der bisherigen Transaktionen begründe insoweit eine *widerlegbare* Vermutung; entscheidend sei jedoch *die Art und Weise der Begründung sowie der Nutzung der erworbenen Macht*. Sie beweise, dass den Konzentrationsvorgängen keine „vernünftigen" Erwägungen zugrunde liegen konnten.[50] Im Fall *Standard Oil* lagen entsprechende Indizien zu Genüge vor. Um seine Macht auf den Märkten für Rohöl, raffinierte Ölprodukte und Pipelines zu erlangen und zu festigen, hatte das Unternehmen Industriespionage begangen, Marktaufteilungsabreden getroffen und den Zugang zu Transportwegen behindert, indem es zum einen den Zugang zum eigenen Pipeline-System verweigert, zum anderen ein geheimes Kartell mit Eisenbahnunternehmen geschlossen hatte. Vor allem aber begründete und festigte das Unternehmen seine Macht – obgleich dies später in Zweifel gezogen worden ist[51] – im Wege gezielter Kampfpreisunterbietungen, deren Kosten unter den Mitgliedern des Trust aufgeteilt wurden.[52] Dergestalt wurden Konkurrenten und Teilnehmer vor- und nachgelagerter Marktstufen entweder zum Zusammenschluss oder zur Geschäftsaufgabe gezwungen oder so diszipliniert, dass sie sich der Preispolitik der Trusts fügten.[53] Entsprechende Verhaltensweisen, die im Ergebnis eine zunehmende Konzentration der jeweils betroffenen Märkte bewirkten, spielten in der *American-Tobacco*-Entscheidung[54] sowie in den Prozessen gegen einen Zucker-Trust[55] und gegen den Schwarzpulverhersteller *Du Pont*[56] eine Rolle.

Dass der eigentliche Haftungsgrund nicht die Marktstruktur, sondern das *Verhalten der beklagten Unternehmen* war,[57] ergibt sich auch aus den späteren Entscheidungen in den Fällen *U.S. Steel* und *American Can*, in denen Entflechtungen jeweils abgelehnt wurden. In ersterer Entscheidung betonte der Supreme Court erneut, dass weder „mere

---

trust L.J. 337 (2000); *McGowan*, 16 Berk. Tech. L.J. 729 (2001); *Gavil*, 57 Wash. & Lee L. Rev. 831, 838-42 (2000); *Buxbaum*, WuW 1989, 566, 567; *Sullivan/Fickentscher*, 16 Berk. J. Int. L. 187, 229 (1998); eingehende Darstellung bei *Ackermann* (1997). Zur Abgrenzung zu „per se"-Regeln vgl. *U.S. v. Topco Associates, Inc.*, 405 U.S. 596, 607-608 (1972). Zur Bedeutung der „rule of reason" vgl. *National Society of Professional Engineers v. U.S.*, 435 U.S. 679, 688 (1978).

50 *U.S. v. Standard Oil Co. of New Jersey*, 221 U.S. 1, 75 (1911); ähnlich *U.S. v. American Tobacco Co.*, 221 U.S. 106, 182-83 (1911). Vgl. hierzu auch *Schmidt*, Entflechtung, S. 117; *Sullivan/Grimes*, S. 515; *Kaysen/Turner*, S. 110; *Scherer/Ross*, S. 18.

51 Siehe *McGee*, 1 J. L. & Econ. 137, 138-43 (1958); *McKenzie*, S. 58. Dagegen *Granitz/Klein*, 39 J. L. & Econ. 1, 2 (1996); *Schmidt/Rittaler*, S. 87 f.; skeptisch *Sullivan/Grimes*, S. 148.

52 Vgl. *Granitz/Klein*, 39 J. L. & Econ. 1 (1996); *Fraidin*, 33 Geo. Wash. L. Rev. 899, 912 (1965).

53 Zu einer Aufzählung vgl. *U.S. v. Standard Oil Co. of New Jersey*, 221 U.S. 1, 32-34, 42-43 (1911).

54 Vgl. *U.S. v. American Tobacco Co.*, 221 U.S. 106, 143 et seq., 155 et seq., 160, 181-82 (1911); dazu *Hale*, 40 Col. L. Rev. 615, 619 (1940).

55 *U.S. v. Corn Products Refining Co.*, 234 F. 964, 1015 (S.D.N.Y. 1916); app. dismissed 249 U.S. 621 (1919). Dazu *Whitney II*, S. 260 ff.; *Fraidin*, 33 Geo. Wash. L. Rev. 899, 920-21 (1965); *Schulte-Braucks*, S. 47.

56 *U.S. v. E.I. Du Pont de Nemours & Co.*, 188 F. 127, 131 (D. Del. 1911).

57 Wie hier *Sullivan*, Antitrust, S. 142; *Sullivan/Grimes*, S. 515; *Turner*, 70 Harv. L. Rev. 281, 290 (1956/57); vgl. auch *Besser Mfg. Co. v. U.S.*, 343 U.S. 444 (1952) (das Vorliegen von „coercion and predatory practices" betonend).

size“ noch das Vorhandensein nicht ausgeübter Macht einen Verstoß gegen den Sherman Act darstelle; hierzu bedürfe es vielmehr „offenkundiger Handlungen“.[58] Ein entsprechender Nachweis gelang dem Department of Justice jedoch weder im Fall *U.S. Steel* noch im Fall *American Can*, obgleich beide Unternehmen dominierende Marktstellungen erworben hatten, indem sie konsequent Produktionskapazitäten aufgekauft hatten, die anschließend teilweise stillgelegt worden waren.[59] *U.S. Steel* hatte zwar ca. 180 Unternehmen zu einem überhöhten, die erhofften Monopolgewinne antizipierenden Preis aufgekauft und sich dabei auch im Sinne der *Standard-Oil*-Entscheidung rechtswidriger Mittel bedient.[60] Die Frage der wettbewerbswidrigen Entstehung der Marktstellung blieb aber offen, da das Unternehmen in der Folge seine Macht nicht zum Nachteil von Wettbewerbern eingesetzt hatte, mithin kein Verstoß gegen den Sherman Act vorlag:[61] Der Stahlhersteller hatte aus Furcht vor einer Entflechtung zugelassen, dass sein Marktanteil unter 50 % sank;[62] er hatte zudem versucht, eine Preisdisziplin unter allen Stahlproduzenten durchzusetzen und damit das Fehlen von Preissetzungsmacht dokumentiert.[63] *American Can* wiederum hatte zwar 95-98 % der Produktionskapazität für Blechdosen aufgekauft, musste aber zur Finanzierung dieser Strategie den Preis für das Endprodukt in der Folge so hoch ansetzen, dass sogar eine manuelle Herstellung wieder lukrativ wurde.[64] Eine Entflechtung wurde abgelehnt, weil die erworbene Macht nicht zum Nachteil von Wettbewerbern genutzt wurde und der Eingriff nach Auffassung des zuständigen Richters keinerlei Nutzen gebracht hätte.[65]

B. Hinwendung zu strukturorientierten Kriterien?

Verkürzt ließ die „rule of reason“ Konzentrationsvorgänge zu, so lange die erworbene Macht nicht zum Nachteil von Wettbewerbern genutzt wurde. Darüber hinaus hatte der

58 *U.S. v. U.S. Steel Corp.*, 251 U.S. 417, 440-41, 451 (1920): „The law does not make mere size an offence or the existence of unexerted power an offence. It [...] requires overt acts [...] to repress or punish them.“ Siehe auch *U.S. v. International Harvester Co.*, 10 F.2d 827 (D. Minn. 1926), aff'd., 274 U.S. 693, 708-709 (1927): dazu Fn. 88 (S. 191).

59 Vgl. *U.S. v. American Can Co.*, 230 F. 859, 870-871, 873, 875 (D. Md. 1916), dissolution denied, 234 F. 1019 (D. Md. 1916), appeal dismissed, 256 U.S. 706 (1921); *U.S. v. U.S. Steel Corp.*, 223 F. 55, 167 (D.C.N.Y. 1915), aff'd, 251 U.S. 417, 442 (1920). Anders *U.S. v. Eastman Kodak Co.*, 226 F. 62, 64, 79 (W.D.N.Y. 1915), decree granted, 230 F. 522 (W.D.N.Y. 1916), appeal dismissed, 255 U.S. 578 (1921): Hier gelang der Nachweis von Wettbewerbsverstößen.

60 Siehe *U.S. v. U.S. Steel Corp.*, 251 U.S. 417, 465-66 (1920) (J. *Day*, dissenting).

61 Vgl. Zitat in Fn. 58 (S. 162); *U.S. v. U.S. Steel Corp.*, 251 U.S. 417, 440-41 (1920): „[The corporation] resorted to none of the brutalities or tyrannies that the cases illustrate of other combinations.“.

62 Vgl. *Comanor/Scherer*, 2 Int. J. Econ. Bus. 263, 272 (1995).

63 Siehe *Posner/Easterbrook*, S. 421; *Scherer/Ross*, S. 252; *Comanor/Scherer*, 2 Int. J. Econ. Bus. 263, 273-75 (1995) (dort auch zu den informellen „*Gary* Dinners“).

64 *U.S. v. American Can Co.*, 230 F. 859, 875 (D. Md. 1916); dazu *Waldman*, S. 77.

65 *U.S. v. American Can Co.*, 230 F. 859, 903 (D. Md. 1916), dissolution denied, 234 F. 1019 (D. Md. 1916) („Whether its dissolution would profit any one is doubtful. [...] I am frankly reluctant to destroy so finely adjusted an industrial machine as the record shows defendant to be.“).

Oberste Gerichtshof im Jahre 1918 in einem (der zahlreichen) Verfahren gegen die *United Shoe Machinery Corp.* entschieden, dass erhebliche Zeiträume zwischen behaupteter Wettbewerbsverzerrung – auch wenn diese als solche nicht verjähre – und Einleitung eines Kartellverfahrens sowohl gegen die Annahme eines Verstoßes als auch gegen die Wahl bestimmter, vor allem struktureller, Abhilfen streiten könnten.[66] Die daraus resultierenden Schwierigkeiten, eine Entflechtung durchzusetzen, und die 1929 einsetzende Weltwirtschaftskrise erklären, weshalb das Department of Justice nach der Niederlage im Fall *U.S. Steel* bis zum Ende der 30er Jahre davon absah, weitere Verfahren einzuleiten.[67] Allerdings hatte sich bereits unmittelbar nach der *Standard-Oil*-Entscheidung ein Paradigmenwechsel für die Zusammenschlusskontrolle angedeutet, der durch die *Alcoa*-Entscheidung für die repressive Marktmachtkontrolle aufgegriffen wurde.

I. Paradigmenwechsel im Zusammenhang mit der Verabschiedung des Clayton Act

Bereits im Jahre 1914 hatte der Gesetzgeber mit der Verabschiedung des Clayton Act unter anderem auf die Lücke, die die Einführung der „rule of reason" gerissen hatte, reagiert.[68] Nach Section 7 des Gesetzes ist ein Zusammenschluss zu untersagen, „[where] the effect of such acquisition may be *substantially to lessen competition*, or to *tend to create monopoly*". Nach dem Willen des Gesetzgebers sollte die Norm – obgleich dieses als „incipiency doctrine"[69] bekannt gewordene Ziel keinen Niederschlag im Gesetzeswortlaut gefunden hat – auch im Hinblick auf gesellschaftspolitische Ziele den nicht durch den Sherman Act erfassten Anfängen von Konzentrationsbewegungen wehren.[70]

Eine eingehende Darstellung der US-amerikanischen Fusionskontrolle würde, obgleich strukturelle Abhilfen hier traditionell eine große, durch die mit dem *Hart-Scott-Rodino* Antitrust Improvements Act of 1976[71] eingeführte Anmeldepflicht allerdings re-

66 *U.S. v. United Shoe Machinery Corp.*, 222 F. 349 (D. Mass. 1915), aff'd, 247 U.S. 32, 45-46 (1918): „The lapse of time [...] may not condone the offense if offense there was. It, however, may call offense in question and be an element in the refutation of accusations long deferred, or determine against particular remedies." Ebensowenig findet die „doctrine of laches" auf Regierungsverfahren Anwendung: siehe *U.S. v. E.I. Du Pont de Nemours & Co. (General Motors)*, 353 U.S. 586, 622 (1957); *Areeda/Hovenkamp II*, § 338f.; *III*, §§ 611g-l, 654.

67 Vgl. *Adams* in: *Brock/Elzinga*, S. 172; *Scherer/Ross*, S. 453.

68 Vgl. *Scherer/Ross*, S. 13; *Posner*, 37 U. Chi. L. Rev. 47, 49 (1969); *Areeda/Kaplow*, § 132 (S. 53); instruktiv *Freyer*, S. 25, 117; *Winerman*, 71 Antitrust L.J. 1 (2003).

69 Eingehend *Rodino*, 35 Antitr. Bull. 575, 586-87 (1990); *Sullivan/Grimes*, S. 599 ff. Zum Fortbestand der „incipiency doctrine" siehe *Areeda/Hovenkamp IV*, § 932e (S. 163 ff.).

70 Vgl. *U.S. v. E.I. Du Pont de Nemours & Co. (General Motors)*, 353 U.S. 586, 597 (1957); *Brown Shoe Co. v. U.S.*, 370 U.S. 294, 317, 322 (1962); *U.S. v. Philadelphia National Bank*, 374 U.S. 321, 362 (1963); *U.S. v. Von's Grocery Co.*, 384 U.S. 270, 277 (1966); *U.S. v. Pabst Brewing Co.*, 384 U.S. 546, 551-53 (1966); *Concord Boat Corp. v. Brunswick Corp.*, 207 F.3d 1039, 1050 (8th Cir. 2000); *Midwestern Mach., Inc. v. Northwest Airlines, Inc.*, 167 F.3d 439, 442 (8th Cir. 1999).

71 *Hart-Scott-Rodino* Antitrust Improvements Act of 1976, Pub. L. No. 94-435, 90 Stat. 1390 (1976). Zu den hierdurch eingefügten Anmeldeerfordernissen (15 U.S.C.A. § 18a) siehe bereits *Ebke*, RIW 1979, 297 ff.; vgl. auch Bilanz bei *Sims/Herman*, 65 Antitrust L.J. 865 (1997). Faktisch wird zu-

lativierte Rolle spielen,[72] über den Rahmen dieser Untersuchung hinausgehen. Von Bedeutung ist sie allerdings insofern, als sich Section 7 Clayton Act erst nach Ergänzung durch den *Celler-Kefauver* Act of 1950[73] und den *Hart-Scott-Rodino* Act zu einem funktionsfähigen Instrument der Zusammenschlusskontrolle entwickelte.[74] Die auf den Sherman Act gestützte Kontrolle fand daher auch nach Verabschiedung des Clayton Act weiterhin Anwendung.[75] Da in beiden Fällen die Verfolgung erheblich zurückliegender Zusammenschlüsse möglich ist,[76] ist bei Entflechtungen auf der Grundlage des Sherman Act regelmäßig nicht zweifelsfrei zu klären, inwieweit vorangegange Konzentrationsvorgänge für den strukturellen Eingriff (mit) verantwortlich zeichnen.

Die auch gesellschaftspolitisch motivierte Einführung des Clayton Act bzw. die ihm zugrunde liegende Wahrnehmung von Unternehmensgröße und Marktmacht beeinflusste ihrerseits sukzessive nachfolgende Entscheidungen. Bereits unmittelbar nach der *U.S.-Steel*-Entscheidung hatte der Supreme Court mit dem *Reading*-Urteil einen strukturorientierten Maßstab zugrunde gelegt, der die Wertungen des Clayton Act – freilich ohne diesen zu erwähnen – widerspiegelte:[77] Der Entscheidung lag – ebenso wie den Fällen *American Can, U.S. Steel* und *United Shoe Machinery*, in denen das Department of Justice unterlegen war – ein erheblich zurückliegender Zusammenschluss zugrunde. Die Abweichung von vorangegangenen Entscheidungen überspielend machte das Gericht jedoch in diesem Fall deutlich, dass es *nicht auf den Gebrauch von Marktmacht* ankomme: Diese stelle vielmehr, wenn sie durch Zusammenschlüsse mit dem Ziel eines

---

nehmend auf eine kostspielige und dem Gedanken der Strukturkontrolle zuwider laufende Verhaltensregulierung zurückgegriffen: Vgl. Kritik bei *Gellhorn et al.*, in: *Kovaleff*, S. 386; *Sims/Herman*, 65 Antitrust L.J. 865 (1997); *Sullivan/Grimes*, S. 539 ff., 644 f. (m. w. N.).

72 Vgl. *U.S. v. E.I. Du Pont de Nemours & Co. (General Motors)*, 366 U.S. 316, 329-31 (1961) (m. w. N.): „Divestiture or dissolution has traditionally been the remedy for Sherman Act violations whose heart is intercorporate combination and control, and it is reasonable to think immediately of the same remedy when Sec. 7 of the Clayton Act [...] is involved. *[Divestiture] is simple, relatively easy to administer, and sure.* It should always be in the forefront of a court's mind when a violation of Sec. 7 has been found." (Hervorh. v. Verf.).

73 *Celler-Kefauver* Act of 1950, 64 Stat. 1125 (15 U.S.C.A. §§ 18, 21). Zur Gesetzgebungsgeschichte vgl. *Brown Shoe Co. v. U.S.*, 370 U.S. 294, 311-23 (1962); ferner *Sullivan/Grimes*, S. 518.

74 Zur Entwicklung der Fusionskontrolle vgl. *Sullivan/Grimes*, S. 511 ff.; *Riordan/Salop*, 63 Antitrust L.J. 513 (1995). Zur Unzulänglichkeit der vor Einführung des *Hart-Scott-Rodino* Act erzielten Abhilfen siehe *Elzinga*, 12 J. L. & Econ. 43 (1969); zu einem aktuelleren Überblick vgl. *FTC*, Study of Divestiture Process, S. 3 ff. (1999); *Sullivan*, 48 Antitr. Bull. 377, 390-94 (2003).

75 Zur Anwendbarkeit von Sec. 2 Sherman Act vgl. *Areeda/Hovenkamp IIIA*, § 803b-c. Zu Anwendungsfällen von Sec. 1 Sherman Act vgl. *U.S. v. First National Bank*, 376 U.S. 665 (1964) (Anwendung von Sec. 2 offen gelassen); dazu *Fraidin*, 33 Geo. Wash. L. Rev. 899, 906-907 (1965). Vgl. ferner *Denver and Rio Grande Western R. R. Co. v. U.S.*, 387 U.S. 485, 501 (1967); *F. & M. Schaefer Corp. v. Schmidt & Sons*, 597 F.2d 814, 818 (2nd Cir. 1979); *Hamilton Watch v. Benrus Watch Co.*, 114 F.Supp. 307 (D. Conn. 1953), aff'd, 206 F.2d 738 (2nd Cir. 1953).

76 Für Sec. 7 Clayton Act vgl. *U.S. v. E.I. Du Pont de Nemours & Co.*, 353 U.S. 586, 597 (1957); *Concord Boat Corp. v. Brunswick Corp.*, 207 F.3d 1039, 1050-52 (8th Cir. 2000).

77 *U.S. v. Reading Co.*, 226 F. 229 (E.D. Pa. 1915), rev'd, 253 U.S. 26 (1920), 273 F. 848 (E.D. Pa. 1921), aff'd sub nom. *Continental Insurance Co. v. U.S., Reading Co. et al.*, 259 U.S. 156 (1922). Instruktiv zum Abstimmungsverhalten der Richter *Adams* in: *Brock/Elzinga*, S. 172 Fn. 12.

Erwerbs von Monopolmacht erworben werde, für sich genommen nicht nur eine Bedrohung, sondern eine unmittelbare Beschränkung des zwischenstaatlichen Handels dar.[78]

Eine Zwitterstellung nimmt die ebenfalls keine Referenz auf den Clayton Act enthaltende *Swift*-Entscheidung ein: Dem Fall lag lediglich ein Antrag auf Modifizierung von Tätigkeitsbeschränkungen zugrunde, denen sich die fünf größten Schlachtunternehmen der USA zu Beginn der 20er Jahre durch einen gerichtlich sanktionierten Vergleich („consent decree“)[79] unterworfen hatten.[80] Die Wertungen der Entscheidung dienten daher nicht als Grundlage für eine Entflechtungsverfügung. Sie rechtfertigten jedoch die Ablehnung der beantragten Änderungen und können daher der präventiven Marktstrukturkontrolle im weitesten Sinne zugerechnet werden. Das Urteil wiederholt zwar die Feststellung vorangegangener Entscheidung, dass reine Unternehmensgröße nicht gegen den Sherman Act verstoße; dies gelte jedoch nur, so lange kein Monopol vorliege. Eines Nachweises wettbewerbswidrigen Verhaltens bedürfe es jedoch in diesem Fall nicht: Der Keim hierzu sei in der „Größe“ eines Unternehmens angelegt und werde inbesondere durch in der Vergangenheit an den Tag gelegte Wettbewerbsverzerrungen belegt.[81]

II. Übernahme strukturorientierter Kriterien durch die „Alcoa“-Entscheidung

Das sowohl in der *Reading*- als auch in der *Swift*-Entscheidung zum Ausdruck kommende und die Wertungen von Section 7 Clayton Act reflektierende Misstrauen gegenüber Marktmacht ohne Rücksicht auf den Nachweis tatsächlicher Wettbewerbsverzerrungen stellt eine klare Abkehr von den im *Standard-Oil*-Fall entwickelten Grundsätzen dar. Dabei ließ sich zunächst annehmen, der darin enthaltene strukturorientierte Ansatz beschränke sich auf Fälle externen Unternehmenswachstums. Das unter anderem auf die *Swift*-Entscheidung gestützte[82] und anstelle des Supreme Court durch einen Berufungs-

---

78 *U.S. v. Reading Co.*, 253 U.S. 26, 57 (1920): „That such a power, *so obtained regardless of the use made* of it, constitutes a *menace to and an undue restraint upon interstate commerce* within the meaning of the Anti-Trust Act has been frequently held by this court.“ (Hervorh. v. Verf.).

79 Ca. 70 % aller Fälle werden durch „consent decree“ beendet. Eingehend zur Natur des „consent decree“ und den Voraussetzungen einer Anpassung: *Squeri*, 1181 PLI/Corp 873, 899-903 (2000); *Areeda/Kaplow*, § 141 (S. 63 ff.); *Nannes*, 15-Fall Antitrust 55 (2000); *Weisburst*, 28 J. Leg. Stud. 55, 58 (1999); *Oehler*, S. 55 ff. Zur gerichtlichen Kontrolle nach dem Tunney Act (Antitrust Procedures and Penalties Act of 1974, Pub. L. No. 93-528, 88 Stat. 1706 [1974], codified as amended as Clayton Act §§ 5[b]-5[h]) vgl. *Garza*, 10-Fall Antitrust 21, 21-22 (1995); *Blizzard*, 13 Berk. Tech. L.J. 355, 358-59 (1998). Zu den Motiven für den Abschluss eines „consent decree“ vgl. *Posner*, Antitrust, S. 228; *Areeda/Kaplow*, § 158 (S. 104); *Gavil*, 13-Sum Antitrust 7, 11 (1999).

80 Eingehende Darstellung bei *Whitney I*, S. 27 ff.; *Areeda/Kaplow*, § 141 (S. 64); *Oehler*, S. 241 f.

81 Vgl. *U.S. v. Swift & Co.*, 286 U.S. 106, 116 (1932): „Mere size [...] is not an offence [...] unless magnified to the point at which it amounts to a monopoly, [...] but size carries with it an opportunity for abuse that is not to be ignored when the opportunity is proved to have been utilized in the past.“ Ähnlich *U.S. v. Paramount Pictures, Inc.*, 334 U.S. 131, 174 (1948); *U.S. v. Griffith*, 334 U.S. 100, 108 (1948).

82 *U.S. v. Aluminum Co. of America*, 148 F.2d 416, 430 (2nd Cir. 1945).

richter verfasste[83] *Alcoa*-Urteil übertrug ihn indes auf ein Einzelunternehmen, das zwar über einen erheblichen Marktanteil verfügte,[84] diesen aber im Unterschied zu früheren Anwendungsfällen nicht einer „combination in restraint of trade“ verdankte.[85]

1. Section 2 Sherman Act als Verbot von Preisfestsetzungsmacht

Die eigentliche Tragweite des *Alcoa*-Urteils beruht auf einer systematischen Interpretation von Section 2 im Lichte von Section 1 Sherman Act. Die *Standard-Oil*-Entscheidung hatte den systematischen Zusammenhang zwischen beiden Vorschriften herangezogen, um die Übertragung der „rule of reason“ auf Section 2 Sherman Act zu rechtfertigen. Demgegenüber sah der entscheidende Richter *Learned Hand* den logischen Zusammenhang zwischen beiden Vorschriften in dem gleichermaßen verbotenen *Erfolg*. Da die Preisabsprache nach Section 1 *per se verboten* sei, müsse dies auch gelten, wenn ein Preis nicht durch Wettbewerber abgesprochen, sondern durch ein Einzelunternehmen festgesetzt werde, das dank seiner Marktstellung dem Wettbewerb entzogen sei.[86] Der in beiden Fällen identische Erfolg widerspreche der grundsätzlichen, *auch gesellschaftspolitisch motivierten* Entscheidung des Gesetzgebers *für das Wettbewerbsprinzip* und für ein *umfassendes Verbot von Marktmacht*. Dieses differenziere nicht zwischen „guten“ und „schlechten“ Monopolen, da andernfalls eine durch ein Gericht nicht zu bewerkstelligende Verhaltenskontrolle erforderlich würde.[87] Es sei daher unerheblich, ob ein Unternehmen seine (Preissetzungs-) Macht tatsächlich missbrauche oder ob nur ein „angemessener“ Gewinn erzielt werde. Letzteres beweise ohnehin nicht, dass der Gewinn nicht auch zu einem niedrigeren Preis erzielt werden könne.[88]

Aus rechts- und wettbewerbspolitischen Gründen sei jedoch eine Einschränkung des kategorischen Unwerturteils gegenüber den durch das Fehlen aktuellen Wettbe-

---

83 Der Supreme Court selbst hatte seine Beschlussfähigkeit verneinen müssen: vgl. *U.S. v. Aluminum Corp. of America*, 320 U.S. 708 (1943), 322 U.S. 716 (1944).

84 Je nach Marktabgrenzung bewegte sich dieser zwischen 33 % und 90 %: vgl. *U.S. v. Aluminum Co. of America*, 148 F.2d 416, 424-25 (2nd Cir. 1945) (siehe dazu auch Fn. 227, S. 209).

85 Vgl. *Turner*, 70 Harv. L. Rev. 281, 290-91 (1956/57). Eingehend zu dem Verfahren *Areeda/Hovenkamp III*, § 611 (Fn. 1). Zur Vorgeschichte *Whitney II*, S. 86 ff.; *Crandall*, Failure, S. 32 ff.

86 *U.S. v. Aluminum Co. of America*, 148 F.2d 416, 427-28 (2nd Cir. 1945).

87 *U.S. v. Aluminum Co. of America*, 148 F.2d 416, 427 (2nd Cir. 1945): „[Congress] did not condone ‚good trusts' and condemn ‚bad' ones; it forbade all. [...] In so doing it was not necessarily actuated by economic motives alone. It is possible [...] to prefer a system of small producers, each dependent for his success upon his own skill and character, to one in which the great mass of those engaged must accept the direction of a few.“; vgl. ferner *American Tobacco Co. v. U.S.*, 328 U.S. 781, 813 (1946) (obiter dictum); *U.S. v. United Shoe Machinery Corp.*, 110 F.Supp. 295, 345 (D. Mass. 1953). Zur „good trust“/„bad trust“-Unterscheidung vgl. *Fox/Sullivan* in: *Kovaleff*, S. 96 ff. Jedenfalls für vertikale Preisabsprachen ist der Supreme Court zur „rule of reason“ übergegangen: *Leegin Creativ Leather Products, Inc., v. PSKS, Inc.* (28. 6. 2007), noch nicht veröffentlicht.

88 *U.S. v. Aluminum Co. of America*, 148 F.2d 416, 427 (2nd Cir. 1945); davor *U.S. v. Corn Products Refining* Co., 234 F. 964, 1014-15 (S.D.N.Y. 1916). Vgl. auch *Berkey Photo, Inc. v. Eastman Kodak Co.*, 603 F.2d 263, 274 (2nd Cir. 1979), cert. denied, 444 U.S. 1093 (1980).

werbs geprägten Marktstrukturen geboten: Der auch strafrechtliche Charakter des Sherman Act sowie die Notwendigkeit, die gesetzgeberisch gewollte und im Ergebnis von Erfolg gekrönte Teilnahme am Leistungswettbewerb nicht zu sanktionieren,[89] verbiete es, natürliche Monopole sowie solche, die dem Unternehmen gleichsam *durch Zufall* „aufgedrängt" („thrust upon") worden seien, in den Anwendungsbereich von Section 2 Sherman Act einzubeziehen.[90] „Zufällig" in diesem Sinne sei auch, wenn sich das Unternehmen dank durchaus willensgesteuerter Eigenschaften wie *„superior skill, foresight, and industry"* durchsetze.[91] Eines „specific intent to monopolize" im Sinne der *Standard-Oil*-Entscheidung bedürfe es jedoch nicht, da kein Monopolist „unbewusst" monopolisiere; es genüge, wenn bewiesen werde, dass ein Unternehmen über Monopolmacht verfüge und diese „willentlich", also nicht „zufällig", erworben habe.[92]

2. *Einschränkungen der Tragweite des Urteils*

Trotz ihres primär strukturorientierten Ansatzes blieb die Tragweite der *Alcoa*-Entscheidung begrenzt: Zunächst gewährleistete die „thrust-upon defense" im Ergebnis, dass Marktmacht allein noch keinen Verstoß gegen das Monopolisierungsverbot begründete. Auch wenn es keiner Verhaltensweisen bedurfte, die ähnlich wie in früheren Fällen als „predatory, immoral, [or] discriminatory" zu werten gewesen wären,[93] war dem Verhalten des Monopolisten Rechnung zu tragen. Das Werturteil gegenüber Marktmacht wurde auch deshalb erheblich nuanciert, als mit der „thrust-upon defense" keine Vermutung hinsichtlich der regelmäßigen Entstehungsursachen von Marktmacht verknüpft war.[94]

Einschränkungen der Tragweite des Urteils ergeben sich auch daraus, dass es einige Inkonsistenzen aufwies. Dies betrifft zunächst den Umstand, dass Richter *Hand* dem Unternehmen kontinuierliche, wettbewerbshemmende Kapazitätserweiterungen zur Last legte,[95] ohne dass die Beweislage den Schluss zugelassen hätte, dass tatsächlich Überka-

---

89 *U.S. v. Aluminum Co. of America*, 148 F.2d 416, 430 (2nd Cir. 1945): „[...] Although the result may expose the public to the evils of monopoly, the [Sherman] Act does not mean to condemn the resultant of those very forces which it is its prime object to foster: finis opus coronat. The successful competitor, having been urged to compete, must not be turned upon when he wins.".

90 *U.S. v. Aluminum Co. of America*, 148 F.2d 416, 429-30 (2nd Cir. 1945). Zur „thrust-upon defense" vgl. auch *Areeda/Turner III*, § 624b.

91 Zu Recht kritisch *Areeda/Hovenkamp III*, § 611b (S. 21) („internal inconsistency").

92 *U.S. v. Aluminum Co. of America*, 148 F.2d 416, 432 (2nd Cir. 1945): „In order to fall within Sec. 2, the monopolist must have *both the power to monopolize*, and *the intent to monopolize*. To read the passage as demanding any ‚specific' intent, makes nonsense of it, for no monopolist monopolizes unconscious of what he is doing." (Hervorh. v. Verf.). Kritisch hierzu *McKenzie*, S. 34.

93 Vgl. *U.S. v. Aluminum Co. of America*, 148 F.2d 416, 432 (2nd Cir. 1945) (siehe Fn. 92, S. 167); in diesem Sinne auch *U.S. v. Griffith*, 334 U.S. 100, 106 (1948); *U.S. v. United Shoe Machinery Corp.*, 110 F.Supp. 295, 342-43, 345 (D. Mass. 1953).

94 Vgl. auch Kritik bei *Areeda/Hovenkamp III*, § 611b (S. 21).

95 Vgl. *U.S. v. Aluminum Co. of America*, 148 F.2d 416, 431 (2nd Cir. 1945). Zur Problematik antizipierender Kapazitätserweiterungen vgl. *Areeda/Hovenkamp III*, § 611e (S. 24) (die Theorie als

pazitäten existierten[96] oder offengelegt worden wäre, weshalb hierin kein Ausdruck von „superior foresight“ zu sehen sei.[97] Inkonsistent blieb das Urteil schließlich auf der Rechtsfolgenseite, da *Alcoa* selbst intakt blieb. Richter *Hand* ließ der Tatsacheninstanz sogar die Option offen, *lediglich verhaltensorientierte Maßnahmen* zu ergreifen, indem er – auch wenn diese explizit nicht Gegenstand des Monopolisierungsvorwurfs waren – ergänzende Feststellungen zu den von *Alcoa* an den Tag gelegten Wettbewerbsverzerrungen traf.[98] Da das Urteil hinter den Erwartungen zurück blieb, die es in Bezug auf die Entwicklung eines strukturellen Haftungsmaßstabes geweckt hatte,[99] wurde es verschiedentlich als Paradebeispiel für die Unfähigkeit von Richtern gewertet, eine Rechtsfolge zu wählen, die der festgestellten „liability“ entspricht[100].

Tatsächlich lag die Ursache für die Zurückhaltung Richter *Hands* darin, dass die US-Regierung während des zweiten Weltkriegs zusätzliche Aluminium-Kapazitäten geschaffen hatte, die zunächst aufgrund vertraglicher, eine Übernahmeoption enthaltender Vereinbarungen von *Alcoa* betrieben worden waren.[101] Der 1944 verabschiedete Federal Surplus Property Act verpflichtete die Regierung jedoch, bei der Privatisierung staatlicher Anlagen dem Ziel der Entwicklung von Wettbewerb Rechnung zu tragen.[102] In Erwartung entsprechender Dispositionen schob Richter *Hand* daher eine endgültige Entscheidung über die Abhilfe zunächst auf. Die Zusatzkapazitäten wurden schließlich an zwei Unternehmen – *Kaiser Aluminum* und *Reynolds Metals* – veräußert.[103] Mit Rücksicht auf dieses einer horizontalen Entflechtung entsprechenden Ergebnis beschränkte sich die fünf Jahre später entschiedene Abhilfe auf die Abwicklung einer Kapitalbeteiligung an einem kanadischen Aluminiumhersteller.[104] Dank in der Folge stetig ansteigender Wettbewerberzahlen blieb *Alcoa* selbst im Ergebnis intakt.[105]

„absurd“ qualifizierend); siehe auch *Scherer*, 89 Harv. L. Rev. 869, 871-75 (1976); *Krattenmaker/Salop*, 96 Yale L.J. 209, 237 (1986).

96 Siehe *Areeda/Hovenkamp III*, § 611e.

97 Zur Kritik siehe *Whitney II*, S. 92; *Areeda/Hovenkamp III*, §§ 611e, k, 651a; *Areeda/Turner*, 88 Harv. L. Rev. 697, 718-20 (1975).

98 Siehe *U.S. v. Aluminum Co. of America*, 148 F.2d 416, 432 et seq. (2nd Cir. 1945). Vorangegangen war der Entscheidung ein im Jahre 1912 geschlossener „consent decree“, der eine Reihe von Ausschließlichkeitsvereinbarungen und Gebietsabsprachen zum Gegenstand hatte: vgl. hierzu *Krattenmaker/Salop*, 96 Yale L.J. 209 (1986); *Areeda/Hovenkamp III*, § 611f (S. 24 f.). Zu den aus der Existenz des Vergleichs resultierenden Schwierigkeiten siehe *Areeda/Hovenkamp III*, § 611k.

99 Vgl. Nachweise in Fn. 38 (S. 159).

100 Kritisch *Whitney II*, S. 86 f.; *Scherer/Ross*, S. 456; *Sullivan*, S. 145; *Oehler*, S. 240 (m. w. N.); vgl. auch *Adams* in: *Brock/Elzinga*, S. 172, 174 („prize example to demonstrate how ready the courts are to denounce iniquity while steadfastly refusing to correct it. [...] The Government, after a battle of thirteen years, won a resounding legal victory only to suffer a crushing economic defeat.“).

101 Eingehend *Whitney II*, S. 95 ff; *Crandall*, Failure, S. 37 ff.

102 Vgl. Federal Surplus Property Act von 1944, 58 Stat. 765 (1944), 40 U.S.C.A. §§ 471-511, insbesondere 40 U.S.C.A. § 488a (1982); siehe auch *Kovacic*, 31 Conn. L. Rev. 1285, 1306 (1999).

103 *Reynolds* und *Alcoa* haben zwischenzeitlich unter Auflagen fusioniert: vgl. *U.S. v. Alcoa, Inc.*, 2001-2 Tr. Cas. (CCH) § 73,435, 2001 WL 1335698 (D.D.C. 2001).

104 *U.S. v. Aluminum Co. of America et al.*, 91 F.Supp. 333 (S.D.N.Y. 1950), ergänzt durch 1954 Tr. Cas. (CCH) § 67,745 (S.D.N.Y.). Vgl. auch *Scherer/Ross*, S. 456.

105 Vgl. auch *U.S. v. Aluminum Co. of America et al.*, 153 F.Supp. 132 (S.D.N.Y. 1957); sowie *Crandall*, Failure, S. 39 ff.

III. Übernahme der Wertungen Alcoas durch den Supreme Court?

Aufgrund der besonderen Umstände ihres Zustandekommens entfaltet die *Alcoa*-Entscheidung zwar vergleichbare Präzedenzwirkung wie ein Urteil des Obersten Gerichtshofs. Letzterer begrüßte zudem explizit die Ausführungen Richter *Hands* in der zweiten *American-Tobacco*-Entscheidung:[106] Gegenstand dieses *Strafverfahrens* war aber nicht das Verhalten eines Einzelunternehmens, sondern waren Absprachen zwischen den Nachfolgern des im Jahre 1911 zerschlagenen Tabak-Trusts. Die Billigung blieb daher obiter dictum, so dass angesichts der erheblichen Abweichung von den Prämissen früherer Entscheidungen unklar blieb, ob der Ansatz *Alcoas* in der Folge zur Grundlage von Entscheidungen des Supreme Court gemacht werden würde.

1. Verbot von Wettbewerbsverhinderungsmacht?

Ein auf den ersten Blick ebenfalls strukturorientierter Ansatz findet sich in der *Griffith*-Entscheidung, die zu einer Serie von Verfahren gegen Unternehmen der Filmindustrie gehört.[107] Gegenstand des Urteils war an sich ein Fall von Nachfragemacht, die aber nach denselben Kriterien wie die Anbietermacht beurteilt wurde.[108] Dem Urteil zufolge könne „Monopolmacht" selbst dann ein von Sherman Act § 2 per se verbotenes „Übel" darstellen, wenn sie *rechtmäßig erworben* worden sei und nicht ausgeübt werde. Der Sherman Act richte sich sowohl gegen den Erwerb als auch die Aufrechterhaltung einer „wirksamen Marktkontrolle"; dabei sei unerheblich, ob bestehender Wettbewerb zerstört oder seine Entstehung behindert werde. Es reiche aus, wenn ein Unternehmen über die Macht verfüge, die Entwicklung von Wettbewerb auf einem Markt *einseitig* zu behindern. Gehe diese Macht, die durch die „Größe" des Unternehmens indiziert werde,[109] mit der Absicht einher, sie einzusetzen, verstoße sie per se gegen das Gesetz.[110] Erst

106 Siehe *American Tobacco Co. v. U.S.*, 328 U.S. 781, 812-13 (1946).

107 *U.S. v. Griffith*, 334 U.S. 100 (1948): Die Beklagten betrieben eine Kino-Kette, mit der sie in einigen Städten als Alleinanbieter auftraten. Beim Bezug von Filmen konnten sie für die gesamte Kette verhandeln und verfügten damit über einen strategischen Vorteil gegenüber Kinobetreibern, mit denen sie in anderen Städten im Wettbewerb standen. Es wurde jedoch nicht festgestellt, dass dies zur Begründung neuer Monopolstellungen geführt hätte oder überhaupt eine Wettbewerbsverzerrung vorgelegen hätte. Vgl. *Joliet*, 5 RTDE 646, 674 (1969). Siehe des Weiteren *U.S. v. Crescent Amusement Co.*, 323 U.S. 173 (1944); ferner *U.S. v. Paramount Pictures*, 334 U.S. 131 (1948); *U.S. v. Schine Chain Theatres, Inc.*, 334 U.S. 110 (1948).

108 Vgl. – wenngleich kritisch hierzu – *Sullivan/Grimes*, S. 138 (m. w. N. zur Rechtsprechung).

109 *U.S. v. Griffith*, 334 U.S. 100, 107 (1948); *U.S. v. Paramount Pictures*, 334 U.S. 131, 174 (1948); *U.S. v. Swift & Co.*, 286 U.S. 106, 116 (1932) (auszugsweise wiedergegeben in Fn. 81, S. 165).

110 *U.S. v. Griffith*, 334 U.S. 100, 106-107 (1948): „[...] Monopoly power, whether lawfully or unlawfully acquired, may *itself constitute an evil* and stand condemned under § 2 even though it remains unexercised. For § 2 of the Act is aimed, inter alia, at the *acquisition or retention* of effective market control. [...] *Hence the existence of power to exclude competition when it is desired to do so is itself a violation of § 2, provided it is coupled with the purpose or intent to exercise that power.* [...] It is indeed ‚unreasonable, per se, to foreclose competitors from any substantial mar-

recht sei der „Gebrauch von Monopolmacht" verboten, um Wettbewerb auszuschalten, *sich einen Wettbewerbsvorteil zu verschaffen* oder einen Konkurrenten zu zerstören.[111]

Das terminologisch unklare Urteil legt nahe, Monpolmacht könne unabhängig von dem Verhalten ihres Inhabers gegen den Sherman Act verstoßen.[112] Die Entscheidung beruht jedoch auf einer Unterscheidung von Monopolmacht im Sinne von *Wettbewerbsverhinderungsmacht* („power to exclude competition") und im Sinne von *Preisfestsetzungsmacht* („power to control price"). Beide Elemente sind gleichermaßen Bestandteil des *Rechtsbegriffs* der „monopoly power" im Sinne von Section 2.[113] Mit der Formulierung, die tatsächliche Ausübung von Marktmacht sei unerheblich, ist daher zunächst die „power to control price" gemeint. Ein Verzicht auf ein Verhaltenselement zugunsten einer Marktstrukturkontrolle liegt hierin nicht. Zwar soll auch die Fähigkeit zur Behinderung von Wettbewerb gegen Sherman Act § 2 verstoßen, sofern ein Unternehmen lediglich den „Willen" hat, diese Macht aufrechtzuerhalten.[114] Das Vorliegen dieses subjektiven Elementes – das fester Bestandteil der Definition des Verstoßes gegen Section 2 Sherman Act ist[115] – ergibt sich aber stets aus dem *objektiven Nachweis wettbewerbswidriger Verhaltensweisen.*[116] Subjektive Elemente dienen – nicht zuletzt aufgrund ihrer Ambivalenz[117] – lediglich dazu, Licht auf die einer Verhaltensweise zugrunde liegende Zielsetzung sowie ihre wettbewerblichen Auswirkungen zu werfen.[118]

---

ket.' [...] The anti-trust laws are as much violated by the prevention of competition as by its destruction. [...] *It follows a fortiori that the use of monopoly power, however lawfully acquired, to foreclose competition, to gain a competitive advantage, or to destroy a competitor, is unlawful.*" (Hervorh. v. Verf.).

111 Ähnlich *U.S. v. Paramount Pictures, Inc.*, 334 U.S. 131, 174 (1948); *U.S. v. Schine Chain Theatres, Inc.*, 334 U.S. 110, 130 (1948); *Otter Tail Power Co. v. U.S.*, 410 U.S. 366, 377 (1973). Vgl. auch *U.S. v. United Shoe Machinery Corp.*, 110 F.Supp. 295, 344-45 (D. Mass. 1953); *Eastman Kodak Co. v. Image Technical Services, Inc.*, 504 U.S. 451, 482-83 (1992) (dazu Fn. 347, S. 227).

112 So *U.S. v. United Shoe Machinery Corp.*, 110 F.Supp. 295, 342 (D. Mass. 1953); so auch *Schulte-Braucks*, S. 78; kritisch *Areeda/Hovenkamp III*, § 613 (S. 31) („obscure"), § 614b (S. 33 f.).

113 Vgl. *American Tobacco Co. v. U.S.*, 328 U.S. 781, 811 (1946); *U.S. v. E.I. Du Pont de Nemours & Co.*, 351 U.S. 377, 391 (1956) (m. w. N.); *U.S. v. Grinnell Corp.*, 384 U.S. 563, 571 (1966); *Aspen Skiing Co. v. Aspen Highlands Skiing Corp.*, 472 U.S. 585, 596 Fn. 20 (1985); *Eastman Kodak Co. v. Image Technical Services, Inc.*, 504 U.S. 451, 481 (1992). Nichtpreisliche Freiräume werden z. T. als „power to force a purchaser to do something that he would not do in a competitive market" bezeichnet: vgl. *Jefferson Parish Hosp. Dist. No. 2 v. Hyde*, 466 U.S. 2, 14 (1984).

114 Ähnlich bereits *U.S. v. Swift & Co.*, 286 U.S. 106, 116 (1932): siehe Fn. 81 (S. 165).

115 Vgl. Nachweise in Fn. 50 (S. 161), Fn. 92 (S. 167), Fn. 110 (S. 169) und unten Fn. 123 (S. 171).

116 Vgl. *U.S. v. Standard Oil Co. of New Jersey*, 221 U.S. 1, 75 (1911) (dazu Fn. 50, S. 161); *U.S. v. Aluminum Co. of America*, 148 F.2d 416, 431-32 (2nd Cir. 1945), 91 F. Supp. 333, 342 (S.D.N.Y. 1950); ferner *Aspen Skiing Co. v. Aspen Highlands Skiing Corp.*, 472 U.S. 585, 602 (1985); *Byars v. Bluff City News Co.*, 609 F.2d 843, 860 (6th Cir. 1979). Siehe auch *Bork*, Antitrust Paradox (1978), S. 160; *Areeda/Hovenkamp III*, § 650a (S. 67), § 651a (S. 76); kritisch *Kaysen*, S. 335 ff.

117 Vgl. *Ball Memorial Hosp., Inc. v. Mutual Hosp. Ins., Inc.*, 784 F.2d 1325, 1339 (7th Cir. 1986); *Fisher et al.*, S. 4; *Carlton*, 68 Antitrust L.J. 659, 659-60 (2001); zu einer ausführlichen Diskussion der Bedeutung subjektiver Kriterien siehe *Sullivan*, 60 Tex. L. Rev. 587, 632-37 (1982); vgl. auch *Kattan*, 14-Sum Antitrust 65 (2000) (zum *Microsoft*-Fall).

118 Vgl. *Chicago Board of Trade v. U.S.*, 246 U.S. 231, 238 (1918); *Aspen Skiing Co. v. Aspen Highlands Skiing Corp.*, 472 U.S. 585, 602 (1985) („[...] Evidence of intent is merely relevant to the question whether the challenged conduct is fairly characterized as ‚exclusionary' or ‚anticompetitive' [...] or ‚predatory,' to use a word that scholars seem to favor."); *Transamerica Computer Co.*

Die *Griffith*-Entscheidung ähnelt vor diesem Hintergrund eher dem *Standard-Oil*- als dem *Alcoa*-Urteil:[119] Gegenstand des Monopolisierungsverbotes ist nicht das Fehlen von tatsächlichem Wettbewerb, sondern seine Beeinträchtigung durch die *Ausübung von Macht*. Wie in der *Standard-Oil*-Entscheidung ist Ziel eine Verhaltenskontrolle, während das Verbot von Marktmacht Reflex wettbewerbswidriger Verhaltensweisen ist. *Griffith* präzisiert lediglich, dass die zum Nachteil des Wettbewerbs ausgeübte Macht nicht im Wege des „merger to monopoly" erworben worden sein muss. Beide Entscheidungen des Supreme Court gleichen sich zudem in ihrem eher rechtlichen denn ökonomischen Ansatz,[120] weil sie aufgrund ihres verhaltensorientierten Anknüpfungspunktes keine Bestimmung der Monopolmacht vornehmen, die – wie die *Alcoa*-Entscheidung – ökonomische Konzepte zur Analyse von Preissetzungsmacht reflektieren: „Monopoly power" wird vielmehr aus einer synoptischen Betrachtung von Unternehmensentwicklung, Größenmacht und Verhalten als Ausdruck von Macht abgeleitet.[121]

2. *Synthese von Marktstruktur- und Missbrauchsaufsicht*

Ein stärker an ökonomischen Wertungen orientierter Ansatz findet sich in den Ausführungen des Obersten Gerichtshofs im Fall *Grinnell*.[122] Danach bestehe die *„offense of monopoly"* aus zwei Elementen, nämlich der Innehabung von Monopolmacht auf einem relevanten Markt und ihrem *willentlichen Erwerb oder ihrer Aufrechterhaltung*, die von Wachstum durch überlegene Produkte, unternehmerischen Scharfsinn oder Zufall („superior product, business acumen, or historic accident") abzugrenzen seien.[123] Der Sup-

---

v. IBM Corp., 481 F.Supp. 965, 996 (N.D. Cal. 1979), aff'd, 698 F.2d 1377 (9th Cir. 1983), cert. denied, 452 U.S. 955 (1983); *U.S. v. Microsoft Corp.*, 253 F.3d 34, 59 (D.C. Cir. 2001). Vgl. auch *Areeda/ Hovenkamp IIIA*, § 805c. Zu Unrecht anders *Schulte-Braucks*, S. 304; *Epstein*, 72 U. Chi. L. Rev. 49, 57 (2005), wonach subjektiven Elementen generell konstitutive Bedeutung zukomme (i. Erg. ablehnend *Aspen Skiing*, a. a. O., S. 611).

119 Anders *U.S. v. United Shoe Machinery Corp.*, 110 F.Supp. 295, 341-342 (D. Mass. 1953), wonach *Griffith* i. V. m. *Alcoa* auch so verstanden werden könne, dass Monopolmacht verboten sei, sofern sie nicht ausschließlich auf „superior skill, foresight, and industry" beruhe.

120 Kritisch hierzu *Mason*, 47 Yale L.J. 34, 45 (1937).

121 Vgl. *U.S. v. Standard Oil Co. of New Jersey*, 221 U.S. 1, 78 (1911); *U.S. v. American Tobacco Co.*, 221 U.S. 106, 181-83 (1911). Hierzu *Sullivan*, 60 Tex. L. Rev. 587, 591 (1982). Kritisch dazu *Armentano*, S. 99, 271 (die Existenz von Marktmacht abstreitend); ähnlich *Graglia*, 23 Harv. J. L. & Pub. Pol. 11 (1999); dagegen *Scherer*, 5 Crit. Rev. 497, 507 (1991). Vgl. *U.S. v. Griffith*, 334 U.S. 100, 106 (1948): „Anyone who owns and operates the single theatre in a town [...] has a monopoly in the popular sense."; ähnlich *U.S. v. Paramount Pictures*, 334 U.S. 131, 173-74 (1948).

122 *U.S. v. Grinnell Corp.*, 236 F.Supp. 244 (D. Rh. Isl. 1964), aff'd in part, 384 U.S. 563 (1966).

123 *U.S. v. Grinnell Corp.*, 384 U.S. 563, 570-71 (1966): „The *offense of monopoly* [...] has two elements: (1) the possession of monopoly power in the relevant market and (2) the *willful acquisition or maintenance* of that power as *distinguished from growth or development as a consequence of a superior product, business acumen, or historic accident*." (Hervorh. v. Verf.). Ebenso *Aspen Skiing Co. v. Aspen Highlands Skiing Corp.*, 472 U.S. 585, 596 (1985); *U.S. v. Microsoft Corp.*, 253 F.3d 34, 50 (D.C. Cir. 2001); *Morris Communications Corp. v. PGA Tour, Inc.*, 364 F.3d 1288, 1294 (11th Cir. 2004); zuletzt *Verizon Communications Inc. v. Law Offices of Curtis V. Trinko, LLP*, 540 U.S. 398, 405 (2004).

reme Court befand, dass letzteres auf die *Grinnell Corp.*, die mehrheitlich drei über einen Marktanteil von insgesamt 87 % verfügende Unternehmen auf dem Markt für zentral gesteuerte Feuer- und Diebstahlsicherungen kontrollierte,[124] nicht zutreffe.

Die Formulierung des Supreme Court ähnelt der „thrust-upon defense" des *Alcoa*-Urteils. Sie könnte mithin, zumal die Entscheidung – entgegen dem Gesetzeswortlaut – von einer „offense of *monopoly*" spricht,[125] als Beleg für einen strukturorientierten Ansatz gewertet werden. Tatsächlich jedoch unterscheidet sich die *Grinnell*-Formulierung von der „thrust-upon defense" in der rechtlichen Konstruktion. Letztere stellt zumindest begrifflich – obgleich sie keinerlei Beweislastregelung enthält – eine *Rechtfertigung* für grundsätzlich verbotene Marktmacht dar. Demgegenüber ist nach der Formulierung der *Grinnell*-Entscheidung das Verhaltenselement integraler Bestandteil des Verstoßes gegen Section 2 Sherman Act. Im Umkehrschluss ergibt sich hieraus, dass Marktmacht für sich genommen nicht gegen den Sherman Act verstößt.[126]

Dass nicht die Machtposition als solche, sondern das Verhalten des Unternehmens den Gegenstand des Monopolisierungsverbotes bildete, ergibt sich auch aus dem Umgang des Supreme Court mit der von der Vorinstanz formulierten Beweislastregelung: Um dem Richter die Auseinandersetzung mit einem „Morast ökonomischer Daten"[127] zu ersparen, hatte es das Eingangsgericht im Hinblick auf das nach seiner Auffassung bestehende grundsätzliche Verbot von Marktmacht für ausreichend gehalten, wenn die Regierung den relevanten Markt abgrenze und die Höhe des Marktanteils belege.[128] Sei letzterer überragend, werde die Existenz von Marktmacht vermutet.[129] Aufgrund langjähriger Erfahrungen hinsichtlich der Ursachen dauerhafter Monopole werde aber auch vermutet, dass die streitgegenständliche Marktmacht mit wettbewerbswidrigen Mitteln erworben worden sei.[130] Diesen Anscheinsbeweis könne ein Unternehmen widerlegen, wenn es beweise, dass es ein „socially desirable monopolizer" sei,[131] weil es sich der Mittel des Leistungswettbewerbs bedient habe. Die Regierung müsse dann den Beweis des Gegenteils erbringen, indem sie „exclusionary practices" nachweise.[132] Der Supreme Court sah allerdings keine Veranlassung, sich zu dieser Beweislastregel – deren

124 *U.S. v. Grinnell Corp.*, 384 U.S. 563, 566-67 (1966); zur Marktabgrenzung vgl. Fn. 225 (S. 209).

125 Präziser: *U.S. v. Microsoft Corp.*, 253 F.3d 34, 50 (D.C. Cir. 2001) („offense of monopolization").

126 In diesem Sinne nunmehr explizit *Verizon Communications Inc. v. Law Offices of Curtis V. Trinko, LLP*, 540 U.S. 398, 405 (2004) (unter Berufung auf *Grinnell*). Vgl. auch *Turner*, 70 Harv. L. Rev. 281, 290 (1956/57); *Sullivan*, 60 Tex. L. Rev. 587, 637 (1982); *Areeda/Hovenkamp III*, § 617 (S. 42 f.); *U.S. v. Microsoft Corp.*, 253 F.3d 34, 51 (D.C. Cir. 2001).

127 So *U.S. v. United Shoe Machinery Corp.*, 110 F.Supp. 295, 341 Fn. 1 (D. Mass. 1953).

128 *U.S. v. Grinnell Corp.*, 236 F.Supp. 244, 247-48 (D. Rh. Isl. 1964).

129 Vgl. *U.S. v. Grinnell Corp.*, 236 F.Supp. 244 (D. Rh. Isl. 1964), aff'd, 384 U.S. 563, 571 (1966).

130 *U.S. v. Grinnell Corp.*, 236 F.Supp. 244, 248 (D. Rh. Isl. 1964); befürwortend *Kaysen*, S. 337; zurückhaltend *Areeda/Hovenkamp III*, § 650d (denen zufolge eine derartige Beweislastverteilung aufgrund der Sachnähe des Unternehmens gerechtfertigt sein könne).

131 Anders noch *U.S. v. United Shoe Machinery Corp.*, 110 F.Supp. 295, 345 (D. Mass. 1953).

132 *U.S. v. Grinnell Corp.*, 236 F.Supp. 244, 248 (D. Rh. Isl. 1964). Ähnliche Ansätze finden sich in einigen Vorschlägen zur Reform des Antitrust-Rechts (vgl. Fn. 5, S. 21): siehe Sec. 2(e) des *„Harris Bill"*; Sec. 101(c) des *„Hart Bill"*; *Kaysen/Turner*, Sec. 3(b) (1), (2), (4).

verfahrensökonomische Vorzüge zweifelhaft sind[133] – zu äußern: *Grinnell* hatte seine Macht mit Hilfe von Marktaufteilungsabsprachen, Kampfpreisunterbietungen und dem Erwerb von Konkurrenten begründet.[134] Diese Verhaltensweisen genügten dem Obersten Gerichtshof, um einen „willentlichen" Erwerb von Monopolmacht anzunehmen.[135]

3. *United Shoe Machinery Corp.*

Die eingangs erwähnte Erfolgsverpflichtung, die der Oberste Gerichtshof in der (letzten) *United-Shoe-Machinery*-Entscheidung aussprach, markiert den Schlusspunkt zahlreicher Anläufe des Department of Justice, den Schuhmaschinenhersteller zu zerschlagen.[136] *United Shoe* verdankte seinen Marktanteil, der zum Zeitpunkt der Einleitung des letzten, nach 15 Jahren erfolgsgekrönten Verfahrens ca. 85 % betrug, unter anderem einer Reihe von Zusammenschlüssen, die der Supreme Court allerdings bereits gebilligt hatte.[137] Er beruhte jedoch auch – was explizit anerkannt wurde – auf den herausragenden Produkten und Leistungen (insbesondere auf dem Gebiet der Forschung und Entwicklung) von *United Shoe*.[138] Zur Last gelegt wurde dem Unternehmen allerdings, mit Hilfe einer Reihe von wettbewerblich ambivalenten Verhaltensweisen – unter anderem durch kostendeckendes „limit pricing"[139] sowie durch eine Strategie der ausschließlichen Vermietung von Schuhherstellungsmaschinen[140] – Marktzutritt behindert und die

---

133 In diesem Sinne auch *Areeda/Turner III*, § 624c; *Areeda/Hovenkamp III*, §§ 615b, 650e.

134 Siehe *U.S. v. Grinnell Corp.*, 384 U.S. 563, 576 (1966). Vgl. auch *Areeda/Hovenkamp III*, § 615b. Instruktiv auch *Turner*, 70 Harv. L. Rev. 281, 290 (1956/57).

135 *U.S. v. Grinnell Corp.*, 384 U.S. 563, 576 Fn. 7 (1966).

136 *U.S. v. United Shoe Machinery Corp.*, 110 F.Supp. 295 (D. Mass. 1953), aff'd per curiam 347 U.S. 521 (1954); 266 F.Supp. 328 (D. Mass. 1967), rev'd, 391 U.S. 244 (1968), 1969 Trade Cas. (CCH) § 72,688 (D. Mass. 1969); eingehend *Kaysen*, S. 6 ff. Zu den zahlreichen Privatklagen siehe *Wiley et al.*, 37 UCLA L. Rev. 693, 697 (1990).

137 Vgl. *U.S. v. United Shoe Machinery Corp.*, 222 F. 349 (D. Mass. 1915), aff'd, 247 U.S. 32 (1918). Vorausgegangen war ein Strafverfahren: *U.S. v. Winslow*, 227 U.S. 202 (1913); ein Verfahren nach dem Clayton Act folgte: vgl. *USM Corp. v. U.S.*, 258 U.S. 451 (1922). Zu den Auswirkungen des vorangegangenen Verfahrens *Areeda/Hovenkamp III*, § 614.

138 Vgl. *U.S. v. United Shoe Machinery Corp.*, 110 F.Supp. 295, 297 (D. Mass. 1953).

139 *U.S. v. United Shoe Machinery Corp.*, 110 F.Supp. 295, 325-29, 343-44 (D. Mass. 1953). Zur Problematik des „limit pricing", bei dem weder durchschnittliche variable noch durchschnittliche Gesamtkosten unterschritten werden, vgl. *Viscusi et al.*, S 165 ff., 170 ff.; *Areeda/Turner*, 88 Harv. L. Rev. 697, 705 (1975); *Areeda/Hovenkamp/Solow IIA*, § 421d; *Scherer*, 89 Harv. L. Rev. 869, 871-75 (1976); *Scherer/Ross*, S. 478. Siehe des weiteren *Transamerica Computer Co. v. IBM Corp.*, 698 F.2d 1377, 1387 (9th Cir. 1983), cert. denied, 452 U.S. 955 (1983); *California Computer Products v. IBM Corp.*, 613 F.2d 727, 743 (9th Cir. 1979); ablehnend: *U.S. v. AMR Corp.*, 140 F.Supp.2d 1141 (D.Kan. 2001); dazu *Piraino*, 75 N.Y.U. L. Rev. 809, 876 (2000).

140 *U.S. v. United Shoe Machinery Corp.*, 110 F.Supp. 295, 314-25, 344-45 (D. Mass. 1953). Ähnliche Vorwürfe wurden gegen *IBM* und *Xerox* erhoben: vgl. *U.S. v. IBM Corp.*, 1956 Tr. Cas. (CCH) § 68,245 (S.D.N.Y. 1956); *Xerox Corp.*, 86 F.T.C. 364 (1975). Kritisch zur Beurteilung der Vermietungspraktik *Wiley et al.*, 37 UCLA L. Rev. 693, 710-17 (1990); *Masten/Snyder*, 36 J. L. & Econ. 33, 68 (1993); dagegen *Brodley/Ma*, 45 Stan. L. Rev. 1161, 1211 (1993); *Tirole*, S. 83 (Miete zur Umgehung der „*Coase* Conjecture" : *Coase*, 15 J. L. & Econ. 143 [1972]). Zur „full capa-

Entstehung eines Marktes für Gebrauchtmaschinen, der den Wettbewerbsdruck auf dem Markt für neue Maschinen erhöht hätte, verhindert zu haben.[141]

In einem ersten Verfahrensabschnitt lehnte der zuständige Eingangsrichter *Wyzanski* – mit späterer Billigung des Supreme Court – den Antrag der Regierung ab, den Schuhmaschinenhersteller in drei Teile zu spalten, weil *United Shoe* seine Aktivitäten auf einen Standort konzentriert hatte und eine Entflechtung dieses „single plant monopoly" aus Sicht des Gerichts *praktische Schwierigkeiten* bereitet hätte.[142] Richter *Wyzanski* beschränkte sich insofern zum einen auf eine Entflechtung vertikal integrierter Marktstufen im Bereich der Herstellung und des Vertriebs von Schuhkomponenten, die den Weg für ein Eindringen potentieller Wettbewerber bereiten sollte.[143] Zum anderen ordnete er im Kerngeschäft des Unternehmens eine Reihe von verhaltensorientierten Maßnahmen an.[144] Um ihre Einhaltung zu überwachen, musste sich *United Shoe* für die Dauer von zehn Jahren hinsichtlich der Gestaltung von Vertragsklauseln sowie der Festsetzung von Entgelten einer kontinuierlichen Überwachung unterziehen.[145]

Im Zuge der vorgesehenen Überprüfung der Wirksamkeit der angeordneten Maßnahmen urteilte Richter *Wyzanski* zehn Jahre später, die Anordnungen hätten ihren Ziel, „workable competition" zu ermöglichen, erfüllt. Tatsächlich war der Marktanteil von *United Shoe* von 85 % auf 62 % gefallen; die Frequenz des Marktzutritts ließ zudem auf eine Wiederbelebung des Wettbewerbs schließen.[146] Der Supreme Court vertrat jedoch im Hinblick auf den fortbestehenden Marktanteil von 62 % die Auffassung, die Maßnahmen hätten ihren Zweck verfehlt: Zwar sei es zulässig, wenn ein Richter seiner Verpflichtung, ein rechtswidriges Monopol zu beseitigen, zunächst durch weniger einschneidende Mittel nachkomme: Hätten sich diese aber als ungeeignet erwiesen, sei die Zeit reif für andere, entschlossenere Abhilfen.[147] Das Urteil enthält jedoch keinerlei Ausführungen dazu, unter welchen Umständen ein Monopol als Verstoß gegen den Sherman Act zu werten sei. Ausdrücklicher Bezugspunkt des Supreme Court sind vielmehr die in erster Instanz enoncierten Ziele der „Ausrottung" von *Verhaltensweisen*, die gegen den Sherman Act verstoßen, und die Wiederherstellung von „workable competi-

---

city clause" in den Verträgen siehe *Krattenmaker/Salop*, 96 Yale L.J. 209, 218 (1986). Zur Vermietungspraxis von *IBM* vgl. auch *Waldman*, S. 42; *Fisher*, 90 AER P. & P. 180, Fn. 5 (2000).

141 *U.S. v. United Shoe Machinery Corp.*, 110 F.Supp. 295, 314-25, 344-45 (D. Mass. 1953).

142 *U.S. v. United Shoe Machinery Corp.*, 110 F.Supp. 295, 348 (D. Mass. 1953), aff'd per curiam 347 U.S. 521 (1954).

143 *U.S. v. United Shoe Machinery Corp.*, 110 F.Supp. 295, 351 & Final Decree No. 10 (D. Mass. 1953), aff'd per curiam, 347 U.S. 521 (1954).

144 *U.S. v. United Shoe Machinery Corp.*, 110 F.Supp. 295, 352-54 (D. Mass. 1953).

145 Kritik bei *Masten/Snyder*, 36 J. L. & Econ. 33 (1993); *Areeda/Hovenkamp III*, § 614d (S. 37); *Oehler*, S. 205 ff. Befürwortend *Shelanski/Sidak*, 68 U. Chi. L. Rev. 1, 52 (2001).

146 *U.S. v. United Shoe Machinery Corp.*, 266 F.Supp. 328 (D. Mass. 1967).

147 *U.S. v. United Shoe Machinery Corp.*, 391 U.S. 244, 251-52 (1968): „If the decree has not, after 10 years, achieved its ‚principal objects,' namely, ‚to extirpate practices that have caused or may hereafter cause monopolization, and to restore workable competition in the market' – the time has come to prescribe other, and if necessary more definitive, means to achieve the result.".

tion".[148] Das Urteil – das sich ausdrücklich auf die *Grinnell*-Entscheidung bezieht – kann mithin nicht als Beleg dafür gewertet werden, dass Marktmacht als solche gegen den Sherman Act verstoße. Einen entsprechenden Schluss rechtfertigt allenfalls der Umstand, dass der Supreme Court sich ausschließlich auf die Höhe des verbleibenden Marktanteils konzentrierte, obwohl keine Anhaltspunkte dafür bestanden, dass sich *United Shoe* weitere Wettbewerbsverzerrungen zu Schulden hatte kommen lassen, und die Maßnahmen im Übrigen zwar wirksamen, aber keinen vollkommenen Wettbewerb[149] bewirkt hatten.[150] Auf den Marktanteil fixiert war auch die letztlich verfügte horizontale Entflechtung:[151] Sie verpflichtete *United Shoe*, hoch spezialisierte Produktionsanlagen im Wert von 8,5 Mio. US-Dollar – dem Äquivalent von zwei Dritteln des Produktionsvolumens – zu veräußern, um den Marktanteil des Unternehmens unter 33 % zu senken.

C. *Zusammenfassende Stellungnahme*

Es erscheint illusorisch, die zu unterschiedlichen Zeitpunkten und von unterschiedlichen Richtern verfassten Urteile in einem Kraftakt in ein einheitliches Schema zu pressen.[152] Dass die dargestellte Rechtsprechung eine „deutliche Tendenz [...], Marktmacht *per se* für rechtswidrig zu erklären", erkennen lässt,[153] ist indes zweifelhaft. Gestützt wird diese Auffassung vor allem durch die – allerdings unterschiedlichsten Interpretationen zugängliche[154] – *Alcoa*-Entscheidung sowie das ihr teilweise folgende erste Urteil Richter *Wyzanskis* im Fall *United Shoe*.[155] Beide Urteile gründen auf der Annahme, das Monopolisierungsverbot richte sich aus ökonomischen *und gesellschaftspolitischen Gründen* an und für sich gegen Marktstrukturen, die durch das Fehlen von tatsächlichem Wettbewerb und dadurch vermittelte Preissetzungsspielräume gekennzeichnet sind.[156] Auch in der Literatur ist vertreten worden, dass weder Wortlaut noch Gesetzgebungsgeschichte des Sherman Act einer Verurteilung von dauerhafter, erheblicher und nicht unvermeid-

---

148 *U.S. v. United Shoe Machinery Corp.*, 391 U.S. 244, 252 (1968) (Fn. 147, S. 174).

149 Siehe Fn. 19 (S. 40).

150 Siehe *Waldman*, S. 46 ff.; *Kovacic*, 31 Conn. L. Rev. 1285, 1293 (1999); *Crandall*, Failure, S. 58; jeweils mit Kritik an der Entscheidung des Supreme Court.

151 Siehe *U.S. v. United Shoe Machinery Corp.*, 1969 Trade Cas. (CCH) § 72,688 (D. Mass. 1969).

152 Vgl. bereits das Zitat Richter *Wyzanskis* in Fn. 21 (S. 24).

153 So *Schulte-Braucks*, S. 52.

154 Vgl. *Berkey Photo, Inc. v. Eastman Kodak Co.*, 603 F.2d 263, 273 (2nd Cir. 1979), cert. denied, 444 U.S. 1093 (1980): „It makes the *cryptic Alcoa* opinion *a litigant's wishing well*, into which, it sometimes seems, *one may peer and find nearly anything he wishes.*" (Hervorh. v. Verf.). Eingehend zu den unterschiedlichen Lesarten von *Alcoa Areeda/Hovenkamp III*, § 611d-k (S. 22 ff.).

155 Vgl. *U.S. v. United Shoe Machinery Corp.*, 110 F.Supp. 295, 345 (D. Mass. 1953) („market control is inherently evil and constitutes a violation of Sec. 2 unless economically inevitable").

156 Vgl. *U.S. v. Aluminum Co. of America*, 148 F.2d 416, 427, 429 (2nd Cir. 1945) (auszugsweise wiedergegeben in Fn. 87, S. 166); *U.S. v. United Shoe Machinery Corp.*, 110 F.Supp. 295, 347 (D. Mass. 1953) („Dispersal of private economic power is thus one of the ways to preserve the system of private enterprise."); *U.S. v. Swift & Co.*, 286 U.S. 106, 116 (1932) (auszugsweise wiedergegeben in Fn. 81, S. 165).

barer Marktmacht entgegenstünden und daher *horizontale Entflechtungen* ohne Rücksicht auf ein Verhaltenselement rechtfertigten.[157]

Andere Entscheidungen *des Supreme Court* stützen jedoch nur bedingt die Annahme, dass im ökonomischen Sinne vermeidbare Monopole *als solche* Gegenstand des in Section 2 Sherman Act enthaltenen Verbots sind.[158] Primäre Anknüpfung des Monopolisierungsverbotes ist vielmehr die verhaltensgesteuerte Ausschaltung von Wettbewerb. Vor allem nach den Aussagen früher Entscheidungen enthält der Sherman Act kein Verbot des „monopoly in the concrete" oder bestimmter Unternehmensgrößen, weil das Verbot von Wettbewerbsbeschränkungen das wirksamste Instrument zur Verhinderung preislicher oder sonstiger Missbräuche sei. Ohne den Markt auf die Existenz von Marktmacht im ökonomischen Sinn zu untersuchen, konzentriert sich die Mehrzahl der Entscheidungen auf die Frage, inwieweit Marktmacht zur Ausschaltung von Wettbewerb eingesetzt wurde. Dieser mehr rechtliche als ökonomische Ansatz findet sich sowohl in Entscheidungen im Zusammenhang mit externen Konzentrationsvorgängen als auch in der *Swift*- und der *Griffith*-Entscheidung und ihr folgenden Urteilen wieder.[159] Letztere verdeutlicht lediglich, dass die Art der Erlangung einer wirtschaftlichen Machtposition für das Verbot ihrer Ausnutzung zum Nachteil des Wettbewerbs unerheblich ist.

Auch die stärker an ökonomischen Konzepten orientierte Entscheidung im Fall *Grinnell* stützt sich – ebenso wie die ihr folgende, allerdings keine eigene Ausführungen zu den tatbestandlichen Voraussetzungen von Section 2 Sherman Act enthaltende letzte *United-Shoe*-Entscheidung – in erster Linie auf wettbewerbsausschließende Verhaltensweisen.[160] Aus der Formulierung des Tatbestandes der Monopolisierung und der Ablehnung des Supreme Court, sich zu den von der Vorinstanz formulierten Beweislastregeln zu äußern, folgt, dass das Verhalten nicht nur Korrektiv eines grundsätzlichen Verbotes, sondern *integraler Bestandteil* des Verstoßes gegen den Sherman Act ist.[161]

Andererseits stimmen alle Entscheidungen *im Ergebnis* darin überein, dass gesetzlich sanktionierte, ökonomisch unvermeidliche und im Wege des Leistungswettbewerbs erworbene und aufrechterhaltene Machtpositionen nicht gegen Section 2 Sherman Act verstoßen.[162] Im Gegenzug hat der Rückgriff auf wettbewerbswidrige Verhaltensweisen

---

157 Vgl. *Areeda/Turner III*, §§ 623 ff.; zurückhaltender in der Neuauflage: *Areeda/Hovenkamp III*, § 630 (S. 43 ff.) (v. a. Bedenken hinsichtlich der Eignung von Gerichten, horizontale Entflechtungen durchzusetzen, äußernd). Die Diskussion ist allerdings akademisch geblieben.

158 Vgl. daher *Telex Corp. v. IBM Corp.*, 510 F.2d 894, 927 (10th Cir. 1975), wonach die „thrust-upon defense" nicht unbedingt durch den Supreme Court anerkannt worden sei.

159 Anders *Schulte-Braucks*, S. 78, der in der *Griffith*-Entscheidung einen strukturorientierten Haftungsmaßstab begründet sieht.

160 Kritisch hierzu *Schulte-Braucks*, S. 55, der hierin eine „Rückwärtsentwicklung" sieht.

161 Vgl. explizit *Verizon Communications Inc. v. Law Offices of Curtis V. Trinko, LLP*, 540 U.S. 398, 405 (2004). Kritisch dazu *Turner*, 70 Harv. L. Rev. 281, 290 (1956/57) (die Befürchtung äußernd, das Marktmacht im ökonomischen Sinne durch das Raster fallen könne). Anders als hier *Joliet*, 5 RTDE 646, 654-55 (1969), dem zufolge das Verhalten dazu diene, die aus einer strukturellen Marktanalyse gewonnene Vermutung der Rechtswidrigkeit zu belegen („renforcer").

162 Vgl. auch *Areeda/Hovenkamp III*, § 617 (S. 43).

in nahezu allen Fällen[163] Auswirkungen auf die Beurteilung der Rechtmäßigkeit derjenigen Machtpositionen, die mit Hilfe der verbotenen Strategien erworben oder aufrechterhalten wurden oder die wettbewerbswidriges Verhalten ermöglicht haben. Insofern existiert ein zumindest *abgeleitetes Unwerturteil* gegenüber Marktmacht im Rechtssinne. Praktisch relevant wird das im Ansatz umfassende Verbot von Marktmacht daher – wie die Erwartungen im Gefolge der *Alcoa*-Entscheidung belegen – vor allem im Hinblick auf die Zielrichtung einer Abhilfe: Zumindest theoretisch rechtfertigt es einen bevorzugten Rückgriff auf Maßnahmen, die den Gegenstand des Unwerturteils unmittelbar beseitigen und damit die Struktur des tatsächlichen Wettbewerbs im Wege der horizontalen Entflechtung verändern.[164] Praktisch zeigen jedoch gerade die Ausführungen des Supreme Court in der *United-Shoe-Machinery*-Entscheidung[165] und die ergänzenden Tatsachenfeststellungen Richter *Hands* im *Alcoa*-Urteil, dass auch dann ein strukturelle Eingriff zur Beseitigung von Monopolmacht im ökonomischen Sinn nicht zwingend ist. Überdies wird nachfolgend zu untersuchen sein, inwieweit die Beseitigung von Monopolmacht im ökonomischen Sinn überhaupt ein in der Rechtsprechung wiederzufindendes Ziel ist.

163 Zur Ausnahme im Fall *U.S. Steel* vgl. Fn. 61 (S. 162).

164 So *Averitt*, 40 Ohio St. L.J. 781, 800 (1979); *Fraidin*, 33 Geo. Wash. L. Rev. 899 (1965); ferner *Schulte-Braucks*, S. 84, wonach dem Sherman Act eine Vermutung hinsichtlich der Notwendigkeit der Monopolbeseitigung zugrunde liege. Vgl. auch *Posner*, FIW-Reihe Nr. 98, S. 58, 67 ff. (1981), wonach eine Entflchtung zu Beginn der 80er Jahre wahrscheinlich sei.

165 Siehe Fn. 30 (S. 158).

§ 2 Zielsetzungen struktureller Eingriffe

Nachfolgend sollen die Zielsetzungen struktureller Eingriffe näher untersucht werden. Ausgangspunkt wird dabei die bereits eingangs dargelegte Formulierung der Zielsetzungen einer Abhilfe in der *United-Shoe-Machinery*-Entscheidung sein: Danach solle eine Abhilfe (1) ein *rechtswidriges Monopol vollständig beseitigen*, (2) die *Fortsetzung wettbewerbswidriger Verhaltensweisen unterbinden* und (3) dem *Unternehmen die Früchte seines Gesetzesverstoßes nehmen.*[1] Das dritte Ziel wird dabei innerhalb des ersten untersucht werden; darüber hinaus werden die weiteren Tatbestandsmerkmale von Section 2 Sherman Act zu berücksichtigen sein.

A. Entflechtungen als Mittel zur Beseitigung rechtswidriger Monopole

Im Hinblick auf das im vorangegangenen Abschnitt dargelegte abgeleitete Unwerturteil über Marktmacht scheint die im *United-Shoe*-Urteil ausgesprochene Verpflichtung zur Beseitigung eines Monopols und die hierauf erfolgte horizontale Entflechtung[2] konsequent. Zugleich fügt sich das Urteil – zumindest auf den ersten Blick – in die Tradition vorangegangener Entscheidungen ein: Vor allem frühe Entflechtungsfälle zeichnen sich durch eine Verselbständigung von auf derselben Marktstufe tätigen Unternehmen, also horizontale Eingriffe, aus. Zudem findet sich auch in anderen Urteilen sowohl das Ziel, wettbewerbswidriges Verhalten zu unterbinden und seine „Früchte" zu beseitigen, als auch dasjenige, Monopolmacht zu „neutralisieren", „aufzulösen" oder zu „entmachten". Dass diese Zielsetzungen identisch mit derjenigen des *United-Shoe*-Urteils sind, ist indes zweifelhaft. Daher sollen im Folgenden zunächst die Zielsetzungen von Entflechtungen in Entscheidungen vor *United-Shoe*-Urteil analysiert werden. Ziel wird sein zu klären, ob der Sherman Act – unter Berücksichtigung weiterer Elemente von Section 2 – tatsächlich die Beseitigung von Monopolmacht im ökonomischen Sinn erlaubt.

I. Zielsetzungen struktureller Eingriffe vor der United-Shoe-Entscheidung

Im Folgenden sollen zunächst die Zielsetzung(en) früher Entflechtungsfälle untersucht werden; sodann wird das in einigen Entscheidungen genannte Ziel, „Monopolmacht aufzulösen oder zu entmachten", analysiert werden. Schließlich sollen auch strukturelle Eingriffe als Mittel der Folgenbeseitigung sowie der Abschreckung diskutiert werden.

---

1 *U.S. v. United Shoe Machinery Corp.*, 391 U.S. 244, 250-51 (1968); siehe dazu Fn. 30 (S. 158).

2 Siehe § 1 B.III.3. (S. 175).

Die als Paradebeispiel einer erfolgreichen Zerschlagung von Monopolmacht[3] gehandelte *Standard-Oil*-Entscheidung hatte, anders als nachfolgende Urteile, lediglich zwei Ziele für eine wirksame Abhilfe formuliert: Primäres Ziel sei, wettbewerbswidriges Verhalten abzustellen. Darüber hinaus bedürfe es eines Rekurses auf „broader and more controlling remedies", wenn der auf gesetzeswidrigem Wege hervorgerufene *Zustand „in and of itself"* eine fortgesetzte Monopolisierung oder einen Versuch hierzu darstelle.[4] In diesem Fall müsse der gegen den Sherman Act verstoßende Unternehmensverbund aufgelöst werden, um die Wirkung der rechtswidrig erworbenen Macht zu *„neutralisieren"*.[5] Der Oberste Gerichtshof bestätigte daher weitgehend[6] die Anordnungen der Eingangsinstanz: Sie verpflichteten die als Holding konstituierte *Standard Oil of New Jersey*, Anteile an 33 Einzelgesellschaften pro rata gegen Aktien an der Holding einzutauschen.[7] Flankiert wurde die Anordnung durch Stimmrechtsbeschränkungen und einem Verbot des Dividendenbezugs. Die Nachfolgeunternehmen übernahmen damit das Vermögen von *Standard Oil;* von der Holding blieb lediglich eine leere Hülle, die schließlich aufgelöst wurde. Resultat waren verselbständigte Gesellschaften, von denen einige nur auf vor- oder nachgelagerten Marktstufen – wie beispielsweise dem Transport von Öl mittels Pipelines – tätig waren; bei anderen handelte es sich um vollständig integrierte, nach geographischen Trennlinien abgespaltene Ölgesellschaften.[8]

Insbesondere die horizontale Komponente dieser Entflechtung – die eine Multiplizierung von auf derselben Marktstufe tätigen Unternehmen bewirkte – erweckt den Eindruck, hier sei Monopolmacht im ökonomischen Sinne beseitigt worden, zumal die Entscheidung ohne weiteres einen nationalen Markt zugrunde gelegt hatte.[9] Der Markt setzte sich jedoch de facto aufgrund hoher Transportkosten für Öl aus einer Vielzahl regionaler Einzelmärkte zusammen. Die auf derselben Marktstufe tätigen, teilweise vollständig integrierten Nachfolgegesellschaften verfügten daher weiterhin über regionale Mo-

3 Siehe Fn. 370 (S. 337).

4 *U.S. v. Standard Oil Co. of New Jersey*, 221 U.S. 1, 77 (1911); ähnlich *U.S. v. American Tobacco Co.*, 221 U.S. 106, 187 (1911); *U.S. v. E.I. Du Pont de Nemours & Co.*, 188 F. 127, 145-46 (D. Del. 1911).

5 *U.S. v. Standard Oil Co. of New Jersey*, 221 U.S. 1, 78 (1911): „[...] The application of remedies two-fold becomes essential: 1st. To forbid the doing in the future of acts like those which we have found to have been done in the past which would be violative of the statute. 2nd. The exertion of such measure of relief as will effectually dissolve the combination found to exist in violation of the statute, and *thus neutralize the extension and continually operating force which the possession of the power unlawfully obtained has brought and will continue to bring about.*" (Hervorh. v. Verf.).

6 Aufgehoben wurde die erstinstanzlich angeordnete Beschränkung auf den „intrastate commerce": *U.S. v. Standard Oil Co. of New Jersey*, 221 U.S. 1, 81 (1911). Diese kann mithin – entgegen *Schulte-Braucks*, S. 70 – nicht die Rückübertragung bewirkt haben.

7 Siehe *U.S. v. Standard Oil Co. of New Jersey*, 173 F. 177, 197 (C.C.E.D. Mo. 1909), aff'd, 221 U.S. 1, 78-79 (1911); siehe ergänzend im 3. Teil § 2 A.II.1. a) (S. 292 f.).

8 Überblick über die Gesellschaften bei *Comanor/Scherer*, 2 Int. J. Econ. Bus. 263, 266 (1995).

9 Zur untechnischen Marktabgrenzung früher Urteile vgl. Fn. 121 (S. 171).

nopole, da ihnen ihre angestammten Einzugsgebiete belassen wurden.[10] Dass dieser Umstand bekannt war, ergibt sich aus der dem Eingriff zugrunde liegenden Hoffnung, die Nachfolgegesellschaften würden im Laufe der Zeit ihre territoriale Selbstbeschränkung aufgeben und beginnen, auf die Märkte der anderen Gesellschaften einzudringen.[11]

Dass Entflechtungsziel nicht die Beseitigung von Monopolmacht im ökonomischen Sinne gewesen ist, zeigt auch der bereits erörterte Vergleich zu anderen Fällen: Bereits für die Frage der „liability" war in der *Standard-Oil*-Entscheidung und ihr folgenden Urteilen maßgeblich gewesen, dass die im Wege des externen Unternehmenswachstums erworbene Macht zum Nachteil von Konkurrenten genutzt wurde.[12] Dieser Haftungsgrund spiegelt sich in der Ratio der Abhilfe wider, da die Auflösung des Unternehmensverbundes seiner Ausweitung vorbeugen und die *fortwirkende Kraft („continually operating force")* der unrechtmäßig erworbenen Macht „neutralisieren" sollte.[13] Freilich ließe sich annehmen, hiermit sei die Ausübung rechtswidriger Macht in Gestalt von Ausbeutungsmissbräuchen gemeint gewesen. Dies widerspräche jedoch zum einen der Annahme früher Entscheidungen, das freie Spiel der Marktkräfte werde – ohne Hinzutreten wettbewerbsausschließender Verhaltensweisen – derartige Missbräuche verhindern.[14] Zum anderen würde dies der Bedeutung, die frühe Entscheidungen dem Verhalten der betroffenen Unternehmen gegenüber Wettbewerbern *nach* Abschluss einzelner Konzentrationsvorgänge beimaßen, nicht gerecht.[15]

Primäres Ziel der „Neutralisierung" von Marktmacht war mithin die Beseitigung der Fähigkeit, den Wettbewerb fortwirkend zu verzerren und auf diesem Wege die erworbene Macht zu festigen oder auszuweiten.[16] Durch die Verselbständigung von Unternehmen, die geographisch abgrenzbare Märkte bedienten, wurde dem Trust einmal die Fähigkeit genommen, horizontalen Wettbewerb *unmittelbar* – insbesondere mit Hilfe von gezielten Kampfpreisen, deren Kosten unter den Mitgliedern des Trust aufgeteilt wurden – zu verzerren.[17] Soweit beispielsweise das einheitliche Pipeline-System zerschlagen wurde, wurde der Trust eines zentralen Instruments beraubt, mit dessen Hilfe der Wettbewerb *mittelbar* durch Zugangsbeschränkungen verfälscht worden war.[18]

10 *Fraidin*, 33 Geo. Wash. L. Rev. 899, 913-14 (1965) (m. w. N.). Kritisch hierzu *Posner/Easterbrook*, S. 411; *Whitney I*, S. 103 ff.; *Sullivan*, S. 141; *Hale*, 40 Col. L. Rev. 615, 618 (1940).

11 Siehe hierzu *Hale*, 40 Col. L. Rev. 615, 618 (1940); *Whitney I*, S. 104 ff.

12 *U.S. v. Standard Oil Co. of New Jersey*, 221 U.S. 1, 75 (1911). Wie hier *Sullivan*, S. 142; *Sullivan/Grimes*, S. 515. Ähnlich *U.S. v. American Can Co.*, 234 F. 1019, 1020 (D. Md. 1916); *U.S. v. American Tobacco Co.*, 221 U.S. 106, 182 (1911); *U.S. v. E.I. Du Pont de Nemours & Co.*, 188 F. 127, 153 (D. Del. 1911); *U.S. v. Corn Products Refining Co.*, 234 F. 964, 972 (S.D.N.Y. 1916).

13 *U.S. v. Standard Oil Co. of New Jersey*, 221 U.S. 1, 78 (1911); siehe dazu Fn. 5 (S. 180).

14 Vgl. bereits Fn. 47 (S. 160).

15 Siehe Fn. 50 (S. 161); vgl. auch *American Tobacco Co.*, 221 U.S. 106, 182 (1911); *U.S. v. E.I. Du Pont de Nemours & Co.*, 188 F. 127, 153-54 (D. Del. 1911); *U.S. v. Corn Products Refining Co.*, 234 F. 964, 977 et seq. (S.D.N.Y. 1916).

16 Vgl. auch *U.S. v. E.I. Du Pont de Nemours & Co.*, 188 F. 127, 153 (D. Del. 1911).

17 Vgl. Fn. 10 (S. 181); zum Vorwurf der Preisunterbietung vgl. Fn. 53 (S. 161).

18 Vgl. *U.S. v. Standard Oil Co. of New Jersey*, 221 U.S. 1, 42-43, 80 (1911); siehe auch *Bauer*, 5 Duquesne Bus. L.J. 81, 95 (2003); *Comanor/Scherer*, 2 Int. J. Econ. Bus. 263, 266 (1995).

Vor diesem Hintergrund ist es unerheblich, dass die *Standard-Oil*-Entscheidung – ebenso wie andere, ähnlich motivierte Urteile, die sich auch durch horizontale Eingriffe auszeichnen[19] – auch im Zusammenhang mit vorangegangenen „merger to monopoly" stand. Zwar erklärt dies, weshalb die Entscheidungen auch auf einen rechtswidrigen „Zustand" abstellen.[20] Im Hinblick auf die präventive Zielsetzung der *Standard-Oil*- und ihr folgender Entscheidungen wäre es aber verfehlt, sie als „einfache" Rückentflechtungen nach dem Muster des bis zur *Standard-Oil*-Entscheidung maßgeblichen Präzedenzfalles *Northern Securities* zu sehen.[21] Dies gilt umso mehr, als die Konzentrationsvorgänge, die Anlass zur Verurteilung der „combination" gegeben hatten, erheblich in der Vergangenheit lagen. Nach der Rechtsprechung des Supreme Court hätte letzteres unter Praktikabilitätserwägungen gerade *gegen* strukturelle Eingriffe gesprochen.[22]

2. *„Entmachtung" von Marktmacht*

Es lässt sich nicht leugnen, dass die Koinzidenz mit externen Unternehmenswachstumsvorgängen in frühen Entflechtungsfällen eine eindeutige Klassifizierung der Eingriffe erschwert.[23] Nach der *U.S.-Steel*-Entscheidung ergangene Urteile erlauben allerdings eine eindeutigere Abgrenzung, als die Ziele der Rückabwicklung externer Konzentrationsvorgänge und der präventiven Verhaltenskontrolle an Eigenständigkeit gewinnen.

Zum einen lassen es spätere Entscheidungen genügen, wenn bestehender oder potentieller – Wettbewerb im Wege von Zusammenschlüssen ausgeschaltet wird, um eine Auflösung der wettbewerbsbeschränkenden „combination" anzuordnen, ohne dass es des Nachweises bedürfte, dass die erworbene Macht zum Nachteil von Konkurrenten eingesetzt wurde.[24] Zum anderen präzisieren nachfolgende Entscheidungen, dass strukturelle Eingriffe sich nicht auf Fälle externen Unternehmenswachstums beschränken.[25]

---

19 Vgl. *U.S. v. American Tobacco Co.*, 221 U.S. 106, 187 (1911); *U.S. v. E.I. Du Pont de Nemours & Co.*, 188 F. 127 (D. Del. 1911); *U.S. v. Corn Products Refining Co.*, 234 F. 964 (S.D.N. Y. 1916); *U.S. v. Eastman Kodak Co.*, 226 F. 62 (W.D.N.Y. 1915), decree entered, 230 F. 522 (W.D.N.Y. 1916), cert. denied, 255 U.S. 578 (1921); zu letzterer Entscheidung siehe *Hale*, 40 Col. L. Rev. 615, 623, 629 (1940); kritisch *Posner*, Antitrust Law, S. 82.

20 Eingehend hierzu in § 1 A. (S. 159 ff.); vgl. auch Nachweise in Fn. 4 (S. 180).

21 So aber *Crandall*, Failure, S. 20; *Averitt*, 40 Ohio St. L.J. 781,797 (1979). Zum Fall *Northern Securities* vgl. bereits Fn. 45 (S. 160).

22 Siehe Fn. 66 (S. 163).

23 Wie hier *Sullivan/Grimes*, S. 515.

24 *U.S. v. Crescent Amusement Co.*, 323 U.S. 173, 189 (1944); ähnlich *U.S. v. Paramount Pictures, Inc.*, 334 U.S. 131, 152 (1948); *International Boxing Club of New York, Inc. v. U.S.*, 358 U.S. 242, 260 (1959); *U.S. v. E.I. Du Pont de Nemours & Co.*, 366 U.S. 316 (1961). Vgl. davor *Northern Securities Co. v. U.S.*, 193 U.S. 197, 354-60 (1904); ferner *U.S. v. Union Pacific R.R. Co.*, 226 U.S. 470, 473 (1913); *U.S. v. Reading Co.*, 253 U.S. 26, 63 (1920); *U.S. v. Lehigh Valley R.R. Co.*, 254 U.S. 255 (1920); *U.S. v. Southern Pacific Co.*, 259 U.S. 214, 241 (1922).

25 Siehe *U.S. v. Crescent Amusement Co.*, 323 U.S. 173, 188-89 (1944) (auszugsweise wiedergegeben in Fn. 24, S. 182); *U.S. v. Paramount Pictures, Inc.*, 334 U.S. 131, 152-53 (1948); *International Boxing Club of New York, Inc. v. U.S.*, 358 U.S. 242, 256 (1959).

Die Terminologie der Entscheidungen ist dabei allerdings ambivalent: In dem zu den „Theatre-Circuit"-Entscheidungen[26] gehörenden Urteil im Fall *Schine Chain Theatres* formuliert der Supreme Court drei Ziele, die eine Entflechtung verfolge: Sie diene erstens der *Auflösung wettbewerbswidriger Unternehmensverflechtungen*; zweitens solle sie einem Unternehmen die *„fruits of the conspiracy"* nehmen; drittens solle sie die gegen den Sherman Act verstoßende Monopolmacht „auflösen" oder „entmachten" („break up or *render impotent* the monopoly power which violates the Act").[27]

Die Formulierung deutete auf den ersten Blick darauf hin, dass eine Zerschlagung von Monopolmacht im ökonomischen Sinn unabhängig von vorangegangenen Konzentrationsvorgängen möglich ist. Der Vergleich zu den Urteilen in den Fällen *Griffith* und *Crescent Amusement,* auf die sich der Supreme Court im Fall *Schine Chain Theatre* ausdrücklich stützt, vermittelt aber ein differenziertes Bild. Allen drei Entscheidungen, die zum Kreis der *„Theatre-Circuit"*-Urteile gehören, liegen – abgesehen von unterschiedlichen gesellschaftsrechtlichen Fallgestaltungen[28] – vergleichbare Sachverhalte zugrunde. Daher ist anzunehmen, dass auch die Ziele der Entscheidungen, ungeachtet etwaiger sprachlicher Abweichungen, identisch sind: Alle Urteile betreffen Betreiber von Kino-Ketten, deren Filmtheater in manchen Städten alleinige Anbieter, in anderen Wettbewerber waren. Aufgrund struktureller und personeller Verflechtungen, die auch unter dem Aspekt der „conspiracy to monopolize" angegriffen wurden,[29] waren die beklagten Unternehmen jeweils in der Lage, als Einheit aufzutreten und gegenüber Filmverleihern Exklusivrechte durchzusetzen. Wettbewerber auf den lokalen Märkten wurden dergestalt benachteiligt; zudem wurden diese teilweise im Wege der gezielten Preisunterbietung verdrängt oder zur Veräußerung ihrer Kinos an die „Verschwörer" gezwungen.[30]

Im Fall *Crescent Amusement,* der den Auftakt zu *„Theatre-Circuit"*-Entscheidungen bildet, hatte der Supreme Court jedoch eine Entflechtung zunächst – insoweit im

---

26 *U.S. v. Crescent Amusement Co.*, 323 U.S. 173 (1944); *U.S. v. Schine Chain Theatres, Inc.*, 334 U.S. 110 (1948); *U.S. v. Griffith*, 334 U.S. 100 (1948); *U.S. v. Paramount Pictures*, 334 U.S. 131 (1948); siehe ferner Fn. 107 (S. 169).

27 Vgl. *U.S. v. Schine Chain Theatres, Inc.*, 334 U.S. 110, 128-29 (1948): „Divestiture [...] serves several functions: (1) It puts an end to the combination or conspiracy when that is itself the violation. (2) It deprives the antitrust defendants of the benefits of their conspiracy. (3) It is designed to *break up or render impotent the monopoly power* which violates the Act." (Hervorh. v. Verf.). Vgl. auch *U.S. v. Paramount Pictures,* 334 U.S. 131, 173-74 (1948).

28 In den Fällen *Griffith* und *Schine Chain Theatres* kontrollierten Muttergesellschaften ihre Töchter zu 100 %; im Fall *Crescent Amusement* existierten zwar mehrere Gesellschaften, die allerdings von mehreren natürlichen Personen gemeinsam kontrolliert wurden.

29 Zu den Anforderungen an den Nachweis der „conspiracy to monopolize" siehe *Interstate Circuit v. U.S.*, 306 U.S. 208, 227 (1939) (m. w. N.); *American Tobacco Co. v. U.S.*, 328 U.S. 781, 809 (1946); vgl. auch *Areeda/Hovenkamp IIIA*, §§ 809 f.; *Fox/Sullivan*, Antitrust, S. 163; *Posner/Easterbrook*, S. 604; *Sullivan/Grimes,* S. 136 f. Der Sherman Act konnte bislang allerdings nicht als Instrument zur Erfassung kollusiven Parallelverhaltens nutzbar gemacht werden: eingehend *Kovacic,* 74 Iowa L. Rev. 1105 (1989); *Hay,* 67 Cornell L. Rev. 439 (1982); ferner Fn. 23 (S. 157).

30 *U.S. v. Crescent Amusement Co.*, 323 U.S. 173, 181-83 (1944); *U.S. v. Schine Chain Theatres, Inc.*, 334 U.S. 110, 113-16 (1948). Zu letzterer Entscheidung ausführliche Darstellung bei *Averitt,* 40 Ohio St. L.J. 781, 805 (1979); *Oehler*, S. 196 ff. Vgl. auch *U.S. v. Griffith*, 334 U.S. 100, 102-103 (1948) (hinsichtlich der Abhilfe allerdings zurückverwiesen), dazu § 1 B.III. (S. 169 f.).

Einklang mit der Entscheidung im Fall *Schine Chain Theatres* – mit der Notwendigkeit begründet, einem Unternehmen die „Früchte" seines wettbewerbswidrigen Verhaltens zu nehmen. Da es regelmäßig nicht genüge, einem Unternehmen wettbewerbsverzerrende Maßnahmen lediglich zu untersagen,[31] sei aber ein weiteres Ziel, diesem eines der „Instrumente" zu nehmen, mit dessen Hilfe der Wettbewerb verzerrt wurde.[32] Vordergründig weicht diese Zielsetzung von derjenigen im Fall *Schine Chain Theatres* ab. Letztere Entscheidung nimmt indes sowohl auf den Fall *Crescent Amusement* als auch den Fall *Griffith* Bezug und belegt damit, dass die Zielsetzungen identisch sind: Im Fall *Griffith* hatte der Supreme Court betont, dass sich der Sherman Act gegen die „power to exclude competition when it is desired to do so" richte.[33] Im Vordergrund stand nicht Monopolmacht im ökonomischen Sinne sondern die Fähigkeit, Wettbewerb zu behindern.[34] Eben diese Fähigkeit ist Gegenstand einer Entflechtung, die einem Unternehmen das zur Beschränkung von Wettbewerb eingesetzte Instrument nimmt. *Griffith* spricht hier zwar nicht von „instrument", wohl aber von „trade weapon".[35]

Damit wird zweierlei deutlich: Werden die Zielsetzungen des *Schine*-Urteils im Kontext vorangegangener Urteile gesehen, wird klar, dass die „Auflösung" und „Entmachtung" von „monopoly power" nicht im Sinne einer verhaltensunabhängigen Marktstrukturkontrolle, sondern im Sinne einer Verhaltenskontrolle zu verstehen sind.[36] Die Zielsetzung entspricht mithin der in der *Standard-Oil*-Entscheidung zum Ausdruck gebrachten Notwendigkeit, die in der Vergangenheit unter Beweis gestellte Fähigkeit zu „neutralisieren", den Wettbewerb auf eine bestimmte Art und Weise zu verzerren. Zum anderen ist die Zielsetzung, einem marktmächtigen Unternehmen der „Instrumente" einer Wettbewerbsverzerrung zu berauben, nichts anderes als eine „Entmachtung" von Monopolmacht. Das Ziel, das sich auch in anderen Entscheidungen, die auf den Einsatz

---

31 Zu eng *Mestmäcker* in: *FS Hallstein*, S. 322, 341, der nur die Folgenbeseitigung betont.

32 *U.S. v. Crescent Amusement Co.*, 323 U.S. 173, 189-90 (1944): „Those who violate the Act may not reap the benefits of their violations and avoid an undoing of their unlawful project on the plea of hardship or inconvenience. That principle is adequate here to justify divestiture of all interest in some of the affiliates since their acquisition was *part of the fruits of the conspiracy*. But the relief need not, and under these facts, should not be so restricted. The fact that the companies were affiliated *induced joint action and agreement. Common control* was *one of the instruments* in bringing about *unity of purpose* and *unity of action* and in making the conspiracy effective. If that affiliation continues, there will be *tempting opportunity* for these exhibitors to continue to act in combination against the independents. The proclivity in the past to use that affiliation for an unlawful end warrants effective assurance that no such opportunity will be available in the future. Hence we do not think the District Court abused its discretion in failing to limit the relief to an *injunction against future violations*. There is no reason why the *protection of the public interest should depend solely on that somewhat cumbersome procedure when another effective one is available.*" (Hervorh. v. Verf.); ähnlich *U.S. v. Paramount Pictures, Inc.*, 334 U.S. 131, 152-53 (1948); *U.S. v. E.I. Du Pont de Nemours & Co. (General Motors)*, 366 U.S. 316, 333-34 (1961).

33 Vgl. in § 1 B.III. (S. 169 ff.); ähnlich *U.S. v. Paramount Pictures*, 334 U.S. 131, 173-74 (1948).

34 Tatsächlich wurde das Vorliegen ökonomischer Marktmacht gar nicht problematisiert: vgl. Fn. 121 (S. 171).

35 *U.S. v. Griffith*, 334 U.S. 100, 107 (1948); eingehend zu dem Fall bereits § 1 B.III. (S. 169 ff.).

36 Vgl. insoweit *Oehler*, S. 203, der ein Verschwimmen der Grenzen zwischen *Marktstrukturverbesserung* und *Verhaltenskorrektur* beklagt.

oder die Nutzung struktureller Vorteile zum Nachteil von Wettbewerbern abstellen,[37] wiederfindet, stellt mithin keine eigenständige Theorie dar.[38] Deutlich wird dies an der Entscheidung im Fall *International Boxing Club*, die zwar als Beleg für die Eigenständigkeit des Ziels der Beseitigung von Instrumenten angeführt wird, deren Formulierungen aber mit denjenigen des *Schine*-Urteils übereinstimmen.[39]

Problematischer erscheint die Entscheidung im Fall *Grinnell*: Hier hatte die erste Instanz lediglich eine Auflösung der Verflechtung zwischen *Grinnell* und drei auf dem Markt für zentral gesteuerte Alarmsysteme tätigen Unternehmen angeordnet.[40] Der Supreme Court vertrat jedoch die Auffassung, dass der als *zentrales Element der Monopolmacht* der Beklagten bezeichnete Marktanteil einer der zu entflechtenden Gesellschaften (*ADT*) eine Unterentflechtung rechtfertige.[41] Dabei stützte er sich unter anderem auf die Formulierung im Fall *Schine Chain Theatres*, also auf das Ziel, Monopolmacht aufzulösen oder zu entmachten. De facto blieb die Monopolmacht von *ADT* in einigen Städten unangetastet.[42] Maßgeblich dürfte vor diesem Hintergrund eher gewesen sein, dass *ADT* seinen Marktanteil dem Aufkauf bzw. der Verdrängung von Konkurrenten verdankte, die wiederum – wie bereits im Fall *Standard Oil* – auf gezielten Kampfpreisen bei Eintritt von Wettbewerbern beruhte, aber durch ein System der Verteilung von Einkünften gepuffert wurde.[43] Der in erster Instanz zuständige Richter hatte diesbezüglich verhaltensorientierte Anordnungen in Form einer periodischen Vorlage von Preislisten getroffen.[44] Der Supreme Court vertrat jedoch die Auffassung, dass es ihrer nicht mehr bedürfe, wenn *ADT* entflochten werde.[45] Auch hier ist die „Entmachtung" daher als Mittel der Verhaltens- nicht etwa der Marktstrukturkontrolle zu verstehen, zumal die Monopolmacht im ökonomischen Sinne nicht angetastet wurde.

3. „Fruits Doctrine"

Die Entscheidung im Fall *Crescent Amusement* hatte die Ratio einer Entflechtung auch mit der Notwendigkeit begründet, einem Unternehmen die „Früchte" seines rechtswidri-

37 Vgl. *Hartford Empire Co. v. U.S.*, 323 U.S. 386, 428 (1945); *U.S. v. Paramount Pictures*, 334 U.S. 131, 152 (1948) („utilized"); *International Boxing Club of New York, Inc. v. U.S.*, 358 U.S. 242, 256 (1959) („utilized"). An einer rechtswidrigen Nutzung fehlte es in *U.S. v. National Lead Co.*, 332 U.S. 319, 351-53 (1947); dazu *U.S. v. Schine Chain Theatres, Inc.*, 334 U.S. 110, 128 (1948).

38 Anders *Averitt*, 40 Ohio St. L.J. 781, 807 (1979); *Oehler*, S. 200.

39 *International Boxing Club of New York, Inc. v. U.S.*, 358 U.S. 242, 252 (1959) (vgl. auch Fn. 37, S. 185); *U.S. v. Grinnell Corp.*, 384 U.S. 563, 577 (1966).

40 *U.S. v. Grinnell Corp.*, 236 F.Supp. 244, 259 (D. Rh. Isl. 1964). Zum *Grinnell*-Fall siehe bereits § 1 B.III.2. (S. 171 f.).

41 *U.S. v. Grinnell Corp.*, 384 U.S. 563, 577 (1966).

42 Siehe Kritik in *U.S. v. Grinnell Corp.*, 384 U.S. 563, 590 (1966) (J. *Fortas & Stewart*, dissenting); ferner *Areeda/Hovenkamp III*, § 653c2; *Hale*, 40 Col. L. Rev. 615, 627 (1940).

43 Siehe *U.S. v. Grinnell Corp.*, 236 F.Supp. 244, 256 (D. Rh. Isl. 1964).

44 *U.S. v. Grinnell Corp.*, 236 F.Supp. 244, 259 (D. Rh. Isl. 1964).

45 *U.S. v. Grinnell Corp.*, 384 U.S. 563, 580 (1966).

gen Verhaltens zu nehmen.[46] Der Gedanke einer Folgenbeseitigung ist dabei streng genommen nicht neu:[47] Ansatzweise findet er sich bereits in frühen Entflechtungsentscheidungen, in denen die Folgen rechtswidriger Zusammenschlüsse beseitigt wurden. Darüber hinaus findet sich der Gedanke, dass die Folgen einer Wettbewerbsverzerrung zu beseitigen sind, um den Markt wirksam wieder für Wettbewerb zugänglich zu machen, in zahlreichen anderen Entscheidungen.[48]

Die Tragweite dieser „fruits doctrine“[49] scheint jedoch begrenzt,[50] da die Beseitigung von Folgen *praktisch möglich* sein muss:[51] Voraussetzung ist zum einen, dass sich die Folgen wettbewerbswidrigen Verhaltens identifizieren lassen, also eine ursächliche Verknüpfung zwischen Verhalten und Erfolg besteht. In der Regel wird dies nur auf die Fälle der Rückabwicklung eines Unternehmenserwerbs zutreffen.[52] Tatsächlich ließ sich in den *„Theatre-Circuit“*-Urteilen nachvollziehen, welche unabhängigen Filmvorführer unter dem Druck der beklagten Unternehmen zur Geschäftsaufgabe bzw. zur Veräußerung ihrer Filmtheater an diese bewegt worden waren.[53] In anderen Fällen ist jedoch regelmäßig zu berücksichtigen, dass eine Vielzahl von Faktoren die Wirkung einzelner Verhaltensweisen sowohl in qualitativer als auch – nicht zuletzt dank verfahrensbedingter Verzögerungen – in zeitlicher Hinsicht überlagern.[54] Folgerichtig wurde im Verfahren gegen *Microsoft*[55] die von den nach Abschluss des Vergleichs verbleibenden Klägern beantragte „divestiture“ des *Internet Explorer* – in Form einer Veröffentlichung

---

46 Vgl. *U.S. v. Crescent Amusement Co.*, 323 U.S. 173, 189 (1944) (auszugsweise wiedergegeben in Fn. 32, S. 184); ähnlich *U.S. v. Paramount Pictures, Inc.*, 334 U.S. 131, 152-53, 171 (1948); *U.S. v. Schine Chain Theatres, Inc.*, 334 U.S. 110, 128-29 (1948) (auszugsweise wiedergegeben in Fn. 27, S. 183); *U.S. v. United Shoe Machinery Corp.*, 391 U.S. 244, 250-51 (1968) (auszugsweise wiedergegeben in Fn. 30, S. 158); *U.S. v. Grinnell Corp.*, 384 U.S. 563, 577 (1966).

47 Anders *Averitt*, 40 Ohio St. L.J. 781, 805 (1979).

48 Vgl. *Associated Press v. U.S.*, 326 U.S. 1, 22 (1945) („prevent future violations and eradicate existing evils“); *U.S. v. Griffith*, 334 U.S. 100, 109 (1948) („undo the wrongs“); *U.S. v. United States Gypsum Co.*, 340 U.S. 76, 88 (1950) („cure the ill effects“); *U.S. v. E.I. Du Pont de Nemours & Co. (General Motors)*, 366 U.S. 316, 326 (1961) („redress the violations“); ähnlich *Ford Motor Co. v. U.S.*, 405 U.S. 562, 573 (1972); *Nat'l Society of Professional Engineers v. U.S.*, 435 U.S. 679, 697 (1978). Vgl. auch *U.S. v. International Salt Co.*, 332 U.S. 392, 400 (1947): „In an equity suit, the end to be served is not punishment of past transgression, nor is it merely to end specific illegal practices. A public interest served by such civil suits is that they effectively pry open to competition a market that has been closed by defendants' illegal restraints.“ Siehe auch *Areeda/Hovenkamp II*, § 345 (S. 162); *Oehler*, S. 195.

49 Vgl. *U.S. v. Aluminum Co. of America et al.*, 91 F. Supp. 333, 343 (S.D.N.Y. 1950).

50 I. Erg. wie hier *Averitt*, 40 Ohio St. L.J. 781, 804-807 (1979).

51 Vgl. ausdrücklich *U.S. v. United States Gypsum Co.*, 340 U.S. 76, 88 (1950): „[The Court] has the duty to compel action [...] that will, *so far as practicable*, cure the ill effects of the illegal conduct, and assure the public freedom from its continuance.“ (Hervorh. v. Verf.).

52 Vgl. *Lopatka/Page*, 13-SUM Antitrust 25, 27 (1999); *Piraino*, 75 N.Y.U. L. Rev. 809, 881 (2000).

53 Vgl. *U.S. v. Crescent Amusement Co.*, 323 U.S. 173, 189 (1944); *U.S. v. Paramount Pictures*, 334 U.S. 131, 152 (1948); *U.S. v. Schine Chain Theatres, Inc.*, 334 U.S. 110, 129 (1948) (die Sache insoweit an die Erstinstanz zurück verweisend). Vgl. auch *Mestmäcker* in: *FS Hallstein*, S. 322, 341.

54 Vgl. auch *Areeda/Hovenkamp III*, § 650 (S. 77).

55 Eingehende Darstellung in § 2 A.III.2. a) (S. 196 ff.).

des Quellcodes – auf der Grundlage der „fruits doctrine“ abgelehnt:[56] Das Gericht vertrat dabei die Auffassung, dass der Erfolg des Browsers nicht Produkt der *Microsoft* vorgeworfenen Wettbewerbsverzerrungen war[57] und zu einem erheblichen Teil auf qualitativen Vorzügen beruhte.[58]

Eine weitere Einschränkung der „fruits doctrine“ ergibt sich aus dem Umstand, dass eine Wiederherstellung des status quo ante an sich nicht möglich ist: Die Marktverhältnisse entwickeln sich – nicht zuletzt aufgrund der erheblichen Zeiträume zwischen Verstoß und Feststellung seiner Rechtswidrigkeit – kontinuierlich fort. Ein „Zurückdrehen der Uhr“ ist, wie der Supreme Court zutreffend feststellt, faktisch ausgeschlossen.[59] Dabei erfordert eine Folgenbeseitigung unter Umständen die Ausgliederung eines autonomen und lebensfähigen Unternehmens. Allein die Komplexität eines derartigen Eingriffs führt zu praktischen Schwierigkeiten, die eine zeitnahe Abhilfe nahezu unmöglich machen.[60] Sie potenzieren sich, wenn berücksichtigt wird, dass die Vitalität des zu verselbständigenden Unternehmens die Wettbewerbsverhältnisse widerspiegeln soll, die ohne die Wettbewerbsverzerrung vorlägen:[61] Dies erfordert Prognosen hinsichtlich des Zustandes, der ohne die Wettbewerbsbeschränkung bestünde; sie können von Kartellbehörden oder Gerichten vor allem auf dynamischen Märkten nicht abgegeben werden.[62] Vor diesem Hintergrund reduziert sich der Aspekt der Folgenbeseitigung regelmäßig darauf, breiter angelegte Verhaltensbeschränkungen zu rechtfertigen.[63]

4. *Abschreckung als autonomes Ziel einer Entflechtung?*

Die „fruits doctrine“ dient nach Auffassung des Supreme Court nicht nur der Folgenbeseitigung, sondern auch präventiven Zielen: Würde einem Unternehmen erlaubt, die

---

56 *State of New York et al. v. Microsoft Corp.*, 2002 WL 31439655, *96, 148 n. 119 (D.D.C 2002), aff'd, *Commonwealth of Massachusetts v. Microsoft Corp.*, 373 F.3d 1199, 1232 (D.C. Cir. 2004).

57 Anders *CCIA & SIIA* Brief on Remedy, S. 57 f.

58 Vgl. auch *Liebowitz/Margolis*, S. 220; *Cass/Hylton*, 8 Geo. Mason L. Rev. 1, 15 (1999).

59 Vgl. auch *Ford Motor Co. v. U.S.*, 405 U.S. 562, 573 Fn. 8 (1972): „The relief which can be afforded under these statutes is not limited to the restoration of the status quo ante. There is no power to turn back the clock.“; vgl. auch *U.S. v. United Shoe Machinery Corp.*, 247 U.S. 32, 45-46 (1918) (auszugsweise wiedergegeben in Fn. 66, S. 163); siehe auch *Areeda/Hovenkamp III*, § 653c4.

60 Paradigmatisch sind Erfahrungen, die vor Inkrafttreten des *Hart-Scott-Rodino* Act (Fn. 71, S. 163) im Zusammenhang mit Rückentflechtungsfällen – bei denen dieselben Schwierigkeiten auftreten – gesammelt wurden: vgl. hierzu Senate Report No. 94-803, 94th Cong., 2nd Sess. (1976), „The Antitrust Improvements Act of 1976“, Report of the Committee on the Judiciary to Accompany S.1284, Part 1, S. 65; ferner *Elzinga*, 12 J. L. & Econ. 43 (1969); *FTC*, Divestiture Process, S. 2 f.

61 In diesem Sinne *Lopatka/Page*, 13-SUM Antitrust 25, 26 (1999).

62 Ähnlich *Areeda/Hovenkamp III*, § 653c1 (S. 95 f.); lesenswert die Selbsteinschätzung des Einzelrichters in *U.S. v. United Shoe Machinery Corp.*, 110 F.Supp. 295, 347-48 (D. Mass. 1953): „Judges in prescribing remedies have known their own limitations. [...] Their prophecies as to the economic future are not guided by unusually subtle judgment.“

63 Vgl. *U.S. v. International Salt Co.*, 332 U.S. 392, 400 (1947); *Ford Motor Co. v. U.S.*, 405 U.S. 562, 573 (1972); *Commonwealth of Massachusetts v. Microsoft Corp.*, 373 F.3d 1199, 1233 (D.C. Cir. 2004) (unter ausdrücklicher Berufung auf *International Salt*).

„full dividends" oder „benefits" eines Verstoßes zu behalten, würde der Sherman Act sinnlos.[64] Einem strukturellen Eingriff kommt mithin auch abschreckende Wirkung zu, die allerdings zunächst lediglich Nebenwirkung der Beseitigung kausal verursachter und identifizierbarer struktureller Erfolge ist.

Inwieweit der Gedanke der Abschreckung darüber hinaus eine Zerschlagung von Monopolen rechtfertigt, ist allerdings zweifelhaft. Zwar führt der Oberste Gerichtshof im Fall *Crescent Amusement* aus, dass eine Abhilfe auch eine „wirksame Abschreckung" bewirken müsse.[65] Ausdrücklicher Bezugspunkt ist hierbei aber das Verhalten eines Unternehmens, nicht etwa das Erreichen eines bestimmten Marktanteils. Wie das Gericht selbst konstatiert, bestünde sonst die Gefahr, auch wettbewerbs*gerechte* Verhaltensweisen zu hemmen.[66] Zudem würde eine lediglich auf dem Abschreckungsgedanken basierende Entflechtung aufgrund ihrer möglichen finanziellen Folgen in die Nähe einer strafrechtlichen Sanktion rücken.[67] Letztere sind indes an strengere Haftungsvoraussetzungen geknüpft,[68] so dass eine derartige Abschreckung in dem auf eine zukunftsgerichtete Marktöffnung bedachten Verfahren der „equity" einen Fremdkörper darstellt.[69] Tatsächlich hat der Supreme Court mehrfach hervorgehoben, dass ein struktureller Eingriffe *nicht als Strafe*, sondern als Abhilfe, die zugleich eine Art „Rückerstattung" darstelle, zu verstehen sei.[70] Damit ist ausgeschlossen, dass der Abschreckungsgedanke einen autonomen Anordnungsgrund für eine Entflechtung darstellt.[71]

II. Zwischenergebnis

Einige der vor der letzten Entflechtungsentscheidung des Supreme Court ergangenen Urteile deuten zumindest terminologisch an, dass die vollständige Beseitigung von Monopolmacht einer ständigen Rechtsprechung entsprechen könnte, soweit sie von einer „Neutralisierung", „Auflösung" oder „Entmachtung" sprechen. Die Analyse der Recht-

64 *U.S. v. Schine Chain Theatres, Inc.*, 334 U.S. 110, 128-29 (1948)

65 Vgl. *U.S. v. Crescent Amusement Co.*, 323 U.S. 173, 186 (1944): „The pattern of past conduct is not easily forsaken. Where proclivity for unlawful activity has been manifest as here, the decree should operate as an *effective deterrent to a repetition of the unlawful conduct* and yet not stand as a barrier to healthy growth on a competitive basis." (Hervorh. v. Verf.). Vgl. auch *U.S. v. Schine Chain Theatres, Inc.*, 334 U.S. 110, 128 (1948); *Areeda/Kaplow*, § 315b (S. 480).

66 Siehe *U.S. v. Crescent Amusement Co.*, 323 U.S. 173, 186 (1944) (dazu Fn. 65, S. 188). Zur Problematik der Abschreckung auch wettbewerbsgerechten Verhaltens siehe *Romaine/Salop*, 7 Geo. Mason L. Rev. 1, 31 (1999); vgl. auch *Baker*, 61 Notre Dame L. Rev. 898, 903 (1986); *Areeda/ Hovenkamp III*, § 637c (die abschreckende Wirkung allerdings als gering einschätzend).

67 Vgl. *Elzinga/Breit*, S. 49; siehe auch *Areeda/Hovenkamp III*, § 653b1, denen zufolge der Gedanke der Abschreckung besser durch Strafsanktionen verfolgt werde.

68 Siehe *Areeda/Hovenkamp III*, § 655.

69 Vgl. *Areeda/Hovenkamp III*, § 653b1.

70 Vgl. *U.S. v. Schine Chain Theatres, Inc.*, 334 U.S. 110, 128 (1948); ähnlich *U.S. v. Paramount Pictures, Inc.*, 334 U.S. 131, 171-72 (1948); *U.S. v. E.I. du Pont de Nemours & Co. (General Motors)*, 366 U.S. 316, 326 (1961); *U.S. v. National Lead Co.*, 332 U.S. 319, 352, 338 (1947).

71 Wie hier *Areeda/Hovenkamp III*, § 653b1; anders *Averitt*, 40 Ohio St. L.J. 781, 810 (1979).

sprechung zeigt indes, dass hierbei nicht die Beseitigung von „monopoly power“ im ökonomischen Sinn im Vordergrund steht. Vielmehr ist der Begriff der Monopolmacht im Rechtssinne zu verstehen:[72] Im Einklang mit dem bis in die 70er Jahre hinein maßgeblichen Schutzzweck des Sherman Act, die Freiheit einzelner Marktteilnehmer vor einer Gefährdung durch unkontrollierte Machtpositionen zu schützen,[73] ist Ziel die Beseitigung der „power to exclude competition“, also der Fähigkeit, *den Wettbewerb auf eine bestimmte Art und Weise zu verzerren.*[74]

Paradigmatisch hierfür ist die Entflechtung im Fall *Standard Oil,* deren horizontale Komponente dem Trust die Fähigkeit – oder, anders formuliert, ein „Instrument“[75] – nahm, horizontale Wettbewerbsbeziehungen insbesondere durch Kampfpreisunterbietungen *unmittelbar* zu beschränken, während die vertikale Komponente dem Unternehmen das Instrument nahm, durch vertikale Strategien den Zugang zum Markt und damit *mittelbar* horizontalen Wettbewerb zu beschränken. Die regionalen Monopole im ökonomischen Sinn blieben hierbei *bewusst* unangetastet, was belegt, dass Gegenstand der Entflechtung trotz der auch horizontalen Komponente nicht die „power to control price“ war.[76] Dieser Umstand trifft auch auf eine ganze Reihe anderer – und dessenthalben kritisierter – Eingriffe zu, in denen zwar auf denselben *sachlich,* nicht aber auf denselben *geographisch* relevanten Märkten Entflechtungen durchgeführt wurden: Beispiele sind die Zerschlagung von *Du Pont* auf dem Schwarzpulvermarkt[77], die Entflechtungen in den *Theatre-Circuit*-Entscheidungen (sofern hier überhaupt von Monopolen gesprochen werden kann) oder die Zerschlagung *Grinnells.*[78]

In der der Literatur ist überdies kritisiert worden, dass vertikale Entflechtungen regelmäßig „missbraucht“ worden seien, um die drakonischen Auswirkungen horizontaler Entflechtungen zu vermeiden.[79] Dies ließe sich freilich als Ausdruck richterlicher Zaghaftigkeit interpretieren.[80] Dem hatte der für den *United-Shoe-Machinery*-Fall zuständige Richter bereits zu Recht entgegen gesetzt, dass die generalklauselartige Formulierung des Sherman Act naturgemäß eine umsichtige Handhabung der durch ihn verliehe-

---

72 Zum Rechtsbegriff der „monopoly power“ siehe Fn. 113 (S. 170).

73 Eingehend dazu § 2 A.III.3. (S. 218, m. w. N. in Fn. 297).

74 In diesem Sinne auch *U.S. v. Corn Products Refining Co.*, 234 F. 964, 1014 (S.D.N.Y. 1916); *U.S. v. International Harvester Co.*, 274 U.S. 693, 709 (1927); vgl. auch die Darstellung in *U.S. v. Aluminum Co. of America*, 91 F. Supp. 333, 342 (S.D.N.Y. 1950).

75 Anders *Oehler*, S. 200, der den Ursprung dieser Zielsetzung in der Entscheidung *Crescent Amusement* sieht; vgl. auch *Averitt*, 40 Ohio St. L.J. 781, 807 (1979), den Ursprung in der Entscheidung *Hartford Empire Co. v. U.S.*, 323 U.S. 386 (1945), sehend.

76 Zur Kritik vgl. Nachweise in Fn. 10 (S. 181).

77 Vgl. *U.S. v. E.I. Du Pont de Nemours & Co.*, 188 F. 127 (D. Del. 1911); Kritik bei *Hale*, 40 Col. L. Rev. 615, 621 (1940).

78 Siehe in § 2 A.I.2. (S. 185 m. w. N. zur Kritik in Fn. 42).

79 In diesem Sinne *Fraidin*, 33 Geo. Wash. L. Rev. 899, 905 (1965); ähnlich *Oehler*, S. 240.

80 Vgl. *Adams* in: *Brock/Elzinga*, S. 191 f. („lack of expertness in wielding the knife [...] made the courts so reluctant to sanction the drastic economic surgery necessary to strike at the core of the monopoly cancer“); ähnlich *Sullivan*, S. 146; *O'Connor*, 13 Harv. J. on Legis. 687, 692-93 (1976); siehe auch *Turner*, 70 Harv. L. Rev. 281, 290 (1956/57) (zum *Grinnell*-Fall).

nen Befugnisse erfordere.[81] Tatsächlich zeigt die vorstehende Diskussion, dass bis zur letzten Entscheidung im Fall *United Shoe* Ziel der Entflechtungen nicht war, das durch eine bestimmte Marktstruktur indizierte Fehlen aktuellen Wettbewerbs auszumerzen: In erster Linie sollten hier – was auch für das Abschreckungselement der „fruits doctrine" gilt – *präventiv* weitere Wettbewerbsverzerrungen verhindert werden. Dadurch beschränkt sich die Reichweite struktureller Eingriffe naturgemäß auf eine Beseitigung der strukturellen Vorteile, die einen bestimmten Typus von Wettbewerbsverzerrungen ermöglichen; sie ermöglicht indes nicht die Beseitigung der Fähigkeit zu unabhängigem Verhalten.[82] Letzteres gilt auch für Entflechtungen als Mittel der Folgenbeseitigung: Sie ermöglichen zumindest in den Fällen, in denen eine Zuwiderhandlung – sofern seine Folgen überhaupt identifizierbar sind – von einem Unternehmen ausgeht, das seine Marktmacht rechtmäßig erworben hat, nicht deren vollständige Beseitigung.

Schließlich ist zu berücksichtigen, dass die Fälle, in denen im weitesten Sinne horizontale Eingriffe durchgeführt wurden, im Zusammenhang mit externem Unternehmenswachstum standen oder – wie in den *Theatre-Circuit*-Entscheidungen – im Zusammenhang mit Vorwürfen der „conspiracy to monopolize" standen.[83] Hierdurch ändert sich zwar nichts an der Einordnung der Entflechtungen als Mittel zur vorbeugenden Beseitigung von Wettbewerbsverhinderungsmacht. Wollte man aber annehmen, dass in den im Zusammenhang mit externem Unternehmenswachstum stehenden Entscheidungen – wie nicht – eine Zerschlagung von Monopolmacht im ökonomischen Sinne bezweckt gewesen wäre, wäre zu berücksichtigen, dass sich entsprechende „Rückentflechtungen" – ebenso wie die Folgenbeseitigung auf der Grundlage der „fruits doctrine" – als Kehrseite des Verbots wettbewerbswidriger Verhaltensweisen, deren Ursächlichkeit für einen strukturellen Erfolg hinreichend eindeutig ist, darstellen. Aus wettbewerbspolitischen Gründen lässt sich dies jedoch nicht ohne weiteres auf Fälle übertragen, in denen *intern gewachsene* Unternehmen Gegenstand einer Entflechtung sind.[84]

III. Vollständige Beseitigung von Monopolmacht?

Die vorstehende Analyse der Rechtsprechung vor der letzten *United-Shoe-Machinery*-Entscheidung des Supreme Court verdeutlicht, dass die in letzterer ausgesprochene Ver-

---

81 *U.S. v. United Shoe Machinery Corp.*, 110 F.Supp. 295, 348 (D. Mass. 1953): „In the anti-trust field the courts have been accorded [...] an authority they have in no other branch of enacted law. [...] They would not have been given, or allowed to keep, such authority [...], if courts were in the habit of proceeding with the surgical ruthlessness that might commend itself to those seeking absolute assurance that there will be workable competition, and to those aiming at immediate realization of the social, political, and economic advantages of dispersal of power."

82 Offenkundig anders *Schulte-Braucks*, S. 76 ff., 220, dem zufolge die „power"-Theorie auch erlaube, unerwünschte Marktmacht als solche zu beseitigen.

83 Siehe dazu auch unten § 2 B.IV. (S. 242 ff.).

84 *U.S. v. Philadelphia National Bank*, 374 U.S. 321, 370 (1963) (auszugsweise wiedergegeben in Fn. 57, S. 34); *Posner*, Antitrust, S. 85; *Gey*, WuW 2001, 933, 940 (unter Berufung auf *Posner*).

pflichtung, ein „rechtswidriges Monopol zu beenden", eine echte dogmatische Fortentwicklung darstellt.[85] Dies ergibt sich insbesondere daraus, dass sich das Urteil – trotz Erwähnung des Ziels der „Ausrottung" rechtswidrigen Verhaltens[86] – ausschließlich auf den verbleibenden Marktanteil *United Shoes* von 62 % stützt. Zwar sollen wirksame Abhilfen dem Urteil zufolge auch wettbewerbswidrige Verhaltensweisen beenden und ihre Folgen beseitigen; das Urteil enthält aber weder Feststellungen zu weiteren, nach Abschluss des ersten Verfahrensabschnitts aufgetretenen Wettbewerbsverzerrungen noch enthält das Urteil Feststellungen zur Ursächlichkeit der dem Unternehmen zu Beginn des Verfahrens zur Last gelegten Wettbewerbsverzerrungen. Damit scheiden eine Verhaltenskorrektur und die Folgenbeseitigung, die ohnehin keine vollständige Beseitigung von Monopolmacht gewährleistet, als Entflechtungsgründe aus. Das *United-Shoe*-Urteil kann auch nicht als Rückentflechtungsfall betrachtet werden: Möglicherweise relevante Konzentrationsvorgänge lagen erstens über 60 Jahre zurück und waren zweitens durch den Supreme Court selbst für rechtmäßig befunden worden.[87] Dass die Entscheidung ein Novum darstellt, zeigt schließlich der Vergleich zu dem (ebenfalls langwierigen) Verfahren gegen *International Harvester*:[88] Hier war eine Entflechtung trotz eines (durch Zusammenschlüsse begründeten) Marktanteils von 64,1 % abgelehnt worden, weil die Zuwiderhandlungen eingestellt worden waren.[89]

Ob diese dogmatische Fortentwicklung allerdings nachhaltig ist, erscheint zweifelhaft. Zwar stimmen die im ersten Abschnitt dargestellten Entscheidungen darin überein, dass Section 2 Sherman Act ein zumindest *abgeleitetes* Verbot von „monopoly power" enthält, dessen Folge ein struktureller Eingriff sein kann.[90] Eine vollständige Beseitigung von Marktmacht findet aber ihre Rechtfertigung in ökonomischen Erwägungen, denen zufolge Monopolmacht wohlfahrtsschädigende Wirkungen haben kann,[91] sowie in gesellschaftspolitischen Zielsetzungen.[92] Erstere begegnen jedenfalls für den Fall des Erwerbs der Marktmacht im Wege des Leistungswettbewerbs erheblichen Bedenken. Daher wird im Folgenden der Begriff der „exclusionary practices" einschließlich der erforderlichen Ursächlichkeitsbeziehung zwischen Monopolmacht und Zuwiderhandlung darzustellen sein. Sodann soll untersucht werden, ob Section 2 Sherman Act eine *anlassgebundene Marktstrukturkontrolle* für den Fall ermöglicht, dass lediglich ein

---

85 In diesem Sinne *Sullivan*, S. 144.

86 *U.S. v. United Shoe Machinery Corp.*, 391 U.S. 244, 252 (1968) (Fn. 147, S. 174), unter Berufung auf *U.S. v. Grinnell Corp.*, 384 U.S. 563 (1966); dazu Fn. 27 (S. 183, m. w. N.).

87 Vgl. *U.S. v. United Shoe Machinery Corp.*, 247 U.S. 32 (1918).

88 Vgl. *U.S. v. International Harvester Corp.*, 274 U.S. 693, 708-709 (1927): Der Entscheidung war ein Urteil zugunsten der Regierung vorangegangen (214 F. 987 – D. Minn. 1914). Das Department of Justice ließ sich jedoch auf einen Vergleich ein, dessen ausbleibender Erfolg eine erneute, diesmal aber erfolglose Klage nach sich zog: Die Marktstruktur blieb i. Erg. unverändert. Vgl. *Hale*, 40 Col. L. Rev. 615, 621-22 (1940); *Freyer*, S. 189; *Areeda/Turner III*, § 607.

89 Siehe *U.S. v. International Harvester Co.*, 274 U.S. 693, 709 (1927).

90 Vgl. *Baker*, 61 Notre Dame L. Rev. 898, 900 (1986).

91 Vgl. Fn. 15 (S. 39); ferner *U.S. v. Aluminum Co. of America*, 148 F.2d 416, 427 (2nd Cir. 1945); *U.S. v. United Shoe Machinery Corp.*, 110 F.Supp. 295, 347 (D. Mass. 1953).

92 Siehe Fn. 87 (S. 166) und Fn. 156 (S. 175).

schwacher Kausalitätsbezug zwischen Zuwiderhandlung und Aufrechterhaltung von Marktmacht besteht. Dabei wird auch zu prüfen sein, inwieweit gesellschaftspolitische Zielsetzungen noch Geltung beanspruchen.

1. Begriff der „exclusionary practices": Kausalitätserfordernisse

Der Tatbestand des „monopolizing" erfordert den Nachweis, dass Marktmacht *willentlich* erworben oder aufrechterhalten wurde.[93] Er wird *objektiv* über das Vorliegen von Verhaltensweisen, die abwechselnd als „exclusionary", „anticompetitive" oder „predatory" bezeichnet werden, geführt.[94] Der Supreme Court misst diesen Attributen keine eigenständige Bedeutung zu, zumal sie in der Regel nicht klar voneinander abgegrenzt werden.[95] Eine einheitliche, *positive* Definition von „exclusionary practices" existiert aber bis heute weder in der Rechtsprechung noch in der Literatur,[96] wenngleich letztere zahlreiche Definitionsversuche unternommen hat.[97]

Weitgehende Einigkeit besteht lediglich dahingehend, dass „exclusionary conduct" nicht zugleich einen Verstoß gegen Section 1 Sherman Act darstellen muss.[98] Un-

---

93 Vgl. Nachweise in Fn. 50 (S. 161), Fn. 92 (S. 167), Fn. 110 (S. 169) sowie in Fn. 123 (S. 171).

94 Siehe dazu bereits die Darstellung in § 1 B.III.1. (S. 170 f.).

95 Vgl. *Aspen Skiing Co. v. Aspen Highlands Skiing Corp.*, 472 U.S. 585, 602 (1985) (auszugsweise wiedergegeben in Fn. 118, S. 170); *Krattenmaker/Salop*, 96 Yale L.J. 209, 219 (1986); *U.S. v. Microsoft Corp.*, Plaintiffs's Joint Proposed Conclusions of Law, 1999 WL 1273765, 9-10. Anders *Wiedmann*, S. 147 ff., der in Anlehnung an *Joliet*, 5 RTDE 646, 663 ff. (1969), neben „predatory practices" „exclusionary practices" und einen „deliberateness test" unterscheidet.

96 Siehe *Hovenkamp*, 72 U. Chi. L. Rev. 147 (2005); vgl. auch *LePage's Inc. v. 3M (Minnesota Mining and Manufacturing Co.)*, 324 F.3d 141, 152 (3rd Cir. 2003), wonach eine einheitliche Definition nicht möglich sei. Interessanterweise sieht die 2002 eingesetzte *Antitrust Modernization Commission* dennoch keinen Konkretisierungsbedarf und will die Entwicklung zu Sec. 2 Sherman Act weiterhin den Gerichten überlassen (Report S. 12).

97 Vgl. z. B. *Bork*, Antitrust Paradox (1978), S. 138 („attempting to exclude rivals on some basis other than efficiency"); *Krattenmaker/Salop*, 96 Yale L.J. 209 (1986) (auf die Erhöhung der Kosten von Wettbewerbern abstellend); *Posner*, Antitrust, S. 28 (auf die irrationale Opferung von Gewinnen abstellend); ebenso *U.S. v. Microsoft Corp.*, 87 F.Supp.2d. 30, 38 (D.D.C. 2000); anders *Posner*, Antitrust (2nd ed. 2001), S. 194 f. (auf die Verdrängung gleich effizienter Wettbewerber abstellend). Siehe ferner *Areeda/Hovenkamp III*, §§ 651b, 651c (auszugsweise wiedergegeben in Fn. 114, S. 195); modifiziert in *Areeda/Hovenkamp III* (2nd ed. 2002) § 651a (auf Verhaltensweisen abstellend, die der Schaffung, Aufrechterhaltung oder Erweiterung von Monopolmacht dienen, indem sie die Chancen von Wettbewerbern beeinträchtigen und entweder Verbrauchern gar nicht zugute kommen, zur Erreichung von Verbrauchervorteilen unnötig sind oder deren Auswirkungen außer Verhältnis zu ihren Vorteilen für Verbraucher stehen). Zu sehr großzügigen Definitionsversuchen vgl. Brief for United States and the FTC as Amici Curiae, *Verizon Communications Inc. v. Law Offices of Curtis V. Trinko, LLP*, 2003 WL 21269559, *15, 16 (auf die Opferung kurzfristiger Gewinne abstellend); dazu kritisch *Pitofsky*, 72 U. Chi. L. Rev. 209, 217 (2005). Eingehende Diskussion der o. g. Ansätze bei *Hovenkamp*, 72 U. Chi. L. Rev. 147, 153-62 (2005); *Lao*, 23 Antitrust L.J. 171 (2005); *Schoen*, 80 N.Y.U. L. Rev. 1625, 1649-64 (2005) (mit Diskussion der obiter dicta im Fall *Trinko*, dazu auch Fn. 404, S. 234). Abzulehnen *Epstein*, 72 U. Chi. L. Rev. 49, 55-72 (2005) (für eine Aufgabe der Monopolistenhaftung plädierend). Zu instruktiven Systematisierungsversuchen siehe *Evans/Padilla*, 72 U. Chi. L. Rev. 73 (2005); ferner *Brennan*, Saving Sec. 2.

98 *U.S. v. Griffith*, 334 U.S. 100, 106 (1948); *Columbia Steel Co., U.S. v.*, 334 U.S. 495, 525 (1948).

strittig ist auch, dass die zivilrechtliche Verfolgung des „monopolizing" eines Schuldvorwurfes nicht bedarf.[99] Einigkeit besteht im Ergebnis auch insofern, dass ein Verhalten – und damit auch die daraus resultierende Marktstruktur – nicht rechtswidrig sein kann, wenn es Ausdruck des durch den Sherman Act geschützten Leistungswettbewerb („competition based on pure merit") ist.[100] Ein taugliches Abgrenzungskriterium ergibt sich hieraus freilich nicht, da die erfolgreiche Teilnahme am Leistungswettbewerb naturgemäß Wettbewerber ausschließt.[101] Abweichend von den restriktiven Ansätzen in den Fällen *Alcoa* und *United Shoe Machinery* ist aber heute anerkannt, dass allein die Schädigung einzelner Wettbewerber keine Zuwiderhandlung darstellt;[102] erforderlich ist vielmehr ein (vom Kläger zu beweisender) Eingriff in den *Wettbewerb als Prozess*.[103]

Vor allem die neuere Rechtsprechung greift deshalb auf das Vorliegen von „valid business reasons", „reasonable business justifications" oder „legitimate competitive justifications" zurück. Fehlen derartige von dem Unternehmen darzulegende Gründe, ist im Falle einer Beschränkung anderer Marktteilnehmer der erforderliche „intent to monopolize" bewiesen.[104] Das Kriterium lässt jedoch klare Konturen vermissen[105] und stellt damit ein Einfallstor für Rechtfertigungsversuche dar,[106] die weder der Notwendigkeit einer gewissen Abstraktion komplexer ökonomischer Sachverhalte im Kartellverfahren[107] noch dem Umstand Rechnung tragen, dass die Rechtsprechung marktmächtige Unternehmen gesteigerten Verhaltensanforderungen unterwirft.[108] Letztere müssen deshalb

99 Vgl. *U.S. v. Griffith*, 334 U.S. 100, 105 (1948); ferner Nachweise in Fn. 93 (S. 167).

100 Vgl. *U.S. v. United Shoe Machinery Corp.*, 110 F.Supp. 295, 344-45 (D. Mass. 1953); *Sullivan/Grimes*, S. 103; *Areeda/Turner III*, § 626g(3). Zu Versuchen, die zulässigen Verhaltensweisen zu katalogisieren, vgl. *U.S. v. United Shoe Machinery Corp.*, a. a. O., 342; *U.S. v. Grinnell Corp.*, 236 F.Supp. 244, 248 (D. Rh. Isl. 1964); *Areeda/Hovenkamp III*, § 651b (S. 76 f.).

101 Vgl. *Copperweld Corp. v. Independence Tube Corp.*, 467 U.S. 752, 767 (1984); *Areeda/Hovenkamp III*, § 651b; kritisch zum Begriff der „competition based on pure merit" auch *Scherer*, 89 Harv. L. Rev. 869, 873 (1976); *Hovenkamp*, 72 U. Chi. L. Rev. 147, 148 (2005).

102 *Pitofsky*, 72 U. Chi. L. Rev. 209, 216 (2005).

103 Vgl. *Brooke Group Ltd. v. Brown & Williamson Tobacco Corp.*, 509 U.S. 209, 225 (1993) („Even an act of pure malice by one business competitor against another does not, without more, state a claim under the federal antitrust laws."); *Spectrum Sports, Inc. v. McQuillan*, 506 U.S. 447, 458-59 (1993) (dazu Fn. 322, S. 222); *U.S. v. Microsoft Corp.*, 253 F.3d 34, 58 (D.C. Cir. 2001); siehe auch *State of New York et al. v. Microsoft Corp.*, 2002 WL 31439655, *51 (D.D.C 2002).

104 *Aspen Skiing Co. v. Aspen Highlands Skiing Corp.*, 738 F.2d 1509 (10th Cir. 1984), 472 U.S. 585, 597, 605 (1985); *Eastman Kodak Co. v. Image Tech. Serv., Inc.*, 504 U.S. 451, 483 (1992); *Oahu Gas Service, Inc. v. Pacific Resources, Inc.*, 838 F.2d 360 (9th Cir. 1988), cert. denied, 488 U.S. 870 (1988); *Arthur S. Langenderfer v. S.E. Johnson*, 917 F.2d 1413, 1431 (6th Cir. 1990), cert. denied, 502 U.S. 899 (1991). Zur Beweislast: *U.S. v. Microsoft Corp.*, 253 F.3d 34, 58 (D.C. Cir. 2001); *Gavil*, 13-Sum Antitrust 7, 12 (1999); *Baker*, 7 Geo. Mason U. L. Rev. 495, 503 (1999).

105 Vgl. *Hovenkamp*, Antitrust Policy, § 5.6; *Sullivan/Grimes*, S. 103; eingehende Darstellung bei *Areeda/Hovenkamp III*, § 658f. (S. 122 ff.).

106 Vgl. für den *Standard-Oil*-Fall Fn. 51 (S. 161); für den *United-Shoe*-Fall Fn. 140 (S. 173); für den *Microsoft*-Fall Fn. 175 (S. 203); ferner Kritik bei *Kaplow*, 85 Col. L. Rev. 515, 545-46 (1985).

107 Vgl. *Barry Wright Corp. v. ITT Grinnell Corp.*, 724 F.2d 227, 234 (1st Cir. 1983); für die „rule of reason" vgl. *Nat'l Society of Professional Engineers v. U.S.*, 435 U.S. 679, 688 (1978). Vgl. auch *Eilmansberger*, 42 CMLR 129, 137 (2005).

108 Vgl. *U.S. v. Aluminum Co. of America*, 148 F.2d 416, 431 (2nd Cir. 1945); *U.S. v. United Shoe Machinery Corp.*, 110 F.Supp. 295, 344-345 (D. Mass. 1953), aff'd per curiam 347 U.S. 521 (1954);

nach der Rechtsprechung des Supreme Court zumindest dann, wenn mehrere Wege zur Verfügung stehen, um ein aus wettbewerbspolitischer Sicht anerkennenswertes Ziel, wie beispielsweise eine Kostensenkung oder eine Qualitätsverbesserung,[109] zu erreichen, den für Wettbewerber am *wenigsten einschneidenden* wählen.[110] Zudem kann der Kläger bei Vorliegen einer sachlichen Rechtfertigung den Nachweis erbringen, dass die Nachteile eines Verhaltens ihren Nutzen übersteigen.[111] Für das Vorliegen einer „valid business reason" genügt jedenfalls nicht, dass sich ein Unternehmen nur auf *körperliche* oder diesen gleichgestellte *geistige Eigentumsrechte* beruft.[112]

Darüber hinaus erfordert die Definition des Verstoßes gegen Section 2 Sherman Act zwar einen gewissen Kausalzusammenhang zwischen Zuwiderhandlung und willentlich erworbener oder aufrechterhaltener Monopolmacht. Es existiert aber kein Urteil, in dem der Nachweis gefordert worden wäre, dass die einem Unternehmen zukommende Monopolmacht gerade oder ausschließlich der festgestellten Zuwiderhandlung zuzuschreiben ist.[113] Genau genommen wird – zumindest bis zur Entscheidung des Berufungsgerichts im *Microsoft*-Fall – die Frage der Ursächlichkeit zwischen Verhalten und Struktur schlechthin nicht problematisiert. Vielmehr genügt es, zumindest auf der Ebene der „liability", wenn eine Verhaltensweise festgestellt wird, die über das zur Teilnahme am Leistungswettbewerb erforderliche Maß hinausgeht und die bei abstrakter Betrachtung vernünftigerweise *geeignet* scheint, einen wesentlichen Beitrag zur Schaf-

---

Oahu Gas Serv., Inc. v. Pacific Resources, Inc., 838 F.2d 360, 368 (9th Cir. 1988), cert. denied, 488 U.S. 870 (1988) („affirmative duties"); ferner *Eastman Kodak Co. v. Image Technical Services, Inc.*, 504 U.S. 451, 488 (1992) (J. *Scalia*, dissenting) („special lens"); *Turner*, 70 Harv. L. Rev. 281, 290 (1956/57); *Areeda/Turner III*, § 813; *Carlton*, 68 Antitrust L.J. 659, 659-60 (2001).

109 Vgl. *Aspen Skiing Co. v. Aspen Highlands Skiing Corp.*, 472 U.S. 585, 608, 610 (1985); *Eastman Kodak Co. v. Image Technical Services, Inc.*, 504 U.S. 451, 462, 483 (1992); *Data General Corp. v. Grumman Systems Support Corp.*, 36 F.3d 1147, 1183 (1st Cir. 1994). Eines Nachweises, dass das Gesellschaftswohl („consumer welfare") insgesamt erhöht wurde, bedarf es nicht: vgl. *Areeda/Hovenkamp III*, § 658f1 (m. w. N.); *Carlton*, 68 Antitrust L.J. 659, 663 (2001).

110 *U.S. v. Standard Oil Co. of New Jersey*, 221 U.S. 1, 58 (1911) („unreasonably restrictive of competitive conditions"); *Aspen Skiing Co. v. Aspen Highlands Skiing Corp.*, 472 U.S. 585, 605 (1985) („unnecessarily restrictive way"); ähnlich *IBM Peripheral EDP Devices Antitrust Litigation*, 481 F.Supp. 965, 1003 (N.D. Cal. 1979), aff'd sub nom. *Transamerica Computer Co. v. IBM Corp.*, 698 F.2d 1377 (9th Cir. 1983), cert. denied, 464 U.S. 955 (1983). Siehe auch *Baker*, 7 Geo. Mason U. L. Rev. 495, 504 (1999); *Romaine/Salop*, 7-3 Geo. Mason L. Rev. 1, 35-36 (1999); *Areeda/Hovenkamp III*, §§ 651c, 802e („more restrictive than necessary"). Anders *Cass/Hylton*, 8 Geo. Mason L. Rev. 1, 27-30 (1999) (wonach Sec. 2 nur einen „sole purpose test" kenne).

111 Siehe *U.S. v. Microsoft Corp.*, 253 F.3d 34, 58-59 (D.C. Cir. 2001); *Pitofsky*, 72 U. Chi. L. Rev. 209, 217 (2005); *Schoen*, 80 N.Y.U. L. Rev. 1625, 1650-51 (2005).

112 Vgl. *Eastman Kodak Co. v. Image Technical Services, Inc.*, 504 U.S. 451, 483 Fn. 32 (1992), on remand, 125 F.3d 1195, 1218 (9th Cir. 1997); *Aspen Skiing Co. v. Aspen Highlands Skiing Corp.*, 472 U.S. 585, 602-605 (1985); *Data General Corp. v. Grumman Systems Support Corp.*, 36 F.3d 1147, 1187 (1st Cir. 1994); *High Tech. Careers v. Mercury News*, 996 F.2d 987, 990 (9th Cir. 1993). Vgl. auch explizit *U.S. v. Microsoft Corp.*, 253 F.3d 34, 63 (D.C. Cir. 2001) (m. w. N.). Zur Problematik geistiger Eigentumsrechte siehe *Areeda/Hovenkamp III*, §§ 705 ff.; *Wagner*, 51 Hastings L.J. 1073 (2000); *Lopatka/Page*, 69 Geo. Wash. L. Rev. 367 (2001); *Tom*, 68 Antitrust L.J. 967, 975-77 (2001); *Lao*, Corn. J.L. & Pub. Pol. 193 (1999). Zu restriktiveren Tendenzen in der Anwendung des Sherman Act siehe *Taylor*, 658 PLI/Pat 679, 685-86 (2001); *McGowan*, 16 Berk. Tech. L.J. 729, 783-84 (2001) (m. w. N.). Siehe auch *FTC*, To Promote Innovation (Oct. 2003).

113 Siehe *U.S. v. Microsoft Corp.*, 253 F.3d 34, 79 (D.C. Cir. 2001).

fung oder Aufrechterhaltung von Monopolmacht zu leisten.[114] Ein insbesondere bei der Ausschaltung neuer wettbewerblicher Bedrohungen kaum zu führender Nachweis einer kausalen Verknüpfung zwischen wettbewerbsschädigendem Verhalten und Aufrechterhaltung von Marktmacht ist mithin nicht erforderlich. Zweifel gehen insoweit zu Lasten des Urhebers einer Wettbewerbsverzerrung,[115] da der Sherman Act einem Unternehmen nicht gestattet, auch lediglich potentiellen Wettbewerbern nach Gutdünken die Möglichkeit zu nehmen, sich einem Markttest zu unterziehen und damit ihre Fähigkeit unter Beweis zu stellen, die bestehende Monopolmacht zu erodieren.[116]

2. *„Trigger Theory"?*

Soweit es nach dem Vorstehenden genügt, wenn eine Zuwiderhandlung *abstrakt* geeignet ist, einen Beitrag zur Aufrechterhaltung von Monopolmacht zu leisten, stellt sich die Frage, ob das abgeleitete Unwerturteil gegenüber Marktmacht – mit der Folge ihrer eventuellen Zerschlagung – auch dann eingreift, wenn ein *konkreter* Verursachungsbeitrag der Wettbewerbsbehinderung für den Erhalt der Marktmacht zweifelhaft ist: Die Feststellung einer Zuwiderhandlung wäre in diesem Fall lediglich Anlass („trigger") für einen strukturellen Eingriff, dessen Ziel die größtmögliche Wiederherstellung von Wettbewerb wäre.[117] Die letzte Entflechtungsentscheidung des Supreme Court scheint in eine derartige Richtung zu deuten, da sie unberücksichtigt lässt, dass die *United Shoe* zur Last gelegten Verhaltensweisen allenfalls schwach für die Aufrechterhaltung der Position des Unternehmens ursächlich waren: Belegt wird dies durch den Umstand, dass der Marktanteil des Unternehmens trotz intensiver Verhaltensregulierung nur wenig zurückging und im Übrigen die Leistung von *United Shoe* durchaus anerkennenswert war.[118]

---

114 Vgl. *U.S. v. Microsoft Corp.*, 253 F.3d 34, 79 (D.C. Cir. 2001), unter Berufung auf *Areeda/Hovenkamp III*, §§ 651b, 651c (S. 78): „[...] ‚Exclusionary' behavior should be taken to mean *conduct other than competition on the merits*, or other than restraints *reasonably ‚necessary'* to competition on the merits, that reasonably appears capable of making a *significant contribution to creating or maintaining monopoly power*." (Hervorh. v. Verf.). Vgl. auch *Data General Corp. v. Grumman Systems Support Corp.*, 36 F.3d 1147, 1182 (1st Cir. 1994); *Multistate Legal Studies, Inc. v. Harcourt Brace Jovanovich Publications*, 63 F.3d 1540, 1550, 1553 (10th Cir. 1995); *Barry Wright Corp. v. ITT Grinnell Corp.*, 724 F.2d 227, 230 (1st Cir. 1983) (jeweils m. w. N.).

115 Vgl. *U.S. v. Microsoft Corp.*, 253 F.3d 34, 79 (D.C. Cir. 2001); *Areeda/Hovenkamp III*, § 651c, unter Berufung auf *Bigelow v. RKO Radio Pictures*, 327 U.S. 251, 264 (1946).

116 Vgl. *U.S. v. Microsoft Corp.*, 253 F.3d 34, 79 (D.C. Cir. 2001): „It would be inimical to the purpose of the Sherman Act to allow monopolists free reign to squash nascent, albeit unproven, competitors at will – particularly in industries marked by rapid technological advance and frequent paradigm shifts." In diesem Sinne auch *U.S. v. Microsoft Corp.*, Plaintiffs' Reply Memorandum in Support of Proposed Final Judgment (May 17, 2000), 2000 WL 637340, 9-11; *Hatch* in: *Eisenach/Lenard*, S. 24. Vgl. auch *Areeda/Hovenkamp III*, § 651c.

117 Eingehend zu dieser „trigger theory" siehe *Areeda/Hovenkamp III*, § 653b.

118 Vgl. in § 1 B.III.3. (S. 174). Der geringe Rückgang ist z. T. als Indiz für die Unwirksamkeit der Verhaltensbeschränkungen gewertet worden: vgl. *Sullivan*, S. 147. Dagegen bereits Fn. 150 (S. 175). Zur Leistung von *United Shoe* vgl. Fn. 138 (S. 173).

Rechtstheoretische Grundlage einer derartigen „trigger theory“ wäre allerdings eine *Vermutung* hinsichtlich der Notwendigkeit eines Eingriffs.[119] Sie ergibt sich aus den (ebenfalls vermuteten) wohlfahrtsschädigenden Auswirkungen von Monopolen,[120] wobei die Notwendigkeit eines Rekurses auf „exclusionary practices“ belegt, dass das Unternehmen seine Marktstellung nicht (mehr) seiner überlegenen Leistung verdankt. Eine auf die *Swift*-Entscheidung[121] gestützte Variante schließt aus dem Vorliegen dauerhafter Marktmacht auf die Existenz (oder die Gefahr) unentdeckter Wettbewerbsverzerrungen und eine hieraus resultierende Schädigung des Konsumentenwohls. Dabei ist aber zu berücksichtigen, dass zumindest nach der heute herrschenden Auffassung in der Wirtschaftstheorie allein aus dem Vorliegen hoher Marktanteile nicht zwingend auf ein Fehlen wirksamen Wettbewerbs und damit auf wohlfahrtsschädigende Auswirkungen zu schließen ist.[122] Die vorgenannten Vermutungen versagen daher, wenn – wie beispielsweise in den Verfahren gegen *IBM*[123] und *Microsoft* – Unternehmen ihre Macht im Wege des Leistungswettbewerbs aufgebaut und sich damit um das Konsumentenwohl verdient gemacht haben,[124] darauf folgende Wettbewerbsbeschränkungen jedoch lediglich geringfügig waren und/oder Märkte betroffen sind, die sich durch ihre Dynamik und eine natürliche Tendenz zur Konzentration aufzeichnen. Im Hinblick auf die vorstehende Problematik soll daher zunächst der *Microsoft*-Fall dargestellt werden; in einem zweiten Schritt werden weitere Einwände gegen die „trigger theory“ zu erörtern sein.

a) Fallstudie: Microsoft

Mit dem im Mai 1998 gegen die *Microsoft Corp.* eingeleiteten Verfahren wagte sich das Department of Justice – im Verbund mit 20 Bundesstaaten und dem District of Columbia – erstmals seit dem nach 18-jähriger Verfahrensdauer im Jahre 1981 eingestellten Verfahren gegen die *IBM Corp.*[125] wieder an einen „großen“ Fall heran. Er soll im Folgenden insbesondere im Hinblick auf die „trigger theory“ näher untersucht werden.[126]

---

119 Zu entsprechenden Vermutungen vgl. *Areeda/Turner III*, § 638a; *Areeda/Hovenkamp III*, § 653b.

120 Siehe Fn. 91 (S. 191).

121 Siehe Fn. 81 (S. 165).

122 Vgl. hierzu bereits die Diskussion im 1. Teil, § 2 A.III.3. a) cc) (S. 62 f.). Zu den entgegen gesetzten Ansätzen der Harvard School vgl. Fn. 13 (S. 39).

123 Siehe dazu unten Fn. 304 (S. 220).

124 Vgl. explizit *U.S. v. Microsoft Corp.*, 84 F.Supp.2d 9, 26, 110-11 (D.D.C. 1999) (Findings of Fact §§ 61, 408); dazu entsprechend *Elzinga et al.*, 9 Geo. Mason L. Rev. 633, 653-54 (2001).

125 Siehe dazu im 3. Teil § 1 A.I. (S. 260). Zum Zusammenhang zwischen dem *IBM*- und dem *Microsoft*-Verfahren siehe *Auletta*, S. 388; *Kovacic*, 31 Conn. L. Rev. 1285, 1290 (1999); *Gerstner*, S. 136 f.; *Gifford*, 25 Sw. U. L. Rev. 621, 624-28 (1996); ferner *Liebowitz/Margolis*, S. 127 ff.

126 Zu einem direkten Vergleich des *Standard-Oil*- und des *Microsoft*-Falls vgl. *Bauer*, 5 Duquesne Bus. L.J. 81 (2003).

aa) Verfahrensgang

Da sowohl Kläger[127] als auch Tatsacheninstanz[128] Lehren aus dem desaströsen *IBM*-Verfahren gezogen hatten, konnte das Verfahren gegen *Microsoft* – dem allerdings bereits eine gescheiterte Untersuchung der FTC (1990) und ein erstes, vergleichsweise beigelegtes Verfahren (1994/95) vorangegangen waren,[129] in der ungewöhnlich kurzen Zeit von zwei Jahren nach Klageerhebung in erster Instanz abgeschlossen werden:[130] Der zuständige Richter *Thomas Penfield Jackson* ordnete insoweit – antragsgemäß[131] – die Zerschlagung *Microsofts* in ein für Betriebssysteme zuständiges und ein für Anwendungen verantwortliches Unternehmen an;[132] die Entscheidung stützte sich dabei auf den Vorwurf der rechtswidrigen Aufrechterhaltung von Monopolmacht, der versuchten Monopolisierung und der gegen Sherman Act § 1 verstoßenden Kopplung.

Die Entflechtungsverfügung wurde allerdings – nachdem der Supreme Court die Annahme eines „direct appeal"[133] abgelehnt hatte – nach knapp einjähriger Verhandlung durch das Berufungsgericht aufgehoben: Der Vorwurf der *rechtswidrigen Aufrechterhaltung von Monopolmacht* wurde dabei aber, anders als die Vorwürfe der versuchten Monopolisierung und der rechtswidrigen Kopplung, aufrechterhalten.[134] Die Sache wurde zur erneuten Entscheidung an das Bezirksgericht von Washington zurück verwiesen, wobei das Berufungsgericht die *Option struktureller Maßnahmen expressis verbis nicht*

---

127 Siehe *Erichson*, 34 U.C. Davis L. Rev. 1, 17, 36 (2000); *Stelzer*, Policy Matters 01-09 (2001).

128 Eingehend *Gavil*, 13-Sum Antitrust 7-13 (1999); *Schwartz*, 1152 PLI/Corp. 17 (1999); *Kovacic*, 31 Conn. L. Rev. 1285, 1317 (1999); *Elzinga et al.*, 9 Geo. Mason L. Rev. 633, 642-44 (2001). Siehe auch *U.S. v. Microsoft Corp.*, 1998-2 Tr. Cas. (CCH) § 72,261, 1998 WL 614485 (D.D.C. 1998).

129 Zur Vorgeschichte des Verfahrens vgl. *Cass/Hylton*, 8 Geo. Mason L. Rev. 1, 5-7 (1999); *McKenzie*, S. 231; *Elzinga et al.*, 9 Geo. Mason L. Rev. 633, 634-41 (2001); *Brennan*, 69 Geo. Wash. L. Rev. 1042, 1056-59 (2001). Zum Vergleich siehe *U.S. v. Microsoft Corp.*, 159 F.R.D. 318 (D.D.C. 1995), rev'd, 56 F.3d 1448 (D.C. Cir. 1995), on remand, 1995-2 Trade Cas. (CCH) § 71,096, 1995 WL 505998 (D.D.C. 1995); dazu auch *Areeda/Kaplow*, § 312a (S. 475 f.).

130 Siehe *U.S. v. Microsoft Corp.*, Complaint (No. 98-1232, 1233) (May 18, 1998) (abrufbar unter *http://www.usdoj.gov/atr/cases/f1700/1763.htm*); 84 F.Supp.2d 9 (D.D.C. 1999) (Findings of Fact, Nov. 5, 1999); 87 F.Supp.2d. 30 (D.D.C. 2000) (Conclusions of Law, Apr. 3, 2000); 97 F.Supp.2d 59 (D.D.C. 2000) (Final Judgment, June 7, 2000); direct appeal denied, 530 U.S. 1301 (2000), aff'd in part, rev'd in part, final order vacated, 253 F.3d 34 (D.C. Cir. 2001), rehearing denied, 2001 WL 931170, 2001-2 Tr. Cas. § 73,380 (D.C. Cir. Aug. 17, 2001), cert. denied, 2001 WL 910785 (Oct. 9, 2001), on remand, *U.S. et al. v. Microsoft Corp.*, 2002 WL 31439450 (D.D.C. 2002) (Statement of Public Interest, Nov. 1, 2002); *State of New York et al. v. Microsoft Corp.*, 2002 WL 31439655 (D.D.C 2002), aff'd, *Commonwealth of Massachusetts v. Microsoft Corp.*, 373 F.3d 1199 (D.C. Cir. 2004).

131 Die Klage hatte lediglich verhaltensorientierte Maßnahmen vorgesehen: *U.S. v. Microsoft Corp.*, Complaint, Civ. Action No. 98-1232 (18. 5. 1998) (Fn. 130, S. 197); strukturelle Maßnahmen wurden erst nach Veröffentlichung der „findings of fact" beantragt: vgl. *Stoll/Goldfein*, 2/15/2000 N.Y. L.J. 3 (2000). Kritisch *Shelanski/Sidak*, 68 U. Chi. L. Rev. 1, 96 (2001), mit Hinweis darauf, dass das Department of Justice in dem 1994/95 geführten Verfahren eine Entflechtung als nicht im öffentlichen Interesse stehend betrachtet hatte (a. a. O., S. 10).

132 *U.S. v. Microsoft Corp.*, 97 F.Supp.2d 59, 64 (D.D.C. 2000) (Final Judgment §§ 1.a, 1.c.i).

133 Vgl. *U.S. v. Microsoft Corp.*, 530 U.S. 1301 (2000) (J. *Breyer*, diss.); zur 1974 eingeschränkten Möglichkeit des „direct appeal" siehe *Sullivan*, S. 768.

134 *U.S. v. Microsoft Corp.*, 253 F.3d 34 (D.C. Cir. 2001).

per se ausgeschlossen hatte.[135] Hierzu kam es allerdings nicht mehr, nachdem sich *Microsoft*, Department of Justice und neun Bundesstaaten, unter anderem begünstigt durch die Wahl des Präsidenten *George W. Bush jr.*,[136] auf den Abschluss eines „consent decree" einigten.[137] Der überwiegend kritisierte Vergleich[138] sah nur noch verhaltensorientierte Maßnahmen für die Dauer von mindestens fünf Jahren vor.[139] Aufgrund einer im im Vergleich enthaltenen Option wurde die Verhaltenskontrolle in wesentlichen Teilen zwischenzeitlich bis ins Jahr 2009 ausgedehnt, obgleich das Department of Justice die Effekte des Vergleichs als positiv einstuft.[140] Die wieder abgetrennte, aber zeitgleich verhandelte Klage der verbleibenden neun Bundesstaaten, die unter anderem die Entflechtung des *Internet Explorer* und des *Microsoft Office* durchzusetzen suchten,[141] wurde zeitgleich mit der Entscheidung, dass der Vergleich im öffentlichen Interesse liege, abgewiesen.[142] Das hiergegen gerichtete Rechtsmittel des letzten, eine Einigung ablehnenden Staates blieb erfolglos.[143]

bb) Verfahrensgegenstand

Zentraler Gegenstand des Verfahrens war, dass *Microsoft* versucht habe, ein auf Netzeffekten beruhendes Zutrittshemmnis – die „applications barrier to entry" – auf dem

135 *U.S. v. Microsoft Corp.*, 253 F.3d 34, 106 (D.C. Cir. 2001).

136 Zu den politischen Einflüssen auf das Verfahren vgl. *Glass*, 2000 WL 14294844 – 4/24/00 J. Rec. (Okla. City); ferner *Brinkley/Lohr*, S. 257 ff.; vgl. auch die Eingabe der *New York Times* nach dem Tunney Act, abrufbar unter *http://www.usdoj.gov/atr/cases/ ms_tuncom/major/mtc-00029783.htm.*

137 Stipulation and Proposed Final Judgment v. 2. 11. 2001, geändert durch den Second Revised Proposed Final Judgment v. 27. 2. 2002, abrufbar unter *http://www.usdoj.gov/atr/cases/ms_index.htm*. Zu diesem letzten Verfahrensabschnitt *Brennan*, 69 Geo. Wash. L. Rev. 1042, 1095-1102 (2001).

138 Vgl. die unter *http://www.usdoj.gov/atr/cases/ms-major.htm* abrufbaren Stellungnahmen nach dem *Tunney* Act von *Robert E. Litan, Roger D. Noll, William D. Nordhaus* (*American Antitrust Institute*), von *Robert H. Bork* (!), *Kenneth W. Starr* und *Kenneth J. Arrow* (*ProComp*) sowie von Nobelpreisträger *Joseph Stiglitz* (*Computer & Communications Industry Association*). Insgesamt wurden zu dem Vergleich 30.000 Stellungnahmen eingereicht; die 47 wichtigsten befinden sich unter der genannten Adresse. Mehrheitlich lehnen sie den Vergleich ab; lediglich sieben Stellungnahmen befürworten den „consent decree" (*Association for Competitive Technology*; *Center for the Moral Defense of Capitalism*; *Joseph L. Bast*; *Computing Technology Industry Association* [*CompTIA*]; *Nicholas S. Economides*; *Eben Moglen*; *Washington Legal Foundation*). Kritisch auch *Litan/Noll/Nordhaus*, Comment on RPFJ; *Sullivan*, 48 Antitr. Bull. 377, 403 (2003); *Bresnahan*, 16 Antitrust 67 (2001); verteidigend *James*, 16 Antitrust 58-66 (2001); positive Bilanz auch bei *Evans/Nichols/Schmalensee*, 1 J. Comp. L. & Econ. 497-539 (2005).

139 Siehe Sec. V. B. „Final Judgment", in *State of New York et al. v. Microsoft Corp.*, 2002 WL 31439655, *170-82 (D.D.C 2002).

140 Siehe *NERA* – Global Antitrust Weekly Nr. 402 (1. 9. 2006); Pressemitteilung des DoJ v. 30. 8. 2007, abrufbar unter *http://www.usdoj.gov/atr/public/press_releases/2007/225657.htm*. Die Einschätzung des DoJ erstaunt hierbei: Die als Belege für die Wirksamkeit des „consent decree" aufgezeigten Beispiele – insbesondere der Erfolg von *I-Tunes* und anderen Browsern – dürften tatsächlich kaum auf eine laufende Verhaltenskontrolle zurückzuführen sein.

141 Siehe dazu Fn. 209 (S. 207).

142 Vgl. *State of New York et al. v. Microsoft Corp.*, 2002 WL 31439655 (D.D.C 2002); sowie *U.S. et al. v. Microsoft Corp.*, 2002 WL 31439450 (D.D.C. 2002).

143 *Commonwealth of Massachusetts v. Microsoft Corp.*, 373 F.3d 1199 (D.C. Cir. 2004).

Markt für PC-Betriebssysteme künstlich aufrechtzuerhalten.[144] Dem liegt der Umstand zugrunde, dass sich die Schnittstellen jedes Betriebssystems unterscheiden. Folge ist, dass Anwendungen in einem kostspieligen Prozess auf jedes Betriebssystem portiert werden müssen. Dies geschieht nur, wenn die Nutzerbasis eines Betriebssystems ausreichend breit ist; letzteres wiederum hängt von der Zahl der vorhandenen Anwendungen ab. Nach Auffassung der Kläger wirke diese Rückkopplung als Zutrittsschranke, durch die *Microsoft* geschützt werde.[145] Stelle eine Anwendung jedoch eigene Schnittstellen zur Bewältigung von Routineabläufen zur Verfügung, könne die „applications barrier to entry" überwunden werden, wenn andere Anwendungen unmittelbar für die nunmehr dazwischen geschaltete, bereits auf verschiedene Betriebssysteme portierte Anwendung („middleware") geschrieben würden:[146] Das zugrunde liegende Betriebssystem drohe, zum Teil obsolet zu werden. *Microsoft* habe diese durch die Verbreitung des Internet begünstigte Gefahr erkannt und gezielt Maßnahmen ergriffen, um die bedeutendsten Protagonisten plattformunabhängiger Technologien – *Netscape Communications*[147] und *Sun Corp.*[148] – auszuschalten.[149]

Sowohl Tatsacheninstanz als auch Berufungsinstanz bestätigten die Theorie der Kläger im Hinblick auf die „applications barrier to entry".[150] Obgleich das Berufungsgericht im Hinblick auf die Dynamik von Software-Märkten Zurückhaltung anmahnte,[151] befanden beide Instanzen zudem im Wesentlichen im Sinne der Kläger, soweit es um Verhaltensweisen ging, die sich auf dem Markt für PC-Betriebssysteme auswirkten.

---

144 Vgl. *Sibley*, Opening Declaration, *U.S. v. Microsoft Corp.*, Civ. Action No. 98-1232. Zur Problematik von Netzeffekten vgl. die Diskussion in § 2 A.III.3. a) cc) (S. 63 m. w. N. in Fn. 182).

145 Vgl. *Fisher*, Direct Testimony, Rn. 66 ff. (S. 25 ff.). Zu einer instruktiven Kritik an der Theorie im *Microsoft*-Fall vgl. *Brennan*, 69 Geo. Wash. L. Rev. 1042, 1059 (2001). Ablehnend *McKenzie*, S. 81, 93 f.; *Liebowitz/Margolis*, S. 15, 217 ff.; *Evans/Nichols/Schmalensee*, An Analysis of the Government's Economic Case in *U.S. v. Microsoft*; *Evans/Schmalensee* in: *Evans et al.*, S. 67 ff.; *Priest* in: *Hahn*, High-Stakes Antitrust, S. 117, 130 ff.

146 Zum Begriff der „middleware" vgl. *U.S. v. Microsoft Corp.*, 84 F.Supp.2d 9, 17-18 (D.D.C. 1999); 253 F.3d 34, 53 (D.C. Cir. 2001); vgl. auch *Evans/Schmalensee* in: *Evans et al.*, S. 49 ff.

147 Unklar ist, ob *Netscape* tatsächlich zum Ziel hatte, den Browser zu einer universellen Benutzeroberfläche zu machen. Siehe hierzu *Klein*, 46 Antitr. Bull. 71, 76 (2001). Zumindest empfand *Microsoft Netscape*, das erheblich in die Entwicklung eines *Java*-basierten Browsers investiert hat, als Bedrohung. Vgl. *U.S. v. Microsoft Corp.*, Brief for Appellees United States and the State Plaintiffs, Nos. 00-5212, 00-5213 (Feb. 9, 2001), S. 85 („senseless and very costly effort to ward off a chimerical threat."). Kritisch hierzu *McGowan*, 16 Berk. Tech. L.J. 729, 798-99 (2001); dagegen *Evans/Schmalensee* in: *Evans et al.*, S. 57; *Elzinga et al.*, 9 Geo. Mason L. Rev. 633, 672-73 (2001); ähnlich kritisch *Klein*, 46 Antitr. Bull. 71, 94-95 (2001); *Evans*, 22 Regulation 54, 56-58 (2000); geradezu polemisch *McKenzie*, S. 117 ff. (eine Schädigung von *Netscape* verneinend).

148 Zu *Suns Java* vgl. *Salop* in: *Eisenach/Lenard*, S. 97 ff.

149 Vgl. *Fisher*, Direct Testimony, Rn. 66 ff. (S. 25 ff.); zustimmend *Klein*, 14-FALL Antitrust 38 (1999) („credible economic claim"); *ders.*, 46 Antitr. Bull. 71, 74-77 (2001); *Katz/Shapiro* in: *Eisenach/Lenard*, S. 44; *Viscusi et al.*, S. 276; *Bork* in: *Hahn*, High-Stakes Antitrust, S. 45, 47 ff. Zu den Vorwürfen vgl. *Romaine/Salop*, 7-3 Geo. Mason L. Rev. 1-23 (1999); *dies.*, 13-SUM Antitrust 15, 19 (1999); ferner *Hintz*, DAJV-NL 1/2000, S. 1 ff.; *Fleischer/Doege*, WuW 2000, 705 ff.

150 *U.S. v. Microsoft Corp.*, 84 F.Supp.2d 9, 19 (D.D.C. 1999) (Findings of Fact §§ 30, 36), aff'd, 253 F.3d 34, 55 (2001).

151 *U.S. v. Microsoft Corp.*, 253 F.3d 34, 60 (D.C. Cir. 2001).

Insoweit wurden die vertraglichen Beschränkungen gegenüber Computerherstellern,[152] Internet Access Providern,[153] unabhängigen Software-Entwicklern[154] sowie gegenüber *Apple*[155], mit deren Hilfe der Marktanteil des von *Microsoft* trotz erheblicher Entwicklungskosten[156] kostenlos angebotenen Browsers („*Internet Explorer*") zum Nachteil von *Netscape* und *Sun* erhöht werden sollte,[157] als geeignete Mittel betrachtet, die Macht *Microsofts* auf dem Markt für Betriebssysteme unter Verstoß gegen Section 2 Sherman Act aufrechtzuerhalten.[158] Gleiches wurde entschieden für die Verbreitung einer „verseuchten" – da zwar schnelleren, aber nicht mehr plattformunabhängigen – Version von *Suns Java*[159] sowie für Drohungen gegenüber der *Intel Corp.*[160]

Die mit *Windows 98* eingeleitete *technische Integration des Browsers* wurde ebenfalls als Verstoß gegen Section 2 Sherman Act gewertet: Sie hatte bereits im Zuge der Auslegung des 1994/95 geschlossenen „consent decree" zu Unstimmigkeiten zwischen Tatsachen- und Berufungsinstanz geführt,[161] nachdem es letztere unter Berufung auf Entscheidungen in den zahlreichen privaten *IBM*-Verfahren[162] hatte genügen lassen,

---

152 Siehe *U.S. v. Microsoft Corp.*, 84 F.Supp.2d 9, 61 (D.D.C. 1999) (Findings of Fact §§ 145, 159, 213, 217); 253 F.3d 34, 61-62 (D.C. Cir. 2001). Eine Rechtfertigung im Hinblick auf das Urheberrecht *Microsofts* lehnten beide Instanzen ab: vgl. insoweit bereits Fn. 112 (S. 194).

153 *U.S. v. Microsoft Corp.*, 87 F.Supp.2d. 30, 53 (D.D.C. 2000), aff'd, 253 F.3d 34, 68-70 (D.C. Cir. 2001). *Microsoft* hatte neben dem Browser auch ein Entwicklungsprogramm kostenlos zur Verfügung gestellt; teilweise waren sogar direkte Zahlungen geleistet worden. Vgl. insoweit *Klein*, 46 Antitr. Bull. 71, 81-91 (2001), der hierin einen Ausdruck von Leistungswettbewerb sieht.

154 Siehe *U.S. v. Microsoft Corp.*, 84 F.Supp.2d 9, 93-94 (D.D.C. 1999) (Findings of Fact §§ 339, 340), 87 F.Supp.2d. 30, 42-43 (D.D.C. 2000) (Conclusions of Law).

155 *U.S. v. Microsoft Corp.*, 84 F.Supp.2d 9, 96-97 (D.D.C. 1999) (Findings of Fact §§ 344 ff.), 87 F.Supp.2d. 30, 42-43 (D.D.C. 2000). Die Vereinbarung mit *Apple*, die erst zustande kam, nachdem *Microsoft* mit der Einstellung des populären „*Office for Macintosh*" gedroht hatte, zeigen, dass die Integration nicht nur den Sinn haben konnte, den Wert von *Windows-Systemen* anzuheben: so aber *Cass/Hylton*, 8 Geo. Mason L. Rev. 1, 21 (1999); *Schmalensee*, Direct Testimony, Rn. 557 ff.; *Davis/Murphy*, 90 AER P. & P. 184, 187 (2000); dagegen *Fisher*, 90 AER P. & P. 180, 183 (2000).

156 Die Kosten für die Entwicklung des *Internet Explorer* beliefen sich angeblich auf 100 Mio. US-Dollar: vgl. *Evans/Schmalensee* in: *Evans et al.*, S. 54; die des *Netscape*-Browsers hingegen sollen minimal gewesen sein: siehe *McKenzie*, S. 119.

157 Da *Java* zunächst mit dem *Netscape*-Browser gebündelt ausgeliefert wurde, wirkten Maßnahmen gegen *Netscape* auch gegen *Java*: *U.S. v. Microsoft Corp.*, 253 F.3d 34, 74-76 (D.C. Cir. 2001).

158 Aufgehoben wurde das erstinstanzliche Urteil bezüglich Internet Content Providern: *U.S. v. Microsoft Corp.*, 87 F.Supp.2d. 30, 42-43 (D.D.C. 2000), rev'd, 253 F.3d 34, 71 (D.C. Cir. 2001).

159 *U.S. v. Microsoft Corp.*, 84 F.Supp.2d 9, 105 et seq. (D.D.C. 1999) (Findings of Fact §§ 394 ff.); 87 F.Supp.2d. 30, 43-44 (D.D.C. 2000); 253 F.3d 34, 74-77 (D.C. Cir. 2001) (allerdings mit anderer Begründung als die Vorinstanz); kritisch zur Begründung des Berufungsgerichts *Romaine/Salop*, 7-3 Geo. Mason L. Rev. 1, 22 (1999); kritisch zu beiden Urteilen *Lopatka/Page*, 69 Geo. Wash. L. Rev. 691, 725 (2001) („perverse").

160 Zur Einstellung von „NSP" („native signal processing") siehe *U.S. v. Microsoft Corp.*, 84 F.Supp. 2d 9, 35-36 (D.D.C. 1999) (Findings of Fact § 102);, 253 F.3d 34, 77-78 (D.C. Cir. 2001); Kritik bei *Elzinga et al.*, 9 Geo. Mason L. Rev. 633, 656-57 (2001).

161 Siehe *Auletta*, S. 230; zu dem Vergleich siehe Fn. 129 (S. 197).

162 Vgl. *California Computer Products v. IBM Corp.*, 613 F.2d 727, 743-44 (9th Cir. 1979) (Integration von CPU und „disk controller" zulässig); ferner *ILC Peripherals Leasing Corp. v. IBM Corp.*, 448 F.Supp. 228, 233 (N.D. Cal. 1978), aff'd sub nom. *Memorex Corp. v. IBM Corp.*, 636 F.2d 1188 (9th Cir. 1980) (Integration zulässig); *Transamerica Computer Co. v. IBM Corp.*, 698 F.2d 1377, 1382-83 (9th Cir. 1983) (Konfigurationsänderung, die zu Kompatibilitätsproblemen mit Geräten von Drittanbietern führt, zulässig); *Telex Corp. v. IBM Corp.*, 367 F.Supp. 258, 347 (N.D.

wenn irgendein plausibler Vorzug für die Integration angeführt werde.[163] *IBM* hatte Festplatten, Prozessoren und Microcode, allerdings ohne Zwang, *gebündelt* angeboten; die hiermit befassten Gerichte hatten es jedoch zum Teil abgelehnt, sich in Fragen des Produktdesigns einzumischen.[164] Im Fall *Microsoft* war die technische Integration des Browsers aber so zwingend,[165] dass die Wahl von Alternativen trotz entsprechender Nachfrage zielgerichtet erheblich erschwert, zumindest aber unwahrscheinlich gemacht worden war.[166] Zudem verstieß der vom Berufungsgericht angelegte „plausible benefit test" gegen die Rechtsprechung des Supreme Court zur per-se-Rechtswidrigkeit von Kopplungspraktiken.[167] Daher konnte die erste Instanz im Fall *Microsoft* den „plausible benefit test" des Berufungsgerichts auf den zugrunde liegenden Sachverhalt – die Auslegung des 1994/95 geschlossenen Vergleichs – begrenzen und die Integration des *Internet Explorer* als gegen Section 1 – und damit auch gegen Section 2 Sherman Act – verstoßende Kopplung werten.[168] Das Berufungsgericht bestätigte diesmal, wenn auch unter Vorbehalt,[169] den *Verstoß gegen Section 2 Sherman Act*:[170] *Microsoft* habe weder

---

Okla. 1973), rev'd on other grounds, 510 F.2d 894, 906 (10th Cir. 1975), cert. dismissed, 423 U.S. 802 (1975) (Integration von Speicher und Prozessor zulässig). Zur Problematik technischer Integration siehe auch *Carlton*, 68 Antitrust L.J. 659, 673 (2001).

163 *U.S. v. Microsoft Corp.*, 147 F.3d 935, 952-53 (D.C.Cir. 1998). Kritisch hierzu *Baker*, 7 Geo. Mason U. L. Rev. 495, 506 (1999); *Romaine/Salop*, 7-3 Geo. Mason L. Rev. 1, 35-36 (1999); *Meese*, 44 Antitr. Bull. 65, 101 (1999); *Bork*, Case Against Microsoft („dictum").

164 Vgl. *Telex Corp. v. IBM Corp.*, 367 F.Supp. 258, 347 (N.D. Okla. 1973), rev'd on other grounds, 510 F.2d 894 (10th Cir. 1975); siehe auch *State of New York et al. v. Microsoft Corp.*, 2002 WL 31439655, 70 (D.D.C 2002). Kritisch hierzu *Sullivan/Grimes*, S. 855.

165 Zu den Unterschieden zwischen der Integration in den *IBM*- und im *Microsoft*-Verfahren siehe *Fisher*, 90 AER P. & P. 180-83 (2000); *ders.*, 32 UWLA L. Rev. 87-89 (2001). Vgl. aber auch *Lopatka/Page*, 69 Geo. Wash. L. Rev. 367, 404-405 (2001), die im Hinblick auf die kostenlosen Weggabe des Browsers eine Zwangslage und einen Konsumentenschaden verneinen.

166 Vgl. *U.S. v. Microsoft Corp.*, 84 F.Supp.2d 9, 52 (D.D.C. 1999) (Findings of Fact §§ 159 ff.); 84 F.Supp.2d 9, 50, 53-58 (D.D.C. 1999), dort auch zu den von *Microsoft* angeführten Rechtfertigungsgründen; dazu auch *Klein*, 46 Antitr. Bull. 71, 100 (2001) („extremely unconvincing efficiency rationale"); ähnlich *Fisher*, 90 AER P. & P. 180, 183 (2000). Zu Unrecht kritisch *McKenzie*, S. 71 ff.; *Piraino*, 75 N.Y.U. L. Rev. 809, 867 (2000); *Evans*, 22 Regulation 54, 57 (2000).

167 *Jefferson Parish Hosp. Dist. No. 2 v. Hyde*, 466 U.S. 2 (1984); dazu *Sullivan/Grimes*, S. 414. Siehe auch *Eastman Kodak Co. v. Image Technical Services, Inc.*, 504 U.S. 451, 462 (1992); dazu *Grimes*, 62 Antitrust L.J. 263, 296-97 (1994); *Larson*, 63 Antitrust L.J. 239, 262 (1994). Eingehende Diskussion in *U.S. v. Microsoft Corp.*, 253 F.3d 34, 87-88 (D.C. Cir. 2001); *Areeda/Hovenkamp X*, § 1744c4 (S. 200). Zur Kritik vgl. *Piraino*, 75 N.Y.U. L. Rev. 809, 838 (2000) („vague and subjective"); *Katz/Shapiro* in: *Eisenach/Lenard*, S. 74; *Meese*, 9 Geo. Mason L. Rev. 761, 781-85 (2001). Instruktiv zur Problematik des „tying" *Bowman*, 67 Yale L.J. 19 (1957); *Grimes*, a. a. O., 273 ff. (m. w. N.,); *Areeda IX*, § 1703g2 (S. 51 f.); *Wollenberg*, 39 Stanford L. Rev. 737 (1987); *Romaine/Salop*, 7-3 Geo. Mason L. Rev. 1, 10 (1999); *Sullivan*, 21 Sw. U. L. Rev. 1227, 1244 (1992). Zu einer ökonomischer Bewertung vgl. *Katz/Shapiro* in: *Eisenach/Lenard*, S. 66 ff. Zu neueren Diskussionen vgl. die Beiträge von *Kobayashi* in: *Hahn*, S. 10 ff; *Carlton/Waldman* in: *Hahn*, S. 38 ff.; *Evans* in: *Hahn*, S. 65 ff. Zu einem Vergleich zum EU-Recht unter Berücksichtigung ökonomischer Aspekte vgl. *Ahlborn/Evans/Padilla*, 49 Antitr. Bull. 287, 315-29 (2004).

168 *U.S. v. Microsoft Corp.*, 87 F.Supp.2d. 30, 47 (D.D.C. 2000). Ähnlich *Datagate, Inc. v. Hewlett-Packard Co.*, 60 F.3d 1421, 1423 (1995); *Digidyne Corp. v. Data General Corp.*, 734 F.2d 1336, 1341-47 (9th Cir. 1984). Anders *Digital Equipment v. Uniq Digital Technologies*, 73 F.3d 756, 761 (7th Cir. 1996); *Innovation Data Processing, Inc. v. IBM Corp.*, 585 F.Supp. 1470 (D. N.J. 1984).

169 *U.S. v. Microsoft Corp.*, 253 F.3d 34, 65 (D.C. Cir. 2001).

für die Vermischung von browser- und betriebssystemspezifischen Code noch für die Unterdrückung der Möglichkeit, den *Internet Explorer* zu entfernen, sachliche Rechtfertigungsgründe anführen können.[171] Für die Beurteilung der Integration *nach Section 1* Sherman Act distanzierte sich das Berufungsgericht zwar vom „plausible benefit test". Es vertrat aber die Auffassung, dass – ausnahmsweise – eine von der Rechtsprechung des Supreme Court abweichende Beurteilung der Vor- und Nachteile der Integration im Rahmen einer „rule of reason"-Analyse angezeigt sei.[172] Da ihr Ergebnis durch die Annahme eines Verstoßes gegen Section 2 Sherman Act nicht präjudiziert werde, wurde die Sache insoweit zur erneuten Prüfung an die Tatsacheninstanz zurück verwiesen.

cc) Beachtlichkeit des Fehlens eines für Monopole typischen Konsumentenschadens?

Das *Microsoft*-Verfahren hat zu vehementer Kritik in der Literatur geführt. Bedenken wurden zum einen hinsichtlich der Eignung des Sherman Act und von Kartellbehörden geäußert, dynamischen Märkten in der *„Microsoft* time" gerecht werden zu können.[173] Zum anderen ist Tenor der Kritik, dass *Microsofts* Verhalten das Konsumentenwohl im Ergebnis nicht beeinträchtigt habe. Daher fehle es an der für Monopole typischen Beeinträchtigung, die eine Intervention rechtfertige. Eine erste Argumentationslinie konzentriert sich dabei auf die rechtliche Würdigung beider Instanzen hinsichtlich der Wettbewerbswidrigkeit einzelner Maßnahmen *Microsofts*: Sowohl die Aufrechterhaltung der Marktposition des Software-Herstellers als auch die Ausdehnung seines Einflusses auf Drittmärkte sei auf die Überlegenheit der Produkte[174] oder, da sich für jede Maßnahme

---

170 Diesen Punkt übersieht *Gey*, WuW 2001, 933, 939; er wird auch unterschlagen von *Evans/Nichols/Schmalensee*, 1 J. Comp. L. & Econ. 497, 500 (2005); vgl. hingegen *Sullivan/Grimes*, S. 393 f.

171 *U.S. v. Microsoft Corp.*, 253 F.3d 34, 65-67 (D.C. Cir. 2001). Zur Kritik vgl. *Evans*, 22 Regulation 54, 56-58 (2000); *Klein* in: *Eisenach/Lenard*, S. 235; *ders.*, 46 Antitr. Bull. 71, 94-95 (2001). Nach Rückverweisung musste ein Zeuge *Microsofts* – MIT-Professor *Stuart Madnick* – einräumen, dass eine Trennung des vermischten Codes möglich wäre (was *Bill Gates* in seiner Vernehmung am 24. 4. 2002 abgestritten hatte). Vgl. *http://www.wired.com/news/antitrust* (3. 5. 2002).

172 *U.S. v. Microsoft Corp.*, 253 F.3d 34, 84-95 (D.C. Cir. 2001). Dagegen bereits *Sullivan/Grimes*, S. 123, 855 f.; vgl. auch Kritik bei *Campbell*, 22 Loy. L.A. Ent. L. Rev. 583 (2002); *Grimes*, 70 Antitrust L.J. 199 (2002) (auf die Bedeutung von Informationsasymmetrien verweisend); *Hovenkamp*, 47 Antitr. Bull. 369 (2002) (für die Aufgabe des Nachweises zweier getrennter Produkte plädierend); *Harchuck*, 97 Nw. U. L. Rev. 395 (2002) (allerdings eine Beeinträchtigung marktmächtiger Unternehmen befürchtend); *Brennan*, 69 Geo. Wash. L. Rev. 1042, 1082-84 (2001); befürwortend *Hylton/ Salinger*, 69 Antitrust L.J. 469 (2001); *Heiner*, 72 U. Chi. L. Rev. 123 (2005). Dass der „plausible benefit test" vor diesem Hintergrund „vorherrschend" sei, trifft nicht zu; anders *Körber*, RIW 2004, 568, 575.

173 Vgl. *Ordover/Willig* in: *Eisenach/Lenard*, S. 103; *McKenzie*, S. 54; *Litan/Niskanen*, S. 67; *Shelanski/Sidak*, 68 U. Chi. L. Rev. 1, 38 (2001). Dagegen zu Recht *Lenard* in: *Eisenach/Lenard*, S. 5; *White* in: *Eisenach/Lenard*, S. 137 f.; *Fisher*, 32 UWLA L. Rev. 83, 89 (2001); auch die *Antitrust Modernization Commission* (Report, S. 9) kommt hier zu dem Ergebnis, dass es keiner Anpassung der Antitrust Laws bedürfe.

174 Vgl. *Liebowitz/Margolis*, S. 217 ff.; *Meese*, 9 Geo. Mason L. Rev. 761, 777-78 (2001); *Elzinga et al.*, 9 Geo. Mason L. Rev. 633, 672 et seq. (2001).

eine effizienzfördernde Erklärung finde, die höhere Effizienz *Microsofts* zurückzuführen.[175] Das Verhalten des Unternehmens könne daher zwar durchaus als aggressiv bezeichnet werden; eine Abweichung von den Mitteln des Leistungswettbewerbs liege indes nicht vor. Erst recht sei kein Schaden für den „consumer welfare" erkennbar,[176] was beide Instanzen durch die Anerkennung der Verdienste des Software-Herstellers eingeräumt hätten.[177]

Eine zweite Argumentationslinie orientiert sich gleichermaßen am Marktergebnis, konzentriert sich jedoch auf die Frage, ob *Microsoft* über die erforderlichen Freiräume verfügte, um als „Monopolist" bezeichnet werden zu können. Dies sei nicht der Fall, da das Unternehmen vehementem Wettbewerb ausgesetzt sei.[178] Er sei zum einen *exogener* Natur, also auf potentielle oder aktuelle Konkurrenz durch andere Betriebssysteme, (Teil-) Substitute[179] und „middleware"[180] zurückzuführen. Letztere seien aber in der Abgrenzung des relevanten Marktes zu Unrecht unberücksichtigt geblieben.[181] Zum anderen sei der Wettbewerb *endogener* Natur:[182] Neben der Bedrohung durch Raubkopien[183] stünden Betriebssysteme als dauerhafte Güter in steter Konkurrenz zu früheren Versionen kompatibler Systeme.[184] Der Wettbewerbsdruck führe dazu, dass das Marktergebnis – wie der deutlich unter dem theoretischen Monopolpreis liegende Preis für *Windows*-

175 Vgl. *Elzinga et al.*, 9 Geo. Mason L. Rev. 633, 653 et seq. (2001); *Cass/Hylton*, 8 Geo. Mason L. Rev. 1, 19 et seq. (1999); *Muris*, 67 Antitrust L.J. 693, 715 (2000); *Niman*, 47 Antitr. Bull. 641, 642 (2002); vgl. auch die obenstehende Darstellung der einzelnen Verstöße (m. w. N.). Dagegen bereits *Romaine/Salop*, 7-3 Geo. Mason L. Rev. 1 (1999). Zu Versuchen, *Microsofts* Politik der kostenlosen Verteilung des Browsers mit Erwägungen zu erklären, die bei *Microsoft* selbst angesichts eindeutiger Firmendokumente offenkundig keine Rolle gespielt haben, vgl. *Klein* in: *Eisenach/Lenard*, S. 222 ff.; *ders.*, 46 Antitr. Bull. 71, 81-91 (2001); dagegen zu Recht *Fisher/Rubinfeld* in: *Evans/ Fisher/Rubinfeld/Schmalensee*, S. 19, 21.

176 Siehe *McKenzie*, S. 191; *Elzinga et al.*, 9 Geo. Mason L. Rev. 633, 653 et seq. (2001).

177 Vgl. *Evans/Schmalensee* in: *Evans et al.*, S. 45; *Hahn*, S. 2 f. Zu weiterer Kritik siehe *Baker*, 7 Geo. Mason U. L. Rev. 495, 507 (1999); *Muris*, 67 Antitrust L.J. 693, 695-701 (2000); *Lopatka/ Page*, 69 Geo. Wash. L. Rev. 367, 386-97 (2001).

178 Vgl. *Klein* in: *Eisenach/Lenard*, S. 235 ff.; ähnlich *Liebowitz/Margolis*, S. 217 ff.; *Elzinga et al.*, 9 Geo. Mason L. Rev. 633, 659-61, 672 et seq. (2001); *McKenzie*, S. 13 f. (*Microsoft* als Opfer einer medialen Dämonisierung beschreibend). Dagegen *Fisher/Rubinfeld* in: *Evans et al.*, S. 91; *Lenard*, 9 Geo. Mason L. Rev. 803, 816-18 (2001); *Fisher*, Direct Testimony, S. 20 ff. (Rn. 56 ff.).

179 Siehe *McKenzie*, S. 65; dagegen *Lenard*, 9 Geo. Mason L. Rev. 803, 808-10 (2001).

180 Kritik bei *Schmalensee*, 90 AER P. & P. 192, 195 (2000); *Evans/Schmalensee* in: *Evans et al.*, S. 62 f.; *Evans*, 22 Regulation 54, 59-60 (2000); *Elzinga et al.*, 9 Geo. Mason L. Rev. 633, 664, 670-71 (2001) (wonach relevanter Markt derjenige für Plattformtechnologien sei). Dagegen zu Recht *Fisher/Rubinfeld* in: *Evans et al.*, S. 89 f.

181 Zur Marktabgrenzung vgl. *U.S. v. Microsoft Corp.*, 84 F.Supp.2d 9, 15-19 (D.D.C. 1999), 87 F.Supp.2d. 30, 36 (D.D.C. 2000), aff'd, 253 F.3d 34, 51-55, 60 (D.C. Cir. 2001).

182 Vgl. *Hall/Hall*, 90 AER P. & P. 188, 189 (2000); ferner *Reddy/ Evans/Nichols*, S. 1 ff.; *Zittrain*, 31 Conn. L. Rev. 1361, 1363 (1999); *McKenzie*, S. 52 (allerdings übersehend, dass die meisten Betriebssysteme vorinstalliert werden). Dagegen *Fisher*, Direct Testimony, S. 29 ff. (Rn. 72 ff.); *Brennan*, 69 Geo. Wash. L. Rev. 1042, 1062 (2001) („a very hard sell.").

183 *Fisher/Rubinfeld in: Evans et al.*, S. 14.

184 Vgl. *McKenzie*, S. 62 f.; *Reddy/Evans/Nichols*, S. 1 ff. Dagegen *Katz/Shapiro* in: *Eisenach/Lenard*, S. 36 f.

Systeme belege[185] – nahezu ideal sei.[186] Zudem sei die „applications barrier to entry" keineswegs undurchlässig und diszipliniere *Microsoft* zusätzlich;[187] andernfalls seien etwaige Wettbewerbsverzerrungen unschädlich, da mangels Aussicht auf Abbau des Monopols keine Verschlechterung des Konsumentenwohls eintreten könne.[188]

Sicherlich richtig ist, dass beide Instanzen im *Microsoft*-Verfahren die Verdienste des Software-Herstellers anerkannten[189] und das Eingangsgericht ausdrücklich einräumen musste, dass nicht mit Sicherheit festzustellen sei, ob „middleware"-Technologien ohne *Microsofts* Praktiken tatsächlich zu einem Abbau der „applications barrier to entry" und damit zu mehr Wettbewerb auf dem Markt für Betriebssysteme geführt hätten.[190] Es lag mithin in der Natur der Sache, dass eine Brandmarkung *Microsofts* als rechtswidriges Monopol mit der Folge einer Entflechtung – die aber die auf dem Markt für Betriebssysteme festgestellte Monopolstellung unangetastet gelassen hätte (!) – auf erhebliche Bedenken stoßen musste. Der in der Literatur geforderten Berücksichtigung des Marktergebnisses – die in ähnlicher Form in den Verfahren gegen *IBM* und *AT & T* propagiert wurde[191] – bedurfte es deshalb jedoch nicht: Zum einen begegnet die Messung von Marktergebnissen den bereits erörterten Schwierigkeiten und stellt kaum ein taugliches Korrektiv dar.[192] Zudem existierten Anhaltspunkte dafür, dass das Marktergebnis durchaus nicht die behauptete Perfektion aufwies: Die erheblichen Ertragsraten *Microsofts* wiesen darauf hin, dass die modelltheoretischen Messungen des Monopolpreises unzulänglich waren;[193] darüber hinaus hatte die Tatsacheninstanz durchaus Anhaltspunkte für eine Schädigung von Konsumenten gefunden, weil Nutzer verwirrt worden seien und Mängel in Form von erhöhter Anfälligkeit des Betriebssystems für Viren,

---

185 Vgl. *Hall/Hall*, 90 AER P. & P. 188, 189 (2000) (theoretischer Monopolpreis i. H. v. 813 US-Dollar). Kritisch hierzu *Shelanski/Sidak*, 68 U. Chi. L. Rev. 1, 26 Fn. 82 (2001); *Fisher/Rubinfeld* in: *Evans et al.*, S. 13; *Romaine/Salop*, 7-3 Geo. Mason L. Rev. 1, 2 (1999). Siehe ferner *Schmalensee*, Direct Testimony, Appendix B, S. 4 (1.800 US-Dollar); *Reddy/Evans/Nichols*, S. 5 (Abschn. II D) (1.000 US-Dollar); ferner *Liebowitz/Margolis*, S. 249; *McKenzie*, S. 28 ff. Zu den tatsächlichen Preisen von *Windows* vgl. *McKenzie*, S. 39 ff., der allerdings unterschiedlichen Märkten zuzuordnende *OEM*- und Vollversionen vergleicht. Dazu wie hier kritisch *Katz/Shapiro* in: *Eisenach/Lenard*, S. 39 f.; ferner *Fisher*, Direct Testimony, S. 20 ff. (Rn. 56 ff.) (auf Anreize hinweisend, den Preis für Betriebssysteme niedrig zu halten, um die Nachfrage auf dem ebenfalls dominierten Markt für Anwendungen zu stimulieren).

186 Vgl. *McKenzie*, S. 68 f., 132 ff.; ferner *Liebowitz/Margolis* und *Iansiti/Lerner* (2002).

187 Siehe *Elzinga et al.*, 9 Geo. Mason L. Rev. 633, 665-69 (2001).

188 In diesem Sinne *McGowan*, 16 Berk. Tech. L.J. 729, 792-802 (2001).

189 Siehe Fn. 124 (S. 196).

190 *U.S. v. Microsoft Corp.*, 84 F.Supp.2d 9, 112 (D.D.C. 1999) (Findings of Fact § 411). Kritisch *McGowan*, 16 Berk. Tech. L.J. 729, 796 (2001); *Meese*, 9 Geo. Mason L. Rev. 761, 793 (2001).

191 Für *AT & T* vgl. *MacAvoy/Robinson*, 1 Yale J. Reg. 1 (1983); für *IBM* vgl. *Fisher et al.*, S. 5 ff., 45 ff.; siehe allerdings auch *Schulte-Braucks*, S. 197 ff., der im Fall *IBM* monopolistische Verhaltensweisen in Form von Preisüberhöhungen und mangelhafter Innovationsleistung ausmacht; ähnlich *DeLamarter*, S. 71. Dagegen sprechen die zahlreichen Privatklagen gegen *IBM*: vgl. Nachweise in Fn. 162 (S. 200); kritisch zur Gewinnspannenanalyse im *IBM*-Fall *Fisher et al.*, S. 334 ff.

192 Siehe bereits im 1. Teil § 2 A.II.2. (S. 44 ff.).

193 Vgl. die Kritik des als „diehard Chicagoan" geltenden (vgl. *Posner*, 127 U. Pa. L. Rev. 925, 932 [1978/79]) *Bork*, Case Against Microsoft (auf unnatürlich hohe Gewinnspannen von 47 % verweisend); *Litan* Brief on Remedy, S. 4 (unverhältnismäßig hohe Ertragsraten von 88 % kritisierend).

von mangelnder Sicherheit sowie Stabilitäts- und Leistungseinbußen vorlagen.[194] Entscheidend ist jedoch, dass die Untersuchung des Marktergebnisses letztlich keine Aussage darüber ermöglicht, dass der vorgefundene Zustand im Vergleich zu demjenigen, der ohne wettbewerbsausschließende Verhaltensweisen vorläge, „optimal" ist:[195] Die von der Tatsacheninstanz eingeräumte Unsicherheit hinsichtlich des hypothetischen Marktverlaufs wirkt insoweit auch zu Lasten des Monopolisten.

Zu Recht verzichteten daher beide Instanzen – im Einklang mit den Zielsetzungen des Sherman Act[196] – auf den Nachweis einer tatsächlichen Schädigung des Konsumentenwohls.[197] Letztere wurde vielmehr aufgrund der sich in dem Ausschluss einzelner Konkurrenten manifestierenden Schädigung des Wettbewerbs vermutet.[198] Dabei genügte es, dass das Potential von „middleware", die „applications barrier to entry" zu überwinden, lediglich hypothetischer Natur war, von *Microsoft* indes als sich anbahnende Bedrohung („nascent threat") empfunden wurde.[199] Unerheblich sei auch, ob ein neues Produkt oder eine neue Technologie unter Wettbewerbsbedingungen Erfolg haben könne: Insbesondere auf dynamischen und von häufigen Paradigmenwechseln gekennzeichneten Märkten widerspreche bereits den Zielen des Sherman Act, wenn die Frage des Erfolgs eines potentiellen *Wettbewerbers* in das Belieben eines Monopolisten – und nicht des Marktes selbst – gestellt werde.[200]

Vor diesem Hintergrund bedürfe es, wie das Berufungsgericht zutreffend ausführt, jedenfalls *auf der Ebene der „liability"* nicht des ohnehin kaum zu führenden Nachweises, die Aufrechterhaltung der Monopolstellung des Software-Herstellers sei *kausal* auf

---

194 Zu entsprechenden Feststellungen vgl. *U.S. v. Microsoft Corp.*, 84 F.Supp.2d 9 (D.D.C. 1999) (Findings of Fact §§ 174, 214, 410); in diesem Sinne auch *CCIA & SIIA* Brief on Remedy, S. 39 f.; *CCIA*, „Cyberinsecurity – The Cost of Monopoly", abrufbar unter *http://www.ccianet.org*. (gar eine Gefährdung der nationalen Sicherheit feststellend); *Lenard*, 9 Geo. Mason L. Rev. 803, 816-18 (2001); *Prentice*, 57 Ohio St. L.J. 1163, 1185 (1996); *Cooper*, 52 Hastings L.J. 813-889 (2001). Dass diese Einwände berechtigt sind, hat *Bill Gates* in seinem Strategiepapier „Trustworthy Computing", in dem die Sicherheit von Betriebs- und Serversystemen zur *neuen* Priorität erklärt wurde, erkannt (unter *http://www.microsoft.com/PressPass/exec/craig/05-01trustworthywp.asp* abrufbar).

195 Vgl. insoweit Fn. 63 (S. 46).

196 Vgl. *Fox*, 70 Antitrust L.J. 371, 374-91 (2002) (mit eingehender Analyse des *Microsoft*-Urteils).

197 Kritisch hierzu *McGowan*, 16 Berk. Tech. L.J. 729, 796 (2001); *Lopatka/Page*, 69 Geo. Wash. L. Rev. 367, 386 (2001); *Chang/Evans/Schmalensee* in: *Hahn*, High-Stakes Antitrust, S. 72, 75 ff.

198 Vgl. *U.S. v. Microsoft Corp.*, 84 F.Supp.2d 9, 112 (D.D.C. 1999): „Most harmful of all is the message that *Microsoft*'s actions have conveyed to every enterprise with the potential to innovate the computer industry. [...] *Microsoft* has demonstrated that it will use its prodigious market power and immense profits to harm any firm that insists on pursuing initiatives that could intensify competition against one of *Microsoft*'s core products. *Microsoft*'s past success in hurting such companies and stifling innovation deters investment in technologies and businesses that exhibit the potential to threaten *Microsoft*. *The ultimate result is that some innovations that would truly benefit consumers never occur for the sole reason that they do not coincide with Microsoft's self-interest.*" (Hervorh. v. Verf.). Siehe auch *U.S. v. Microsoft Corp.*, 253 F.3d 34, 79 (D.C. Cir. 2001); ferner *Fisher/Rubinfeld* in: *Evans et al.*, S. 5; *Lenard*, Creating Competition, Abschn. VI. Dagegen *McGowan*, 16 Berk. Tech. L.J. 729, 788 (2001).

199 Siehe oben Fn. 147 (S. 199), sowie *U.S. v. Microsoft Corp.*, 84 F.Supp.2d 9, 28-30 (Findings of Fact §§ 68-77), aff'd, 253 F.3d 34, 79 (D.C. Cir. 2001).

200 Siehe Nachweise in Fn. 116 (S. 195); zustimmend *Fox*, 70 Antitrust L.J. 371, 384 (2002).

die dem Unternehmen zur Last gelegten wettbewerbswidrigen Verhaltensweisen zurückzuführen.[201] Anders als die Vorinstanz trägt der Court of Appeals allerdings den Bedenken der Literatur Rechnung, indem er einen lediglich schwachen Ursächlichkeitszusammenhang zwischen „exclusionary practices" und Marktstellung *für einen strukturellen Eingriff* nicht genügen lässt.[202] Da es allerdings insoweit an entsprechenden Tatsachenfeststellungen fehlte, wurde die Sache zurückverwiesen, ohne dass die Option struktureller Maßnahmen dabei ausgeschlossen worden wäre.[203]

dd) Gründe für die Aufhebung der Entflechtungsverfügung

Die Aufhebung der Entflechtungsverfügung der Tatsacheninstanz begründete der Court of Appeals in erster Linie damit, dass die Entscheidungsgründe in zwei Punkten – nämlich im Hinblick auf die Vorwürfe der versuchten Monopolisierung[204] und der gegen Section 1 Sherman Act verstoßenden Kopplung[205] – verändert worden seien.[206] Der zentrale Vorwurf des Verfahrens, nämlich die rechtswidrige Aufrechterhaltung von Marktmacht, war indes bestätigt worden: Läge die Ratio einer Entflechtung (nur) in der unmittelbaren Beseitigung von rechtswidrig aufrechterhaltener Marktmacht, hätte die Abhilfe zumindest nicht mit dieser Begründung aufgehoben werden müssen. Maßgeblich konnte insofern nur die Erwägung sein, dass für eine „Beendigung des rechtswidrigen Monopols" eindeutiger hätte nachgewiesen müssen, dass die festgestellten Wettbewerbsverzerrungen für den Erhalt von Marktmacht kausal waren.

Allerdings hätte die in erster Instanz angeordnete Entflechtung die Marktmacht *Microsofts* auf dem Markt für Betriebssysteme nicht angetastet. Insofern folgte der Eingriff a priori nicht dem in der *United-Shoe-Machinery*-Entscheidung vorgegebenen Ziel der unmittelbaren „Beendigung" des rechtswidrigen Monopols: Nach den Vorstellungen des Department of Justice sollte die Spaltung *Microsofts* in ein für die Entwicklung von Betriebssystemen zuständiges und ein für die Anwendungssparte – einschließlich des Browsers – verantwortliches Unternehmen vielmehr Anreize beseitigen, nicht dokumentierte Schnittstellen des Betriebssystems der eigenen Anwendungssparte vorzubehalten.[207] Vorbild sollte offenkundig die Entflechtung im Fall *AT & T* sein, an die man

---

201 Siehe Nachweise in Fn. 114 (S. 195).
202 Siehe *U.S. v. Microsoft Corp.*, 253 F.3d 34, 79 (D.C. Cir. 2001).
203 Vgl. Fn. 135 (S. 198).
204 *U.S. v. Microsoft Corp.*, 253 F.3d 34, 81-84 (D.C. Cir. 2001); dazu auch § 2 B.I.1. (S. 225 ff.).
205 *U.S. v. Microsoft Corp.*, 253 F.3d 34, 95 (D.C. Cir. 2001); angesichts der Begründung der Berufungsentscheidung sah das Department of Justice aus Gründen der Verfahrensökonomie davon ab, den Vorwurf des „tying" weiter zu verfolgen: *James*, 16-FALL Antitrust 58, 60 (2001).
206 *U.S. v. Microsoft Corp.*, 253 F.3d 34, 103-107 (D.C. Cir. 2001). Mit diesem Grund rechtfertigte das DoJ den Abschluss des Vergleichs: siehe *James*, 16-FALL Antitrust 58, 60 (2001).
207 *U.S. v. Microsoft Corp.*, Plaintiffs' Memorandum in Support of Proposed Final Judgment, Civ. Action No. 98-1232 (April 28, 2000), 2000 WL 53065, *19.

sich stellenweise auch terminologisch anlehnte („*Baby Bills*").[208] Zudem hoffte man, durch die Lösung von der Systemsparte würden Anwendungen *Microsofts* künftig auch auf andere Systeme – insbesondere *Linux*[209] – portiert und damit ein Anstoß zur Überwindung der „applications barrier to entry" gegeben werden.[210] Da Anwendungen regelmäßig eigene Schnittstellen bereitstellen und damit über Eigenschaften einer „middleware" verfügen, hätte die Aufspaltung nach der Verdrängung von *Netscape* auch eine gewisse Folgenbeseitigung bewirkt.[211]

Eine Auseinandersetzung mit diesen Zielen unterblieb. Zwar hätte der Aspekt der *Folgenbeseitigung* keine vollständige Beseitigung des Monopols auf dem Markt für Betriebssysteme gerechtfertigt, da dieses im Wege des Leistungswettbewerbs aufgebaut worden war und kein gesicherter Beweis dafür existierte, dass es ohne *Microsofts* Verhalten tatsächlich abgebaut worden wäre.[212] Dies gilt auch für die Abspaltung der Anwendungssparte (einschließlich des *Internet Explorer*), deren Erfolg nicht als eindeutig identifizierbare Folge wettbewerbswidrigen Verhaltens zu qualifizieren war.[213] Zumindest auf der Grundlage der Theorie der „Entmachtung" von Monopolmacht wäre aber eine Beseitigung der Instrumente der Wettbewerbsverzerrung in Betracht gekommen.[214] Dass es zu einer entsprechenden Auseinandersetzung nicht mehr kam, lag jedoch daran, dass das Eingangsgerichts seine einschneidende Maßnahme lakonisch damit begründet hatte, dass dem Antrag der Kläger stattzugeben gewesen sei, nachdem diese ihrer Beweislast für einen Verstoß gegen Section 2 Sherman Act nachgekommen seien: Schließ-

---

208 *Shelanski/Sidak*, 68 U. Chi. L. Rev. 1, 90 (2001) (dort auch zum Terminus „*Baby Bills*"); *Romaine/Salop*, 13 SUM Antitrust 15, 21 (1999).

209 Vgl. *Litan* Brief on Remedy, S. 17. Die neun Staaten, die sich dem Vergleich nicht anschlossen, hatten zudem eine Zwangsversteigerung des *Microsoft Office* zu Gunsten von *Linux* und *Apple* vorgeschlagen, die allerdings als systemwidrige Hilfestellung für Wettbewerber abgelehnt wurde: *State of New York et al. v. Microsoft Corp.*, 2002 WL 31439655, *96, 147 et seq. (D.D.C 2002). Zudem ist der Sinn dieser Zielsetzung auch faktisch zweifelhaft: *Linux* verfügt über ein vollständiges, weitgehend mit dem *Microsoft Office* kompatibles Office-Paket. Tatsächlich war *Linux* im Hinblick auf seine geringe Nutzerfreundlichkeit aus dem relevanten Markt ausgenommen worden: insofern zu Recht kritisch *Elzinga et al.*, 9 Geo. Mason L. Rev. 633, 663 (2001). *Apple* verfügt zudem bereits über ein „*Microsoft Office für den Mac*"; *OS/2* wurde aufgegeben: vgl. *Liebowitz/Margolis*, S. 194 f.; *Gerstner*, S. 156 ff.

210 *U.S. v. Microsoft Corp.*, Plaintiffs' Memorandum in Support of Proposed Final Judgment, Civ. Action No. 98-1232 (April 28, 2000), 2000 WL 53065, *19. Kritisch *Hahn*, S. 5, wonach dies der dem Verfahren zugrundeliegenden These widerspreche, dass Anwendungen nur für das dominierende System geschrieben würden. Kritisch im Hinblick auf Portierungskosten *Shelanski/Sidak*, 68 U. Chi. L. Rev. 1, 78 (2001); kritisch auch *Meese*, 9 Geo. Mason L. Rev. 761, 795-801 (2001); *Liebowitz*, 9 Geo. Mason L. Rev. 727, 742-43 (2001).

211 *U.S. v. Microsoft Corp.*, Plaintiffs' Memorandum in Support of Proposed Final Judgment, Civ. Action No. 98-1232 (April 28, 2000), 2000 WL 53065, *5; vgl. dazu *Henderson Declaration*, S.8 ff.; *Romer Declaration*, S. 4. Kritisch hierzu *Hahn*, S. 6 ff.; *Brennan*, 69 Geo. Wash. L. Rev. 1042, 1078-80 (2001) (kritisierend, dass der Browser in der Abhilfe nicht mehr erwähnt werde). Siehe weitergehend *CCIA & SIIA* Brief on Remedy, S. 57 f., wonach auch die Browsersparte als „fruit" des wettbewerbswidrigen Verhaltens auszugliedern sei: dazu aber Fn. 56 (S. 187).

212 Siehe Fn. 190 (S. 204).

213 Für den Browser vgl. bereits Fn. 56 (S. 187).

214 Siehe § 2 A.I.2. (S. 182 ff.); siehe darüber hinaus die Diskussion in § 2 B.II.3. (S. 237).

lich handle das Department of Justice im öffentlichen Interesse und verfüge über den zur Einschätzung der Auswirkungen der Entflechtung erforderlichen Sachverstand.[215]

Zudem hatte der zuständige Richter für die Erörterung der Abhilfe nur *zwei* Verhandlungstage angesetzt; in letzter Sekunde eingereichte Beweisanträge lehnte er mit der Begründung ab, ihre Berücksichtigung werde nur zu Verzögerungen führen.[216] Erwartungsgemäß[217] rügte das Berufungsgericht die Unzulänglichkeit der Begründung der Rechtsfolgenanordnung im Hinblick auf die von der Rechtsprechung des Supreme Court vorgegbenen Ziele einer Entflechtung und wertete die unterbliebene Beweisaufnahme als Verletzung des Anspruchs auf ein faires Verfahren.[218] Die Aufhebung des Rechtsfolgenausspruchs erfolgte mithin *vor allem aus prozessualen Gründen.*[219] Eine nicht unerhebliche Rolle spielte – nach dem Umfang der Urteilsbegründung zu schließen – darüber hinaus, dass Richter *Jackson* richterliche Verhaltensregeln verletzt hatte, indem er sich gegenüber Journalisten abfällig über *Microsoft* und seine Mitarbeiter geäußert hatte.[220]

b) Kritik an der „trigger theory"

Die vom Berufungsgericht vorgenommene Einschränkung stellt die richtige Lösung dar, um die in der *United-Shoe-Machinery*-Entscheidung ausgesprochene Monopolbeseitigungsverpflichtung einzugrenzen. Sie trägt dem Umstand Rechnung, dass insbesondere im Zusammenhang mit Netzeffekten ein Unwerturteil über Marktmacht, die im Wege des Leistungswettbewerbs erworben wurde, ohne Nachweis eines signifikanten Ursächlichkeitszusammenhangs zwischen Wettbewerbsverzerrung und Aufrechterhaltung von Marktmacht nicht gerechtfertigt ist. Der vom Berufungsgericht propagierte Ansatz kann jedoch nicht darüber hinweg täuschen, dass die *United-Shoe-Machinery*-Entscheidung keine entsprechende Einschränkung enthält; die Entscheidung ist auch nicht – wie die

---

215 *U.S. v. Microsoft Corp.*, 97 F.Supp.2d 59, 62 (D.D.C. 2000). In diesem Sinne auch *U.S. v. E.I. Du Pont de Nemours & Co. (General Motors)*, 366 U.S. 316, 334 (1961); kritisch *Lopatka/Page*, 69 Geo. Wash. L. Rev. 691, 714-15 (2001).

216 *U.S. v. Microsoft Corp.*, 97 F.Supp.2d 59, 62 (D.D.C. 2000) („of little use"); ferner *U.S. v. Microsoft Corp.*, Defendant *Microsoft* Corporation's Supplemental Offer of Proof (May 31, 2000), unter *http://www.microsoft.com/presspass/trial/may00/05-31offerproof.asp* abrufbar.

217 Vgl. bereits *Litan* Brief on Remedy, S. 12; ferner *Auletta*, S. 381 (*William Kovacic* zitierend).

218 Siehe *U.S. v. Microsoft Corp.*, 253 F.3d 34, 98-103 (D.C. Cir. 2001), unter ausdrücklicher Bezugnahme auf *U.S. v. United Shoe Machinery Corp.*, 391 U.S. 244 (1968), und *Ford Motor Co. v. U.S.*, 405 U.S. 562 (1972).

219 Wie hier *Brennan*, 69 Geo. Wash. L. Rev. 1042, 1043 (2001).

220 *U.S. v. Microsoft Corp.*, 253 F.3d 34, 107-18 (D.C. Cir. 2001); ferner *Rabkin*, 9-Aug Nev. Law. 14 (2001). Zu den Äußerungen vgl. auch *Auletta*, S. 168 f., 369 f., 397; *Brinkley/Lohr*, S. 6. Kritisiert wurde auch die von Richter *Jackson* durch die Verfahrensgestaltung betriebene Politik des „fait accompli": *U.S. v. Microsoft Corp.*, a. a. O., 118; zu den Motiven des Richters vgl. *Auletta*, S. 230. *Microsoft* scheiterte mit seinem Antrag, eine vollständige Aufhebung des Urteils zu erwirken: *U.S. v. Microsoft Corp.*, 2001-2 Tr. Cas. § 73,380, 2001 WL 931170 (D.C. Cir. Aug. 17, 2001) (rehearing denied), cert. denied, 122 S.Ct. 350, 151 L.Ed.2d 264, 2001 WL 910785 (U.S. Oct. 9, 2001).

nach Rückverweisung zuständige Richterin im *Microsoft*-Verfahren ausführte[221] – auf Fälle des externen Unternehmenswachstums beschränkt: Dieses lag im Fall *United Shoe* erheblich in der Vergangenheit und war de facto unerheblich; de jure konnte es nach den Grundsätzen der „res judicata" keine Rolle spielen.[222] Insofern ist die „trigger theory" mit der *Microsoft*-Entscheidung nicht zwingend hinfällig geworden. Sie begegnet aber im Folgenden darzustellenden wettbewerbspolitischen und praktischen Bedenken.

aa) Wettbewerbspolitische Bedenken

Adressaten des Verbotes in Section 2 Sherman Act sind Unternehmen, die über die *„power to control price or exclude competition"*[223] verfügen. Auch wenn insbesondere frühe Entscheidungen das Vorliegen einer derartigen „monopoly power" aus einer synoptischen Betrachtung von Unternehmensentwicklung, Größenmacht und Verhalten als Manifestation von Macht ableiten,[224] hat sich seit der mit der *Alcoa*-Entscheidung vollzogenen Hinwendung zu einer ökonomischen Analyse von Marktmacht eingebürgert, den auf der Grundlage einer äußerst wertungsabhängigen[225] Marktabgrenzung gewonnenen Marktanteil eines Unternehmens als primären Anknüpfungspunkt zur Bestimmung von Marktmacht zugrunde zu legen.[226] Ihm kommt – dank Aussagen wie im Fall *Alcoa*[227]

221 *U.S. et al. v. Microsoft Corp.*, 2002 WL 31439450, *5 (D.D.C. 2002): „In this context, outright termination of the monopoly is a questionable remedial goal. [...] The Court's inquiry into the extent to which the proposed consent decree ‚terminates the illegal monopoly,' will be limited, and the Court will instead focus upon terminating the illegal *maintenance* of the monopoly."

222 Siehe *Areeda/Hovenkamp III*, § 614; vgl. auch Fn. 137 (S. 173).

223 Siehe Nachweise in Fn. 113 (S. 170).

224 Vgl. Fn. 121 (S. 171); ferner *Cooper*, 72 Mich. L. Rev. 373, 383-84 (1974), und *Sullivan/Grimes*, S. 94, beide m. w. N. zu Urteilen, die auch nach *Alcoa* auf eine Marktabgrenzung verzichten. Vgl. auch *Fisher*, 32 UWLA L. Rev. 83, 88 (2001), dem zufolge eine Marktabgrenzung abdingbar sei.

225 Vgl. *Sullivan/Grimes*, S. 92; *Waldman*, S. 50 ff. Kritisch zur Marktmachtanalyse *Areeda/Hovenkamp III*, § 636a („arbitrary"); *Lynch*, 1180 PLI/Corp. 303, 308 (2000) („inconsistently and even arbitrarily applied"); *Katz et al.*, 11-Spring Antitrust 38 (1997); *Katz/Shapiro*, in: *Eisenach/Lenard*, S. 42 f.; *Sullivan/Fickentscher*, 16 Berk. J. Int. L. 187, 228 (1998); ausführlich auch *Markovits*, 47 Antitr. Bull. 571, 586 (2002). Paradigmatisch für die Wertungsabhängigkeit ist der Fall *U.S. v. Grinnell Corp.*, 384 U.S. 563, 570-71 (1966): zur Kritik vgl. J. *Fortas*, *Stewart*, dissenting (a.a.O., S. 591); *Baker*, 61 Notre Dame L. Rev. 898, 908 (1986); *Waldman*, S. 50. Zur Marktabgrenzung im *IBM*-Fall siehe *Brock*, S. 167; *Posner*, Antitrust Law, S. 194 f.; *Fisher et al.*, S. 51 ff. (jew. m. w. N.); für *Microsoft* siehe Fn. 181 (S. 203).

226 Vgl. *Averitt*, 40 Ohio St. L.J. 781, 799 (1979); *O'Connor*, 13 Harv. J. Legis. 687, 720 n. 116 (1979). Zur Kritik am Marktanteilskriterium vgl. *Baker*, 61 Notre Dame L. Rev. 898, 907 (1986); *Fisher et al.*, S. 12 f., 35; *Areeda/Hovenkamp IIIA*, §§ 801a/e, 802d/e; *Litan/Niskanen*, S. 71. Eingehend zur Marktmachtanalyse: *Harris/Jorde*, 72 Cal. L. Rev. 1 (1984); *Landes/Posner*, 94 Harv. L. Rev. 937 (1981); *Lynch*, 1180 PLI/Corp. 303, 311 (2000); *Sullivan/Grimes*, S. 60 ff.

227 *U.S. v. Aluminum Co. of America*, 148 F.2d 416, 424-25 (2nd Cir. 1945) (Marktanteil von 90 % rechtfertigt *mit Sicherheit* die Annahme von „monopoly power"); kritisch hierzu *Areeda/Hovenkamp IIIA*, § 801a1.

oder im Fall *Grinnell*[228] – zwar nicht de jure,[229] aber de facto wesentliche Bedeutung zu, sobald ein Unternehmen einen Marktanteil von mindestens 50 %[230] erzielen konnte:[231] In der Regel werden sich nämlich Marktzutrittsschranken feststellen lassen, die den Schluss auf das Vorhandensein von wettbewerblichen Freiräumen indizieren;[232] eine *Widerlegung* der Annahme von Marktmacht über eine ohnehin nicht praktikable Marktergebniskontrolle findet nicht statt,[233] da sie keinerlei Aussage über die „power to exclude competition" zuließe.[234] Die Analyse erheblicher Marktmacht ist dabei im Grundsatz unabhängig von der angestrebten Rechtsfolge.[235]

Folge hiervon ist, dass auch Unternehmen zu natürlichen Zielen der Wettbewerbsbehörden werden, die ihre Position lediglich dem Umstand verdanken, dass sie Marktchancen als erste wahrgenommen haben oder die auf einem durch seine Tendenz zur natürlichen Konzentration gekennzeichneten Markt tätig sind.[236] Ökonomische Vermutungen, auf denen die „trigger theory" fußt, können in diesem Fall naturgemäß keine Geltung beanspruchen. Zudem verzichten Vermutungen naturgemäß auf den Nachweis ei-

---

228 *U.S. v. Grinnell Corp.*, 384 U.S. 563, 567, 571 (1966) (Anteil von 87 % lässt „keine Zweifel" an der Existenz von Marktmacht); siehe auch *U.S. v. United Shoe Machinery Corp.*, 110 F.Supp. 295, 341, 343 (D. Mass. 1953); *Rostow*, 14 U. Chi. L. Rev. 567, 578 (1946).

229 Siehe aber auch *U.S. v. Columbia Steel Co.*, 334 U.S. 495, 528 (1948); *U.S. v. E.I. Du Pont de Nemours & Co.*, 351 U.S. 377, 414 (1956); *U.S. v. United Shoe Machinery Corp.*, 110 F.Supp. 295, 341, 343 Fn. 1 (D. Mass. 1953); vgl. auch *U.S. v. Microsoft Corp.*, 253 F.3d 34, 54 (D.C. Cir. 2001): Danach könne die Aussagekraft von Marktanteilen im Einzelfall variieren.

230 Abgesehen von dem umstrittenen Fall der „intrabrand competition" liegt die Untergrenze für die Annahme von Marktmacht bei 50 %: vgl. *American Tobacco Co. v. U.S.*, 328 U.S. 781, 811 (1946); *Telex Corp. v. IBM Corp.*, 510 F.2d 894, 919 (10th Cir. 1975) (m. w. N.); *Lynch*, 1180 PLI/Corp. 303, 310 (2000) (m. w. N.). Zur „intrabrand competition" vgl. einerseits *U.S. v. E.I. Du Pont de Nemours & Co.*, 351 U.S. 377, 393 (1956), wonach diese nicht von Sec. 2 Sherman Act erfasst werde. Anders *Eastman Kodak Co. v. Image Technical Services, Inc.*, 504 U.S. 451, 482 (1992); dazu kritisch *Carlton*, 68 Antitrust L.J. 659, 678-80 (2001); ferner *Hovenkamp*, 40 UCLA L. Rev. 1447, 1452-52 (1993). Vgl. hierzu auch *Salop*, 68 Antitrust L.J. 187, 190 (2000).

231 Regelmäßig ausreichend sind Anteile zwischen 70-75 %: vgl. *Areeda/Hovenkamp IIIA*, § 801a1 (m. w. N. zur Rechtsprechung).

232 Eingehend *Sullivan/Grimes*, S. 94 ff. (m. w. N.); *Schmalensee*, 56 Antitrust L.J. 41 (1987) (m. w. N.); *Areeda/Hovenkamp IIIA*, § 802b; *Areeda/Hovenkamp/Solow IIA*, § 420b (zur Beweislast); siehe auch DoJ/FTC Horizontal Merger Guidelines § 3.0. Zu einer ökonomischen Kritik an der Beurteilung von Zutrittsschranken im *IBM*-Verfahren vgl. *Fisher et al.*, S. 165 ff. Die ökonomische Diskussion um die Natur von Marktzutrittsschranken hat in der Rechtsprechung wenig Beachtung gefunden: vgl. *Schmalensee*, a.a.O., S. 44 (m. w. N.); vgl. auch *U.S. v. Microsoft Corp.*, 253 F.3d 34, 56 (D.C. Cir. 2001) („applications barrier to entry" als Zutrittsschranke zu werten, da *Microsoft* bei seinem Markteintritt keinem dominierenden Anbieter von Betriebssystemen gegenüber gestanden und bei der Einführung von *Windows 95/98* vorhandene Abnehmer übernommen habe).

233 Zu einer ausführlichen Diskussion vgl. *U.S. v. Microsoft Corp.*, 253 F.3d 34, 51 (D.C. Cir. 2001); siehe ferner *Areeda/Hovenkamp/Solow IIA*, § 501 (S. 85) (m. w. N.); vgl. auch Fn. 88 (S. 166).

234 Siehe *U.S. v. Microsoft Corp.*, 87 F.Supp.2d. 30, 37 (D.D.C. 2000), aff'd, 253 F.3d 34, 51, 57 (D.C. Cir. 2001) (m. w. N.); in diesem Sinne bereits *U.S. v. Aluminum Co. of America*, 148 F.2d 416, 427 (2nd Cir. 1945). Siehe auch *Salop*, 68 Antitrust L.J. 187, 194 (2000) (fünf typische Fallen unterscheidend, die mit einer preisorientierten Analyse einhergehen); ferner *Romaine/Salop*, 7-3 Geo. Mason L. Rev. 1, 5 (1999); *Krattenmaker et al.*, 76 GEO. L.J. 241, 248-54 (1987).

235 Vgl. *Areeda/Hovenkamp IIIA*, §§ 801a. Allerdings besteht die Möglichkeit einer gewissen Wechselwirkung: siehe im 3. Teil § 1 B.II.3. (S. 275 ff.). Zu einer Kritik an der Notwendigkeit der Feststellung von Marktmacht siehe *Brennan*, Saving Sec. 2, S. 9 ff.

236 Vgl. auch *Fisher et al.*, S. 12; *Baker*, 61 Notre Dame L. Rev. 898, 907 (1986).

nes wie auch immer gearteten Verschuldens. Da sich nicht vermeiden lässt, dass eine Entflechtung von einem Unternehmen und seinen Anteilsinhabern als Sanktion empfunden wird – selbst wenn eine solche nicht bezweckt ist[237] – führt die Anwendung der „trigger theory“ gewissermaßen zur Verhängung einer Strafe ohne Verschulden, die allgemeinen Rechtsgrundsätzen und Section 2 Sherman Act, der zunächst als strafrechtliche Norm konzipiert ist, zuwider laufen würde.[238]

Der Verzicht auf ein Kausalitätserfordernis ist daher zwar sinnvoll, um „fragwürdiges“ Verhalten im Hinblick auf die Ergebnisoffenheit wettbewerblicher Prozesse zu unterbinden.[239] Als Grundlage einer anlassgebundenen Marktstrukturkontrolle führt er aber zu eben jener Gefährdung von Leistungsanreizen, die Richter *Hand* bereits beschworen hatte.[240] Dies kann unter Umständen dazu führen, dass ein Unternehmen, das aufgrund seines Marktanteils potentieller Entflechtungskandidat ist, sich auch wettbewerbsgerechter Verhaltensweisen enthält. Die mit der „trigger theory“ verbundene Abschreckungswirkung wirkt in diesem Fall kontraproduktiv, zumal der Wettbewerb, gemessen an der Zahl der aktiven Marktteilnehmer, formal den Eindruck der Unverfälschtheit erweckt, inhaltlich jedoch seinen Zielfunktionen nicht gerecht wird.[241]

Bestes Beispiel hierfür ist *U.S.-Steel:* Hier hatte das Unternehmen zwar unter dem Eindruck der Verfahren gegen *Standard Oil* und *American Tobacco* davon abgesehen, sich wettbewerbswidriger Maßnahmen zu bedienen.[242] Es hatte aber auch aus Furcht vor einer Entflechtung seinen Marktanteil mittels einer überhöhten Preispolitik, die von Bemühungen um die Einführung einer Preisdisziplin unter den Stahlproduzenten flankiert wurde,[243] empfindlich absinken lassen. Dies erlaubte auch weniger effizienten Konkurrenten, sich unter dem Schirm des überhöhten Preises zu etablieren. Trotz des späteren Aufkommens kleinerer, effizienterer Produzenten erwies sich die US-amerikanische Stahlindustrie bis in das neue Jahrtausend hinein als auf dem Weltmarkt nicht wettbewerbsfähig.[244] Dies wird zwar zum Teil auf das Ausbleiben einer Entflechtung zurück geführt.[245] Ursache dürfte aber eher die bis in die 70er Jahre hinein aufrecht erhaltene Preisdisziplin gewesen sein.[246] Entscheidend ist, dass *U.S. Steel* die Gefahr einer Entflechtung zum Anlass nahm, sich jeglichen (Preis-) Wettbewerbs zu enthalten.

---

237 Siehe dazu Fn. 31 und Fn. 32 (S. 250). Vgl. aber *Elzinga/Breit*, S. 49, die nicht unberechtigt auf den inneren Widerspruch des vermeintlich nicht pönalen Charakters einer Entflechtung hinweisen.

238 Wie hier *Areeda/Hovenkamp III*, § 636c.

239 Siehe *Areeda/Hovenkamp III*, §§ 653b f.; vgl. auch Fn. 116 (S. 195).

240 Siehe Fn. 89 (S. 167).

241 Vgl. *Areeda/Hovenkamp III*, § 653b.

242 Siehe Fn. 61 (S. 162).

243 Vgl. Fn. 63 (S. 162).

244 Vgl. *Freyer*, S. 189; *Comanor/Scherer*, 2 Int. J. Econ. Bus. 263, 264 (1995); ferner *The Economist* v. 11. 5. 2002, S. 69 ff.; sowie Pressemitteilungen der Kommission IP/01/1784 v. 10. 12. 2001 und IP/01/1478 v. 23. 10. 2001.

245 Vgl. *Adams/Mueller* in: *Adams*, S. 72, 88 ff.; *Adams/Brock*, 66 U. Co. L. Rev. 257, 280-81 (1995); *Schulte-Braucks*, S. 216. Vgl. auch *Shepherd*, Treatment, S. 315 ff.

246 Siehe *Comanor/Scherer*, 2 Int. J. Econ. Bus. 263, 273 et seq. (1995).

bb) *Praktische Einwände gegen die „trigger theory"*

Erheblichen Einwänden begegnet die lediglich anlassgebundene Entflechtung schließlich aufgrund der ihr eigenen Zielsetzung einer größtmöglichen Wiederherstellung von *tatsächlichem* Wettbewerb. Der Weg führt in diesem Fall nur über eine horizontale Entflechtung, also die Schaffung mehrerer auf derselben Marktstufe tätiger Unternehmen. Wettbewerb stellt indes ein pluralistisches Konzept dar; die durch ihn gefundenen Lösungen sind Produkt eines Wettbewerbs der Ideen zahlreicher Marktteilnehmer. Eingriffe durch eine Behörde oder ein Gericht stellen insoweit einen Fremdkörper dar, der zu Schwierigkeiten bei der Wahl der richtigen Marktstruktur führt. Fraglich ist ferner, ob ein horizontaler Eingriff wirksam Abhilfe schaffen kann. Bedenken ergeben sich ferner, wenn der marktwirtschaftliche Prozess rapiden Veränderungen unterworfen ist.[247]

aaa) *Schwierigkeiten im Zusammenhang mit dem Setzen exogener Daten*

Soll Marktmacht im Sinne der „power to control price" im Wege eines horizontalen Eingriffs beseitigt werden, stellt sich die Frage der Wahl der „richtigen" Marktstruktur.[248] Einer „Atomisierung" von Marktmacht durch Schaffung von Poly- oder Isopolen[249] steht in der Regel die Sorge um den Verlust von Größenvorteilen entgegen. Daher bleibt nur die Schaffung eines (engen) Oligopols; sie birgt aber die Gefahr kollusiven Parallelverhaltens.[250] Letzteres Risiko ist – wie der *Standard-Oil*-Fall illustriert[251] – im unmittelbaren Gefolge der Entflechtung besonders hoch, da trotz einer Entflechtung regelmäßig Restverflechtungen verbleiben, die ein Parallelverhalten begünstigen.

Instruktiv sind insoweit die Erfahrungen mit der Entflechtung von *American Tobacco*: Hier wurde eine vertikale und horizontale Entflechtung angeordnet.[252] Unter den daraus resultierenden 14 selbständigen Unternehmen befanden sich allerdings aus Sorge um einen Erhalt von Größenvorteilen drei große, vollständig integrierte Unternehmen, die mit Ausnahme von Zigarren die gesamte Bandbreite an Tabakprodukten herstellen und vertreiben durften. Sie nahmen auf jeweils unterschiedlichen Märkten Anteile ein, die deutlich über 30 % lagen.[253] Im Ergebnis wurde daher eine monopolistische Marktstruktur durch ein enges Oligopol ersetzt: Dieses wurde in der Folge kaum durch Markt-

---

247 Vgl. *Shelanski/Sidak*, 68 U. Chi. L. Rev. 1, 38 (2001).

248 Kritische Darstellung bei *Hale*, 40 Col. L. Rev. 615 (1940).

249 Zu einer kritische Darstellung der Marktformenlehre siehe *Herrmann*, S. 20 ff.

250 Zur Problematik kollusiven Parallelverhaltens vgl. bereits im 1. Teil § 2 (S. 37 (m. w. N.).

251 Vgl. *Hale*, 40 Col. L. Rev. 615, 618 (1940); *Whitney I*, S. 106; ferner im 3. Teil § 2 A.II.1. c) aa) (S. 301).

252 Vgl. *U.S. v. American Tobacco Co.*, 191 F. 371, 376 (C.C.N.Y. 1911). Eingehend hierzu *Hale*, 40 Col. L. Rev. 615, 619, 625 (1940). Siehe auch im 3. Teil § 2 A.II.1. a) aa) (S. 292 ff.).

253 Zu einer Übersicht siehe *U.S. v. American Tobacco Co.*, 191 F. 371, 391-92 (C.C.N.Y. 1911); ferner *Hale*, 40 Col. L. Rev. 615, 619 (1940).

zutritt verändert und hat, zumal eine Sekundärentflechtung auf Aktionärsebene unterblieb,[254] immer wieder kollusives Verhalten – mit dem sich auch der Supreme Court befassen musste[255] – ermöglicht.[256]

bbb) Endogene Charakteristika eines Marktes als Hindernis für eine Marktöffnung

Die Vervielfachung der Zahl der Marktteilnehmer durch horizontale Entflechtung führt zwar – sofern eine oligopolistische Marktstruktur dem nicht entgegen steht – dazu, dass zunächst der Eindruck aktuellen Wettbewerbs entsteht. Ob hieraus aber eine genuine Marktöffnung folgt, ist nicht gewährleistet, da die Entflechtung unter Umständen die für die Annahme von Marktmacht relevanten Marktzutrittsschranken unverändert lässt. Tatsächlich sind einige Zugangshemmnisse durch eine Entflechtung nicht zu beseitigen. Betroffen sind insbesondere Hindernisse, deren Ursprung nicht in der Unternehmensstruktur selbst angesiedelt ist.[257] Durch steigende Skalenerträge bedingte hohe optimale Mindestbetriebsgrößen,[258] aber auch der schlechtere Zugang zu Kapitalmärkten,[259] hoheitliche Beschränkungen, hohe Anfangsinvestitionen[260] und schließlich Netzeffekte sind *als solche* durch einen strukturellen Eingriff nicht zu beseitigen, da sie der Natur des betreffenden Marktes inne wohnen. Gleiches gilt für auf strategische Verhaltensweisen zurückzuführende Zugangshemmnisse wie eine hohe Markenloyalität.[261]

Die Problematik wird deutlich im Zusammenhang mit Entflechtungsvorschlägen, die im *Microsoft*-Fall erörtert wurden: Da die vom Department of Justice vorgeschlagene Zweiteilung als spekulativ und unzulänglich empfunden wurde,[262] wurden neben ei-

254 Vgl. *U.S. v. American Tobacco Co.*, 191 F. 371, 376 (C.C.N.Y. 1911). Kritik bei *Fraidin*, 33 Geo. Wash. L. Rev. 899, 916-19 (1965) (m. w. N. und Hinweis auf das Unterbleiben einer Entflechtung des Vertriebsnetzes).

255 Siehe *American Tobacco Co. v. U.S.*, 328 U.S. 781 (1946); dazu *Rostow*, 14 U. Chi. L. Rev. 567, 581 (1946).

256 Vgl. Kritik bei *Fraidin*, 33 Geo. Wash. L. Rev. 899, 916 (1965) (m. w. N.); *Crandall*, Failure, S. 32 (auf die Beibehaltung des Preisnivaus hinweisend); *Posner*, Antitrust Law, S. 86; siehe auch *The Economist* v. 7. 7. 2001, S. 64 ff. Anders *Whitney II*, S. 14 ff., wonach das Verfahren eine „effective application“ des Sherman Act darstelle (a.a.O., S. 56).

257 Zur Problematik von Marktzutrittsschranken siehe Fn. 18 (S. 40).

258 Ob es sich hierbei um eine Marktzutrittsschranke handelt, hängt davon ab, ob der Definition von *Bain* oder von *Stigler* gefolgt wird: siehe *Schmalensee*, 89 J. Pol. Econ. 1228, 1236 (1981); ferner *Korah*, 17 CMLR 395, 407 (1980); *Baden-Fuller*, E. L. Rev. 1979, 423, 429.

259 Dazu *Stigler*, Organization, S. 114 ff.; *Posner*, 127 U. Pa. L. Rev. 925, 929 (1978/79); *Viscusi et al.*, S. 158; *Schmalensee*, 56 Antitrust L.J. 41, 44 (1987); *Areeda/Hovenkamp/Solow IIA*, § 421b.

260 Siehe hierzu bereits Fn. 69 (S. 47).

261 Vgl. auch *Shepherd*, Economics, S. 213 f.

262 Vgl. *Romaine/Salop*, 13-SUM Antitrust 15, 21 (1999); *Litan/Nordhaus*, S. 1, 3 ff. (das Fehlen einer Gewähr für die Entstehung von Wettbewerb auf dem Betriebssystemmarkt sowie den spekulativen Charakter der Abhilfe kritisierend); *Litan* Brief on Remedy, S. 31; ähnlich *Eisenach/Lenard*, Microsoft Monopoly (die Notwendigkeit einer weiteren Verhaltenskontrolle kritisierend).

ner Versteigerung des komplexen Quellcodes des Betriebssystems[263] vielfach hybride Lösungen vorgeschlagen:[264] Sie sahen neben einer funktionalen Trennung von Anwendungs- und Betriebssystemsparte[265] eine auf unterschiedlichen Wegen zu bewerkstelligende,[266] subsequente Auflösung des Monopols auf dem Betriebssystemmarkt vor.[267] Der zuständige Richter – der einer Entflechtung zunächst reserviert gegenüber gestanden hatte[268] – schien kurzzeitig sogar von derartigen Ansätzen angetan.[269]

Die dem *Microsoft*-Verfahren zugrunde liegende Theorie beruhte aber auf der Annahme einer Marktzutrittsschranke, die Folge mangelnder Kompatibilität unterschiedlicher Betriebssysteme und von Netzeffekten ist.[270] Ihre Folge ist ein Tendenz zur Marktkonzentration und zu einem Wettbewerb, der nicht *im*, sondern mit Hilfe radikaler Paradigmenwechsel regelmäßig *um* den Markt stattfindet.[271] Eine horizontale Entflechtung hätte sich über dieses zentrale Charakteristikum des Software-Marktes hinweg gesetzt und wäre damit Gefahr gelaufen, seine Funktionsfähigkeit zu beeinträchtigen.[272] Zudem wurde eine „Balkanisierung“ der einheitlichen Plattform[273] und damit verbundene zu-

---

263 Vgl. *Litan* Brief on Remedy, S. 39 f.; *ders.*, Financial Times v. 24. 11. 1999 („The Rewards of ending a monopoly“), abrufbar unter *http://www.brook.edu/views/op%2Ded/litan/19991124.htm.* Zu dem Vorschlag der neun Bundesstaaten, *Microsoft Office* zwangsweise zu versteigern oder den Quellcode des *Internet Explorer* zu veröffentlichen, siehe Fn. 209 (S. 207).

264 Vgl. *Lenard*, 9 Geo. Mason L. Rev. 803, 834-37 (2001) (mit ausführlicher Darstellung der Vorzüge); *ders.*, Creating Competition, Abschn. VII B 1; *Comanor*, 46 Antitr. Bull. 115, 132 (2001); *Romaine/Salop*, 13-SUM Antitrust 15, 21 (1999) (auf das Fehlen einer Monopolregulierung wie im *AT & T*-Fall verweisend).

265 Siehe *Litan* Brief on Remedy, S. 47.

266 Vgl. *Litan* Brief on Remedy, S. 46 ff. (drei Unternehmen im Wege eines „spin-off“ als ausreichende Gewähr gegen eine erneute Monopolbildung); ähnlich *Lenard*, Creating Competition, Abschn. VII B 1 (allerdings unbeschränkt Kopplung und Integration von Browsern zulassend); eingehende Kritik zu dem Vorschlag *Litans* bei *Shelanski/Sidak*, 68 U. Chi. L. Rev. 1, 83-90 (2001) („interesting remedy worthy of careful consideration“). Vgl. auch *Romaine/Salop*, 13-SUM Antitrust 15, 21 (1999) (mit Vorschlag zur Lizenzierung des Quellcodes an den Meistbietenden, die einer Art „Veräußerungslösung“ ähnelt; zur Kritik an derartigen Lösungen siehe Fn. 263).

267 *Romaine/Salop*, 13-SUM Antitrust 15, 21 (1999); siehe auch *Comanor*, 46 Antitr. Bull. 115, 132 (2001), mit Hinweis darauf, dass eine Duplizierung von Betriebssystemgesellschaften angesichts des zugrundeliegenden Vermögenswertes „geistiges Kapital“ ohne weiteres möglich sei.

268 Vgl. *Brinkley/Lohr*, S. 277 f., 315; *Auletta*, S. 370.

269 Vgl. *Reuters*-Meldung v. 24. 5. 2000, abgerufen unter *http://news.findlaw.com/legalnews.*

270 Siehe § 2 A.III.2. a) bb) (S. 198 f.).

271 Vgl. auch Fn. 185 (S. 63).

272 Kritisch *Comanor*, 46 Antitr. Bull. 115, 127-31 (2001); *Priest* in: *Hahn*, High-Stakes Antitrust S. 117, 131 ff. Vgl. auch *Shelanski/Sidak*, 68 U. Chi. L. Rev. 1, 86 (2001); *Liebowitz*, Fool's Paradise, Abschn. III (S. 7), letztere v. a. eine Beeinträchtigung der Innovationsfähigkeit von *Microsoft* befürchtend, was (fälschlich) suggeriert, *Microsoft* sei der einzige Quell von Innovationen im Bereich von Software.

273 *Piraino*, 75 N.Y.U. L. Rev. 809, 885 (2000); *Shelanski/Sidak*, 68 U. Chi. L. Rev. 1, 86 (2001). *Liebowitz*, Fool's Paradise, Abschn. III D (allerdings beide mit Verweis auf die nicht vergleichbare Fragmentierung der *nicht kommerziellen* Systeme *Unix* und *Linux*). Der Einwand der „Balkanisierung“ lässt zudem unberücksichtigt, dass bereits jetzt verschiedene Versionen von *Windows* (*XP, ME, 2000, 98, 95* und *NT 4.0*) im Umlauf sind, deren Anwendungen nur bedingt kompatibel sind. Zu einer plausiblen Kritik an der befürchteten „Balkanisierung“ siehe *Levinson/Romaine/Salop*, 46 Antitr. Bull. 135, 139-140 (2001); *Lenard*, 9 Geo. Mason L. Rev. 803, 837-40 (2001).

sätzliche Portierungskosten[274] befürchtet. Ihre Höhe hätte wiederum zu einer erneuten Konzentration führen können und damit die Nachhaltigkeit der Entflechtung in Frage gestellt.[275]

Die Kritik der vermeintlichen „Balkanisierung" lässt unberücksichtigt, dass das Phänomen des Wettbewerbs um den Markt nicht zwingend ist. Eine Alternative ist die Förderung von Kompatibilität, inbesondere *durch Standardisierung.*[276] Auch hier lassen sich – sofern die Standardisierung nicht wie im Fall *AT & T* durch eine Regulierungsbehörde kontrolliert wird – Differenzierungen, einschließlich der damit verbundenen Kosten für das gesellschaftliche Wohl, nicht vollständig ausschließen.[277] Entstehen derartige Mehrkosten infolge unverfälschten Wettbewerbs, sind sie, zumal sie durch höheren Innovations-, Preis- und Qualitätswettbewerb kompensiert werden, hinzunehmen, sofern nicht das Wettbewerbsprinzip als solches in Frage gestellt werden soll.[278] Es macht jedoch einen Unterschied, ob der Markt selbst entscheidet, von der bisherigen Form des Wettbewerbs um den Markt zu einer zunehmenden Standardisierung – wie sie bereits für plattformübergreifende Dateiformate erfolgt – übergehen zu wollen, oder ob ein Gericht oder eine Behörde die Marktentwicklung antizipiert, ohne die Richtung kennen zu können, die der Markt ohne den Eingriff eingeschlagen hätte. Würde hier eine Marktstruktur oktroyiert, bestünde die Gefahr, dass der systemimmanente Vollzug regelmäßiger Paradigmenwechsel beeinträchtigt würde. Eine Marktöffnung für andere Unternehmen fände zudem nicht zwingend statt, da die Problematik der Netzeffekte letztlich fortbesteht und einen Anbieter zunächst zwingt, eine kritische Anzahl von Nutzern zu gewinnen.

ccc) Überholung gesetzter Daten durch die Marktentwicklung

Ein letzter Einwand gegen eine Anwendung der „trigger theory" ergibt sich aus dem Umstand, dass die im Zuge einer horizontalen Entflechtung gesetzten Daten regelmäßig

---

274 Vgl. *Liebowitz*, Breaking Windows, Abschn. III E; *ders.*, Fool's Paradise, Abschn. IV., der die Kosten für die Software-Industrie, v. a. in Gestalt von Portierungskosten, bei einer Fragmentierung der *Windows*-Plattform auf *10 Milliarden US-Dollar* jährlich beziffert.

275 Vgl. *Shelanski/Sidak*, 68 U. Chi. L. Rev. 1, 87 (2001). Anders *Romaine/Salop*, 13-SUM Antitrust 15, 20 (1999). Siehe auch *Litan/Nordhaus*, S. 8, die für den Fall eines erneuten „tipping" eine verringerte Gefahr der Wiederholung wettbewerbswidriger Verhaltensweisen sehen.

276 Vgl. *Comanor*, 46 Antitr. Bull. 115, 127-31 (2001). Zur kartellrechtlichen Problematik gemeinsamer Standards siehe *Sullivan/Grimes*, S. 218 ff.; *Balto/Pitofsky*, 606 PLI/Pat 513, 528-35 (2000).

277 Siehe *Romaine/Salop*, 13-SUM Antitrust 15, 20 (1999); *Comanor*, 46 Antitr. Bull. 115, 128-31 (2001); *Levinson/Romaine/Salop*, 46 Antitr. Bull. 135, 139 et seq. (2001) (alle zu dem Schluss kommend, dass der Anreiz zur Aufrechterhaltung von Kompatibilität so groß sei, dass das Risiko einer Fragmentierung sogar ausgeschlossen werden könne). Vgl. zudem *Levinson/Romaine/Salop*, a. a. O., S. 156-60, wonach eine Differenzierung vor allem im Hinblick auf die Qualität der Produkte erfolgen und damit zu einer wesentlichen Verbesserung führen werde.

278 Vgl. *Levinson/Romaine/Salop*, 46 Antitr. Bull. 135, 156-60 (2001); *Comanor*, 46 Antitr. Bull. 115, 128-31 (2001); *Lenard*, 9 Geo. Mason L. Rev. 803, 837-40 (2001); *Romaine/Salop*, 13-SUM Antitrust 15, 20 (1999).

durch die Marktentwicklung überholt werden. Die Entflechtung von *Du Pont* auf dem Markt für Schwarzpulver ist hierfür beispielhaft:[279] Hier wurde der extern gewachsene Sprengstoffhersteller in drei Teile gespalten,[280] indem verschiedene Produktionsstätten auf *Du Pont* sowie zwei neu geschaffene Unternehmen verteilt wurden. Ziel war auch hier die Schaffung von Oligopolen, deren Märkte durch die Besonderheiten des Explosivmarktes, insbesondere die Höhe der Kosten sowie die Gefährlichkeit von Transporten, abgegrenzt wurden.[281] Unmittelbar darauf verlor Schwarzpulver an Bedeutung, so dass die Umstrukturierung leer lief.[282] *Du Pont* vermochte allerdings dank einer durch die Veräußerung der Produktionsstätten gefüllten Kriegskasse zu diversifizieren und etablierte sich – mit der Folge zahlreicher, meist erfolgloser Folgeverfahren[283] – auf verschiedenen Märkten als Führer.

Eine Überholung der durch das Department of Justice gesetzten Daten ist auch für einige nicht im Kontext externen Unternehmenswachstums stehende horizontale Entflechtungen charakteristisch, die das Department of Justice aufgrund von „consent decrees" – die allerdings die geltende Rechtslage nur bedingt widerspiegeln[284] – durchzusetzen vermochte. So wurde beispielsweise in einem frühen Verfahren gegen *IBM* bezüglich der Kopplung *mechanischer* Datenverarbeitungsmaschinen und dazugehörender Lochkarten eine aufschiebend bedingte Entflechtungsverpflichtung vereinbart.[285] Da nach Ablauf der im Vergleich vorgesehenen Frist das Ziel einer Wiederherstellung von „substantial competitive conditions" nicht erreicht wurde, musste *IBM* Lochkartenpressen verkaufen, soweit sie 50 % der Gesamtkapazität der Vereinigten Staaten überstiegen.[286] Die Stellung des Unternehmens auf dem sich erst in der Folge entwickelnden Markt der *elektronischen* Datenverarbeitung blieb indes unangetastet und führte ein Jahr nach der Durchsetzung des Zwangsverkaufs dazu, dass das Department of Justice sein letztlich schmählich gescheitertes Verfahren einleitete.[287]

---

279 *U.S. v. E.I. Du Pont de Nemours & Co.*, 188 F. 127 (D. Del. 1911). Siehe in § 1 A. – S. 159 f.

280 Unklar ist, weshalb – wie im Fall *American Tobacco* – eine Dreiteilung gewählt wurde: siehe dazu *Fraidin*, 33 Geo. Wash. L. Rev. 899, 919 (1965).

281 *U.S. v. E.I. Du Pont de Nemours & Co.*, 273 F. 869, 870-71 (D. Del. 1921).

282 Kritisch *Hale*, 40 Col. L. Rev. 615, 620-21 (1940); *Waldman*, S. 35; *Posner*, Antitrust Law, S. 86; *Shepherd*, S. 316; *Kovacic*, 74 Iowa L. Rev. 1105, 1113 (1989).

283 Vgl. *U.S. v. National Lead Co.*, 332 U.S. 319 (1947) (Monopolisierungsabsprache); *U.S. v. E.I. Du Pont de Nemours & Co. (Cellophane)*, 351 U.S. 377 (1956); *U.S. v. E.I. Du Pont de Nemours & Co. (General Motors)*, 353 U.S. 586 (1957); *In re Ethyl Corp.*, 101 F.T.C. 425 (1983), rev'd sub nom. *E.I. du Pont de Nemours & Co. v. FTC*, 729 F.2d 128 (2nd Cir. 1984) (Shared Monopoly).

284 Siehe *Posner*, Antitrust, S. 81 f. (auf ein signifikantes Sinken der „Erfolgsquote" von Verfahren hinweisend, sobald dieses streitig entschieden werde), *Steuer*, 63 Antitrust L.J. 823, 824 (1995); *Melamed*, 10-Fall Antitrust 13, 14 (1995). Anders *Weiner*, 10-Fall Antitrust 4-8 (1995).

285 *U.S. v. IBM Corp.*, 1956 Tr. Cas. (CCH) § 68,245 (S.D.N.Y. 1956); dazu *Waldman*, S. 150 (Androhung der Entflechtung nur Mittel zur Verhinderung wettbewerbwidrigen Verhaltens).

286 *U.S. v. International Business Machine Corp.*, 1963 Tr. Cas. (CCH) § 70,628 (S.D.N.Y. 1963). Das Verfahren entspricht der in Sec. 2(d) des „Harris Bill" (siehe Fn. 5, S. 21) vorgesehenen Option, einem Unternehmen die Möglichkeit zu lassen, innerhalb eines Jahres nach Feststellung der „liability" seine Marktmacht – sprich seinen Marktanteil – freiwillig zu reduzieren.

287 Wie hier kritisch *Crandall*, Failure, S. 85. Zu einer ebenfalls marktanteilsbasierten Verpflichtung vgl. *U.S. v. Eastman Kodak Co.*, 1954 Tr. Cas. (CCH) § 67,920 (W.D. N.Y. 1954). Hier sank der

Die Entflechtungen in den Fällen *Du Pont* und *IBM* blieben erfolglos, weil die in Frage stehenden Märkte in *qualitativer* Hinsicht zur Bedeutungslosigkeit herabsanken. In einem anderen Verfahren überholte die Marktentwicklung das Entflechtungsziel in *quantitativer* Hinsicht: So wurde die *United Fruit* (später *United Brands Co.*) im Wege eines Vergleichs verpflichtet, ein lebensfähiges, vertikal integriertes Unternehmen aus seinem Unternehmensbestand auszugliedern, das in der Lage sein sollte, jährlich 9 Mio. Bündel Bananen in die USA zu importieren.[288] Dieses statische Kriterium erwies sich in einem Wachstumsmarkt als verfehlt, da es zwar im Jahre 1957 noch 35% des gesamten Importvolumens von *United Fruit* dargestellt hätte, zum Zeitpunkt des tatsächlichen, von *United Fruit* schuldhaft verzögerten Verkaufs im Jahre 1972 aber nur noch bei 12,7 % lag und damit den Zweck der Verpflichtung verfehlte.[289]

cc) Rechtliche Einwände: Verbot der Industriestrukturpolitik

Die vorstehende Untersuchung zeigt, dass die bei Anwendung der „trigger theory" erforderliche Neugestaltung eines Marktes erheblichen wettbewerbspolitischen und praktischen Bedenken begegnet, zumal sie die Wirksamkeit von Wettbewerb fälschlich an der Zahl der auf einem Markt tätigen Unternehmen misst.[290] In einem der *United-Shoe-Machinery*-Entscheidung vorangegangenen Urteil hatte der Supreme Court daher völlig zu Recht festgestellt, dass kein Beweis dafür existiere, dass die Wettbewerbsintensität von der Zahl der auf einem Markt tätigen Unternehmen abhänge.[291] Der Supreme Court stellt in diesem Zusammenhang unmissverständlich klar, dass industriestrukturpolitische Erwägungen keine Rechtfertigung für eine Entflechtung darstellten: Solle ein „going concern" entflochten werden, müsse die Regierung daher zunächst nachweisen, dass ein struktureller Eingriff zur Wiederherstellung des Wettbewerbs *erforderlich* und *tatsächlich durchführbar* sei. Bestehe hingegen ausreichender tatsächlicher Wettbewerb

---

Marktanteil von 69 % auf 35,5 %, so dass sich eine weitere Entflechtung erübrigte: *U.S. v. Eastman Kodak Co.*, 1961 Tr. Cas. (CCH) § 70,100 (W.D. N.Y. 1961). *Eastman Kodak* war jedoch in der Folge mehrfach Gegenstand von Kartellverfahren, was darauf hindeutet, dass seine „power to exclude competition" unverändert blieb: vgl. *Kovacic*, 74 Iowa L. Rev. 1105, 1113 Fn. 46 (1996).

288 *U.S. v. United Fruit Co.*, 1958 Tr. Cas. (CCH) § 68,941 VIII (E.D. La. 1958). Alternativ konnte der Weg eines Verkaufs entsprechender Produktions- und Transportkapazitäten inklusive Bananenplantagen an einen Wettbewerber gewählt werden; siehe dazu *Oehler*, S. 117.

289 Siehe *Posner*, Antitrust Law, S. 87; ferner *Schulte-Braucks*, S. 89; *Oehler*, S. 117.

290 Zur Kritik an dieser Konzeption eines „Biedermeier-Wettbewerbs" vgl. bereits Fn. 27 (S. 29).

291 *U.S. v. National Lead Co.*, 332 U.S. 319, 352-53 (1947): „There is now showing that four major competing units would be preferable to two, or [...] that six would be better than four. [...] It is not for the courts to realign and redirect effective and lawful competition where it already exists and needs only to be released from restraints that violate the antitrust law." Ähnlich *U.S. v. Aluminum Co. of America*, 44 F.Supp. 97, 121-44 (S.D.N.Y. 1941), aff'd in part, rev'd in part, 148 F.2d 416 (2d Cir. 1945); *U.S. v. General Electric Co.*, 115 F.Supp. 835, 874 (D. N.J. 1953). Kritisch zur *National-Lead*-Entscheidung *Adams* in: *Brock/Elzinga*, S. 179.

zwischen den auf dem Markt tätigen Unternehmen, sei es nicht Aufgabe eines Gerichts, bereits bestehenden Wettbewerb in neue Bahnen zu lenken.[292]

c) *Ergebnis*

Gegen eine anlassgebundene Marktstrukturkontrolle auf der Grundlage der „trigger theory“ bestehen erhebliche Bedenken. Bereits die Vorgabe struktureller Daten – sei es durch Festlegung der zu erreichenden Marktanteile oder durch Festlegung der Zahl und Größe der zu entflechtenden Unternehmen – gestaltet sich schwierig: Sie kann nicht gewährleisten, dass die oktroyierte Lösung dem ursprünglichen Zustand überlegen ist oder aufgrund kontinuierlicher Veränderungen der Marktgegebenheiten das Ziel einer Herstellung von Wettbewerb erreicht. Zudem wird hierbei Marktprozessen, die nach allgemeiner Auffassung am ehesten geeignet sind, die für das gesellschaftliche Wohl förderlichste Lösung zu finden, durch eine Lösung von oben vorgegriffen. Hier besteht die Gefahr, dass natürliche Gegebenheiten eines Marktes wie die Notwendigkeit optimaler Mindestbetriebsgrößen oder eine auf „network effects“ basierende natürliche Tendenz zur Konzentration vernachlässigt und Strukturen geschaffen werden, die auch bei unverfälschtem Wettbewerb nicht erzielt worden wären.[293] In diesem Zusammenhang sind auch wettbewerbspolitische Bedenken zu sehen, die einen Rekurs auf die der „trigger theory“ zugrunde liegenden Vermutungen verhindern. Schließlich bestehen auch Bedenken gegen die Geeignetheit von Gerichten und Verfolgungsbehörden, nicht nur eine vertretbare Marktstruktur zu dekretieren, sondern auch die zu ihrer Durchführung erforderlichen Maßnahmen zu überwachen.[294] Eine „trigger theory“ auf der Grundlage ökonomischer Vermutungen ist daher auch im Hinblick auf das vom Supreme Court ausgesprochene Verbot der Industriestrukturpolitik abzulehnen. Vertretbar erscheint sie allenfalls auf der Grundlage der gesellschaftspolitischen Zielsetzungen, die manche Entscheidung in den Vordergrund stellt. Inwieweit diese heute noch Bestand haben, soll im Folgenden untersucht werden.

3. *„Trigger Theory“ auf der Grundlage gesellschaftspolitischer Zielsetzungen?*

Gesellschaftspolitische Zielsetzungen haben in der Anwendung des Sherman Act – im Einklang mit der Entstehungsgeschichte des Sherman Act[295] – bis zum Ende der 60er

---

292 Siehe *U.S. v. National Lead Co.*, 332 U.S. 319, 352-53 (1947).

293 I. Erg. ähnlich zurückhaltend *Sullivan/Grimes*, S. 78.

294 Kritisch auch *Areeda/Hovenkamp III*, § 630; vgl. auch die von Richter *Jackson* im *Microsoft*-Fall geäußerten Bedenken: siehe *Brinkley/Lohr*, S. 277 f.; *Auletta*, S. 370.

295 Vgl. hierzu Senator *Sherman*, 12 Cong. Rec. 2455 ff. (1890); *U.S. v. Standard Oil Co. of New Jersey*, 221 U.S. 1, 62 (1911). Ferner *Areeda/Kaplow*, § 129 (S. 42); *Areeda/Hovenkamp III*, § 633;

Jahre eine erhebliche Rolle gespielt. Angelehnt an das Ideal einer „Jeffersonian democracy and economy" wird sowohl in der Literatur[296] als auch in der Rechtsprechung[297] der Schutz verfassungsmäßiger Freiheitsrechte vor einer Gefährdung durch unkontrollierte Machtpositionen betont. Diese pluralistische Konzeption hat nicht nur Einfluss auf die Bewertung der an marktmächtige Unternehmen gestellten Verhaltensanforderungen genommen,[298] sondern hatte auch Auswirkungen auf die Beurteilung einiger Entflechtungen: Potentiell wohlfahrts- bzw. unternehmensschädigende Auswirkungen des Eingriffs wurden insoweit dem durch die Legislative vorgegebenen Ziel untergeordnet.[299]

Daneben stützt sich die Anwendung des Sherman Act jedoch von Beginn an auf wirtschaftstheoretische Konzepte.[300] Es besteht mithin Einigkeit, dass der vom Sherman Act geschützte Wettbewerb zumindest *Mittel* zur Erfüllung ökonomischer Zielfunktionen ist, also ein den „consumer welfare" förderndes Marktergebnis erzielen soll.[301] Die insoweit möglichen Zielkonflikte zu gesellschaftspolitischen Idealen und eine zunehmende Sorge um die Wettbewerbsfähigkeit einheimischer Unternehmen im internationalen Wettbewerb führen aber dazu, dass bereits zu Beginn der 70er Jahre gesellschafts-

---

Scherer/Ross, S. 12 f.; *Kovaleff* in: *Kovaleff*, S. 3 ff.; *Lange/Mendner/Berzau*, S. 58 ff. Instruktiv *Lande*, 50 Hast. L.J. 871, 885-894 (1999). Stellenweise wird die Auffassung vertreten, die bloße Existenz des Sherman Act sei der Intervention weniger effizienter Wettbewerber zu verdanken: vgl. *DiLorenzo*, 5 Int. Rev. L. & Econ. 73-90 (1985); *McChesney*, 23 Harv. J.L. & Pub. Pol 133, 135 (1999); *Graglia*, 23 Harv. J. L. & Pub. Pol. 11 (1999); *McGowan*, 16 Berk. Tech. L.J. 729, 742 et seq. (2001). Dagegen *Baer/Balto*, 23 Harv. J.L. & Pub. Pol. 113, 116-17 (1999); *Stigler*, 14 J. Leg. Stud. 1 (1985) (der für diese Theorie lediglich „modest support" findet).

296 Vgl. *Thorelli*, S. 72 ff., 108 ff.; *Adams/Brock*, 62 N.Y.U. L. Rev. 1116, 1117 (1987); *dies.*, 35 N.Y.L. Sch. L. Rev. 939, 940-41 (1991); *dies.*, 66 U. Col. L. Rev. 257, 262-82 (1995); *Adams* in: *Adams*, S. 349, 360; *Rostow*, 14 U. Chi. L. Rev. 567, 569 (1946); *Bain*, Organization, S. 37.

297 Vgl. *U.S. v. Brown Shoe Co.*, 370 U.S. 294, 344 (1962): „It is *competition, not competitors*, that the Act protects. But we cannot fail to recognize Congress' desire to promote competition through the protection of viable, small, locally-owned businesses; Congress appreciated that occasional higher costs and prices might result from the maintenance of fragmented industries and markets. It resolved these competitive considerations in favor of decentralization." Ähnliche Formulierungen finden sich in *U.S. v. Trans-Missouri Freight Ass'n*, 166 U.S. 290, 323 (1897); *U.S. v. Standard Oil Co. of New Jersey*, 221 U.S. 1, 50 (1911); *U.S. v. Von's Grocery Co.*, 384 U.S. 270, 274 (1966); *U.S. v. American Can Co.*, 230 F. 859, 901-902 (D. Md. 1916), app. dismissed, 256 U.S. 706 (1921). Kritik bei *Posner*, Antitrust, S. 105 ff.; *McKenzie*, S. 19.

298 Siehe Fn. 87 (S. 166) und Fn. 156 (S. 175).

299 Vgl. *U.S. v. Northern Securities Co.*, 193 U.S. 197, 351 (1904); *U.S. v. Corn Products Refining Co.*, 234 F. 964, 1015 (S.D.N.Y. 1916); *U.S. v. Crescent Amusement Co.*, 323 U.S. 173, 187-88 (1944); siehe auch die Nachweise in Fn. 297.

300 Vgl. *Hovenkamp*, Antitrust Policy, § 2.2a (S. 59); zur Rezeption des Sherman Act in der ökonomischen Debatte vgl. *ders.*, 68 Tex. L. Rev. 105-68 (1989).

301 Paradigmatisch ist das auf der Annahme der klassischen englischen Nationalökonomie, wonach öffentliche und private Interessen durch die auf die Vertragsfreiheit gestützte „unsichtbare Hand" des Wettbewerbs harmonisiert würden, beruhende *Standard-Oil*-Urteil: vgl. Zitat in Fn. 47, S. 160; *Smith*, S. 400 (4. Buch, 2. Kap., Abs. 9). Vgl. auch die in Fn. 91 (S. 191) zitierten Ausführungen Richter *Hands*. Siehe ferner *U.S. v. United Shoe Machinery Corp.*, 110 F.Supp. 295, 347 (D. Mass. 1953); *Morrison v. Murray Biscuit Co.*, 797 F.2d 1430, 1437 (7th Cir. 1986); *U.S. v. Microsoft Corp.*, 253 F.3d 34, 58 (D.C. Cir. 2001). Zur Literatur siehe *Posner*, Antitrust, S. 19 f.; *Krattenmaker et al.*, 76 GEO. L.J. 241, 244 (1987); *Fox/Sullivan*, 62 N.Y.U. L. Rev. 936, 970 (1987); *Sullivan/Grimes*, S. 12; *Turner*, 75 Cal. L. Rev. 797, 798 (1987); *Viscusi et al.*, S. 67; *Shelanski/Sidak*, 68 U. Chi. L. Rev. 1, 46 (2001); *Kolasky*, 49 Antitr. Bull. 29, 35 (2004).

politische Ziele in den Hintergrund treten.[302] In einer Reihe von privaten Klagen gegen innovative Unternehmen wie *IBM, Xerox* und *Kodak* rückt die Sorge um den Erhalt von Leistungsanreizen in den Vordergrund.[303] Insbesondere die *IBM*-Urteile kennzeichnet, obgleich ihnen vergleichbare Vorwürfe wie im Fall *United Shoe* zugrunde liegen,[304] eine von den restriktiven Ansätzen der *Alcoa*- und der *United-Shoe-Machinery*-Urteile abweichende Bereitschaft, marktmächtigen Unternehmen, die ihre Position im Wege des Leistungswettbewerbs erworben haben, mehr Spielraum bei der Sicherung ihrer Investitionen einzuräumen.[305] Die Vorzüge einer pluralistischen Ausgestaltung von Märkten finden demgegenüber keine Erwähnung mehr.[306]

Das Aufkommen der Chicago-School – das landläufig mit dem Erscheinen des „Antitrust Pardox" von *Robert H. Bork* gleichgesetzt wird – greift insofern lediglich eine bereits vorhandene Tendenz in der Rechtsprechung auf.[307] *Bork* vertritt die Auffassung, der Sherman Act sei von Anfang an *ausschließlich* als „consumer welfare prescription", also als Instrument zur Förderung des gesellschaftlichen Wohls, gedacht gewesen.[308] Die Annahme, der Schutz des Wettbewerbs diene dem Konsumentenwohl, ist an sich nicht neu; die von *Bork* behauptete Ausschließlichkeit negiert jedoch zu Unrecht die bei Verabschiedung des Sherman Act auch relevanten gesellschaftspolitischen Zielsetzungen.[309] Bedenken begegnet zudem die inhaltliche Definition des Begriffs „consumer welfare". Er beschränkt sich nach Ansicht der Vertreter der Chicago-School nur noch auf die Frage, ob eine Maßnahme die produktive und allokative Effizienz des Un-

302 Zu möglichen Zielkonflikten siehe *Kaysen/Turner*, S. 82 ff.; ferner *Krattenmaker et al.*, 76 GEO. L.J. 241, 244 (1987); *Schmidt*, Wettbewerbspolitik, S. 34 f. Zu wegweisenden Aufsätzen, die im Hinblick hierauf einen permissiveren Maßstab propagieren, vgl. z. B. *Areeda/Turner*, 88 Harv. L. Rev. 697 (1975) (zum „predatory pricing"); *Williamson*, S. 82 ff. (zu vertikalen Beschränkungen).

303 Vgl. *Kovacic*, 36 Wayne L. Rev. 1413, 1443 (1990); instruktiv *Priest*, 4 Tex. Rev. L. & Pol. 141 (1999); *Squeri*, 1181 PLI/Corp 873, 960 (2000).

304 Vgl. Fn. 162 (S. 200). Zum Sachverhalt in den *IBM*-Fällen vgl. *IBM Peripheral EDP Devices Antitrust Litigation*, 481 F.Supp. 965, 972-1009 (N.D. Cal. 1979); ferner die Klagschrift des Department of Justice: *U.S. v. IBM Corp.*, 1975-1 Tr. Cas. (CCH) § 60,104 (S.D.N.Y). Ausführliche Darstellung bei *Baker*, 61 Notre Dame L. Rev. 898, 912 (1986); *Areeda/Hovenkamp III*, § 616. Kritische Darstellung bei *DeLamarter*, S. 37 ff.; *Sullivan*, 60 Tex. L. Rev. 587, 635-36 (1982); vermittelnd *Scherer*, 32 Antitr. Bull. 829, 837-40 (1987). Zu den Gründen für den Aufstieg von *IBM* siehe *Brock* in: *Adams*, S. 161, 167; *Scherer*, a. a. O.; zu einer Fall-Darstellung aus ökonomischer Sicht vgl. *Fisher et al.*

305 Siehe *Kovacic*, 36 Wayne L. Rev. 1413, 1443 (1990). Insoweit lesenswert *Telex Corp. v. IBM Corp.*, 510 F.2d 894, 927 (10th Cir. 1975). Anders *Lange/Mendner/Berzau*, S. 476, die eine traditionell größere Zurückhaltung der Gerichte gegenüber Einzelmonopolen feststellen.

306 Vgl. insbesondere *Berkey Photo, Inc. v. Eastman Kodak Co.*, 603 F.2d 263, 281 (2nd Cir. 1979), cert. denied, 444 U.S. 1093 (1980); siehe auch *SCM Corp. v. Xerox*, 645 F.2d 1195 (2nd Cir. 1981), cert. denied, 455 U.S. 1016 (1982).

307 Vgl. *Kovacic*, 36 Wayne L. Rev. 1413, 1443 (1990); *ders.*, 60 Fordham L. Rev. 49, 50 (1991); *Kovaleff* in: *Kovaleff*, S. 195-96, 250; *a. A. Sullivan/Fickentscher*, 16 Berk. J. Int. L. 187, 206 (1998).

308 Vgl. *Bork*, Antitrust Paradox, S. 66: „The Sherman Act was clearly presented and debated as a consumer welfare prescription."; vgl. auch a.a.O., S. 89.

309 Zu Recht kritisch *Sullivan/Grimes*, S. 6 („revisionist efforts"); *Hovenkamp*, 51 Geo. Wash. L. R. 1, 19 (1982) („extraordinarily narrow and unrealistic view of the political process"); *Lande*, 50 Hast. L.J. 871, 885-94, 911 (1999); *ders.*, 58 Antitrust L.J. 631, 633 Fn. 13 (1989); *Fox/Sullivan*, 62 N.Y.U. L. Rev. 936, 970 (1987).

ternehmens, nicht des Marktes insgesamt, erhöht[310] oder – in Anlehnung an den ökonomischen Begriff der Monopolmacht – eine Reduzierung des Produktionsvolumens eines Marktes bewirkt, *um* so den Preis anheben zu können.[311] Folge ist, dass es im Grunde keinen wettbewerbsausschließende Maßnahmen – die nach Ansicht der Chicago-School ohnehin irrational und damit unwahrscheinlich sind – mehr gibt.[312]

Dass sich die Konzeption der Chicago-School in der Rechtsprechung durchgesetzt hat, darf bezweifelt werden.[313] Zwar hat der Supreme Court den Begriff der „consumer welfare prescription" – freilich ohne diesen näher zu definieren – aufgegriffen.[314] Er findet sich auch in Entscheidungen unterer Gerichte,[315] ohne dass dabei immer klar würde, ob sie im Sinne *Borks* verstanden wurde.[316] Zugleich lässt sich – auch in der Rechtsprechung selbst[317] – eine Tendenz erkennen, den *Rechtsbegriff* der Monopolmacht zumindest *rhetorisch* auf die Preisfestsetzungsmacht zu beschränken,[318] obgleich die Reduktion der ständigen Rechtsprechung des Supreme Court widerspricht[319] und die „power to control price" keine Auskunft über das Vorliegen der Fähigkeit gibt, einen *nicht* auf einzelne Wettbewerbsparameter beschränkten Prozess zu behindern.[320] In der Sache aber hat der Supreme Court zum einen explizit abgelehnt, „formalistische" Ansätze wie

---

310 Effizienz ist hier nicht im Sinne einer „Pareto-", sondern im Sinne einer „Kaldor-Hicks-Effizienz" zu verstehen: Sie liegt bereits dann vor, wenn die Gewinner einer Zustandsveränderung genügend Nutzen hieraus ziehen, um Geschädigte zu kompensieren. Siehe *Bork*, Antitrust Paradox, S. 72 ff.; 107 ff.; *Shelanski/Sidak*, 68 U. Chi. L. Rev. 1, 16 (2001). Ob die Kompensation tatsächlich stattfindet, ist nach Auffassung der Chicago-School aber unerheblich: siehe *Hovenkamp*, 51 Geo. Wash. L. Rev. 1, 9, 22 (1982); *ders.*, Antitrust Policy, § 2.3c (S. 74 ff.); *Möschel* in: *FS Rittner*, S. 405, 416 f. Dagegen *Lande*, 50 Hast. L.J. 871 (1999); *ders.*, 58 Antitrust L.J. 631 (1989).

311 Siehe *Bork*, Antitrust Paradox, S. 110 f.; *Posner*, Antitrust, S. 10 f.; *Easterbrook*, in *Chicago Professional Sports, Ltd. Partnership v. National Basketball Association*, 95 F.3d 593, 597 (7th Cir. 1996): „The core question in antitrust is output. Unless a contract reduces output in some market, to the detriment of consumers, there is no antitrust problem." Vgl. auch *Fox*, 70 Antitrust L.J. 371, 378-82 (2002). Diesen Aspekt des „consumer welfare" übersieht *Wiedmann*, S. 224.

312 Siehe Fn. 188 (S. 64). Wie hier *Fox*, 70 Antitrust L.J. 371, 378-82 (2002).

313 Zu Unrecht bejahend *ten Kate/Niels*, 49 Antitr. Bull. 1, 9-11 (2004).

314 Vgl. *Reiter v. Sonotone Corp.*, 442 U.S. 330, 343 (1979); ferner *NCAA v. Board of Regents of University of Oklahoma*, 468 U.S. 85, 107 (1984).

315 *Chicago Professional Sports, Ltd. Partnership v. Nat'l Basketball Assoc.*, 95 F.3d 593, 597 (7th Cir. 1996); *Data General Corp. v. Grumman Systems Corp.*, 36 F.3d 1147, 1183 (1st Cir. 1994); *Rebel Oil Co. v. Atlantic Richfield Co.*, 51 F.3d 1421, 1433 (9th Cir. 1995).

316 Eingehende Diskussion bei *Kovacic*, 36 Wayne L. Rev. 1413, 1447-48 (1990) (m. w. N.).

317 Vgl. insoweit die „Präzisierung" in *U.S. v. Microsoft Corp.*, 253 F.3d 34, 51 (D.C. Cir. 2001); davor 87 F.Supp.2d. 30, 36 (D.D.C. 2000); ferner *Ball Memorial Hosp., Inc. v. Mutual Hosp. Ins., Inc.*, 784 F.2d 1325, 1335 (7th Cir. 1986). Irreführend *NCAA v. Board of Regents of University of Oklahoma*, 468 U.S. 85, 109 Fn. 38 (1984) (davor Marktmacht als „ability to alter the interaction of supply and demand in the market" bezeichnend).

318 *Viscusi et al.*, S. 164; *Areeda/Hovenkamp/Solow IIA*, § 501 (S. 85).

319 Siehe Fn. 113 (S. 170). Siehe auch *Jefferson Parish Hosp. Dist. No. 2 v. Hyde*, 466 U.S. 2, 27 Fn. 46 (1984) (ausdrücklich klar stellend, dass es sich um eine *ökonomische* Definition von Marktmacht handelt, nicht um eine juristische). Vgl. auch *Landes/Posner*, 94 Harv. L. Rev. 937, 977 (1981), die den Bezug auf die „power to exclude competition" als „puzzling" empfinden. Sie übersehen indes den inneren Zusammenhang zwischen beiden Fähigkeiten: siehe *Romaine/Salop*, 7-3 Geo. Mason L. Rev. 1, 8 (1999); *Turner*, 70 Harv. L. Rev. 281, 316 (1956).

320 Lesenswert *U.S. v. Corn Products Refining Co.*, 234 F. 964, 1012 (S.D.N.Y. 1916); siehe auch Fn. 234 (S. 210).

diejenigen der Chicago-School zu übernehmen, und propagiert stattdessen eine tatsachenorientierte Einzelfallbeurteilung.[321] Zum anderen sieht die Rechtsprechung, wie der *Microsoft*-Fall gezeigt hat, in der Schädigung einzelner Wettbewerber – auch wenn diese nicht genügt, um einen Verstoß anzunehmen[322] – ein Indiz für die Schädigung des Wettbewerbs als Prozess.[323]

Die Fokussierung auf die „Effizienz" wettbewerblicher Prozesse führt zwar dazu, dass marktmächtigen Unternehmen größere Spielräume hinsichtlich des Einsatzes von Wettbewerbsparametern eingeräumt werden. Der Schutz des Prozesses lässt sich aber kaum von demjenigen seiner Protagonisten trennen,[324] zumal die Erfüllung ökonomischer Ziele zwingend die Freiheit des Zugangs zu einem Markt voraussetzt. Das dem ursprünglichen Gesetzeszweck entsprechende Ziel der Sicherung der Handlungsfreiheit aller Marktteilnehmer[325] besteht insoweit – wie der *Microsoft*-Fall deutlich gezeigt hat – jedenfalls *mittelbar* fort; mit ihm werden auch die dem Sherman Act zugrunde liegenden gesellschaftspolitischen Ziele verwirklicht.[326] Autonome Bedeutung kommt letzteren – obgleich entsprechende Präzedenzfälle bislang nicht explizit revidiert wurden[327] – zumindest nach der derzeitigen Tendenz in der Rechtsprechung allerdings nicht mehr zu. Sie entfallen mithin auch als Grundlage für eine „trigger theory".

IV. Ergebnis

Die in der *United-Shoe-Machinery*-Entscheidung geäußerte Verpflichtung zur Beseitigung wettbewerbswidriger Monopole stellt eine echte dogmatische Fortentwicklung dar: Ungeachtet einer gewissen, auf die Doppelnatur des Rechtsbegriffs der „monopoly power" zurückzuführenden Ambivalenz kennzeichnen sich vorangegangene Entscheidungen durch einen verhaltensorientierten Ansatz: Entflechtungen dienen dabei der Be-

---

321 *Eastman Kodak Co. v. Image Technical Services, Inc.*, 504 U.S. 451, 466-67 (1992); siehe auch *Allen-Myland, Inc. v. IBM Corp.*, 33 F.3d 194 (3rd Cir.1994); *Data General Corp. v. Grumman Systems Support Corp.*, 36 F.3d 1147, 1184 (1st Cir. 1994). Eingehend hierzu *Meckfessel Judson*, Wis. L. Rev. 1633, 1663-68 (1993); ferner *Gifford*, 25 Sw. U. L. Rev. 621, 629 (1996); *Kovacic*, 36 Wayne L. Rev. 1413, 1448-49 (1990); *Fox/Sullivan*, 62 N.Y.U. L. Rev. 936, 968 (1987).

322 Vgl. *Spectrum Sports, Inc. v. McQuillan*, 506 U.S. 447, 458 (1993); *NYNEX Corp. v. Discon, Inc.*, 525 U.S. 128, 135 (1998); *Data General Corp. v. Grumman Systems Corp.*, 36 F.3d 1147, 1184 (1st Cir. 1994); *U.S. v. Microsoft Corp.*, 253 F.3d 34, 58 (D.C. Cir. 2001); weitere Nachweise in Fn. 103 (S. 193); siehe auch *McGowan*, 16 Berk. Tech. L.J. 729, 788 (2001).

323 Vgl. *Aspen Skiing Co. v. Aspen Highlands Skiing Corp.*, 472 U.S. 585, 605 (1985); davor *Klor's, Inc. v. Broadway-Hale Stores, Inc.*, 359 U.S. 207 (1959). Wie hier *Fox*, 70 Antitrust L.J. 371, 383 (2002) (m. w. N.), die insofern nur von „Lippenbekenntnissen" der Rechtsprechung zur Chicago-School spricht. Generell zum Einfluss der Chicago-School vgl. Fn. 178 (S. 63).

324 Explizit *Aspen Skiing Co. v. Aspen Highlands Skiing Corp.*, 472 U.S. 585, 605 (1985).

325 Vgl. Zitat in Fn. 47, S. 160.

326 Wie hier *Turner*, 75 Cal. L. Rev. 797, 798 (1987); *Baer/Balto*, 23 Harv. J. L. & Pub. Pol. 113, 122 (1999); *Sullivan*, 75 Col. L. Rev. 1214 (1975); *Fox/Sullivan*, 62 N.Y.U. L. Rev. 936, 956 (1987).

327 Vgl. *Kovacic*, 60 Fordham L. Rev. 49, 119 (1991); *Krattenmaker/Salop*, 96 Yale L.J. 209, 220-21 (1986).

seitigung der Folgen von Wettbewerbsverzerrungen – soweit sie identifizierbar sind – und/oder ihrer Prävention. Letztere ergibt sich einerseits aus der abschreckenden Wirkung der Folgenbeseitigung, andererseits daraus, dass das Unternehmen der Fähigkeit beraubt wird, die streitgegenständlichen Wettbewerbsverzerrungen erneut an den Tag zu legen. Die Monopolbeseitigungspflicht der *United-Shoe-Machinery*-Entscheidung geht über diese Ziele hinaus, soweit sie sich weder auf neue Wettbewerbsbeschränkungen stützt noch der Ursächlichkeit der in einem ersten Verfahrensabschnitt festgestellten Verzerrungen für die vorhandene Marktstruktur Rechnung trägt.

Dass das Urteil einen nachhaltigen Beitrag zur Entwicklung des „case law" darstellt, ist allerdings – wie die Handhabung des *Microsoft*-Falls durch den Court of Appeals belegt – zweifelhaft. Ursache hierfür ist, dass sich Section 2 Sherman Act in erster Linie gegen wettbewerbswidriges Verhalten und erst in zweiter Linie gegen die daraus resultierende Marktstruktur richtet. Die Vorschrift verbietet Beschränkungen, die über das zur Teilnahme am Leistungswettbewerb erforderliche Maß hinausgehen und vernünftigerweise geeignet scheinen, einen wesentlichen Beitrag zur Schaffung oder Aufrechterhaltung von Monopolmacht zu leisten. Die Definition verbotenen Verhaltens differenziert indes nicht nach seiner Ursächlichkeit für den Erwerb oder die Aufrechterhaltung einer Marktstellung. Unerheblich ist auch, ob ein Verhalten tatsächlich zu einer Schädigung des „consumer welfare" geführt hat. Letzteres wird vermutet, wenn Wettbewerb als in seinen Folgen unvorhersehbarer Prozess beeinträchtigt wird. Darüber hinaus konzentriert sich die naturgemäß simplifizierende Messung von Marktmacht primär auf das statische Kriterium des Marktanteils. Eine Widerlegung der Annahme von Marktmacht durch eine Marktergebniskontrolle findet nicht statt. Folge hiervon ist, dass auch Unternehmen vom Verbot der Section 2 Sherman Act erfasst werden, die ihre Position im Wege des Leistungswettbewerbs begründet haben und dann Verhaltensweisen an den Tag legen, die zwar dem Interesse an der Aufrechterhaltung eines ergebnisoffenen Prozesses zuwider laufen, aber für die Aufrechterhaltung der Marktstellung (noch) nicht ursächlich waren. Vermutungen hinsichtlich des Marktergebnisses können hier – unabhängig davon, dass sie erheblich modifiziert wurden – nicht eingreifen.[328]

Obgleich vor diesem Hintergrund eine Differenzierung geboten wäre, findet eine solche im Hinblick auf das nach der dargestellten Rechtsprechung bestehende abgeleitete Unwerturteil nicht statt. Aus wettbewerbspolitischen Gründen kann deshalb mit der Aussage, mit wettbewerbswidrigen Mitteln erworbene oder aufrechterhaltene Marktmacht verstoße gegen den Sherman Act, eine Präferenz für strukturelle Eingriffe nicht

328 Es kann daher auch dahinstehen, ob der Rückgriff auf Vermutungen einen Vorteil bringt: Er könnte zwar dazu beitragen, ein Verfahren zügiger und effektiver zu gestalten: vgl. insoweit Sec. 2(e) des „*Harris Bill*"; Sec. 101(c) des „*Hart Bill*"; *Kaysen/Turner*, Sec. 3(b) (1),(2),(4), dazu bereits Fn. 5 (S. 21). Ob er tatsächlich geeignet ist, dem „big case – big record"-Syndrom abzuhelfen, ist indes zweifelhaft, da es mangels empirisch gesicherter Erkenntnisse hinsichtlich der freiheitsgefährdenden Wirkung einer Marktstruktur oder der Unzulänglichkeit eines mit ihr einhergehenden Marktergebnisses in jedem Fall der Einführung von Verteidigungsrechten bedürfte; hierdurch würde das Volumen eines Prozesses nicht verringert: vgl. auch *Areeda/Hovenkamp III*, § 636b.

begründet werden.[329] Soweit nach der Entscheidung im Fall *United Shoe* dennoch eine Verpflichtung des Richters bestehen soll, für die Beseitigung rechtswidriger Monopolmacht, nötigenfalls durch eine Entflechtung, Sorge zu tragen, kann eine derartige Verpflichtung nur für den Fall bestehen, dass die Ursächlichkeit einer „exclusionary practice" für die Aufrechterhaltung der Marktmacht eindeutig feststeht. De facto beschränkt sich dies auf die Fälle externen Unternehmenswachstums. Eine lediglich anlassgebundene Marktstrukturkontrolle scheidet zudem aufgrund wettbewerbspolitischer und praktischer Bedenken aus und steht in Konflikt mit dem vom Supreme Court verhängten Verbot der Industriestrukturpolitik. Vor allem über letzteres setzt sich das *United-Shoe*-Urteil hinweg, indem es bestehenden funktionsfähigen Wettbewerb nicht berücksichtigt.

Soweit schließlich gesellschaftspolitische Zielsetzungen als autonome Ziele einer Entflechtung nach der heute vorherrschenden Auffassung ausscheiden, erscheint es gerechtfertigt anzunehmen, dass der unmittelbaren Beseitigung von Monopolmacht im Sinne des *United-Shoe*-Urteils, zumal sich dieses angesichts seines verhaltensunabhängigen Ansatzes in gewisser Hinsicht als Einzelentscheidung darstellt, in der heutigen Rechtsanwendung *keine praktische Relevanz* mehr zukommt.[330] Die Lösung des Berufungsgerichts im Fall *Microsoft* ist insofern *im Ansatz* richtig, soweit sie die erforderliche Differenzierung um der Aufrechterhaltung eines ergebnisoffenen Wettbewerbsprozesses willen erst auf der Rechtsfolgenseite vornimmt. Andererseits sollte die Marktmacht *Microsofts* nicht unmittelbar angetastet werden, so dass die Begründung des Berufungsgerichts den Sachverhalt nicht richtig erfasst. Eine Entflechtung wäre daher unter Umständen aufgrund des – im Folgenden eingehender darzustellenden – Ziels der Prävention weiterer Wettbewerbsverzerrungen durchaus in Betracht gekommen. Dass es zu einer Erörterung diesbezüglich nicht kam, ist jedoch auf prozessuale Gründe, nicht etwa auf eine grundsätzliche Unzulässigkeit struktureller Eingriffe, zurück zu führen.

B. Entflechtungen als Mittel der Prävention weiterer Wettbewerbsverzerrungen

Auch wenn die unmittelbare Beseitigung von Marktmacht keine praktische Bedeutung (mehr) zu entfalten vermag, gilt dies nicht auch zwangsläufig für Entflechtungen als Mittel der „Entmachtung" eines Monopolisten durch Beseitigung rechtswidrig genutzter „strategischer Vorteile". Letztere kommt auch dann in Betracht, wenn der strukturelle Vorteil auf rechtmäßige Weise erworben wurde und er grundsätzlich zu nicht wettbewerbswidrigen Zwecken eingesetzt werden kann.[331] Weder die integrierte noch die diversifizierte Struktur eines Unternehmens rechtfertigen allerdings als solche eine Ent-

329 I. Erg. wie hier *Areeda/Hovenkamp III*, §§ 617, 653a. Zu anderen Ansichten vgl. Fn. 164 (S. 177).
330 I. Erg. wie hier *Sullivan/Grimes*, S. 78.
331 Vgl. bereits Fn. 25 (S. 182); ferner *Hartford Empire Co. v. U.S.*, 323 U.S. 386, 428 (1945).

flechtung.[332] Ratio des Eingriffs ist vielmehr, wie der Supreme Court im *Crescent-Amusement*-Urteil ausführt, dass sich ein Richter *im öffentlichen Interesse* nicht auf die „beschwerliche“ Prozedur einer kontinuierlichen Verhaltenskontrolle einlassen müsse, wenn sie unvermeidlich scheine.[333] Dies sei vor allem dann der Fall, wenn das bisherige Verhalten des beklagten Unternehmens belege, dass in seiner Struktur begründete Umstände nicht nur *notwendiges Instrument* einer Wettbewerbsverzerrung seien, sondern auch zu erwarten sei, dass die Beibehaltung des strategischen Vorteils *den Anreiz und die Gelegenheit*, diesen erneut zum Nachteil des Wettbewerbs einzusetzen, unverändert lasse.[334] Die Entscheidung im Fall *Griffith* erweckt dabei den Eindruck, jede Nutzung von Marktmacht, um sich einen wettbewerblichen Vorteil zu verschaffen, könne bei entsprechender Wiederholungsgefahr ausreichen, um eine Entflechtung zu rechtfertigen. Insoweit hat sich die Rechtsprechung allerdings seit der letzten Entflechtung erheblich gewandelt. Gleiches gilt für die Hauptanwendungsfälle der Verhaltenskontrolle, nämlich die Verhinderung von Zugangsbehinderungen sowie von Kampfpreisen. Die Auswirkungen dieses Wandels sollen im Folgenden knapp untersucht werden.

I. „Exclusionary practices“ als Mittel des Machttransfers („leveraging“)

Die weite, auf den „Gebrauch“ von Marktmacht abstellenden Formulierung der *Griffith*-Entscheidung differenziert nicht nach dem Erfolgsort einer Wettbewerbsverzerrung. Sie legt damit nahe, dass eine Entflechtung auch dann möglich ist, wenn Zuwiderhandlungen festgestellt werden, die sich ausschließlich auf einen nicht dominierten Markt auswirken. Diesbezüglich enthält Section 2 Sherman Act jedoch den speziellen Tatbestand des „attempt to monopolize“. Ob der Gebrauch von Marktmacht zur Ausweitung derselben („leveraging“) unterhalb seiner Schwelle möglich ist, ist demgegenüber unklar.

1. „Attempt to monopolize“

Der Monopolisierungsversuch im Sinne von Section 2 Sherman Act ist wenig konturiert, da er in den wenigsten Fällen alleinige Grundlage einer Entscheidung ist.[335] Er erfordert den Nachweis eines „predatory or anticompetitive conduct“ sowie eines darauf

332 Vgl. explizit *U.S. v. Paramount Pictures*, 334 U.S. 131, 173-74 (1948) (m. w. N.); siehe ferner die Nachweise in Fn. 350 (S. 227); zur Zulässigkeit von „circuitous integration“, der Bildung von Mehrprodukteunternehmen, vgl. *U.S. v. Winslow*, 227 U.S. 202 (1913); vgl. auch Fn. 49 (S. 160).

333 Vgl. *U.S. v. Crescent Amusement Co.*, 323 U.S. 173, 189-90 (1944) (dazu Fn. 32, S. 184); ferner *U.S. v. United Shoe Machinery Corp.*, 110 F.Supp. 295, 347-48 (D. Mass. 1953): „Judicial decrees must be fitted into the framework of what a busy, and none too expert, court can supervise.“

334 *U.S. v. Crescent Amusement Co.*, 323 U.S. 173, 189-90 (1944) (dazu auch Fn. 32, S. 184).

335 Vgl. *Sullivan/Grimes*, S. 73.

bezogenen „specific intent to monopolize“,[336] der in der Regel auch hier durch das Vorliegen wettbewerbswidriger Verhaltensweisen indiziert wird.[337] Darüber hinaus bedarf es – wie der Supreme Court in der Entscheidung im Fall *Spectrum Sports* betont hat – der *positiven Feststellung* einer *hohen Wahrscheinlichkeit*, dass die Begründung neuer „monopoly power“ droht.[338] Letztere Prognose erfordert eine Abgrenzung des relevanten Marktes und eine Analyse der wirtschaftlichen Macht („economic power“) des Unternehmens in dem relevanten Markt.[339] Dazu gehört auch – was im Fall *Microsoft* hinsichtlich der versuchten Monopolisierung des Browsermarktes unterblieben war – eine Analyse der Marktzutrittsschranken.[340]

Indikator für das Vorliegen von „economic power“ ist die Höhe des Marktanteils auf dem von dem Monopolisierungsversuch betroffenen Markt; ihm wird regelmäßig entscheidende Bedeutung beigemessen.[341] Die Rechtsprechung der unteren Gerichte lässt in neueren Fällen, unter anderem im Verfahren gegen *Microsoft*,[342] die Tendenz erkennen, bei Marktanteilen über 50 % eine hohe Erfolgswahrscheinlichkeit als nahe liegend zu betrachten.[343] Unterhalb eines Marktanteils von 30 % scheidet ein Monopolisierungsversuch regelmäßig aus.[344] Stellenweise wird die Bedeutung des Marktanteils in

---

336 Vgl. *Swift & Co. v. U.S.*, 196 U.S. 375, 396 (1905); *Lorain Journal Co. v. U.S.*, 342 U.S. 143, 154 (1951); *U.S. v. Griffith*, 334 U.S. 100, 105-106 (1948); *American Tobacco Co. v. U.S.*, 328 U.S. 781, 785 (1946); *Spectrum Sports, Inc. v. McQuillan*, 506 U.S. 447, 456 (1993). Zur Frage, inwieweit der „specific intent“ konstitutiv sein kann, vgl. *Areeda/Hovenkamp IIIA*, § 806b (ablehnend); *U.S. v. Microsoft Corp.*, 87 F.Supp.2d. 30, 46 (D.D.C. 2000), rev'd, 253 F.3d 34, 81 (D.C. Cir. 2001); dazu auch *Fisher*, Direct Testimony, S. 44 ff. (Rn. 97 ff.); *Sullivan/Grimes*, S. 855.

337 Vgl. *Spectrum Sports, Inc. v. McQuillan*, 506 U.S. 447, 447-48 (1993); eingehend hierzu *Areeda/Hovenkamp IIIA*, § 807b3.

338 Vgl. *Spectrum Sports, Inc. v. McQuillan*, 506 U.S. 447, 456-58 (1993): „[To] demonstrate attempted monopolization a plaintiff must prove (1) that the defendant has engaged in predatory or anticompetitive conduct with (2) a specific intent to monopolize and (3) a dangerous probability of achieving monopoly power.“ Weitere Nachweise in Fn. 336 (S. 226).

339 *Spectrum Sports, Inc. v. McQuillan*, 506 U.S. 447, 459 (1993); ferner *Swift & Co. v. U.S.*, 196 U.S. 375, 396 (1905); *American Tobacco Co. v. U.S.*, 328 U.S. 781, 785 (1946). Vgl. aber auch *Lorain Journal Co. v. U.S.* 342 U.S. 143, 150-53 (1951): Hier wurde zwar Macht auf dem Markt für Printmedien, nicht jedoch auf dem relevanten Markt der Massenverbreitung von Werbung festgestellt. Vgl. auch *Cooper*, 72 Mich. L. Rev. 373, 418-30 (1974) (m. w. N. zu Urteilen, die auf eine Marktabgrenzung verzichten); *Baker*, 61 Notre Dame L. Rev. 898, 922 (1986); *Turner*, 70 Harv. L. Rev. 281, 294 (1956/57).

340 Vgl. *U.S. v. Microsoft Corp.*, 87 F.Supp.2d. 30, 45-46 (D.D.C. 2000), rev'd, 253 F.3d 34, 81-84 (D.C. Cir. 2001). Zur Kritik am erstinstanzlichen Urteil vgl. *McKenzie*, S. 119; *Klein* in: *Eisenach/Lenard*, S. 235 ff.; *Liebowitz/Margolis*, S. 217 ff.; *McKenzie*, S. 120; siehe auch Fn. 58 (S. 187).

341 Zu einer differenzierten Betrachtung vgl. *Areeda/Hovenkamp IIIA*, § 807d1 (S. 354 f.).

342 *U.S. v. Microsoft Corp.*, 87 F.Supp.2d. 30, 45-46 (D.D.C. 2000).

343 Eingehend *Areeda/Hovenkamp IIIA*, § 807d (m. w. N. zur Rechtsprechung).

344 Vgl. *M & M Medical Supplies & Services, Inc. v. Pleasant Valley Hospital, Inc.*, 981 F.2d 160, 168 (4th Cir. 1992) (en banc), cert. denied, 508 U.S. 972 (1993) (30-50 %). Vgl. auch *Springfield Terminal Railway Co. v. Canadian Pacific Limited*, 133 F.3d 103 (1st Cir. 1997) (10 % nicht ausreichend); anders *Lektro-Vend Corp. v. Vendo Co.*, 403 F.Supp. 527 (N.D. Ill. 1975), aff'd, 545 F.2d 1050 (7th Cir. 1976), rev'd on other grounds, 433 U.S. 623 (1977) (20 % ausreichend). Eingehend *Areeda/Hovenkamp IIIA*, § 807d1 (S. 353 ff., m. w. N.).

Bezug zu seiner Entwicklung[345] sowie zur Leichtigkeit eines Marktzutritts gesetzt.[346] Es ist aber keine Entscheidung bekannt, die den Nachweis fordert, dass die „economic power" *ausschließlich* auf die festgestellte Zuwiderhandlung zurückzuführen ist.

2. *„Leveraging"*

Höchst umstritten ist, ob eine Zuwiderhandlung auch unterhalb der Schwelle des Monopolisierungsversuchs angenommen werden kann. Der weit gefassten Formulierung des *Griffith*-Urteils und der ihr folgenden Entscheidung des Supreme Court im Fall *Image Technical Services/Eastman Kodak* zufolge kann der Einsatz *auch rechtmäßig erworbener* Marktmacht, um einen *wettbewerblichen Vorteil* auf einem nicht dominierten Markt zu erlangen, unter Section 2 Sherman Act fallen.[347] Die Formulierungen wurden von einigen unteren Gerichten zum Anlass genommen, den Einsatz von Marktmacht als „Hebel" zur Verschaffung kompetitiver Vorteile auf einem Sekundärmarkt ausreichen zu lassen, um einen Verstoß gegen Section 2 Sherman Act ohne Rücksicht auf den erzielten Marktanteil anzunehmen (sog. „leveraging doctrine").[348]

Diese Rechtsprechung ist vor allem von Vertretern der Chicago-School vehement kritisiert worden. Die Ausdehnung von Marktmacht auf abgrenzbare Märkte könne nicht zu einer Verdopplung von Monopolgewinnen führen („fallacy of double counting").[349] Verhaltensweisen wie eine – auch nach der Rechtsprechung grundsätzlich zulässige[350] – vertikale Integration, Geschäftsverweigerungen, Kopplungspraktiken und

---

345 Siehe *Diamond International Corp. v. Walterhoefer*, 289 F.Supp. 550, 576-78 (D. Md. 1968); *Nifty Foods Corp. v. Great Atlantic & Pacific Tea Co.*, 614 F.2d 832, 841 (2nd Cir. 1980); *Foro Precision v. IBM*, 673 F.2d 1045, 1058-1059 (9th Cir. 1982); *Horst v. Laidlaw Waste System*, 917 F.Supp. 739 (D. Colo. 1996); *U.S. v. Microsoft Corp.*, 87 F.Supp.2d. 30, 46 (D.D.C. 2000).

346 Vgl. *Rebel Oil Co. v. Atlantic Richfield Co.*, 51 F.3d 1421, 1440-41 (9th Cir. 1994), cert. denied, 516 U.S. 917 (1995); *Advo v. Philadelphia Newspapers*, 51 F.3d 1191, 1200 (3rd Cir. 1995); *Movie 1 & 2 v. United Artist Communications*, 909 F.2d 1245, 1254 (9th Cir. 1990), cert. denied, 501 U.S. 1230 (1991); *Black & Decker v. Hoover Serv. Center*, 765 F.Supp. 1129, 1139-40 (D.Conn. 1991).

347 Vgl. *U.S. v. Griffith*, 334 U.S. 100, 107 (1948) (auszugsweise wiedergegeben in Fn. 110, S. 169); *Eastman Kodak Co. v. Image Technical Services, Inc.*, 504 U.S. 451, 479 Fn. 29, 482-83 (1992). *Kodak* betraf einen Fall der umstritten „intrabrand competition": siehe hierzu Fn. 230 (S. 210). Kritisch hierzu *Turner*, 75 Cal. L. Rev. 797, 809-10 (1987) („dangerously broad language").

348 Grundlegend: *Berkey Photo, Inc. v. Eastman Kodak Co.*, 457 F.Supp. 404 (S.D. N.Y. 1978), aff'd in part, rev'd in part, 603 F.2d 263, 274-76 (2nd Cir. 1979), cert. denied, 444 U.S. 1093 (1980). Der 2nd Circuit hat seine Aussagen in einer späteren Entscheidung als „dictum" bezeichnet: *Twin Lab., Inc. v. Weider Health & Fitness*, 900 F.2d 566, 569-71 (2nd Cir. 1990). Eingehend zum „leveraging": *Blair/Esquibel*, 40 Antitr. Bull. 371 (1995); *Kaplow*, 85 Col. L. Rev. 515 (1985) (jew. m. w. N. zur Rspr.); siehe zuletzt *Law Offices of Curtis V. Trinko, LLP v. Verizon Communications Inc.*, 305 F.3d 89, 107-08 (2nd Cir. 2002).

349 Siehe *Posner*, Antitrust Law, S. 173; *Bork*, Antitrust Paradox (1978), S. 367, 373 f. Vgl. auch *Scherer/Ross*, S. 522, denen zufolge der Preis vielmehr zum Vorteil des Verbrauchers sinke.

350 Vgl. *U.S. v. Paramount Pictures*, 334 U.S. 131, 173-74 (1948) (m. w. N.); *Ford Motor Co. v. U.S.*, 405 U.S. 562 (1972); vgl. explizit *Berkey Photo, Inc. v. Eastman Kodak Co.*, 603 F.2d 263, 276 (2nd Cir. 1979). Die Verfolgung vertikaler Zusammenschlüsse ist rar, stellt dann aber primär auf horizontale Auswirkungen ab: *Sullivan/Grimes*, S. 630; *Areeda/Hovenkamp IIIA*, §§ 756, 806d3.

andere Mittel des Machttransfers[351] seien daher nicht durch das ohnehin zum Scheitern verurteilte Streben nach mehreren Monopolstellung zu erklären. Motiv derartiger Strategien seien ausschließlich Effizienzerwägungen, deren Existenz die Qualifzierung eines Verhaltens als wettbewerbswidrig ausschließe.[352]

Der Supreme Court selbst hat sich bislang nicht explizit zu der Doktrin geäußert. Allerdings unterstrich er verschiedentlich, dass lediglich Section 1 Sherman Act „restraints of trade" erfasse. Einseitige Wettbewerbsbeschränkungen eines Monopolisten fielen auch dann nicht unter das Monopolisierungsverbot, wenn sie von ihren ökonomischen Auswirkungen her kollusiven Praktiken gleichkämen, ohne die Schwelle des „attempt to monopolize" zu überschreiten. Diesbezüglich weise das Antitrust-Recht eine *bewusste Lücke* auf,[353] die allerdings durch das in Section 5 FTC Act enthaltene Verbot der „unfair methods of competition" oder „unfair and deceptive acts or practices" gefüllt werde.[354] Unter Berufung hierauf sowie auf die ökonomische Kritik am „leveraging" lehnen es daher insbesondere die Berufungsgerichte des 9th Circuit[355] und des 3rd Circuit[356], aber auch die Tatsacheninstanz im Fall *Microsoft*,[357] ab, einen eigenständigen Tatbestand des „leveraging" anzunehmen.[358] Andere Gerichte haben eine eindeutige Stellungnahme bislang vermieden oder behalten sich diese vor.[359]

---

351 Vgl. *Sullivan*, 21 Sw. U. L. Rev. 1227, 1235 (1992), der den Begriff der „vertikalen Strategien" verwendet; es kann sich jedoch auch um komplementäre Märkte handeln, ohne dass ein „vertikales" Verhältnis im engeren Sinn vorläge. Siehe auch *Riordan/Salop*, 63 Antitrust L.J. 513 (1995).

352 Grundlegend *Bowman*, 67 Yale L.J. 19 (1957). Vgl. auch *Bork*, Antitrust Paradox (1978), S. 225, 299 ff., 372 ff.; *Posner/Easterbrook*, S. 802 ff., 870; *Posner*, Antitrust, S. 196 ff.; *Larson*, 63 Antitrust L.J. 239, 264 (1994). Überblick bei *Hovenkamp*, Antitrust Policy, § 9.2b (S. 332 ff.); *Grimes*, 62 Antitrust L.J. 263, 284-92 (1994).

353 Vgl. *Copperweld Corp. v. Independence Tube Corp.*, 467 U.S. 752, 775 (1984) („*purposeful gap in liability*"). Vgl. auch *Blair/Esquibel*, 40 Antitr. Bull. 371, 375-88 (1995).

354 Ähnlich *Spectrum Sports, Inc. v. McQuillan*, 506 U.S. 447, 448 (1993). Vgl. auch Fn. 103 (S. 193); ferner *Arthur*, 68 Antitrust L.J. 337, 383-85 (2000); ferner *Areeda/Hovenkamp III*, § 652c (S. 89).

355 Vgl. *Alaska Airlines, Inc. v. United Airlines, Inc.*, 948 F.2d 536, 546-49 (9th Cir. 1989), cert. denied, 503 U.S. 977 (1992). Trotz Aufhebung der vorangegangenen Entscheidung durch den Supreme Court, die zur Begründung der „leveraging doctrine" herangezogen wird (vgl. Fn. 347, S. 227), hat der 9th Circuit an seiner Rechtsprechung festgehalten: *Image Technical Serv., Inc. v. Eastman Kodak Co.*, 125 F.3d 1195, 1209 (9th Cir. 1997), cert. denied 523 U.S. 1094 (1998); *Cost Management Serv. v. Washington Natural Gas*, 99 F.3d 937, 952 (9th Cir. 1996).

356 Vgl. *Fineman v. Armstrong World Industries, Inc.*, 980 F.2d 171, 205-206 (3rd Cir. 1992), cert. denied, 507 U.S. 921 (1993).

357 *U.S. v. Microsoft Corp.*, 1998 WL 614485, *27 (D.D.C. 1998).

358 Kritisch hierzu *Blair/Esquibel*, 40 Antitr. Bull. 371, 383 (1995); *Sullivan/Grimes*, S. 129.

359 Erwähnung in *Fishman v. Estate of Wirtz*, 807 F.2d 520, 541 Fn. 18 (7th Cir. 1986); ferner *Grand Light & Supply Co. v. Honeywell, Inc.*, 771 F.2d 672, 681 (2nd Cir. 1985) („leveraging" aus faktischen Gründen abgelehnt); *Key Enterprises, Inc. v. Venice Hospital*, 919 F.2d 1550, 1566-67 (11th Cir. 1990), vacated per curiam, 979 F.2d 806 (11th Cir. 1992), cert. denied, 511 U.S. 1126 (1994); *Ad/Sat v. Associated Press*, 181 F.3d 216, 230 (2nd Cir. 1999); *Intergraph Corp. v. Intel Corp.*, 195 F.3d 1346, 1359-60 (Fed. Cir. 1999) (kein „leveraging", wenn lediglich ein einzelner Wettbewerber beeinträchtigt werde); *Aquatherm Industries v. Florida Power & Light Co.*, 971 F.Supp. 1419 (M.D.Fla. 1997), aff'd, 145 F.3d 1258, 1262 (11th Cir. 1258), cert. denied, 526 U.S. 1050 (1999); *Advanced Health-Care Serv., Inc. v. Radford Community Hosp.*, 910 F.2d 139, 149-150 Fn. 17 (4th Cir. 1990); *M & M Medical Supplies & Serv., Inc. v. Pleasant Valley Hosp., Inc.*, 946 F.2d 886,

In der neueren Rechtsprechung zeichnet sich die Tendenz ab, den Gebrauch von Marktmacht nur dann unter Section 2 Sherman Act zu subsumieren, wenn eine erhöhte Wahrscheinlichkeit für das Eintreten eines monopolistischen Zustandes besteht.[360] Dass die Diskussion um die „leveraging doctrine“ damit beendet ist, kann indes nicht behauptet werden.[361] Der Oberste Gerichtshof hat sich auch in seiner letzten Entscheidung im Fall *Trinko* nicht zu der Theorie geäußert.[362] Im Zusammenhang mit Kopplungsklauseln hat er jedoch klargestellt, dass eine Kartellbehörde vor einem Einschreiten nicht abwarten muss, dass ein Unternehmen sein Ziel erreicht hat.[363] Section 2 Sherman Act erfasst gerade auch mit Rücksicht auf die Unvorhersehbarkeit wettbewerblicher Prozesse wettbewerbswidrige Verhaltensweisen, die einen wesentlichen Beitrag zur Begründung von Macht auf einem weiteren Markt leisten können, ohne dass der Erfolg positiv feststehen müsste.[364] Die Evaluierung der „economic power“ – und nicht der „market power“ – eines Unternehmens lässt gewisse Spielräume: Sie kann auch durch die Fähigkeit vermittelt werden, die Marktentwicklung auf komplementären Märkten zu kontrollieren,[365] ohne dass es auf die Erzielung eines bestimmten Marktanteils ankäme.[366] Insoweit stellen weder der Sherman Act selbst noch der Supreme Court Anforderungen an die Höhe der zu erreichenden Marktanteile.[367] Darüber hinaus lässt die preistheoretisch beeinflusste Betrachtung des Problems des „leveraging“ unberücksichtigt, dass ein Machttransfer unter strategischen Gesichtspunkten sinnvoll sein kann,[368] indem er Wettbewerber zu einem simultanen Eintritt auf zwei Märkten zwingt.[369] Dank Informationsasym-

---

892 (4th Cir. 1991), 981 F.2d 160 (4th Cir. 1992) (en banc), cert. denied, 508 U.S. 972 (1993); *Assoc. for Intercollegiate Athletics for Women v. NCAA*, 735 F.2d 577, 586 Fn. 14 (D.C.Cir. 1984).

360 In diesem Sinne auch *Areeda/Hovenkamp* (2000 Suppl.), § 652'b Fn. 4 (m. w. N.).

361 Wie hier *Areeda/Hovenkamp* (2000 Suppl.), § 652'b. Anders *Kattan*, 9-Fall Antitrust 41 (1994).

362 *Verizon Communications Inc. v. Law Offices of Curtis V. Trinko, LLP*, 540 U.S. 398, 414 Fn. 5 (2004), lediglich auf dien Notwendigkeit der „dangerous probability of success“ verweisend.

363 Vgl. *International Salt Co. v. U.S.*, 332 U.S. 392, 396 (1947): „[...] Agreements are forbidden which ‚tend to create a monopoly,‘ and it is immaterial that the tendency is a creeping one rather than one that proceeds at full gallop; nor does the law await arrival at the goal before condemning the direction of the movement.“; ähnlich *U.S. v. Paramount Pictures*, 334 U.S. 131, 171 (1948).

364 Siehe *Shavell*, 19 J. Leg. Stud. 435 (1990); *Areeda/Hovenkamp IIIA*, § 807i und § 806b (S. 330: „[...] The purpose of the law is to deter *undesirable behavior* that when measured ex ante promises to be profitable but has less than a 100 percent chance of success.“).

365 Vgl. insoweit *Image Technical Services, Inc. v. Eastman Kodak Co.*, 125 F.3d 1195 (9th Cir. 1997), cert. denied 523 U.S. 1094 (1998) (Kontrolle über einen Markt ausreichend, um die Monopolisierung eines Drittmarktes für Reparatur- und Instandhaltungsleistungen von Kopierern zu bejahen).

366 Zudem kann in Versuchsfällen die Marktdefinition enger sein: andeutungsweise in diesem Sinne *U.S. v. E.I. Du Pont de Nemours & Co.*, 351 U.S. 377, 395 Fn. 23 (1956); vgl. auch *Cooper*, 72 Mich. L. Rev. 373, 424-30 (1974); kritisch *Areeda/Hovenkamp IIIA*, § 807b (S. 342 ff.).

367 *Areeda/Hovenkamp III*, § 652c (allerdings einen Missbrauch durch Konkurrenten befürchtend).

368 Zur Relevanz strategischer Verhaltensweisen siehe *Lombardo*, 41 St. Louis U. L.J. 387 (1996).

369 Siehe *Posner*, 72 U. Chi. L. Rev. 229, 237 (2005); *Evans/Padilla*, 72 U. Chi. L. Rev. 73, 78-80 (2005); *Sullivan*, 21 Sw. U. L. Rev. 1227, 1235-37 (1992); instruktiv *Kaplow*, 85 Col. L. Rev. 515, 520-43 (1985); *Riordan/Salop*, 63 Antitrust L.J. 513, 517-20 (1995); *Grimes*, 62 Antitrust L.J. 263, 272, 284-92 (1994) (mit Kritik am Ansatz von *Bowman* – Fn. 352); *Sullivan/Grimes*, S. 109,

metrien erlaubt der Machttransfer zudem, Kosten unabhängig von ihrem Entstehungsort zu verteilen.[370] Hierdurch können Monopolgewinne verschleiert und der Anreiz für Wettbewerber zu einem Eintritt auf den dominierten Markt gesenkt werden.[371] Zudem wird der Nachweis von Kampfpreisunterbietungen erschwert, was ihr Auftreten im Hinblick auf ihre abschreckenden Wirkung rational erscheinen lässt.[372]

Die restriktiven Tendenzen in der Rechtsprechung hinsichtlich des Einsatzes von Marktmacht haben jedoch im Ergebnis Auswirkungen auf das nach der *Griffith*-Entscheidung bestehende Verbot von Monopolmacht im Sinne der tatsächlich ausgeübten „power to exclude competition": Allein die Ausübung von Wettbewerbsverhinderungsmacht vermag – jedenfalls nach der heutigen Rechtslage – mangels entsprechenden Unwerturteils keinen strukturellen Eingriff zu rechtfertigen. Soweit ein struktureller Eingriff dazu dient, die Wettbewerbsverhinderungsmacht eines Unternehmens zu beseitigen bzw. diesem ein *Instrument zur Verzerrung des Wettbewerbs* zu nehmen, kann diese Zielsetzung nur noch eingeschränkt zum Tragen kommen: Entweder muss sich die ausgeübte Fähigkeit zur Beschränkung von Wettbewerb *auf den bereits dominierten Markt* auswirken oder sich auf einen *Sekundärmarkt* auswirken, *auf dem das betreffenden Unternehmen eine wirtschaftliche Machtstellung einnimmt.*

In beiden Fällen bedarf es jedoch keines Nachweises, dass die bestehende Marktmacht oder die auf dem Sekundärmarkt begründete wirtschaftliche Macht ausschließlich auf eine Zuwiderhandlung zurückzuführen ist. Ebenso wie im Fall der Aufrechterhaltung von Marktmacht verbietet sich insoweit ein kategorisches Werturteil gegenüber der auf dem Zweitmarkt begründeten Macht: Es lässt sich in der Regel auch hier nicht ausschließen, dass sie auch Produkt von „superior product, business acumen, or historic accident" ist.[373] Eine Entflechtung kommt mithin nur auf der Grundlage der Erwägungen der *Crescent-Amusement*-Entscheidung in Betracht: Allerdings existiert, auch wenn

---

632 f.; *Eisner*, S. 235; *Scherer/Ross*, S. 525. Eingehende Darstellung bei *Blair/Esquibel*, 40 Antitr. Bull. 371, 375-388 (1995); *Posner*, SF63 ALI-ABA 115, 124 (2000); *Baker*, 58 Antitrust L.J. 645, 647-48 (1989). Dagegen *Bork*, Antitrust Paradox (1978), S. 232.

370 Vgl. *Grimes*, 62 Antitrust L.J. 263, 273-80 (1994); *ders.*, 70 Antitrust L.J. 199 (2002); *Kaplow*, 85 Col. L. Rev. 515, 536-39 (1985). *Eastman Kodak Co. v. Image Technical Services, Inc.*, 504 U.S. 451, 473 (1992); anders J. *Scalia*, dissenting, a.a.O., S. 495.

371 Vgl. *Fisher*, Direct Testimony (Jan. 11, 1999); *Brinkley/Lohr*, S. 133. Andererseits erlaubt dies auch nutzungsabhängige Preisgestaltungen: siehe hierzu *Grimes*, 62 Antitrust L.J. 263, 284-92 (1994); *Bowman*, 67 Yale L.J. 19, 23-24 (1957). Siehe auch *Posner/Easterbrook*, S. 804; *Posner*, Antitrust Law, S. 173. Eingehend *Lande*, 62 Antitrust L.J. 193, 196 (1993); *Wollenberg*, 39 Stanford L. Rev. 737, 743-56 (1987); *Fleischer*, RIW 2000, 22, 25 f.

372 Siehe die Diskussion im 1. Teil, § 3 A.I.3. b) bb) (S. 128). Zumindest für den Fall, dass ein Unternehmen von einem geschützten Markt aus agiert, ist dies auch von Vertretern der „fallacy of double counting" anerkannt: siehe Fn. 139 (S. 128).

373 Siehe die Diskussion in § 2 A.III.2. b) aa) (S. 210 f.). Paradigmatisch ist die Diskussion um den *Internet Explorer* von *Microsoft*: vgl. Fn. 58 (S. 187) und Fn. 340 (S. 226).

strukturelle Eingriffe im Kontext von Monopolisierungsversuchen möglich scheinen,[374] kein Fall, in dem eine Entflechtung ausschließlich auf dieser Grundlage verfügt wurde.

II. Kontrolle über Sekundärmärkte als Entflechtungsgrund

In einer Reihe von Entscheidungen spielte der Umstand, dass die Kontrolle über einen Sekundärmarkt zur Aufrechterhaltung von Marktmacht auf einem dominierten Primärmarkt genutzt wurde, eine erhebliche Rolle. So hatte bereits im *Standard-Oil*-Fall die Monopolisierung des Ölmarktes mittels Kontrolle über Pipelines ihre Entflechtung gerechtfertigt.[375] In den Fällen *Schine Chain Theatres* und *Crescent Amusement* rechtfertigte die Kontrolle über Filmtheater, mit deren Hilfe die Nachfragemacht ausgeübt worden war, den Eingriff. Ein entsprechender Fall auf der Anbieterseite ist das Verfahren gegen *Paramount Pictures* und vier weitere vertikal integrierte Film-Produktionsgesellschaften:[376] Hier ermöglichte die – allerdings durch Absprachen flankierte – Kontrolle über den Zugang zu hochwertigen Filmen eine Monopolisierung der Märkte für die Erstaufführungen von Filmen[377] und des Filmverleihs.[378] Im Ergebnis wurden die vertikal integrierten Gesellschaften verpflichtet, Verflechtungen auf lokaler Ebene aufzulösen[379] und die als Teil des konzertierten Vorgehens „genutzten" Filmtheater auf eine anschließend zu verselbständigende Gesellschaft zu übertragen.[380] Auch in den Fällen *International Boxing Club of New York,*[381] *Pullman Co.*[382] und *AT & T*[383] rechtfertigte die Kontrolle über den Zugang zu einem Sekundärmarkt vertikale Entflechtungen.

---

374 I. Erg. wie hier *Areeda/Turner III*, § 838 Fn. 1; implizit auch *Lynch*, 1180 PLI/Corp 303, 331 (2000) (wonach die Abhilfen für vollendete und versuchte Monopolisierung identisch seien). Ablehnend (ohne nähere Begründung) *Areeda/Hovenkamp IIIA*, § 808b.

375 Siehe Fn. 18 (S. 181).

376 *U.S. v. Paramount Pictures, Inc.*, 66 F.Supp. 323; 70 F.Supp. 53 (S.D.N.Y. 1947), aff'd in part and rev'd in part, 334 U.S. 131 (1948), on remand 85 F.Supp. 881 (S.D.N.Y. 1949), aff'd, 339 U.S. 984 (1950). Zu den gegen *Paramount* erhobenen Vorwürfen vgl. *U.S. v. Paramount Pictures, Inc.*, 334 U.S. 131, 162-63 (1948); ferner *Litman*, S. 188 f.; *Whitney II*, S. 149 ff.; *Rostow*, 14 U. Chi. L. Rev. 567, 591 (1946); *Waldman*, S. 78 ff. (dort auch zur Vorgeschichte des Verfahrens). Zum *Paramount*-Verfahren vgl. bereits eingehend *Mestmäcker* in: *FS Böhm*, S. 345, 376. Zu einer Kritik des Vorwurfs des „block booking" vgl. *Stigler* in: *Stigler*, Organization, S. 165 ff.

377 Zur Marktabgrenzung siehe *Turner*, 70 Harv. L. Rev. 281, 294 (1956/57).

378 Vgl. *U.S. v. Paramount Pictures*, 334 U.S. 131, 140, 166 (1948); eine Monopolisierung des Marktes für die *Produktion* von Filmen wurde allerdings abgelehnt: Tatsächlich war nach der Entflechtung gerade auf dem letzten Markt erheblicher Wettbewerb festzustellen: vgl. *Waldman*, S. 83, 89.

379 *U.S. v. Paramount Pictures*, 334 U.S. 131, 150 (1948).

380 *U.S. v. Paramount Pictures*, 334 U.S. 131, 153 (1948). Zur Durchführung siehe *U.S. v. Loew's, Inc.*, 1952 Tr. Cas. (CCH) § 67,228 (D.C.N.Y. 1952); 1950-51 Tr. Cas. (CCH) § 67,765 (D.C.N.Y. 1951); *U.S. v. Paramount Pictures, Inc.*, 1948-49 Tr. Cas. (CCH) § 62,335 (D.C.N.Y. 1948), 1948-49 Tr. Cas. (CCH) § 62,377 (D.C.N.Y. 1949).

381 *International Boxing Club of New York, Inc. v. U.S.*, 358 U.S. 242 (1959): Hier war u. a. die Verpflichtung ausgesprochen worden, von zwei natürlichen Personen gehaltene Anteile am *Madison Square Garden* zu veräußern, da diese – obgleich rechtmäßig erworben – zentrales Element der Wettbewerbsbeschränkung gewesen waren und es ermöglicht hatten, den Zugang zum Markt für

Die vorgenannten Konstellationen sind stellenweise als „bottleneck"-Situationen bezeichnet worden.[384] Der Begriff wird auch im Zusammenhang mit der *„essential facilities doctrine"* verwendet,[385] die unter anderem im *AT & T*-Verfahren zur Begründung eines Verstoßes herangezogen wurde.[386] Freilich überschreitet eine umfassende Erörterung der umstrittenen Doktrin den Rahmen dieser Arbeit.[387] Sie ist vorliegend jedoch insoweit von Interesse, als eines der gegen sie vorgebrachten Argumente ist, dass die Überwachung der Einhaltung der Zugangsverpflichtung – insbesondere hinsichtlich der Angemessenheit des Entgelts und der Einhaltung akzessorischer Pflichten wie der *Rechtzeitigkeit* der Zugangsgewährung oder der Bereitstellung weitergehender Hilfeleistungen – nicht spezialisierten Gerichten eine kaum zu bewältigende Last aufbürde.[388] Nach der *Crescent-Amusement*-Entscheidung soll eine Entflechtung jedoch gerade dazu dienen, Gerichten eine „mühselige" und regelmäßig zu spät kommende Verhaltenskontrolle zu ersparen.[389] Daher liegt nahe, Entflechtungen stets dann für zulässig zu halten, wenn Behinderungen des Zugangs zu einer durch den Monopolisten kontrollierten „Einrichtung" eine Rolle spielen. Diese Fälle eignen sich auch deshalb für strukturelle Eingriffe, als ihnen zwangsläufig abgrenzbare Märkte zugrunde liegen.[390] Andererseits begegnet ein derart weit reichender Ansatz in den Fällen, in denen eine Leistung aus eigener Kraft geschaffen wurde, erheblichen Bedenken. Daher werden im Folgenden die Voraussetzungen für die Annahme einer Zugangsbeschränkung und gegebenenfalls hieraus resultierende Einschränkungen der Reichweite struktureller Eingriffe untersucht.

1. „Essential Facilities Doctrine"

Nach der von einigen unteren Gerichten angenommenen „essential facilities doctrine" ist ein marktmächtiges *Einzelunternehmen*, das eine „wesentliche Einrichtung" kontrol-

---

professionelle Boxtitelkämpfe abzuschotten. Auch hier spielten indes Vorwürfe der „conspiracy to monopolize" eine Rolle.

382 Siehe dazu im 3. Teil § 2 A.II.2. (S. 306).

383 Eingehend zur Entflechtung von *AT & T* im 3. Teil § 2 B.I.2. c) (S. 324 ff.).

384 Vgl. *Fraidin*, 33 Geo. Wash. L. Rev. 899, 930 (1965); *Averitt*, 40 Ohio St. L.J. 781, 808 (1979).

385 Siehe z. B. *Hecht v. Pro-Football, Inc.*, 570 F.2d 982, 992 (D.C. Cir. 1977); *MCI Communications Corp. v. American Tel. & Tel. Co.*, 708 F.2d 1081, 1132 (7th Cir. 1982).

386 Siehe Fn. 291 (S. 327).

387 Vgl. Kritik bei *Areeda*, 58 Antitrust L.J. 841 (1990); *Hovenkamp*, Antitrust Policy, § 7.7 (S. 273); *Areeda/Hovenkamp IIIA*, § 771c; *Lipsky/Sidak*, 51 Stan. L. Rev. 1187 (1999); siehe auch Darstellung bei *Schoen*, 80 N.Y.U. L. Rev. 1625, 1638-42 (2005).

388 Vgl. *Verizon Communications Inc. v. Law Offices of Curtis V. Trinko, LLP*, 540 U.S. 398, 406 (2004). Siehe ferner *Pitofsky*, 4 Tex. Rev. L. & Pol. 129, 137 (1999); *Kovacic*, 31 Conn. L. Rev. 1285, 1304 (1999); *ders.*, 74 Iowa L. Rev. 1105, 1106-1107 Fn. 9 (1989). Kritisch auch *Areeda*, 58 Antitrust L.J. 841, 853 (1990); ähnlich *Lipsky/Sidak*, 51 Stan. L. Rev. 1187, 1195 (1999).

389 Siehe Fn. 32 (S. 184); ferner *International Boxing Club v. U.S.*, 358 U.S. 242, 260 (1959) („[The] injunctive process affords too little relief too late.").

390 Vgl. *Sullivan*, 21 Sw. U. L. Rev. 1227, 1239 (1992); *Markert*, WuW 1995, 560, 568 ff.; *Knieps*, 23 Fordham Int'l L.J. 90, 106 (2000).

liert, verpflichtet, Wettbewerbern ohne jegliche Diskriminierung Zugang zu der Einrichtung zu gewähren, sofern sie „praktisch" oder „vernünftigerweise" nicht dupliziert werden kann und die Kapazität der Einrichtung dies zulässt.[391] Der Begriff der „Einrichtung" wird dabei erstaunlich weit gefasst;[392] zugleich lassen es manche Entscheidungen genügen, dass die Zugangsbehinderung[393] das Zugang begehrenden Unternehmen lediglich benachteiligt, weil die Einrichtung *aus seiner Sicht* unter wirtschaftlichen Gesichtspunkten nicht duplizierbar ist.[394] Begründet wird dies unter anderem mit der Notwendigkeit, einen Machttransfer auf Drittmärkte zu verhindern.[395]

Vordergründig entspricht dies den oben dargestellten Entflechtungen im Dienste einer Verhaltenskontrolle, da hier die Zugangsbeschränkungen zwar einen Marktzutritt erschwerten, aber – wie der erfolgreiche Markteintritt eines Wettbewerbers von *Pullman* belegt[396] – nicht ausschlossen.[397] Potentiellen Konkurrenten blieb es zudem unbenommen, durch *eigene Anstrengungen* den notwendigen Input selbst herzustellen. Die Entscheidungen erwecken mithin den Eindruck, allein die mit der Zugangsbehinderung verbundene Ausnutzung der Hebelwirkung einer integrierten Struktur und die davon ausgehende Benachteiligung von Wettbewerbern habe ausgereicht, um ein „monopolizing" anzunehmen und die darauf beruhende Entflechtung zu rechtfertigen.[398]

2. *Kritik der Doktrin*

Obgleich eine ausführliche Diskussion der „essential facilities doctrine" hier unterbleiben muss, begegnet diese erheblichen Bedenken. Sie trägt weder dem Grundsatz der

---

391 Siehe explizit *MCI Communications Corp. v. American Tel. & Tel. Co.*, 708 F.2d 1081, 1132-33 (7th Cir. 1982) (m. w. N.). Vgl. auch *City of Mishawaka v. American Electric Power Co.*, 465 F.Supp. 1320, 1336 (N.D. Ind. 1979), aff'd in relevant part, 616 F.2d 976 (7th Cir. 1980), cert. denied, 449 U.S. 1096 (1981); *U.S. v. AT & T Co.*, 524 F.Supp. 1336, 1352-53 (D.D.C. 1981); *City of Anaheim v. Southern California Edison Co.*, 955 F.2d 1373, 1379-80 (9th Cir. 1992). Erstmalig: *Hecht v. Pro-Football, Inc.*, 570 F.2d 982, 992 (D.C.Cir.1977), cert. denied, 436 U.S. 956 (1978). Zu einem Überblick vgl. *Pitofsky/Patterson/Hooks*, 70 Antitrust L.J. 443 (2002) (m. w. N.).

392 Vgl. *Lipsky/Sidak*, 51 Stan. L. Rev. 1187, 1192-93 (1999) (m. w. N. zur Rechtsprechung).

393 Zu weiteren Varianten der Zugangsbehinderung vgl. *Piraino*, 93 Nw. U. L. Rev. 1, 21 (1998); *Lao*, Corn. J.L. & Pub. Pol. 193, 196 (1999). Zum partiellen Vorenthalten von Informationen im Fall *Microsoft* vgl. die Kritik an dem ursprünglichen Abhilfeverlangen bei *Lipsky/Sidak*, 51 Stan. L. Rev. 1187, 1227-31 (1999). Zur Änderung von Produktspezifikationen im Fall *IBM* siehe *Transamerica Computer Co. v. IBM Corp.*, 698 F.2d 1377, 1382-83 (9th Cir. 1983).

394 Vgl. *Hecht v. Pro-Football, Inc.*, 570 F.2d 982, 992 (D.C. Cir. 1977); vgl. auch *Byars v. Bluff City News Co.*, 609 F.2d 843, 857 (6th Cir. 1979). Kritisch hierzu *Lipsky/Sidak*, 51 Stan. L. Rev. 1187, 1196, 1202-1205 (1999). Anders *America Online, Inc. v. GreatDeals.net*, 49 F.Supp.2d 851, 862 (E.D. Va. 1999); vgl. auch *Pitofsky/Patterson/Hooks*, 70 Antitrust L.J. 443, 449 (2002), m. w. N.

395 *MCI Communications Corp. v. American Tel. & Tel. Co.*, 708 F.2d 1081, 1132 (7th Cir. 1982); *Fishman v. Wirtz*, 807 F.2d 520, 539 (7th Cir. 1986) (m. w. N.); *City of Anaheim v. Southern California Edison Co.*, 955 F.2d 1373, 1379-80 (9th Cir. 1992). Ablehnend *Alaska Airlines, Inc. v. United Airlines, Inc.*, 948 F.2d 536, 542-45 (1989), cert. denied, 503 U.S. 977 (1992).

396 Vgl. *Dewey*, 63 J. Pol. Econ. 93, 94 (1955).

397 Siehe § 2 B.I. (S. 225 ff.).

398 Vgl. *U.S. v. Paramount Pictures*, 334 U.S. 131, 174 (1948) (insoweit von „leverage" sprechend).

Vertragsfreiheit[399] noch der Notwendigkeit ausreichend Rechnung, Leistungsanreize sowohl für denjenigen, der Zugang zu einer Einrichtung begehrt,[400] als auch für den Inhaber einer Einrichtung aufrechtzuerhalten.[401] Hinzutreten die bereits erörterten Schwierigkeiten einer Verhaltenskontrolle.[402] Tatsächlich findet die „essential facilities doctrine" keinen Rückhalt in der Rechtsprechung des Supreme Court. Letzterer hat es bislang abgelehnt, sich zur Doktrin zu äußern,[403] in einer neueren Entscheidung jedoch klargestellt, dass für sie jedenfalls dann kein Raum sei, wenn bereits eine der Regulierung unterliegende Zugangsverpflichtung bestehe. Dieser Grundsatz soll generell für die Anwendung von Section 2 Sherman Act auf Zugangsverpflichtungen gelten, sofern die bestehende Regulierung auch wettbewerblichen Belangen Rechnung trägt.[404]

Dessen ungeachtet hat der Oberste Gerichtshof auch mehrfach betont, dass der Grundsatz der Vertragsfreiheit nicht schrankenlos ist.[405] Kennzeichnend für die von ihm anerkannten und regelmäßig zur Begründung der „essential facilities doctrine" herangezogenen Ausnahmen ist jedoch stets, dass sich die Leistungsverweigerungen nach allgemeinen Grundsätzen nicht als „competition on the merits" darstellten.[406] Danach sind zwei Fallgruppen zu unterscheiden: Die erste betrifft Fälle, in denen die Einrichtung *nicht unter wettbewerblichen Bedingungen* geschaffen wurde, weil sie entweder ein *Ge-*

---

399 Vgl. *U.S. v. Colgate*, 250 U.S. 300, 307 (1919); *Eastman Kodak Co. v. Southern Photo Materials Co.*, 273 U.S. 359 (1927); *NYNEX Corp. v. Discon, Inc.*, 525 U.S. 128, 137 (1998).

400 Siehe Nachweise in Fn. 57 (S. 34); ferner *Aspen Skiing Co. v. Aspen Highlands Skiing Corp.*, 472 U.S. 585, 600 (1985): „The central message of the Sherman Act is that a business entity must find new customers and higher profits through internal expansion – that is, by competing successfully rather than by arranging treaties with its competitors."; vgl. auch *Associated Press v. U.S.*, 326 U.S. 1, 15 (1945) („individual enterprise and sagacity" und „combination" abgrenzend).

401 Vgl. *Berkey Photo, Inc. v. Eastman Kodak Co.*, 603 F.2d 263, 281 (2nd Cir. 1979); *California Computer Products v. IBM Corp.*, 613 F.2d 727, 744 (9th Cir. 1979); nunmehr explizit auch *Verizon Communications Inc. v. Law Offices of Curtis V. Trinko, LLP*, 540 U.S. 398, 406 (2004); *Thorne*, 72 U. Chi. L. Rev. 289, 300 (2005).

402 Vgl. Fn. 388 (S. 232).

403 Vgl. explizit *Aspen Skiing Co. v. Aspen Highlands Skiing Corp.*, 472 U.S. 585, 611 Fn. 44 (1985); *Verizon Communications Inc. v. Law Offices of Curtis V. Trinko, LLP*, 540 U.S. 398, 408 (2004); siehe aber *Geradin*, 41 CMLR 1519, 1523 (2004), demzufolge der Supreme Court die Doktrin implizit abgelehnt habe.

404 Siehe *Verizon Communications Inc. v. Law Offices of Curtis V. Trinko, LLP*, 540 U.S. 398, 408-15 (2004). Eingehend zu dem Urteil *Geradin*, 41 CMLR 1519, 1521-24 (2004); *Schoen*, 80 N.Y.U. L. Rev. 1625 (2005); *Hovenkamp*, 72 U. Chi. L. Rev. 147, 151-52 (2005); *Fox*, 73 Antitrust L. J. 153 (2005); zur Vorgeschichte *Cendan*, 78 N.Y.U. L. Rev. 1755, 1767 et seq. (2003); *Schoen*, a. a. O., S. 1633; begrüßend *Thorne*, 72 U. Chi. L. Rev. 289 (2005) (dort auch zu Folgeentscheidungen in ähnlich gelagerten Fällen, S. 294).

405 Vgl. *Lorain Journal Co. v. U.S.* 342 U.S. 143, 155 (1951); ferner *Baker*, 7 Geo. Mason U. L. Rev. 495, 503 (1999) (m. w. N.). Kritisch dazu *Lopatka/Page*, 69 Geo. Wash. L. Rev. 367, 377 (2001).

406 Vgl. *Aspen Skiing Co. v. Aspen Highlands Skiing Corp.*, 472 U.S. 585, 611 Fn. 44 (1985); eingehend *Areeda*, 58 Antitrust L.J. 841, 844-45 (1990). Zur Begründung der „essential facilities doctrine" werden folgende Urteile herangezogen: *U.S. v. Terminal R.R. Ass'n*, 224 U.S. 383 (1912); *Associated Press v. U.S.*, 326 U.S. 1 (1945); *Otter Tail Power Co. v. U.S.*, 410 U.S. 366 (1973); *Aspen Skiing Co. v. Aspen Highlands Skiing Corp.*, 472 U.S. 585 (1985); zum Teil werden auch *U.S. v. Griffith*, 334 U.S. 100 (1948), und *Lorain Journal Co. v. U.S.*, 342 U.S. 143 (1951) bemüht.

meinschaftsunternehmen von Wettbewerbern war.[407] Vergleichbar sind die Fälle, in denen die Einrichtung *aufgrund gesetzlicher oder administrativer Vorzugsrechte* in einem wettbewerbsfreien Raum geschaffen oder betrieben wurde.[408] Die zweite Fallgruppe betrifft Zugangsbehinderungen, bei denen die Einrichtung zwar aus eigener Kraft geschaffen, als Wettbewerbsparameter aber *zweckentfremdet* wurde, weil die Geschäftsverweigerung nicht durch „legitimate competitive reasons“ zu rechtfertigen war und sich nur als Instrument zum Erhalt von Marktmacht darstellte.[409] Grundlage war hier eine *Einzelfallbetrachtung*, die das Fehlen von „legitimate business reasons“ belegte: Anhaltspunkte boten das bisherige Verhalten des Betreibers der Einrichtung gegenüber dem von der Leistungsverweigerung Betroffenen und gegenüber Dritten, also insbesondere die Frage, inwieweit die Leistung bereits zu Marktbedingungen angeboten wurde.[410] Berücksichtigung fanden ferner die Auswirkungen der Weigerung auf Konsumenten.[411]

3. *Folgerungen für strukturelle Eingriffe*

Nach der bislang dargestellten Rechtsprechung kommt es für einen strukturellen Eingriff nicht darauf an, unter welchen Bedingungen der struktureller Vorteil erworben wurde oder ob er zu legitimen Zwecken eingesetzt werden kann. Wettbewerbspolitisch erscheint dies bedenklich. Die Bedenken relativieren sich indes bei näherer Betrachtung der Fallkonstellationen, in denen eine Geschäftsverweigerung einen Verstoß gegen Section 2 Sherman Act darstellt. In der ersten Fallgruppe ergibt sich ein Kontrahierungszwang aus dem Umstand, dass die fragliche Leistung nicht unter Wettbewerbsbedingungen geschaffen wurde. Dies entspricht den Konstellationen in den Fällen *Paramount Pictures* und *International Boxing Club*,[412] in denen die Wirksamkeit der Weigerung, zu diskriminierungsfreien Bedingungen Zugang zu den streitgegenständlichen Leistungen

407 Betroffen sind die Fälle *Associated Press v. U.S.*, 326 U.S. 1, 15 (1945), und *U.S. v. Terminal R.R. Ass'n*, 224 U.S. 383 (1912). Vgl. auch oben Fn. 400; ferner *Lipsky/ Sidak*, 51 Stan. L. Rev. 1187, 1217-28 (1999), die die „essential facilities doctrine“ auf diese Konstellation beschränken wollen.

408 Dies betrifft insbesondere den Fall *Otter Tail Power Co. v. U.S.*, 410 U.S. 366, 377 (1973). Zur Zulässigkeit der Analogie siehe *Areeda*, 58 Antitrust L.J. 841, 844-45 (1990).

409 Die Konstellation trifft auf *Aspen Skiing Co. v. Aspen Highlands Skiing Corp.*, 738 F.2d 1509 (10th Cir. 1984), 472 U.S. 585 (1985), zu. Zu weiteren Fällen der Zweckentfremdung vgl. *Lorain Journal Co. v. U.S.*, 342 U.S. 143, 150-53 (1951); *Dell Computer Corp.*, Dkt. No. C-3658, 1996 WL 350997 (FTC May 20, 1996); dazu *Wagner*, 51 Hastings L.J. 1073, 1089 (2000); zu verschiedenen Drohungen der *Intel Corp.*, Geschäftsbeziehungen abzubrechen, vgl. *Baer/Balto*, 606 PLI/Pat 541, 555 (2000); *Romaine/Salop*, 7 Geo. Mason L. Rev. 1, 19-21 (1999) (jew. m. w. N.)

410 *Verizon Communications Inc. v. Law Offices of Curtis V. Trinko, LLP*, 540 U.S. 398, 408 (2004).

411 Vgl. *Areeda*, 58 Antitrust L.J. 841, 852 (1990). Illustrativ: *Aspen Skiing Co. v. Aspen Highlands Skiing Corp.*, 738 F.2d 1509, 1520-22 (10th Cir. 1984), aff'd, 472 U.S. 585, 601-606 (1985); vgl. auch *Eastman Kodak Co. v. Image Technical Serv., Inc.*, 504 U.S. 451, 485 (1992); ferner *Pitofsky*, 4 Tex. Rev. L. & Pol. 129, 138-39 (1999); *FTC*, Anticipating the 21st Century, Chap. 9 (1996). Zur Kritik an *Aspen* vgl. *Carlton*, 68 Antitrust L.J. 659, 677 (2001); ferner *Easterbrook*, 61 Notre Dame L. Rev. 972, 972-73 (1986); *Lipsky/Sidak*, 51 Stan. L. Rev. 1187, 1209 (1999); *Areeda*, a. a. O., 848-49 (1990). Kritisch auch *Lopatka/Page*, 69 Geo. Wash. L. Rev. 367, 408-24 (2001).

412 Siehe Fn. 381 (S. 231).

zu gewähren, wesentlich auf Absprachen unter Wettbewerbern beruhte. Daher stellten sich die wettbewerblichen Vorteile – ebenso wie in den zur Begründung der „essential facilities doctrine“ herangezogenen Fälle *Terminal Railroad Association* und *Associated Press* – bei einer Gesamtbetrachtung nicht ausschließlich als Ausdruck der *individuellen Leistung* eines Marktteilnehmers dar.[413] Ähnliches gilt für den Fall *AT & T*, in dem sich die Einrichtungen aufgrund langjähriger Regulierung gleichermaßen nicht mehr als Produkt von Leistungswettbewerb darstellten.[414]

Problematischer scheint die zweite Fallgruppe: Die nach der Rechtsprechung des Supreme Court erforderliche Einzelfallbetrachtung schließt eine generelle Kontrahierungspflicht, wie sie der „essential facilities doctrine“ zugrunde liegt, allerdings aus,[415] zumal im Hinblick auf die Ablehnung des Konzepts des „leveraging“ die Grenze zu einem Monopolisierungsversuch überschritten werden muss.[416] Der einzelfallorientierte Ansatz hat Auswirkungen auf die Möglichkeit eines strukturellen Eingriffs: Soweit er der Beseitigung einer Wiederholungsgefahr dient, reicht allein die Bedeutung des strukturellen Vorteils nicht aus, um eine Entflechtung zu rechtfertigen. Schließlich besteht die Möglichkeit, dass eine Zugangsverweigerung im Einzelfall Mittel des Leistungswettbewerbs ist. Eine Entflechtung kommt hier allenfalls in Betracht, wenn die Gefahr einer Wiederholung *rückblickend* aus dem bisherigen Verhalten des betroffenen Unternehmens positiv abgeleitet werden kann.[417] Zusätzliche Einschränkungen ergeben sich dadurch, dass die mögliche Verwendung einer Einrichtung zu wettbewerbskonformen Zwecken eine Entflechtung nicht ausschließt.[418] Der Supreme Court hat insoweit bereits in seiner Entscheidung im Fall *Terminal Railroad Association* anerkannt, dass strukturelle Eingriffe Gefahr laufen, die sich aus einer integrierten oder diversifizierten Struktur ergebenden Vorteile zu beseitigen und lehnte daher die von der Regierung beantragte Entflechtung zunächst ab.[419] Vorbehalte gegen eine laufende *richterliche* Verhaltenskontrolle kamen hier allerdings deshalb nicht zum Tragen, weil – ebenso wie im Fall

413 Vgl. auch *Areeda*, 58 Antitrust L.J. 841, 844 (1990) (für die Fälle *Terminal Railroad* und *AP*).

414 Siehe dazu im 3. Teil § 2 B.I.2. c) aa) (S. 325).

415 Vgl. auch *Areeda/Hovenkamp III*, § 651b Fn. 18; *Areeda*, 58 Antitrust L.J. 841, 845-46 (1990).

416 Anders allerdings *U.S. v. Paramount Pictures*, 334 U.S. 131, 152 (1948): Hier hatte der Supreme Court die Entflechtung auch auf Konstellationen erstreckt, in denen einfache „retraints of trade“ i. S. v. Sec. 1 Sherman Act vorliegen. Befürwortend *Averitt*, 40 Ohio St. L.J. 781, 808 (1979). Eine Übertragung auf Einzelunternehmen verbietet sich indes im Fall wettbewerbswidriger Absprachen.

417 Zur Berücksichtigungsfähigkeit des bisherigen Verhaltens siehe Fn. 18 (S. 249).

418 Siehe Fn. 331 (S. 224).

419 *U.S. v. Terminal R.R. Ass'n*, 224 U.S. 383, 411-12 (1912); siehe auch *Areeda*, 58 Antitrust L.J. 841, 848 (1990); *Lipsky/Sidak*, 51 Stan. L. Rev. 1187, 1196 (1999). Im Fall *Associated Press* wurde die Frage der Monopolmacht als „wholly irrelevant“ abgetan und eine Entflechtung von der Mehrheitsmeinung nicht diskutiert: Vgl. *Associated Press v. U.S.*, 326 U.S. 1, 13 (1945); dazu J. *Douglas*, concurring, a.a.O., S. 24. Anders im Fall *Hartford Empire Co. v. U.S.*, 323 U.S. 386, 400, 428 (1945), in dem die Auflösung eines Interessenverbandes, mit dessen Hilfe die Lizensierung von Patenten gesteuert wurde, angeordnet wurde: vgl. dazu *Averitt*, 40 Ohio St. L.J. 781, 807-808 (1979). Die Entflechtung von *Hartford* selbst wurde hingegen abgelehnt: vgl. *Hartford Empire*, a.a.O., S. 408, 413 ff. Eingehend *Oehler*, S. 47; Kritik bei *Adams* in: *Adams*, S. 349, 353. Eingehend zum Einwand der Vernichtung von „efficiencies“ unten § 3 A.II. (S. 252 ff.).

Otter Tail Power – eine Regulierungsbehörde existierte.[420] Werden aber bereits in einem Fall, in dem die „Einrichtung" nicht Produkt von Leistungswettbewerb ist, Vorteile einer integrierten Struktur anerkannt, die zudem als solche nicht gegen den Sherman Act verstößt,[421] und wird deshalb zunächst auf eine Verhaltenskontrolle ausgewichen, muss dies a fortiori – auch im Hinblick auf die ökonomische Rechtfertigung von Machttransfers – für den Fall der mit Mitteln des Leistungswettbewerbs durch ein Einzelunternehmen geschaffenen Einrichtung gelten. Daraus ergibt sich als allgemeines Prinzip, dass eine Entflechtung zumindest bei Einrichtungen, die durch ein Einzelunternehmen geschaffen wurden, erst in Betracht kommt, *wenn die Unzulänglichkeit einer Verhaltenskontrolle belegt* ist.[422]

Unklar ist, ob sich aus der neueren Entscheidung des Supreme Court im Fall *Trinko* weitere Einschränkungen ergeben. Danach ist für eine gerichtlich zu überwachende Zugangsverpflichtung jedenfalls dann kein Raum, wenn bereits eine gesetzliche Verpflichtung besteht, deren Einhaltung von einer Regulierungsbehörde überwacht wird und die überdies nicht mit den Pflichten aus Section 2 Sherman Act übereinstimmen muss.[423] Teile des Urteils deuten darauf hin, dass die Anwendung von Section 2 Sherman Act in diesem Fall gänzlich ausgeschlossen sein soll, so dass auch strukturelle Eingriffe ausscheiden müssten. Zu berücksichtigen ist allerdings, dass das Urteil im Zusammenhang mit einer Reihe von privaten Schadensersatzklage steht, die die Verletzung einer spezialgesetzlichen Zugangsverpflichtung rügten.[424] Es erklärt sich mithin auch aus einem Bestreben, derartigen Klagen Grenzen zu setzen; eine Übertragung auf hoheitliche Verfahren ist mithin nicht zwingend. Aus der Entscheidung folgt zudem, dass die Bedenken des Supreme Court vor allem im Zusammenhang mit den Schwierigkeiten einer kontinuierlichen Verhaltenskontrolle *durch Gerichte* stehen.[425] Da strukturelle Eingriffe diese gerade verhindern sollen, bleibt folglich noch Raum zur Anwendung von Section 2 Sherman Act und hierauf beruhenden Entflechtungen.[426]

---

420 Vgl. *Areeda*, 58 Antitrust L.J. 841, 848 (1990); *Lipsky/Sidak*, 51 Stan. L. Rev. 1187, 1196 (1999). Letzteren zufolge drohte auch im Fall *Associated Press* keine laufende Verhaltenskontrolle.

421 Vgl. bereits Fn. 332 (S. 225); ferner *Berkey Photo, Inc. v. Eastman Kodak Co.*, 603 F.2d 263, 281 (2nd Cir. 1979).

422 I. Erg. wie hier *Shelanski/Sidak*, 68 U. Chi. L. Rev. 1, 53 (2001).

423 Siehe oben Fn. 404 (S. 234); in jedem Fall muss es sich um eine echte Zugangsverweigerung handeln; allein die Behinderung genügt nach der Entscheidung im Fall *Trinko* nicht: siehe *Schoen*, 80 N.Y.U. L. Rev. 1625, 1642-43 (2005).

424 Siehe *Schoen*, 80 N.Y.U. L. Rev. 1625, 1633 (2005) (m. w. N.).

425 Vgl. *Verizon Communications Inc. v. Law Offices of Curtis V. Trinko, LLP*, 540 U.S. 398, 405 (2004), unter Bezugnahme auf *Areeda*, 58 Antitrust L.J. 841, 853 (1990).

426 Anders *Geradin*, 41 CMLR 1519, 1520 (2004), wonach *Trinko* jegliche kartellrechtliche Abhilfe ausschließe.

Aus der Rechtsprechung des Supreme Court ergeben sich drei Prinzipien: Erstens rechtfertigt die integrierte oder diversifizierte Struktur eines Unternehmens nicht als solche eine Entflechtung. Beschränkungen des Zugangs zu einer von einem Monopolisten kontrollierten „Einrichtung" rechtfertigen – zweitens – eine Entflechtung nur, wenn sie nicht unter Wettbewerbsbedingungen geschaffen wurde oder die Gefahr einer wiederholten Zweckentfremdung besteht. Drittens ist bereits bei der nicht unter Wettbewerbsbedingungen geschaffenen Einrichtung eventuellen Vorteilen durch eine Aufrechterhaltung der Marktstruktur Rechnung zu tragen und deshalb zunächst auf eine Verhaltenskontrolle auszuweichen. Erst recht gilt dies für Fälle der von einem Einzelunternehmen und Wettbewerbsbedingungen geschaffenen Einrichtung. Daher ist die Unzulänglichkeit einer Verhaltenskontrolle in jedem Fall positiv festzustellen.

Auf den Fall *Microsoft* bezogen hätte eine Entflechtung deshalb ausscheiden müssen: Nach den Vorstellungen des Department of Justice sollte sie *Microsoft* auch den Anreiz und die Möglichkeit nehmen, nicht dokumentierte Schnittstellen des Betriebssystems der eigenen Anwendungssparte vorzuenthalten.[427] Aufgrund der vorhandenen Netzeffekte konnte der Zugang zu betriebssystemspezifischen Informationen als wesentlich betrachtet werden:[428] Zwar gehört es zum Wesen des „Wettbewerbs um den Markt", dass die Leistung eines Unternehmens anerkannt wird, so dass die bloße Existenz von Netzeffekten nicht die Annahme einer wesentlichen Einrichtung rechtfertigt.[429] *Microsoft* selbst hatte diese Netzeffekte aber anlässlich seines Markteintritts nicht überwinden müssen.[430] Eine Verpflichtung zur Gewährung diskrimierungsfreien Zugangs stieß daher aus wettbewerbspolitischer Perspektive auf weniger Vorbehalte. Zudem lagen hinreichend Anhaltspunkte für die Neigung des Unternehmens vor, den Zugang zu seinen Betriebssystemen wettbewerbswidrig zu instrumentalisieren.[431] Anders jedoch als beispielsweise im Fall *AT & T* war bislang noch kein Versuch einer Verhaltenskontrolle unternommen worden: Zwar hatte bereits der 1994/95 geschlossene „consent decree" verhaltensorientierte Beschränkungen enthalten; er bezog sich indes primär auf

427 Vgl. Fn. 207 (S. 206); ferner *Shapiro Declaration*, S. 5 ff.; *Shelanski/Sidak*, 68 U. Chi. L. Rev. 1, 77 (2001). Zu Unrecht anders *Brennan*, 69 Geo. Wash. L. Rev. 1042, 1049 (2001), wonach die Trennung von „AppsCo" auf der Theorie hätte basieren müssen, dass *Microsoft* ein Monopol auf dem Markt für Anwendungen einnehme.

428 Im Ansatz konsequent *David L. Aldridge Co. v. Microsoft Corp.*, 995 F.Supp. 728, 754 (S.D. Tex. 1998) (*Windows 95* zwar wesentliche Einrichtung, aber keine Zuwiderhandlung, weil das vom Kläger angebotene Programm ihrer Verbesserung diente); vgl. auch *Piraino*, 75 N.Y.U. L. Rev. 809, 835 (2000) (die Wesentlichkeit von *Windows* i. Erg. bejahend).

429 Wie hier *McGowan*, 18 Hast. Comm. & Ent. L.J. 771, 850-51 (1996); anders *Pitofsky*, 4 Tex. Rev. L. & Pol. 129, 138 (1999) (unter Berufung auf *Associated Press*). Instruktiv *Carlton*, 68 Antitrust L.J. 659, 668-671 (2001).

430 Vgl. die differenzierte Beurteilung der Marktzutrittsschranken in *U.S. v. Microsoft Corp.*, 253 F.3d 34, 56 (D.C. Cir. 2001) (dazu Fn. 232, S. 210).

431 Vgl. *Litan* Brief on Remedy, S. 13; *U.S. v. Microsoft Corp. (III)*, 97 F.Supp.2d 59, 62 (D.D.C. 2000). Naiv hingegen *U.S. et al. v. Microsoft Corp.*, 2002 WL 31439450, *5 (D.D.C. 2002).

Microsofts Lizenzpolitik und beinhaltete insbesondere eine Regelung dahingehend, dass dem Unternehmen nicht untersagt werden sollte, „integrierte" Produkte zu entwickeln.[432] Die divergierenden Auffassungen bei der Auslegung des Vergleichs vermochten daher die Unzulänglichkeit einer Verhaltenskontrolle nicht zu belegen.

III. Preisliche Verdrängungsstrategien

Eine zweite Fallgruppe der Entflechtung als Mittel der Verhaltenskontrolle betrifft Konstellationen, in denen den betroffenen Unternehmen die Fähigkeit genommen wurde, Konkurrenten durch preisliche Verdrängungsstrategien im horizontalen Verhältnis zu verdrängen oder zu disziplinieren. Derartige Zuwiderhandlungen spielten vor allem in frühen Entflechtungsfällen,[433] aber auch in den *Theatre-Circuit*-Entscheidungen,[434] im Fall *Grinnell*[435] und – nicht zuletzt – im Fall *AT & T*[436] eine Rolle.[437] Die zur Beurteilung der gezielten Preisunterbietungen herangezogenen rechtlichen Kriterien waren dabei jedoch in der Regel vage: Die Urteile begnügen sich regelmäßig mit der Feststellung, dass die Preise eines marktmächtigen Unternehmens bei Eintritt von Wettbewerbern mit dem Ziel der Erhaltung von Marktmacht gesenkt wurden. Da es sich hierbei jedoch auch um eine Erscheinungsform wirksamen Wettbewerbs handelt,[438] blieb offen, inwieweit die Preisunterbietungen tatsächlich *wettbewerbswidrig* waren.[439] Selbst im Fall *AT & T*, dessen Zielsetzung vor allem von Vertretern der Chicago-School im Hinblick auf die „fallacy of double counting" darauf reduziert wurde, Quersubventionen zu verhindern,[440] blieb der zur Beurteilung der Quersubvention anzuwendende Maßstab offen.[441] Erst nach Erscheinen des einflussreichen Aufsatzes von *Areeda* und *Turner* begann die Rechtsprechung, präzisere Kriterien zum „predatory pricing" zu entwickeln.[442]

---

432 Siehe *U.S. v. Microsoft Corp.*, 1995-2 Tr. Cas. (CCH) § 71,096, (D.D.C. 1995), insbesondere Sec. IV E (1). Siehe im Übrigen bereits Nachweise in Fn. 129 (S. 197).

433 Siehe Fn. 53 - 56 (S. 161). Zur Behandlung von „fighting brands" zur Verdrängung kleinerer Unternehmen im Fall *American Tobacco* siehe *Scherer/Ross*, S. 451.

434 Siehe Fn. 30 (S. 183).

435 Siehe Fn. 134 (S. 173).

436 Vgl. im 3. Teil § 2 B.I.2. c) bb) (S. 325 ff.).

437 Vgl. ferner *Utah Pie Co. v. Continental Baking Co.*, 386 U.S. 685 (1967); *Borden, Inc. (ReaLemon)*, 92 F.T.C. 669 (1978).

438 Vgl. ausdrücklich *Matsushita Electronics. Indus. Co. v. Zenith Radio Corp.*, 475 U.S. 574, 594 (1986); *Cargill, Inc. v. Monfort of Colorado, Inc.*, 479 U.S. 104, 122 Fn. 17 (1986).

439 Siehe insoweit die Kritik an den gegen *Standard Oil* erhobenen Vorwürfen in Fn. 51 (S. 161).

440 Vgl. *Joskow/Noll*, 51 Stan. L. Rev. 1249 (1999) (zur vermeintlichen „*Bell*-Doctrine").

441 Siehe Fn. 289 (S. 326).

442 Vgl. *Areeda/Turner*, 88 Harv. L. Rev. 697 (1975): Danach liege eine Kampfpreisunterbietung erst bei Unterschreitung der *Grenzkosten* („*marginal costs*") für eine zusätzliche Einheit vor, für die als Näherungswert die (niedrigeren) *durchschnittlichen variablen Kosten* herangezogen werden könnten. *Fixe Kosten* bleiben dabei aber unberücksichtigt. Vgl. auch *Areeda/Hovenkamp III*, §§ 722 ff. Zur Kritik am Vorschlag von *Areeda & Turner* siehe *Fisher*, 32 UWLA L. Rev. 83, 88-89 (2001); *Posner*, Antitrust Law, S. 188 ff.; *Scherer*, 89 Harv. L. Rev. 869, 871-75 (1976); *Sullivan*, 60 Tex. L. Rev. 587, 627 (1982).

Danach bedarf es zumindest aus heutiger Sicht einer Unterschreitung einer „appropriate measure of cost".[443] Ein „predatory pricing" wird daher selbst dann, wenn Anhaltspunkte für eine Verdrängungsabsicht vorliegen,[444] aus Rechtsgründen verneint, sofern ein Preis *oberhalb der Durchschnittskosten* liegt.[445] Bei Preisen *unterhalb der Durchschnittskosten* divergiert die Rechtsprechung der unteren Gerichte, ohne dass bislang eine Harmonisierung durch den Supreme Court erfolgt wäre.[446] Allerdings fordert der Supreme Court den Nachweis einer *hohen Wahrscheinlichkeit* („dangerous probability"), dass der Preis nach Beendigung der Preisunterbietung wieder angehoben und dadurch die Verluste kompensiert werden können (so genanntes „recoupment").[447] Neuere spieltheoretische Erkenntnisse hinsichtlich der Rationalität des „predatory pricing" blieben insoweit bislang unberücksichtigt.[448]

Die Erfordernisse der Kostenunterschreitung und der hinreichenden Wahrscheinlichkeit einer anschließenden Kompensierung von Verlusten führen dazu, dass das „predatory pricing" – wie der Fall *Microsoft* gezeigt hat[449] – praktisch irrelevant geworden ist.[450] Es dürfte daher als solches nicht mehr als Grundlage für eine Entflechtungsverfügung dienen. Dies gilt umso mehr, als der Nachweis von Vermögenstransfers – die in

---

443 Vgl. *Cargill, Inc. v. Monfort of Colorado, Inc.*, 479 U.S. 104, 117 (1986).

444 Vgl. *Brooke Group Ltd. v. Brown & Williamson Tobacco Corp.*, 509 U.S. 209, 232 (1993); anders noch *Utah Pie Co. v. Continental Baking Co.*, 386 U.S. 685 (1967). Zur Kritik vgl. bereits *Sullivan*, 60 Tex. L. Rev. 587, 635-36 (1982). Zur „meeting competition defense" im Bereich von Section 2 Sherman Act vgl. *Denger/Kosma*, 1226 PLI/Corp 259, 277-78 (2001) (m. w. N.).

445 Vgl. *Cargill, Inc. v. Monfort of Colorado, Inc.*, 479 U.S. 104, 117 (1986); eingehend *Denger/Kosma*, 1226 PLI/Corp 259 (2001) (m. w. N. zur Rechtsprechung).

446 Vgl. *Brooke Group Ltd. v. Brown & Williamson Tobacco Corp.*, 509 U.S. 209, 222 Fn. 1 (1993). Zu den divergierenden Maßstäben *Cooper et al.*, 813 PLI/Corp 453, 485-88 (1993) (m. w. N.); *Denger/Kosma*, 1226 PLI/Corp 259, 264-65, 266-68 (2001) (m. w. N.); undifferenziert *Kolasky*, 49 Antitr. Bull. 29, 47 (2004). Zur Kritik am Maßstab der durchschnittlichen variablen Kosten vgl. *Posner*, Antitrust Law, S. 184 ff.; *Scherer*, 89 Harv. L. Rev. 869, 883-89 (1976).

447 *Brooke Group Ltd. v. Brown & Williamson Tobacco Corp.*, 509 U.S. 209, 224 (1993). Vgl. bereits *Matsushita Electronics Indus. Co. v. Zenith Radio Corp.*, 475 U.S. 574, 589 (1986); *Cargill, Inc. v. Monfort of Colorado, Inc.*, 479 U.S. 104, 119 Fn. 15 (1986). In diesem Sinne auch *Areeda/Turner*, 88 Harv. L. Rev. 697, 704 (1975). Vgl. hierzu *Sullivan/Grimes*, S. 143 f., 149 Fn. 1 („dictum"), und S. 152 ff.; ferner *Denger/Kosma*, 1226 PLI/Corp 259, 264-65, 278-80 (2001).

448 Siehe hierzu Fn. 210 (S. 67); siehe auch *Bolton/Brodley/Riordan*, 89 Geo. L.J. 2495 (2001).

449 Siehe *U.S. v. Microsoft Corp.*, 253 F.3d 34, 68 (D.C. Cir. 2001) (m. w. N.). Hier wurde die *trotz erheblicher Entwicklungskosten* kostenlose Weggabe des *Internet Explorer* unter dem Aspekt des „predatory pricing" gar nicht erst verfolgt. Kritik bei *Fisher/Rubinfeld* in: *Evans et al.*, S. 19 ff., 94 f.; *Fisher*, 90 AER P. & P. 180, 183 (2000); Brief of Amici Curiae *AOL, CCIA, ProComp*, and *SIIA* in Support of the United States and State Appellees (Jan. 12, 2001), S. 2 ff.; *Romaine/Salop*, 7 Geo. Mason L. Rev. 1, 18 (1999). Vgl. auch *Brennan*, 69 Geo. Wash. L. Rev. 1042, 1085 (2001) (der in dem Fall eine vergebene Möglichkeit sieht, die Voraussetzungen des „predatory pricing" zu konkretisieren). Anders im Hinblick auf vermeintlich rationale Erwägungen: *Klein*, 46 Antitr. Bull. 71, 81-91 (2001); *ders.*, in: *Eisenach/Lenard*, S. 222 ff.; *Davis/Murphy*, 90 AER P. & P. 184, 187 (2000); *Sullivan/Grimes*, S. 854.

450 Vgl. *Bolton/Brodley/Riordan*, 89 Geo. L.J. 2495, 2520 (2001); *Baker*, 62 Antitrust L.J. 585, 598, 602 (1994); *Evans/Padilla*, 72 U. Chi. L. Rev. 73, 78 (2005). Kritisch *Sullivan/Grimes*, S. 161 ff. Siehe aber auch *Phil Paul et al. v. Intel Corp.* (Civ. Action No. 05-485-JJF, D.C. Del. 2007), abrufbar unter *www.ded.uscourts.gov/JJFmain.htm*.

einigen Entflechtungsfällen eine Rolle spielten[451] – zumindest nach heutiger Auffassung nicht ausreicht, um einen Verstoß gegen Section 2 Sherman Act anzunehmen: Quersubventionen werden entweder nicht (mehr) als taugliches Mittel zur Kompensierung von Verlusten betrachtet[452] oder es wird, sofern ein Unternehmen auf mehreren abgrenzbaren Märkten tätig ist, für jeden Markt der gesonderte Nachweis einer Unterschreitung der *leistungsspezifischen Zusatzkosten* gefordert.[453] Hierbei spielt auch eine Rolle, dass die Wahrnehmung von Vorteilen, die sich aus einer integrierten Unternehmensstruktur ergeben, an sich keine Abweichung vom Leistungswettbewerb darstellt.[454]

Der Anwendungsbereich von Entflechtungen als Mittel zur Verhinderung preislicher Verdrängungsstrategien reduziert sich vor diesem Hintergrund erheblich. Die vor allem in frühen Entflechtungsfällen relevanten gezielten Kampfpreisunterbietungen dürften zumindest nach den heute geltenden Kriterien nicht mehr ausreichen, um eine Entflechtung zu rechtfertigen.[455] Vielmehr kennzeichnet sich die Rechtsprechung durch eine Tendenz, der überlegenen Kostenstruktur eines Unternehmens Rechnung zu tragen. Eine Ausnahme stellen daher allenfalls Fälle dar, in denen sich – wie im Fall *AT & T* – ein Kostenvorteil nicht als Ausdruck von Leistungswettbewerb darstellt und das Unternehmen von einem regulierten Markt aus agiert. In diesem Fall ist nach einhelliger Auffassung ein Machttransfer sinnvoll und rechtfertigt aufgrund seiner wohlfahrtsschädigenden Auswirkungen im Falle einer Kostenfehlallokation einen strukturellen Eingriff.[456] Darüber hinaus kommt eine Entflechtung bei *wiederholter* Unterschreitung zumindest der Durchschnittskosten (in Verbindung mit zusätzlichen Indizien) in Betracht. In diesem Fall ist eine Wiederholungsgefahr positiv belegt; zugleich kann in diesem Fall das Argument „überlegenen" internen Unternehmenswachstums keine Geltung

451 Siehe Fn. 52 (S. 161). Auch in dem vergleichsweise beigelegten „Lochkarten"-Verfahren gegen *IBM* (siehe oben S. 216 f.) spielte der Gedanke einer strukturellen Trennung zur Verhinderung von Quersubventionen eine Rolle; allerdings wurde nur eine getrennte Rechnungslegung vereinbart: vgl. *U.S. v. IBM Corp.*, 1956 Tr. Cas. (CCH) § 68,245 (S.D.N.Y. 1956). Zum Fall *AT & T* vgl. *Piraino*, 75 N.Y. U. L. Rev. 809, 841 (2000) sowie die Diskussion in § 2 B.I.2. c) bb) (S. 325 ff.).

452 Vgl. *Matsushita Elec. Indus. Co. v. Zenith Radio Corp.*, 475 U.S. 574, 593 Fn. 18 (1986) (allerdings auf den irrationalen Charakter abstellend); vgl. hierzu auch *Rasmussen/Glazer*, 3-Fall Antitr. 28 (1988). Ferner *MCI Communications Corp. v. AT & T Co.*, 708 F.2d 1081, 1123-24 (7th Cir. 1982), cert. denied, 464 U.S. 891 (1983); *Rockbit Indus. U.S.A., Inc. v. Baker Hughes, Inc.*, 802 F.Supp. 1544, 1552 (S.D. Tex. 1991); *North Carolina Membership Corp. v. Carolina Power & Light Co.*, 780 F.Supp. 322, 337 (M.D.N.C. 1991), aff'd, 995 F.2d 1063 (4th Cir. 1993); *Jays Foods, Inc. v. Frito-Lay, Inc.*, 614 F.Supp. 1073, 1082 (N.D. Ill. 1985), aff'd, 860 F.2d 1082 (7th Cir. 1988). Anders *Multistate Legal Studies, Inc. v. Harcourt Brace Jovanovich Publications, Inc.*, 63 F.3d 1540, 1549 Fn. 6 (10th Cir. 1995).

453 Vgl. *Northeastern Telephone Co. v. AT & T Co.*, 651 F.2d 76, 89 (2nd Cir. 1981), cert. denied, 455 U.S. 943 (1982); *MCI Communications Corp. v. AT & T Co.*, 708 F.2d 1081, 1116-23 (7th Cir. 1982) (ausführlich zur Unterschreitung der „fully distributed costs"). In diesem Sinne bereits *Areeda/Turner*, 88 Harv. L. Rev. 697, 712-13 (1975); dagegen *Fisher*, 32 UWLA L. Rev. 83, 88-89 (2001). Siehe auch *Larson*, 14 J. Corp. L. 377 (1989); *Knieps*, 23 Fordham Int'l L.J. 90, 110-15 (2000) (zur Berücksichtigung gemeinsamer Fixkosten).

454 *Berkey Photo, Inc. v. Eastman Kodak Co.*, 603 F.2d 263, 276 (2nd Cir. 1979).

455 Vgl. allerdings den Vorschlag bei *Sullivan/Grimes*, S. 160 f.

456 Siehe Fn. 139 (S. 128).

mehr beanspruchen. Die verbleibenden Anwendungsfälle entsprechen mithin den Konstellationen, in denen sich auch eine Leistungsverweigerung nicht mehr als Ausdruck von „competition on the merits" darstellt.

IV. Ausnahmebereich für intern gewachsene Einzelunternehmen?

Insbesondere nach der *Crescent-Amusement*-Entscheidung soll es zwar nicht darauf ankommen, auf welche Weise ein struktureller Vorteil erworben wurde und ob dieser auch zu wettbewerbsgerechten Zwecken eingesetzt werden kann.[457] In der Sache selbst standen die Zuwiderhandlungen der *Theatre-Circuit*-Entscheidungen aber auch im Zusammenhang mit Vorwürfen der „conspiracy to monopolize"; in Fällen wie *Standard Oil*, *Pullman Inc.* oder *AT & T* handelte es sich demgegenüber um extern gewachsene Unternehmen. Zum Teil wird die Auffassung vertreten, dass kein Fall einer Entflechtung eines Einzelunternehmens existiere, in dem nicht entweder Vorwürfe der „combination" oder der „conspiracy to monopolize" eine Rolle gespielt hätten:[458] Daher scheide eine Entflechtung intern gewachsener Unternehmen – wie beispielsweise *Microsoft* – aufgrund des Fehlens konzentrationsbedingter Bruchlinien aus praktischen Gründen sowie aus wettbewerbspolitischen Gründen a priori aus.[459]

Der Rechtsprechung des Supreme Court ist eine derartige Beschränkung nicht zu entnehmen. Gegen sie sprechen allein die mehrfachen[460] Eingriffe in die Struktur *United Shoes*, die von den Verfechtern eines Ausnahmebereichs für intern gewachsene Unternehmen allerdings als „unwesentlich" übergangen[461] oder aufgrund des faktischen Niedergangs der US-amerikanischen Schuhherstellungsindustrie als „makabres" Beispiel für die Schädlichkeit eines derartigen Eingriffs angeführt werden.[462] Zudem hat der Supreme Court mehrfach klar gestellt, dass es weder auf den Ursprung eines strukturellen Vorteils noch auf eine mögliche wettbewerbsgerechte Nutzung ankommt.[463] Der Umstand, dass hier auch Vorwürfe der – regelmäßig kaum von Vorwürfen der

---

457 Siehe Fn. 25 (S. 182).

458 Siehe *Posner*, Antitrust, S. 85. Ähnlich *Gey*, WuW 2001, 933, 940 (unter Berufung auf *Posner*); vgl. auch *U.S. v. Microsoft Corp.*, Defendant Microsoft Corporation's Memorandum In Support of Its Motion For Summary Rejection of The Government's Breakup Proposal (May 10, 2000), 2000 WL 620183, *10 ff.; differenzierter *Crandall*, Failure, S. 7 ff., der allerdings nur vier Fälle zählt, in denen nur „exclusionary practices" Verfahrensgegenstand waren.

459 Vgl. neben den Nachweisen in Fn. 458 (S. 242): *Bork*, Antitrust Paradox (1978), S. 178; *Lopatka/Page*, 13-SUM Antitrust 25, 27 (1999); *Piraino*, 75 N.Y.U. L. Rev. 809, 881 (2000); *Posner*, FIW-Schriftenreihe Nr. 98, S. 58, 66 (1981).

460 Siehe Fn. 143 (S. 174).

461 In diesem Sinne *Posner*, Antitrust, S. 81 Fn. 9; siehe dazu bereits Fn. 481 (S. 245).

462 Vgl. *Lopatka/Page*, 13-SUM Antitrust 25, 28 (1999); *Bork*, Antitrust Paradox, S. 172; Defendant Microsoft Corporation's Memorandum in Support of its Motion for Summary Rejection of the Government's Breakup Proposal (May 10, 2000), 2000 WL 620183, *13.

463 Siehe insoweit die Nachweise in Fn. 25 (S. 182).

„combination" abgegrenzten[464] – „conspiracy to monopolize" eine Rolle spielten, ist für diese Rechtsprechung zumindest dann irrelevant, wenn das wettbewerbswidrig genutzte Instrument nicht selbst Produkt eines gemeinschaftlichen Vorgehens ist: Es macht aus wettbewerbspolitischer Perspektive keinen Unterschied, ob die von einem Einzelunternehmen geschaffene Einrichtung für eine einseitige oder eine konzertierte Wettbewerbsverzerrung instrumentalisiert wird.

Darüber hinaus wird das Argument der Überlegenheit internen Unternehmenswachstums überstrapaziert. In den meisten Fällen lagen die relevanten Konzentrationsvorgänge erheblich in der Vergangenheit und spielten zumindest unter Praktikabilitätserwägungen keine Rolle mehr.[465] Liegen Konzentrationsvorgänge 20,[466] 40,[467] über 70[468] oder gar über 100 Jahre[469] zurück, kann angesichts der Vielzahl überlagernder Faktoren kaum mehr vermutet werden, internes Wachstum sei externem überlegen.[470] Dies gilt erst recht dann, wenn der Konzentrationsvorgang – wie im Fall *United Shoe* – für rechtmäßig befunden wurde,[471] da auch externes Wachstum grundsätzlich Ausdruck von Wettbewerb ist. Letzteres äußert sich nicht zuletzt dadurch, dass in der Wirtschaftsrealität kaum ein Unternehmen anzufinden ist, das ausschließlich auf internes Wachstum zurückzuführen ist. Bestes Beispiel ist *Microsoft*, dessen Aufstieg auf einem für 50.000 US-Dollar *gekauften* DOS-System beruhte;[472] der Software-Hersteller hat seitdem kontinuierlich und in erheblichem Umfang Unternehmen bzw. deren Technologien – unter anderem für den *Internet Explorer* – aufgekauft.[473] Schließlich ist auch mit wettbewerbswidrigen Mitteln aufrechterhaltene Monopolmacht nicht mehr reines Produkt von „superior skill, foresight, and industry": Damit verliert das wettbewerbspolitische Argument der Überlegenheit internen Wachstums vollends an Überzeugungskraft.

Die Annahme eines Ausnahmebereichs geht somit fehl. Praktisch jedoch zeigt die Analyse der tatbestandlichen Voraussetzungen von Section 2 Sherman Act, dass sich die Entflechtung als Mittel der Verhaltenskontrolle angesichts veränderter Anforderungen weitgehend auf Fälle beschränkt, in denen ein struktureller Vorteil nicht mit den Mitteln des Leistungswettbewerbs begründet wurde: Dies betrifft sowohl Fälle der Zugangsverweigerung als auch der Quersubventionierung. Allerdings bleibt die Entflechtung eines Einzelunternehmens möglich, sofern ein Hang zu wettbewerbswidrigen Verhaltensweisen einer bestimmten Art festgestellt wird *und* die Ungeeignetheit einer Verhaltenskontrolle feststeht.

---

464 Vgl. *Turner*, 70 Harv. L. Rev. 281, 305 (1956/57).

465 Siehe unten im 3. Teil § 2 A.II.1. a) aa) (S. 292 ff.).

466 Vgl. in § 1 A. (S. 160) (für den Fall *American Tobacco*).

467 Siehe in § 1 A. (S. 160) (für den Fall *Standard Oil*); ferner Fn. 66 (S. 163) (für den Fall *E.I. du Pont de Nemours*).

468 Siehe Fn. 136 (S. 306) (für den Fall *Pullman Inc.*).

469 Vgl. Fn. 267 (S. 324) (für den Fall *AT & T*).

470 Zu derartigen Vermutungen siehe Fn. 57 (S. 34).

471 Siehe Fn. 137 (S. 173).

472 Vgl. Nachweise in Fn. 273 (S. 325).

473 Liste bei *McKenzie*, S. 68 f., 132 ff.; vgl. auch *Auletta*, S. 386 ff.

Abhilfen gemäß Section 4 Sherman Act dienen dazu, Kartellverstöße zu unterbinden und ihnen vorzubeugen. Als Mittel der Verhaltenskontrolle zielt eine Entflechtung darauf ab, einem Unternehmen einen strukturellen Vorteil zu nehmen, der zentrales „Instrument" eines bestimmten Typus von Wettbewerbsverzerrung ist.[474] Der strukturelle Eingriff ist insoweit *im Interesse der Allgemeinheit* einer „beschwerlichen" Verhaltenskontrolle vorzuziehen. Er kommt daher vor allem dort in Betracht, wo die Belassung einer Unternehmensstruktur nicht nur die Fähigkeit zu wettbewerbswidrigem Verhalten, sondern auch den Anreiz hierzu unverändert ließe und eine lediglich ex post wirkende, regelmäßig weniger effektive Verhaltenskontrolle unvermeidlich scheint.[475] Dabei ist irrelevant, ob der strukturelle Vorteil selbst auf wettbewerbswidrige Weise erworben wurde oder ob er auch zu wettbewerbskonformen Zielen eingesetzt werden kann.

Obgleich ein Ausnahmebereich für (intern gewachsene) Einzelunternehmen nicht existiert, wird die Tragweite dieser Rechtsprechung durch die tatbestandlichen Voraussetzungen der in Betracht kommenden Wettbewerbsbeschränkungen, die nicht per se eine Entflechtung rechtfertigen,[476] zumindest aus heutiger Sicht beschränkt: Generell genügt allein der Einsatz von Marktmacht nach heutiger Auffassung nicht mehr, um einen Verstoß – und damit eine Entflechtung – zu rechtfertigen. *Beschränkungen des Zugangs zu „Einrichtungen"*, die das dominierende Unternehmen kontrolliert, sind nur wettbewerbswidrig, wenn die Einrichtung, nicht mit den Mitteln des Leistungswettbewerbs geschaffen wurde oder wenn sie – aufgrund einer Einzelfallbetrachtung – zweckentfremdet wurde. In letzterem Fall erfordert die Zielsetzung der Entflechtung, eine Wiederholungsgefahr zu beseitigen, allerdings die Feststellung, dass mehrfache Zuwiderhandlungen vorliegen. Überdies ist die Ungeeignetheit einer Verhaltenskontrolle in jedem Fall positiv festzustellen. Ähnliches gilt für *preisliche Verdrängungsstrategien*, deren Handhabung in der heutigen Rechtsprechung deutlich restriktiver ist: Eine Zuwiderhandlung kann hier nur angenommen werden, wenn der Preis aufgrund einer Unterschreitung zumindest der Durchschnittskosten wettbewerbswidrig oder – bei Fehlen einer Kostenunterschreitung – der Kostenvorteil kein Produkt von Leistungswettbewerb ist. Um eine Entflechtung zu rechtfertigen, bedarf es, zumindest für die erste Variante, auch hier *wiederholter* Zuwiderhandlungen.

Dass Marktmacht als solche einen im Wege der Entflechtung zu unterbindenden Verstoß darstellen könnte, ist demgegenüber – zumindest aus heutiger Sicht –zweifel-

474 Vgl. auch *Averitt*, 40 Ohio St. L.J. 781, 808 (1979).

475 Vgl. auch *Celler*, 10 Antitr. Bull. 693, 696 (1965); *Romaine/Salop*, 13-SUM Antitrust 15, 18 (1999); anders *Piraino*, 75 N.Y.U. L. Rev. 809, 880 (2000), der Maßnahmen struktureller Natur für „usually inappropriate" hält, da die eigentlichen (ökonomischen) Schwierigkeiten nicht der Existenz von Monopolen an sich, sondern dem an den Tag gelegten Verhalten entsprängen.

476 Siehe *Areeda/Hovenkamp III*, § 653a.

haft.[477] Zwar rechtfertigt die *United-Shoe*-Entscheidung, derzufolge Markmacht zwingend „auszurotten“ sei, einen entsprechenden Schluss. Aus vorangegangenen Urteilen ergibt sich aber, dass wettbewerbsgerechtes Verhalten nicht nur Korrektiv für ein grundsätzliches Verbot von Marktmacht ist; vielmehr verstößt letztere allenfalls dann gegen den Sherman Act, wenn sie mit Hilfe verbotener Strategien erworben oder aufrechterhalten wurde oder sie unzulässiges Verhalten erwiesenermaßen ermöglicht. Ein zwingender Schluss für die Wahl der Abhilfe lässt sich hieraus jedoch nicht ziehen:[478] Die ein abgeleitetes Unwerturteil rechtfertigenden Verhaltensweisen differenzieren nämlich nicht nach dem Grad der Ursächlichkeit eines Verhaltens für den Erwerb und die Aufrechterhaltung erheblicher Marktmacht oder – in dem Fall, dass sich die Auswirkungen einer Zuwiderhandlung auf einen Zweitmarkt beschränken – der Begründung wirtschaftlicher Macht. Ein für die Rechtsfolgenseite präjudizierendes Verbot von Marktmacht verbietet sich auch deshalb, weil die etwaige Vermutungen rechtfertigenden ökonomischen Wertungen verändert wurden, gesellschaftspolitische Zielsetzungen zumindest aus heutiger Sicht verdrängt wurden und horizontale Entflechtungen erheblichen praktischen Schwierigkeiten begegnen.

An diesem Ergebnis ändert die bisweilen ambivalente Terminologie des Supreme Court sowie der Umstand, dass zum Teil horizontale Entflechtungen durchgeführt wurden, nichts: Dies erklärt sich zum einen durch den zwei Elemente enthaltenden Rechtsbegriff der „monopoly power“, zum anderen dadurch, dass insbesondere frühe Entflechtungsfälle im Zusammenhang mit „merger to monopoly“ standen. Der letzgenannte Umstand äußert sich in einem deutlichen Rückgang der *Zahl der Entflechtungen*:[479] Zwar variieren diesbezügliche Zählungen – zum Teil aus ideologischen Gründen[480] – erheblich. Je nach Autor werden, einschließlich freiwilliger Entflechtungen, zwischen 24 und 63 strukturelle Eingriffe in der Geschichte des Sherman Act gezählt.[481] Eine gewisse Übereinstimmung ergibt sich aber dahingehend, dass die Zahl der Eingriffe mit

---

477 Anders *Averitt*, 40 Ohio St. L.J. 781, 798 et seq. (1979), wonach strukturelle Eingriffe schlicht als Maßnahmen zu sehen seien, mit deren Hilfe ein „wesentliches Element“ des Verstoßes gegen den Sherman Act beseitigt würde.

478 Anders *Schulte-Braucks*, S. 84 (demzufolge eine Vermutung bestehe, dass Marktmacht zu beseitigen sei).

479 Vgl. *Posner*, 13 J.L. & Econ. 365 (1970); *ders.*, Antitrust, S. 78 ff.; ferner *Kovacic*, 74 Iowa L. Rev. 1105, 1111 (1989); *Crandall*, Working Papers, S. 7 ff., *ders.*, 80 Or. L. Rev. 109 (2001).

480 Vgl. *Posner*, Antitrust, S. 89 ff. Kritik bei *Comanor*, 46 Antitr. Bull. 115, 118 (2001) („rather limited discussion of the past record of divestitures“). Dagegen auch Brief of Amici Curiae *AOL, CCIA*, *ProComp*, and *SIIA* in Support of the United States and State Appellees (Jan. 12, 2001), S. 19. Zu einer allgemeinen Kritik an *Posner* siehe *Scherer*, 86 Yale L.J. 974 (1977).

481 Vgl. *Posner*, 13 J.L. & Econ. 365, 405, 408 (1970) (32 „wesentliche“ Entflechtungen zwischen 1890 und 1969); *Posner*, Antitrust, S. 81 (nur noch 24 „wesentliche“ Entflechtungen im selben Zeitraum, darunter 14 von nationaler Bedeutung; dabei wird z. B. der Fall *United Shoe Machinery* als unwesentlich betrachtet, obwohl hier in zwei Entflechtungen Betriebsvermögen abgespalten wurde, das insgesamt jährliche Umsätze von 13 Mio. US-Dollar generierte); *Kovacic*, 74 Iowa L. Rev. 1105, 1111 (1989) (34 Entflechtungen zwischen 1890 und 1988, darunter lediglich 9 nach 1950); *Crandall*, Failure, S. 7 ff. (63 Eingriffe zwischen 1890 und 1996, allerdings unter Einbeziehung zeitnaher Rückentflechtungen); zuletzt *Sullivan*, 86 Minn. L. Rev. 565, 573 (2002) (52 Entflechtungen einschließlich Sce. 7 Clayton Act-Fälle).

der zweiten Entflechtungswelle nach dem 2. Weltkrieg signifikant sank. Der Rückgang erklärt sich nicht allein aus der Zurückhaltung der Rechtsprechung gegenüber strukturellen Eingriffen,[482] sondern daraus, dass die Zahl der durch „merger to monopoly" begründeten und daher für eine Entflechtung besonders geeigneten Unternehmen gesunken ist.[483] Instruktiv ist die Zahl der Entflechtungen darüber hinaus im Verhältnis zu der Zahl der eingeleiteten Verfahren: Zwar ist deren Bezifferung ebenfalls nicht einheitlich.[484] Nach allen Zählungen liegt die Quote der Entflechtungen aber so niedrig, dass für den Fall, dass in der Rechtsprechung tatsächlich eine Präferenz für strukturelle Eingriffe existieren sollte, diese jedenfalls *keinen Niederschlag* in der Zahl der Entflechtungen gefunden hat. Schließlich hat die letzte Entflechtung vor über einem Viertel Jahrhundert, noch dazu auf der Grundlage eines „consent decree", der die geltende Rechtslage nur bedingt widerspiegelt,[485] im Fall *AT & T* stattgefunden. Mithin ist zweifelhaft, ob Entflechtungen noch die „wichtigste" Abhilfe des Antitrust-Rechts[486] darstellen.[487]

---

482 *Sullivan*, 86 Minn. L. Rev. 565, 573 (2002) (seit 1974 vier Fälle zählend). Siehe dazu bereits Fn. 80 (S. 189). Vgl. insoweit auch *Averitt*, 40 Ohio St. L.J. 781, 829-32 (1979), wonach die Spärlichkeit von Entflechtungen darauf zurückzuführen sei, dass Unternehmen als (juristische) „Person" und Entflechtungen als Todesstrafe betrachtet würden.

483 Wie hier *Shepherd* in: *Kovaleff*, S. 1006, 1029; *ders.*, 35 N.Y. L. S. L. Rev. 917, 932-33 (1990).

484 Die Zahl der eingeleiteten Verfahren ist unklar: vgl. die Zählungen bei *Posner*, 13 J.L. & Econ. 365, 405, 408 (1970) (370 Verfahren durch das Department of Justice, 60 durch die FTC); anders *Posner*, Antitrust, S. 81 (125 Verfahren); *Kovacic*, 74 Iowa L. Rev. 1105, 1111 (1989) (145 Verfahren, davon lediglich 9 durch die FTC; dagegen siehe allein die Nachweise in Fn. 23, S. 157); ferner *Crandall*, Failure, S. 7 ff. (423 Verfahren zählend).

485 Siehe Fn. 284 (S. 216).

486 Siehe Nachweis in Fn. 1 (S. 155).

487 Wie hier skeptisch *Sullivan*, 86 Minn. L. Rev. 565, 573 (2002).

§ 3 Abwägungskriterien bei der Wahl der Abhilfe

Die Wahl einer Abhilfe, insbesondere die Entscheidung zwischen verhaltensorientierten und strukturellen Maßnahmen, steht – abgesehen von Ausnahmen, in denen der Supreme Court als unzureichend empfundene Abhilfen aufgehoben und die Sache mit detaillierten Instruktionen zurück verwiesen hat[1] – grundsätzlich im *Ermessen der Tatsacheninstanz.*[2] Sie hat dabei, wie der Supreme Court im Fall *American Tobacco* dargelegt hat, *erstens* eine Abhilfe zu wählen, die den Verboten des Sherman Act zu einer vollständigen und wirksamen Durchsetzung verhilft; das „öffentliche Interesse" ist hierbei – *zweitens* – möglichst wenig zu beeinträchtigen; *drittens* ist auch den Belangen „unschuldiger" Dritter ausreichend Rechnung zu tragen.[3] Andere Entscheidungen differenzieren nicht zwischen dem ersten und zweiten Schritt, sondern sehen die Wahl geeigneter Abhilfen als Bestandteil des „public interest".[4] Dieser Begriff soll im Folgenden ebenso wie die zu berücksichtigenden privaten Belange untersucht werden.

A. Konkretisierung des „public interest"

Freilich ließe sich annehmen, dass die Beseitigung von Monopolmacht regelmäßig im öffentlichen Interesse liegt[5] und daher eine Entflechtung den Regelfall darstellt, die nur in den Fällen der Kollision mit anderen Belangen des Gemeinwohls ausscheidet.[6] Die

---

1 Vgl. *U.S. v. E.I. Du Pont de Nemours & Co. (General Motors)*, 126 F.Supp. 235 (N.D.Ill. 1954), rev'd, 353 U.S. 586, 607-608 (1957), on remand, 177 F.Supp. 1 (N.D.Ill. 1959), rev'd, 366 U.S. 316, 327 (1961), on remand, 1962 Tr. Cas. (CCH) § 70,245 (N.D.Ill. 1962); vgl. auch die Kritik in *U.S. v. Paramount Pictures*, 334 U.S. 131, 178-79 (1948) (J. *Frankfurter*, dissenting).

2 *U.S. v. Crescent Amusement Co.*, 323 U.S. 173, 185 (1944): „[...] There is a wide range of discretion in the District Court to mould the decree to the exigencies of the particular case; and where the findings of violations are sustained, we will not direct a recasting of the decree except on a showing of abuse of discretion." Ähnlich *Associated Press v. U.S.*, 326 U.S. 1, 22 (1945); *International Salt Co. v. U.S.*, 332 U.S. 392, 400-401 (1947); *Besser Mfg. Co. v. U.S.*, 343 U.S. 444, 449 (1952); *U.S. v. E.I. Du Pont de Nemours & Co. (General Motors)*, 353 U.S. 586, 607-608 (1957); *Maryland & Va. Milk Prod. Assn. v. U.S.*, 362 U.S. 458, 473 (1960); *Doran v. Salem Inn, Inc.*, 422 U.S. 922, 931-32 (1975); *U.S. v. Microsoft Corp.*, 253 F.3d 34, 104 (D.C. Cir. 2001). Siehe auch *Celler*, 10 Antitr. Bull. 693 (1965); *Areeda/Hovenkamp II*, § 345 (S. 162).

3 *U.S. v. American Tobacco Co.*, 221 U.S. 106, 185 (1911): „Three dominant influences must guide our action: 1. The duty of giving *complete and efficacious effect to the prohibitions of the statute*; 2, the accomplishing of this result *with as little injury as possible to the interest of the general public*; and, 3, a *proper regard for the vast interests of private property* which may have become vested in many persons as a result of the acquisition [...] without any guilty knowledge or intent [...]." (Hervorh. v. Verf.). Vgl. auch *U.S. v. Standard Oil Co. of New Jersey*, 221 U.S. 1, 78 (1911); *U.S. v. E.I. du Pont de Nemours & Co.*, 366 U.S. 316, 327-28 (1961).

4 Siehe *U.S. v. E. I. Du Pont De Nemours & Co. (General Motors)*, 353 U.S. 586, 607 (1957) („equitable relief necessary and appropriate in the public interest"); ähnlich *Ford Motor Co. v. U.S.*, 405 U.S. 562, 573 (1972); *U.S. v. International Salt Co.*, 332 U.S. 392, 400 (1947) (dazu Fn. 48, S. 186); *U.S. v. Crescent Amusement Co.*, 323 U.S. 173, 190 (1944) (dazu Fn. 32, S. 184).

5 Vgl. – wenn auch mit Vorbehalten – *Areeda/Hovenkamp III*, § 653c4.

6 So *Schulte-Braucks*, S. 84.

Analyse der Rechtsprechung hat indes bereits gezeigt, dass diese Annahme sowohl in rechtlicher als auch in quantitativer Hinsicht fehl geht. Andererseits hat die Rechtsprechung bislang keine klaren Kriterien entwickelt, unter welchen Voraussetzungen Abhilfen, speziell jedoch Entflechtungen, im „öffentlichen Interesse" liegen.[7] Im Folgenden sollen daher die Abwägungselemente, die bei der Wahl einer Abhilfe eine Rolle spielen können, erörtert werden; in einem zweiten Schritt wird zu untersuchen sein, welche Aspekte des „public interest" gegen die Wahl struktureller Eingriffe sprechen.

I. Kriterien bei der Wahl einer Abhilfe

Es entspricht der ständigen Rechtsprechung des Supreme Court, dass primäres Ziel einer Abhilfe die *Beendigung festgestellter Zuwiderhandlungen* ist.[8] Nach dem Wortlaut von Section 4 Sherman Act muss sich der Richter aber nicht auf einfache Abstellungsverfügungen beschränken, sondern darf auch Maßnahmen ergreifen, die eine Wiederholung oder Fortsetzung der fraglichen Verhaltensweisen ausschließen.[9] Überdies dürfen auch Zuwiderhandlungen untersagt werden, die dieselbe Wirkung wie die streitgegenständlichen erzielen und deren Auftreten angesichts des bisherigen Gebarens des marktmächtigen Unternehmens wahrscheinlich ist.[10] Grenzen ergeben sich hier insoweit, als die Anordnungen im Hinblick auf die Strafbewehrung der Abstellungsverfügung hinreichend *bestimmt* sein müssen.[11]

Bei der Festlegung der Reichweite einer Abhilfe finden regelmäßig die Folgen der dem Unternehmen zur Last gelegten Zuwiderhandlungen Berücksichtigung.[12] Lässt sich ein *eindeutig* zuzuordnender struktureller Erfolg identifizieren, rechtfertigt dies auf der Grundlage der „fruits doctrine" eine Entflechtung.[13] Andernfalls verbleibt es in der Regel bei einer Verhaltenskontrolle, die allerdings breiter angelegt werden kann, um einen Markt wirksam für Wettbewerb zu öffnen.[14] Andererseits wurde im ersten Abschnitt des

---

7 Vgl. auch *Shelanski/Sidak*, 68 U. Chi. L. Rev. 1, 16 (2001).

8 Siehe Nachweise in Fn. 30 (S. 158); Fn. 5 (S. 180); Fn. 48 (S. 186); siehe auch *U.S. v. E.I. Du Pont de Nemours & Co.*, 188 F. 127, 153 (D. Del. 1911); *Brennan*, Saving Sec. 2, S. 13.

9 Vgl. *U.S. v. Standard Oil Co. of New Jersey*, 221 U.S. 1, 78 (1911) (auszugsweise wiedergegeben in Fn. 5, S. 180); *U.S. v. International Salt Co.*, 332 U.S. 392, 400 (1947) (dazu Fn. 48, S. 186); *U.S. v. United States Gypsum Co.*, 340 U.S. 76, 88 (1950) (dazu bereits Fn. 51, S. 186).

10 *U.S. v. International Salt Co.*, 332 U.S. 392, 400 (1947): „When the purpose to restrain trade appears from a clear violation of the law, it is not necessary that all of the untraveled roads to that end be left open and that only the worn one be closed. *The usual ways to the prohibited goal may be blocked against the proven transgressor and the burden put upon him to bring any proper claims for relief to the court's attention.*" (Hervorh. v. Verf.); vgl. auch *Zenith Radio Corp. v. Hazeltine Research*, Inc. 395 U.S. 100, 132 (1969) („broad power to restrain acts which are of the same type or class as the unlawful acts").

11 Vgl. *Hartford Empire Co. v. U.S.*, 323 U.S. 386, 409-10 (1945) (m. w. N.); ferner *U.S. v. Swift & Co.*, 196 U.S. 375, 396 (1905).

12 Siehe Nachweise in Fn. 48 (S. 186).

13 Siehe bereits § 2 A.I.3. (S. 185 ff.).

14 Vgl. *U.S. v. International Salt Co.*, 332 U.S. 392, 400 (1947); vgl. ferner Fn. 63 (S. 187).

United-Shoe-Verfahrens eine vertikale Entflechtung der Produktion und Verteilung von Hilfsstoffen für den Schuhmaschinenmarkt angeordnet, weil die entsprechenden Aktivitäten *United Shoes* „indirekte" Folge der Monopolisierung des Schuhmaschinenmarktes sei und die Entflechtung – anders als die vom Department of Justice vorgeschlagene Dreiteilung – in praktischer Hinsicht durchführbar war.[15] Richter *Wyzanski* äußerte dabei auch die Erwartung, dass das die Verteilung der Hilfsstoffe übernehmende Unternehmen sich zu einem ernsthaften Wettbewerber entwickeln würde.[16] Eine ähnliche Hoffnung lag der im zweiten Verfahrensabschnitt angeordneten Entflechtung eines kanadischen Tochterunternehmens von *Alcoa* zugrunde.[17]

Ein wesentliches Kriterium bei der Wahl der Abhilfe ist ferner der „Wille zur Beschränkung des Handels" oder die „Neigung" eines Unternehmens, sich wettbewerbswidrig zu verhalten.[18] Spiegelbildlich zur Tatbestandsseite ist dieses vordergründig subjektive Abwägungskriterium anhand der in der Vergangenheit zu Tage getretenen Zuwiderhandlungen eines Unternehmens objektiv zu bestimmen.[19] Insbesondere in diesem Fall muss sich ein Gericht nach den Ausführungen des *Crescent-Amusement*-Urteils nicht auf die „mühselige" Prozedur einer Verhaltenskontrolle einlassen, sondern kann der Beseitigung einer Wiederholungsgefahr dienende *strukturelle Eingriffe* anordnen.[20] Der Eingriff ist insbesondere auch dann möglich, wenn die Marktmacht nicht auf rechtswidrigem Wege begründet wurde[21] und als solche – im Sinne der Standard-Oil-Entscheidung – „broader and more controlling remedies" erfordert. Der zu entflechtende strukturelle Vorteil muss dann aber von *zentraler Bedeutung* für die an den Tag gelegte Zuwiderhandlung sein.[22] Zudem muss die Belassung der Unternehmensstruktur die Gelegenheit zu wettbewerbswidrigem Verhalten unverändert lassen und erneute Wettbewerbsverzerrungen unter Rückgriff auf den strukturellen Vorteil herausfordern.[23]

Letzten Endes rechtfertigt sich der strukturelle Eingriff aus Subsidiaritätserwägungen: Ihm liegt die Annahme zugrunde, die Abhilfe erschöpfe sich in einem zwar radikalen, aber einmaligen Eingriff, der den Markt im Anschluss wieder dem freien Spiel sei-

---

15 *U.S. v. USM Corp.*, 110 F.Supp. 295, 351 (D. Mass. 1953); siehe dazu bereits Fn. 143 (S. 174).

16 *U.S. v. United Shoe Machinery Corp.*, 110 F.Supp. 295, 351 (D. Mass. 1953).

17 *U.S. v. Aluminum Co. of America*, 91 F.Supp. 333, 418 (S.D.N.Y. 1950); dazu Fn. 104 (S. 168).

18 Vgl. *Otter Tail Power Co. v. U.S.*, 410 U.S. 366, 381 (1973): „The proclivity for predatory practices has always been a consideration [...] in fashioning its antitrust decree."; ferner *Besser Mfg. Co. v. U.S.*, 343 U.S. 444, 450 (1952) („penchant"); vgl. *U.S. v. Crescent Amusement Co.*, 323 U.S. 173, 186, 189 (1944) (auszugsweise wiedergegeben in Fn. 32, S. 184, und Fn. 65, S. 188). Siehe auch *U.S. v. Swift & Co.*, 286 U.S. 106, 117 (1932): „Size and past aggressions induced the fear [...] that the defendants [...] would drive their rivals to the wall. Size and past aggressions leave the fear unmoved today."; befürwortend *Sullivan*, 48 Antitr. Bull. 377, 409 (2003). Kritisch hierzu *Areeda/Hovenkamp III*, § 653b2 („far too speculative and insubstantial").

19 Vgl. *Zenith Radio Corp. v. Hazeltine Research*, Inc. 395 U.S. 100, 132 (1969). Zur Eigenständigkeit subjektiver Kriterien siehe bereits in § 1 B.III.1. (S. 170 f.).

20 Siehe *U.S. v. Crescent Amusement Co.*, 323 U.S. 173, 190 (1944) (dazu in Fn. 32, S. 184).

21 Siehe Nachweise in Fn. 25 (S. 182).

22 I. Erg. wie hier *Averitt*, 40 Ohio St. L.J. 781, 808 (1979).

23 Vgl. Fn. 32 (S. 184).

ner Kräfte überlässt.[24] Bleibe sowohl der Anreiz als auch die Möglichkeit zu wettbewerbswidrigem Verhalten unverändert, drohe eine laufende Verhaltenskontrolle, deren Wirksamkeit unter anderem durch die Begrenztheit der Ressourcen von Gerichten und Verfolgungsbehörden – die zudem politischen Einflüssen ausgesetzt sind[25] – begrenzt werde.[26] Erschwerend seien erhebliche Verfahrensdauern, eine geringe Entdeckungswahrscheinlichkeit und schließlich Informationsvorsprünge eines Unternehmens zu berücksichtigen.[27] Daher biete eine Verhaltenskontrolle keine Gewähr für eine Öffnung des Marktes[28] und habe sich de facto als ungeeignet erwiesen, Marktmacht abzubauen.[29]

Die vorgenannten Bedenken gegen eine Verhaltenskontrolle rechtfertigen indes nicht per se den Rückgriff auf strukturelle Eingriffe: Der Supreme Court hat mehrfach klargestellt, dass Abhilfen nach dem Sherman Act kein Sanktionscharakter zukommt.[30] Daher hat der Tatrichter grundsätzlich auf weniger einschneidende Mittel zurückzugreifen, wenn diese im Hinblick auf das Ziel der Öffnung des Marktes ebenfalls wirksam sind.[31] Darüber hinaus scheidet ein struktureller Eingriff – auch aus Praktikabilitätsgründen – aus, wenn ohne die Wettbewerbsbeschränkung ausreichender tatsächlicher

---

24 Vgl. auch *U.S. v. E.I. Du Pont de Nemours & Co. (General Motors)*, 366 U.S. 316, 329-31 (1961) (dazu Fn. 72, S. 164); *U.S. v. United Shoe Machinery Corp.*, 391 U.S. 244, 251-52 (1968); *U.S. v. Paramount Pictures, Inc.*, 334 U.S. 131, 162-63 (1948). Siehe auch *Sullivan*, S. 147. In diesem Sinne für den *Microsoft*-Fall *Henderson Declaration*, S. 36 (§ 111); ferner *Hatch* in: *Eisenach/Lenard*, S. 26 (die Gefahr einer „heavy hand of government regulation" beschwörend).

25 Zur Problematik politischer Einflüsse vgl. *Baker*, 61 Notre Dame L. Rev. 898, 900 (1986); *Adams/Brock*, 66 U. Co. L. Rev. 257, 259 (1995); *Kovaleff* in: *Kovaleff*, S. 271; *Shughart*, S. 83 ff.; *McKenzie*, S. 161. Zu politischen Einflüssen im Fall *International Harvester* vgl. *Fox/Sullivan* in: *Kovaleff*, S. 97; im Fall *AT & T* vgl. *Temin*, S. 217 ff.; im Fall *Microsoft* vgl. Fn. 136 (S. 198) und *McKenzie*, S. 196 ff. Zur „Unabhängigkeit" von Richtern siehe *Kovacic*, 74 Iowa L. Rev. 1105, 1141 (1989); *Lange/Mendner/Berzau*, S. 139. Instruktiv *Kovacic*, 60 Fordham L. Rev. 49, 52, 120-21 (1991) (zum Einfluss der erheblichen Zahl der von Präsident *Reagan* nominierten Richter).

26 Vgl. *Kovacic*, 31 Conn. L. Rev. 1285, 1293 (1999); *Sullivan*, 48 Antitr. Bull. 377, 409 (2003); a. A. *Piraino*, 75 N.Y.U. L. Rev. 809, 881 (2000), der die Stärke der Judikative gerade in der Durchsetzung von Verhaltensgeboten sieht. Dagegen bereits *U.S. v. United Shoe Machinery Corp.*, 110 F.Supp. 295, 347-48 (D. Mass. 1953).

27 Vgl. *U.S. v. Corn Products Refining Co.*, 234 F. 964, 1016 (S.D.N.Y. 1916) („The difficulties of proof, the delay, the cumbersome inquiry necessary to ascertain again whether the defendants shall have actually discontinued, all make against such a limitation."); *International Boxing Club of New York, Inc. v. U.S.*, 358 U.S. 242, 253 (1959) (auszugsweise wiedergegeben in Fn. 389, S. 232). Vgl. auch *Kovacic*, 31 Conn. L. Rev. 1285, 1311 (1999); *Adams* in: *Brock/Elzinga*, S. 183; *Posner*, 13 J. Law & Econ. 365, 374 ff. (1970); *Oehler*, S. 212 Fn. 84 (m. w. N.); *Sullivan/Grimes*, S. 110; zu weiteren Nachweisen vgl. bereits Fn. 388 (S. 232).

28 Vgl. *Romaine/Salop*, 7-3 Geo. Mason L. Rev. 1, 40 (1999); *dies.*, 13-Sum Antitrust 15, 18 (1999).

29 Siehe *Areeda/Hovenkamp* (2000 Suppl.), § 704.3d (S. 248); vgl. auch Kritik bei *O'Connor*, 13 Harv. J. on Legis. 687, 692-93 (1976).

30 Vgl. insoweit bereits die Nachweise in Fn. 70 (S. 188).

31 Siehe *U.S. v. Timken Roller Bearing Co.*, 83 F.Supp. 284 (D. Ohio 1950), modified and aff'd, 341 U.S. 593, 603 (1951): „Since divestiture is a remedy to restore competition and not to punish those who restrain trade, it is not to be used indiscriminately, without regard to the type of violation or whether other effective methods, less harsh, are available."; ähnlich *U.S. v. National Lead Co.*, 332 U.S. 319, 348-53 (1947). Vgl. auch *U.S. v. United Shoe Machinery Corp.*, 391 U.S. 244, 250-51 (1968) (auszugsweise zitiert in Fn. 30, S. 158); *Areeda/Hovenkamp/Solow II*, § 325a (S. 246).

Wettbewerb zwischen den auf dem Markt tätigen Unternehmen bestünde.[32] Insofern ist sowohl die Erforderlichkeit im Hinblick auf die dem Unternehmen zur Last gelegten Zuwiderhandlungen als auch die Praktikabilität einer Entflechtung darzulegen.[33] De facto beschränken sich die Gerichte daher (zunächst) auf verhaltensorientierte Anordnungen.[34] Dabei stützen sie sich stellenweise auf die Annahme, die Befolgung der strafbewehrten Anordnungen sei aufgrund einer vermuteten Gesetzestreue der betreffenden Unternehmen gewährleistet.[35] Wie insbesondere das Verfahren gegen *Microsoft* zeigt, scheuen sich die Gerichte zum Teil nicht, die betroffenen Unternehmen trotz der vorstehenden Bedenken einer quasi-regulierenden, aber nur ex post wirkenden Verhaltenskontrolle zu unterwerfen.[36]

Ob darüber hinaus eine Verpflichtung besteht, grundsätzlich zunächst auf eine Verhaltenskontrolle zurückzugreifen, ist unklar.[37] Der Supreme Court hat diese Praxis zwar gebilligt,[38] aber immer wieder – unter anderem in den Verfahren gegen *Standard Oil* oder *Crescent Amusement* – unmittelbar Entflechtungen angeordnet, ohne dass die Möglichkeit einer Verhaltenskontrolle vorab ausgelotet worden wäre. Da es sich hierbei jedoch um extern gewachsene Unternehmen oder um Fälle konzertierter Zuwiderhandlungen handelte, ist zweifelhaft, ob sie einer Verallgemeinerung zugänglich sind. Tatsächlich gingen Entflechtungen regelmäßig verhaltensorientierte Maßnahmen voraus.[39] Zudem spricht das in der Rechtsprechung regelmäßig berücksichtigte öffentliche Interesse an einer Wahrung von Verbund- und Skalenvorteilen dafür, zunächst auf eine Verhaltenskontrolle auszuweichen.[40] Ein Vorzug dieses Ansatzes ist, dass sich auf diesem Weg der Nachweis der Unzulänglichkeit milderer Eingriffe erbringen lässt, was einen rechtspolitisch wünschenswerten Anhaltspunkt für die Notwendigkeit intensiverer Maß-

---

32 Vgl. *U.S. v. National Lead Co.*, 332 U.S. 319, 352-53 (1947) (auszugsweise wiedergegeben in Fn. 291, S. 217); eingehend § 2 A.III.2. b) cc) (S. 217 ff.). Siehe auch *U.S. v. Aluminum Co. of America*, 44 F.Supp. 97, 121-44 (S.D.N.Y. 1941), aff'd in relevant part, 148 F.2d 416, 446 (2d Cir. 1945): „Dissolution is not a penalty, but a remedy. If the industry will not need it for its protection it will be a disservice to break up an aggregation which has for so long demonstrated its efficiency." Siehe auch *U.S. v. General Electric Co.*, 115 F.Supp. 835, 874 (D.N.J. 1953).

33 *U.S. v. Timken Roller Bearing Co.*, 341 U.S. 593, 603 (1951) (dazu Fn. 31, S. 250).

34 Siehe *Crandall*, Failure, S. 7, der bei 336 Zivilverfahren zwischen 1890 und 1996 Verhaltenskontrollen in 71,7 % der Fälle (69 Zwangslizenzen, 172 sonstige) zählt.

35 Siehe *U.S. v. Timken Roller Bearing Co.*, 341 U.S. 593, 604 (1951); *State of New York et al. v. Microsoft Corp.*, 2002 WL 31439655, *104 (D.D.C 2002). Zu einer realistischeren Betrachtung siehe *U.S. v. Grinnell Corp.*, 236 F.Supp. 244, 259 (D. Rh. Isl. 1964); wie hier kritisch *Kovacic*, 31 Conn. L. Rev. 1285, 1311 (1999).

36 Zu den Anordnungen des Vergleichs im *Microsoft*-Verfahren siehe Überblick bei *Brennan*, 69 Geo. Wash. L. Rev. 1042, 1097-99 (2001). Zur Kritik siehe bereits Nachweise in Fn. 138 (S. 198). Für den *United-Shoe*-Fall siehe Fn. 144 (S. 174).

37 Bejahend *Shelanski/Sidak*, 68 U. Chi. L. Rev. 1, 53 (2001).

38 Siehe *U.S. v. Timken Roller Bearing Co.*, 341 U.S. 593, 603 (1951); ähnlich *U.S. v. National Lead Co.*, 332 U.S. 319, 348-53 (1947); *U.S. v. United Shoe Machinery Corp.*, 391 U.S. 244, 250-51 (1968); *U.S. v. Terminal R.R. Ass'n*, 224 U.S. 383, 411-12 (1912).

39 Vgl. auch *Shelanski/Sidak*, 68 U. Chi. L. Rev. 1, 53 (2001).

40 Siehe bereits die Diskussion in § 2 B.II.3. (S. 237).

nahmen *zur Verhaltenskontrolle* darstellen kann.[41] Letztlich ist auf der Grundlage der Erfolgsverpflichtung der *United-Shoe*-Entscheidung sogar eine vollständige Beseitigung von Marktmacht denkbar, sofern sich eine Verhaltenskontrolle als ungeeignet erwiesen hat, den Marktanteil des marktmächtigen Unternehmens zu reduzieren. Aus den bereits dargelegten Gründen ist jedoch zweifelhaft, ob eine entsprechende Abhilfe nach heutiger Rechtslage noch gerechtfertigt ist, soweit keine weiteren Wettbewerbsverzerrungen festzustellen sind.

II. Beeinträchtigung des „public interest" als Argument gegen Entflechtungen

Neben der generellen Zurückhaltung, radikale Eingriffe vorzunehmen,[42] ist einer der Gründe, weshalb Gerichte regelmäßig auf eine Verhaltenskontrolle zurückgreifen, dass sie eine Beeinträchtigung des öffentlichen Interesses durch eine Entflechtung fürchten: In zahlreichen Fällen wurde daher eine Entflechtung abgelehnt, weil man sich von einer Belassung der Struktur des Unternehmens größere Vorteile für das öffentliche Wohl erhoffte.[43] Regelmäßige Berücksichtigung finden daher Bedenken im Hinblick auf mögliche Verluste von Skalen- und Verbundvorteilen[44] sowie nachteilige Auswirkungen auf die Innovationsfähigkeit eines Unternehmens.[45] Auch wettbewerbsfremde Erwägungen wie die Wahrung sicherheitspolitischer Interessen[46] oder eine mögliche Beeinträchtigung der internationalen Wettbewerbsfähigkeit[47] wurden bereits als Einwände gegen

---

41 *U.S. v. United Shoe Machinery Corp.*, 391 U.S. 244, 251-52 (1968) (Zitat in Fn. 147, S. 174).

42 Siehe Fn. 81 (S. 190).

43 Siehe *U.S. v. American Can Co.*, 230 F. 859, 903 (D. Md. 1916) (auszugsweise wiedergegeben in Fn. 65 (S. 162); ferner *Hartford Empire Co. v. U.S.*, 323 U.S. 386, 408 (1945); *U.S. v. Aluminum Co. of America*, 91 F.Supp. 333, 416 (S.D.N.Y. 1950); siehe davor bereits *U.S. v. Aluminum Co. of America*, 148 F.2d 416, 446 (2nd Cir. 1945) (auszugsweise wiedergegeben in Fn. 32, S. 251); *U.S. v. Great Lakes Towing Co.*, 217 F. 656, 661 (D.C. Ohio 1914), appeal dismissed, 245 U.S. 675 (1917); zu letzterem Fall vgl. *Fraidin*, 33 Geo. Wash. L. Rev. 899, 922 (1965). Vgl. auch *Areeda/ Kaplow*, § 139 (S. 60); zu den möglichen Kosten vgl. bereits *Herrmann*, S. 69 ff.

44 Siehe *U.S. v. Aluminum Co. of America*, 91 F.Supp. 333, 416 (S.D.N.Y. 1950): „This situation imposes a minimum effective size on any aluminum producer if it be a real contributor to the growth of the industry, and be, as well, a lively competitor with the producers of other metals. Unless fully persuaded – as I am not – that a divestiture of Alcoa's properties should take place, I am most reluctant to attempt to tamper unnecessarily with economic and industrial forces from which the public has reaped substantial benefits, and from which, also, it can continue to be served, and without detriment, in my opinion, to the national welfare." Vgl. auch *U.S. v. Corn Products Refining Co.*, 234 F. 964, 1014 (S.D.N.Y. 1916), appeal dismissed, 249 U.S. 621 (1919).

45 Vgl. *U.S. v. National Lead Co.*, 332 U.S. 319, 334-335, 359 (1947); *U.S. v. General Electric Co.*, 115 F.Supp. 835, 871 (D.N.J. 1953); *U.S. v. Aluminum Co. of America et al.*, 91 F.Supp. 333 (S.D. N.Y. 1950). Kritisch hierzu *Sullivan*, S. 145.

46 Siehe *U.S. v. General Electric Co.*, 115 F.Supp. 835, 874 (D.N.J. 1953).

47 Vgl. *U.S. v. U.S. Steel Corp.*, 251 U.S. 417, 453-54 (1920); das Department of Justice hatte diesbezüglich vorgeschlagen, ein nach dem *Webb-Pomerene* Act of 1918 (vgl. 15 U.S.C.A. § 62) zulässiges Exportkartell zu bilden, scheiterte damit jedoch vor dem Supreme Court. Vgl. auch *U.S. v. General Electric Co.*, 115 F.Supp. 835, 874 (D.N.J. 1953).

strukturelle Eingriffe anerkannt. In einer Vielzahl von Fällen wurden vor allem horizontale Entflechtungen schließlich aus Praktikabilitätserwägungen abgelehnt.[48]

Die Beweislastverteilung hinsichtlich eventueller Beeinträchtigungen des öffentlichen Wohls ist unklar. Der Supreme Court hat zwar entschieden, dass Unwägbarkeiten grundsätzlich zu Lasten des von einer Entflechtung betroffenen Unternehmens gehen, sobald das Department of Justice den Beweis eines Rechtsverstoßes erbracht habe.[49] Darüber hinaus betonen zahlreiche Entscheidungen, dass entflechtungsbedingte Kostensteigerungen mit Rücksicht auf den gesetzgeberischen Willen, einer pluralistisch angelegten Marktstruktur den Vorzug zu geben, in Kauf zu nehmen seien.[50] Beides deutet darauf hin, dass eine „efficiency defense“ nicht existiert;[51] insofern würde sich auch die Frage nach der Beweislastverteilung nicht stellen. Zu berücksichtigen ist aber, dass gesellschaftspolitischen Zielsetzungen zumindest nach heutiger Auffassung keine eigenständige Bedeutung mehr zukommt.[52] Zudem steht die Rechtsprechung, wonach Zweifel zu Lasten eines dominierenden Unternehmens gehen, im Zusammenhang mit der Rückentflechtung einer Kapitalbeteiligung nach Section 7 Clayton Act, durch die allenfalls vertikale Verbundvorteile beseitigt worden wären.[53] Sie ist nicht ohne weiteres auf Fälle übertragbar, in denen Skalen- und Verbundvorteile Produkt organischen Wachstums sind.[54]

Zumindest in der zweiten *Alcoa*-Entscheidung, in der die zunächst aufgeschobene Frage der Abhilfe abschließend entschieden werden sollte, lehnte das Gericht im Hinblick auf mögliche Effizienzverluste die von der Regierung geforderte horizontale Entflechtung ab und wertete damit den Umstand, dass die genaue Höhe der „economies of

---

48 *U.S. v. National Lead Co.*, 332 U.S. 319, 352-53 (1947) (auszugsweise wiedergegeben in Fn. 291, S. 217); *U.S. v. Aluminum Co. of America et al.*, 91 F. Supp. 333, 417 (S.D.N.Y. 1950) (Unmöglichkeit, qualifizierte Führungskräfte zu rekrutieren); *U.S. v. United Shoe Machinery Corp.*, 247 U.S. 32, 45-46 (1918) (dazu bereits Fn. 66, S. 163); *U.S. v. American Can Co.*, 230 F. 859, 903 (D. Md. 1916) (dazu auch Fn. 65, S. 162); *U.S. v. Timken Roller Bearing Co.*, 341 U.S. 593, 603 (1951) (dazu Fn. 31, S. 250); *Hartford Empire Co. v. U.S.*, 323 U.S. 386, 400, 413 et seq. (1945).

49 *U.S. v. E.I. du Pont de Nemours & Co.*, 366 U.S. 316, 334 (1961) (m. w. N.): „For it is well settled that once the government has successfully borne the considerable burden of establishing a violation of law, all doubts as to the remedy are to be resolved in its favor.“ Ähnlich *U.S. v. International Salt Co.*, 332 U.S. 392, 400 (1947) (auszugsweise wiedergegeben in Fn. 10, S. 248); vgl. auch *U.S. v. Microsoft Corp.*, 97 F.Supp.2d 59, 62 (D.D.C. 2000).

50 Vgl. *U.S. v. Aluminum Co. of America*, 148 F.2d 416, 429 (2nd Cir. 1945) („Throughout the history of these statutes it has been constantly assumed that one of their purposes was to perpetuate and preserve, for its own sake and in spite of possible cost, an organization of industry in small units which can effectively compete with each other.“); *U.S. v. United Shoe Machinery Corp.*, 110 F.Supp. 295, 347 (D. Mass. 1953) (auszugsweise wiedergegeben in Fn. 156, S. 175); ferner *Brown Shoe Co. v. U.S.*, 370 U.S. 294, 344 (1962) (auszugsweise wiedergegeben in Fn. 297, S. 219 m. w. N.). Zur Kritik an der Entscheidung *Brown Shoe*, die einen nach Sec. 7 Clayton Act beurteilten Zusammenschluss betraf, bei dem die Beteiligten zusammen lediglich einen Marktanteil von 2,3 % bei fast 800 Schuhproduzenten erreicht hätten, siehe *Waldman*, S. 157.

51 In diesem Sinne *Averitt*, 40 Ohio St. L.J. 781, 827 (1979). Zur Ausnahme bei natürlichen Monopolen vgl. *U.S. v. Aluminum Co. of America*, 148 F.2d 416, 430 (2nd Cir. 1945).

52 Siehe insoweit bereits die Diskussion in § 2 A.III.3. (S. 218 ff.).

53 Zum Sachverhalt siehe Fn. 77 (S. 256).

54 Wie hier *Schulte-Braucks*, S. 83.

scale" nicht bezifferbar war, zu Lasten des Department of Justice.[55] Die Begründung der Entscheidung verdeutlicht allerdings, dass die Ablehnung des Gerichts weniger auf Bedenken hinsichtlich der Höhe der Effizienzeinbußen als auf Zweifeln hinsichtlich der Erforderlichkeit einer horizontalen Entflechtung beruhten.[56] Insofern ist die Kritik des zuständigen Richters im Kontext des sowohl in der Literatur[57] als auch von der Rechtsprechung selbst[58] häufig geäußerten Vorwurfs zu sehen, die Antitrust Division sei zu sehr auf ein Obsiegen in der Frage der „liability" bedacht, während Fragen der „richtigen" Abhilfe bzw. der Erforderlichkeit sowie der Praktikabilität eines strukturellen Eingriffs nicht ausreichend Aufmerksamkeit geschenkt würde.[59] Wird diese Kritik im Zusammenhang mit der Beweislastregel des Supreme Court gelesen, folgt hieraus, dass es zwar grundsätzlich einem betroffenen Unternehmen obliegt, eventuelle Effizienzverluste zu beweisen;[60] dem ist aber die Pflicht des Department of Justice vorgelagert, die Erforderlichkeit eines strukturellen Eingriffs darzulegen. Dazu gehört auch die Darlegung, dass mildere Mittel fehlen und deshalb der durch eine Entflechtung verursachte Schaden gerechtfertigt ist.[61] Voraussetzung hierfür ist, dass die Tragweite eventueller Beeinträchtigungen vor einem Entflechtungsantrag sorgfältig analysiert wird.[62] Lediglich in dem Fall, in dem der Nachweis erbracht wird, dass eine Entflechtung die *einzig wirksame* Abhilfe ist, werden ihre Kosten nicht mehr in Ansatz gebracht.[63]

B. *Berücksichtigung privater Belange*

Soweit strukturelle Eingriffe im öffentlichen Interesse ergriffen werden, sind ihnen private Belange grundsätzlich unterzuordnen.[64] Andererseits hat der Supreme Court auch

---

55 Vgl. *U.S. v. Aluminum Co. of America*, 91 F.Supp. 333, 416 (S.D.N.Y. 1950).

56 Vgl. *U.S. v. Aluminum Co. of America*, 91 F.Supp. 333, 416 (S.D.N.Y. 1950) („highly speculative – and even hazardous – venture"); kritisch zu den insoweit auch maßgeblichen Praktikabilitätserwägungen *Sullivan*, S. 145.

57 Zur Kritik vgl. *Kaysen*, S. 343 f.; *Sullivan*, S. 146; *Kovacic*, 74 Iowa L. Rev. 1105, 1146 (1989); *ders.*, 31 Conn. L. Rev. 1285, 1312 (1999); *Areeda/Hovenkamp IIIA*, § 810f.; *Adams* in: *Brock/Elzinga*, S. 191 f.; *Dewey*, 63 J. Pol. Econ. 93, 102 (1955).

58 Siehe *U.S. v. United Shoe Machinery Corp.*, 110 F.Supp. 295, 348 (D. Mass. 1953).

59 Vgl. insoweit auch den zur Behebung dieses Problems gedachten Vorschlag in Sec. 203(b) des *„Hart Bill"* (siehe Fn. 5, S. 21), demzufolge die Kartellbehörde verpflichtet werden sollte, bereits zu Beginn eines Verfahrens den Vorschlag einer Umstrukturierung zu unterbreiten.

60 So auch, wenngleich kritisch, *Posner*, FIW-Schriftenreihe Nr. 98, S. 58, 66 (1981). Eine entsprechende Beweislastverteilung sahen Sec. 2(e) des *„Harris* Bill"; Sec. 101(c) des *„Hart* Bill" (siehe zu diesen Reformvorschlägen bereits Fn. 5, S. 21) vor; die „thrust-upon defense" wurde demgegenüber nicht mehr anerkannt. Anders noch *Kaysen/Turner*, Sec. 3(b) (1), (2), (4) (oben Fn. 5). Je nach Reformvorschlag lagen die kritischen Marktanteilsgrenzen bei 50-80 %. Zur einer Kritik vgl. *Posner* in: *Goldschmid et al.*, S. 393, 397 ff.

61 Vgl. auch *Averitt*, 40 Ohio St. L.J. 781, 815 (1979).

62 Wie hier *Kovacic*, 31 Conn. L. Rev. 1285, 1310 (1999).

63 Vgl. auch *Averitt*, 40 Ohio St. L.J. 781, 814 (1979).

64 Vgl. *U.S. v. E.I. du Pont de Nemours & Co.*, 366 U.S. 316, 327 (1961): „[...] Courts are authorized, indeed required, to decree relief effective to redress the violations, *whatever the adverse effect*

entschieden, dass Ziel des Sherman Act nicht die Zerstörung, sondern der Schutz von Eigentumsrechten ist.[65] Daher ist auch privaten Interessen bei der Wahl einer Abhilfe, zumal dieser kein Strafcharakter zukommt,[66] Rechnung zu tragen. Es ist allerdings keine Entscheidung bekannt, in der die Belange von Gläubigern oder Arbeitnehmern – obwohl gerade letztere, wie der Fall *AT & T* gezeigt hat, von einer Entflechtung besonders betroffen sein können[67] – dazu geführt hätten, die Zulässigkeit eines strukturellen Eingriffs zu verneinen.[68] Ihren Interessen wird in der Regel allenfalls im Rahmen der konkreten Ausgestaltung einer Entflechtung Rechnung getragen.[69]

In erster Linie haben daher bislang die Belange von Anteilsinhabern, weniger jedoch des Unternehmens selbst,[70] eine Rolle gespielt: Ursache hierfür ist, dass das US-amerikanische Recht einem utilitaristischen, in der englischen Rechtstradition verwurzelten Ansatz folgt: Die Gesellschaft erscheint als Kreatur des Staates, der sie durch Gesetze strukturiert und ihre Rechte und Befugnisse festlegt, diese jedoch auch jederzeit verändern kann. Entsprechend fallen umgestaltende Eingriffe in ein Unternehmen, das sich lediglich als Instrument des Souveräns zur Gestaltung privatwirtschaftlicher Transaktionen darstellt, leichter.[71] Zwar verändern bzw. schaden sie dem Unternehmen als Einheit, berühren aber zumindest theoretisch nicht die Interessen der Anteilsinhaber, die entweder durch einen dem Wert des entflochtenen Unternehmensteils entsprechenden Veräußerungserlös oder – bei einer gesellschaftsrechtlichen Abwicklung – durch den Erhalt von Anteilen kompensiert werden: Damit verändert sich zwar die Form der Investition, ihr Wert bleibt aber unverändert.[72] Auswirkungen auf die durch den fünften Ver-

---

of such a decree on private interests. Divestiture is itself an equitable remedy designed to protect the public interest." Siehe auch *Utah Public Service Commission v. El Paso Natural Gas Co.*, 395 U.S. 464, 471-72 (1969) („[...] The pinch on private interests is not relevant to fashioning an antitrust decree, *as the public interest is our sole concern*."); *Northern Securities Co. v. U.S.*, 193 U.S. 197, 352 (1904) („[...] The interests of private persons *and corporations* cannot be made paramount to the interests of the general public.") (alle Hervorh. v. Verf.); *Ford Motor Co. v. U.S.*, 405 U.S. 562, 376 Fn. 11 (1972); *U.S. v. Continental Can Co.*, Tr. Cas. (CCH) § 71,264 (S.D.N.Y. 1964): „Whether or not divestiture [...] would cause economic loss, even substantial economic loss, to the acquiring corporation is not a controlling factor here, nor, indeed one to be given considerable weight. The primary factor is wether such divestiture is in the public interest [...].".

65 Vgl. *U.S. v. Standard Oil Co. of New Jersey*, 221 U.S. 1, 78 (1911) („[...] One of the fundamental purposes of the statute is to protect, not to destroy, rights of property."); *U.S. v. American Tobacco Co.*, 221 U.S. 106, 185 (1911) (dazu auch Fn. 3, S. 247); *U.S. v. Union Pacific R.R. Co.*, 226 U.S. 470, 477 (1913) („So far as is constant with this purpose [forbidding combinations in restraints of trade] a court of equity should conserve the property interests involved, but never in such ways as to sacrifice the object and purpose of the statute."). Siehe auch *Hartford Empire Co. v. U.S.*, 323 U.S. 386, 387 (1945) (für Patente); *U.S. v. National Lead Co.*, 332 U.S. 319, 338, 349 (1947).

66 Siehe dazu Nachweise in Fn. 70 (S. 188); ferner Fn. 31 (S. 250).

67 Vgl. Fn. 458 (S. 352).

68 Wie hier *Averitt*, 40 Ohio St. L.J. 781, 819 (1979).

69 Eingehend hierzu im 3. Teil § 2 A.II.1. c) bb) (S. 303 ff.) und § 2 B.II.2. (S. 349 ff.).

70 Vgl. *U.S. v. E.I. Du Pont de Nemours & Co. (General Motors)*, 177 F.Supp. 1, 13 (N.D. Ill. 1959), rev'd on other grounds, 366 U.S. 316 (1961).

71 Eingehende Darstellung bei *Averitt*, 40 Ohio St. L.J. 781, 830-32 (1979) (m. w. N.).

72 Siehe *Averitt*, 40 Ohio St. L.J. 781, 832 (1979); vgl. auch *Buckley*, 16 J. Corp. L. 805, 812 (1991).

fassungszusatz[73] geschützten Eigentumsrechte werden zudem seit der *Northern-Securities*-Entscheidung als Bestandteil der durch die Legislative in zulässiger Weise auf die Gerichte übertragenen Kompetenz betrachtet, der weiten Fassung des Sherman Act Gestalt zu verleihen.[74] Sie erfasst auch das Ergreifen all derjenigen Maßnahmen, die für eine *dauerhafte* Wiederherstellung von Wettbewerb *notwendig oder geeignet* sind.[75]

Freilich begegnet die Annahme, eine Umstrukturierung werde die Interessen der Eigentümer nicht berühren, erheblichen Bedenken: Der Entflechtungsvorgang selbst ist mit Transaktionskosten verbunden, die das Unternehmensvermögen de facto mindern. Der Wert von Anteilen kann ferner sinken, wenn durch die Entflechtung Effizienzvorteile beseitigt werden oder die im Unternehmenswert kapitalisierte Monopolprämie verloren geht.[76] Im Zusammenhang mit der (späten) Entflechtung eines bereits im Jahre 1920 erworbenen Pakets von 63 Mio. Aktien, das *Du Pont* an *General Motors* hielt und ersterem Unternehmen einen (vermeintlichen) Einfluss auf die Entscheidungen des letzteren vermittelte,[77] beschränkte sich das Bezirksgericht daher im Hinblick auf befürchtete „herbe Auswirkungen" auf verhaltensorientierte Anordnungen[78] und eine Übertragung der Stimmrechte auf die Aktionäre von *Du Pont* (sog. „pass-through of voting rights").[79] Hintergrund waren befürchtete Schäden der Aktionäre aufgrund steuerlicher Vorschriften – die allerdings durch eine gesetzliche Änderung abgemildert wurden[80] –, aufgrund befürchteter Kursverluste infolge einer Flutung des Marktes mit Anteilen von *General Motors* sowie aufgrund eines Verlustes der Kontrollprämie.[81] Der Supreme Court zeigte sich durch diese Erwägungen unbeeindruckt und hob die Entscheidung auf, weil die verhängte Stimmrechtsbeschränkung nicht ausreichte, um ein unabhängiges Verhalten der beiden Unternehmen zu gewährleisten.[82] Sei eine Abhilfe *die einzig wirk-*

---

73 Zu einem allgemeinen Überblick siehe *Walston*, 2001 Utah L. Rev. 379-438 (2001).

74 Siehe Nachweise in Fn. 34 (S. 158). Zu anfänglichen verfassungsrechtlichen Bedenken gegen den Sherman Act siehe *Northern Securities Co. v. U.S.*, 193 U.S. 197, 333 et seq. (1904); *U.S. v. Standard Oil Co. of New Jersey*, 221 U.S. 1, 69-70 (1911); *U.S. v. Grinnell Corp.*, 236 F.Supp. 244, 247 (D. Rh. Isl. 1964). Vgl. ferner *Schulte-Braucks*, S. 66 f.

75 *Northern Securities Co. v. U.S.*, 193 U.S. 197 (1904) (auszugsweise wiedergegeben in Fn. 45, S. 160).

76 Vgl. *Elzinga/Breit*, S. 49. Zur Berechtigung des Einwands des Verlustes von Monopolprämien siehe im 3. Teil § 2 B.II.1. a) und b) (S. 343 ff.).

77 Kritisch hierzu *Dewey* in: *Goldschmid et al.*, S. 13; eingehende Darstellung bei *Averitt*, 40 Ohio St. L.J. 781, 795-96 (1979).

78 *U.S. v. E.I. Du Pont de Nemours & Co. (General Motors)*, 177 F.Supp. 1, 39, 45 (N.D. Ill. 1959).

79 *U.S. v. E.I. Du Pont de Nemours & Co. (General Motors)*, 177 F.Supp. 1, 39 (N.D. Ill. 1959).

80 Vgl. *U.S. v. E.I. Du Pont de Nemours & Co. (General Motors)*, 177 F.Supp. 1, 17 (N.D. Ill. 1959): Zur Änderung des Internal Revenue Code of 1954, der es den Aktionären erlaubte, ausnahmsweise die an sie verteilten Aktien als Kapitalertrag, nicht als Einkommen zu versteuern, vgl. *Note*, 110 U. Pa. L. Rev. 436, 439 (1962); *Schulte-Braucks*, S. 94.

81 *U.S. v. E.I. Du Pont de Nemours & Co. (General Motors)*, 177 F.Supp. 1, 27 (N.D. Ill. 1959); zudem wäre die Veräußerung der Anteile der *Du-Pont*-Holding kapitalertragsteuerpflichtig gewesen, was eine zusätzliche Belastung i. H. v. 200 Mio. US-Dollar bedeutet hätte (a.a.O., S. 21). Zum Verlust der Kontrollprämie siehe *Bebchuk/Walker*, 56 Bus. Lawyer 459, 469 (2001).

82 *U.S. v. E.I. Du Pont de Nemours & Co. (General Motors)*, 366 U.S. 316, 331 (1961); kritisch hierzu J. *Frankfurter*, dissenting, a.a.O., S. 355; *Averitt*, 40 Ohio St. L.J. 781, 821 (1979); *Dewey* in: *Goldschmid et al.*, S. 13.

same, so könne ihr nicht mit dem Einwand entgegen getreten werden, dass sie die Betroffenen wirtschaftlich hart treffe; die wirtschaftliche Härte eines Eingriffs könne vielmehr *nur die Wahl zwischen zwei gleich wirksamen* Abhilfen beeinflussen.[83]

C. *Zusammenfassung*

Theoretisch beansprucht das öffentliche Interesse an einer Wiederherstellung von Wettbewerb uneingeschränkten Vorrang gegenüber privaten Belangen. Eine dem deutschen oder dem europäischen Recht entsprechende *Verhältnismäßigkeitsprüfung* in dem Sinne, dass eine Maßnahme nur dann verhältnismäßig ist, wenn sie sich im Hinblick auf das verfolgte Ziel unter Abwägung der zur Verfügung stehenden Mittel als wirksamste und unter Berücksichtigung aller beteiligten Interessen als relativ mildeste erweist, findet insoweit nicht statt. Ebensowenig wird die zum Teil in der Literatur geforderte stringente ökonomische Analyse durchgeführt:[84] Danach soll eine Entflechtung nur möglich sein, wenn ihr Nutzen[85] – unter Berücksichtigung der Kosten alternativer Abhilfen – ihre zu quantifizierenden nachteiligen Auswirkungen auf die produktive und dynamische Effizienz des betroffenen Unternehmens wesentlich übersteigt.[86]

Dem Wesen der „equity" entsprechend wird die Abhilfe vielmehr an die jeweiligen Umstände des Einzelfalls angepasst,[87] ohne dass ein abschließender Katalog von Elementen existiert, der im Rahmen der Frage, ob eine Abhilfe im öffentlichen Interesse liegt, zu berücksichtigen wäre. Im Prinzip ist der erste Schritt die Prüfung der *Erforderlichkeit* eines strukturellen Eingriffs. Sie ist nur gegeben, wenn aufgrund des bisherigen Verhaltens eines Unternehmens und der bereits eingetretenen Folgen einer Zuwiderhandlung breiter angelegte, mit Schwierigkeiten verbundene Verhaltenskontrollen notwendig wären und auf dem Markt kein ausreichender tatsächlicher Wettbewerb vorliegt. Zweiter Schritt ist die Prüfung möglicher Beeinträchtigungen des öffentlichen Interesses, insbesondere im Hinblick auf mögliche Auswirkungen eines Eingriffs auf die produktive Effizienz eines Unternehmens, auf sein Innovationspotential sowie auf seine in-

---

83 *U.S. v. E.I. du Pont de Nemours & Co.*, 366 U.S. 316, 327 (1961).

84 Zu einer rein ökonomisch orientierten Analyse vgl. *Landes*, 50 U. Chi. L. Rev. 652-78 (1983); ferner *Elzinga/Breit*, S. 112 ff. (für eine Beschränkung auf Bußgelder plädierend); *Shelanski/Sidak*, 68 U. Chi. L. Rev. 1, 16 et seq. (2001).

85 Dieser wird zum Teil lediglich auf die allokative Effizienz beschränkt: vgl. *Shelanski/Sidak*, 68 U. Chi. L. Rev. 1, 18 (2001); vgl. auch die Untersuchung von *Crandall*, Failure, zur Preisentwicklung auf Märkten, die Gegenstand einer Entflechtung waren.

86 Vgl. *Bork*, 46 Antitrust L.J. 873, 878 (1977); *Baker*, 61 Notre Dame L. Rev. 898, 901 (1986); *Piraino*, 75 N.Y.U. L. Rev. 809, 881 (2000); *Lipsky/Sidak*, 51 Stan. L. Rev. 1187, 1239 (1999). Unberücksichtigt bleibt hierbei, dass sich die Vorteile einer Entflechtung bei einem ergebnisoffenen Prozess naturgemäß nicht quantifizieren lassen: wie hier *Litan* Brief on Remedy, S. 24.

87 Vgl. Nachweise in Fn. 2 (S. 247); ferner *Fraidin*, 33 Geo. Wash. L. Rev. 899, 903 (1965).

ternationale Wettbewerbsfähigkeit.[88] Die in einem dritten Schritt zu prüfende Beeinträchtigung privater Interessen ist nur noch dann relevant, wenn mehrere gleich wirksame Abhilfen zur Verfügung stehen.

De facto besteht jedoch in der Rechtsprechung eine Tendenz, das öffentliche Interesse an einem Eingriff mit privaten Belangen abzuwägen und zugunsten letzterer weniger einschneidende Maßnahmen zu ergreifen, je größer die Gefahr privater Verluste ist.[89] Ursache hierfür ist zum einen die natürliche richterliche Zurückhaltung gegenüber strukturellen Eingriffen. Zum anderen ist vielfach die Erforderlichkeit eines strukturellen Eingriffs zweifelhaft: Dies gilt vor allem dann, wenn sich der Nachweis von langfristigen Vorteilen der Abhilfe im Hinblick auf die bisherige Marktleistung des Unternehmens schwierig gestaltet[90] und/oder die streitgegenständlichen Zuwiderhandlungen im Grenzbereich zu Mitteln des Leistungswettbewerbs sind.[91] In diesen Fällen ist regelmäßig nicht ersichtlich, weshalb das gesellschaftliche Wohl nicht auch weiterhin von der Tätigkeit des betroffenen Unternehmens profitieren sollte, so dass mildere Mittel in Betracht kommen. Das Problem steht im Zusammenhang mit der vielfach gerügten Unfähigkeit der Antitrust Division, die Erforderlichkeit eines strukturellen Eingriffs klar darzulegen: Vielfach wurde hier undifferenziert eine Beseitigung von Marktmacht gefordert, obgleich dies gerade nicht der Rechtsprechung des Supreme Court entspricht. Eine auf die den Unternehmen zur Last gelegten Verhaltensweisen zugeschnittene Abhilfe wurde demgegenüber in den seltensten Fällen beantragt.

88 In der Regel findet hier im Vorfeld eines Endurteils eine eingehende Erörterung der Vor- und Nachteile einer Entflechtung statt: vgl. *Brennan*, 40 Antitr. Bull. 455, 479 (1995); *Litan* Brief on Remedy, S. 3. Eine Ausnahme bildet das *Microsoft*-Verfahren: siehe in § 2 A.III.2. a) dd) (S. 207).

89 Siehe *Dewey*, 63 J. Pol. Econ. 93, 96 (1955).

90 Siehe Nachweise in Fn. 32 (S. 251) und Fn. 43 (S. 252). Ein weiteres Beispiel ist die *United-Shoe*-Entscheidung, in der Richter Wyzanski einerseits die Leistungen des Unternehmens auf dem Gebiet der Forschung und Entwicklung herausstrich und einräumen musste, dass Abnehmer ihre Zufriedenheit mit den Verträgen von *United Shoe* geäußert hatten: *U.S. v. United Shoe Machinery Corp.*, 110 F.Supp. 295, 340 (D. Mass. 1953). Der Nachweis eines unmittelbaren Schadens durch die Monopolstellung fiel daher schwer: vgl. *Kovacic*, 31 Conn. L. Rev. 1285, 1313-14 (1999).

91 Vgl. *Kovacic*, 31 Conn. L. Rev. 1285, 1313 (1999).

3. Teil Rechtsvergleich

Gegenstand des dritten Teils wird sein, die langjährigen Erfahrungen des Antitrust-Rechts für Maßnahmen struktureller Art im europäischen Kartellrecht nutzbar zu machen. Zunächst werden hierzu europäische und US-amerikanische Rechtsordnung im Hinblick auf die Voraussetzungen struktureller Eingriffe im Zusammenhang mit Marktdominanz wertend zu vergleichen sein. Auf der Grundlage des aus dieser Rechtsvergleichung zu erzielenden Erkenntnisgewinns sollen, sofern dies unter Beachtung der bei der Rechtsvergleichung gebotenen Zurückhaltung möglich ist, Folgerungen für strukturelle Eingriffe im europäischen Kartellrecht gezogen werden. Sodann sollen die praktischen Erfahrungen des Antitrust-Rechts mit Entflechtungen untersucht werden. Die Untersuchung soll ein Licht auf die eingangs erwähnte Kritik des Wirtschafts- und Sozialausschusses werfen,[1] also Aufschluss darüber geben, ob strukturelle Eingriffe aufgrund ihrer Praktikabilität, ihrer Kosten oder ihrer ungewissen Auswirkungen abzulehnen sind.

§ 1 Vergleich der rechtlichen Rahmen struktureller Eingriffe

Im Folgenden werden die verfahrensrechtlichen sowie die materiellrechtlichen Rahmenbedingungen struktureller Eingriffe im europäischen und US-amerikanischen Recht der Wettbewerbsbeschränkungen verglichen werden. Ziel ist zum einen, systemimmanente Schwierigkeiten im Zusammenhang mit Entflechtungen zu identifizieren; zum anderen sollen – soweit möglich – rechtspolitische Folgerungen gezogen werden.

A. Verfahrensrechtlicher Rahmen

Im Antitrust-Recht können strukturelle Eingriffe sowohl im Verfahren der „equity“ durch ein Bezirksgericht als auch von der FTC in einem administrativen, der gerichtlichen Kontrolle unterliegenden Verfahren angeordnet werden. De facto ist der Beitrag der FTC insoweit aber gering geblieben.[2] Von Interesse ist daher lediglich das Verfahren der „equity“,[3] das auf Antrag des Department of Justice in einem mehrstufigen Verfahren vor einem Einzelrichter verhandelt wird.[4] Demgegenüber bedarf die Kommission zur Abstellung einer Zuwiderhandlung gegen Artikel 82 EG keiner gerichtlichen Hilfe.[5]

---

1 Siehe Fn. 14 (S. 23).

2 Siehe Fn. 24 (S. 157).

3 Zu strukturellen Eingriffen auf Antrag privater Kläger vgl. im 2. Teil (S. 156).

4 Das Department of Justice wird vetreten durch den Assistant Attorney General der Antitrust Division. Von „jury trials“ wird wegen der Komplexität antitrust-rechtlicher Verfahren meist abgesehen: vgl. *Turner*, 75 Cal. L. Rev. 797, 813 (1987); *Areeda/Kaplow*, § 153 (S. 93). Eingehend zum Verfahren *Gavil*, 13-Sum Antitrust 7, 10 (1999), i. Ü. Fn. 25 (S. 157).

5 Zum Verfahren siehe *OECD*, Competition Law, S. 37.

Eine Kontrolle findet lediglich ex post statt, wobei Klagen gegen Entscheidungen der Kommission keine aufschiebende Wirkung entfalten (Artikel 242 EG). Die gerichtliche Überprüfung der Entscheidungen der Kommission ist zwar nicht „unbeschränkt" wie im Falle der Prüfung von Buß- oder Zwangsgeldern. De facto findet aber auch außerhalb des Anwendungsbereichs des Artikels 31 VO (EG) Nr. 1/2003 regelmäßig eine umfassende Kontrolle in rechtlicher wie tatsächlicher Hinsicht statt.[6] Trotz der unterschiedlichen Verfahrensgestaltung nehmen Gerichte daher in beiden Rechtsordnungen einen hohen Stellenwert ein. Im Zusammenhang mit strukturellen Eingriffen ist jedoch die Beteiligung von Gerichten in den Vereinigten Staaten kritisiert worden; auch für die zum Teil erhebliche Verfahrensdauer ist stellenweise das Verfahren der „equity" verantwortlich gemacht worden. Schließlich wird die Anfälligkeit des Prozesses für politische Einflüsse kritisiert. Daher soll untersucht werden, ob vergleichbare Schwierigkeiten im europäischen Recht zu erwarten sind.

I. Verfahrensdauer

Regelmäßig bereitet die Dauer von Verfahren „in equity" Schwierigkeiten.[7] Bekanntestes Beispiel für dieses Problem ist der *IBM*-Fall, der nicht zu Unrecht als „the Antitrust Division's Vietnam" bezeichnet worden ist.[8] Das Verfahren gegen den im Vorfeld mehrfach beklagten Hersteller von Datenverarbeitungsanlagen wurde *18 Jahre* nach seiner Einleitung im Jahre 1964 und nach siebenjähriger Verhandlung am selben Tag eingestellt, an dem die Zerschlagung von *AT & T* bekannt gegeben wurde.[9] Begründet wurde dies mit unzureichenden *juristischen* und – auch im Hinblick auf die eingetretenen Verzögerungen – *wirtschaftlichen* Aussichten auf Erfolg.[10] Obgleich das Verfahren zum Zeitpunkt seiner Einleitung unter Umständen berechtigt gewesen war,[11] hatte sich im Jahre 1982 die Welt der Datenverarbeitung durch den Siegeszug des Personal Computer (PC) so verändert, dass eine Entscheidung faktisch obsolet geworden war.[12] Ein ähnliches Problem stellte sich im *Microsoft*-Fall: Hier vergingen zwischen Beginn der wettbewerbswidrigen Verhaltensweisen und Beginn des Vollzugs der vergleichsweise

6 Siehe im 1. Teil § 3 A.I.1. (S. 110).

7 Zur durchschnittlichen Verfahrenslänge in Entflechtungsfällen vgl. *Posner*, Antitrust, S. 88; *ders.*, 13 J.L. & Econ. 365, 377-81 (1970) (83 Monate). Zur Kritik vgl. *Posner* in: *Goldschmid et al.*, S. 393, 395 f.; *Elzinga*, 12 J. L. & Econ., 43, 46, 51 (1969) (für Rückentflechtungen). Vgl. ferner *Shepherd*, 35 N.Y. L. S. L. Rev. 917, 932-33 (1990); *Oehler*, S. 229 f.

8 *Robert H. Bork*, zitiert in *Kovacic*, 74 Iowa L. Rev. 1105, Fn. 20 (1989); vgl. auch *Fisher et al.*, S. 12 ff., 336 ff. („Katastrophe").

9 Zum vorangegangenen Verfahren gegen *IBM* siehe bereits Fn. 285 (S. 216). Ausführliche Darstellung bei *Baker*, 61 Notre Dame L. Rev. 898, 910-12 (1986); zu Umfang und Kosten des Verfahrens vgl. *Kovacic*, 74 Iowa L. Rev. 1105, 1109 Fn. 20 (1989).

10 Einstellungsvereinbarung bei *Fisher et al.*, S. 356 f. Zur Begründung vgl. *Baxter*, Memorandum for the Attorney General in: *Fox/Sullivan*, S. 237 ff. Kritisch dazu *DeLamarter*, S. 366.

11 In diesem Sinne *Sullivan*, 60 Tex. L. Rev. 587, 639 (1982).

12 Siehe *Scherer*, 32 Antitr. Bull. 829, 837, 840 (1987); *Brock* in *Adams*, S. 161, 174 ff.

vereinbarten *Verhaltens*beschränkungen immerhin sechs Jahre: Im Jahre 2002 war das Primärziel der Strategien *Microsofts – Netscape Communications* – bedeutungslos geworden und zog sich wenig später vollständig aus dem Browsergeschäft zurück.[13]

Als Ursache für die zum Teil erheblichen Verfahrenslängen wird verschiedentlich das gerichtliche Verfahren, bei dem auf jeder Verfahrensstufe kontradiktorisch verhandelt wird, gesehen.[14] Andererseits zeigen die Verfahren gegen *Standard Oil, Grinnell*[15] und zuletzt gegen *Microsoft*, dass das Verfahren „in equity" als solches prozessuale Spielräume lässt, die auch bei komplexen Sachverhalten verhältnismäßig zeitnahe Entscheidungen ermöglichen.[16] Zugleich deutet der Vergleich zur Länge der Verfahren der FTC, die auch in dieser Hinsicht die in sie gesetzten Erwartungen nicht erfüllt hat, darauf hin, dass das Problem der Verfahrenslänge nicht am gerichtlichen Verfahren als solchem liegt.[17] Es liegt daher nahe, die Ursache für die erheblichen Verfahrenslängen in der Existenz eines Entflechtungsinstruments zu sehen. Da strukturelle Eingriffe bisweilen als „Todesstrafe" für juristische Personen bezeichnet werden,[18] ließe sich annehmen, dass ein „juristisches Verdun" natürliches Korrelat der Intensität der geplanten Abhilfe ist.[19] Das Instrument der Entflechtung droht damit kontraproduktiv zu werden, da seine marktöffnende Wirkung durch die Dauer des Verfahrens aufgezehrt wird. Gegen diese Hypothese spricht wiederum, dass die Natur der Abhilfe in den seltensten Fällen bereits zu Beginn eines Antitrust-Verfahrens feststeht. Vielfach wird sie erst nach den „findings of fact" und den „conclusions of law" gewählt, was regelmäßig Anlass zu Kritik gegeben hat.[20] Da Section 2 Sherman Act nicht zwingend zu Entflechtungen führen muss, vermögen strukturelle Eingriffe nicht zu erklären, dass bereits vor der „remedy phase", also der letzten Verfahrensstufe, langwierige Verfahren entstehen.

Eine weitere Erklärung ist, dass die Einleitung kartellrechtlicher Verfahren in den USA regelmäßig einen „Streubombeneffekt" auslöst, weil sich der Klage des Department of Justice regelmäßig private Kläger – zu denen auch Bundesstaaten gehören – dem Verfahren anschließen oder eigene Verfahren einleiten.[21] Dabei können sich private Kläger gemäß Section 5(a) Clayton Act auf streitige Entscheidungen stützen, die in

13 Vgl. Meldung der FTD.de v. 6. 3. 2003. Der Quellcode des *Netscape*-Browsers wurde allerdings veröffentlicht; der Browser wird nunmehr als „open source"-Projekt („Mozilla") weiter geführt.

14 Vgl. *Posner*, Antitrust, S. 233; *Kaysen*, S. 334. Siehe auch *Geradin*, 41 CMLR 1519-1548 (2004).

15 Vgl. *Schulte-Braucks*, S. 204 („lehrbuchartige Perfektion").

16 Siehe Nachweise in Fn. 128 (S. 197).

17 Siehe *Posner*, 13 J. L. & Econ. 365, 374-81 (1970); *Kovacic*, 5 Geo. Mason L. Rev. 313, 315 (1997) (dort auch zu den Erwartungen an die Dauer der Verfahren der FTC, a.a.O. S. 317-18); *Scherer/Ross*, S. 13, wonach Verfahren der FTC sogar länger als die des DoJ sind.

18 Vgl. *Averitt*, 40 Ohio St. L.J. 781, 829-32 (1979).

19 Vgl. *Baker*, 61 Notre Dame L. Rev. 898, 898 (1986) („legal Verdun").

20 Vgl. Kritik in Fn. 131 (S. 197) und Fn. 57 (S. 254).

21 Kritik bei *Posner*, SF63 ALI-ABA 115, 128-29 (2000) („cluster bomb effect"); *Hahn/Layne-Farrar*, S. 5 ff. (für eine Beschränkung der Interventionsrechte der Bundesstaaten plädierend); ähnlich *Orland*, 34 Conn. L. Rev. 221, 228-31 (2001); zu einer differenzierten Diskussion um „parens-patriae"-Klagen *Greve*, 72 U. Chi. L. Rev. 99 (2005).

einem vom Department of Justice geführten Verfahren ergehen.[22] Diese von Gerichten bisweilen instrumentalisierte Wechselwirkung führt regelmäßig zu einer Vielzahl privater Schadensersatzklagen, die durch Konkurrenten oder – insbesondere in Gestalt von Sammelklagen – durch Abnehmer erhoben werden.[23] Die dabei erreichten Gegenstandswerte sind erheblich.[24] Sie erklären das Interesse eines Unternehmens, streitige Teilentscheidungen in jedem Verfahrensstadium zu verhindern.[25] Ein vergleichbarer Effekt ist im europäischen Recht nicht zu erwarten. Zwar soll auch hier die Rolle privater Kläger eine dem US-amerikanischen Recht vergleichbare Bedeutung gewinnen.[26] Es fehlt aber zum einen an einer mit Section 5(a) Clayton Act vergleichbaren Regelung; zum anderen gewährleistet die vom US-amerikanischen Recht abweichende Verteilung des Prozesskostenrisikos,[27] dass der Proliferation privater Klagen im Gefolge hoheitlicher Verfahren Grenzen gesetzt sind. Dies gilt umso mehr, als die Aufgabenverteilung zwischen einzelstaatlichen Kartellbehörden und Gerichten sowie der Kommission im europäischen Recht klareren Regeln unterworfen ist.[28]

Insofern verbleibt die (zunehmende) Komplexität von Kartellverfahren als Erklärung. Sie ist unter anderem darauf zurückzuführen, dass mit dem Rückgang der Fälle

---

22 Vgl. *Associated General Contractors of California, Inc. v. California State Council of Carpenters*, 459 U.S. 519, 536 (1983). Zur Anwendbarkeit des „collateral estoppel" siehe *Areeda/Kaplow*, § 158 (S. 104). Zu den Voraussetzungen einer privaten Klage vgl. *Brunswick Corp. v. Pueblo Bowl-O-Mat*, 429 U.S. 477, 489 (1977); instruktiv *New York et al. v. Microsoft Corp.*, 209 F.Supp.2d 132, 139 (D.D.C. 2002).

23 15 U.S.C.A. § 15 (Section 4 Clayton Act). Zu „treble-damages"-Klagen siehe *Erichson*, 34 U.C. Davis L. Rev. 1, 42 (2000) (dort auch zu Sammelklagen im Gefolge von Regierungsverfahren); ferner *Shelanski/Sidak*, 68 U. Chi. L. Rev. 1, 46-51 (2001). Zu den Voraussetzungen einer „(antitrust) class action" siehe F. R. Civ. P. 23(a), (b); dazu *Allen/Coutrouis*, 48 Antitr. Bull. 463-503 (2003); zu den Änderungen durch den Class Action Fairness Act of 2005 siehe *Petersen*, RIW 2005, 812. Zu den Wechselwirkungen im *IBM*-Verfahren vgl. *Fisher et al.*, S. 16 ff. Zur Instrumentalisierung privater Klagen vgl. z. B. *U.S. v. Grinnell Corp.*, 384 U.S. 563, 582 (1966).

24 Vgl. z. B. für das *IBM*-Verfahren *Kovacic*, 36 Wayne L. Rev. 1413, 1431 (1990) (Gesamtstreitwert der Klagen über 4 Mrd. US-Dollar); zu den Folgeverfahren im *Microsoft*-Fall siehe *Erichson*, 34 U.C. Davis L. Rev. 1, 30-31 (2000). *Microsoft* hat zahlreiche Vergleiche geschlossen, deren Volumen 4,5 Mrd. US-Dollar übersteigt: Hervorzuheben sind die Vergleiche mit *Kalifornien* (1,1 Mrd. US-Dollar); *Florida* (202 Mio. US-Dollar); *AOL* (750 Mio. US-Dollar und kostenlose, siebenjährige Lizenz für den *Internet Explorer*); *Sun Microsystems* (700 Mill. US-Dollar zur Beilegung kartellrechtlicher Streitigkeiten sowie 900 Mill. US-Dollar zur Beilegung von Patentstreitigkeiten); *RealNetworks* (761 Mio. US-Dollar und strategische Partnerschaft). Kritisch hierzu *Lopatka/Page*, 69 Geo. Wash. L. Rev. 829 (2001); a.A. *Lande/Langenfeld*, 69 Geo. Wash. L. Rev. 902 (2001).

25 Zu folgerichtigen Bemühungen, die Rolle privater Kläger einzudämmen, vgl. *Monopolization Reform Act of 1976* (vgl. Fn. 5, S. 21), S. 5 ff. (ein Entfallen der Beweiswirkung des Sec. 5(a) Clayton Act vorsehend); ferner *Fox/Sullivan*, 62 N.Y. U. L. Rev. 936, 951-52 (1987). Kritisch zur Rolle privater Kläger *Areeda*, 89 Harv. L. Rev. 1127-39 (1976); *Posner*, SF63 ALI-ABA 115, 128-29 (2000); *Viscusi et al.*, S. 71; *Esquibel*, 41 Fl. L. Rev. 153, 166-69 (1989); *Elzinga/Breit*, S. 139.

26 Siehe Fn. 356 (S. 90). Zum Stellenwert privater Kläger im Antitrust-Recht siehe *Zenith Radio Corp. v. Hazeltine Research*, 395 U.S. 100, 130-31 (1969); ferner *Hecht Co. v. Bowles*, 321 U.S. 321, 329-30 (1944). Vgl. auch *Dolan*, 1117 PLI/Corp. 823, 830-52 (1998).

27 Siehe *Posner*, Antitrust, S. 227 f., 231 f.

28 Siehe Fn. 351 (S. 89); Art. 3 VO (EG) Nr. 1/2003. Zur Kritik am US-amerikanischen System siehe Fn. 19 (S. 156); vgl. auch Kritik bei *Gellhorn et al.* in: *Kovaleff*, S. 385 ff.

des „merger to monopoly" die Zahl der offensichtlichen Kandidaten für einen strukturellen Eingriff abgenommen hat.[29] Die Problematik steht in engem Zusammenhang mit den Mindestanforderungen prozessualer Richtigkeitsgewähr, aus denen sich naturgemäß Beschränkungen ergeben, die den rapiden Veränderungen eines Marktes angepasste Entscheidungen erschweren.[30] Sie sind unabhängig von der gewählten Abhilfe oder der Ausgestaltung des Verfahrens und müssen als solche hingenommen werden, sofern nicht entweder die Rechte der betroffenen Unternehmen beschnitten werden sollen oder eine völlige Abstinenz des Staates in Bezug auf Eingriffe in das Marktgeschehen propagiert werden soll.[31]

Es kann mithin nicht festgestellt werden, dass das Problem der Verfahrensdauer unmittelbar mit strukturellen Eingriffen im Zusammenhang steht. Die Erfahrungen des Antitrust-Rechts zeigen aber, dass die Dauer von Verfahren in vielen Fällen dazu führt, die Wirksamkeit einer Abhilfe erheblich zu beeinträchtigen.[32] Dies verdeutlicht die Notwendigkeit, den Entscheidungsfindungsprozess zu beschleunigen: Insofern verfügen die Kommission bzw. die Generaldirektion Wettbewerb als spezialisierte Institution, deren Entscheidungen im Grundsatz sofort durchsetzbar sind,[33] über einen Vorteil gegenüber dem Department of Justice.[34] Zugleich existiert die Möglichkeit eines beschleunigten Gerichtsverfahrens, die Entscheidungen innerhalb eines Zeitraums von acht bis zehn Monaten erwarten lässt.[35] Die Praxis zeigt jedoch – wie zuletzt im *Microsoft*-Fall[36] – dass diese Vorteile theoretischer Natur sind. Entsprechend großzügig hat die europäische Rechtsprechung eine Dauer von acht Jahren im Verwaltungsverfahren (!) aufgrund der Umstände des jeweiligen Einzelfalls, seines Kontextes, der Komplexität der Angelegenheit und ihrer Bedeutung für die verschiedenen Beteiligten als angemessen gerechtfertigt.[37] Es ist mithin zweifelhaft, dass im europäischen Kartellrecht tatsächlich zügige-

29 *Shepherd* in: *Kovaleff*, S. 1006.

30 Siehe *Pitofsky*, 16 Berk. Tech. L.J. 535, 557 (2001).

31 In diese Richtung aber *Bork*, Antitrust Paradox, S. 418; *Armentano*, S. 99, 271 (für eine vollständige Abschaffung des Wettbewerbsrechts plädierend); *ders.* in: *Kovaleff*, S. 915-32; *Litan/Niskanen*, S. 67; *McKenzie*, S. 54; siehe auch *Kopel* (2001). Dagegen *Scherer*, 5 Crit. Rev. 497, 507-508 (1991); *Ginsburg* in: *Kovaleff*, S. 933-47 (allerdings eine Reformbedürftigkeit bejahend).

32 Vgl. *Sullivan/Grimes*, S. 78; *Posner*, SF63 ALI-ABA 115, 128 (2000).

33 Art. 242 EG; möglich ist allerdings eine Aussetzung der Durchführung der Entscheidung bzw. die Anordnung einstweiliger Maßnahmen (Art. 243 EG).

34 Wie hier *Geradin*, 41 CMLR 1519, 1548 (2004).

35 Siehe Art. 76a der Verfahrensordnung des Gerichts erster Instanz der Europäischen Gemeinschaften vom 2. 5. 1991, ABl. 1991 L 136 /1; siehe *OECD*, Competition Law, S. 43; *Barbier de la Serre*, 43 CMLR 783-815 (2006); vgl. z. B. EuG – *EDP* (21. 9. 2005, Rs. T-87/05), Slg. 2005, II-3745 (lediglich sieben Monate).

36 Zum *Microsoft*-Verfahren der Kommission siehe im 1. Teil § 2 B.II.2. e) aa) (S. 100). Vgl. allerdings auch *Mario Monti*, Rede v. 14. 11. 2001, S. 14 (SPEECH/01/540), der in erster Linie die richterliche Kontrolle für Verzögerungen verantwortlich macht.

37 Vgl. EuG – *Haladjian Frères SA / Kommission* (27. 9. 2006, Rs. T-204/03), Slg. 2006, II- 0000 (Rn. 195 f.); zur Angemessenheit der Länge des Verwaltungsverfahrens als Ausfluss des Rechts auf ein faires Verfahren vgl. EuGH – *Guérin automobiles* (18. 3. 1997, Rs. C-282/95 P), Slg. 1997, I-1503 (Rn. 37 f.); EuGH – *Baustahlgewebe* (17. 12. 1998, C-185/95 P), Slg. 1998, I-8417 (Rn. 21); EuG – *SCK und FNK* (22. 10. 1997, Rs. T-213/95, T-18/96), Slg. 1997, II-1739 (Rn. 57);

re Abhilfen zu erwarten sind. Damit ist auch zweifelhaft, inwieweit von strukturellen Abhilfen eine (rechtzeitige) marktöffnende Wirkung erwartet werden darf.

II. Mangelnde Eignung von Gerichten

In der Literatur zum Antitrust-Recht wird darüber hinaus vielfach die Eignung von Einzelrichtern, strukturelle Maßnahmen zu ergreifen, in Frage gestellt. Die Kritik beruht zum Teil auf fehlgeleiteten Erwartungen hinsichtlich der Tragweite des Sherman Act als Instrument zur Restrukturierung von Märkten.[38] Sie verkennt ferner die natürlichen Beschränkungen, die sich aus der Anwendung von Generalklauseln ergeben.[39] Richtig ist allerdings, dass das Verfahren vor einem Einzelrichter, der nicht über spezielle ökonomische Kenntnisse verfügt, naturgemäß zu Einschränkungen führt.[40] Zudem hat die Persönlichkeit von Einzelrichtern zum Teil Einfluss auf die Durchführung von Entflechtungsverfahren genommen.[41] Diese Schwierigkeiten haben dazu geführt, dass im Antitrust-Recht Forderungen nach einer Schaffung spezialisierter Kartellbehörden erhoben wurden,[42] da auch das Wirken der FTC als unbefriedigend empfunden wurde.[43] De facto jedoch haben die Gerichte das Problem mangelnder Spezialisierung regelmäßig behoben, indem sie sich entweder der Hilfe der FTC bedient oder sich der Hilfe Dritter – gegebenenfalls über ihre Intervention als „amicus curiae“ – vergewissert haben.[44]

Im europäischen Recht stellen sich entsprechende Schwierigkeiten grundsätzlich nicht: Dadurch, dass die Kommission als Kollegialorgan entscheidet, ist gewährleistet, dass das Verfahren nicht von der Persönlichkeit einer Einzelperson abhängt. Dasselbe gilt für die gerichtliche Kontrolle, bei der eine Übertragung auf den Einzelrichter in Wettbewerbssachen ausgeschlossen ist.[45] Zudem verfügt die Kommission mit der Generaldirektion Wettbewerb über eine Abteilung, die jedenfalls heute über die erforderliche

---

vgl. auch EuG – *JCB Service* (13. 1. 2004, Rs. T-67/01), Slg. 2004, II-49 (27 Jahre!), hinsichtlich dieses Aspektes bestätigt durch EuGH – *JCB Service* (21. 9. 2006, Rs. C-167/04 P), Slg. 2006, I-8935 (Rn. 60 ff.); dazu *Berg*, EWS 2005, 49, 54.

38 Siehe dazu auch unten § 2 C.II.1. (S. 362 ff., m. w. N. in Fn. 529).

39 Vgl. die Diskussion im 2. Teil, § 2 A.II. (S. 189, m. w. N. in Fn. 80 und Fn. 81, S. 190).

40 Siehe insoweit die Selbsteinschätzung Richter *Wyzanskis*, in Auszügen zitiert in Fn. 62 (S. 187).

41 Vgl. *Baker*, 61 Notre Dame L. Rev. 898, 910 (1986) (zu einem Vergleich des mit dem *IBM*-Fall befassten Richters *David Edelstein* und des für zwei Entflechtungen verantwortlich zeichnenden Richters *Wyzanski*); ferner *Fisher et al.*, S. 17 (zur Handhabung des *IBM*-Verfahrens durch Richter *Edelstein*). Zur Rolle von Richter *Harold Greene* im *AT & T*-Fall vgl. anerkennend *Kearney*, 50 Hastings L.J. 1395, 1459-71 (1999); anders *Priest*, 4 Tex. Rev. L. & Pol. 141, 145 (1999).

42 Zu den Vorschlägen zur Reform des Antitrust-Rechts vgl. Fn. 5, S. 21. Diese sahen die Schaffung spezialisierter Verfolgungsinstanzen vor: vgl. Sec. 301-305 „*Hart Bill*“ („Industrial Reorganization Commission“/„Industrial Reorganization Court“); Sec. 4 „*Harris Bill*“ („Special Antitrust Court“); *Kaysen/Turner*, Sec. 3 („Industrial Reorganization Commission“/„Economic Court“).

43 Zur Kritik an der Tätigkeit der FTC siehe Fn. 24 (S. 157); dagegen *Simons/Scheffman*, 49 Antitr. Bull. 471, 473 (2004).

44 Siehe Section 6(e) FTC Act, 15 U.S.C.A. § 46(e); zur Intervention als „amicus curiae“ vgl. bereits *Oehler*, S. 65 ff. („Intervention ohne Antragsrecht und Rechtsmittel“).

45 Siehe Art. 14 § 2 (2) der Verfahrensordnung des Gerichts erster Instanz (Fn. 35, S. 263).

ökonomische Qualifikation verfügt.[46] Die Kommission stützt sich ferner regelmäßig auf externe Sachverständige und verfügt sowohl mit dem 2003 eingeführten Institut der internen Revision[47] als auch mit dem Beratenden Ausschuss für Kartell- und Monopolfragen[48] über interne Kontrollverfahren. Sie gewährleisten einen ordentlichen Verfahrensablauf und eine strenge und objektive Analyse der einer Entscheidung zugrunde liegenden rechtlichen und ökonomischen Aspekte.[49] Auf der Ebene der gerichtlichen Kontrolle besteht die Möglichkeit, Sachverständigengutachten einzuholen und damit auch die ökonomische Stichhaltigkeit der Erwägungen der Kommission zu überprüfen.[50]

Die vorstehenden Instrumente gewährleisten, dass die im Zusammenhang mit Entflechtungsfällen in den Vereinigten Staaten geäußerte Kritik am gerichtlichen Verfahren im europäischen Recht nicht zum Tragen kommen.[51] Freilich verbleibt der grundsätzliche Einwand, dass insbesondere nicht spezialisierte Gerichte nur bedingt geeignet sind, der Komplexität von Wettbewerbsverfahren und insbesondere von Entflechtungen gerecht zu werden, zumal auch die Hinzuziehung von Sachverständigen aufgrund möglicher Bindungen zu einem der Teilnehmer auf dem Markt keine Gewähr für eine desinteressierte, objektive Analyse bieten.[52] Diese Einwände verschließen sich jedoch der ureigensten Aufgabe des Juristen, die in der Beweiswürdigung und Abwägung der beteiligten Interessen liegt. Sie greifen daher nicht durch.[53] Dies gilt auch insoweit, als die grundsätzliche Eignung von Gerichten und Kartellbehörden in Frage gestellt wird, den rapiden Veränderungen des Marktgeschehens, insbesondere auf dynamischen Märkten, gerecht zu werden:[54] Der Einwand übersieht, dass die Geschwindigkeit technologischer Veränderungen regelmäßig am Marktrand, von dem bedeutende Impulse für den innovatorischen Fortschritt eines Marktes ausgehen, gemessen wird. Gerade hier bedarf es der besonderen Aufmerksamkeit von Kartellbehörden.[55]

---

46 Vgl. Pressemitteilung der Kommission IP/03/603 v. 30. 4. 2003.

47 Siehe Pressemitteilung der Kommission IP/03/603 v. 30. 4. 2003.

48 Siehe Art. 14 VO (EG) Nr. 1/2003.

49 Siehe auch *OECD*, Competition Law, S. 40.

50 Vgl. Art. 70 § 1 der Verfahrensordnung des Gerichts erster Instanz (Fn. 35, S. 263); ferner *OECD*, Competition Law, S. 43.

51 Es bestehen zudem keine Anhaltspunkte dafür, dass sich die Kommission vergleichbaren Vorwürfen wie die FTC aussetzen müsste. Zu der auch ideologisch motivierten Kritik vgl. Fn. 24 (S. 157).

52 *Posner*, SF63 ALI-ABA 115, 117, 126-127 (2000); *ders.*, 3 NO. 3 E-Commerce L. Rep. 8 (2001); *Boudreaux/Folsom*, 44 Antitr. Bull. 555, 572-75 (1999). Siehe auch die Anregung des ehemaligen Wettbewerbskommissars *Mario Monti*, eine Wettbewerbskammer beim EuGH einzurichten: vgl. *Mario Monti*, Speech at the Fordham Annual Conference on International Antitrust Law & Policy (31. 10. 2002), SPEECH/02/533; *NERA* – GAW Nr. 206 (25. 10. 2002).

53 Wie hier *Deringer*, EuR 2001, 306, 315; *Sullivan*, 60 Tex. L. Rev. 587, 631 (1982).

54 Siehe *Shelanski/Sidak*, 68 U. Chi. L. Rev. 1, 38 (2001); weitere Nachweise in Fn. 173 (S. 202).

55 Wie hier *Pitofsky*, 4 Tex. Rev. L. & Pol. 129-39 (1999); *Katz/Shapiro* in: *Eisenach/Lenard*, S. 37; *Fisher*, 32 UWLA L. Rev. 83, 89 (2001). Instruktiv auch *Brock* in *Adams*, S. 161, 164 f. Vgl. auch die Diskussion im 1. Teil, § 2 A.III.3. a) cc) (S. 64).

Weitere Schwierigkeiten werden im US-amerikanischen Recht in Bezug auf die Tätigkeit des Department of Justice als Kartellbehörde identifiziert. Hier werden zum einen institutionelle Mängel kritisiert,[56] die sich angesichts der bereits erörterten Spezialisierung der Generaldirektion Wettbewerb im europäischen Kartellrecht nicht in derselben Form stellen. Ein zweite Schwierigkeit, die allerdings nicht in umittelbarem Zusammenhang mit Entflechtungen steht, ist die (vermeintliche) Instrumentalisierung des Department of Justice durch Wettbewerber.[57] Das Problem stellt sich grundsätzlich auch im europäischen Recht,[58] verkennt aber, dass Kartellbehörden in der Regel auf Beschwerden von Wettbewerbern angewiesen sind, um Beeinträchtigungen des Wettbewerbs überhaupt erkennen zu können.[59] Ein deutlich gewichtigeres Problem ist, dass Antitrust-Verfahren vor allem im Zusammenhang mit strukturellen Eingriffen erheblichen *politischen Einflüssen* ausgesetzt sind, die auf die Weisungsabhängigkeit des Department of Justice zurückzuführen sind.[60] Sie zeichnen unter anderem für den zyklischen Verlauf der Anwendung des Sherman Act verantwortlich,[61] und haben mehrfach dazu geführt, dass Kartellverfahren – zu Lasten ihrer Glaubwürdigkeit – aufgrund politischer Weisungen oder aufgrund von Regierungswechseln abrupte Richtungswechsel vornahmen.[62]

Diese politischen Einflüsse haben stellenweise dazu geführt, dass die Hoffnung geäußert wurde, die Europäische Kommission möge beenden, was das Department of Justice nicht habe beenden können.[63] Freilich liegt die politische Dimension bedeutender Verfahren, erst recht, wenn sie zu einem strukturellen Eingriff führen sollen, auf der Hand.[64] Insofern ist auch die Kommission nicht vor Versuchen politischer Einflussnah-

56 Vgl. die z. T. harsche Kritik bei *Posner*, Antitrust, S. 231; *McKenzie*, S. 162; *Shughart*, S. 83, sowie *Kovacic*, 74 Iowa L. Rev. 1105, 1146 (1989); *ders.*, 36 Wayne L. Rev. 1413, 1432 (1990); *Kaysen*, S. 343 f. Siehe auch *Sullivan/Grimes*, S. 78; *Fisher et al.*, S. 337 ff.

57 Vgl. *Bork*, Antitrust Paradox (1978), S. 347 ff. („predation through governmental processes"); *Posner*, U. Chi. L. Rev. 37, 47-89 (1969); *McKenzie*, S. 15, 151 ff.; *Baumol/Ordover*, 28 J. L. & Econ. 247 (1985); *Tollison* in: *High/Gable*, S. 285, 286; *James*, 16-FALL Antitrust 58, 64-66 (2001); *Shughart*, S. 158; *Liebowitz/Margolis*, S. 246; *McChesney*, 23 Harv. J.L. & Pub. Pol 133, 141-42 (1999); kritisch ferner *Page*, 44 Antitr. Bull. 5, 11 (1999). Differenzierter *Hovenkamp*, Antitrust Policy, § 2.2c (S. 67 f.). Siehe darüber hinaus bereits Fn. 295 (S. 218).

58 Siehe *Baumol/Ordover*, 28 J. L. & Econ. 247, 262 (1985); vgl. auch *Vossestein*, 37 CMLR 1383, 1386 et seq. (2000).

59 Siehe Fn. 350 (S. 89); zur Möglichkeit der Untersuchung einzelner Wirtschaftszweige oder einzelner Arten von Vereinbarungen vgl. Art. 17 VO (EG) Nr. 1/2003.

60 Vgl. *Adams/Brock*, 66 U. Co. L. Rev. 257, 259 (1995); *Kovaleff* in: *Kovaleff*, S. 271; *Shughart*, S. 83 ff.; *McKenzie*, S. 161. Die FTC ist ähnlichen Vorwürfen ausgesetzt: vgl. Fn. 24 (S. 157).

61 Siehe *Kovacic*, 74 Iowa L. Rev. 1105, 1122 (1989); *ders.*, 71 Antitrust L.J. 377, 379 (2003); *Scherer/Ross*, S. 154 ff., 453 f.; *Skitol*, 9 Corn. J. L. & Pub. Pol. 239-66 (1999); *Herrmann*, S. 191 ff.; vgl. auch Kritik bei *Rostow*, 14 U. Chi. L. Rev. 567, 580, 600 (1946) („erratic enforcement").

62 Siehe Fn. 136 (S. 198); Fn. 25 (S. 250) sowie Fn. 269 (S. 324) und Fn. 275 (S. 325).

63 Vgl. *O'Dell*, 30 Ga. J. Int'l & Comp. L. 101, 138 (2001). Ein gewisser Ausgleich tritt i. Ü. durch die Kartellverfolgungsaktivitäten der Bundesstaaten ein: siehe insoweit Fn. 16 (S. 156).

64 Vgl. *Sullivan/Grimes*, S. 78; *Kovacic*, 31 Conn. L. Rev. 1285, 1316 (1999); *Baer/Balto*, 23 Harv. J.L. & Pub. Pol. 113, 129 (1999). Vgl. auch *Möschel*, MMR 2001, 3, 6 (in Bezug auf permanente

men gefeit. Im Grundsatz übt die Kommission aber gemäß Artikel 213 Abs. 2 EG „ihre Tätigkeit in voller Unabhängigkeit zum allgemeinen Wohl der Gemeinschaften aus" und ist insofern von Anweisungen der Regierungen einzelner Mitgliedstaaten frei. Darüber hinaus werden Entscheidungen der Kommission zwar durch alle 25 Mitglieder getroffen; vorbereitet wird die Entscheidung aber durch den für Wettbewerb zuständigen Kommissar, dem insofern eine gewisse Richtlinienkompetenz zukommt. Letztere ist seit Beginn der 90er Jahre nicht in Frage gestellt worden, was ein gewisses Vertrauen in die Unabhängigkeit der Entscheidungen der Kommission rechtfertigt.[65]

Andererseits hat es insbesondere in frühen Anwendungsfällen zur Fusionskontrolle durchaus (erfolgreiche) Versuche politischer Einflussnahmen gegeben.[66] Entsprechende Versuche sind – in Anbetracht der US-amerikanischen Erfahrungen – auch im europäischen Recht insbesondere dann zu erwarten, wenn noch nicht vollständig privatisierte ehemalige Monopolunternehmen, die gerne als „national champions" kultiviert werden, entflochten werden sollen.[67] Hier wird abzuwarten sein, ob die Kommission ihrem Anspruch der Unabhängigkeit gerecht werden kann.

IV. Ergebnis

Der verfahrensrechtliche Rahmen des Antitrust-Rechts wird vielfach im Hinblick auf die hieraus resultierende Verfahrenslänge, die mangelnde Spezialisierung der Beteiligten und die Anfälligkeit des Verfahrens für politische Einflüsse kritisiert. Vergleichbare Schwierigkeiten sind im europäischen Kartellrecht wenig wahrscheinlich. Ein auch im europäischen Recht bestehendes Problem sind allerdings die zum Teil erheblichen Verfahrenslängen. Zwar ist angesichts der Erfahrungen des US-amerikanischen Rechts zweifelhaft, dass das Problem durch den Rekurs auf strukturelle Eingriffe verschärft wird. Entscheidend ist aber, dass die Verfahrensdauer aufgrund vielfach überholender Marktereignisse die Wirksamkeit struktureller Eingriffe grundsätzlich in Frage stellt.

---

politische Einflussnahme auf die RegTP [jetzt: Bundesnetzagentur], die „mit Wettbewerbssicherung nichts, mit *Vermachtung* dafür einiges zu tun" habe).

65 Siehe *OECD*, Competition Law, S. 37. V. A. von deutscher Seite wurde z. T. eine Übertragung der Befugnisse der Kommission auf eine unabhängige Kartellbehörde gefordert, um einer Politisierung von Entscheidungen vorzubeugen. Siehe *Nass* in: *FS Mestmäcker*, S. 411, 414; *Wolf* in: *Gerken*, S. 237, 242; dagegen *van Miert* in: *Gerken*, S. 219, 228; *Immenga* in: *Gerken*, S. 229, 233 f. Dazu wäre eine Vertragsänderung erforderlich gewesen, die sich nicht hat durchsetzen lassen: vgl. *van Miert*, WuW 1995, 553, 559 f.; *Baur* in: *FS Großfeld*, S. 73, 79.

66 Vgl. *Schmidt*, WuW 1995, 970, 983 f.; *ders.* in: *Oberender*, S. 9, 20 ff.; *Schütz* in: *Oberender*, S. 57, 62.

67 Vgl. *Möschel*, WuW 2002, 683, 688 (zu politischen Einflüssen im Zusammenhang mit sektorspezifischer Regulierung). Vgl. auch *GTE/Schröter*, Art. 82 Rn. 19, demzufolge die Einführung eines Monopolisierungsverbotes aufgrund der in allen Mitgliedstaaten bestehenden Monopole der öffentlichen Hand politisch nicht durchsetzbar gewesen sei. Zu einer eingehenden Diskussion der Problematik um „national champions" siehe *Galloway*, 28 ECLR 172 (2007).

Diesbezüglich verfügt jedoch das europäische Kartellverfahren im Grundsatz über die notwendigen Voraussetzungen, um zeitnahe Entscheidungen zu ermöglichen.

B. Vergleich der materiellrechtlichen Rahmenbedingungen

Innerhalb des materiellrechtlichen Rahmens werden zunächst die Schutzziele des europäischen und des amerikanischen Wettbewerbsrechts zu vergleichen sein. In einem weiteren Schritt werden die Lösungsansätze der jeweiligen Rechtsordnungen im Umgang mit dominierenden Marktstellungen wertend gegenüber gestellt werden und – zuletzt – die Voraussetzungen struktureller Eingriffe verglichen werden. Ziel der Untersuchung – wie letztlich jeder Rechtsvergleichung – ist, den jeweils vorzugswürdigen Lösungsansatz zu finden und gegebenenfalls rechtspolitische Empfehlungen hieraus abzuleiten.

I. Schutzziele des europäischen und des US-amerikanischen Wettbewerbsrechts

Die europäischen Wettbewerbsregeln sind sowohl Instrument zur Verwirklichung des Binnenmarktes als auch autonomes Mittel zur Errichtung eines „Systems, das den Wettbewerb innerhalb des Binnenmarkts vor Verfälschungen schützt". Grundlage ist das auf der Handlungsfreiheit aller Marktteilnehmer beruhende Konzept der *„workable competition"*, dessen Verwirklichung lediglich den Schutz des *„noch bestehenden Wettbewerbs* oder *dessen Entwicklung"* bzw. den Erhalt tatsächlichen oder potentiellen Wettbewerbs erfordert. Die Erfüllung ökonomischer Zielfunktionen ist nur Reflex des Schutzes der individuellen Freiheit aller Marktteilnehmer. Sie stellt im Prinzip auch sicher, dass vorhandene Marktbeherrschung abgebaut oder diszipliniert wird.[68]

Dem entspricht weitgehend der Schutzzweck, den Chief Justice *White* in der *Standard-Oil*-Entscheidung formuliert hatte, wonach die Gewährleistung der Vertragsfreiheit und die zentrifugalen Kräfte des Marktes die wirksamsten Mittel zur Verhinderung von Monopolmacht seien.[69] Zumindest die heute herrschende Auffassung scheint demgegenüber die Effizienz marktwirtschaftlicher Prozesse in den Vordergrund zu stellen,[70] ohne dass die Diskussion allerdings abgeschlossen wäre.[71] Auf den ersten Blick diver-

---

68 Siehe die Diskussion im 1. Teil, § 2 A.II.1. (S. 42 ff.).

69 Siehe Fn. 47 (S. 160).

70 Vgl. die Darstellung in § 2 A.III.3. (S. 218 ff.). Zur Problematik des Begriffs der „Effizienz" als Rechtsbegriff vgl. eingehend *Eidenmüller* (1998); *Posner*, Economic Analysis (1998). Kritisch *Fezer*, JZ 1986, 817-24; *ders.*, JZ 1988, 223-28. Differenzierter *Ott*, JZ 1988, 213, 219 ff.; siehe auch *Bork*, 54 Antitrust L.J. 21, 22 (1985): „The notion that economics can be applied to all areas of law seems to me to rest on the curious premise that there are no such things as apples and oranges."

71 Vgl. hierzu auch *Möschel* in: *FS Rittner*, S. 405, 416 ff. Kritisch im Hinblick auf die Unfähigkeit des Kongresses, den Schutzzweck des Antitrust-Rechts eindeutig zu bestimmen: *McGowan*, 16 Berk. Tech. L.J. 729, 760-62 (2001).

gieren die Ansätze in dieser Hinsicht.[72] Erheblich Unterschiede ergeben sich indes nur, wenn das Effizienzziel im Sinne der Chicago-School verstanden wird.[73] Dieser Ansatz hat aber keinen Eingang in die Rechtsprechung gefunden, die die Beeinträchtigung einzelner Wettbewerber als Indiz für eine Schädigung des Wettbewerbs wertet und es im Übrigen ablehnt, das Marktergebnis als solches zu berücksichtigen. Die vermeintliche Gegensätzlichkeit von Freiheits- und Effizienzziel ist deshalb nur „Scheinproblem",[74] zumal ökonomische Vorteilhaftigkeit und Handlungsfreiheit korrelieren:[75] Grundlage für die Beurteilung, inwieweit ein Marktergebnis „effizient" ist, ist ein mikro-ökonomischer Ansatz: Maßstab ist ein Konsens der Mehrheit der Marktteilnehmer, dessen Ermittlung sich an deren inhaltlich und in zeitlicher Hinsicht variierenden, stets jedoch auf der Basis der gewährten Handlungsautonomie ergriffenen Entscheidungen orientiert. Damit entzieht er sich zwangsläufig einer unveränderlichen Festlegung ökonomischer Zielfunktionen,[76] die von US-amerikanischen Gerichten im Übrigen nicht unternommen wird. Umgekehrt findet in der Sicherung der Wettbewerbsfreiheit – die zweckgebunden ist[77] – stets eine *individuell verstandene* ökonomische Vorteilhaftigkeit Ausdruck.[78]

Ein entscheidender Unterschied zwischen den Schutzzielen des europäischen und des US-amerikanischen Kartellrechts ist allerdings der Stellenwert, den gesellschaftspolitische Zielsetzungen einnehmen.[79] Diese haben zumindest bis in die 70er Jahre hinein einen erheblichen Einfluss auf die Handhabung des Instruments der Entflechtung genommen.[80] Es fällt zugleich auf, dass die Zahl der strukturellen Eingriffe mit der Verabschiedung von gesellschaftspolitischen Zielen nahezu auf Null gesunken ist, was ihren Einfluss unterstreicht. Demgegenüber sind meta-ökonomische Ziele im europäischen Kartellrecht jedenfalls nicht im Widerspruch zu wettbewerblichen Prinzipien zu berücksichtigen.[81] Gesellschaftspolitische Ziele werden daher allenfalls mittelbar über die Gewährleistung eines Systems unverfälschten Wettbewerbs verwirklicht.[82] Im EG-Vertrag enthaltene industriepolitische Zielsetzungen, die Anlass zu der Befürchtung gegeben ha-

---

72 Siehe *O'Dell*, 30 Ga. J. Int'l & Comp. L. 101, 117 (2001), der damit unterschiedliche Resultate des europäischen und US-amerikanischen Rechts begründet.

73 Siehe dazu Fn. 310 (S. 221).

74 *Möschel* in: *FS Rittner*, S. 405, 414.

75 Eingehend *Schmidtchen*, 39 ORDO 111 ff. (1988).

76 *Möschel* in: *FS Rittner*, S. 405, 414.

77 Vgl. Fn. 44 (S. 43); ferner *Jung* in: *Grabitz/Hilf*, Art. 82 Rn. 1 und 57; *van Miert*, EC Comp. Pol. NL. No. 5, Summer 1995, 1, 2.

78 Wie hier *Ackermann*, S. 78 f.

79 Siehe insbesondere Fn. 297 (S. 219).

80 Dieser Umstand wird von deutschen Untersuchungen zum Antitrust-Recht z. T. vernachlässigt: So enthält die Untersuchung von *Schmidt* (1964), keine Schutzzielbestimmung; *Oehler*, S. 23, legt die Annahme zugrunde, der Schutzzweck sei identisch mit demjenigen des deutschen Rechts. Differenzierter *Möschel*, Entflechtungen, S. 44; *Scholz*, S. 19, 36 (wonach die Übertragbarkeit US-amerikanischer Kriterien ein Problem der „equity" sei). Auch *Schulte-Braucks*, S. 44, zieht aus der Erkenntnis divergierender Schutzziele keine Konsequenzen.

81 Vgl. *Müller-Graff*, EuR 1992, 1, 23 (zur Berücksichtigung i. R. v. Art. 81 Abs. 3 EG).

82 Wie hier *Möschel* in: *FS Rittner*, S. 405, 415; *ders.*, FIW-Schriftenreihe Nr. 98, S. 43 f.

ben, die stringente Auslegung der Wettbewerbsregeln könne Schaden nehmen,[83] finden allenfalls unter Berücksichtigung des über zwingenden Mittelcharakter verfügenden Wettbewerbs zur Geltung.[84] Er beansprucht ausweislich des Artikels 157 Abs. 3 EG Vorrang vor industriepolitischen Zielsetzungen.[85] Die Schaffung idealtypischer Wettbewerbsstrukturen – über deren Ausgestaltung kein Konsens besteht – durch eine industriepolitisch motivierten Zerschlagung von Marktbeherrschung ist ausgeschlossen.

Raum für industriepolitische Erwägungen bleibt daher allenfalls im Rahmen der Vehältnismäßigkeitsprüfung im engeren Sinn, sofern ihnen nicht bereits durch die Existenz rechtlich flankierten Wettbewerbs selbst gedient ist.[86] Voraussetzung ist in diesem Fall jedoch, dass keine gleich wirksamen Mittel zur Verfügung stehen, um eine Zuwiderhandlung abzustellen. Gefahr droht auch hier lediglich von Seiten der Mitgliedstaaten, deren nationale Interessen – wie bereits zu Beginn der Fusionskontrolle – industriepolitische Interventionen erwarten lassen.[87] Hier wird abzuwarten sein, ob sich die Kommission durchsetzen kann. Im Grundsatz verfügt das europäische Kartellrecht jedoch über den Vorteil, hinsichtlich der Schutzzielrichtung klarer strukturiert zu sein als das Antitrust-Recht. Die auch aus der Ungenauigkeit des letzteren resultierende Unklarheit hinsichtlich der Zielrichtung einer Entflechtung lässt sich hier vermeiden, was letztlich dazu beitragen wird, die Glaubwürdigkeit eines strukturellen Eingriffs zu erhöhen.

II. Artikel 82 EG und Section 2 Sherman Act

Der unmittelbare Vergleich zwischen Section 2 Sherman Act und Artikel 82 EG bereitet offenkundig Schwierigkeiten: Hier wird sowohl die Auffassung vertreten, die Regelungen seien weitgehend kongruent,[88] als auch die Ansicht, es bestünden grundlegende Un-

---

83 Vgl. *Immenga*, EuZW 1994, 14, 17 f.; *Schmidt*, WuW 1995, 971, 977 ff.; *Evans/Padilla*, S. 2; *Mussler*, S. 169 ff.; *Müller-Graff*, EuR 1, 23 (deshalb die Schaffung eines Gemeinschaftskartellamts fordernd). Zu möglichen Zielkonflikten vgl. *Müller-Graff* in: *Dauses*, A.I Rn. 120 f.; *Möschel* in: *FS Rittner*, S. 405, 414 f.;

84 Vgl. Fn. 37 (S. 42); zu industriepolitischen Zielen vgl. *Müller-Graff* in: *Dauses*, A.I Rn. 117 ff. (dort auch zu weiteren wirtschafts-, sozial-, umwelt- und integrationspolitischen Zielen).

85 Siehe § 2 B.I. (S. 87 f.); a. A. *Talus/Wälde*, 32 E.L. Rev. 125, 132 (2007). Vgl. auch *Vallindas*, 12 E.L.J. 636, 658 (2006), der eine stärkere Berücksichtigung industriepolitischer Ziele fordert.

86 Siehe *Schmidt*, WuW 1995, 970, 977; *Möschel* in: *FS Rittner*, S. 405, 415; *van Miert*, EC Comp. Pol. NL. No. 5, Summer 1995, 1, 2. Anders *Wesseling*, 26 E. L. Rev. 357, 373 (2001); *Baur* in: *FS Großfeld*, S. 73, 79 (gewollte „Politiknähe des Europäischen Kartellrechts"). Zur Berücksichtigung nichtwettbewerblicher Erwägungen i. R. d. Art. 81 Abs. 3 EG vgl. *Koch*, 169 ZHR 625 (2005). Änderungen könnten sich freilich ergeben, sollten die am 21./22. 6. 2007 beschlossenen *Pläne zum EU-Reformvertrag* umgesetzt werden: Die Bezugnahme auf das „System unverfälschten Wettbewerbs" entfällt Pressemitteilungen zufolge auf Druck der französischen Regierung hierin. Dies hat Anlass zu der Befürchtung gegeben hat, nicht wettbewerbliche Erwägungen könnten künftig vermehrt Berücksichtigung finden. Siehe hierzu *NERA* – GAW Nr. 442 (16. 6.2007).

87 Siehe Fn. 66 (S. 267); vgl. auch *Galloway*, 28 ECLR 172, 176-79 (2007) (mit neueren Beispielen).

88 Vgl. z. B. *Rittner*, § 5 Rn. 30; vgl. auch die Reden des ehemaligen Wettbewerbskommissars *Mario Monti*, SPEECH/04/107 v. 28. 2. 2004; SPEECH/01/540 v. 14. 11. 2001.

terschiede.[89] Zunächst ist festzustellen, dass die für den Umgang mit Marktmacht maßgeblichen Bestimmungen gleichermaßen Generalklauseln sind: Die Kommission stützt sich auf Rechtsgrundlagen „verfassungsgleicher Qualität“, deren Auswirkung bei ihrer Verabschiedung im Jahre 1957 niemand abschätzen konnte.[90] Ebenso verfügt der Sherman Act als „charter of freedom“ über eine Anpassungsfähigkeit, die Verfassungsnormen entspricht. Die im Laufe der Zeit vorgenommenen Interpretationen wurden mit Sicherheit nicht von den Vätern des Gesetzes vorhergesehen.[91] In beiden Fällen wurde die inhaltliche Ausgestaltung der Regelungen somit der Rechtsprechung überlassen, so dass die Rechtsquellen grundsätzlich vergleichbar sind. Die Konzeption von Section 2 Sherman Act als strafrechtliche Norm steht dem im Hinblick auf Section 4 Sherman Act und die ständige Praxis der Gerichte nicht entgegen. Zugleich gleichen sich die Regelungen insoweit, als sie eine strukturelle und eine verhaltensorientierte Komponente enthalten, die nachfolgend verglichen werden sollen; dabei werden auch die Gründe für eventuelle Abweichungen zu untersuchen sein.

1. Missbrauch und „monopolizing“

Ungeachtet der grundsätzlichen Vergleichbarkeit der Normen unterscheiden sich Artikel 82 EG und Section 2 Sherman Act von ihrem Wortlaut: Erstere Vorschrift enthält Regelbeispiele, deren Fokus auf der Verhinderung von Ausbeutungsmissbräuchen liegt. Nach dem Sherman Act ist marktmächtigen Unternehmen demgegenüber unbenommen, auch Monopolpreise zu fordern, sofern keine zielgerichtete Ausschaltung des Wettbewerbs stattgefunden hat.[92] Die freie Preisbestimmung wird hier als zentrales Element des wettbewerblichen Anreizsystems verstanden.[93] Eine Preisaufsicht unterbleibt zudem im Hinblick auf die mit der Bestimmung der Angemessenheit eines Preises verbundenen Schwierigkeiten und die Gefahr einer laufenden Verhaltenskontrolle.[94] Ähnliche Erwägungen haben im europäischen Recht dazu geführt, dass *de facto* die Kontrolle von Preismissbräuchen ein „Mauerblümchendasein“ fristet und auf Fälle beschränkt ist, in

---

89 *Areeda*, 58 Antitrust L.J. 841, 847 (1990); *Joliet*, 5 RTDE 646, 682 f., 688 ff. (1969); *Sullivan/Fickentscher*, 16 Berk. J. Int. L. 187, 229-30 (1998); *ten Kate/Niels*, 49 Antitr. Bull. 1, 7 (2004).

90 Siehe *Möschel*, MMR 2001, 3, 8 („Schleier der Unwissenheit“).

91 Vgl. Fn. 34 (S. 158).

92 Vgl. Fn. 47 (S. 160); ferner *Verizon Communications Inc. v. Law Offices of Curtis V. Trinko, LLP*, 540 U.S. 398, 405 (2004); *Berkey Photo, Inc. v. Eastman Kodak Co.*, 603 F.2d 263, 276 (2nd Cir. 1979); *Trace X Chemical, Inc. v. Canadian Industries, Ltd.*, 738 F.2d 261 (8th Cir. 1984); *Kruman v. Christie's Intern. PLC*, 284 F.3d 384 (2nd Cir. 2002). *Areeda*, 58 Antitrust L.J. 841, 847 (1990); *Areeda/Hovenkamp III*, § 634.

93 *Verizon Communications Inc. v. Law Offices of Curtis V. Trinko, LLP*, 540 U.S. 398, 405 (2004).

94 Lesenswert *U.S. v. Trenton Potteries Co.*, 273 U.S. 392, 397-98 (1927); vgl. ferner *U.S. v. Aluminum Co. of America*, 148 F.2d 416, 427 (2nd Cir. 1945). Siehe auch *Sullivan*, 21 Sw. U. L. Rev. 1227, 1237 (1992); *Krattenmaker et al.*, 76 GEO. L.J. 241, 260-61 (1987); *Gal*, 49 Antitr. Bull. 343, 346-58 (2004) (dort auch zu einem Vergleich zum europäischen Recht).

denen Wettbewerb gänzlich ausgeschlossen oder auf absehbare Zeit nicht zu erwarten ist:[95] Prinzipiell darf aber der Marktbeherrscher nehmen, „was der Markt hergibt".[96]

Die nicht abschließenden Regelbeispiele können – nicht zuletzt im Hinblick auf ihre geringe praktische Bedeutung – auch im Hinblick auf den Schutzzweck der europäischen Wettbewerbsregeln nicht als Beleg für die vor allem von *Joliet* vertretene Auffassung genommen werden, dass Artikel 82 EG lediglich die tatsächliche Ausübung von Marktbeherrschung zu Lasten von Verbrauchern und Nutzern erfasse, während Section 2 Sherman Act sich mit dem Vorliegen von Monopolmacht bzw. dem Willen zur Ausübung derselben befasse.[97] Diese Auffassung geht sowohl im Hinblick auf den Sherman Act als auch hinsichtlich des europäischen Kartellrechts fehl: Section 2 Sherman Act konzentriert sich vielmehr auf die Art und Weise, in der ein Unternehmen Monopolmacht erwirbt, ausweitet oder aufrecht erhält:[98] Daher verbietet die Vorschrift zum Schutz des Wettbewerbs Verhaltensweisen, die über das zur *Teilnahme am Leistungswettbewerb* erforderliche Maß hinausgehen und die bei *abstrakter* Betrachtung vernünftigerweise *geeignet* scheinen, einen wesentlichen Beitrag zur Schaffung, Ausweitung oder Aufrechterhaltung von Monopolmacht zu leisten.[99] Der „Wille" eines Monopolisten ist dabei *objektiv* anhand von „exclusionary practices" zu bestimmen.[100]

Ein Missbrauch im Sinne des Artikels 82 EG liegt demgegenüber vor, wenn ein Unternehmen Verhaltensweisen an den Tag legt, „die die Struktur eines Marktes beeinflussen *können*, auf dem der Wettbewerb gerade wegen der Anwesenheit des fraglichen Unternehmens bereits geschwächt ist, und die die *Aufrechterhaltung des auf dem Markt noch bestehenden Wettbewerbs oder dessen Entwicklung* durch die Verwendung von Mitteln behindern, welche *von den Mitteln eines normalen Produkt- oder Dienstleistungswettbewerbs* auf der Grundlage der Leistungen der Marktbürger abweichen".[101] Wird berücksichtigt, dass auch der Missbrauch *objektiv* zu bestimmen ist, wird deutlich, dass die Tatbestände des Missbrauchs und des „monopolizing" im Grundsatz übereinstimmen.[102] Beide haben – auch wenn die Wendung der „wilfull acquisition" irreführend ist – den Schutz des Wettbewerbs vor objektiv vorliegenden Verhaltensweisen, die sich auf die Marktstruktur auswirken können und die nicht Ausdruck von Leistungswettbewerb sind, zum Ziel. Auf die Ursächlichkeit des Beitrags zum Erwerb oder der Begründung der dominierenden Stellung kommt es nach beiden Rechtsordnungen nicht

95 Siehe Fn. 78 (S. 48); ferner *Gal*, 49 Antitr. Bull. 343, 374 (2004).
96 Siehe Fn. 225 (S. 70).
97 So aber *Joliet*, 5 RTDE 646, 682 f., 688 ff. (1969). Siehe dazu bereits die eingehende Diskussion im 1. Teil, § 2 A.II.3. (S. 47 ff.) und § 2 A.III.2. (S. 52 ff.).
98 Vgl. *Areeda*, 58 Antitrust L.J. 841, 846 (1990); *Areeda/Hovenkamp III*, § 652a; siehe auch *Kattan*, 9-Fall Antitrust 41 (1994); ferner die Diskussion im 2. Teil, § 1 (S. 158 ff.).
99 Siehe im 2. Teil § 2 A.III.1. (S. 192 ff.).
100 Vgl. Fn. 118 (S. 170). Vgl. aber *Schulte-Braucks*, S. 304, der in dem Fehlen subjektiver Kriterien einen Vorteil des europäischen Wettbewerbsrechts sehen will.
101 Siehe Fn. 115 (S. 54).
102 Anders *Kolasky*, 49 Antitr. Bull. 29, 41 (2004), demzufolge unklar sei, ob europäische und U.S.-amerikanische Standards übereinstimmen.

an. Überdies finden sowohl in Artikel 82 EG als auch in Section 2 Sherman Act sachliche Rechtfertigungsgründe bzw. „valid business reasons" Berücksichtigung, die keine echte Rechtfertigung darstellen, sondern tatbestandsausschließend sind. Artikel 82 EG bürdet zwar marktbeherrschenden Unternehmen eine „besondere Verantwortung" für den Wettbewerb auf; sowohl nach Artikel 82 EG als auch nach Section 2 Sherman Act ist aber das mildeste unter gleich geeigneten Mitteln zu wählen, um ein ökonomisch anerkennenswertes Ziel zu erreichen.[103]

Im Antitrust-Recht zeichnet sich allerdings seit Mitte der 70er Jahre auch die Tendenz ab, marktmächtigen Unternehmen insbesondere über das Kriterium der „valid business reasons" mehr Freiräume bei der Wahrung ihrer wirtschaftlichen Eigeninteressen einzuräumen. Besonders deutlich wird dies auch an der Handhabung des „predatory pricing". Hier ist eine stärkere Ökonomisierung des Antitrust-Rechts zu verzeichnen. Im Prinzip ist die ökonomische Analyse jedoch aus der Natur der Sache heraus auch im europäischen Recht fest verankert,[104] soll aber nach den Plänen der Kommission künftig bei der Anwendung des Artikels 82 EG eine noch größere Rolle einnehmen.[105] Zugleich wird auch im Antitrust-Recht, auch wenn immer wieder betont wird, dass nicht (mehr) einzelne Wettbewerber, sondern der (nicht näher definierte) Wettbewerb geschützt wird, die Schädigung des letzteren aufgrund des Ausschlusses von Wettbewerbern vermutet. Trotz gegenteiliger Forderungen in der Literatur kommt es dabei – ebenso wenig wie im europäischen Recht – nicht auf den Nachweis der *tatsächlichen Schädigung des Konsumentenwohles* an. Damit fügt sich die Rechtsprechung der Erkenntnis, dass ein in seinen Folgen unabsehbarer Prozess nicht von seinem (variablen) Ergebnis her definiert werden kann und gehorcht derselben Notwendigkeit wie das europäische Recht der Wettbewerbsbeschränkungen. Freilich weichen beide Rechtsordnungen in Details voneinander ab;[106] im Grundsatz sind sie jedoch insoweit kongruent.[107]

2. *Marktbeherrschung und „monopoly power"*

Marktbeherrschung ist die Fähigkeit zu unabhängigem Verhalten oder zur Verhinderung wirksamen Wettbewerbs. „Monopoly power" ist die „power to control price or exclude competition".[108] In beiden Fällen handelt es sich um *Rechtsbegriffe* (was in den USA von manchem Kommentator gerne vernachlässigt wird), die insoweit übereinstimmen. Der Prozess der Feststellung von Marktmacht ist in beiden Fällen wertungsabhängig, legt aber im Wesentlichen dieselben Kriterien zugrunde. Abweichungen ergeben sich

103 Siehe im 1. Teil § 2 A.III.3. b) aa) (S. 71) sowie im 2. Teil § 2 A.III.1. (S. 194).
104 Wie hier *Vallindas*, 12 E.L.J. 636, 638-42 (2006).
105 Vgl. Fn. 238 (S. 72); eine Annäherung bejahend *ten Kate/Niels*, 49 Antitr. Bull. 1, 19 (2004).
106 a. A. *ten Kate/Niels*, 49 Antitr. Bull. 1, 7 (2004) (mit Blick auf den Einfluss der Chicago-School).
107 Zu weitergehenden Vergleichen für den Bereich der Zusammenschlusskontrolle vgl. die Ausgabe des Antitrust Bulletins Spring/Summer 2004 (Band 49).
108 Vgl. Fn. 138 (S. 58) und Fn. 113 (S. 170).

hinsichtlich der kritischen Marktanteilsschwellen, die in den USA bei 50 %, in der Europäischen Gemeinschaft bei 40 % zu liegen scheinen. Zusätzliche Kriterien finden zwar Berücksichtigung; eine Korrektur durch eine Marktergebniskontrolle findet aber in beiden Rechtsordnungen nicht statt.[109]

Darüber hinaus verbieten weder Artikel 82 EG noch Section 2 Sherman Act „monopoly in the concrete", sondern akzeptieren den Bestand von Monopolmacht als solchen. Die Auffassung, Marktmacht stelle nach Section 2 Sherman Act *per se* einen Verstoß dar, kann sich zwar auf die Entscheidung im Fall *Alcoa* stützen, die das wettbewerbsgerechte Verhalten eines Monopolisten lediglich als rechts- und wettbewerbspolitisch gebotenes Korrektiv betrachtet.[110] Sie findet aber nur bedingt Rückhalt in der Rechtsprechung des Supreme Court, der sich auf das Vorliegen wettbewerbswidrigen Verhaltens konzentriert.[111] Ein Werturteil gegenüber Marktmacht folgt hier erst aus dem Umstand, dass die „power to exclude competition" ausgeübt oder dass die Marktmacht mit wettbewerbswidrigen Mitteln erworben oder aufrecht erhalten wurde. Ein zwingender Schluss auf die Notwendigkeit einer unmittelbaren Beseitigung von Monopolmacht kann hieraus indes nicht gezogen werden, da dem Grad der Ursächlichkeit wettbewerbswidrigen Verhaltens insbesondere für die Aufrechterhaltung von Marktmacht nicht Rechnung getragen wird.[112] Zudem behalten sich selbst die Entscheidungen, die die Annahme rechtfertigen, Monopolmacht stelle als solche einen Verstoß dar, die Option verhaltensorientierter Maßnahmen vor.

Dasselbe gilt für Artikel 82 EG: Die *Continental-Can*-Doktrin stellt klar, dass Artikel 82 EG nicht das Ergebnis zulässt, das Artikel 81 Abs. 3 EG zu verhindern sucht. Zugleich stehen das auf eine Stärkung des beherrschenden Unternehmens zielende Verhalten und die Marktverhältnisse in einem wechselseitigem Bezugsverhältnis, wobei es auf die „Mittel und Verfahren" der nachteiligen Beeinflussung der letzteren nicht ankommt. Rechtswidrigkeit von Marktverhalten und Marktstruktur lassen sich daher nicht strikt trennen, zumal dem EG-Vertrag – ebenso wie dem Sherman Act – die Annahme zugrunde liegt, wirksamer Wettbewerb werde zu einer Erosion von Marktmacht führen: Auch das Ziel einer reinen Verhaltenskontrolle ist der Abbau bzw. die wirksame Disziplinierung von Marktbeherrschung. Das Werturteil über die zum Schutz des Wettbewerbs verbotenen Mittel wirkt sich daher auch im europäischen Recht auf das mit ihrer Hilfe erzielte Resultat aus.[113] Daraus ergibt sich indes nicht, dass Monopolmacht als solche zu beseitigen wäre, da auch im europäischen Recht nicht nach dem Grad der Ur-

109 Vgl. im 1. Teil § 2 A.III.3. a) bb) (S. 58 ff.) und im 2. Teil § 2 A.III.2. b) aa) (S. 209 f.); zu Vergleichen siehe *Sullivan/Fickentscher*, 16 Berk. J. Int. L. 187, 227-28 (1998); *Kolasky*, 49 Antitr. Bull. 29, 43 (2004); *ten Kate/Niels*, 49 Antitr. Bull. 1-27 (2004).

110 Siehe § 1 B.II.1. (S. 166 ff.).

111 Vgl. insoweit auch *Turner*, 70 Harv. L. Rev. 281, 290 (1956/57) (mit verschiedenen Erklärungsmodellen hierzu).

112 Siehe § 1 C. (S. 175 ff.); anders *Sullivan/Fickentscher*, 16 Berk. J. Int. L. 187, 229-30 (1998).

113 Siehe die Diskussion in § 2 A.III.2. (S. 52 ff.).

sächlichkeit eines Missbrauchs für den Erwerb, die Ausdehnung oder die Aufrechterhaltung der Marktbeherrschung differenziert wird.

3. *Ursachen für etwaige Abweichungen*

Nach dem Vorstehenden wird das Problem dominierender Marktstellungen sowohl hinsichtlich des strukturellen als auch hinsichtlich des Verhaltenselementes in der europäischen und der US-amerikanischen Rechtsordnung aus derselben Perspektive betrachtet. Es lässt sich allerdings nicht leugnen, dass die Terminologie mancher Entscheidung zu Section 2 Sherman Act ambivalent ist und dieses Ergebnis in Frage stellt. Wollte man annehmen, dass sich Section 2 Sherman Act – anders als Artikel 82 EG – per se gegen monopolistische Marktstrukturen wendet und ihre Zerschlagung zulässt, wäre zu erwarten, dass im Hinblick auf die Notwendigkeit einer Wahrung von Leistungsanreizen auf der Ebene der „liability" *erhebliche* Unterschiede zum europäischen Kartellrecht bestehen. Wie der Vergleich zwischen Missbrauch und Verhaltenselement des „monopolizing" gezeigt hat, ist dies nicht der Fall.

Allerdings haben verschiedene Entscheidungen Anlass zu der Vermutung gegeben, die beantragte strukturelle Abhilfe habe Einfluss auf die tatbestandliche Konkretisierung des „monopolizing" gegeben.[114] Ein Beispiel ist das *U.S.-Steel*-Urteil, in dem der Umstand, dass die Marktstellung des Unternehmens auf wettbewerbswidrigem Wege begründet wurde, unberücksichtigt blieb;[115] ein weiteres Beispiel ist die Entscheidung des Supreme Court im *Zellophan*-Fall,[116] in dem mit Hilfe des Kriteriums der Kreuz-Preis-Elastizität bereits die Marktmacht von *Du Pont* abgelehnt wurde. Dabei blieb unberücksichtigt, dass das Unternehmen seine Preisfestsetzungsmacht bereits ausgeschöpft haben könnte oder dass es über die Fähigkeit verfügte, durch Behinderung des Wettbewerbs Preis*senkungen* vorzubeugen.[117] Eine Ursache für diesen „Irrtum" wurde darin gesehen, dass *Du Pont* bereits Gegenstand einer Entflechtung gewesen war, sich jedoch danach als Einzelunternehmen darstellte, das sich weder einer „combination" noch einer „conspiracy to monopolize" schuldig gemacht hatte.[118]

Auch die restriktive Handhabung des „leveraging" deutet zumindest auf den ersten Blick darauf hin, dass die Rechtsprechung dazu tendiert, bereits auf der Tatbestandsseite Korrekturen vorzunehmen: Demnach genügt allein das Vorliegen von „exclusiona-

---

114 Vgl. zu einem derartigen Verdacht *Sullivan/Fickentscher*, 16 Berk. J. Int. L. 187, 229-230 (1998).

115 Vgl. *Fraidin*, 33 Geo. Wash. L. Rev. 899, 930 (1965) (m. w. N.).

116 *U.S. v. E.I. Du Pont de Nemours & Co.*, 118 F.Supp. 41 (D.Del. 1953), aff'd, 351 U.S. 377 (1956). Zum Sachverhalt *Waldman*, S. 32 ff.; *Turner*, 70 Harv. L. Rev. 281, 283 (1956/57).

117 Zu einer ausführlichen Kritik der *Cellophane*-Entscheidung vgl. *Stocking/Mueller*, 45 AER 29, 52 et seq. (1955); *Turner*, 70 Harv. L. Rev. 281, 305-309 (1956/57); *Posner/Easterbrook*, S. 362; *Posner*, Antitrust Law, S. 128; *Areeda/Hovenkamp/Solow IIA*, §§ 539a, 801a1; *Viscusi et al.*, S. 261; *Sullivan/Grimes*, S. 89 f.; *Waldman*, S. 31; *Salop*, 68 Antitrust L.J. 187, 194 (2000).

118 Vgl. *Turner*, 70 Harv. L. Rev. 281, 312 (1956/57). Zum „*Schwarzpulver*"-Fall siehe S. 216.

ry practices", die sich ausschließlich auf einem nicht beherrschten Sekundärmarkt auswirken, nicht, um eine Zuwiderhandlung gegen Section 2 Sherman Act anzunehmen. Erforderlich ist auch, dass auf dem Sekundärmarkt eine gewisse „economic power" vorliegt, deren Existenz tendenziell an einen Marktanteil von 50 % geknüpft wird. Freilich ist hier zweifelhaft, ob überhaupt ein Unterschied zum europäischen Kartellrecht besteht.[119] Zwar kennt dieses keinen Tatbestand der versuchten Monopolisierung. Das im Rahmen des letzteren zu prüfende Vorliegen von „economic power" macht aber nicht zwingend an bestimmten Marktanteilsschwellen fest; zugleich bedarf es auch im europäischen Wettbewerbsrecht einer engen Verbindung zwischen den betroffenen Märkten, die „einer beherrschenden Stellung auf der Gesamtheit der relevanten Märkte" gleichkommt, um eine sich ausschließlich auf einem Sekundärmarkt auswirkende Zuwiderhandlung zu erfassen.[120] Darüber hinaus hat die ökonomische Kritik am „leveraging" auch Eingang in die europäische Rechtsprechung gefunden, die die Ausdehnung der Tätigkeit eines beherrschenden Unternehmens auf andere Märkte als regelmäßig neutral, wenn nicht gar wohlfahrtsfördernd betrachtet.[121] Insofern genügt in beiden Rechtsordnungen das isolierte Vorliegen einer einseitigen Wettbewerbsverzerrung nicht, um einen Verstoß gegen Artikel 82 EG oder Section 2 Sherman Act anzunehmen.[122]

Zudem ist zu berücksichtigen, dass die restriktiven Tendenzen der Rechtsprechung hinsichtlich des „Gebrauchs" von Monopolmacht einer Zeit entstammen, in der die Entwicklung des Antitrust-Rechts dank der Untätigkeit der Kartellbehörden nahezu ausschließlich in den Händen privater Kläger lag und Entflechtungen – beispielsweise in den *IBM*-Verfahren – nicht zur Debatte standen.[123] Sie erklären sich mithin vor allem durch die Befürchtung, das Kartellrecht werde von Konkurrenten instrumentalisiert, um sich von einem Wettbewerbsdruck zu befreien, der von marktmächtigen Unternehmen ausgeht.[124] Dies gilt ebenso für das „predatory pricing",[125] dessen Handhabung insbesondere im Hinblick auf das Erfordernis des „recoupment" deutlich zurückhaltender als im europäischen Kartellrecht ist.[126] Insofern lässt sich zwar eine gewisse Interdependenz zwischen Tatbestands- und Rechtsfolgenseite nicht abstreiten; im Ergebnis rechtfertigt sie aber nicht die Annahme, Section 2 Sherman Act richte sich – anders als Artikel 82 EG – gegen Marktmacht als solche. Vielmehr folgt das Unwerturteil bezüglich des Vorliegens von Marktmacht in beiden Rechtsordnungen aus der Proskription wett-

---

119 Eingehender Vergleich bei *Kareff*, 28 Law & Pol. Int'l Bus. 549 (1997); einen signifikanten Unterschied bejahend *ten Kate/Niels*, 49 Antitr. Bull. 1, 13-14 (2004).

120 Siehe § 2 A.III.3. b) bb) (S. 74 m. w. N. in Fn. 252).

121 Vgl. auch EuG – *Tetra Laval/Sidel* (25. 10. 2002, Rs. T-5/02), Slg. 2002, II-4381 (Rn. 155); EuG – *General Electric Co. / Kommission* (14. 12. 2005, Rs. T-210/01), Slg. 2005, II-5575 (Rn. 65).

122 Vgl. aber *Joliet*, 5 RTDE 646, 674 (1969), der unter Bezugnahme auf die *Griffith*-Entscheidung annimmt, Art. 82 EG und Sec. 2 Sherman Act erfassten gleichermaßen Behinderungsmissbräuche.

123 Zur Rolle privater Kläger vgl. Fn. 26 (S. 262).

124 Siehe Fn. 57 (S. 266).

125 Zu selbst vom Supreme Court geäußerten Befürchtungen eines Missbrauchs vgl. Fn. 438 (S. 239).

126 Vgl. die Darstellungen zum europäischen Kartellrecht im 1. Teil, § 3 A.I.3. b) aa) (S. 124 f.) sowie zum US-amerikanischen Recht im 2. Teil, § 2 B.III. (S. 239 ff.).

bewerbswidrigen Verhaltens. Aufgrund der Ambivalenz der Formulierungen mancher US-amerikanischer Entscheidung verfügt das europäische Kartellrecht insoweit jedoch über den Vorteil der klareren Zielsetzung, da hier zumindest vom Ansatz her klar ist, dass die Abstellung von wettbewerbswidrigen Verhaltensweisen im Vordergrund steht.

III. Ermächtigungsgrundlagen für strukturelle Eingriffe

Grundlage für einen strukturellen Eingriff im Antitrust-Recht ist Section 4 Sherman Act. Er erlaubt Gerichten, im Verfahren der „equity“ Zuwiderhandlungen gegen den Sherman Act zu unterbinden oder ihnen vorzubeugen. Zentrales Charakteristikum des Verfahrens der „equity“ ist eine im Ermessen der Tatsacheninstanz stehende Anpassung einer Anordnung an die Umstände des Einzelfalls. Dabei sind die Maßnahmen zu ergreifen, die zur Verwirklichung der Ziele des Sherman Act erforderlich und angemessen sind, das öffentliche Interesse am wenigsten beeinträchtigen und die den Interessen „unschuldiger Dritter“ ausreichend Rechnung tragen.[127] De facto führt dies, obgleich private Interessen dem öffentlichen Interesse grundsätzlich unterstellt sind, zu einer umfassenden Abwägung der beteiligten Interessen.[128] Die Kommission wiederum hat ihre Maßnahmen „der Natur der Zuwiderhandlung“ anzupassen und so einen „dem Vertrag entsprechenden Zustand“ wiederherzustellen,[129] wobei ihr ein gewisses Ermessen zukommt. Artikel 7 Abs. 1 VO (EG) Nr. 1/2003 erlaubt insofern „alle erforderlichen Abhilfemaßnahmen verhaltensorientierter *oder struktureller* Art, die gegenüber der festgestellten Zuwiderhandlung verhältnismäßig und für eine wirksame Abstellung der Zuwiderhandlung erforderlich sind“. Soweit die Verhältnismäßigkeit eine Abwägung der beteiligten Interessen beinhaltet, die die Kosten einer Maßnahme für die Allgemeinheit und für die Betroffenen in Relation zu den zu erwartenden Vorteilen setzt, sind die Grundelemente der Abhilfen im Verfahren der „equity“ und Artikel 7 Abs. 1 VO (EG) Nr. 1/2003 deckungsgleich.[130] Unterschiede ergeben sich hinsichtlich der Zielsetzungen struktureller Eingriffe und der konkreten Abwägung der beteiligten Interessen.

1. Zielsetzungen der strukturellen Eingriffe

Maßnahmen struktureller Art nach Section 4 Sherman Act verfolgen verschiedene Ziele. Zunächst dienen sie der Rückentflechtung wettbewerbswidriger Zusammenschlüsse;

---

127 Siehe im 2. Teil § 3 (S. 247); ferner *Hecht Co. v. Bowles*, 321 U.S. 321, 329 (1944); *Northern Securities Co. v. U.S.*, 193 U.S. 197, 360 (1904).

128 Siehe § 3 C. (S. 257 ff.).

129 Vgl. im 1. Teil § 3 A.(S. 107 ff.) und § 3 C. (S. 148 ff.); ferner EuGH – *Commercial Solvents* (6. 3. 1974, Rs. 6/73 und 7/73), Slg. 1974, 223, 257 (Rn. 45).

130 I. Erg. wie hier (für die VO Nr. 17/62) *Schulte-Braucks*, S. 302.

diese Zielsetzung ist im europäischen Recht spezialgesetzlich durch Artikel 8 Abs. 4 VO (EG) Nr. 139/2004 geregelt und nicht weiter Gegenstand der vorliegenden Untersuchung. Darüber hinaus dienen Entflechtungen der Folgenbeseitigung, der Verhaltenskontrolle und – jedenfalls nach der Entscheidung des Supreme Court im Fall *United Shoe* – schließlich der unmittelbaren Beseitigung von Monopolmacht im ökonomischen Sinne. Die Abgrenzung zwischen den letztgenannten Zielen fällt schwer: Ursache hierfür sind zum einen äußerst ambivalente Formulierungen des Obersten Gerichtshofes, wonach Entflechtungen dazu dienten, Monopolmacht zu „neutralisieren", „aufzulösen" oder zu „entmachten", zum anderen der Umstand, dass in einer Reihe von Fällen horizontale Eingriffe vorgenommen wurden. Da der Rechtsbegriff der Monopolmacht auch die „power to exclude competition" umfasst, sind die vorgenannten Formulierungen nicht zwingend dahingehend zu verstehen, dass die Zerschlagung von Monopolmacht im Sinne der „power to control price" Ziel der Eingriffe war. Ziel zumindest der gerichtlich entschiedenen Fälle war, mit Ausnahme des *United-Shoe*-Falls, vielmehr stets eine Verhaltenskontrolle. Belegt wird diese Zielsetzung zum einen durch die in der Literatur kritisierte Tendenz der Rechtsprechung, sich auf vertikale Entflechtungen zu beschränken. Sie sollten den betroffenen Unternehmen ein Instrument zur Verzerrung des Wettbewerbs nehmen. Zudem wurde die Preisfestsetzungsmacht der betroffenen Unternehmen regelmäßig nicht unmittelbar angetastet.[131]

Auch der Umstand, dass horizontale Eingriffe vorgenommen wurden, streitet nicht gegen die Annahme einer Verhaltenskontrolle. Er erklärt sich aus den der Entscheidung zugrunde liegenden Zuwiderhandlungen, die sich in zwei Kategorien einteilen lassen:[132] Die erste betrifft Wettbewerbsbeschränkungen auf vertikal vor- oder nachgelagerten oder auf komplementären Märkten. Der Eingriff ist hier regelmäßig vertikaler Natur. Die zweite Kategorie betrifft Konstellationen, in denen horizontale Wettbewerbsbeziehungen unmittelbar beschränkt werden: Gängigste Erscheinungsform dieser Fallgruppe sind „Kampfpreise", die in einer Vielzahl von Fällen eine Rolle gespielt haben.[133] Die Fähigkeit, Kampfpreisstrategien erfolgreich umzusetzen, ist, da sie entsprechend „tiefe Taschen" erfordert, einerseits *Ausdruck von Größenmacht*, aber auch Funktion einer durch Zutrittsbarrieren geschützten Preisfestsetzungsmacht, wenn die Verluste aus der Preisunterbietung durch anschließende Preisanhebung kompensiert werden sollen. In diesem Fall lassen sich Wettbewerbsverhinderungsmacht und durch unzureichenden tatsächlichen Wettbewerb vermittelte „power to control price" nur als Eingriffsobjekte unterscheiden, wenn ein Unternehmen – wie beispielsweise im Fall *Standard Oil*[134] – die Verluste einer Preisunterbietung durch die auf sachlich oder geographisch abgrenzbaren Märkten erzielten Gewinne zu kompensieren vermag und die Ent-

131 Siehe die Diskussion im 2. Teil, § 2 A.II. (S. 188 ff.).

132 Zu einer Typisierung von Wettbewerbsverzerrungen vgl. *Romaine/Salop*, 7 Geo. Mason L. Rev. 1, 10, 19-21 (1999) („input foreclosure", „costumer foreclosure" und „credible predatory threats").

133 Siehe Fn. 437 (S. 239).

134 Siehe Fn. 52 (S. 161).

flechtung darauf abzielt, eben diese *Fähigkeit zur Quersubventionierung* im weitesten Sinn zu beseitigen.

Diese Abgrenzungsschwierigkeiten erklären unter anderem, weshalb der Sherman Act in dem Ruf steht, er ermögliche – trotz seines verhaltensorientierten Ansatzes – die Zerschlagung von Monopolmacht im ökonomischen Sinn. Sie erklären auch, wie im Fall *Standard Oil* der Eindruck entstehen konnte, der Eingriff habe sich gegen die Größenmacht des Unternehmens gerichtet,[135] obwohl ein Fall vorlag, in dem unter anderem interne Finanzausgleichssysteme ermöglichten, den Verlust aus regional begrenzten Preisunterbietungen zu kompensieren und Wettbewerbsbeschränkungen auf dem vorgelagerten Markt für den Transport von Rohöl vorlagen. Ähnliches gilt für die Unterentflechtung von *ADT* im Fall *Grinnell*,[136] die im Übrigen ebenso wie die Entflechtung im Fall *Standard Oil* die Preisfestsetzungsmacht der Gesellschaft auf regionalen Teilmärkten unberührt ließ. Schließlich ist zu berücksichtigen, dass den Entflechtungsfällen regelmäßig externe Konzentrationsvorgänge zugrunde lagen. Ihre Rückabwicklung ist gleichermaßen Bestandteil einer Verhaltenskontrolle, soweit sie die zurechenbaren und identifizierbaren Folgen einer Zuwiderhandlung beseitigt. Gleiches gilt für die „fruits doctrine“, die zugleich klarstellt, dass die Folgenbeseitigung ein Element der Abschreckung künftiger Wettbewerbsverzerrungen enthält.[137]

Soweit die Entflechtungen nach dem Sherman Act – im Einklang mit dem Zweck des Gesetzes, wettbewerbswidriges Verhalten zu unterbinden – daher als Mittel der präventiven und retroaktiven Verhaltenskontrolle betrachtet werden müssen, stimmen die Zielsetzungen *grundsätzlich* mit denjenigen von Maßnahmen struktureller Art nach Artikel 7 Abs. 1 VO (EG) Nr. 1/2003 überein. Auch diese Ermächtigungsgrundlage ermöglicht – trotz ihres nicht eindeutigen Wortlauts – Maßnahmen struktureller Art zur Beseitigung der durch einen Behinderungsmissbrauch verursachten und identifizierbaren strukturellen Folgen, weil einem marktbeherrschenden Unternehmen andernfalls eine „paradoxe Prämie“ auf seine Zuwiderhandlung gewährt würde.[138] Darüber hinaus erlaubt die Norm jedoch vor allem Maßnahmen struktureller Art, um *künftige Zuwiderhandlungen* der festgestellten Art und von Maßnahmen, die Gleiches oder Ähnliches bewirken, zu verhindern. Beide Varianten stehen in Einklang mit „System und Geist“ der Wettbewerbsregeln, da aus der Verwendung verbotener Mittel auch ein Werturteil über die mit ihrer Hilfe erworbene, ausgedehnte oder aufrechterhaltene Fähigkeit zu unabhängigem Verhalten oder zur Verhinderung wirksamen Wettbewerbs resultiert.[139]

Nach der Entscheidung des Supreme Court im Fall *United Shoe Machinery* soll eine Entflechtung nach dem Sherman Act jedoch auch möglich – sogar geboten – sein, um Monopolmacht im ökonomischen Sinn unmittelbar zu beseitigen, ohne dass es noch

---

135 In diesem Sinne *Kovacic*, 31 Conn. L. Rev. 1285, 1297 (1999).
136 Siehe die Darstellung im 2. Teil, § 2 A.I.2. (S. 185).
137 Siehe im 2. Teil § 2 A.I.3. (S. 185 ff.) und § 2 A.I.4. (S. 187 ff.).
138 Vgl. Fn. 127 (S. 55).
139 Vgl. im 1. Teil § 2 A.IV. (S. 77 ff.) und § 3 A.III. (S. 137 ff.).

auf den Aspekt der Prävention weiterer Wettbewerbsverzerrungen ankäme. Eine entsprechende Zielsetzung kennt Artikel 7 Abs. 1 VO (EG) Nr. 1/2003 nicht; sie stünde auch nicht im Einklang mit „System und Geist" des Artikels 82 EG. Sie verbietet sich in *rechtspolitischer* Hinsicht, weil sie keinen Bezug zum primären Schutzzweck des Artikels 82 EG aufweist: Sie dient nicht der Wiederherstellung von Wettbewerb, der sich über seine Voraussetzungen definiert, sondern soll idealtypische, „gesunde" Wettbewerbsstrukturen" schaffen, ohne dass Einigkeit über die Beschaffenheit idealtypischer Märkte bestünde. Sie verbietet sich zudem in *wettbewerbspolitischer* Hinsicht, weil weder die wertungsabhängige Feststellung von Marktbeherrschung noch die Erkenntnisse der Wirtschaftswissenschaften ein undifferenziertes Werturteil über Marktbeherrschung erlauben, ohne Gefahr zu laufen, Leistungsanreize zu beseitigen. Schließlich verbietet sie sich auch aus *praktischen* Gründen, weil eine Identifizierung des Entflechtungsgegenstandes ebenso Schwierigkeiten bereiten würde wie die Notwendigkeit, Daten hinsichtlich der zu erzielenden Marktstruktur setzen zu müssen.[140]

Dieselben Erwägungen führen dazu, dass Entflechtungen im Antitrust-Recht auf der Grundlage einer „trigger theory" jedenfalls aus heutiger Sicht dann abzulehnen sind, wenn – wie im Falle *Microsofts* – die Ursächlichkeit einzelner Wettbewerbsverzerrungen für den strukturellen Erfolg unklar ist. Zudem ist auf der Grundlage der Rechtsprechung des Supreme Court vor der *United-Shoe-Machinery*-Entscheidung zweifelhaft, dass Marktmacht als solche, auch wenn ihre Beseitigung immer wieder gefordert wurde, einen Verstoß gegen Section 2 Sherman Act darstellt. Dagegen spricht allein die im Verhältnis zur Zahl der eingeleiteten Verfahren geringe Zahl der Entflechtungen.[141] Jedenfalls hat der Supreme Court unmissverständlich klargestellt, dass industriepolitisch motivierte Umstrukturierungen eines Marktes unzulässig sind, wenn bereits ausreichender Wettbewerb vorhanden ist. Nicht zuletzt belegen die US-amerikanischen Erfahrungen die praktischen Schwierigkeiten, die sich im Hinblick auf die bei einer anlassgebundenen Marktstrukturkontrolle notwendige Vorgabe von Daten hinsichtlich einer „besseren" Marktstruktur ergeben: Resultat war hier regelmäßig die Schaffung eines engen, wettbewerbspolitisch ebenso problematischen Oligopols.[142] Daher muss angenommen werden, dass die im *United-Shoe*-Fall ausgesprochene Erfolgsverpflichtung, obgleich sie bislang nicht revidiert wurde, der geltenden Rechtslage nicht mehr entspricht. Dies gilt vor allem, nachdem gesellschaftspolitische Ziele, die jedenfalls der erstinstanzlichen Entscheidung auch zugrunde lagen, heute keine autonome Geltung mehr beanspruchen.

---

140 Siehe im 1. Teil § 2 A.IV. (S. 77 ff.).

141 Vgl. im 2. Teil § 2 C. (S. 245 f.)

142 Siehe ausführliche Diskussion im 2. Teil, § 2 A.III.2. b) (S. 208 ff.).

Sowohl Section 4 Sherman Act als auch Artikel 7 Abs. 1 VO (EG) Nr. 1/2003 stellen Generalklauseln dar. Letztere Ermächtigungsgrundlage ist allerdings insofern spezieller, als zum einen Maßnahmen struktureller Art ausdrücklich als zulässige Abhilfe genannt werden, zum anderen mit der Verankerung des Verhältnismäßigkeitsgrundsatzes eine *klare Struktur der Voraussetzungen* einer Entflechtung vorliegt. Sie ist danach dann zulässig, wenn sie erforderlich und verhältnismäßig im engeren Sinne ist. Die Erforderlichkeit ist zu bejahen, wenn *(1)* die Struktur eines Unternehmens unabdingbare Voraussetzung für das Auftreten eines *(2)* Missbrauchs von erheblichem Gewicht ist und *(3)* ein erhebliches, in der Unternehmensstruktur selbst angelegtes und durch das bisherige Verhalten des beherrschenden Unternehmens belegtes Risiko einer Wiederholungsgefahr besteht, dem *(4)* durch eine Verhaltenskontrolle im Hinblick auf die Natur der in Frage stehenden Wettbewerbsverzerrungen *und* der Zahl der betroffenen Konkurrenten nicht wirksam oder nicht rechtzeitig begegnet werden kann.

Zwingend erforderlich ist somit ein *konkreter* Bezug zu den festgestellten Missbräuchen. Darüber hinaus bedarf es „eindeutiger Beweise“, die die Befürchtung einer Wiederholung stützen können: Allein das Vorhandensein eines strukturell bedingten Anreizes und einer korrespondierenden Fähigkeit zu wettbewerbswidrigem Verhalten wird nicht ausreichen, zumal unter Umständen auch *verhaltensorientierten Zusagen* seitens des Unternehmens Rechnung zu tragen ist, obwohl dies zu einer an sich systemwidrigen laufenden Verhaltenskontrolle führen muss. Zugleich rechtfertigt, wie sich aus Artikel 7 Abs. 1 S. 3, 2. Halbsatz VO (EG) Nr. 1/2003 ergibt, allein die aus einer Verhaltenskontrolle resultierende Belastung der Allgemeinheit eine Entflechtung nicht. Daher wird in der Regel die Wirksamkeit einer Verhaltenskontrolle auszuloten sein.[143]

Demgegenüber sind die Voraussetzungen eines strukturellen Eingriffs als Substitut einer Verhaltenskontrolle im Antitrust-Recht weitaus unklarer: Zwar finden sich einzelne Elemente der Kriterien des europäischen Rechts in der Rechtsprechung wieder: Eine dem europäischen Recht vergleichbare Strukturierung existiert aber bislang nicht. Zunächst findet sich auch im US-amerikanischen Recht die Überlegung, der strukturelle Eingriff ersetze eine andernfalls erforderliche Verhaltenskontrolle, weil er den Anreiz und die Fähigkeit zu wettbewerbswidrigem Verhalten beseitige.[144] Der Gedanke findet sich schon in frühen Entflechtungsfällen, die den Rückgriff auf „broader and more controlling remedies“ mit der Notwendigkeit rechtfertigen, die Fortsetzung wettbewerbswidrigen Verhaltens durch „Neutralisierung“ der fortwirkenden Kraft rechtswidrig erworbener Macht zu verhindern.[145] Aufgrund der Überlagerung von rückwirkender Zusammenschluss- und vorbeugender Verhaltenskontrolle tritt zwar der Gedanke der Be-

143 Siehe im 1. Teil § 3 A.I.3. (S. 111 ff.).
144 Vgl. im 2. Teil § 2 B. (S. 224 ff.) und Fn. 32 (S. 184); zum *AT& T*-Fall: § 2 B.I.2. c) (S. 324 ff.).
145 Siehe die Diskussion im 2. Teil § 2 A.I.1. (S. 181).

seitigung eines strukturellen Vorteils nicht so deutlich zu Tage. In anderen, auf die „Entmachtung" von „monopoly power" abstellenden Entscheidungen wird aber deutlicher, dass es um die Beseitigung eines für die an den Tag gelegte Zuwiderhandlung *zentralen* strukturellen Vorteils geht, ohne dass es auf die Art seines Erwerbs ankäme.

Darüber hinaus erweckt zwar die Entscheidung im Fall *Crescent Amusement* den Eindruck, allein die Gefahr einer „mühseligen" Verhaltenskontrolle rechtfertige, anders als im europäischen Recht, als solche den Rekurs auf eine Entflechtung.[146] Andere Entscheidungen stellen aber klar, dass ein struktureller Eingriff nur in Erwägung zu ziehen ist, wenn gleichwertige, weniger einschneidende Abhilfe zur Wiederherstellung von Wettbewerb nicht zur Verfügung stehen.[147] Die Erforderlichkeit eines strukturellen Eingriffs muss daher dargelegt werden. Ebenso wie im europäischen Recht stellt bei der insofern erforderlichen Prognose die in der Vergangenheit unter Beweis gestellte „Neigung" zu wettbewerbswidrigem Verhalten ein wesentliches Kriterium bei der Wahl einer Abhilfe dar.[148] Im Gegenzug ist auch die vermutete Gesetzestreue der betroffenen Unternehmen zu berücksichtigen; in der Anwendungspraxis ist insoweit eine durch das Verhältnis zwischen der Zahl der Entflechtungen zur Zahl der eingeleiteten Verfahren belegte Tendenz in der Rechtsprechung erkenntlich, in der Regel – auch wenn dies nicht so zwingend zu sein scheint wie im europäischen Recht – zunächst auf eine Verhaltenskontrolle zurückzugreifen.[149]

Die zur Begründung einer Entflechtung herangezogenen Elemente sind insofern mit denjenigen des europäischen Rechts vergleichbar; eine Artikel 7 Abs. 1 VO (EG) Nr. 1/2003 vergleichbare strukturierte Analyse fehlt indes, was zu Lasten der Justiziabilität struktureller Eingriffe geht.[150] Die möglichen Ursachen hierfür sind mannigfaltig: Ein Grund ist sicherlich die bisweilen ambivalente Terminologie des Supreme Court, obwohl diese in den wenigsten Fällen – und dann nur im Zusammenhang mit extern gewachsenen Unternehmen – tatsächlich zur vollständigen Beseitigung von Marktmacht geführt hat. Eine zweite Ursache steht im Zusammenhang mit der vielfach an der Antitrust Division geübten Kritik, sich ausschließlich auf die Tatbestandsseite zu konzentrieren, ohne der Wahl der richtigen Abhilfe die nötige Aufmerksamkeit zu schenken.[151] Vielfach wurden unreflektiert horizontale Eingriffe gefordert, ohne dass ihrer Praktikabilität ausreichend Rechnung getragen oder die dem Eingriff zugrunde liegende Ratio plausibel dargelegt worden wäre. Unterstützt wurde dies freilich durch Äußerungen des Supreme Court, wonach Zweifel hinsichtlich der Abhilfe nicht zum Nachteil der Regierung gereichen könnten, wenn diese den Nachweis eines Verstoßes erbracht habe:[152]

---

146 Siehe Fn. 32 (S. 184).
147 Siehe im 2. Teil § 3 A.I. (S. 251 f.).
148 Vgl. Fn. 18 (S. 249); für das europäische Recht siehe im 1. Teil § 3 A.I.3. (S. 114).
149 Siehe im 2. Teil § 3 A.I. (S. 251 f.).
150 Vgl. auch *Shelanski/Sidak*, 68 U. Chi. L. Rev. 1, 16 (2001).
151 Siehe Nachweise zur Kritik inFn. 57 und Fn. 58 (S. 254).
152 Siehe Fn. 49 (S. 253).

Angesichts des zu entscheidenden Sachverhalts handelt es sich hierbei indes nicht um ein verallgemeinerungsfähiges Prinzip.[153]

Auf gerichtlicher Seite haben diese unzureichend begründeten Anträge aufgrund einer unglücklichen Verquickung von Erforderlichkeit und Verhältnismäßigkeit, die gleichermaßen als Bestandteil des „public interest“ betrachtet werden, dazu geführt, dass in einer Reihe von Fällen struktureller Eingriff abgelehnt wurde, weil die Gerichte den Fortbestand der Unternehmensstruktur für vorteilhafter hielten oder sie die Entflechtung von vorneherein als nicht praktikabel betrachteten.[154] Die Frage der Erforderlichkeit eines strukturellen Eingriffs bzw. der hierbei anzuwendenden Maßstäbe blieb dabei jedoch offen. Schließlich ist zu berücksichtigen, dass das Verfahren „in equity“ – trotz formal auch im europäischen Recht bestehender Ermessensfreiräume, die aber de facto einer strengen Kontrolle unterliegen – dem US-amerikanischen Richter ein deutlich größeres Ermessen bei der Wahl einer Abhilfe zugesteht. Zwar ist dies in der Regel mit Umsicht gehandhabt worden; es erklärt aber das Fehlen eines stringenten Katalogs von Elementen, die bei einer Entflechtung zu berücksichtigen wären. Dieses Fehlen justiziabler Kriterien erklärt letztlich, weshalb im *Microsoft*-Fall die Zulässigkeit nahezu jeglicher erdenklichen Abhilfe begründet werden konnte; der für eine wirtschaftliche Betätigung unerlässlichen Rechtssicherheit wurde dabei nicht gedient.

3. *Folgenbeseitigung*

Nach der hier vertretenen Auffassung ermöglicht Artikel 7 Abs. 1 VO (EG) Nr. 1/2003 Maßnahmen struktureller Art zur Folgenbeseitigung. Entsprechende Ansätze finden sich in der Entscheidung des EuGH im Fall *Ufex u. a.*, derzufolge die Folgen eines Missbrauchs zu beseitigen oder zu neutralisieren seien, da andernfalls wettbewerbswidriges Verhalten belohnt würde.[155] Die VO (EG) Nr. 1/2003 enthält insoweit keine Einschränkung, wie sich aus dem 12. Erwägungsgrund der Verordnung ergibt.[156] Der Ansatz entspricht der „fruits doctrine“ im Antitrust-Recht, die sowohl ein Element der Folgenbeseitigung als auch ein Element der Abschreckung enthält.[157] Wie der *Microsoft*-Fall jedoch gezeigt hat, ist der Anwendungsbereich der „fruits doctrine“ beschränkt: Er ermöglicht zum einen lediglich die Entflechtung identifizierbarer Folgen einer Entflechtung, erlaubt jedoch in der Regel nicht die Beseitigung von Marktmacht im Sinne der „power to control price“; de facto beschränkt sich der Aspekt der Folgenbeseitigung regelmäßig darauf, breiter angelegte Verhaltenskontrollen zu rechtfertigen.[158]

---

153 Vgl. die Diskussion im 2. Teil § 3 A.II. (S. 253).
154 Vgl. Fn. 43 und Fn. 48 (S. 253).
155 Siehe Fn. 124 (S. 55).
156 Siehe Fn. 192 (S. 136).
157 Vgl. die Diskussion in § 2 A.I.3. (S. 185 ff.).
158 Siehe Fn. 14 (S. 248).

Die im Antitrust-Recht gegen die „fruits doctrine“ streitenden Erwägungen sind letztlich praktischer Art und beanspruchen insofern ebenso für das europäische Recht Geltung: Schwierigkeiten begegnet zunächst der Nachweis der Ursächlichkeit einer Zuwiderhandlung für einen bestimmten strukturellen Erfolg, weil hier regelmäßig eine Vielzahl von Faktoren – einschließlich der Eigenleistung des dominierenden Unternehmens – Einfluss auf die Marktstruktur nimmt. Allein aus diesem Grund wird sich die Folgenbeseitigung regelmäßig auf Fälle des externen und damit messbaren Wachstums beschränken. Auch in diesem Fall ist jedoch zu berücksichtigen, dass sich die Marktverhältnisse – nicht zuletzt dank der erheblichen Zeiträume zwischen Zuwiderhandlung und Abschluss eines Verfahrens – weiter entwickeln. Eine „echte“ Folgenbeseitigung müsste dieser Fortentwicklung Rechnung tragen und letztlich Hypothesen über die Entwicklung des Marktes aufstellen. Sie hängen wiederum von einer Vielzahl von Faktoren ab und sind daher kaum verlässlich. Erst recht widersprechen sie der sowohl dem europäischen als auch dem US-amerikanischen Wettbewerbsrecht zugrunde liegenden Prämisse, dass das Marktergebnis Produkt eines Wettbewerbs der Ideen, nicht Ergebnis der Entscheidung von Einzelpersonen, ist. Aufgrund dieser konzeptionellen Bedenken beschränken sich im US-amerikanischen Recht Aspekte der Folgenbeseitigung darauf, ein Element der Abwägung bei der Wahl einer Abhilfe zu sein. Im europäischen Kartellrecht scheidet eine entsprechende Berücksichtigung allerdings aus, da die Kriterien des Artikels 7 Abs. 1 VO (EG) Nr. 1/2003 insofern klar umrissen sind.

C. *Zusammenfassende Folgerungen*

Terminologisch weichen die Zielsetzungen von Section 2 Sherman Act und Artikel 82 EG bzw. Section 4 Sherman Act und Artikel 7 Abs. 1 VO (EG) Nr. 1/2003 zwar in mancherlei Hinsicht voneinander ab; *inhaltlich* aber besteht eine weitreichende Kongruenz. Auch historisch existieren Parallelen, da das abgeleitete Werturteil über Marktmacht in beiden Rechtsordnungen seinen Ursprung in Entscheidungen hatte, die im Zusammenhang mit externen Konzentrationsvorgängen standen. Dogmatisch bestehen insofern Parallelen, als das abgeleitete Werturteil zunächst über den systematischen Zusammenhang zwischen Kartellverbot (Section 1 Sherman Act und Artikel 81 EG) und Missbrauchsverbot bzw. Verbot des „monopolizing“ begründet wurde.[159] Anders als im europäischen Recht hat sich die Rechtsprechung im Antitrust-Recht jedoch schrittweise zunächst von der Notwendigkeit eines Zusammenhangs mit externem Unternehmenswachstum gelöst und jedenfalls mit der *United-Shoe*-Entscheidung auch die Vorstellung aufgegeben, eine Entflechtung diene der Prävention wettbewerbswidrigen Verhaltens. Die Überlagerung von Missbrauchs- und Zusammenschlusskontrolle sowie die unscharfe Abgrenzung zwischen „monopolizing“ und „conspiracy to monopolize“ führt letzt-

159 Siehe zum europäischen Recht im 1. Teil § 2 A.III.1. (S. 49 ff.) und im 2. Teil § 1 A. (S. 159 ff.).

lich dazu, dass die Kriterien einer Entflechtung unklar sind. Damit steht das US-amerikanische Recht, wie der *Microsoft*-Fall gezeigt hat, heute vor dem Problem, vor allem aus wettbewerbspolitischen Gründen einer über das Ziel hinaus geschossenen Rechtsprechung Grenzen zu setzen. Folge hiervon ist, dass dem Antitrust-Recht letztlich keine nennenswerten rechtspolitischen Empfehlungen für die Voraussetzungen des Einsatzes des Instruments der Entflechtung zu entnehmen sind, zumal ein dem Verhältnismäßigkeitsgrundsatz vergleichbar strukturiertes Prinzip nicht existiert.

Das europäische Kartellrecht verfügt insofern über den Vorteil, aufgrund eines klar verhaltensorientierten Ansatzes nicht in den Verdacht zu kommen, vagen Gerechtigkeitsvorstellungen Vorschub leisten zu wollen und auf eine aus wirtschaftstheoretischer Sicht nicht angezeigte unmittelbare Auslöschung von Monopolen – auch wenn ihr Bestand nicht als solcher hingenommen werden muss – abzuzielen. Die Verhaltenskontrolle steht hier unzweifelhaft im Vordergrund; ein struktureller Eingriff kommt nur als Instrument der (vorbeugenden und repressiven) Verhaltenskontrolle in Betracht. Das mit Artikel 7 Abs. 1 VO (EG) Nr. 1/2003 zur Verfügung gestellte Instrument ist dabei klar strukturiert.[160] Insbesondere hat es den Vorteil, anders als das Antitrust-Recht verschiedene Ebenen der Prüfung – nämlich Erforderlichkeit und Verhältnismäßigkeit im engeren Sinn – zu trennen. Daher bedarf es auch keiner vergleichbaren Beschränkungen, wie sie für das Antitrust-Recht – insbesondere im Hinblick auf eine vermeintliche Beschränkung des Instruments der Entflechtung auf Fälle extern gewachsener Unternehmen[161] – diskutiert werden: Die restriktiven Voraussetzungen eines strukturellen Eingriffs im europäischen Kartellrecht gewährleisten, dass diese praktisch nur im Zusammenhang mit regulierten ehemaligen Staatsmonopolen in Betracht kommen.[162] Die sich im Antitrust-Recht stellenden wettbewerbspolitischen Bedenken entstehen insofern gar nicht erst.

---

160 Wie hier *Sullivan*, 48 Antitr. Bull. 377, 403 (2003), der den großen Vorzug des europäischen Rechts in einem strukturierten Verhältnismäßigkeitsprinzip sieht.

161 Siehe die Diskussion im 2. Teil, § 2 B.IV. (S. 242 ff.).

162 Vgl. im 1. Teil § 3 A.III. (S. 137 ff.).

§ 2 Praktische Erfahrungen des Antitrust-Rechts

Die eingangs erwähnte Kritik des Wirtschafts- und Sozialausschusses rügte die mangelnde Praktikabilität von Entflechtungen und ihre hohen „wirtschaftlichen und sozialen Folgekosten". Überdies seien strukturelle Eingriffe hinsichtlich ihrer gesamtwirtschaftlichen Auswirkungen, ihrer Konsequenzen für die Wettbewerbsfähigkeit der Unternehmen sowie ihres Wirkungsgrades äußerst unsicher.[1] Die Berechtigung dieser Kritik wird im Folgenden anhand der Erfahrungen des Antitrust-Rechts überprüft werden.

A. Praktikabilität von Entflechtungen

Hinsichtlich der praktischen Durchführung struktureller Maßnahmen werden im Antitrust-Recht „divorcement", „divestiture" und „dissolution" („three Ds") unterschieden.[2] Der Supreme Court betrachtet diese Begriffe als weitgehend austauschbar und misst ihnen keine eigenständige Bedeutung zu.[3] De facto hat sich der Begriff der „divestiture", der den Vorgang der Abspaltung von Vermögenswerten im weitesten Sinn bezeichnet, als Sammelbegriff etabliert.[4] Im Folgenden sollen typische Entflechtungskonstellationen und die hieraus resultierenden praktischen Schwierigkeiten untersucht werden.[5]

I. Typische Entflechtungskonstellationen

Strukturelle Eingriffe entziehen sich einer allgemein gültigen Klassifizierung. Nach ihrem *Entflechtungsgegenstand* lassen sich grob die Auflösung von Kapitalverflechtungen und die Abspaltung sonstiger materieller oder immaterieller Vermögensgegenstände unterscheiden. Von der *Methode* her lassen sich Veräußerungslösungen und die Verselbständigung der zu entflechtenden Vermögenswerte unterscheiden. Methode und Gegenstand lassen sich freilich kombinieren und überdies graduell beliebig variieren; es lassen sich jedoch – auch historisch bedingt – drei typische Fallgruppen unterscheiden, die sich

---

1 Siehe Fn. 14 (S. 23).

2 Siehe bereits Fn. 3 (S. 287).

3 *U.S. v. E.I. du Pont de Nemours & Co.*, 366 U.S. 316, 330, Fn. 11 (1961): „These terms have traditionally been treated as to a large degree interchangeable, and so we regard them."

4 Vgl. *Adams* in: *Brock/Elzinga*, S. 171 Fn. 1; *Oppenheim/Weston/McCarthy*, S. 1042 f. Zu einer Differenzierung vgl. *Internat'l Tel. & Tel. Corp. v. General Tel. & Elec. Corp.*, 518 F.2d 913, 923 (9th Cir 1975): Danach sei „dissolution" ein Oberbegriff, der „divestiture" und „divorcement", aber auch die Beendigung vertraglicher Beziehungen erfasst. „Divorcement" bezeichnet die Wirkung bestimmter Typen der „divestiture", nämlich die Auflösung von Verflechtungen durch Beteiligungen oder andere Mittel, die einen kontrollierenden Einfluss auf andere Unternehmen vermitteln.

5 Zur praktischen Gestaltung einer Entflechtung vgl. bereits *Schmidt*, Entflechtung (1964); *Möschel*, Entflechtungen (1979); *Schulte-Braucks* (1980); zu den Entflechtungsmethoden: *Oehler*, S. 94 ff.

zwar überschneiden, aber zu spezifischen Schwierigkeiten führen. Hierbei handelt es sich um die Auflösung von Kapitalbeteiligungen, die Veräußerung von Vermögenswerten und schließlich die rechtliche und wirtschaftliche Verselbständigung von Unternehmenssubstrat. Sie sollen zunächst knapp dargestellt werden.

1. Auflösung von Kapitalbeteiligungen

Von ihrem Gegenstand her stellt die Entflechtung auch komplexer Kapitalbeteiligungen die historisch erste und häufigste Erscheinungsform der strukturellen Maßnahme im US-amerikanischen Recht dar.[6] Insbesondere frühe Entscheidungen hatten allerdings eine rigorose Entflechtung auf Aktionärsebene zunächst als enteignend („confiscatory") gewertet und versucht, die Trennung von wirtschaftlichen Einflusssphären – zum Teil unter Einschaltung eines Treuhänders[7] – über Stimmrechtsbeschränkungen durchzusetzen. Dem lag die Erwartung zugrunde, die mit der Stimmrechtsbeschränkung einhergehende Trennung von rechtlicher Verfügungsgewalt und wirtschaftlicher Zuordnung von Vermögenswerten werde im Ergebnis zu einer Veräußerung der Anteile führen.[8] Die Erwartung hat sich nicht immer erfüllt; zudem beseitigt die fortbestehende Verflechtung von Kapitalinteressen *auf der Aktionärsebene* nicht das Problem einer möglichen faktischen Beeinflussung des Wettbewerbsverhaltens der verbundenen Unternehmen.[9] Deshalb wurde in anderen Fällen, angefangen mit der Entflechtung im Fall *Standard Oil*,[10] die Entflechtung durch eine Verteilung der Anteile an die Aktionäre des entflechtenden Unternehmens oder – wie im Fall *Du Pont (General Motors)* – durch einen Verkauf der Anteile an Dritte bewerkstelligt.[11] Die Verteilung der Aktien konnte sowohl pro rata im Wege der Dividendenausschüttung als auch durch Gewährung von Bezugsrechten oder durch Umtauschangebote an die Aktionäre erfolgen.[12] Verkaufslösungen wurden entweder über die Börse, über einen Makler oder durch Veräußerung als einheitliches Paket an einen Dritten durchgeführt.[13] Die dabei auftretenden Schwierigkeiten sind identisch

---

6 Siehe *Northern Securities Co. v. U.S.*, 193 U.S. 197 (1904); *U.S. v. Standard Oil Co. of New Jersey*, 221 U.S. 1 (1911); *U.S. v. American Tobacco Co.*, 221 U.S. 106 (1911); ferner *U.S. v. Reading Co.*, 253 U.S. 26 (1920); *U.S. v. Lehigh Valley R.R. Co.*, 254 U.S. 255 (1920); dazu *Whitney II*, S. 62 (Trennung von Eisenbahn- und Kohlegesellschaften zur Gewährleistung diskriminierungsfreien Zutritts zu den Diensten der Eisenbahngesellschaften).

7 Vgl. *Hughes v. U.S.*, 342 U.S. 353 (1952).

8 *Northern Securities Co. v. U.S.*, 193 U.S. 197 (1904) (dazu Fn. 45, S. 160); *U.S. v. General Shoe Corp.*, 1956 Tr. Cas. § 68,271 V (M.D. Tenn. 1956).

9 Siehe *U.S. v. E.I. Du Pont de Nemours & Co. (General Motors)*, 366 U.S. 316, 331-32 (1961).

10 Siehe Fn. 7 (S. 180); ferner *U.S. v. Grinnell Corp.*, 236 F.Supp. 244, 259 (D. Rh. Isl. 1964).

11 Siehe Fn. 79 (S. 256).

12 Vgl. *U.S. v. Standard Oil Co. of New Jersey*, 173 Fed. 173, 199 (C.C.E.D. Mo. 1909).

13 Eingehend *Oehler*, S. 97 ff. (m. w. N.).

mit denjenigen, die bei Sekundärentflechtungen auf Aktionärsebene auftreten und sollen in diesem Zusammenhang untersucht werden.[14]

2. *Veräußerungslösungen*

Sofern die Entflechtungsverfügung keine Verpflichtung enthält, die zu entflechtenden Vermögenswerte wirtschaftlich und rechtlich zu verselbständigen, besteht die Möglichkeit, den Entflechtungsgegenstand zu veräußern.[15] In der Regel setzt diese Lösung voraus, dass das zu entflechtende Unternehmenssubstrat bereits vorhanden ist. In einigen Fällen – unter anderem in dem bereits dargestellten *United-Fruit*-Fall[16] – wurden die betroffenen Unternehmen jedoch verpflichtet, zur Überwindung von Kapazitätsschwierigkeiten neue Produktionskapazitäten oder sonstige wettbewerbsrelevante Strukturen aufzubauen und im Anschluss daran zu veräußern oder zu verselbständigen.[17]

Die Konkretisierung des Entflechtungsgegenstandes erfolgt durch das Gericht oder – in den Fällen der vergleichsweisen Erledigung und der Anwendung von Section 7 Clayton Act – durch die jeweils zuständige Kartellbehörde. Je nach Zielsetzung des Eingriffs werden die zu entflechtenden Vermögenswerte im weitesten Sinn („assets") unmittelbar individualisiert oder die Entflechtungsverfügung beschränkt sich auf Vorgaben, die den Umfang der vorzunehmenden Umstrukturierung – auch durch volumenabhängige Vorgaben[18] – festlegen. Als Gegenstand des Eingriffs kommen, neben den ebenfalls zu den „assets" gehörenden Kapitalbeteiligungen, im Kontext von Section 2 Sherman Act vor allem vollständige Unternehmen, einzelne Betriebe oder Unternehmenssparten in Betracht.[19] Insbesondere im Rahmen der Anwendung von Section 7 Clayton Act wurden darüber hinaus Verpflichtungen ausgesprochen, spezifische Vermögenswerte auszugliedern, die einen von dem Erwerber ausgehenden Marktzutritt erleichtern oder den Nukleus eines noch zu formenden Unternehmens bilden sollen.[20] Typischerweise handelt es sich hierbei um die Übertragung von Immaterialgüterrechten, Technologien, Know-how, Markennamen sowie von einzelnen Produktionsanlagen oder

---

14 Vgl. *Bebchuk/ Walker*, 56 Bus. Lawyer 459 (2001); zur Sekundärentflechtung siehe § 2 A.II.1. c) (S. 300 ff.).

15 Zu Veräußerungslösungen vgl. bereits im 2. Teil § 1 B.III.3. (S. 175: zum Fall *United Shoe*); ferner § 2 A.III.2. b) bb) ccc) (S. 216: zum Fall *IBM*).

16 Siehe dazu Fn. 288 (S. 217); hier bestand allerdings eine Wahlmöglichkeit.

17 Vgl. *U.S. v. General Motors Corp.*, 1965 Tr. Cas. § 71,624 VI A-C (E. D. Mich. 1965); *U.S. v. Gillette Co.*, 1976-1 Tr. Cas. § 60,691 (D. Mass. 1975) (Aufbau eines zweiten Vertriebsnetzes für *Braun*-Rasierer und anschließende Veräußerung). Eingehend hierzu *Oehler*, S. 108 f.

18 Beispiele sind hier einmal die Vorgaben im *United-Shoe-Machinery*-Fall (§ 1 B.III.3. – S. 175) sowie im *United-Fruit*-Fall (§ 2 A.III.2. b) bb) ccc) – S. 217).

19 Ein Beispiel ist die vertikale Entflechtung der ersten *United-Shoe-Machinery*-Entscheidung (siehe oben Fn. 143, S. 174). Siehe hierzu *Oehler*, S. 120 ff.

20 Instruktiv hierzu *FTC*, Commission's Divestiture Process, S. 10 f.; siehe ferner die Darstellung bei *Oehler*, S. 108 ff. (m. w. N.).

Vertriebsstrukturen.[21] Spezifische Schwierigkeiten ergeben sich hier insbesondere im Hinblick auf die Auswahl geeigneter Käufer, aber auch im Hinblick auf die Notwendigkeit unterstützender Leistungen durch das entflechtende Unternehmen.

3. *Rechtliche und wirtschaftliche Verselbständigung von Unternehmensteilen*

Enthält eine Entflechtungsanordnung keine Vorgaben hinsichtlich des zu erzielenden Grades der Autonomisierung eines Entflechtungsgegenstandes,[22] stellt die rechtliche und wirtschaftliche Verselbständigung von Vollfunktionsunternehmen mit anschließender Abwicklung der sich hieraus ergebenden Kapitalbeteiligung eine Alternative zu Veräußerungslösungen dar. Diese Variante ist vom Umfang der erforderlichen Maßnahmen her komplexer, weil sie voraussetzt, dass neben der Übertragung von Vermögenswerten und Personal auch Fragen der Fremdkapitalausstattung und der Finanzierung geklärt werden.[23] Im Gegenzug entfallen die Schwierigkeiten, die mit der Suche nach einem tauglichen Käufer verbunden sind.

Die gesellschaftsrechtliche Abwicklung einer Entflechtung kann im Wege des „spin-off", des „split-off" sowie des „split-up" erfolgen.[24] Sowohl beim „spin-off" als auch beim „split-off" gründet das entflechtende Unternehmen zunächst eine neue Gesellschaft und überträgt ihr das abzuspaltende Unternehmenssubstrat einschließlich des für einen Betrieb erforderlichen Personals. Im Gegenzug übernimmt es das Aktienkapital der neu gegründeten Gesellschaft. Während letzteres im Rahmen eines „spin-off" im Verhältnis zu den bereits bestehenden Beteiligungsverhältnissen auf die eigenen Aktionäre verteilt wird,[25] erfolgt beim „split-off" die Verteilung der Aktien im Wege des Aktientauschs mit der Folge einer Herabsetzung des Kapitals der entflechtenden Gesellschaft. Beim „split-up" gründet der Entflechtungsadressat zwei oder mehrere neue Gesellschaften und übernimmt deren Aktienkapital im Austausch gegen das jeweils übertragene Unternehmenssubstrat. Anschließend wird das zu entflechtende Unternehmen

---

21 Vgl. *FTC*, Commission's Divestiture Process, S. 10 f. Zur Übertragung von Immaterialgüterrechten siehe Nachweise bei *Oehler*, S. 110 ff. Vgl. ferner die im Gefolge eines Strafverfahrens vergleichsweise vereinbarte Veräußerung von Funklizenzen im Fall *Kansas City Star*: dazu eingehend *Crandall*, Failure, S. 85.

22 Vgl. z. B. *U.S. v. Maryland & Va. Milk Prod. Assn.*, 362 U.S. 458, 472 (1960) (Rückentflechtung); *U.S. v. Microsoft Corp.*, 97 F.Supp.2d 59 (D.D.C. 2000) (Final Judgment § 1 c. i.).

23 Vgl. z. B. die Entflechtung im Fall *American Tobacco*, dazu in § 2 A.II.1. a) (S. 293 f.); ferner die Darstellung zum *AT & T*-Fall in § 2 A.II.1. a) bb) (S. 299). Siehe auch *Oehler*, S. 108.

24 Grundlegend *Siegel*, 79 Harv. L. Rev. 534, 535 (1966); *Levene*, 976 PLI/Corp 403 (1997); *Buckley*, 16 J. Corp. L. 805 (1991); ferner *Scholz*, S. 63; *Oehler*, S. 119; *Herrmann*, S. 64 f.

25 Vgl. z. B. *FTC v. Procter & Gamble Co. (Clorox)*, 386 U.S. 568 (1967). Zu derartigen „pro-rata"-Lösungen siehe bereits *Möschel*, Entflechtungen, S. 18 ff., 117 ff. Bei der zwangsweisen Entflechtung existieren keine Vorzugsrechte: vgl. *Continental Insurance Co. v. U.S., Reading Co. et al.*, 259 U.S. 156, 181 (1922).

aufgelöst,[26] wobei die Anteile an den neuen Gesellschaften anteilig an die Altaktionäre verteilt werden.[27] Schwierigkeiten ergeben sich hier zum einen hinsichtlich der Komplexität des Vorgangs als solchem, zum anderen im Hinblick darauf, dass nach allen Verteilungsmodellen sowohl auf der Ebene der Anteilseigner als auch auf der Ebene der Gläubiger substantielle Restverflechtungen verbleiben. Sie gefährden die Unabhängigkeit der entflochtenen Unternehmen und erfordern gegebenenfalls Maßnahmen, die im Wege einer Sekundärentflechtung das Entflechtungsziel vertiefen.

II. Praktische Schwierigkeiten

Die US-amerikanischen Erfahrungen zeigen, dass praktische Schwierigkeiten bei der Durchführung von Entflechtungen auf mehreren Ebenen auftreten können. Sie sollen zunächst für die rechtliche und wirtschaftliche Verselbständigung von Unternehmen oder Unternehmensteilen dargestellt werden; sodann sollen spezifische Schwierigkeiten im Zusammenhang mit Veräußerungslösungen erörtert werden.

1. Praktische Schwierigkeiten bei der Verselbständigung von Unternehmen

Praktische Schwierigkeiten im Zusammenhang mit der Verselbständigung von Unternehmen ergeben sich zunächst hinsichtlich der Individualisierung des Entflechtungsgegenstandes. Problematisch sind ferner die notwendige Beteiligung der betroffenen Unternehmen und nach einer Entflechtung verbleibende Restverflechtungen.

a) Individualisierung des Entflechtungsobjektes anhand von Bruchlinien?

Bei der rechtlichen und wirtschaftlichen Verselbständigung von Unternehmen bereitet zunächst die Individualisierung des Entflechtungsgegenstandes Schwierigkeiten. Dies gilt vor allem dann, wenn nach außen hin ein organisch gewachsenes Unternehmen vorzuliegen scheint. Hier fehlt es an unternehmensinternen Bruchlinien, an denen sich eine Entflechtung orientieren könnte, weshalb unter anderem in den Fällen *United Shoe* oder *Microsoft* strukturelle Eingriffe (zunächst) abgelehnt wurden.[28] Zugleich ist das Prob-

---

26 Insofern handelt es sich bei einem „split-up" um einen Fall der „dissolution", während „split-off" und „spin-off" Fälle der „divestiture" sind (vgl. *Schulte-Braucks*, S. 62); wie bereits dargelegt, handelt es sich hierbei indes um terminologische Unterscheidungen, die in der Rechtsprechung ohne Folgen geblieben sind: siehe Fn. 3 (S. 155).

27 Siehe z. B. *International Boxing Club of New York, Inc. v. U.S.*, 358 U.S. 242, 259-61 (1959).

28 Vgl. Fn. 142 (S. 174); ferner *U.S. v. Microsoft Corp.*, 253 F.3d 34, 106 (D.C. Cir. 2001) (CEO *Steve Ballmer* zitierend). Zur Relevanz von Bruchlinien vgl. auch *FTC*, Commission's Divestiture Process; *Oehler*, S. 102 (Fn. 46, m. w. N., v. a. zu Sec. 7 Clayton Act).

lem fehlender Bruchlinien wettbewerbspolitischer Natur, da es auf einer Gegenüberstellung von „externem“ und (formal) „internem“ oder „organischem“ Wachstum beruht. Das Argument dient vor allem dazu, aus praktischen und wettbewerbspolitischen Gründen einen Ausnahmebereich für vermeintlich intern gewachsene Unternehmen zu begründen,[29] geht aber sowohl für das europäische als auch für das US-amerikanische Recht dann fehl, wenn der strukturelle Eingriff der Prävention weiterer Wettbewerbsverzerrungen dienen soll und die Ungeeignetheit einer Verhaltenskontrolle belegt ist.[30]

aa) Relevanz konzentrationsbedingter Bruchlinien in der Praxis

Zunächst ist zweifelhaft, inwiefern *konzentrationsbedingte* Bruchlinien in der US-amerikanischen Entflechtungspraxis tatsächlich eine Rolle gespielt haben. Zwar waren insbesondere im Zusammenhang mit der ersten Konzentrationswelle im Gefolge der Verabschiedung des Sherman Act Unternehmen Adressaten einer Entflechtungsverfügung, die Produkt externer Konzentrationsvorgänge waren. Die Vorgänge lagen aber zum Zeitpunkt der jeweiligen Verfahren erheblich in der Vergangenheit, so dass kaum noch von konzentrationsbedingten Bruchlinien gesprochen werden konnte.[31] Darüber hinaus betrafen erste Entflechtungsfälle wie *Northern Securities* oder *Standard Oil*,[32] aber auch spätere Verfahren wie beispielsweise gegen *Pullman*, Unternehmen, die gesellschaftsrechtlich in Form von Holdings organisiert waren. Die Entflechtungsverfügung konnte sich in diesen Fällen zwar an unternehmensinternen Trennlinien orientieren. Sie waren aber längst nicht mehr auf Konzentrationsprozesse zurückzuführen, da die übernommenen Unternehmen nicht als eigenständige Einheiten in die Holding aufgenommen wurden, sondern in einzelnen Gesellschaften aufgingen.[33]

Entsprechend konnte bereits *Standard Oil* von sich behaupten, die geplante Entflechtung stelle eine „künstliche Teilung“ dar, die sich nicht an vormals eigenständigen Gesellschaften orientieren könne.[34] Die ungeachtet dieser Proteste angeordnete Rückübertragung von Anteilen an den Einzelgesellschaften im Tausch gegen Anteile an der

29 Vgl. *Crandall*, Failure, S. 11; *Möschel*, Entflechtungen, S. 27.

30 Siehe im 1. Teil § 3 A.III. (S. 137 ff.) und im 2. Teil § 2 B.IV. (S. 242 ff.).

31 Vgl. im 2. Teil § 2 B.IV. (S. 243).

32 Siehe im 2. Teil § 1 A. (S. 159 ff. und S. 288, m. w. N. in Fn. 6).

33 Vgl. *Fraidin*, 33 Geo. Wash. L. Rev. 899, 911 et seq. (1965). Zur Frage der „Rückentflechtung“ auch erheblich zurückliegender Zusammenschlüsse siehe Fn. 66 (S. 163) und Fn. 70 (S. 163).

34 Brief on the Law on Part of Appellants, *Standard Oil Co. v. U.S.*, No. 725, Oct. Term, 1909, 120-121, 127, in Auszügen abgedruckt bei *Kovacic*, 31 Conn. L. Rev. 1285, 1297 (1999): „The inherent vice of this decree is that it seeks to create an *artificial division which never existed before*; it does not seek to compel members who were formerly independent to resume that independence, but it seeks to compel different sub-companies, *which have never been independent*, which have never been more than mere agencies created for certain purposes, to sever their allegiance with the principal, and to stand apart, independent and hostile to that principal and to each other. [...] *If carried to its logical conclusions [the remedy] attacks the very foundations of the modern business world.*“ (Hervorh. v. Verf.).

Holding[35] orientierte sich insofern zwar an den vorhandenen, auf geographisch abgrenzbaren Märkten tätigen Gesellschaften, *schuf aber im Ergebnis etwas Neues*: Denn von den 33 Nachfolgeunternehmen verfügte lediglich ein Teil über eine eigenständige Unternehmensidentität.[36] Die restlichen Gesellschaften entwickelten sich erst schrittweise zu heute noch bekannten Ölgesellschaften.[37] Zudem waren die Nachfolgegesellschaften nur teilweise integriert, so dass die Entflechtung trotz vorhandener unternehmensinterner Trennlinien aus einer ex ante Betrachtung mit erheblichen Risiken verbunden war,[38] keinesfalls jedoch als „einfach", geschweige denn als frei von Gefahren bezeichnet werden kann.[39]

Ähnliches gilt auch für die Entflechtung von *American Tobacco*, in der die beanstandeten Verhaltensweisen immerhin „nur" 20 Jahre zurück reichten. Anders als in den vorgenannten Fällen der Entflechtung einer Holding, in denen eine mit den gesellschaftsrechtlichen Bruchlinien übereinstimmende *horizontale und funktionale* Trennung von Geschäftsbereichen angeordnet wurde,[40] stellte *American Tobacco* einen integrierten Konzern dar. Die eng verflochtene Struktur des Unternehmens war mit Hilfe zahlloser Transaktionen, die neben einer kapitalmäßigen Verflechtung auch die Übertragung von unbeweglichem und beweglichem Vermögen, Markenzeichen und Goodwill umfasste, erreicht worden.[41] Sie ließ insofern konzentrationsbedingte Bruchlinien weitgehend missen.[42] Der Oberste Gerichtshof verwies die Sache an das Bezirksgericht zurück, damit dieses innerhalb von sechs Monaten aus den vorhandenen Elementen „etwas Neues, im Einklang mit dem Recht Stehendes" schaffen könne.[43] Dieser abstrakten Zielvorgabe entsprechend ordnete das Bezirksgericht eine vertikale und horizontale Entflechtung an und sicherte die Existenzfähigkeit der daraus resultierenden 14 selbständigen Unternehmen durch Anordnungen zur Übertragung von Eigentum, Warenzeichen und Handelsmarken, zur Verflüssigung von Aktiva und durch die Verteilung von Ak-

---

35 Siehe dazu im 2. Teil § 1 A. (S. 180).

36 Siehe *Kovacic*, 31 Conn. L. Rev. 1285, 1302 (1999).

37 Zu der mit der Entflechtung verbundenen Hoffnung vgl. Fn. 11 (S. 181). Zu einem Überblick über die einzelnen Gesellschaften und ihre Nachfolger siehe *Comanor/Scherer*, 2 Int. J. Econ. Bus. 263, 266 (1995). In den 30er Jahren hatte sich die Zahl der Gesellschaften von 33 auf 19 reduziert. Zur Entwicklung der Struktur der Ölindustrie siehe *Whitney I*, S. 106; *Martin* in: *Adams*, S. 41, 63 ff. (unter Berücksichtigung des Einflusses der OPEC); kritisch *Adams* in: *Brock/ Elzinga*, S. 55 f. (mit Verweis auf weitere, allerdings erfolglose Folgeverfahren); *ders.* in: *Adams*, S. 349, 354 f.

38 *Kovacic*, 31 Conn. L. Rev. 1285, 1300 (1999).

39 So allerdings *Crandall*, Failure, S. 20; *Posner* in: *Goldschmid et al.*, S. 242 (die Entflechtung als einfache Neuorganisation bezeichnend); ähnlich *Averitt*, 40 Ohio St. L.J. 781,797 (1979).

40 Zu dem Verfahren gegen *Pullman* vgl. § 2 A.II.2. (S. 306).

41 Eingehend oben § 1 A. (S. 161 f.); vgl. auch *Fraidin*, 33 Geo. Wash. L. Rev. 899, 915 (1965).

42 Zu einer Aufstellung der wechselseitigen Verflechtung vgl. *U.S. v. American Tobacco Co.*, 221 U.S. 106, 144 (1911). Zu der Unternehmensgeschichte vgl. a.a.O. S. 157 ff.

43 *U.S. v. American Tobacco Co.*, 221 U.S. 106, 187 (1911) („some plan or method of dissolving the combination and of recreating, out of the elements now composing it, a new condition which shall be honestly in harmony with and not repugnant to the law" – Hervorh. v. Verf.).

tien, Dividenden und Liquiditäsreserven an die Aktionäre.[44] Dabei wurden jedoch aus Sorge um einen Verlust von Größenvorteilen drei große, vollständig integrierte Unternehmen belassen, von denen zwei sogar *vollständig neu* geschaffen wurden.[45]

bb) Notwendigkeit gesellschaftsrechtlicher Bruchlinien?

Auch wenn das Vorliegen gesellschaftsrechtlicher Bruchlinien den Rekurs auf strukturelle Eingriffe sicherlich erleichtert,[46] zeigt bereits der Fall *American Tobacco*, dass das Produkt einer Entflechtung sich nicht zwingend an vorhandenen gesellschaftsrechtlichen, erst recht nicht an konzentrationsbedingten Bruchlinien orientieren muss. Ein weiteres prominentes Beispiel ist die Entflechtung des US-amerikanischen Fernmeldemonopolisten *AT & T*. Sie diente – wie in den Fällen *Standard Oil* und *American Tobacco* – ebenfalls der Verhinderung wettbewerbswidrigen Verhaltens in Gestalt von Zugangsbehinderungen und Quersubventionen.[47] Den gegen das Unternehmen erhobenen Vorwürfen entsprechend zielte die Entflechtung darauf ab, diejenigen Unternehmenssparten, die auf wettbewerblich geprägten Märkten tätig waren, von denjenigen zu trennen, die den als natürliches Monopol geltenden Markt der klassischen Sprachtelefonie im Ortsbereich bedienten. Auf diese Weise sollte nicht nur den Anreiz, sondern auch die Fähigkeit zur Verhinderung wirksamen Wettbewerbs beseitigt werden.[48]

Zu diesem Zweck wurde das US-amerikanische Territorium in Bereiche – so genannte „local access and transport areas or exchange areas“ oder „LATA“ – unterteilt, die ausschließlich von den 22 „Regional Bell Operating Companies“ („RBOC“) bedient wurden.[49] Im Gegenzug wurde den RBOC der Zutritt zu den Märkten für Ferngespräche, „Informationsdienstleistungen“[50] und Telekommunikationstechnik verwehrt.[51] Für die Abwicklung der Gespräche zwischen den LATA sollten wiederum so genannte

44 *U.S. v. American Tobacco Co.*, 191 F. 371, 375 et seq., 417 (C.C.N.Y. 1911). Abgelehnt wurden eine Spaltung in 60 Unternehmen sowie der Ausschluss bestimmter Aktionärskreise aus dem Verteilungsplan. Zwar wären diese Aktionäre im Zuge des Aktienverkaufs an Dritte durch den Erlös entschädigt worden, hätten jedoch keinerlei Einfluss auf seine Höhe gehabt, was das Gericht als unverhältnismäßige Enteignung ansah (a.a.O., S. 383). Auch hier wurden jedoch die Stimmrechte bestimmter Aktionärskreise beschränkt; ähnlich *U.S. v. E.I. Du Pont de Nemours & Co.*, 188 F. 127 (D. Del. 1911), petition to modify the decree, 273 F. 869, 870 (D. Del. 1921).

45 Vgl. *U.S. v. American Tobacco Co.*, 191 F. 371, 376 (C.C.N.Y. 1911); dazu *Hale*, 40 Col. L. Rev. 615, 619, 625 (1940); Kritik bei *Fraidin*, 33 Geo. Wash. L. Rev. 899, 916 (1965) (m. w. N.); vgl. im Übrigen bereits im 2. Teil § 2 A.III.2. b) bb) aaa) (S. 212).

46 Vgl. *Averitt*, 40 Ohio St. L.J. 781, 796 (1979), wonach die Entflechtung die Vorzugslösung für das „Problem der Holding“ sei.

47 Vgl. zu dem Fall unten § 2 B.I.2. c) (S. 324 ff.).

48 Siehe auch *U.S. v. Western Electric Co.*, 767 F.Supp. 308, 310 (D.D.C. 1991).

49 Siehe *U.S. v. AT & T Corp.*, 552 F.Supp. 131, 141 (D.D.C. 1982); dazu *Wieland*, S. 28 f. Insgesamt wurden 161 LATAs abgegrenzt, so dass manchen RBOC innerhalb des ursprünglich von ihnen bedienten Gebietes mehrere, auch zusammenhängende, LATA zugeteilt wurden.

50 Vgl. die Definition in Sec. IV. (J) des Modified Final Judgment: *U.S. v. AT & T Co.*, 552 F.Supp. 131, 229 (D.D.C. 1982).

51 Vgl. Sec. II. D. (1) Modified Final Judgment.

„long distance carrier" verantwortlich zeichnen. Daher wurden die RBOC jeweils verpflichtet, eine Tochtergesellschaft für die Abwicklung von Gesprächen zwischen einzelnen LATA und eine Tochtergesellschaft für die Verwaltung von Telekommunikationstechnik zu gründen. Die hieraus resultierenden 44 Tochtergesellschaften wurden *AT & T* eingegliedert. Der Gesellschaft wurden auch die *Bell Labs* und – obwohl gerade diese Integration auch den Stein des Anstoßes gebildet hatte[52] – *Western Electric* belassen.[53] Die RBOC hingegen wurden zu sieben regionalen Holdinggesellschaften von etwa gleicher Größe zusammengefasst und zum 1. Januar 1984 in autonome Gesellschaften umgewandelt.[54] Die RBOC übernahmen auch die Mobilfunksparte von *AT & T*; zugleich wurde ein Gemeinschaftsunternehmen zur Bewältigung allen Regionalgesellschaften gemeinsamer Aufgaben technischer und administrativer Natur gegründet, um den etwaigen Verlust von Verbundvorteilen zu kompensieren.[55]

cc) Folgerungen

Die vorstehenden Fälle zeigen, dass die Existenz konzentrationsbedingter Bruchlinien nicht für die Durchführung struktureller Eingriffe maßgeblich sein konnte. Darüber hinaus zeigen insbesondere die Umstrukturierungen in den Fällen *American Tobacco* und *AT & T*, dass die zu Beginn eines Verfahrens vorhandenen gesellschaftsrechtlichen Bruchlinien nicht mit den für die Entflechtung maßgeblichen Trennlinien koinzidieren müssen.[56] Ansatzpunkt für einen strukturellen Eingriff waren vielmehr organisatorische, an sachlich *oder* geographisch abgrenzbaren Märkten oder Marktstufen orientierte Geschäftsbereiche, während die gesellschaftsrechtlichen Trennlinien ohne weiteres an die vorgefundenen Marktgegebenheiten angepasst werden konnten.[57] Die Tatsache, dass ein Unternehmen seine Aktivitäten auf einen Standort konzentriert, ist dann jedoch uner-

52 Siehe Fn. 281 (S. 326). Kritik bei *Brennan*, 32 Antitr. Bull. 741, 746-66 (1987). Allerdings wurde angenommen, dass die entflochtenen RBOC keinen Anreiz mehr haben würden, *Western Electric* zu bevorzugen; das verbleibende Risiko einer Bevorzugung durch *AT & T* wurde hingenommen.

53 *Wieland,* S. 38; zum Schicksal der beiden Gesellschaften vgl. *Litan* Brief on Remedy, S. 25; *Crandall*, Failure, S. 83.

54 Da zwischen den ursprünglichen RBOC kein Wettbewerb bestand, spielte es keine Rolle, wie viele lokale Gesellschaften gegründet wurden, so dass *AT & T* die Festlegung der anfänglichen Zahl ebenso frei stand wie den Gesellschaften, später zu fusionieren: *U.S. v. AT & T Co.*, 552 F.Supp. 131, 227 (D.D.C. 1982); vgl. auch *Shelanski/Sidak*, 68 U. Chi. L. Rev. 1, 92-93 & Fn. 405 (2001).

55 Zur endgültigen Organisationsstruktur siehe die Übersicht bei *Wieland*, S. 37. Zu den Umstrukturierungen siehe auch *Irwin* in: *Adams*, S. 244, 249.

56 Vgl. insoweit auch die Entflechtung von *United Fruit*: *U.S. v. United Fruit Co.*, 1958 Tr. Cas. (CCH) § 68,941 VIII (E.D. La. 1958): Hier lagen zwar abgrenzbare Marktstufen vor, tatsächlich wurde jedoch die Ausgliederung eines vollständig integrierten Unternehmens gefordert. Siehe dazu S. 217; ferner *Oehler*, S. 103 ff.

57 Vgl. aber *Kovacic*, 31 Conn. L. Rev. 1285, 1303 (1999), wonach die Restrukturierung von *AT & T* „einfach" gewesen sei, da man sich an existierenden Vorgänger-Gesellschaften orientiert habe.

heblich.[58] Die US-amerikanischen Erfahrungen zeigen hier, dass strukturelle Eingriffe grundsätzlich auch in diesem Fall zumindest technisch *machbar* sind. Im Prinzip treten hier keine anderen Schwierigkeiten auf als im Fall einer marktüblichen Abspaltung von Unternehmensteilen.

Übertragen auf den Fall *Microsoft* hätte eine Entflechtung jedenfalls nicht aus diesem Grund scheitern müssen. Zwar hatte das Unternehmen selbst – angesichts der zweiten Entflechtung von *United Shoe* zu Unrecht – behauptet, die Entflechtung eines einheitlichen Unternehmens stelle ein Novum in der Rechtsanwendung dar und müsse auf unüberwindbare praktische Schwierigkeiten stoßen.[59] Anwendungs- und Betriebssystemsparte seien, was maßgeblicher Schlüssel zum Erfolg des Unternehmens gewesen sei, untrennbar verwoben und in keinerlei Hinsicht Produkt externen Wachstums.[60] Zuvor hatte das Unternehmen aber behauptet, zwischen Anwendungs- und Betriebssystemsparte existiere eine „chinesische Mauer", die der „Trennung von Kirche und Staat" gleiche.[61] Gleichzeitig hatte *Bill Gates* selbst behauptet, dass Umstrukturierungen *im Zwei-Jahres-Zyklus* für die Vitalität des Unternehmens unabdingbar seien und helfen würden, Überschneidungen zwischen den einzelnen Abteilungen zu verringern.[62] Das Department of Justice eignete sich diese Aussagen an und bezeichnete die Entflechtung zunächst als marktübliche „reorganization".[63] Tatsächlich ist angesichts der von *Microsoft* selbst stammenden Aussagen zweifelhaft, ob eine funktionale Trennung der beiden Sparten auf erhebliche Hindernisse gestoßen wäre.

b) Notwendigkeit vollzugs- und zielsichernder Anordnungen

Hinsichtlich der technischen Machbarkeit struktureller Eingriffe zeigen die vorstehend dargestellten Erfahrungen, dass sich Entflechtungen nicht grundsätzlich von marktüblichen und regelmäßig stattfindenden Abspaltungsvorgängen unterscheiden, im Zuge derer auf abgrenzbaren sachlich oder geographisch relevanten Märkten tätige Unternehmensteile verselbständigt werden. Zudem wird die Wahl der Entflechtungsmethode und

58 Wie hier *Fraidin*, 33 Geo. Wash. L. Rev. 899, 904 (1965); anders *Kaysen/ Turner*, S. 269 (den Einwand des „single plant monopoly" anerkennend).

59 Siehe *U.S. v. Microsoft Corp.*, Defendant Microsoft Corporation's Memorandum In Support of Its Motion For Summary Rejection of The Government's Breakup Proposal, Civ. Action No. 98-1232 (May 10, 2000), 2000 WL 620183 at *10 (Sec. V).

60 Vgl. *U.S. v. Microsoft Corp.*, Defendant Microsoft Corporation's Offer of Proof (May 24, 2000) (*Steve Ballmer*); ferner *U.S. v. Microsoft Corp.*, 253 F.3d 34, 106 (D.C. Cir. 2001) (unter Berufung auf Richter *Wyzanski* und CEO *Steve Ballmer*). Siehe aber Fn. 473 (S. 243).

61 Vgl. *U.S. v. Microsoft Corp.*, 159 F.R.D. 318, 337 Fn. 36 (D.D.C. 1995) (ebenfalls unter Berufung auf *Steve Ballmer*); vgl. auch *CCIA & SIIA* Brief on Remedy, *U.S. v. Microsoft Corp.*, S. 40.

62 Siehe Government Exhibit Nr. 43, abrufbar unter *http://www.usdoj.gov/atr/cases/f4700/gx43.pdf.*

63 Siehe *Microsoft Corp., U.S. v.*, Plaintiffs' Memorandum in Support of Proposed Final Judgment, Civ. Action No. 98-1232 (April 28, 2000), 2000 WL 530625, *21 (m. w. N.: „Reorganizations like the one proposed for *Microsoft* are commonly pursued by corporations that seek to maximize shareholder value."); ferner *Greenhill/Williams Declaration* (April 28, 2000) §§ 42 ff.

-modalitäten grundsätzlich den betroffenen Unternehmen selbst überlassen, solange der gewählte Weg den Vorgaben hinsichtlich des Entflechtungsgegenstandes und des Grades der zu erzielenden Unabhängigkeit entspricht:[64] Üblicherweise wird das betroffene Unternehmen lediglich verpflichtet, einen Entflechtungsplan zu unterbreiten, der dann durch das Gericht zu genehmigen ist. Der Antitrust Division wird lediglich das Recht eingeräumt, gegen den Plan Einwände zu erheben.

Diese grundsätzliche Aufgabenteilung ist zunächst Folge der im amerikanischen Prozessrecht stärker betonten Verantwortlichkeit der Parteien für die Vorbereitung und Durchführung des Verfahrens. Sie ist gleichzeitig Ausfluss der im US-amerikanischen Mehrrechtssystem festgelegten Trennung von einzel- und bundesstaatlichen Kompetenzen, die es Bundesgerichten verwehrt, über eine klare Erfolgsverpflichtung hinaus die gesellschaftsrechtliche Abwicklung einer Gesellschaft nach dem Recht ihres Gründungsstaates zu regeln.[65] Vor allem aber ist die Einbindung der Entflechtungsadressaten sachgerecht. Auch ohne Zwang ist eine Ausgliederung einer Unternehmenssparte – ungeachtet ihrer Marktüblichkeit – ein komplexer Vorgang.[66] Die Einbindung der sachnäheren Entflechtungsadressaten bietet eine gewisse Gewähr dafür, dass das Entflechtungsziel nicht bereits an der Ungeeignetheit von Kartellbehörden und Gerichten scheitert, der Komplexität des Entflechtungsprozesses gerecht zu werden.[67]

Andererseits bietet die erforderliche Mitwirkung der betroffenen Unternehmen eine Möglichkeit, das Entflechtungsziel zu gefährden. Anders als bei der freiwilligen und marktüblichen Verselbständigung eines Unternehmensteils fehlt es an einem Anreiz, zum Gelingen der Entflechtung – zumal diese per Definition den Wettbewerbsdruck erhöhen soll – beizutragen. Bestes Beispiel hierfür ist der durch *United Fruit* schuldhaft verzögerte Verkauf des auszugliedernden Unternehmens.[68] Die US-amerikanische Entflechtungspraxis behilft sich insofern mit *vollzugs- und zielsichernden Anordnungen.* Sie sollen sicherstellen, dass die zu entflechtenden Vermögenswerte nicht nur dem Entflechtungsadressaten entzogen werden, sondern als wettbewerbsrelevante Faktoren erheblich werden und damit langfristig dem Ziel der Wiederherstellung von Wettbewerb gerecht werden können.[69] Dem Wesen der „equity" entsprechend werden teilweise auch Anordnungen zum Schutz Dritter – insbesondere von Arbeitnehmern und Gläubigern – getroffen, die zugleich die Lebensfähigkeit des abzuspaltenden Unternehmens sicher-

64 Vgl. zuletzt *U.S. v. Microsoft Corp.*, 97 F.Supp.2d 59, 64 (D.D.C. 2000) (Final Judgment § 1); siehe auch *U.S. v. Grinnell Corp.*, 236 F.Supp. 244, 259 (D. Rh. Isl. 1964).

65 *Northern Securities Co. v. U.S.*, 193 U.S. 197, 346 (1904). Vgl. auch *Schulte-Braucks*, S. 70.

66 Siehe grundlegend *Levene*, 976 PLI/Corp 403, 435 et seq. (1997).

67 Wie hier *Oehler*, S. 41 f.

68 Siehe dazu bereits § 2 A.III.2. b) bb) ccc) (S. 217).

69 Vgl. z. B. *U.S. v. Schine Chain Theatres, Inc.*, 1952 Tr. Cas. (CCH) § 67,237 (D.C.N.Y. 1952); zuletzt *U.S. v. Microsoft Corp.*, 97 F.Supp.2d 59, 64 (D.D.C. 2000) (Final Judgment § 1 c. i.: „[...] All personnel, systems, and other tangible and intangible assets (including intellectual property) used to develop, produce, distribute, market, promote, sell, license and support the products and services of the Separated Business, and (b) such other assets as are necessary to operate the Separated Business as an independent and economically viable entity.").

stellen, indem sie verhindern, dass dem entflochtenen Unternehmen notwendiges Personal und Fremdkapital entzogen wird.[70]

Vollzugssichernd sind in erster Linie Fristen und Sanktionen zur Durchführung der Entflechtung.[71] Dazu gehört insbesondere die Androhung, für den Fall der Nichteinhaltung von Fristen einen Treuhänder zu ernennen, der die Entflechtung unter Aufsicht und nach Weisung des Gerichts durchführen soll und die dafür notwendigen Willenserklärungen abgeben kann.[72] Vollzugssichernd ist auch die Verpflichtung, bis zu einer endgültigen Trennung der Vermögenswerte nichts zu unternehmen, was die Lebens- und Wettbewerbsfähigkeit des zu entflechtenden Unternehmensteils gefährden könnte.[73] *Zielsichernd* sind demgegenüber Verpflichtungen, die gewährleisten, dass sich das entflochtene Unternehmen als funktions- und wettbewerbsfähiger Marktteilnehmer etablieren kann. Hierzu gehören in der Regel Anordnungen, ausreichend Eigenkapital, Personal,[74] Sachmittel und immaterielle Vermögenswerte wie Patente, Urheberrechte, Markennamen,[75] Technologien und Know-how[76] auf die neue Entität zu übertragen.[77] Zu den zielsichernden Anordnungen gehören ferner solche, die den Zugang des verselbständigten Unternehmensteils zu vertikal vor- oder nachgelagerten, durch den Entflechtungsadressaten kontrollierten Märkten sicherstellen sollen. In Betracht kommen Abnahme-[78] und Lieferverpflichtungen[79] oder – wie im Fall *AT & T* – Zugangsverpflich-

70 Vgl. unten § 2 B.II.2. (S. 349 ff.); ferner *Oehler*, S. 106.

71 Siehe *Oehler*, S. 128 ff. (mit umfangreicher Kasuistik).

72 Vgl. grundlegend *U.S. v. American Tobacco Co.*, 221 U.S. 106, 186-87 (1911); ferner *Hughes v. U.S.*, 342 U.S. 353 (1952); *Liquid Carbonic Corp. v. U.S.*, 350 U.S. 869 (1955); *U.S. v. General Outdoor Advertising Co. Inc.*, 1955 Tr. Cas. (CCH) § 68,169 (D.C. Ill. 1955); *U.S. v. True Temper Corp.*, 1959 Tr. Cas. (CCH) § 69,441 (D.C. Ill. 1959); *U.S. v. Wheelabrator-Frye, Inc., and Pullman, Inc.*, 1981-1 Tr. Cas. (CCH) § 64,018 (D.D.C. 1981); zu einem neueren Fall siehe Pressemitteilung des DoJ v. 6. 8. 2007, unter *www.usdoj.gov/atr/public/press_releases/2007/225052.htm* abrufbar (nicht fristgerechte Veräußerung eines Stahlwerks durch *Mittal* nach „consent decree").

73 Vgl. z. B. *U.S. v. Maryland & Va. Milk Prod. Assn.*, 362 U.S. 458 (1960); zuletzt *U.S. v. Microsoft Corp.*, 97 F.Supp.2d 59, 64 (D.D.C. 2000) (Final Judgment § 1 d.).

74 Zur Problematik der Verteilung von Personal vgl. *Levene*, 976 PLI/Corp 403, 418 (1997); zu Lösungsvorschlägen im *Microsoft*-Fall siehe Fn. 266 (S. 214).

75 Zur Problematik der Übertragung von Markennamen siehe *Hale*, 40 Col. L. Rev. 615, 628 (1940). Im *American-Tobacco*-Fall gestaltete sich die Übertragung von Markennamen insoweit schwierig, als zwei „brands" bereits 40 % des nationalen Produktionsvolumens einnahmen und eine Reduzierung des Marktanteils darunter nicht möglich war.

76 Vgl. *U.S. v. National Lead Co.*, 332 U.S. 319, 353-58 (1947); *U.S. v. Pitney-Bowes, Inc.*, 1959 Tr. Cas. (CCH) § 69,235 (D. Conn. 1959); *U.S. v. American Cyanamid Co.*, 1964 Tr. Cas. (CCH) § 71,166 (D.C.N.Y. 1964).

77 Siehe auch *Oehler*, S. 113 ff. (mit zahlreichen weiteren Nachweisen).

78 Vgl. *Ford Motor Co. v. U.S.*, 405 U.S. 562, 575 (1972): Verpflichtung *Fords*, in den fünf auf die Entflechtung folgenden Jahren 50 % des Bedarfs an Sicherungen („spark plugs") bei dem vertikal entflochtenen Unternehmen *Autolite* zu decken.

79 Vgl. *U.S. v. El Paso Natural Gas Co.*, 1972 Tr. Cas. § 73,975 (D. Colorado 1971): Zuteilung ausreichender Gasreserven bei begrenzten Erdgasaufkommen, die allerdings die Erfüllung bestehender Verbindlichkeiten seitens des Entflechtungsadressaten gefährdete. Begleitet wurde die Anordnung durch ein auf drei Jahre beschränktes Verbot, Erdgaslieferungen auf dem von dem Entflechtungsobjekt bedienten Markt zu erhöhen.

tungen.[80] Zur Sicherung des Entflechtungsziels wurden schließlich auch vertikale und/ oder horizontale Tätigkeitsbeschränkungen,[81] Zusammenschluss- und Akquisitionsverbote sowie – deklaratorische – Verbote wettbewerbswidriger Absprachen verhängt.[82]

Auch wenn sich privatwirtschaftliche und durch eine Kartellbehörde angeordnete Entflechtungen in technischer Hinsicht nicht unterscheiden, zeigt die Vielzahl der erforderlichen Anordnungen, dass für ein von einer Entflechtungsverfügung betroffenes Unternehmen ausreichend Möglichkeiten bestehen, den Erfolg einer Entflechtung zu sabotieren. Verhindert werden kann dies zumindest bei der Verselbständigung eines Unternehmensteils nur dadurch, dass der Entflechtungsvorgang eng von Gericht und Kartellbehörde kontrolliert wird. Allein hierdurch wird die Überlegenheit struktureller Eingriffe gegenüber einer Verhaltenskontrolle in Frage gestellt, da letztere zumindest bis zur Etablierung des Unternehmens als unabhängige Einheit weiterhin erforderlich ist. Zudem bestehen allein aus Kapazitätsgründen Bedenken gegen die Eignung von Gerichten und Behörden, derart komplexe Transaktionen zu überwachen. Deutlich wird dies am Volumen der zur Umstrukturierung erforderlichen Transaktionen. So erforderte die Entflechtung im Fall *AT & T*, dass den RBOC Eigenkapital i. H. v. insgesamt 152 Mrd. US-Dollar zur Verfügung gestellt wurde; die Höchstgrenze der von den RBOC zu übernehmenden Passiva wurde auf 40 % des jeweiligen Eigenkapitals festgelegt.[83] Darüber hinaus mussten die für einen unabhängigen Betrieb notwendigen Infrastrukturen und Vermögenswerte übertragen werden,[84] wobei die Aufteilung danach erfolgte, ob ein Vermögenswert *eindeutig* oder *schwerpunktmäßig* dem Ferngesprächs- oder dem regionalen Markt zugeteilt werden konnte.[85] Neben der Übertragung von ausreichendem Personal wurde *AT & T* ferner verpflichtet, das Markenzeichen *„Bell"* zu übertragen und für existierende und in einem Zeitrahmen von fünf Jahren nach der Entflechtung erworbene Patente gebührenfreie Lizenzen zu erteilen.[86] Als besonders problematisch erwiesen sich jedoch im Ergebnis die verhängten, zielsichernden Tätigkeitsbeschränkungen, deren Kontrolle letztlich zu einer neuen Form der gerichtlichen Regulierung führte.[87]

---

80 Siehe unten § 2 B.I.2. c) (S. 324).

81 Vgl. *U.S. v. Maryland & Va. Milk Prod. Assn.*, 1960 Tr. Cas. (CCH) § 69,860 (D.D.C. 1960); vgl. auch zum *AT & T*-Fall Fn. 51 (S. 294).

82 Siehe *U.S. v. Standard Oil Co. of New Jersey*, 221 U.S. 1, 81 (1911) (dazu Fn. 191, S. 315); *U.S. v. General Instrument Corp.*, 115 F.Supp. 582 (D.C. N.J. 1953); zuletzt *U.S. v. Microsoft Corp.*, 97 F.Supp.2d 59, 65 (D.D.C. 2000) (Final Judgment § 2).

83 Siehe hierzu *Wieland*, S. 43; zur Verteilung der Aktien siehe *Bebchuk/Walker*, 56 Bus. Lawyer 459, 464 (2001).

84 Sec. 1 (A)(1) Modified Final Judgment, *U.S. v. AT & T Co.*, 552 F.Supp. 131, 226 (D.D.C. 1982) („[...] transfer [...] of sufficient facilities, personnel, systems, and rights to technical information to permit the BOCs to perform, independently of *AT & T*, exchange telecommunications and exchange access functions [...]").

85 Vgl. *Irwin*, S. 249; *Wieland*, S. 41. Grundsätzlich zu den Schwierigkeiten einer Individualisierung von Vermögenswerten vgl. *Levene*, 976 PLI/Corp 403, 415-34 (1997).

86 *U.S. v. AT & T Co.*, 552 F.Supp. 131, 177 (D.D.C. 1982).

87 Siehe unten § 2 C.I.2. (S. 359 ff.).

c) *Notwendigkeit von Sekundärentflechtungen*

Ziel einer Verselbständigung von Unternehmensbereichen ist, diese als unabhängige Marktteilnehmer zu etablieren.[88] Um eine faktische Beeinflussung auszuschließen, erfordert dies eine dauerhafte Trennung der Interessensphären der einzelnen Unternehmensteile. Der reine Abspaltungsvorgang hinterlässt jedoch regelmäßig Restverflechtungen auf der Ebene der Anteilsinhaber und der Fremdkapitalgeber, die ergänzende Anordnungen erfordern. Problematisch sind diese insbesondere dann, wenn der Umfang der fortbestehenden Verflechtungen eine rechtliche oder faktische Einflussnahme auf das Geschäftsgebaren der entflochtenen Gesellschaft ermöglicht. Die hierbei auftretenden Schwierigkeiten sind denjenigen ähnlich, die im Zusammenhang mit der Auflösung von Kapitalbeteiligungen, die gerade Möglichkeiten der Einflussnahme beseitigen soll, auftreten. Die insoweit auftretenden Schwierigkeiten sollen im Folgenden untersucht werden. Außer Acht gelassen werden aber personelle Verflechtungen auf der Führungsebene, die sich durch die Innehabung leitender Positionen in mehreren Gesellschaften ergeben. Sie lassen sich allerdings ohne größere Schwierigkeiten durch eine einfache Verbotsanordnung auflösen.[89]

aa) *(Sekundär-) Entflechtungen auf Aktionärsebene*

Wie bereits dargelegt, stellt die Auflösung von Kapitalbeteiligungen die traditionell erste Form der Entflechtung dar. Hatte man hier zunächst Stimmrechtsbeschränkungen für ausreichend erachtet, wurde schnell festgestellt, dass dies nicht ausreichte, um eine faktische Beeinflussung aufgrund sich überschneidender Eigentümerstellungen zu verhindern. Daher ging die Antitrust-Praxis dazu über, eine pro-rata-Verteilung der von dem Entflechtungsadressaten gehaltenen Aktien an seine Anteilseigner zu fordern;[90] das Ergebnis entspricht demjenigen eines „spin-off“.[91] Dabei verbleiben jedoch – ebenso wie beim „split-off“ und beim „split-up“ – Restverflechtungen auf der Ebene der Anteilsinhaber, die insbesondere dann problematisch sind, wenn sie in den Händen von Großaktionären liegen und damit eine faktische Beeinflussung der entflochtenen Gesellschaften

88 Zum Erfordernis der Unabhängigkeit siehe *Elzinga*, 12 J. L. & Econ. 43, 45 (1969).

89 Vgl. z. B. *U.S. v. Crescent Amusement Co.*, 323 U.S. 173, 188-89 (1944); *U.S. v. True Temper Corp.*, 1959 Tr. Cas. (CCH) § 69,441 (D.C. Ill. 1959); *U.S. v. Microsoft Corp.*, 97 F.Supp.2d 59, 65 (D.D.C. 2000) (Final Judgment § 2 a.). Siehe auch das Verbot von „interlocking directorates and officers“ in Sec. 8 Clayton Act (15 U.S.C.A. § 19); dazu *Ebke*, ZGR 19 (1990), 50 ff.; ferner *Schulte-Braucks*, S. 91. Einen Sonderfall stellt das im *Grinnell*-Fall erstinstanzlich ausgesprochene umfassende Beschäftigungsverbot für den bisherigen Geschäftsführer von *Grinnell* dar, den das Bezirksgericht als Triebfeder der festgestellten Wettbewerbsverzerrungen betrachtete. Das Verbot wurde indes durch den Obersten Gerichtshof aufgehoben. Vgl. *U.S. v. Grinnell Corp.*, 236 F.Supp. 244, 259-260 (D. Rh. Isl. 1964), rev'd in relevant part, 384 U.S. 563, 579 (1966).

90 Siehe § 2 A.I.1. (S. 288).

91 Siehe § 2 A.I.3. (S. 290).

ermöglichen. *Sekundärentflechtungen* auf der Ebene der Großaktionäre wurden jedoch anfänglich als enteignend gewertet.[92] Im Fall *Standard Oil* führte dies dazu, dass trotz radikaler Umstrukturierung erhebliche Restverflechtungen verblieben. Insbesondere die *Rockefeller*-Familie hielt Anteile an den Nachfolgegesellschaften in Höhe von 25 %, wobei sich diese Verflechtungen erst allmählich durch Erbfolge und Schenkungen auflösten.[93] Vielfach wurde dies für die anfänglich nur zögerliche Entwicklung von Wettbewerb zwischen den einzelnen Gesellschaften verantwortlich gemacht.[94]

Zwei Jahre nach der *Standard-Oil*-Entscheidung überwand der Supreme Court mit dem *Union-Pacific*-Urteil seine anfänglichen Hemmungen und setzte damit möglicherweise die Erfahrungen mit dem *Rockefeller*-Trust um:[95] Danach reiche eine Verteilung der Anteile an die eigenen Anteilseigner nicht aus, um die angegriffene „combination" wirksam und endgültig aufzulösen, da die fortbestehende Verflechtung auf der Ebene einiger „Großaktionäre" nach wie vor eine Koordinierung von Verhaltensweisen ermögliche.[96] Insofern wurde eine vollständige Entflechtung angeordnet, die schließlich durch einen *Aktientausch* mit nicht im Wettbewerb stehenden Eisenbahnunternehmen umgesetzt wurde.[97] In anderen Fällen wurde entweder ein *„cash sale"* an Dritte unmittelbar angeordnet[98] oder eine Verpflichtung ausgesprochen, die Anteile der zu entflechtenden Gesellschaft zunächst auf einen Treuhänder zu übertragen und später an unabhängige Dritte zu veräußern.[99] Zuletzt wurde im *Microsoft*-Fall eine nach Trennung von Anwendungs- und Betriebssystemgesellschaft durchzuführende Sekundärentflechtung angeordnet. Danach sollte Aktionären, die Anteile von mehr als 5 % an *Microsoft* hielten, nicht gestattet sein, die Anteile an beiden Nachfolgegesellschaften zu behalten.[100]

---

92 Vgl. *U.S. v. American Tobacco Co.*, 191 F. 371, 383 (S.D.N.Y. 1911) (wonach die existierenden Präzedenzfälle keine Sekundärentflechtung forderten, a.a.O., S. 376; siehe auch Fn. 44, S. 294); ferner *U.S. v. E.I. Du Pont de Nemours & Co.*, 188 F. 127 (D. Del. 1911).

93 Vgl. aber *Standard Oil Co. of New Jersey, U.S. v.*, 173 Fed. 177 (C.C.E.D. Mo. 1909) (Final Order § 5), aff'd, 221 U.S. 1, 79 (1911): Hier waren die Stimmrechts- und Dividendenbezugsbeschränkungen nur noch Interimsmaßnahme bis zur vollständigen Entflechtung (vgl. Fn. 7, S. 180).

94 Siehe *Hale*, 40 Col. L. Rev. 615, 618 (1940); *Whitney I*, S. 106.

95 Der Fall betraf die Auflösung eines Kontrollerwerbs an der *Southern Pacific Co.* durch die *Union Pacific Railroad Co.*; siehe dazu auch *Dewey*, 63 J. Pol. Econ. 93, 98 (1955).

96 Siehe *U.S. v. Union Pacific R.R. Co.*, 226 U.S. 470, 476-77 (1913) (auszugsweise zitiert in Fn. 65, S. 255). Angesichts der Zahl der „Großaktionäre" (368 Aktionäre, die einen Anteil von insgesamt 62,8 % innehatten) ist aber fraglich, ob ein kontrollierender Einfluss wahrscheinlich war.

97 Vgl. *Conant*, 14 Stan. L. Rev. 489, 498 Fn. 54 (1962).

98 Vgl. *Utah Public Service Commission v. El Paso Natural Gas Co.*, 395 U.S. 464, 472 (1969).

99 *Continental Insurance Co. v. U.S., Reading Co. et al.*, 259 U.S. 156, 163 (1922) (dort auch zu einer Konstellation, in der tauglicher Käufer nur sein konnte, wer an Eides statt versicherte, keine Anteile an der ausgründenden Gesellschaft zu halten). Vgl. auch *Hale*, 40 Col. L. Rev. 615, 631 (1940); *Schulte-Braucks*, S. 92 (jeweils m. w. N.).

100 Vgl. *U.S. v. Microsoft Corp.*, 97 F.Supp.2d 59, 65 (D.D.C. 2000) (Final Judgment § 2 a). Zu einer ausführlichen Kritik vgl. *Bebchuk/Walker*, 56 Bus. Lawyer 459 (2001); *dies.*, NBER Working Paper Series N° 8089 (2001). Zu weiteren Sekundärentflechtungen vgl. *U.S. v. Loew's, Inc.*, 1950-51 Tr. Cas. § 62,765 VIII (S.D.N.Y. 1951). Zur Problematik der Sekundärentflechtung bei Dritten, die nicht Parteien des Verfahrens waren, vgl. *U.S. v. E.I. Du Pont de Nemours & Co. (General Motors)*, 177 F.Supp. 1, 11-12 (N.D. Ill. 1959).

Die Veräußerung von Anteilen in großem Umfang ist jedoch, unabhängig davon, ob es sich hierbei um das primäre Entflechtungsziel oder lediglich eine zielsichernde Anordnung handelt, regelmäßig schwierig.[101] So erkannte man in einigen Fällen, dass derartige Verpflichtungen in Ermangelung potentieller kaufkräftiger Käufer, die das Aktienpaket en bloc kaufen könnten, zu einer plötzlichen Flutung des Marktes und – nicht zuletzt dank eines Verlustes der Kontrollprämie – einem entsprechenden Preisverfall führen würde.[102] Der Supreme Court hat entsprechende Schwierigkeiten zwar nicht als Einwand betrachtet, der eine Entflechtung per se auszuschließen vermöge und insofern reine Stimmrechtsbeschränkungen nicht für ausreichend gesehen.[103] Tendenziell wurden aber den Aktionären zunehmend längere Fristen eingeräumt, innerhalb derer sie ihre Anteile an unbeteiligte Dritte zu veräußern hätten. Betrug diese Frist in frühen Fällen noch ein Jahr, wurde sie sukzessiv auf bis zu zehn Jahre ausgedehnt.[104] Ein zweiter, insbesondere im *Microsoft*-Verfahren diskutierter Ansatz ist, die Anteile an der ausgliedernden und der entflochtenen Gesellschaft neu zu verteilen – was auch im Wege eines „split-up" geschehen kann –, wobei den ausgeschlossenen Großaktionären zum Ausgleich ein größerer Anteil an den Aktien der von ihnen zu wählenden Gesellschaft zuzuteilen wäre.[105] In diesem Fall bedarf es jedoch der Bewertung der Nachfolgegesellschaften, die angesichts der mit der Entflechtung verbundenen Unsicherheit unabhängig davon, ob sie auf aktuellen Börsenbewertungen oder auf Sachverständigengutachten basiert, spekulativ erscheint.[106]

Ein dritter Ansatz wurde in der sich über 17 Jahre hinziehenden Rückentflechtung des wettbewerbswidrigen Erwerbs eines potentiellen Wettbewerbers im *El-Paso*-Fall gewählt.[107] Um eine plötzliche Flutung des Marktes mit fünf Millionen Anteilen durch

---

101 Im *Microsoft*-Fall wurde eine Entflechtung allerdings als übliche Umstrukturierung bezeichnet: siehe bereits Fn. 63 (S. 296); ferner *Greenhill/Williams Declaration* (April 28, 2000). Zur Berücksichtigungsfähigkeit steuerlicher Auswirkungen einer Entflechtung siehe S. 256.

102 Instruktiv *Bebchuk/Walker*, 56 Bus. Lawyer 459, 469 (2001). Vgl. *U.S. v. E.I. du Pont de Nemours & Co.*, 366 U.S. 316 (1961); siehe dazu bereits im 2. Teil, § 3 B. (S. 256). Eingehend zur praktischen Abwicklung *Averitt*, 40 Ohio St. L.J. 781, 820-22 (1979); *Schulte-Braucks*, S. 94 f.

103 Siehe Fn. 82 (S. 256).

104 Vgl. *U.S. v. Crescent Amusement Co.*, 323 U.S. 173, 189 (1944) (ein Jahr); *Hartford Empire Co. v. U.S.*, 323 U.S. 386, 426 (1945) (2 Jahre); *International Boxing Club v. U.S.*, 358 U.S. 242, 256 (1959) (Verkauf von 219 000 Aktien innerhalb von 5 Jahren); *U.S. v. Aluminum Co. of America et al.*, 91 F. Supp. 333, 418-19 (S.D.N.Y. 1950) (zehn Jahre); *U.S. v. E.I. du Pont de Nemours & Co.*, 366 U.S. 316, 335 (1961) (zehn Jahre). In letzterem Fall beschränkte sich die Veräußerungsverpflichtung allerdings auf eine geringe Anzahl größerer Aktionäre (immerhin noch ca. 8,6 Mio. Aktien), wobei der Anteil der *Du-Pont*-Familie i. H. v. 9 % unangetastet blieb: *U.S. v. E.I. Du Pont de Nemours & Co.*, 1962 Tr. Cas. (CCH) § 70,245, 75,939-40 (N.D. Ill. 1962).

105 Vgl. *Bebchuk/Walker*, 56 Bus. Lawyer 459, 470 (2001).

106 Eingehend *Bebchuk/Walker*, 56 Bus. Lawyer 459, 470-78 (2001) (die darüber hinaus eine unbillige Sanktionierung der betroffenen Großaktionäre befürchten).

107 Siehe zunächst *California v. FPC*, 369 U.S. 482 (1962); *U.S. v. El Paso Natural Gas Co.*, 376 U.S. 651 (1964); *Cascade Natural Gas Corp. v. El Paso Natural Gas Co.*, 386 U.S. 129 (1967), on remand *U.S. v. El Paso Natural Gas Co.*, 291 F.Supp. 3 (D. Utah 1968), rev'd sub nom. *Utah Public Service Commission v. El Paso Natural Gas Co.*, 395 U.S. 464 (1969), on remand *U.S. v. El Paso Natural Gas Co.*, 358 F.Supp. 820 (D. Color. 1972), aff'd, 410 U.S. 962 (1973). Eingehende Darstellung bereits bei *Oehler*, S. 40 f., 54.

den vom Supreme Court geforderten „cash sale“ zu verhindern, ordnete das Bezirksgericht die Übertragung von Betriebsvermögen gegen eine Übertragung der Anteile an der neu gegründeten Gesellschaft an. Von den erworbenen Anteilen mussten 20 % sofort veräußert werden, während die restlichen 80 % durch die Übertragung auf einen „voting trust“, der von der neuen Gesellschaft verwaltet wurde, *neutralisiert* wurden.[108] Die Aktien dieses Trust wiederum wurden auf die *El-Paso*-Aktionäre verteilt. Sie durften ihre Anteile entweder an unbeteiligte Dritte verkaufen, die diese ihrerseits innerhalb von fünf Jahren gegen eine entsprechende Anzahl von Aktien der neuen Gesellschaft eintauschen konnten. Oder aber die Aktionäre warteten auf die Liquidierung des Trust nach fünf Jahren und nahmen den Erlös aus dem Verkauf der restlichen Anteile der neuen Gesellschaft entgegen.[109]

bb) Sekundärentflechtungen auf Gläubigerebene

Nach US-amerikanischem Verständnis stehen vertragliche Bindungen des Adressaten einer Entflechtungsverfügung dem strukturellen Eingriff nicht entgegen.[110] Da sie allerdings – anders als Aktionäre – grundsätzlich die Rolle des unschuldigen Dritten spielen, sind ihre Interessen stärker zu berücksichtigen.[111] Dahinter steht auch die Notwendigkeit, die Ausstattung der entflochtenen Gesellschaften mit Fremdkapital und damit das Ziel der Wiederherstellung von Wettbewerb nicht durch die Beeinträchtigung von Gläubigerinteressen zu gefährden.[112] Die Verteilung von Verbindlichkeiten erfolgt insofern grundsätzlich im Verhältnis zu den übertragenen Vermögenswerten, um die Lebensfähigkeit aller Beteiligten gleichmäßig zu gewährleisten. Da die Zustimmung von Gläubigern zu einem Schuldnerwechsel weder aus praktischen noch aus rechtsstaatlichen Gründen erzwungen werden kann, wird hier regelmäßig selbst in den Fällen, in denen – wie im Verfahren gegen *American Tobacco*[113] – die Wirtschafts- und Finanzkraft des Entflechtungsadressaten nur wenig Probleme aufwirft, regelmäßig eine *Entschädigung* in Form einer Erhöhung des ursprünglich vereinbarten Zinssatzes gewährt. Sie soll das

---

108 Eine ähnliche Neutralisierung findet sich in *U.S. v. Aluminum Co. of America et al.*, 91 F.Supp. 333, 418-19 (S.D.N.Y. 1950); dazu Fn. 104 (S. 168); ferner *Whitney II*, S. 99. Zu einem ähnlichen Vorschlag für den *Microsoft*-Fall siehe *Bebchuk/Walker*, 56 Bus. Lawyer 459, 478-80 (2001).

109 *U.S. v. El Paso Natural Gas Co.*, 358 F.Supp. 820, 833 (D. Colorado 1972).

110 Siehe *Continental Insurance Co. v. U.S., Reading Co. et al.*, 259 U.S. 156, 171 (1922); *U.S. v. Southern Pacific Co.*, 259 U.S. 214, 235-35 (1922); *Fanchon & Marco v. Paramount Pictures*, 133 F.2d 839, 849 (D.C.N.Y. 1955) (m. w. N.).

111 Vgl. *U.S. v. American Tobacco Co.*, 191 F. 371, 385 (S.D.N.Y. 1911), 221 U.S. 106, 185 (1911) (auszugsweise wiedergegeben in Fn. 3, S. 247); *Continental Insurance Co. v. U.S., Reading Co. et al.*, 259 U.S. 156, 172-75 (1922); vgl. ferner *Hale*, 40 Col. L. Rev. 615, 630 (1940).

112 *Hale*, 40 Col. L. Rev. 615, 629 (1940); *Continental Insurance Co. v. U.S., Reading Co. et al.*, 259 U.S. 156, 172 (1922).

113 Vgl. *U.S. v. American Tobacco Co.*, 191 F. 371, 393 (C.C.N.Y. 1911); Erhöhung des Zinssatzes um 1 % und Auslösung der Hälfte aller Schuldverschreibungen.

erhöhte Risiko einer Investition in die neue Gesellschaft abgelten.[114] Zugleich stellt sie sicher, dass die Zinslast die ausgegliederten Unternehmensteile nicht in ihrer Wettbewerbsfähigkeit beeinträchtigt. Demselben Zweck dienen Regelungen, die – wie im Fall *AT & T* – die Höhe des zu übernehmenden Fremdkapitals quotal begrenzen.[115]

Im Prinzip ist die quotale Verteilung von Verbindlichkeiten unter diesen Voraussetzungen verhältnismäßig unproblematisch. Allerdings kann ein struktureller Eingriff Restverflechtungen auf der Gläubigerseite bestehen oder entstehen lassen, deren Existenz ein von dem Entflechtungsadressaten unabhängiges Verhalten erschwert.[116] Eine mögliche Ursache ist, dass die im Zuge der Entflechtung übertragenen Vermögenswerte der Sicherung von Interessen Dritter, beispielsweise durch Pfandrechte oder Hypotheken, dienen.[117] Der daraus resultierende Haftungsverband zwischen ursprünglicher und ausgegliederter Gesellschaft wurde im Wege einer Aufspaltung der Verbindlichkeiten und der dazugehörigen Sicherungsrechte im Verhältnis zu den übertragenen Aktiva aufgelöst.[118] Eine Verflechtung auf Gläubigerebene kann ferner dann entstehen, wenn die neu gegründete Gesellschaft im Gegenzug zur Übernahme von Vermögenswerten auch von der ausgliedernden Gesellschaft ausgegebene Schuldverschreibungen und Anleihen übernimmt. Der Supreme Court hielt hier in einem Fall eine vollständige Trennung für erforderlich,[119] die im Ergebnis durch einen Austausch der alten Schuldverschreibungen durch neue, von der ausgegliederten Gesellschaft ausgegebene „bonds" mit einem höheren Zinssatz bewerkstelligt wurde.[120]

2. *Spezifische Schwierigkeiten bei Veräußerungslösungen*

Schwierigkeiten im Zusammenhang mit Veräußerungslösungen ergeben sich – abgesehen von den bereits erörterten, spezifischen Problemen im Zusammenhang mit der Entflechtung von Kapitalbeteiligungen – in erster Linie daraus, dass diese wesensgemäß einen sowohl finanziell als auch wettbewerbsrechtlich *tauglichen Käufer* erfordern. Die Suche ist als solche bereits zeitaufwändig und führt deshalb regelmäßig zu einer Gefähr-

---

114 Grundlegend *Continental Insurance Co. v. U.S., Reading Co. et al.*, 259 U.S. 156, 174 (1922); ferner *U.S. v. El Paso Natural Gas Co.*, 358 F.Supp. 820, 832 (D. Color. 1972), aff'd, 410 U.S. 962 (1973) (Erhöhung des Zinssatzes für Schuldverschreibungen der neuen Gesellschaft um 0,125 %).

115 Für den *AT & T*-Fall vgl. bereits Fn. 83 (S. 299).

116 Zu den in Betracht kommenden Varianten siehe bereits *Schulte-Braucks*, S. 98.

117 So z. B. in *Continental Insurance Co. v. U.S., Reading Co. et al.*, 273 F. 848 (E.D. Pa. 1921), aff'd and modified, 259 U.S. 156 (1922), die Entflechtung der *Reading Company* und der *Reading Coal Company* betreffend; ähnlich *U.S. v. Lehigh Valley R.R. Co.*, 254 U.S. 255, 270-71 (1920) (siehe Fn. 6, S. 288); vgl. ferner *U.S. v. Lake Shore Railway*, 203 F. 295 (S.D. Ohio 1912), 281 F. 1007 (S.D. Ohio 1916), 5 F.2d 240 (S.D. Ohio 1924), aff'd sub nom. *Buckeye Coal Company v. Hocking Railway*, 269 U.S. 42 (1925); *U.S. v. Southern Pacific Co.*, 259 U.S. 214, 241 (1922).

118 *Continental Insurance Co. v. U.S., Reading Co. et al.*, 259 U.S. 156, 173 (1922); die Betroffenen hatten allerdings lebhaft protestiert, vgl. *Hale*, 40 Col. L. Rev. 615, 630 (1940).

119 *Utah Public Service Commission v. El Paso Natural Gas Co.*, 395 U.S. 464, 472 (1969).

120 *U.S. v. El Paso Natural Gas Co.*, 358 F.Supp. 820, 830-832 (D. Colorado 1972).

dung des Enflechtungsziels.[121] Taugliche Käufer müssen nämlich über ausreichende Mittel verfügen, um den Kaufpreis für die zu entflechtenden Vermögensgegenstände zu entrichten und um diejenigen Investitionen zu tätigen, die erforderlich sind, um zu gewährleisten, dass der Entflechtungsgegenstand als wettbewerblich relevanter, unabhängiger Faktor auf dem Markt erhalten bleibt oder sich zu einem solchen entwickelt.[122] Allein hierdurch reduziert sich der Kreis potentieller Erwerber beträchtlich. Besondere Schwierigkeiten bereitet darüber hinaus das Erfordernis der Unabhängigkeit.[123] Sie entstehen vor allem dann, wenn die für die Entwicklung des Entflechtungsgegenstandes zu einem wettbewerblich relevanten Faktor erforderlichen Aufbau- und Eingliederungsmaßnahmen – insbesondere bei technisch komplexen Entflechtungsgegenständen – nur mit Hilfe des entflechtenden Unternehmens möglich sind.[124] Neben diesen faktischen zeichnen regelmäßig rechtliche Bindungen für zusätzliche Schwierigkeiten verantwortlich. Sie entstehen vor allem dort, wo der Erwerb mit Aktien finanziert wird oder Sicherungsrechte am Entflechtungsobjekt eingeräumt werden. Regelmäßig wird dies der Fall sein, wenn der potentielle Käufer nicht ausreichend solvent ist.[125] Weitere wettbewerbsrechtliche Schwierigkeiten ergeben sich zudem dann, wenn es sich bei dem in tatsächlicher Hinsicht tauglichen Käufer um einen Mischkonzern handelt und die Entflechtung im Ergebnis zu einem konglomeraten Zusammenschluss führt.[126]

Auf Seiten des Verkäufers entstehen Schwierigkeiten insbesondere im Hinblick darauf, dass die Kooperationsbereitschaft des Veräußerers bei einer erzwungenen Entflechtung naturgemäß niedriger ist als bei einer im Rahmen freier marktwirtschaftlicher Prozesse stattfindenden Veräußerung. Erster Streitpunkt ist insoweit regelmäßig – wobei sich die erzwungene Entflechtung insoweit nicht von freiwilligen unterscheidet – die Angemessenheit des Veräußerungserlöses.[127] Gefährdungen des Entflechtungsziels treten überdies regelmäßig ein, wenn der Entflechtungsadressat gezielt schwache Käufer vorschlägt[128] oder Maßnahmen ergreift, die die Wettbewerbsfähigkeit der abgetrennten Unternehmensteile einschränken.[129] Dazu gehört insbesondere das Versagen von techni-

121 Zum Problem des „eligible purchaser" siehe *Elzinga*, 12 J. L. & Econ., 43, 45 (1969); *Bebchuk/Walker*, 56 Bus. Lawyer 459, 469-71 (2001); *Oehler*, S. 223 ff. (m. w. N.).

122 Siehe *Oehler*, S. 110. Zu den Schwierigkeiten bei der Suche nach Käufern im Fall *Alcoa* siehe *Crandall*, Failure, S. 38.

123 Vgl. auch *Elzinga*, 12 J. L. & Econ., 43, 45 (1969).

124 *FTC*, Commission's Divestiture Process, S. 27 f.

125 Siehe dazu *Oehler*, S. 125 f. Bei der Einräumung von Sicherungsrechten bleibt im Fall der Verwertung nur der Weg eine Zweitentflechtung.

126 Vgl. *Elzinga*, 12 J. L. & Econ., 43, 45 (1969); zur Problematik der „conglomerate mergers" vgl. auch *Sullivan/Grimes*, S. 616 ff.

127 Zur Frage der Angemessenheit des durch einen Treuhänder erzielten Verkaufspreises vgl. *U.S. v. United Foam Corp.*, 618 F.2d 577 (9th Cir. 1980); siehe auch *U.S. v. Alliance Amusement Co.*, 1955 Tr. Cas. (CCH) § 68,142 (D.C. Ind. 1955) (Schiedsgutachterklausel zur Beilegung von Streitigkeiten bezüglich der Angemessenheit der Höhe von Angeboten zum Erwerb zu veräußernder Vermögenswerte). Zu entsprechenden Schwierigkeiten bei freiwilligen Unternehmenskäufen siehe *Sachs in: FS Schlosser*, S. 805 ff.

128 *FTC*, Commission's Divestiture Process, S. 17 f.

129 Vgl. hierzu *FTC*, Commission's Divestiture Process, S. 18 f.

scher Unterstützung;[130] auf der Seite der Käufer spiegelt sich dieses Problem in einem Mangel an Information wider.[131] Zentrale Schwierigkeit ist schließlich, dass das zu entflechtende Unternehmen, wird ihm die Konkretisierung des Entflechtungsobjektes überlassen, regelmäßig versuchen wird, den Umfang der Entflechtung zu begrenzen mit der Folge, dass die Wettbewerbsfähigkeit des Entflechtungsgegenstandes gefährdet wird.[132] Darüber hinaus kann der Entflechtungserfolg durch die Wahl unattraktiver Vermögenswerte gefährdet werden.[133]

Prominentestes Beispiel für die zuletzt genannte Gefahr ist im Zusammenhang mit der Anwendung von Section 2 Sherman Act die Entflechtung der *Pullman, Inc.*: Hierbei handelte es sich um eine bereits 1870 (!) gegründete Holding, deren Tochtergesellschaft *Pullman Co.* einzige Anbieterin von Dienstleistungen für Schlafwagen war.[134] Die der Unternehmensgründung zugrunde liegenden Konzentrationsvorgänge waren aber angesichts der seitdem verstrichenen Zeit *nicht* entscheidungserheblich.[135] Maßgeblich war vielmehr, dass *Pullman Co.* sich geweigert hatte, Leistungen für Wagen zu erbringen, die nicht von zwei weiteren Gesellschaften der Holding hergestellt worden waren.[136] Um der Holding sowohl ein Instrument als auch den Anreiz zu wettbewerbswidrigem Verhalten zu nehmen, wurde ihr aufgegeben, *wahlweise* entweder die Servicesparte oder den Produktionsarm zu entflechten.[137] Erwartungsgemäß veräußerte *Pullman* den ohnehin wenig lukrativen Servicebereich, der fortan als Gemeinschaftsunternehmen von Eisenbahngesellschaften betrieben wurde.[138] Da letztere 95 % des Personenverkehrs abwickelten, blieb der Wettbewerb im weiterhin defizitären Dienstleistungsbereich aus.[139] Andererseits sank der Anteil *Pullmans* auf dem Markt der Herstellung von Schlafwagen, auf dem allerdings bereits vor der Entflechtung leistungsfähige Wettbewerber vorhanden waren, rapide auf 66 %.[140]

---

130 *FTC*, Commission's Divestiture Process, S. 19.

131 *FTC*, Commission's Divestiture Process, S. 20.

132 *FTC*, Commission's Divestiture Process, S. 16.

133 Dabei muss die Konkretisierung noch nicht einmal vom Verkäufer selbst ausgehen; dasselbe Problem entsteht, wenn Unternehmensteile entflochten werden sollen, deren Betrieb von dem Entflechtungsadressaten aus nicht wirtschaftlichen Gründen aufrechterhalten wurde: Ein Beispiel ist *U.S. v. Eastman Kodak Co.*, 226 F. 62 (W.D.N.Y. 1915), decree entered, 230 F. 522 (W.D.N.Y. 1916), cert. denied, 255 U.S. 578 (1921); dazu *Hale*, 40 Col. L. Rev. 615, 623 (1940).

134 Vgl. *U.S. v. Pullman Co.*, 50 F.Supp. 123, 125-26 (E.D. Pa. 1943): Unstrittig erfolgte der Konzentrationsprozess, der zur Gründung der Holding geführt hatte, vor Inkrafttreten des Sherman Act und *ohne* Zuhilfenahme von Maßnahmen wie in den Fällen *Standard Oil* oder *American Tobacco*.

135 *U.S. v. Pullman Co.*, 50 F.Supp. 123, 127 (E.D. Pa. 1943); siehe bereits Fn. 66 (S. 163).

136 *U.S. v. Pullman Co.*, 50 F.Supp. 123, 126-27 (E.D. Pa. 1943); supplemented by 53 F.Supp. 908 (E.D. Pa. 1944), 55 F.Supp. 985 (E.D. Pa. 1944); 64 F.Supp. 108 (E.D. Pa. 1946), affirmed by an equally divided court, 330 U.S. 806 (1947), rehearing denied, 331 U.S. 865 (1947). Eingehend *Dewey*, 63 J. Pol. Econ. 93, 98 (1955); vgl. auch *Fraidin*, 33 Geo. Wash. L. Rev. 899, 930 (1965) (in diesem Zusammenhang von einem „bottleneck" sprechend).

137 *U.S. v. Pullman Co.*, 53 F.Supp. 908 (E.D. Pa. 1944). Kritisch J. *Biggs*, dissenting, a.a.O., S. 910.

138 *U.S. v. Pullman Co.*, 64 F.Supp. 108 (E.D. Pa. 1946).

139 Kritisch *Adams* in: *Brock/Elzinga*, S. 190.

140 Vgl. *Dewey*, 63 J. Pol. Econ. 93, 94 (1955) (aus diesem Grund ein Kopplungsverbot für ausreichend haltend); siehe auch *Oehler*, S. 243 f.

Die US-amerikanischen Erfahrungen zeigen, dass auch komplexe strukturelle Eingriffe in praktischer Hinsicht grundsätzlich durchführbar sind. Grundlage hierfür ist die Mitwirkung der jeweiligen Entflechtungsadressaten. Sie erlaubt auch, in einem Mehrrechtssystem auftretende Besonderheiten zu bewältigen. In Ermangelung eines einheitlichen europäischen Gesellschaftsrechts ergeben sich ähnliche Schwierigkeiten im europäischen Recht.[141] Nach nationalem Recht zu beurteilen wären insbesondere Fragen der Zulässigkeit und Durchführbarkeit der Übertragung von Vermögenswerten, der Verteilung der im Gegenzug erhaltenen Anteile und schließlich Fragen des Schutzes von Anteilsinhabern oder Gläubigern, wobei hier durch europäische Richtlinien eine partielle Angleichung stattgefunden hat.[142] Die Beteiligung der Entflechtungsadressaten ist insofern – ebenso wie im US-amerikanischen Recht – im europäischen Recht unumgänglich. Folgerichtig hatte die Kommission im Fall *Gillette* dem Unternehmen aufgegeben, innerhalb einer angemessenen Frist einen Entflechtungsplan zu unterbreiten.[143]

Die notwendige Mitwirkung der betroffenen Unternehmen führt andererseits dazu, dass der Entflechtungsprozess einer kontinuierlichen Überwachung bedarf. Dies wirft einerseits die Frage auf, inwieweit Gerichte und Kartellbehörden geeignet sind, die erforderliche Überwachung sicherzustellen. Für das europäische Recht wurde diese Frage grundsätzlich positiv beantwortet.[144] Auch die US-amerikanischen Erfahrungen zeigen, dass ungeachtet der immer wieder geäußerten Bedenken eine Begleitung des strukturellen Eingriffs *praktikabel* ist. Schwierigkeiten ergeben sich allerdings insoweit, als die Kontrolle des Entflechtungsvorgangs zu zeitlichen Verzögerungen führt, welche die Wirksamkeit der Entflechtung in Frage stellen. Eine Gefährdung des Entflechtungsziels droht ferner dann, wenn Gerichte oder Kartellbehörden versuchen, idealtypische Marktstrukturen zu setzen.[145] Zumindest letztere Komplikation dürfte im europäischen Kartellrecht nicht auftreten, da sich ein Eingriff hier darauf beschränken sollte, die Voraussetzungen für wirksamen Wettbewerb zu schaffen, indem die Fähigkeit beseitigt wird, den Wettbewerb auf eine bestimmte Art und Weise zu verzerren. Die Zielsetzung ist in diesem Fall fokussierter und vermeidet die Schwierigkeiten des Antitrust-Rechts.

---

141 Zu den Bemühungen um eine „Europäisierung des Gesellschafts- und Unternehmensrechts" siehe *Ebke* in: *FS Großfeld*, S. 189 ff.; *ders.*, 62 RabelsZ 195 ff. (1998); *ders.* in *FS MPI*, 197 ff.; *ders.*, RIW 2001, 560; *ders.*, EWS 2002, 1 (auf neue Impulse durch die Annahme des Statuts für eine „Societas Europaea" hinweisend); ferner *Wouters*, 37 CMLR 257-307 (2000).

142 Vgl. 3. Richtlinie des Rates v. 9. 10. 1978 gemäß Art. 54 Abs. 3 lit. g des Vertrages betreffend die Verschmelzung von Aktiengesellschaften (78/855/EWG), ABl. 1978 L 295/36; ferner 6. Richtlinie des Rates v. 17. 12. 1982 gemäß Art. 54 Abs. 3 lit. g des Vertrages betr. die Spaltung von Aktiengesellschaften (82/891/EWG), ABl. 1982 L 378/47. Die Richtlinien enthalten Vorgaben zu den wesensnotwendigen Merkmalen von Umstrukturierungsmaßnahmen von Aktiengesellschaften und zu einheitlichen Schutzstandards von Gläubigern und Aktionären: Dazu *Schnorbus*, S. 24 ff. Zu den Möglichkeiten der gesellschaftsrechtlichen Abwicklung siehe Fn. 245 (S. 145).

143 KOMM. – *Gillette* (10. 11. 1992), ABl. 1993 L 116/21 (Rn. 42). Siehe hierzu § 1 B.I. (S. 30 f.).

144 Siehe § 1 A.I. und II. (S. 260 ff.).

145 Siehe insofern bereits die Diskussion im 2. Teil, § 2 A.III.2. b) bb) aaa) (S. 212 ff.).

Dessen ungeachtet erfordert eine Entflechtung eine Vielzahl begleitender Anordnungen. Im Verfahren der „equity“ können diese unzweifelhaft getroffen werden; im europäischen Wettbewerbsrecht hingegen sind die Grenzen der Anordnungsbefugnis der Kommission noch nicht ausgelotet. Allerdings hat der EuGH der Kommission eine „Ermessensbefugnis zur Anordnung von Maßnahmen, mit denen die *effektive Anwendung* ihrer Entscheidung sichergestellt wird“ zugesprochen.[146] Nachdem der Kommission nunmehr unstrittig die Befugnis zur Anordnung struktureller Maßnahmen zusteht, dürften hiervon auch die im US-amerikanischen Recht regelmäßig für erforderlich gehaltenen vollzugs- und zielsichernden Maßnahmen erfasst sein. Sofern allerdings Sekundärentflechtungen auf Aktionärsebene erforderlich sein sollten, ist zweifelhaft, ob diese im europäischen Recht ergriffen werden: Die insoweit erforderlichen Veräußerungslösungen haben sich im Antitrust-Recht als problematisch erwiesen und letztlich dazu geführt, dass Sekundärentflechtungen – zu Lasten einer zeitnahen Abhilfe – erhebliche Zeit in Anspruch nehmen. Sofern faktische Einflussnahmen zu befürchten sind, wird hier eher auf Stimmrechtsbeschränkungen zurückzugreifen sein.

Hinsichtlich der Entflechtungsmethoden lässt sich kaum eine sinnvolle Aussage treffen, welche Methode vorzuziehen ist. Systematische Studien zur Praktikabilität von Verselbständigungslösungen existieren – anders als für Veräußerungslösungen – nicht. Die Erfahrungen, die mit der Verselbständigung von Unternehmensteilen gesammelt werden konnten, deuten jedenfalls darauf hin, dass die im Zuge des Entflechtungsprozesses anzutreffenden Schwierigkeiten grundsätzlich lösbar erschienen,[147] obgleich die auftretenden Komplikationen die Dauer der Verfahren zum Teil erheblich erhöht haben und der Sinn der Entflechtung im Ergebnis durch überholende Marktentwicklungen in Frage gestellt wurde.[148] Es ist jedoch kein Fall bekannt, in dem die Verselbständigung eines Unternehmensteils gescheitert wäre. Für Veräußerungslösungen hingegen kommt die FTC in ihrer umfassenden Studie zu dem Ergebnis, dass „lediglich“ ein Viertel der Entflechtungen gescheitert sei, was die Erfolgsquote von freiwilligen Unternehmensverkäufen sogar übertreffe.[149] Zentrale Schwierigkeiten sind hier insbesondere die Wahl tauglicher Käufer, aber vor allem Anreize für die ausgliedernden Unternehmen, das Entflechtungsziel zu gefährden. Die Europäische Kommission kommt in einer neuen Studie zu 40 *freiwilligen,* ausschließlich auf Veräußerungslösungen beschränkten Entflechtungen im Zusammenhang mit der Fusionskontrolle zu ähnlichen Ergebnissen:[150] Als zentrale Schwierigkeiten werden hier – neben der Wahl tauglicher Käufer[151] – Anreize für

---

146 Vgl. EuGH – *Commercial Solvents* (6. 3. 1974, Rs. 6, 7/73), Slg. 1974, 223 (Rn. 45); vgl. ferner im 1. Teil § 3 A.(S. 107 ff.) und § 3 C. (S. 148 ff.)

147 I. Erg. ähnlich *Oehler*, S. 229 f.; *Averitt*, 40 Ohio St. L.J. 781, 798-99 (1979).

148 Vgl. im 2. Teil § 2 A.III.2. b) bb) ccc) (S. 215 ff.) sowie unten § 2 B.I.5. (S. 335 ff.).

149 Siehe *FTC*, Commission's Divestiture Process, S. 9 f. Ähnlich euphorisch ist die Analyse der Kommission, die 57 % der von ihr überwachten Entflechtungen als vollen, weiter 24 % als partiellen Erfolg feiert: *Kommission*, Merger Remedies, S. 133, 170.

150 Zu den wesentlichen Ergebnissen siehe *Kommission*, Merger Remedies, S. 139-162.

151 *Kommission*, Merger Remedies, S. 98 ff.

den Verkäufer identifiziert, durch eine Beschränkung des Umfangs der Entflechtung,[152] den Vorschlag schwacher Käufer[153] oder andere strategische Verhaltensweisen das Entflechtungsziel zu gefährden.[154]

Für strukturelle Eingriffe auf der Grundlage der VO (EG) Nr. 1/2003 stellt sich freilich die Frage, inwieweit die vor allem im Kontext der Fusionskontrolle gewonnenen Erkenntnisse hinsichtlich der Praktikabilität von Veräußerungslösungen verwertbar sind. Nach der hier vertretenen Auffassung werden Maßnahmen struktureller Art vor allem im Zusammenhang mit vertikalen Zugangsbeschränkungen und Quersubventionen in Betracht kommen. Veräußerungslösungen sind hier nur dann denkbar, wenn der Erwerber über eine Unternehmensstruktur verfügt, die nicht erwarten lässt, dass Anreiz und Fähigkeit zu wettbewerbswidrigem Verhalten erneut in seiner Person entstehen werden. Da aufgrund des Primats der Verhaltenskontrolle im europäischen Recht zudem Entflechtungen in der Regel nur im Zusammenhang mit (teil-) liberalisierten, regulierten Märkten in Betracht kommen, schränkt dies den Kreis potentieller Erwerber ein.

Angenommen, ein Energieversorger würde – über die bereits bestehende Verpflichtung zur strukturellen Trennung hinaus[155] – verpflichtet, Strom- oder Gasversorgung und Netzbetrieb auch im Hinblick auf seine fortbestehende Eigentümerstellung zu entflechten.[156] Eine Veräußerungslösung kommt hier kaum in Betracht: Handelt es sich um einen anderen Energieversorger, entstünde das Problem der Diskriminierung beim Zugang zum Netz voraussichtlich erneut; handelt es sich nicht um einen Energieversorger, wird es wahrscheinlich an der für einen tauglichen Käufer notwendigen Erfahrung fehlen.[157] In Betracht kommt daher allenfalls der Erwerb durch einen reinen Netzbetreiber, was wiederum zu Schwierigkeiten im Hinblick auf die Entstehung einer beherrschenden Stellung bzw. die erhebliche Beeinträchtigung wirksamen Wettbewerbs[158] führen würde. Eine Verselbständigungslösung drängt sich in diesem Fall geradezu auf.

Insofern ist zweifelhaft, ob Veräußerungslösungen im Rahmen der Anwendung der VO (EG) Nr. 1/2003 praktisch relevant werden. Allerdings kommen sowohl FTC als auch Kommission zu dem Ergebnis, dass Veräußerungslösungen in den Fällen am erfolgreichsten waren, in denen der Entflechtungsgegenstand bereits als wettbewerbsfähiges Unternehmen betrieben wurde. Ausgliederungen aus laufenden Betrieben (sog. „carve outs") bereiteten demgegenüber häufiger Schwierigkeiten, unter anderem aufgrund entstehender faktischer Bindungen zwischen Käufer und Verkäufer.[159] Die neue-

---

152 *Kommission,* Merger Remedies, S. 23, 140.

153 *Kommission,* Merger Remedies, S. 70 f., 149.

154 *Kommission,* Merger Remedies, S. 70 f., 149.

155 Siehe im 1. Teil § 3 A.I.3. c) (S. 131 ff.).

156 Zu entsprechenden Ambitionen der Kommission vgl. bereits Fn. 155 (S. 131).

157 Zur Notwendigkeit von Erfahrung siehe *Kommission,* Merger Remedies, S. 99; überdies erscheint fraglich, welche Unternehmen faktisch in der Lage sein könnten, die erhebliche Werte darstellenden Netze zu kaufen: zu den Werten der Netze deutscher Energieversorgungsunternehmen vgl. unter *http://www.spiegel.de/wirtschaft/0,1518,459159,00.html.*

158 Siehe auch Art. 2 Abs. 3 VO (EG) Nr. 139/2004; dazu auch *Hirsbrunner,* EuZW 2005, 519.

159 *FTC,* Commission's Divestiture Process, S. 11, 16 ff.; *Kommission,* Merger Remedies, S. 73 ff.

ren Erkenntnisse deuten darauf hin, dass vergleichbare Schwierigkeiten auch bei Ausgliederungen mit anschließender Verselbständigung von Unternehmen auftreten würden (was im Beispiel des Energieversorgers unproblematisch wäre, sofern die Richtlinie in dem betroffenen Mitgliedstaat pflichtgemäß umgesetzt wurde). Auch hier haben sich die Schwierigkeiten – wie in der Praxis der Unternehmenstransaktionen generell – als überwindbar erwiesen. Darüber hinaus divergieren die Anreize, eine Entflechtung zu sabotieren, im Falle von Verselbständigungs- und Veräußerungslösungen. Da die Anteilsinhaber im ersteren Fall weiterhin ein langfristiges Interesse an den Geschicken des in ihrem Eigentum stehenden Unternehmens haben, wird der durch die Gefahr wirksamen Wettbewerbs hervorgerufene Anreiz, den Erfolg der Entflechtung zu gefährden, in gewisser Hinsicht kompensiert. Dies gilt umso mehr, als die Erfahrungen des Antitrust-Rechts zeigen, dass Anteilseigner durch strukturelle Eingriffe jedenfalls keinen Schaden erlitten haben. Dies erklärt auch, weshalb Verselbständigungslösungen – ungeachtet der ihnen anhaftenden Komplexität – ausweislich der US-amerikanischen Erfahrungen im Ergebnis erfolgreicher waren.[160]

B. Auswirkungen struktureller Eingriffe

Im Folgenden sollen die – nach Auffassung des Wirtschafts- und Sozialausschusses ungewissen – Auswirkungen struktureller Eingriffe untersucht werden. Zu unterscheiden sind zum einen die Allgemeinheit betreffende gesamtwirtschaftliche Folgen, zum anderen Auswirkungen auf private Belange, also auf den Entflechtungsadressaten selbst sowie auf Personen, die mit diesem in enger Verbindung stehen, also Gesellschafter und Arbeitnehmer.[161] Hinsichtlich der gesamtwirtschaftlichen Folgen ergeben sich Überschneidungen zur Analyse des Wirkungsgrades struktureller Eingriffe, die jedoch im Hinblick auf ihre Zielerfüllung an späterer Stelle gesondert untersucht werden wird.

I. Gesamtwirtschaftliche Auswirkungen struktureller Eingriffe

In der Literatur zum Antitrust-Recht wird regelmäßig versucht, die Auswirkungen von Entflechtungen auf der Grundlage ökonomischer Bewertungsmaßstäbe zu qualifizieren und quantifizieren.[162] Unterschieden werden Folgen für die produktive, dynamische und allokative Effizienz des Marktes. Untersucht werden zunächst erstere. In einem zweiten Schritt sollen die Auswirkungen struktureller Eingriffe auf die dynamische Effizienz eines Marktes insgesamt analysiert werden. Diskutiert werden schließlich Folgen für die

160 Vgl. *Hale*, 40 Col. L. Rev. 615, 631-32 (1940).

161 Zu Befürchtungen einer erheblichen Beeinträchtigung siehe Fn. 14 (S. 23) und Fn. 27 (S. 41). Vgl. auch *Bork*, 46 Antitrust L.J. 873, 878 (1977); *Posner* in: RIW-Schriftenreihe Nr. 98, S. 56, 66.

162 Siehe Nachweise in Fn. 86 (S. 257).

Wettbewerbsfähigkeit der betroffenen Unternehmen und mittelbare Konsequenzen aufgrund der mit strukturellen Eingriffen verbundenen Abschreckungswirkung. In einem letzten Schritt werden die Wirkungen auf die allokative Effizienz zu untersuchen sein.

1. Auswirkungen struktureller Eingriffe auf die produktive Effizienz

Die Diskussion ökonomischer Kosten struktureller Eingriffe erfordert zunächst die Klärung, welche Auswirkungen auf die produktive Effizienz überhaupt eintreten können; im Wesentlichen geht es hierbei um die Frage, inwieweit Skalen-, Verbund- oder sonstige Integrationsvorteile durch strukturelle Eingriffe beseitigt werden. Sodann sollen die Erfahrungen in der Anwendung des Sherman Act untersucht werden.

a) Ökonomische Grundlagen in Bezug auf Skalen- und Verbundvorteile

Es ist mittlerweile anerkannt, dass – abweichend vom Modell des vollkommenen Wettbewerbs[163] – die Erzielung einer gewissen Unternehmensgröße aufgrund der damit verbundenen Arbeitsteilungs- und Spezialisierungsvorteile kostensenkend ist und damit gesamtwirtschaftliche Vorteile bringt.[164] Kosteneinsparungen stehen zum einen im Zusammenhang mit dem Produktionsvolumen einer einzelnen Produktionsstätte („single plant economies" oder „scale economies");[165] zum anderen sind sie Produkt von Synergieeffekten oder Verbundvorteilen, die durch die Zusammenfassung von Leistungen für verschiedene Geschäftsfelder oder Produktionsstätten („multiplant economies" oder „economies of scope")[166] oder durch vertikale Integration entstehen.

Inwieweit eine Gefährdung von „single plant economies" durch strukturelle Eingriffe nach der VO (EG) Nr. 1/2003 eintreten kann, ist zweifelhaft. Zwar liegen sie auch vor, wenn mehrere Geschäftsfelder an einem Standort betrieben werden,[167] so dass eine Gefährdung bereits denkbar ist, wenn ein Unternehmen verpflichtet wird, bestimmte Geschäftsfelder auszugliedern. Werden aber mehrere Geschäftsfelder an einem Standort

---

163 Siehe Fn. 19 (S. 40).

164 Vgl. *Scherer*, S. 40 f.; *Areeda/Hovenkamp/Solow IIA*, § 406a; *Stigler*, Organization, S. 67. Voraussetzung ist, dass die Einsparungen „echt" sind, also potentiell reinvestiert werden können, um zusätzliche Güter oder Dienstleistungen zu produzieren: vgl. *Scherer* in: *Goldschmid et al.*, S. 16, 43 (dort auch zu den verschiedenen Meßmethoden, a. a. O., S. 18 f.); zu unechten „pecuniary economies" siehe *Scherer/Ross*, S. 126 ff.

165 Einzelproduktbezogene, auf Lerneffekten basierende Einsparungen bedürfen keiner höheren Konzentration und sind, ungeachtet des geringen Stellenwertes, den sie ohnehin in der Industrieökonomik einnehmen, für eine Entflechtung unerheblich: *Scherer* in: *Goldschmid et al.*, S. 16, 36 f.

166 *Scherer/Ross*, S. 97 ff.; *Schmidt*, Wettbewerbspolitik, S. 85 ff. (insbes. zu den Verbundvorteilen); *Kantzenbach*, Funktionsfähigkeit, S. 57. Zu einer Übersicht vgl. auch *Areeda/Hovenkamp/Solow IIA*, § 408c4-6.

167 Siehe *Scherer/Ross*, S. 97 ff.

betrieben, handelt es sich bei den erzielten Einsparungen um *räumliche* Verbundvorteile,[168] nicht um „scale economies". Eine unmittelbare Gefährdung der letzteren scheidet aber im europäischen Recht aus, da der strukturelle Eingriff nicht dazu dient, den Marktanteil des Unternehmens unmittelbar zu senken. Er soll nur die Voraussetzungen hierfür schaffen. Darüber hinaus fallen die Grenzkosten eines Gutes im Regelfall nur bis zur Erreichung bestimmter Produktionsvolumina, deren Verhältnis zur Größe des relevanten Marktes die optimale (Mindest-) Betriebsgröße eines Unternehmens („minimum efficient scale plant") kennzeichnet. Empirischen Studien zufolge liegt diese jedoch regelmäßig unter 10 % des Produktionsvolumens eines Marktes,[169] in seltenen Fällen über 20 %.[170] Diese Werte liegen deutlich unter denjenigen, die sowohl im europäischen als auch im US-amerikanischen Recht die Annahme von Marktbeherrschung rechtfertigen.[171] Eine Beeinträchtigung von Skalenvorteilen ist mithin selbst dann unwahrscheinlich, wenn der Marktanteil des beherrschenden Unternehmens sich – erwartungsgemäß – aufgrund der Wiederherstellung wirksamen Wettbewerbs reduziert. Zudem ist mit der Feststellung von „economies of scale" keine Aussage über ihre tatsächliche Höhe verbunden, da die Kosteneinsparungen sich nur im Verhältnis zu den Produktionsvolumina, die *unterhalb* des optimalen Niveaus liegen, bestimmen.[172]

Nach der Zielsetzung struktureller Eingriffe im europäischen Recht ist demgegenüber eine Beseitigung von Verbundvorteilen denkbar. Dabei ist aber zu berücksichtigen, dass Verbundvorteile regelmäßig durch sog. „diseconomies of scale" oder „x-inefficiencies" aufgewogen werden.[173] Sie entstehen durch den mit zunehmender Unternehmensgröße verbundenen Verlust von Steuerungs- und Kontrollmöglichkeiten und laufen insofern dem Interesse an einem effizienten Einsatz von Ressourcen zuwider.[174] Vor allem im Zusammenhang mit der Fusionskontrolle wird Verbundvorteilen daher auf funk-

---

168 Vgl. *Fraidin*, 33 Geo. Wash. L. Rev. 899, 904 (1965), der die Vorteile aber für unbeachtlich hält.

169 Übersicht zu den *US-amerikanischen* Untersuchungen bei *Scherer* in: *Goldschmid et al.*, S. 16 ff. Da optimale Betriebsgrößen in Abhängigkeit von einem relevanten Markt bestimmt werden, mithin Produktdifferenzierung, Standort und Transportkosten relativierende Auswirkungen haben können, ist bei einer Übertragung auf den (kleineren) europäischen Markt Vorsicht geboten. Andererseits können Nachfragesteigerungen sowie hohe Exportanteile zu einer Vergrößerung der Bezugsgröße, folglich zu einer Reduzierung der „minimum efficient scale plant" führen. Vgl. *Monopolkommission*, 6. Hauptgutachten (1984/85), Rn. 589 ff. (für den *deutschen* Markt höhere optimale Betriebsgrößen konstatierend), dazu *Schmidt*, Wettbewerbspolitik, S. 92 f.; *Jacquemin/De Jong*, S. 51-53 (für den *europäischen* Markt zu ähnlichen Ergebnissen wie die US-amerikanischen Untersuchungen kommend); ähnlich *Oppenländer*, FIW-Schriftenreihe Nr. 137, S. 1, 4.

170 Vgl. *Areeda/Hovenkamp/Solow IIA*, § 408c7; *Eisner*, S. 239 f. Vgl. zu verschiedenen sektoralen Untersuchungen *Bain*, Barriers, S. 72, 84; *Scherer* in: *Goldschmid et al.*, S. 16, 52; *Scherer/Ross*, S. 115 ff.; *Viscusi et al.*, S. 151.

171 *Shepherd*, Economics, S. 185, 234 f.; *Scherer* in: *Goldschmid et al.*, S. 16, 33. *Viscusi et al.*, S. 152; *Caves*, S. 25/75; *Schmidt*, WuW 1995, 970, 974; *Jacquemin/De Jong*, S. 51-53. Anders *McGee* in: *Goldschmid et al.*, S. 55 ff.

172 Insofern zweifelnd *Scherer* in: *Goldschmid et al.*, S. 16, 27 f.

173 Vgl. *Leibenstein*, 56 AER 392, 413 (1966); *Scherer/Ross*, S. 103 ff.; *Buckley*, 16 J. Corp. L. 805, 825-32 (1991) (m. w. N.). Vgl. auch *Scherer* in: *Goldschmid et al.*, S. 16, 51.

174 Vgl. *Viscusi et al.*, S. 150 f.; *Jacquemin* in: *Admiraal*, S. 1, 9. Kritisch *Schmalensee*, 56 Antitrust L.J. 41, 44 (1987). Instruktiv aus praktischer Sicht *Gerstner*, S. 64, 78, 136.

tionsfähigen Märkten nur eine untergeordnete Bedeutung beigemessen.[175] Freilich ist die Zielsetzung der präventiven Fusionskontrolle, bei der es um die Frage geht, ob externes Wachstum überhaupt zu einer Realisierung von beachtlichen Größenersparnissen führen kann,[176] eine andere als bei strukturellen Eingriffen, die bereits realisierte Einsparungen durch eine Entflechtung zerstören können. Ein struktureller Eingriff würde jedoch auch zur Beseitigung von X-Ineffizienzen führen und damit eine eventuelle Opferung von Größenvorteilen kompensieren; er würde zudem Energien freisetzen, die sich aufgrund der bisherigen Unternehmensstruktur nicht entfalten konnten.[177]

Ähnliches gilt für Vorteile, die aufgrund vertikaler Integration entstehen. Vertikale Integration kann – wie auch rein vertragliche vertikale Bindungen – zu Kostenvorteilen durch Spezialisierung, durch Einsparung von *Transaktionskosten* sowie durch Einsparungen aufgrund der aus der Integration resultierenden Planungssicherheit führen.[178] Diese zur Verbesserung der Warenproduktion und -verteilung beitragenden Vorteile rechtfertigen es, dass sowohl die europäischen als auch die US-amerikanischen Kartellbehörden vertikalen Beschränkungen grundsätzlich offener gegenüber stehen als horizontalen Beschränkungen, solange eines der beteiligten Unternehmen keine dominierende Stellung einnimmt.[179] Andererseits kann vertikalen Integration zu den Schwierigkeiten führen, die bereits im Zusammenhang mit der Problematik des „leveraging" diskutiert wurden.[180] Gleichzeitig handelt es sich hierbei um eine Variante des Arguments der Gefährdung von Verbundvorteilen: Auch hier werden etwaige Vorteile durch vertikale Integration – über deren Höhe zudem keine verlässliche Studien existieren – folg-

---

175 *Shepherd*, Economics, S. 181; *Scherer/Ross*, S. 133; *Areeda/Hovenkamp/Solow IIA*, § 408c2; *Dewey* in: *Goldschmid et al.*, S. 6: „[...] Those economists who argue that the scale economies of multiplant firms are exaggerated by the uninformed and credulous are probably correct." Siehe ferner *Jacquemin* in: *Admiraal*, S. 1, 13 ff.; *Schmidt*, WuW 1995, 970, 975 (m. w. N.); *ders.*, Wettbewerbspolitik, S. 105 (mit Hinweis auf die geringe Erfolgsquote von Großfusionen, deren Zweck oftmals mit der Erzielung von Verbundvorteilen angegeben wird, und daraus schließend, dass hier vor allem die Hybris des Managements am Werke sei); ähnlich *Lenel*, 51 ORDO 1, 10 ff. (2000) (den wahren Grund von Großfusionen in der Stärkung von Einkaufsmacht ansiedelnd); *Schmidt*, Wettbewerbspolitik, S. 108 (mit eingehender Darstellung empirischer Studien).

176 Hierzu *Blank*, S. 77; *Emmerich/Sonnenschein*, S. 12 ff.

177 Vgl. z. B. *Adrian Slywotzky & Joao Baptista*, Wall Street Journal v. 27. 10. 2000, „*AT & T* Finds Bigger Isn't Always Better"; anders *The Economist* v. 21. 7. 2001, S. 53 f. (wonach steigende Skalenerträge wieder eine bedeutendere Rolle im Technologiesektor einnehmen).

178 Dazu *Hovenkamp*, Antitrust Policy, § 9.2b (S. 332 ff.); vgl. auch *Schwintowski* in: *FS Sandrock*, S. 901, 911 f. (dort auch zur sog. „free rider"-Problematik); *Blank*, S. 78; *Schmidt*, Wettbewerbspolitik, S. 101. Zu differenzierten Betrachtungen siehe *Sullivan/Grimes*, S. 632-633; *Riordan/Salop*, 63 Antitrust L.J. 513, 517-18 (1995); *Sullivan*, 21 Sw. U. L. Rev. 1227, 1245-46 (1992). Zur Problematik von Transaktionskosten siehe *Williamson* (1975); *Busse*, WuW 2002, S. 112 ff.: Dazu gehören Informationsbeschaffungs-, Anbahnungs-, Vereinbarungs-, Abwicklungs-, Kontroll- und schließlich Anpassungskosten.

179 Vgl. VO (EG) 2790/1999 der Kommission v. 22. 12. 1999 über die Anwendung von Art. 81 Abs. 3 des Vertrages auf Gruppen von vertikalen Vereinbarungen und aufeinander abgestimmten Verhaltensweisen, ABl. 1999, L 336/21, dazu Leitlinien der Kommission für vertikale Beschränkungen, ABl. 2000 C 291/1. Dazu auch *Rivas/Stroud*, 38 CMLR 935, 936 et seq. (2001). Für das US-amerikanische Recht vgl. z. B. US-Department of Justice Merger Guidelines (1984), § 4.2.

180 Siehe im 2. Teil, § 2 B.I.3. (S. 229, m. w. N.).

lich durch strukturbedingte Ineffizienzen kompensiert. Schließlich ist zu berücksichtigen, dass Ratio eines strukturellen Eingriffs ist, eine Ausübung der Fähigkeit zu unabhängigem Verhalten zu verhindern. Eventuelle Kostenerhöhungen auf der Seite des Entflechtungsadressaten müssen sich daher nicht zwingend in einer Preiserhöhung zu Lasten des Konsumenten niederschlagen, sofern der durch die Entflechtung gewährleistete wirksame Wettbewerb bislang vorhandene Preissetzungsfreiräume beseitigt. Zudem müsste der Verlust von Kosteneinsparungspotential nicht nur gegen die Vorteile einer Entflechtung abgewogen werden, sondern auch den Kosten für alternative Kontrollen missbräuchlichen Verhaltens gegenübergestellt werden.

b) Empirische Erfahrungen

Eine Beseitigung von Kosteneinsparungsmöglichkeiten ist nach dem Vorstehenden nur in Ausnahmefällen wahrscheinlich;[181] ihr stehen zudem kompensierende Vorteile für das gesellschaftliche Wohl gegenüber. Dessen ungeachtet fand der Einwand der Beseitigung von Größenvorteilen, obgleich ihre Beachtlichkeit mit Verweis auf meta-ökonomische Zielsetzungen zum Teil verneint wurde,[182] immer wieder Berücksichtigung. Er rechtfertigte beispielsweise im Fall *American Tobacco*, dass drei voll integrierte Unternehmen mit signifikanten Marktanteilen belassen wurden;[183] in der zweiten *Alcoa*-Entscheidung rechtfertigte die Sorge um den Verlust von Größenvorteilen sogar, dass von einer Entflechtung vollständig Abstand genommen wurde, wobei hier auch eine Rolle spielte, dass die Erforderlichkeit der Entflechtung nicht hatte dargetan werden können.[184] Im Fall *United Shoe* wiederum spielten Skalenvorteile keine Rolle, da die von dem Unternehmen hergestellten Maschinen in Einzelfertigung hergestellt wurden.[185]

Darüber hinaus wird vertreten, dass andere Fälle wie *Standard Oil* letztlich Rückentflechtungsfälle gewesen seien.[186] Nach dieser Auffassung ist der Rückgriff auf strukturelle Eingriffe in diesen Fällen weniger problematisch, da Verbundvorteile durch den vorangegangenen Zusammenschluss erst aufgebaut werden sollen; damit besteht auch nicht die Gefahr ihrer Beseitigung.[187] Sowohl von der Zielsetzung der Verhaltenskontrolle als auch von der praktischen Durchführung der Entflechtungen war der Bezug zu vorangegangenen konzentrativen Prozessen in frühen Entflechtungsfällen jedoch ge-

---

181 Vgl. *Areeda/Hovenkamp/Solow IIA*, § 408d; *Kottke*, 5 Antitrust L. & Econ. Rev. 55, 59 (1971/72): „Society might easily forego whatever scale economies might be lost as a result of [divestiture]." Siehe auch *U.S. v. Corn Products Refining Co.*, 234 F. 964, 1014 (S.D.N.Y. 1916), appeal dismissed, 249 U.S. 621 (1919) (darauf hinweisend, dass eine Beseitigung von Skalenvorteilen nicht zu befürchten sei).

182 Siehe Fn. 297 (S. 219).

183 Siehe Fn. 45 (S. 294).

184 Siehe Fn. 44 (S. 252) und Fn. 56 (S. 254).

185 Vgl. *Kaysen*, S. 93 ff. (m. w. N.).

186 Siehe Nachweise in Fn. 21 (S. 182).

187 In diesem Sinne wohl *Crandall*, Failure, S. 11.

ring.[188] Zudem kann die vorstehende Erwägung nur bei *zeitnahen* Entflechtungen eingreifen. Liegen jedoch zwischen Zusammenschluss und Verfahren mehrere Jahre bzw. Jahrzehnte, ist der Aufbau von Synergien zumindest zeitlich möglich. Ob sie tatsächlich erzielt werden, ohne durch größenbedingte Nachteile aufgezehrt zu werden, ist dann jedoch eine Frage, die für „intern" wie „extern" gewachsene Unternehmen gleichermaßen zu beantworten ist. Folgerichtig skizzierte *Standard Oil* nicht nur apokalyptische Szenarien, die den Niedergang der *gesamten* US-Wirtschaft prophezeiten;[189] das Unternehmen behauptete auch, dass Effizienzverluste eintreten würden, die eine Fortsetzung seiner Tätigkeit vollständig unmöglich machen und damit die Erdölindustrie zum Erliegen bringen würden, wenn dem Unternehmen die Vorteile seiner vertikal integrierten Struktur genommen würden.[190]

Der Oberste Gerichtshof wies die Bedenken zurück, indem er feststellte, dass den Nachfolgegesellschaften zwar die direkte oder indirekte Wiederbelebung des Trust verboten sei, ihnen aber nicht das Recht genommen werden solle, in zulässiger Form von ihrer Vertragsfreiheit Gebrauch zu machen.[191] Damit blieb den Nachfolgegesellschaften unbenommen, sich durch Vereinbarungen Zugang zu den entflochtenen Marktstufen, insbesondere zu dem bislang einheitlichen Pipeline-System,[192] zu verschaffen. In der Folge integrierten zahlreiche Nachfolgegesellschaften – begünstigt durch die nach der Niederlage im *U.S. Steel*-Fall permissivere Haltung des Department of Justice gegenüber Zusammenschlüssen – erneut vertikal.[193] Zudem ist vertreten worden, dass sich die Preise im Gefolge der Entflechtung erhöht hätten.[194] Beides deutet darauf hin, dass die mit der Beseitigung von Effizienzvorteilen verbundene Erhöhung der Transaktionskosten für die betroffenen Unternehmen signifikant waren. Der von *Standard Oil* prophezeite Niedergang der Ölindustrie blieb jedoch aus. Eine Ursache hierfür ist unter anderem, dass die Entflechtung zu einem Abbau größenbedingter Entwicklungshemmnisse innerhalb des Trust führte und hierdurch vor allem zur dynamischen Entwicklung des Marktes beitrug.[195] Zudem entwickelte sich der Wert der Anteile an den Nachfolgegesellschaften durchweg positiv, was gleichermaßen dafür spricht, dass ein etwaiger Verlust an Effizienzvorteilen vom Markt nicht als erheblich betrachtet wurde. Schließlich konnte – obgleich die Ursächlichkeit der Entflechtung hierfür umstritten ist – eine be-

---

188 Siehe die Diskussion im 2. Teil, § 2 A.I.1. (S. 180 ff.) und im 3. Teil § 2 A.II.1. a) aa) (S. 292 ff.). Dies gilt unter anderem auch für den Fall *Pullman*: siehe § 2 A.II.2. (S. 306).

189 Siehe bereits Fn. 34 (S. 292); *Kovacic*, 31 Conn. L. Rev. 1285, 1297-98 (1999). Zu ähnlichen Szenarien („disaster and wide-spread financial ruin"), die bereits bei der Verabschiedung des Sherman Act skizziert wurden, vgl. *Northern Securities Co. v. U.S.*, 193 U.S. 197, 351-52 (1904).

190 Vgl. *Kovacic*, 31 Conn. L. Rev. 1285, 1301-1302 (1999) (m. w. N.).

191 *U.S. v. Standard Oil Co. of New Jersey*, 221 U.S. 1, 81 (1911); siehe dazu auch *Averitt*, 40 Ohio St. L.J. 781, 824 (1979).

192 Vgl. Fn. 18 (S. 181).

193 Vgl. S. Rep. No. 94-1005, The Petroleum Industry Competition Act of 1976, Report S.2387 of the Senate Committee on the Judiciary, 94th Cong., 2nd Sess., Pt. 1, p. 102 (1976); *Kovacic*, 31 Conn. L. Rev. 1285, 1302 (1999).

194 Vgl. *Crandall*, Failure, S. 17 ff.

195 Siehe *Comanor/Scherer*, 2 Int. J. Econ. Bus. 263, 285 (1995).

deutende Wiederbelebung des Wettbewerbs verzeichnet werden, die etwaige Verluste von Verbundvorteilen bei gesamtwirtschaftlicher Betrachtung kompensierte.[196]

Ähnlich apokalyptische Szenarien wie im *Standard-Oil*-Fall wurden im Kontext legislativer Dekonzentrationsbemühungen nach der Weltwirtschaftskrise von 1929 entworfen.[197] So wurde vor der Verabschiedung des Public Utility Holding Company Act von 1935[198] geltend gemacht, die in dem Gesetz vorgesehene Aufspaltung von Gas- und Elektrizitätsunternehmen in kleinere, aber vollständig integrierte Einheiten werde katastrophale Auswirkungen auf den Industriezweig selbst, die gesamte Wirtschaft sowie auf einzelne Investoren zeitigen.[199] Tatsächlich traten die befürchteten Effizienzverluste ebenso wenig wie die nachteiligen Auswirkungen auf das gesellschaftliche Wohl insgesamt oder auf die Anleger ein.[200] Nimmt man die Erfahrungen im Fall *AT & T* hinzu,[201] scheint sich zu bestätigen, dass ungeachtet ihres wettbewerblichen Erfolges auch groß angelegte, wettbewerblich orientierte Entflechtungen nicht zu einem Verlust von Verbundvorteilen geführt haben, die eine erhebliche Beeinträchtigung des öffentlichen Interesses nach sich gezogen hätten.[202]

c) *Natürliche Monopole und Netzwerkmärkte*

Eine Variante des Problems steigender Skalenerträge sind „natürliche Monopole“, die das Phänomen kennzeichnen, dass die kostengünstigste Befriedigung der Nachfrage nur bei Marktanteilen über 50 % möglich ist. Das „Problem“, das bereits in der *Alcoa*-Entscheidung die Begründung eines Ausnahmebereichs gerechtfertigt hatte,[203] ist bislang, nicht zuletzt dank erfahrungsgemäß deutlich kleinerer optimaler Betriebsgrößen, bei der Anwendung von Section 2 Sherman Act akademischer Natur geblieben,[204] zumal kaum

---

196 Zum Erfolg der Entflechtung siehe Fn. 335 (S. 332) und § 2 B.I.5. (S. 336 f.).

197 Zu einem Überblick vgl. *Whitney II*, S. 5 ff., 385 ff. Zu erwähnen ist – neben dem Public Utility Holding Company Act – der *Glass-Steagall* Banking Act von 1933 (Banking Act of 1933, 48 Stat. 162, 12 U.S.C.A. §§ 24, 78, 377-378), der im Wesentlichen eine Trennung von Anlage- und Investment-Banking sowie von Versicherungstätigkeiten vorsah. Das Gesetz wurde größtenteils durch den *Gramm-Leach-Bliley* Act of 1999 (Pub. L. 106-102, 113 Stat. 1338), aufgehoben. Vgl. hierzu *Nichols*, 463 PLI/Corp 15-41 (1984); *Kovacic*, 74 Iowa L. Rev. 1105, 1117 (1989), und *Arnett*, 203 N. J. Lawyer 42-45 (2000). Erwähnenswert ist ferner der *McKellar-Black* Air Mail Act von 1934 (48 Stat. 933, in verschiedenen Teilen von 39 U.S.C. kodifiziert), der eine Trennung von Luftbeförderung und Herstellung von Flugzeugen vorsah.

198 49 Stat. 803 (1935), 15 U.S.C.A. § 79a-z.

199 Eingehende Darstellung bei *Kovacic*, 31 Conn. L. Rev. 1285, 1307-1310 (1999) (m. w. N.).

200 Vgl. *Kovacic*, 31 Conn. L. Rev. 1285, 1309-10 (1999) (m. w. N.).

201 Siehe dazu § 2 B.I.2. c) cc) (S. 328 ff.); ferner *Kovacic*, 31 Conn. L. Rev. 1285, 1303 (1999).

202 In diesem Sinne *Hale*, 40 Col. L. Rev. 615, 631-32 (1940); *Kovacic*, 31 Conn. L. Rev. 1285, 1310 (1999) (m. w. N.); ähnlich *Kottke*, 5 Antitrust L. & Econ. Rev. 55, 59 (1971/72).

203 Vgl. *U.S. v. Aluminum Co. of America*, 148 F.2d 416, 430 (2nd Cir. 1945). Zur Theorie des natürlichen Monopols sowie zu Lösungsansätzen vgl. *Viscusi et al.*, S. 337 ff. Eine Variante betrifft den Einwand der unteilbaren Ressourcen (eingehende Diskussion bei *Areeda/ Hovenkamp III*, § 658c).

204 Eingehende Diskussion bei bei *Areeda/Hovenkamp III*, § 658b (im Falle wettbewerbswidrigen Verhaltens lediglich strafrechtliche Sanktionen oder private Abhilfen propagierend).

ein Eingriff unmittelbar die Marktmacht der betroffenen Unternehmen beseitigt hat. Im europäischen Recht stellt sich das Problem von vorneherein nicht, da Eingriffe zur unmittelbaren Beseitigung eines Monopols nicht in Betracht kommen. Der Einwand natürlicher Monopole ist unerheblich, wenn wettbewerbswidrige Verhaltensweisen vorliegen und eine Entflechtung auf einem sachlich und/oder geographisch abgrenzbaren Markt stattfindet, um dem Unternehmen die Fähigkeit zur Verhinderung wirksamen Wettbewerbs zu nehmen.[205]

Das Problem natürlicher Monopole stellt sich freilich in modifizierter Form auch bei strukturellen Eingriffen, die Anreiz und Fähigkeit zur Verhinderung wirksamen Wettbewerbs beseitigen sollen. Da diese langfristig auch dazu dienen, bestehende Monopolmacht abzubauen, wird diese jedenfalls mittelbar angegriffen mit der Folge eines eventuellen Verlustes derjenigen Skalenvorteile, die die Entstehung des natürlichen Monopols begünstigt haben. Freilich gilt dieser Einwand für alle Abhilfen, die einem dominierenden Unternehmen wettbewerbswidriges Verhalten untersagen. Der Einwand des natürlichen Monopols hätte in diesem Fall zur Folge, dass sich eine Kartellbehörde jeglichen Eingriffs enthalten müsste. Tatsächlich ist der Einwand, sofern wettbewerbswidriges Verhalten festgestellt wird, ohnehin hinfällig. Durch die Zuwiderhandlung signalisiert das betroffene Unternehmen nämlich, dass allein der zur Entstehung des natürlichen Monopols führende Kostenvorteil nicht mehr ausreicht, um die Marktstellung des Unternehmens zu erhalten. Insofern können sich, wie der Fall *AT & T* zeigt, vor allem durch das Aufkommen neuer Technologien die Anschauungen hinsichtlich der „Natürlichkeit“ eines Monopols wandeln.[206] Bei Vorliegen wettbewerbswidrigen Verhaltens werden zudem die vermeintlich wohlfahrtsfördernden Vorteile an produktiver Effizienz durch die volkswirtschaftlich schädliche Verschwendung von Ressourcen zur Aufrechterhaltung von Monopolmacht („rent seeking“) zunichte gemacht.[207]

Unberechtigt ist vor diesem Hintergrund die im *Microsoft*-Fall an dem Entflechtungsentwurf des Department of Justice geübte Kritik, der Eingriff werde zu einer das Konsumentenwohl beeinträchtigenden „Balkanisierung“ des Betriebssystems führen.[208] Das Argument basiert auf der Annahme eines natürlichen Monopols *Microsofts*, bedingt durch Netzeffekte bzw. nachfrageseitige Skalenerträge.[209] Wettbewerb sei in diesem Fall nur unter erhöhten Kosten innerhalb eines Marktes möglich,[210] weshalb das Netzmärkten inhärente Prinzip der sequentiellen Monopolbildung zu akzeptieren sei und sich Kartellbehörden jeglichen Eingriffs zu enthalten hätten.[211] Die Hypothese als solche ist bereits insofern fragwürdig, als sie die Möglichkeit der Standardisierung unbe-

205 Vgl. auch *U.S. v. Corn Products Refining Co.*, 234 F. 964, 1014 (S.D.N.Y. 1916).
206 Siehe dazu unten § 2 B.I.2. c) aa) (S. 324 f.).
207 Siehe *Hovenkamp*, 78 Iowa L. Rev. 371, 373-74 (1993).
208 Vgl. bereits Fn. 273 (S. 214); ferner *Liebowitz*, 9 Geo. Mason L. Rev. 727, 747-53, 756-57 (2001); *Lopatka/Page*, 69 Geo. Wash. L. Rev. 691, 707 (2001).
209 Siehe dazu Fn. 182 (S. 63).
210 Zur Bezifferung der vermeintlichen Kosten siehe Fn. 274 (S. 215).
211 Siehe *Shelanski/Sidak*, 68 U. Chi. L. Rev. 1, 2, 18 et seq. (2001).

rücksichtigt lässt und damit verkennt, dass Wettbewerb auch innerhalb eines Marktes möglich ist.[212] Das Vorhandensein von Netzeffekten rechtfertigt daher zwar, von strukturellen Eingriffen Abstand zu nehmen, die sich über die natürlichen Charakteristika eines Marktes hinwegsetzen.[213] Sie rechtfertigt aber nicht eine Enthaltung bezüglich jeglichen Eingriffs, der die Voraussetzungen für einen wirksamen Wettbewerb wiederherstellt (und damit dem Markt die Wahl lässt, ob er weiterhin dem Prinzip der sequentiellen Monopolbildung folgen will). Auch hier gilt im Übrigen, dass der Rückgriff auf wettbewerbswidriges Verhalten die vermeintliche Überlegenheit eines natürlichen Monopols – die, speziell im Bereich von Betriebssystemen, angesichts der mit Monokulturen verbundenen Gefahren ohnehin zweifelhaft ist[214] – widerlegt.

2. *Auswirkungen auf die dynamische Effizienz des Marktes*

Zu den bedeutendsten Funktionen des Wettbewerbs gehört die Sicherstellung einer fortwährenden flexiblen Anpassung an Veränderungen der Nachfragestruktur und der Produktionstechniken sowie die Beschleunigung der Entstehung, des Einsatzes und der Verbreitung des technischen Fortschritts in Gestalt neuer Produkte und Produktionsmethoden.[215] Grundlage der insoweit angesprochenen dynamischen Effizienz von Marktprozessen sind auch Schutzmechanismen zur Sicherung ausschließlicher Verwertungsbefugnisse für Produkte geistigen Eigentums.[216] Soweit in diese durch Anwendung des Wettbewerbsrechts eingegriffen wird, wird zum Teil ein Zielkonflikt zwischen Wettbewerbs- und Innovationsschutz gesehen.[217] Er löst sich allerdings auf, wenn berücksichtigt wird, dass der Impuls für Innovation nicht etwa von der Aussicht auf hoheitlichen Schutz geistigen Eigentums, sondern von unverfälschtem Wettbewerb ausgeht.[218] Seine Gewährleistung ist mithin conditio sine qua non für den technischen Fortschritt eines –

---

212 Vgl. Fn. 276 (S. 215).

213 Siehe die Diskussion im 2. Teil § 2 A.III.2. b) bb) bbb) (S. 213 ff.).

214 Siehe Fn. 194 (S. 205); ferner *Cooper*, 52 Hastings L.J. 813-89 (2001): Die Alleinherrschaft *Microsofts* hat die Gefahr von internetbasierten Angriffen – mit der Folge beträchtlicher wirtschaftlicher Schäden – begünstigt.

215 Vgl. *Scherer/Ross*, S. 31, 613-660; *Sullivan/Grimes*, S. 13; *Areeda/Hovenkamp/Solow IIA*, § 407a, sowie oben Fn. 39 (S. 42). Vgl. auch die Schlussfolgerungen des Vorsitzes anlässlich des Europäischen Rats (Barcelona) vom 15. und 16. 3. 2002, Rn. 29 (S. 10) – C/02/930.

216 Siehe *Wagner*, 51 Hastings L.J. 1073, 1179 (2000) (m. w. N.); *Loewenheim*, GRUR 1982, 461; *GTE/Sucker/Guttuso*, Art. 85 (Immaterialgüterrechte) Rn. 2.

217 Eingehend hierzu *Lao*, Corn. J.L. & Pub. Pol. 193, 210-211 (1999) (m. w. N.); *Fazio/Stern*, 68 Antitrust L.J. 45, 57-61 (2000).

218 Zu differenzierten Betrachtungen zur Bedeutung von Schutzrechten für geistiges Eigentum siehe *Levin et al.*, 75-2 AER P. & P. 20, 22 (1985); *Cohen et al.*, NBER Working Paper No. 7552, S. 5 ff.; *Mansfield*, 32 Mgt. Sci. 173, 175 (1986); *Levin*, 76 AER P. & P. 199, 200 (1986); *FTC*, Special Report No. 1741, 69 Antitrust & Trade Reg. Rep. 670 (Dec. 7, 1995); *FTC*, Anticipating the 21st Century, Chap. 6, S. 7-9 (m. w. N.); *Lao*, Corn. J.L. & Pub. Pol. 193, 215-16 (1999); ferner *Oppenländer*, FIW-Schriftenreihe Nr. 137, S. 1, 7.

auch dynamischen – Marktes.[219] Neben diesem überbewerteten, die Sozialpflichtigkeit auch geistiger Eigentumsrechte[220] vernachlässigenden Konflikt besteht aber ein spezieller Zielkonflikt im Zusammenhang mit strukturellen Eingriffen. Er wird zunächst in theoretischer Hinsicht zu erörtern sein; sodann soll er anhand der US-amerikanischen Erfahrungen überprüft werden.

a) *Vernichtung von Innovationspotential durch strukturelle Eingriffe?*

Der Rückgriff auf strukturelle Eingriffe wirft die Frage auf, ob durch eine Veränderung der absoluten Größe eines Unternehmens bzw. durch die – je nach Zielsetzung – mittelbar oder unmittelbar bezweckte Beseitigung von Marktmacht nachteilige Auswirkungen auf die Innovationsleistung eines Unternehmens und damit des Marktes insgesamt zu erwarten sind. Zielkonflikte sind auf die als Schumpetersche Hypothesen bekannt gewordene Annahmen zurückzuführen, denen zufolge große Unternehmen aufgrund ihrer diversifizierten Struktur, aufgrund von Spezialisierungsvorteilen und aufgrund eines erleichterten Zugangs zu Kapitalmärkten besser geeignet seien, Forschung und Entwicklung erfolgreich zu betreiben und ihre Ergebnisse zu vermarkten.[221] Darüber hinaus sollen sogar Marktmacht und die hiermit verbundenen Preissetzungsfreiräume unabdingbar sein, um nicht nur einen Anreiz zu bilden, in Forschung und Entwicklung zu investieren,[222] sondern auch die hierfür erforderlichen Kapitalreserven zurückzustellen.[223]

Andererseits gilt auch hier, dass die Größe eines Unternehmens, die damit verbundene Bürokratisierung von Entscheidungsprozessen und eine gewisse Masseträgheit bei

---

219 Vgl. *Pitofsky*, 4 Tex. Rev. L. & Pol. 129-39 (1999); *ders.*, 16 Berk. Tech. L.J. 535, 537-38 (2001); *Katz/Shapiro* in: *Eisenach/Lenard*, S. 37; *White* in: *Eisenach/Lenard*, S. 137 ff.; *Stelzer*, 4 Tex. Rev. L. & Pol. 147-52 (1999); *Baer/Balto*, 606 PLI/Pat 541, 560 (2000); *Wagner*, 51 Hastings L.J. 1073, 1129 (2000); *Fisher*, 32 UWLA L. Rev. 83, 89 (2001); *Posner*, SF63 ALI-ABA 115, 117, 126-27 (2000) (allerdings auf institutionelle Probleme hinweisend); *Ahlborn/Evans/Padilla*, 22 ECLR 156, 166 (2001); *Immenga*, RIW 9/2000, S. I; *Möschel*, MMR 2001, 3. Ferner *XV. Wettbewerbsbericht 1985*, S. 15; *XVI. Wettbewerbsbericht 1986*, S. 13 f.; *XVII. Wettbewerbsbericht 1987*, S. 14; *XXI. Wettbewerbsbericht 1991*, Rn. 45 f.; *XXIII. Wettbewerbsbericht 1993*, Rn. 155 ff., zuletzt *XXX. Wettbewerbsbericht 2000*, Rn. 22; *XXXI. Wettbewerbsbericht 2001*, S. 3. Anders *Ordover/Willig* in: *Eisenach/Lenard*, S. 103; *Shelanski/Sidak*, 68 U. Chi. L. Rev. 1, 38 (2001).

220 Vgl. *Lao*, Corn. J.L. & Pub. Pol. 193, 213 (1999); *Rai*, 16 Berk. Tech. L.J. 813 (2001); *McGowan*, 16 Berk. Tech. L.J. 729,777-84 (2001); *Fickentscher*, Wirtschaftsrecht I, S. 681 ff.

221 Vgl. *Schumpeter*, S. 84; dazu *Scherer/Ross*, S. 613 ff.; *Schmidt*, Wettbewerbspolitik, S. 108 ff. Der Zugang zu Kapital ist bei funktionsfähigen Kapitalmärkten idealerweise von der Größe eines Unternehmens unabhängig. Vgl. *Areeda/Hovenkamp/Solow IIA*, § 421b; ähnlich *Schmidtchen* in: *FS Hoppmann*, S. 143, 150 Fn. 12. Dagegen *Sullivan*, 21 Sw. U. L. Rev. 1227, 1245 (1992). In Zeiten größerer Zurückhaltung kann das Argument indes wieder an Gewicht gewinnen: vgl. Pressemitteilung der Kommission IP/02/1504 v. 17. 10. 2002 (mit Hinweis auf die Notwendigkeit verstärkter Bemühungen). Im Fall *Microsoft* wurde zudem behauptet, Investoren hätten davon Abstand genommen, junge Unternehmen mit Kapital auszustatten, deren Produkte sich auf Märkten bewegten, auf denen *Microsoft* bereits investiert habe oder zu investieren plane: Vgl. *Hamm/Himmelstein* (1998); dagegen *Elzinga et al.*, 9 Geo. Mason L. Rev. 633, 661 (2001).

222 Vgl. *Areeda/Hovenkamp/Solow IIA*, § 407c3; *Schmidt*, Wettbewerbspolitik, S. 108 f.

223 Siehe dazu bereits die Diskussion im 1. Teil § 2 A.II.3. (S. 63, m. w. N. in Fn. 184).

technologischen – insbesondere risikobehafteten – Pardigmenwechseln Innovationshindernisse darstellen können.[224] Marktmacht wiederum verringert den Preis- und Innovationswettbewerb mit der Folge, dass sich der Anreiz zu Innovation verringert und sich die betreffenden Unternehmen eher als Imitatoren betätigen.[225] Zugleich reduziert sich bei Vorliegen von Marktmacht der Pool kreativer, über ausreichende Erfahrung verfügende Unternehmen, von dem Inventionen zu erwarten sind.[226] Tatsächlich steigt empirischen Untersuchungen zufolge der innovatorische Output nur bis zu einer gewissen optimalen Mindestunternehmensgröße, bleibt aber anschließend entweder konstant oder fällt sogar.[227] Ähnliches gilt für die Förderlichkeit von Marktmacht.[228] Wird nach den verschiedenen Stufen des Innovationsprozesses differenziert, zeigt sich, dass bis zur Patentreife die größere Bedeutung dem persönlichen Genie derjenigen, die eine Invention zu vertreten haben, zukommt.[229] Erst bei der Weiterentwicklung bis zur Marktreife und der nicht zielgerichteten Grundlagenforschung, bei denen die Finanzkraft des Unternehmens an Gewicht gewinnt, bieten Unternehmensgröße und Marktmacht Vorteile.[230]

Zwar können die Wirtschaftswissenschaften keine abschließende Antwort auf die Frage nach möglichen Zielkonflikten geben;[231] insofern kann nicht sicher festgestellt werden, ob eine konsequente Dekonzentrationspolitik entscheidende Fortschritte für die dynamische Entwicklung von Märkten bringen würde.[232] Sie steht aber ohnehin im europäischen Recht nicht zur Debatte. Es scheint aber hinreichend gesichert, dass ein „Innovationsmonopol" großer oder gar marktbeherrschender Unternehmen nicht existiert. Technischer Fortschritt gedeiht daher am besten in einer Umgebung, die die Voraussetzungen für einen *jederzeitigen Marktzutritt* durch kreative Unternehmen – von denen regelmäßig die entscheidenden Impulse für den Marktfortschritt ausgehen – gewährleis-

---

224 Vgl. *Warren Law*, Corporate Takeovers: Hearings Before the Subcommittee on Telecommunications, Consumer Protection and Finance of the House Committee on Energy and Commerce Concerning Corporate Takeovers, (Pt. 1), 99th Cong., 1st Sess. 259 (1986): „[Large firms appear to make] fewer but bigger errors, tend to continue wrong policies too long, and have the resources to delay until crisis is unmistakable." Vgl. auch *Areeda/Hovenkamp/Solow IIA*, § 407b (S. 31). Ferner *Eisner*, S. 240; Beispiele bei *Scherer/Ross*, S. 653; *Brock* in: *Adams*, S. 161, 175; *DeLamarter*, S. 220 f. (mit dem Beispiel *IBM*); eingehend auch *Baker*, Beyond Schumpeter, S. 3 f.

225 Differenzierend *Schmidt*, Wettbewerbspolitik, S. 112. Siehe bereits Fn. 61 (S. 45).

226 Vgl. insoweit *U.S. v. United Shoe Machinery Corp.*, 110 F.Supp. 295, 347 (D. Mass. 1953).

227 *Schmidt*, Wettbewerbspolitik, S. 112 f.. Zur (problematischen) Messung des innovatorischen Outputs vgl. im 1. Teil § 2 A.II.2. (S. 46 f.).

228 Siehe *Areeda/Hovenkamp/Solow IIA*, § 407c7. Der Zusammenhang zwischen Konzentrationsrate und Innovationsleistung wird schwächer, je mehr technische Möglichkeiten ein Markt bietet: vgl. *Scherer/Ross*, S. 654; *Jacquemin/De Jong*, S. 152 ff. (zum europäischen Raum).

229 *Markham* in: *Goldschmid et al.*, S. 247, 262-267. Vgl. auch *Pitofsky*, 4 Tex. Rev. L. & Pol. 129-239 (1999) (darauf verweisend, dass die Geschwindigkeit technologischer Veränderungen vor allem am Rande eines Marktes zu messen sei).

230 Vgl. *Jewkes/Sawers/Stillerman*, S. 71-90; *Viscusi et al.*, S. 91 ff.; *Areeda/Hovenkamp/Solow IIA*, § 407b ff.; *Areeda/Kaplow*, § 120d (S. 31 ff.); *Scherer/Ross*, S. 630-660 (insbes. S. 654). Relativierend wiederum *Cohen/Levin/Mowery*, NBER Working Paper No. 2205 (1987), S. 15.

231 *McGowan*, 16 Berk. Tech. L.J. 729, 769 (2001).

232 Vgl. *Posner* in: *Goldschmid et al.*, S. 393, 394.

tet.[233] Dies verdeutlicht die Notwendigkeit, dominierenden Unternehmen die Möglichkeit zu nehmen, den Marktzutritt von Wettbewerbern nach eigenem Gutdünken zu behindern.[234] Zielkonflikte sind angesichts dieses Imperativs jedenfalls für Maßnahmen ausgeschlossen, die, wenn auch struktureller Art, lediglich einer Wiederherstellung der Voraussetzungen von Wettbewerb zu dienen bestimmt sind. Zugleich scheint auch im Rahmen horizontaler Entflechtungen eine Gefährdung von Innovationspotential unwahrscheinlich,[235] da wie im Zusammenhang mit Skalenerträgen kaum zu erwarten ist, dass durch eine Entflechtung optimale Größenverhältnisse unterschritten würden.[236]

b) *Empirische Belege für eine Beeinträchtigung der dynamischen Effizienz?*

Die vorstehenden Erkenntnisse haben Richter *Wyzanski* in seiner ersten *United-Shoe*-Entscheidung dazu bewogen, den Einwand, nur einem marktbeherrschenden Unternehmen sei erstklassige Forschung und Entwicklung möglich, als unerheblich abzutun.[237] Zwar wurde die *bisherige* Leistung *United Shoes* auf dem Gebiet der Forschung und Entwicklung anerkannt;[238] nach Auffassung des Richters war das Unternehmen aber den Beweis schuldig geblieben, tatsächlich innovativer als seine Konkurrenten zu sein oder dass seine Innovationsleistung nicht auch durch drei Unternehmen erbracht hätte werden können.[239] Zudem dürfe dem Unternehmen auch im Hinblick auf gesellschaftspolitische Ziele nicht erlaubt werden, seine mit wettbewerbswidrigen Mitteln erlangte Macht wegen vermeintlicher Vorteile zu behalten.[240] Dennoch beschränkte sich der Eingriff auf eine vertikale Entflechtung und verhaltensorientierte Maßnahmen, so dass die Bezugnahme auf gesellschaftspolitische Zielsetzungen obiter dictum blieb und die befürchteten Zielkonflikte letztlich nicht eintreten konnten. Der Supreme Court war allerdings anlässlich der Überprüfung der Wirksamkeit der angeordneten Maßnahmen weniger zurückhaltend. Die insoweit angeordnete horizontale Entflechtung von Vermögenswerten ist verschiedentlich dafür verantwortlich gemacht worden, dass die US-amerikanische Schuhmaschinenherstellungsindustrie heute irrelevant sei.[241] Tatsächlich begann ihr Niedergang jedoch bereits deutlich vor der zweiten horizontalen Entflechtung und

---

233 Siehe Fn. 55 (S. 265); ferner *Scherer/Ross*, S. 654; ähnlich *Elzinga et al.*, 9 Geo. Mason L. Rev. 633, 662 (2001); *Schmidt*, Wettbewerbspolitik, S. 113.

234 Vgl. *Romaine/Salop*, 7-3 Geo. Mason L. Rev. 1, 39 (1999); ähnlich *Piraino*, 93 Nw. U. L. Rev. 1, 62 (1998); *Baker*, Beyond Schumpeter, S. 11 ff. Siehe ferner Fn. 116 (S. 195) und Fn. 55 (S. 265).

235 Wie hier *Markham* in: *Goldschmid et al.*, S. 247, 268 ff.

236 Vgl. die Konzentrationsraten bei *Areeda/Hovenkamp/Solow IIA*, § 407c7.

237 Zum Fall United Shoe siehe im 2. Teil § 1 B.III.3. (S. 173 ff.).

238 Siehe Fn. 138 (S. 173).

239 *U.S. v. United Shoe Machinery Corp.*, 110 F.Supp. 295, 315, 345 (D. Mass. 1953).

240 *U.S. v. United Shoe Machinery Corp.*, 110 F.Supp. 295, 345 (D. Mass. 1953) (insoweit einen Vorbehalt zugunsten der Legislative feststellend).

241 Siehe Fn. 462 (S. 242); vgl. auch *Crandall*, Working Papers, S. 61 (wonach bereits die erste Entscheidung dazu geführt habe, dass Investitionsanreize für *United Shoe* beseitigt worden seien).

war auf den Umstand zurückzuführen, dass die Schuhherstellung – und damit auch die Produktion von Schuhmaschinen – in den USA dank billigerer Importe zurückging.[242]

In anderen Fällen wurde dem Einwand der potentiellen Beeinträchtigung der Innovationsfähigkeit des betroffenen Unternehmens allerdings durchaus Beachtung geschenkt.[243] Zuletzt wurde im *Microsoft*-Verfahren – zumindest in der Literatur, nachdem eine Erörterung der Auswirkungen der Entflechtung im Gerichtsverfahren selbst weitgehend unterblieb – der drohende Untergang der US-amerikanischen Software-Industrie (zum Vorteil ausländischer Konkurrenten) behauptet, weil die Entflechtung das Innovationspotential *Microsofts* beseitige.[244] Durch die Trennung von Anwendungs- und Betriebssystemsparte würde dem Unternehmen die Möglichkeit genommen, Synergieeffekte zwischen beiden Sparten zu nutzen und das Betriebssystem kontinuierlich zu verbessern, indem es durch die Anwendungssparte entwickelte Funktionalitäten übernehme.[245] Der technologische Fortschritt des gesamten Marktes werde hierdurch gehemmt, zumal die Erzielung von *Monopolrenten* zur Wahrung von Leistungsanreizen und aufgrund der hohen Investitionskosten bei Software unabdingbar sei.[246]

Abgesehen davon, dass die Voraussetzungen für eine Entflechtung im *Microsoft*-Fall nicht vorlagen,[247] erscheint die Kritik an der Entflechtung als solcher fehlgeleitet. Sie verkennt, dass die *Schumpeterschen* Hypothesen lediglich als Warnung vor undifferenzierten Angriffen auf Unternehmensgröße und damit eine der Grundlagen des kapitalistischen Systems gedacht waren;[248] zwingende Gesetzesmäßigkeiten sind hieraus indes nicht abzuleiten. Auch wenn es zutrifft, dass höhere Erträge erforderlich sind, um in Forschung und Entwicklung zu investieren, folgt hieraus nicht, dass die Erzielung von Monopolpreisen erforderlich wäre.[249] Zudem ist die Kritik paradox, da einerseits die Notwendigkeit monopolistischer Erträge behauptet, andererseits jedoch dargelegt wurde, dass *Microsoft* – trotz beeindruckender Gewinnspannen[250] – überhaupt keine Monopolgewinne erziele.[251] Insofern ist sogar die Befürchtung geäußert worden, dass durch die Trennung von Anwendungen und Betriebssystemen die „fallacy of double counting"

242 Siehe *Waldman*, S. 49; *Masten/Snyder*, 36 J. L. & Econ. 33, 66 (1993); vgl. ferner *Comanor/Scherer*, 2 Int. J. Econ. Bus. 263, 265 (1995).

243 Siehe Fn. 45 (S. 252).

244 Vgl. Senator *Slade Gorton*, European Antitrust Investigation, 106th Cong., Cong. Rec. S 605, daily ed., February 10, 2000; ders., Proposed ‚Remedies' in the Microsoft Antitrust Case, 106th Cong., Cong. Rec. S 3553-3555, daily ed., May 4, 2000; Pressemitteilung *Microsofts* v. 28. 4. 2000, abrufbar unter *http://www.microsoft.com/Presspass/press/2000/apr00/remedypr.mspx*. Zu ähnlichen Befürchtungen im *Standard-Oil*-Fall siehe bereits Fn. 34 (S. 292).

245 *Elzinga et al.*, 9 Geo. Mason L. Rev. 633, 679 et seq. (2001). Siehe ferner *U.S. v. Microsoft Corp.*, Defendant Microsoft Corporation's Memorandum In Support of Its Motion For Summary Rejection of The Government's Breakup Proposal (May 10, 2000), 2000 WL 620183, *3. Vgl. auch *Shelanski/Sidak*, 68 U. Chi. L. Rev. 1, 80 (2001).

246 Vgl. *Shelanski/Sidak*, 68 U. Chi. L. Rev. 1, 29-31 (2001); *Gey*, WuW 2001, 933, 935.

247 Siehe die Diskussion im 2. Teil § 2 A.III.2. a) dd) (S. 206 ff.) und § 2 B.II.4. (S. 238 ff.).

248 Vgl. *Markham* in: *Goldschmid et al.*, S. 247, 272.

249 Siehe *Shepherd* in: *Kovaleff*, S. 1005, 1037.

250 Siehe Fn. 193 (S. 204).

251 Vgl. Fn. 185 (S. 204).

keine Wirkung mehr entfalte. Da nunmehr auf beiden Märkten Monopolpreise gefordert werden könnten und der Anreiz entfalle, die Preise für die Betriebssysteme niedrig zu halten, um die Nachfrage nach Anwendungen zu stimulieren, drohten auf beiden Märkten dramatische Preiserhöhungen.[252]

Bei isolierter Betrachtung erscheint letztere Annahme bereits unwahrscheinlich.[253] Sie widerlegt jedoch insbesondere die Ansicht, die Erzielung von Monopolgewinnen sei für den technischen Fortschritt des Marktes unabdingbar. Darüber hinaus fußt die Kritik an der Entflechtung *Microsofts* (bzw. am gesamten Verfahren) auf der Prämisse, innovatorische Impulse kämen nur von *Microsoft*.[254] Die damit verbundene Gleichsetzung der dynamischen Effizienz des Marktes insgesamt mit der Innovationsfähigkeit eines einzelnen Unternehmens ist indes weder abstrakt-generell noch im konkreten Fall – wie die zahlreichen Technologie-Zukäufe *Microsofts* belegen[255] – zutreffend.[256] Schließlich trifft nicht zu, dass die Entflechtung *Microsoft* daran hindern sollte, die Funktionalitäten des Betriebssystems kontinuierlich zu erweitern. Verhindert werden sollte lediglich, dass die Erweiterungen – wie bislang – die Wahlfreiheit der Konsumenten und den Wettbewerb beschränkten.[257] Richtig ist insofern lediglich, dass die Trennung von Betriebssystem- und Anwendungssparte unter Umständen Verbundvorteile beseitigt hätte. Ob sich diese Befürchtung bewahrheitet hätte, ist aufgrund der von *Microsoft* selbst behaupteten „chinesischen Mauer" zwischen beiden Sparten fraglich.[258] Abgesehen davon, dass es falsch ist, die dynamische Effizienz eines Marktes auf ein Unternehmen zu reduzieren, hätte die Entflechtung vorhandene Ineffizienzen und – vor allem – die Notwendigkeit beseitigt, auf die Belange der jeweils anderen Sparte Rücksicht zu nehmen.[259] Dass es sich hierbei nicht um eine vage Hoffnung handelt, belegt der *Standard-Oil*-Fall. Die Entflechtung wurde hier von einigen Gesellschaften als Befreiungsschlag gewertet und ermöglichte die Verteilung bislang unterdrückten unternehmerischen Talents auf neue Gravitationszentren.[260] Im Ergebnis erhöhte sich die Innovationsrate im Bereich der ölverarbeitenden Industrie deutlich.[261] Ähnliches gilt für den im Folgenden eingehender darzustellenden Fall *AT & T*.

---

252 Vgl. *Elzinga et al.*, 9 Geo. Mason L. Rev. 633, 679 et seq. (2001); ähnlich *Liebowitz*, 9 Geo. Mason L. Rev. 727, 729 et seq. (2001); *Gey*, WuW 2001, 933, 940; *Hahn*, S. 8; *Piraino*, 75 N.Y.U. L. Rev. 809, 886-87 (2000) (verhaltensorientierte Maßnahmen befürwortend); *Litan/Nordhaus*, S. 4 (eine horizontale Unterentflechtung des Betriebssystemunternehmens befürwortend). Zur „fallacy of double counting"/„double marginalization" siehe Fn. 349 (S. 227).

253 Siehe dazu § 2 B.I.5. (S. 335 ff.).

254 Vgl. z. B. *Shelanski/Sidak*, 68 U. Chi. L. Rev. 1, 78-79 (2001).

255 Siehe Fn. 473 (S. 243); ausgeschiedene Mitarbeiter haben zudem den Vorwurf erhoben, *Microsoft* sei gerade nicht innovationsfähig: siehe *Stutz* (2003).

256 Siehe die Diskussion in § 2 B.I.2. a) (S. 319 ff.); ferner § 1 A.II. (S. 265 m. w. N. in Fn. 55).

257 Zur zwingenden Kopplung siehe Fn. 165 (S. 201); siehe im Übrigen auch *U.S. v. Microsoft Corp.*, 97 F.Supp.2d 59 (D.D.C. 2000) (Final Judgment § 3 lit. g).

258 Siehe Fn. 61 (S. 296).

259 Vgl. die Begründung des Department of Justice vgl. im 2. Teil § 2 A.III.2. a) dd) (S. 206).

260 Siehe *Kovacic*, 31 Conn. L. Rev. 1285, 1298 (1999).

261 Vgl. *Comanor/Scherer*, 2 Int. J. Econ. Bus. 263, 285 (1995).

c) *Fallbeispiel: Die Entflechtung von AT & T*

Die Entflechtung von *AT & T* ist bislang vor allem deshalb nicht eingehender dargestellt worden, weil sie auf einem „consent decree" beruhte und daher lediglich Rückschlüsse auf die praktische Durchführung und die Auswirkungen eines strukturellen Eingriffs zulässt.[262] Vergleiche dieser Art spiegeln indes nicht die geltende Rechtslage wider.[263] Sie erklären sich auch durch das Bestreben eines Unternehmens, negative Publizität zu vermeiden, die Wirkung von Section 5(a) Clayton Act zu umgehen und schließlich Beeinträchtigungen durch langwierige Kartellverfahren zu vermeiden.[264] Tatsächlich wurde behauptet, *AT & T* habe in der Entflechtung lediglich die Möglichkeit gesehen, sich der Fesseln der Verhaltenskontrolle zu entledigen, während der Fall in der Sache selbst keine Erfolgsaussichten gehabt hätte.[265] Verfahrensgang, Verfahrensgegenstand und Auswirkungen des Eingriffs sollen nun untersucht werden. Auf das Verfahren wird an späterer Stelle im Zusammenhang mit der Frage, inwieweit der Eingriff tatsächlich dazu geführt hat, eine laufende Verhaltenskontrolle zu verhindern, zurückzukommen sein.[266]

aa) *Vorgeschichte der Entflechtung*

AT & T hatte bereits 1876 den Grundstein für seine Marktmacht gelegt, indem das Unternehmen eigene Ortsnetze aufgebaut und lokale Telefongesellschaften aufgekauft und diese verbunden hatte. Einem ersten Kartellverfahren im Gefolge der *Standard-Oil*-Entscheidung vermochte sich die Gesellschaft noch durch eine freiwillige Entflechtung der Telegrammsparte *Western Union* zu entziehen.[267] 1949 leitete das Department of Justice jedoch ein Verfahren mit dem Ziel einer Entflechtung der für den technischen Bedarf des Unternehmens zuständigen – nicht regulierten – Gesellschaft *Western Electric* ein.[268] Auch hier vermochte die Telefongesellschaft einer streitigen Entscheidung im Sinne der Regierung durch aggressives Lobbying[269], den Hinweis auf das Vorliegen natürlicher Monopole auf den Märkten für lokale und Ferngespräche[270] sowie den Verweis

262 Zur praktischen Durchführung siehe bereits § 2 A.II.1. a) bb) (S. 294 ff.).

263 Siehe Fn. 284 (S. 216).

264 Zur Wirkung von Section 5(a) Clayton Act siehe bereits Fn. 22 (S. 262); zu den Motiven eines Unternehmens, einen „consent decree" zu schließen, siehe Nachweise in Fn. 79 (S. 165).

265 So *MacAvoy/Robinson*, 1 Yale J. Reg. 1-2 (1983); *Sidak/Spulber*, 72 N.Y. U. L. Rev. 1068, 1119 (1997).

266 Siehe § 2 C.I.1. (S. 357 ff.).

267 Zur Geschichte der Entflechtung *AT & T* vgl. eingehend *Temin* (1987); *Sullivan/Grimes*, S. 775 ff.; *Areeda/Kaplow*, § 327 (S. 506 ff.); *Crandall*, Failure, S. 70 ff.

268 *U.S. v. Western Electric Co.*, 1956 Tr. Cas. (CCH) § 68,246 (D.N.J. Jan. 24, 1956).

269 Siehe hierzu *Sullivan/Grimes*, S. 776.

270 Zur Bedeutung der Theorie des natürlichen Monopols in der US-amerikanischen Telekommunikationspolitik vgl. *Irwin in: Adams*, S. 244; *Krouse et al.*, 42 J. L. & Econ. 61, 67 (1999); siehe ferner Kritik bei *Adams/Brock*, 66 U. Co. L. Rev. 257, 267-268 (1995); siehe auch Fn. 333 (S. 87).

auf deren vermeintlich effektive Regulierung durch regionale „Public Utility Commissions“ (PUC) und die Federal Communications Commission (FCC)[271] zu verhindern.[272]

Der insoweit im Jahre 1956 abgeschlossene „consent decree“[273] erwies sich indes aufgrund des Aufkommens neuer Technologien und der zunehmenden Konvergenz von Datenverarbeitung, Datenübertragung und Sprachübermittlung schnell als ungenügend; insbesondere die FCC musste feststellen, dass ihre Bemühungen um eine Marktöffnung im Wege der Regulierung zu langwierig und kostspielig waren, um befriedigende Ergebnisse zu erzielen.[274] Das Department of Justice leitete daher 1974 ein neues Verfahren ein. Diesmal scheiterte *AT & T* jedoch sowohl auf politischer Ebene[275] als auch in rechtlicher Hinsicht, da es sich weder mit dem Einwand eines Ausnahmebereichs für regulierte Unternehmen[276] noch mit seinem Antrag auf Klagabweisung im summarischen Verfahren[277] durchsetzen konnte. Das Unternehmen schloß daher einen als „Modified Final Judgment“ bekannt gewordenen Vergleich,[278] der die umfangreichste Entflechtung der Geschichte des Sherman Act vorsah[279] und bis zum Inkrafttreten des Telecommunications Act of 1996 wirksam blieb.[280]

bb) Verfahrensgegenstand

Die der Entflechtung zugrunde liegende Klage stützte sich im Wesentlichen darauf, dass das Nebeneinander von nicht reguliertem Bereich der Telekommunikationstechnik und reguliertem Bereich der Sprachtelefonie sowie innerhalb des letzteren die Koexistenz

---

271 Communications Act of 1934, Pub. L. No. 416 (June 19, 1934), 47 U.S.C. 151 et seq., amended by the Telecommunications Act of 1996, Pub. L. No. 104-104, 110 Stat. 56 (Feb. 8, 1996). Zu letzterem Gesetz siehe *Kearney*, 50 Hastings L.J. 1395 Fn. 3 (1999) (m. w. N.).

272 Vgl. insoweit auch *Kovacic*, 31 Conn. L. Rev. 1285, 1303 (1999) (m. w. N.).

273 *U.S. v. Western Electric Co.*, 1956 Tr. Cas. (CCH) § 68,246 (D.N.J. Jan. 24, 1956). Der Vergleich untersagte *AT & T* insbesondere die Tätigkeit in nicht regulierten Bereichen. Zu den Auswirkungen vgl. *Bickerstaff*, 78 Tex. L. Rev. 1, 13 et seq. (1999) (m. w. N.).

274 Eingehend *Irwin* in: *Adams*, S. 244, 248 ff.; *Bickerstaff*, 78 Tex. L. Rev. 1, 13 (1999); *Lampert*, 597 PLI/Pat 323 (2000); *Temin*, S. 191 ff. *Crandall/Sidak*, 19 Yale J. Reg. 335, 386-87 (2002).

275 Vgl. *Temin*, S. 217 ff.

276 Zum Einwand der Regulierung vgl. bereits *Otter Tail Power Co. v. U.S.*, 410 U.S. 366, 372-74 & 392 Fn. 8 (1973); *U.S. v. AT & T Co.*, 427 F.Supp. 57, 61 (D.D.C. 1976); 461 F.Supp. 1314, 1320-30 (D.D.C. 1978). Zu einer kritischen Würdigung vgl. *Sullivan/Grimes*, S. 776 (m. w. N.); ferner *Baker*, 61 Notre Dame L. Rev. 898, 915 (1986). Zu den gesetzlichen Ausnahmebereichen siehe *Cooper et al.*, 813 PLI/Corp 453, 496-500 (1993); *Sullivan/Grimes*, S. 716 ff. (jew. m. w. N.).

277 *U.S. v. AT & T Co.*, 524 F.Supp. 1336 (D.D.C. 1981): Der den Antrag von *AT & T* auf Klagabweisung gemäß F. R. Civ. P. 41(b) ablehnende Beschluss enthielt bereits Tatsachenfeststellungen.

278 *U.S. v. AT & T Co.*, 552 F.Supp. 131 (D.D.C. 1982), aff'd sub nom. *Maryland v. U.S.*, 460 U.S. 1001 (1983); dazu *Joskow/Noll*, 51 Stan. L. Rev. 1249, 1262 (1999); *Bickerstaff*, MMR 2001, 73.

279 Zu den Größenverhältnissen bei *AT & T* siehe *Wieland*, S. 18 ff.

280 Mit dem Telecommunications Act of 1996 (siehe Fn. 271, S. 325) wurde die Vorstellung aufgegeben, das Ortsnetz stelle ein natürliches Monopol dar: vgl. Sec. 251 Telecommunications Act (47 U.S.C. § 251); dazu *Spulber*, 12 Yale J. Reg. 25, 31 (1995); vgl. auch *Speta*, 71 Antitrust L.J. 99 (2003); *Cendan*, 78 N.Y.U. L. Rev. 1755, 1759 et seq. (2003) (m. w. N.).

von lokalen Märkten und dem Markt für Ferngesprächsvermittlung Wettbewerbsverzerrungen in Form von Quersubventionen und Zugangsbeschränkungen ermögliche.

Der Vorwurf von *Quersubventionen* beruhte auf der Annahme, das Vorhandensein *regulierter* Bereiche erlaube eine Fehlallokation von Kosten und damit die Anwendung quersubventionierter Kampfpreise auf den prinzipiell für Wettbewerb zugänglichen Märkten für Ferngespräche und Telekommunikationstechnik.[281] *AT & T* wurde insoweit vorgeworfen, *Preise ohne Bezug zu den Kosten* („pricing without regard to cost") festgesetzt zu haben.[282] Obgleich das Gericht den Vortrag des Department of Justice zumindest im Hinblick auf die *Ferngesprächssparte* – nicht jedoch für den Bereich der Telekommunikationstechnik[283] – für schlüssig hielt,[284] blieb die Frage, ob tatsächlich wettbewerbswidrige Quersubventionen vorgelegen hatten, offen.[285] *AT & T* hatte zwar Quersubventionen eingeräumt, diese aber mit der Notwendigkeit begründet, Erträge aus der Ferngesprächssparte zur Finanzierung des Universaldienstes im Ortsnetz nutzen zu müssen.[286] Dagegen spricht, dass die bereits *vor* der Entflechtung gestiegenen Verbindungsentgelte im Ortsnetzbereich nach dem Eingriff deutlich sanken.[287] Es blieb indes offen, welches Kostenkriterium bei der Bestimmung von Quersubventionen zugrunde zu legen sei.[288] Tatsächlich räumte der zuständige Richter *Harold Greene* später ein, dass weder Department of Justice noch FCC in der Lage gewesen seien, justiziable Kriterien zur Beurteilung von Quersubventionen bereit zu stellen.[289]

Der Vorwurf der Zugangsbeschränkungen beruhte demgegenüber auf der Annahme, dass sowohl der Wettbewerb auf dem Ferngesprächsmarkt als auch derjenige auf dem Markt der Telekommunikationstechnik den Zugang zu lokalen Märkten erfordere; er sei jedoch aufgrund natürlicher Monopoleigenschaften nicht duplizierbar. *AT & T* habe daher zum einen den Wettbewerb auf dem Ferngesprächsmarkt verzerrt, indem die Interkonnektion mit lokalen Netzen verweigert oder der Zugang für Abnehmer mit einer

---

281 Vgl. *Brennan*, 40 Antitr. Bull. 455, 458-65 (1995); *ders.*, 69 Geo. Wash. L. Rev. 1042, 1080 (2001); *Joskow/Noll*, 51 Stan. L. Rev. 1249 (1999).

282 *U.S. v. AT & T Co.*, 524 F.Supp. 1336, 1356-57, 1364-69 (D.D.C. 1981); kritisch hierzu *MacAvoy/Robinson*, 1 Yale J. Reg. 1, 26-27 (1983); *Shelanski/Sidak*, 68 U. Chi. L. Rev. 1, 92 (2001).

283 *U.S. v. AT & T Co.*, 524 F.Supp. 1336, 1380-81 (D.D.C. 1981).

284 Siehe *U.S. v. AT & T Co.*, 524 F.Supp. 1336, 1364-69 (D.D.C. 1981) (m. w. N., v. a. S. 1368).

285 *U.S. v. AT & T Co.*, 552 F.Supp. 131, 169 Fn. 160 (D.D.C. 1982); im Hinblick auf das Fehlen einer Unterschreitung der leistungsspezifischen Zusatzkosten ablehnend *Temin/Peters*, 21 Will. L. Rev. 199 (1985) (m. w. N. zu abweichenden Ansichten, die richtigerweise auch den gemeinsamen Fixkosten Rechnung tragen); *Sidak/Spulber*, 72 N.Y. U. L. Rev. 1068, 1119 (1997).

286 Vgl. *Temin/Peters*, 21 Will. L. Rev. 199, 202-204 (1985); *Sidak/Spulber*, 72 N.Y. U. L. Rev. 1068, 1119 (1997); *Hausman/Sidak*, 109 Yale L.J. 417, 428 (1999); *Shelanski/Sidak*, 68 U. Chi. L. Rev. 1, 93 (2001). Zu dem damit verbundenen Argument des „cream skimming" vgl. Fn. 333 (S. 87); *Posner*, 23 Fordham Int'l L.J. 7, 10 (2000) (auch zu den Auswirkungen einer Liberalisierung).

287 Siehe dazu unten § 2 B.I.5. (S. 336 m. w. N. in Fn. 362).

288 Zu den „incremental costs" als maßgebliches Kriterium vgl. *Faulhaber*, 65 AER 966 (1975). Zur Notwendigkeit einer Berücksichtigung gemeinsamer Fixkosten vgl. (bejahend) *Baumol/Merrill*, 73 N.Y. U. L. Rev. 1122 (1998); (verneinend) *Sidak/Spulber*, 72 N.Y. U. L. Rev. 1068 (1997).

289 Vgl. *Harold Greene*, zitiert nach *Temin/Peters*, 21 Will. L. Rev. 199, 200 (1985). Vgl. auch Separation of Costs of Regulated Telephone Service from Costs of Nonregulated Activities, Report and Order, 2 F.C.C. Rcd. 1298 (1987), on reconsideration, 2 F.C.C. Rcd. 6283 (1987).

Verpflichtung zur Abnahme von Ferngesprächsleistungen gekoppelt worden sei.[290] Zudem sei der Markt für Telekommunikationstechnik abgeschottet worden, weil *AT & T* seinen technischen Bedarf ausschließlich bei *Western Electric* gedeckt habe oder der Zugang zum lokalen Netz an die Verpflichtung zur Abnahme von Endgeräten gekoppelt worden sei.Das Gericht folgte auch insofern dem Vortrag der Regierung. Zwar legte es dabei die weite Konzeption der „essential facilities doctrine" zugrunde;[291] dies erschien aber deshalb unbedenklich, weil die Entscheidung sich auch auf die Präzedenzfälle *Terminal Railroad Association* und *Otter Tail Power* stützen konnte. Auch bestanden keine tiefgreifenden wettbewerbspolitischen Bedenken gegen eine Zugangsverpflichtung, nachdem *AT & T* seine Position zwar zumindest teilweise aus eigener Kraft geschaffen, seit In-Kraft-Treten des Communications Act of 1934 aber in einem weitgehend wettbewerbsfreien Raum betrieben hatte.[292] Darüber hinaus bestanden sowohl auf Anbieter- als auch auf der Nachfrageseite Skalenvorteile, die *AT & T* anlässlich seines fast 100 Jahre zurückliegenden Markteintritts nicht hatte überwinden müssen.[293]

Auf der Ebene der Abhilfe hatte die Erfolglosigkeit der Bemühungen der FCC um eine Marktöffnung verdeutlicht, dass eine laufende Verhaltenskontrolle aufgrund des Fortbestands des Anreizes zu wettbewerbswidrigem Verhalten zu jener „mühseligen" Prozedur geworden war, die nach der *Crescent-Amusement*-Entscheidung den Rückgriff auf einen strukturellen Eingriff rechtfertigte.[294] Sogar der im Fall *Terminal Railroad Association* zum Ausdruck gebrachten Subsidiarität einer Entflechtung[295] war vor diesem Hintergrund die Grundlage entzogen. Aufgrund der Regulierung von *AT & T* konnte schließlich der preistheoretische Einwand der Unmöglichkeit doppelter Monopolgewinne nicht eingreifen,[296] so dass sich die Entflechtung auf einen breiten rechtlichen, wissenschaftlichen und politischen Konsens stützen konnte. Er rechtfertigt den Schluss, dass eine Entflechtung auch Folge einer streitigen Entscheidung gewesen wäre.[297]

---

290 Vgl. „findings of fact" in *U.S. v. AT & T Co.*, 524 F.Supp. 1336 (D.D.C. 1981). Eingehend *Shelanski/Sidak*, 68 U. Chi. L. Rev. 1, 92 (2001) (m. w. N.); *Sullivan/Grimes*, S. 775 ff.

291 Siehe *U.S. v. AT & T Co.*, 524 F.Supp. 1336, 1352-53 (D.D.C. 1981).

292 Vgl. auch *Kovacic*, 31 Conn. L. Rev. 1285, 1303 (1999).

293 Vgl. *U.S. v. AT & T Co.*, 524 F.Supp. 1336, 1351-53, 1357, 1361 & 1372 (D.D.C. 1981).

294 Siehe Fn. 32 (S. 184).

295 Siehe Fn. 419 (S. 236).

296 Vgl. Fn. 349 (S. 227). Zur „*Bell*-Doctrine" vgl. *Joskow/Noll*, 51 Stan. L. Rev. 1249 (1999) (dort auch zur Übertragung der Doktrin auf andere Märkte); *Sonderman*, 20 Energy L.J. 23 (1999) (eine Übertragung auf den Energiesektor ablehnend). Kritisch zu den Annahmen der „Bell-Doctrine" *Larson*, 14 J. Corp. L. 377, 390 (1989); *Crandall et al.*, 17 Berk. Tech. L.J. 953, 981 (2002), wonach jedenfalls auf dem Breitband-Markt die Regulierung Quersubventionen verhindere.

297 Siehe aber Fn. 265 (S. 324); gegen die Annahme der reinen Freiwilligkeit spricht im Übrigen auch die anfänglich vehemente Gegenwehr von *AT & T*: vgl. *Baker*, 61 Notre Dame L. Rev. 898, 915 (1986); differenzierter *Sidak/Spulber*, 72 N.Y. U. L. Rev. 1068, 1118-20 (1997). Zu den Alternativen zu einer Entflechtung siehe *Joskow/Noll*, 51 Stan. L. Rev. 1249, 1267-70 (1999).

cc) *Auswirkungen der Entflechtung*

AT & T selbst wurde durch die Entflechtung kurzfristig schwer in Mitleidenschaft gezogen.[298] Dennoch wird der Eingriff inzwischen mehrheitlich und lagerübergreifend als Erfolg in der Anwendung des Sherman Act gefeiert.[299] Ursache hierfür ist einmal, dass dem Verfahren eine stringente Theorie zugrunde lag, die in der Zeit bis zur Ersetzung des „Modified Final Judgment" durch den Telecommunications Act von 1996 – nicht zuletzt dank der Handhabung durch Richter *Greene* – konsequent eingehalten wurde.[300]

Die mit der Entflechtung bezweckte Öffnung der Märkte für Telekommunikationstechnologie und Ferngespräche wurde erreicht. Vor allem auf dem ersteren konnte – obwohl *Western Electric* bei *AT & T* verblieb[301] – ein sprunghafter Anstieg sowohl der Zahl der Wettbewerber als auch der Innovationsrate festgestellt und unmittelbar auf die Trennung von *Western Electric* von den RBOC zurückgeführt werden.[302] Auch auf dem Ferngesprächsmarkt ließen sich erhebliche Erfolge verzeichnen. Neben den bereits vor der Entflechtung vorhandenen Unternehmen konnten zahlreiche Wettbewerber, die entweder ein eigenes Glasfasernetz unterhalten, Satellitentechnik nutzen, als Reseller auftreten oder Mehrwertdienste anbieten, auf dem Markt Fuß fassen. Der Marktanteil von *AT & T* sank dabei von 85 % im Jahre 1984 auf 47,9 % im Jahre 1997.[303] Für den Konsumenten erhöhten sich die Wahlmöglichkeiten.[304] Sie trugen zur Entstehung eines Qualitäts- und Preisbewusstseins bei, das maßgeblich für den zu verzeichnenden aggressiven Wettbewerb sowie das dramatische Absinken der Verbindungsentgelte ursächlich gewesen ist.[305] Sogar auf dem nicht von unmittelbar von der Entflechtung berührten Markt für Ortsgespräche konnten positive Veränderungen festgestellt werden. Sie sind zwar auch auf die Regulierungstätigkeit der Public Utility Commissions („PUC") zurückzuführen, die gewährleisteten, dass die Preise trotz (vermeintlich) natürlicher Monopolstellungen kostenorientiert blieben.[306] Die Zerschlagung stärkte aber die RBOC, die vor allem durch die Senkung ihrer Kosten effizienter wurden und so zur dynamischen Entwicklung des Telekommunikationssektors beitrugen.[307]

Dessen ungeachtet ist die Entflechtung in letzter Zeit vermehrt in die Kritik geraten. Insbesondere wird die Ursächlichkeit der Entflechtung für die zu verzeichnenden

---

298 Siehe dazu *Temin*, S. 364 ff. (allerdings mit positivem Ausblick).

299 Vgl. *Sullivan/Grimes*, S. 779; *Muris*, 67 Antitrust L.J. 693, 723 (2000); *Shepherd*, 35 N.Y. L. S. L. Rev. 917, 933 (1990); *Litan* Brief on Remedy, S. 25; *Kearney*, 50 Hastings L.J. 1395, 1459 (1999). Zu einer kritischen Würdigung vgl. *Temin*, S. 336 ff.; *Joskow/Noll*, 51 Stan. L. Rev. 1249, 1271-78 (1999). Ablehnend *McAvoy/Robinson*, 2 Yale J. Reg. 225, 246 (1985).

300 Zur Rolle Richter *Greenes* siehe *Kearney*, 50 Hastings L.J. 1395, 1459-71 (1999).

301 Zur Kritik hierzu siehe Fn. 52 (S. 295).

302 *Irwin* in: *Adams*, S. 244, 253; *Sullivan/Grimes*, S. 781; *Litan* Brief on Remedy, S. 25.

303 Zur Marktanteilsentwicklung einzelner Gesellschaften siehe *Crandall*, Failure, S. 77 f.

304 Vgl. aber *Temin*, S. 362, dem zufolge kein Interesse an mehr Wahlmöglichkeiten bestanden habe.

305 Siehe *Irwin in: Adams*, S. 244, 256 f.; zur Höhe der Verbindungsentgelte siehe Fn. 362 (S. 336).

306 Siehe *Krouse et al.*, 42 J. L. & Econ. 61, 79-80 (1999); vgl. auch unten Fn. 364 (S. 336).

307 Siehe *Temin*, S. 363; insbesondere *Krouse et al.*, 42 J. L. & Econ. 61, 83 (1999); *Shepherd*, 35 N. Y. L. S. L. Rev. 917, 933 (1990); *Litan* Brief on Remedy, S. 25.

Erfolge in Zweifel gezogen. So soll bereits vor der Entflechtung ausreichender Wettbewerb auf dem Markt für Telekommunikationstechnik bestanden haben.[308] Darüber hinaus werden qualitative Verbesserungen – sofern sie nicht schlechthin in Abrede gestellt werden[309] – darauf zurückgeführt, dass bereits vor dem „consent decree" die Verlegung eines Glasfasernetzes in Angriff genommen wurde.[310] Der Verfall der Verbindungsentgelte schließlich soll ebenso wie die Entwicklung von Wettbewerb auf dem Ferngesprächsmarkt primär auf die Tätigkeit der FCC und der PUC zurückzuführen sein.[311] Auch der Vergleich mit Liberalisierungsbemühungen in Kanada und Europa belege, dass ein signifikanter Abfall von Verbindungsentgelten und ein Abbau von Marktdominanz möglich sei, ohne dass es eines kostspieliegen strukturellen Eingriffs benötige.[312] Neueren Untersuchungen zufolge soll eine vertikale Trennung generell zu einer Verringerung der Leitungskapazitäten führen.[313] Kritisiert wird schließlich, dass sich die Tatsacheninstanz im *AT & T*-Fall als dritte Regulierungsinstanz neben FCC und PUC habe etablieren müssen;[314] dies habe die Entwicklung des äußerst dynamischen Telekommunikationssektors erheblich behindert.[315] Die Regulierungstätigkeit hat dazu geführt, dass mit dem Telecommunications Act of 1996 das Modified Final Judgment und damit auch die Beschränkungen für die RBOC aufgehoben wurden.[316] Die strukturelle Trennung zwischen Ferngesprächsmarkt und Ortsnetz überdauerte diese Entwicklung nicht.[317] Nicht zuletzt aufgrund des hohen Kostendrucks, der zum Teil für die ab dem Jahre 2000 einsetzenden Schwierigkeiten der Telekommunikationsbranche verantwortlich gemacht wird,[318] haben die meisten der zum Zeitpunkt der Entflechtung existierenden Wettbe-

---

308 Siehe *Crandall*, Failure, S. 76.

309 Vgl. *McAvoy/Robinson*, 2 Yale J. Reg. 225, 246 (1985); siehe auch *Temin*, S. 191 ff.

310 Siehe *Shelanski/Sidak*, 68 U. Chi. L. Rev. 1, 92-96 (2001).

311 *Shelanski/Sidak*, 68 U. Chi. L. Rev. 1, 92-96 (2001); *Crandall*, 72 U. Chi. L. Rev. 3, 6-10 (2005).

312 Siehe *Elzinga et al.*, 9 Geo. Mason L. Rev. 633, 650-51 (2001); *Crandall*, Failure, S. 76 ff. (allerdings behauptend, dass die *Deutsche Telekom AG* im Jahre 2001 15-20 % Marktanteile verloren habe: dagegen Nachweise in Fn. 63, S. 117); *Crandall*, 72 U. Chi. L. Rev. 3 (2005); *Crandall/Winston*, 17 J. Econ. Perspectives 3, 11 (2003). Zur Liberalisierung des Telekommunikationsmarktes im europäischen Vergleich siehe *Mayer-Schönberger/Strasser*, 12 Harv. J. L. & Tech. 561 (1999).

313 Siehe *Viani*, S. 11 ff.

314 Eingehend hierzu § 2 C.I.1. (S. 357 ff.).

315 *Priest*, 4 Tex. Rev. L. & Pol. 141, 145 (1999); *Crandall*, 72 U. Chi. L. Rev. 3, 5 (2005); siehe auch Fn. 489 (S. 358).

316 Siehe Fn. 271 (S. 325).

317 Zu den mit der Öffnung des Ferngesprächsmarktes für RBOC verbundenen Schwierigkeiten siehe *Baumol/Merrill*, 73 N.Y. U. L. Rev. 1122 (1998). Instruktiv *La Rochefordière*, EC Comp. Pol. NL (June 2001), S. 11, 12 f.; zu einer (befürwortenden) empirischen Analyse siehe *Hausman/Leonard/Sidak*, 70 Antitrust L.J. 463 (2002) (einen weiteren Abfall der Gesprächskosten konstatierend).

318 Vgl. *Wired News* v. 10. 2. 2003, unter *http://www.wired.com/news/business/0,1367,57598,00.html* abrufbar. Zu einer anderen Sichtweise siehe *Cendan*, 78 N.Y.U. L. Rev. 1755, 1767 (2003): Danach sei der Niedergang insbesondere darauf zurückzuführen, dass die Ortsnetzbetreiber ihren Verpflichtungen nach dem Telecommunications Act nicht nachgekommen seien. Zum Zustand des Telekommunikationssektors siehe *Crandall/Sidak*, 19 Yale J. Reg. 335, 337 (2002).

werber von *AT & T* nicht nur untereinander, sondern auch mit ehemaligen RBOC fusioniert.[319]

Die Kritik belegt ein Phänomen, dass allen Entflechtungen des Sherman Act anhaftet. Sofern positive Entwicklungen festgestellt wurden, lässt sich in der Regel nicht mit Sicherheit feststellen, dass diese tatsächlich auf den strukturellen Eingriff zurückzuführen sind.[320] Allerdings lässt sich auch feststellen, dass der Eingriff im Fall *AT & T* zu einer Dynamisierung des Marktes geführt hat, die in der Form vor dem Eingriff nicht zu verzeichnen war und auch durch die Bemühungen der Regulierungsbehörden nicht gewährleistet werden konnte. Daher mag der Keim zum Erfolg der Entflechtung bereits vor ihrer Durchführung angelegt gewesen sein; ob der Wettbewerb sich jedoch ähnlich entwickelt hätte, wenn der Eingriff unterblieben wäre, ist zweifelhaft. Allerdings kann auch festgehalten werden, dass die dynamische Effizienz des Marktes insgesamt – wie bereits im Fall *Standard Oil* – durch die Entflechtung *keinen* Schaden genommen hat.

3. Beeinträchtigung der Wettbewerbsfähigkeit von Unternehmen?

In einigen nach Section 2 Sherman Act entschiedenen Fällen – darunter im *U.S.-Steel*-Fall – wurde eine Entflechtung (auch) mit der Begründung abgelehnt, die internationale Wettbewerbsfähigkeit der betroffenen Unternehmen würde hierdurch gefährdet.[321] Im Grunde handelt es sich hierbei um eine Erwägung, der angesichts des zwingenden Mittelcharakters im europäischen Kartellrecht keine eigenständige Bedeutung zukommen sollte.[322] Allerdings enthält Artikel 157 Abs. 3 EG eine Ermächtigungsgrundlage, um Maßnahmen zur Förderung der Wettbewerbsfähigkeit der Industrie der Gemeinschaft zu ergreifen;[323] darüber hinaus hat die Kommission durchaus bei der Bemessung von Geldbußen außenpolitische Interessen der EG einfließen lassen.[324] Insofern stellt die Wettbe-

319 *MCI* und *WorldCom* fusionierten im Jahre 1998; eine Übernahme von *Sprint* im Juni 2000 scheiterte am Veto der US-amerikanischen Kartellbehörden. Im März 2001 gab *WorldCom* bekannt, zum Verkauf zu stehen (vgl. SZ Nr. 56 v. 8. 3. 2001, S. 28); ein Jahr später meldete das Unternehmen die größte Insolvenz der US-amerikanischen Geschichte an. *WorldCom / MCI* wurde Anfang Januar 2006 von *Verizon Communications*, einem ehemaligen „Baby Bell" (*Bell Atlantic*) aufgekauft. Darüber hinaus hatte *Verizon* bereits 1996 eine andere RBOC – nämlich *NYNEX* – aufgekauft und sich bereits 1998 mit *GTE Corp.* zusammengeschlossen. Das DoJ hat zuletzt die Übernahme von *Bellsouth* durch *AT & T* genehmigt: *NERA* – GAW Nr. 408 (13. 10. 2006).

320 Siehe insoweit auch § 2 B.I.5. (S. 335 ff.).

321 Siehe Fn. 47 (S. 252). Zu dem von *Microsoft* erhobenen, von politischer Seite unterstützten Einwand vgl. Fn. 244 (S. 322).

322 Vgl. die Diskussion in § 1 B.I. (S. 268 ff.); ferner *XXIII. Wettbewerbsbericht 1993*, Rn. 155 ff. („Wettbewerbspolitik [stellt] ein für die Industriepolitik unerlässliches Instrument [dar].").

323 Vgl. auch Art. 2 EG (Förderung der Wettbewerbsfähigkeit).

324 Siehe KOMM. – *ABG/Mineralölgesellschaften* (19. 4. 1977), ABl. 1977 L 117/1, 12; KOMM. – *Aluminiumeinfuhren aus Osteuropa* (19. 12. 1984), ABl. 1985 L 92/1 (Ziff. 6, 17.2); KOMM. – *Betonstahlmatten* (2. 8. 1989), ABl. 1989 L 260/1 (Rn. 206) (Strukturkrisenkartell); KOMM. – *Niederländische Bauwirtschaft*, (5. 2. 1992), ABl. 1992 L 92/1 (Rn. 141), bestätigt durch EuGH – *SPO*, (15. 3. 1996, Rs. C-137/95 P) Slg. 1996, I-1611. Siehe auch *Möschel* in: *FS Rittner*, S. 405, 409 f.

werbsfähigkeit durchaus ein Kriterium dar, dass im europäischen Recht im Rahmen der Verhältnismäßigkeitsprüfung im engeren Sinne Berücksichtigung finden könnte.

Zum Teil wird jedoch vertreten, dass die Konzentration eines Marktes positive Auswirkungen auf die internationale Wettbewerbsfähigkeit eines Unternehmens habe.[325] Ein Zielkonflikt entsteht im europäischen Recht insofern allenfalls mittelbar, soweit ein struktureller Eingriff nämlich langfristig zu einem Abbau von Marktmacht führen soll. Darüber hinaus ist zweifelhaft, ob tatsächlich ein Zielkonflikt besteht. Zum einen orientiert sich die Feststellung einer beherrschenden Stellung an sachlich, räumlich und zeitlich relevanten Märkten. Steht ein Unternehmen in internationalem Wettbewerb, fließt dieser Umstand in die Bestimmung von Marktbeherrschung – oder von „monopoly power" – ein,[326] so dass unter Umständen bereits eine Haftungsvoraussetzung, und damit auch ein struktureller Eingriff, entfällt. Auswirkungen außerhalb des relevanten Marktes wie die Fähigkeit eines Unternehmens, sich auf anderen Märkten als Exporteur zu betätigen, fallen demgegenüber in den Bereich der meta-ökonomischen Ziele und haben an sich in einem am Wettbewerb orientierten Rechtsrahmen keinen Platz.[327]

Überdies zeigen die Erfahrungen im Zusammenhang mit (internationalen) Zusammenschlüssen, dass der Schluss von der Konzentration eines Marktes auf eine höhere internationale Wettbewerbsfähigkeit zweifelhaft ist. Steigende Konzentrationsraten erhöhen vielmehr die Gefahr einer Zunahme von Reibungsverlusten, von Kommunikationsdefiziten und einer volkswirtschaftlich sinnlosen Verschwendung von Ressourcen im Hinblick auf eine Aufrechterhaltung der erlangten Marktstellung.[328] Gleichzeitig erscheint es paradox, annehmen zu wollen, das *Fehlen von Wettbewerbsdruck* fördere die internationale Wettbewerbsfähigkeit. Vielmehr ist die Öffnung eines heimischen Marktes für Wettbewerb sicherste Garantin für die internationale Wettbewerbsfähigkeit von Unternehmen.[329] Empirische Erfahrungen in der Anwendung des Sherman Act belegen dies. So wird das Ausbleiben einer Entflechtung vielfach als Grund für den desaströsen Zustand der US-amerikanischen Stahlindustrie, die sich im internationalen Wettbewerb nicht durchzusetzen vermochte, genannt.[330] Ein ähnliches Schicksal erlitten Unternehmen wie *American Can* und *International Harvester*, die sich einer Entflechtung hatten

---

325 Siehe hierzu *Schulte-Braucks*, S. 212 ff. (m. w. N.); vgl. bereits Fn. 63 (S. 35).

326 Vgl. z. B. *XXIII. Wettbewerbsbericht 1993*, Rn. 79.

327 Vgl. *Möschel* in: *FS Rittner*, S. 405, 407 ff. Explizit auch *U.S. v. Corn Products Refining Co.*, 234 F. 964, 1016 (S.D.N.Y. 1916).

328 Vgl. die verheerende Bilanz bei *Adams* in: *Adams*, S. 349, 366 ff. (m. w. N.); *Adams/Brock*, 62 N.Y.U. L. Rev. 1116, 1117-21 (1987); ähnlich *Schmidt*, Wettbewerbspolitik, S. 108; *Jacquemin* in: *Admiraal*, S. 1, 13 ff.; *Lenel*, 51 ORDO 1, 10 ff. (2000). Siehe auch Fn. 175 (S. 313).

329 Vgl. *Porter*, S. 662-664; *Comanor/Scherer*, 2 Int. J. Econ. Bus. 263, 285 (1995); *Adams/Brock*, 66 U. Co. L. Rev. 257, 280-281 (1995) (mit weiteren Beispielen). In diesem Sinne auch *VIII. Wettbewerbsbericht 1978*, S. 14; *XX. Wettbewerbsbericht 1990*, S. 13; *XXIX. Wettbewerbsbericht 1999*, Rn. 201; *XXX. Wettbewerbsbericht 2000*, S. 401 (Entschließung des Europäischen Parlaments zum *XXIX. Wettbewerbsbericht*); *XXXI. Wettbewerbsbericht 2001*, Rn. 31.

330 Vgl. im 2. Teil § 2 A.III.2. b) aa) (S. 211): Primäre Ursache dürfte allerdings eher gewesen sein, dass es nicht gelungen ist, das kollusive Parallelverhalten zwischen den Stahlunternehmen abzustellen. Zum *U.S.-Steel*-Fall vgl. im 2. Teil § 1 A. (S. 162 f.).

entziehen können.[331] Der Intensivierung internationalen Wettbewerbs auf ihren angestammten Märkten waren die Unternehmen nicht gewachsen und hatten bis Ende der 80er Jahre entweder ihre ursprünglichen Geschäftsfelder aufgegeben oder ihre Geschäftstätigkeit vollständig eingestellt.[332]

Demgegenüber belegt der *Standard-Oil*-Fall, dass internationale Wettbewerbsfähigkeit und Wettbewerb auf dem heimischen Markt in einer positiven Korrelation stehen. Zwar hatte das Unternehmen vorgetragen, die Entflechtung beeinträchtige seine internationale Wettbewerbsfähigkeit vor allem im Verhältnis zu deutschen Unternehmen, deren Konzentrationsbewegung zu diesem Zeitpunkt staatlicherseits unterstützt wurde.[333] Der Supreme Court zeigte sich aber durch die skizzierten apokalyptischen Szenarien unbeeindruckt.[334] Die befürchteten Auswirkungen blieben de facto aus. Im Unterschied zu den Unternehmen, die sich einer Entflechtung hatten entziehen können, aber bis Ende der 80er Jahre ihre ursprüngliche Geschäftstätigkeit aufgegeben hatten, befanden sich zu demselben Zeitpunkt (1987) fünf der Nachfolgegesellschaften von *Standard Oil* unter den 15 größten Unternehmen der Vereinigten Staaten.[335] Ähnlich vital präsentierten sich *Du Pont*, dessen Aktivitäten auf dem Schwarzpulvermarkt entflochten wurden,[336] sowie die Nachfolgegesellschaften von *American Tobacco*.[337]

4. Vernichtung von Leistungsanreizen durch strukturelle Eingriffe?

Obgleich sich nach dem Vorstehenden die Mehrzahl der Unternehmen, die Gegenstand eines strukturellen Eingriffs waren, als erstaunlich vital präsentieren, wird die Entflechtung zum Teil hyperbolisch als „Todesstrafe" für Unternehmen bezeichnet.[338] Zuletzt wurde daher im *Microsoft*-Fall unter anderem gerügt, eine strukturelle Abhilfe drohe Leistungsanreize zu schmälern.[339] Tatsächlich belegen die Erfahrungen des Sherman

331 Vgl. zu den beiden Fällen § 1 A. (S. 162 f.) und Fn. 88 (S. 191).

332 Überblick bei *Comanor/Scherer*, 2 Int. J. Econ. Bus. 263, 265 (1995); vgl. ferner *Scherer/Ross*, S. 451 ff.; *Scherer* in: *Scherer*, S. 39; *Comanor*, 46 Antitr. Bull. 115, 120 (2001).

333 Vgl. bereits Fn. 34 (S. 292); eingehend *Kovacic*, 31 Conn. L. Rev. 1285, 1297-98 (1999); zur weiteren Entwicklung siehe auch *Kovacic*, 71 Antitrust L.J. 377, 442-44 (2003).

334 Siehe *U.S. v. Standard Oil Co. of New Jersey*, 221 U.S. 1, 81-82 (1911); ähnlich *U.S. v. Corn Products Refining Co.*, 234 F. 964, 1016 (S.D.N.Y. 1916), appeal dismissed, 249 U.S. 621 (1919).

335 Vgl. *Scherer/Ross*, S. 451 sowie die Nachweise in Fn. 37 (S. 293).

336 Siehe in § 2 A.III.2. b) bb) ccc) (S. 216).

337 Vgl. die Nachweise in Fn. 332 (S. 332). Angesichts dieser Erfahrungen sind die (gescheiterten) legislativen Bemühungen in den 80iger Jahren, eine Legalausnahme für wettbewerbswidrige Zusammenschlüsse von Unternehmen, die durch internationalen Wettbewerb unter Druck gerieten, zu schaffen, unverständlich. Hierzu *Fox/Sullivan*, 62 N.Y.U. L. Rev. 936, 954 (1987).

338 Vgl. *Baker*, 61 Notre Dame L. Rev. 898, 898 (1986); ferner Fn. 18 (S. 261).

339 Vgl. *Klein*, 46 Antitr. Bull. 71, 113 (2001); *Elzinga et al.*, 9 Geo. Mason L. Rev. 633, 679 et seq. (2001); *Meese*, 9 Geo. Mason L. Rev. 761, 775 (2001). Zu weiterer Kritik im Hinblick auf: *(1)* das Fehlen eines Konsumentenschadens siehe im 2. Teil § 2 A.III.2. a) cc) (S. 202 ff.); *(2)* den spekulativen Charakter der Abhilfe siehe Fn. 210 (S. 207) und Fn. 262 (S. 213); *(3)* die Balkanisierung des Betriebssystems vgl. Fn. 273 (S. 214) sowie Fn. 208 (S. 317); *(4)* die Vernichtung von Innova-

Act, dass stellenweise bereits die Einleitung eines Verfahrens – unabhängig von dem letztlich erzielten Erfolg – disziplinierende Wirkung auf das von dem Verfahren betroffene Unternehmen und, darüber hinausgehend, auf andere Marktteilnehmer haben kann.[340] So lassen sich beispielsweise im Gefolge der Entscheidungen in den Fällen *Standard Oil* und *American Tobacco* verstärkt Bemühungen marktmächtiger Unternehmen verzeichnen, sich aus Furcht vor Verfolgung entweder Unbedenklichkeitsbescheinigungen ausstellen zu lassen oder sich mit den Verfolgungsbehörden zu vergleichen.[341]

Die durch die Möglichkeit struktureller Eingriffe gegebene Abschreckungswirkung wirkte sich zum Teil positiv aus. So verzichtete beispielsweise *Du Pont* – obgleich das Department of Justice zunächst unterlegen war – auf geplante Kapazitätserweiterungen und „züchtete" einen Wettbewerber heran.[342] In anderen Fällen hingegen wirkte sich die Gefahr einer Entflechtung kontraproduktiv aus. Prominentestes Beispiel ist der Fall *U.S. Steel*.[343] Ambivalent hingegen ist das Verfahren gegen *IBM*. Hier führte die Einleitung des Verfahrens einerseits dazu, dass das Unternehmen gezwungen wurde, sich Wettbewerbern gegenüber maßvoller zu verhalten. Andererseits führte die Bindung von Ressourcen durch das Kartellverfahren auch dazu, dass diese nicht an anderer Stelle – insbesondere im Bereich der Forschung und Entwicklung – eingesetzt werden konnten, was wiederum den Aufstieg *Microsofts* begünstigt hat.[344] Die Wirkung ist insofern äußerst ambivalent, da einerseits eine gewisse marktöffnende Wirkung zu verzeichnen ist, die eventuelle Paradigmenwechsel erleichtert,[345] andererseits das dominierende Unternehmen selbst als Wettbewerbsfaktor ausfällt.

Allerdings sollte die Abschreckungswirkung struktureller Eingriffe nicht überbewertet werden. Gerade der Fall *Microsoft* belegt, dass die disziplinierende Wirkung von Kartellverfahren – auch wenn eine Entflechtung droht – begrenzt ist. Das Verfahren als solches hat sicherlich zu einer temporären Sensibilisierung der Öffentlichkeit geführt, die vorübergehend den Eindruck erweckte, *Linux* könne sich zu einer ernsthaften Alternative entwickeln.[346] *Microsoft* selbst enthielt sich zudem zumindest vorübergehend aggressiver Verdrängungsstrategien, was zu einer Vitalisierung des Wettbewerbs geführt hat.[347] Sie wird dadurch begünstigt, dass die Zukunft der Informationstechnologie ver-

---

tionspotential siehe Fn. 244 (S. 322); *(5)* die Gefahr erheblicher Preissteigerungen siehe Fn. 252 (S. 323) und *(6)* das Fehlen von Bruchlinien Fn. 458 (S. 242).

340 Instruktiv *Waldman*, S. 21 ff. (mit Differenzierung nach Verfahrensabschnitten); vgl. ferner *Kovacic*, 31 Conn. L. Rev. 1285, 1288-89 (1999).

341 *Freyer*, S. 189 f. (m. w. N.); dagegen *Crandall/Winston*, 17 J. Econ. Perspectives 3, 20-21 (2003).

342 Vgl. *Waldman*, S. 36 ff. (m. w. N.); zu dem Fall siehe § 1 B.II.3. (S. 275, Fn. 116).

343 Siehe im 2. Teil § 2 A.I.4. (S. 187 ff.).

344 Siehe Fn. 125 (S. 196); vgl. auch *Gerstner*, S. 136 f.

345 Wie hier *Kovacic*, 31 Conn. L. Rev. 1285, 1289 (1999).

346 Vgl. *The Economist* v. 27. 1. 2001, S. 70, und v. 17. 4. 2004, S. 59 f.; *Metzger/Jaeger*, GRUR-Int 1999, 839 (m. w. N.). Analysten stufen *Linux* zwischenzeitlich als ernsthafte Bedrohung für *Microsoft* ein: vgl. *Robert Jaques*, „Microsoft should ‚fear the Penguin'" (10. 1. 2003), abrufbar unter *http://www.wnunet.com/News/1137951*.

347 Vgl. *Bickerstaff*, MMR 2001, 73, 80; *Zittrain*, 31 Conn. L. Rev. 1361, 1369 (1999) („circling vulture syndrome"); *Auletta*, S. 385 ff. (auch mit Verweis auf *AT & T*, *AOL/Time Warner*, *Vivendi/*

stärkt auf den Aufbau von Netzwerken setzt, auf die von unterschiedlichen Endgeräten zugegriffen werden kann. Die damit verbundene Erwartung, die Bedeutung des PC werde sich relativieren,[348] zumal die Protagonisten der neuen Marktentwicklung über ein vergleichbares Gewicht wie *Microsoft* verfügten, hat sich indes nicht erfüllt.[349] Trotz erhöhter Aufmerksamkeit der europäischen und US-amerikanischen Kartellbehörden hat sich der Marktanteil *Microsofts* zwar auf dem Browsermarkt deutlich reduziert, blieb aber auf dem Markt für Betriebssysteme bis in das Jahr 2007 konstant über 90 %.[350] Zugleich kehrte Microsoft zügig zu gewohnten Verhaltensmustern zurück.[351] Insbesondere wurde die Strategie der fortwährenden Integration von Komponenten aus den Bereichen Betriebssystem, Office-Anwendungen und Browser fortgesetzt. Dies hat neue Befürchtungen ausgelöst, *Microsoft* könne seine dominierende Stellung auf komplementäre Märkte wie Server oder netzbasierte Dienste übertragen.[352] Der von *Microsoft* geschlossene Vergleich sieht diesbezüglich keine speziellen Abhilfen vor;[353] sie werden allerdings zum Teil durch die Anordnungen der Kommission abgedeckt. Der Fortbestand des Marktanteils von *Microsoft* lässt allerdings ebenso wie neue Beschwerden zweifelhaft erscheinen, ob die bislang angeordneten Verhaltenskontrollen ausreichend sind.[354]

Abgesehen davon, dass *Microsofts* Verhalten belegt, dass die abschreckende Wirkung eines strukturellen Eingriffs begrenzt ist, muss schließlich berücksichtigt werden, dass zumindest im US-amerikanischen Recht vor allem die Gefahr von Folgeverfahren erhebliche disziplinierende Wirkung entfaltet.[355] Selbst in den Fällen, in denen sich die Einleitung von Kartellverfahren als kontraproduktiv erwiesen hat, lässt sich daher nicht mit Sicherheit sagen, dass dies – zumal die Rechtsprechung sich gegenüber Abhilfen

---

Seagram); ferner *Kovacic*, 31 Conn. L. Rev. 1285, 1291 (1999): Letzterer setzt große Hoffnung auf die 1998 gegründete Allianz von *Sun*, *Netscape* und *AOL*, ohne dass sich diese bislang erfüllt hätte: siehe *Lenard*, 9 Geo. Mason L. Rev. 803, 809 (2001).

348 Vgl. *Gerstner*, S. 142 ff., 186 ff.; *Auletta*, S. 395; *Möschel*, MMR 2001, 3, 4; ferner *The Economist* v. 9. 11. 2002, S. 63, und v. 23. 11. 2002, S. 67 ff.

349 Vgl. z. B. Pressemitteilung der Kommission IP/04/1044 v, 25. 8. 2004 und die folgende Pressemitteilung IP/05/295 v. 15. 3. 2005.

350 Siehe unten Fn. 561 (S. 368). Aktuelle Werte zum Marktanteil *Microsofts* abrufbar unter *http://www.webhits.de/deutsch/index.shtml?webstats.html*.

351 Vgl. *The Economist* v. 28. 4. 2001, S. 67 f.; *Handelsblatt Online* v. 11. 6. 2001; ferner Schriftliche Frage P-2053/02 von *Bert Doorn* an die Kommission v. 5. 7. 2002, ABl. 2003 C 137 E/41 (rügend, dass *Microsoft* seine Verhaltensweisen ungestört fortsetze); siehe aber auch *NERA* – GAW Nr. 306 (21. 7. 2006) zu einem 12-Punkte-Plan *Microsofts* zur Förderung von Wettbewerb.

352 Vgl. bereits *Litan* Brief on Remedy, S. 19 f. (in Bezug auf *Windows 2000*); ferner *Henderson Declaration*, Rn. 34 ff.; *Romer Declaration*, Rn. 35 f.; *Felten Declaration*, Rn. 77 ff. Siehe auch *ProComp*, White Paper (May 15, 2001) (zu *Microsofts* Strategie „.NET“ [„dotnet“]); Brief of Amici Curiae *AOL*, *CCIA*, *ProComp*, and *SIIA* in Support of the United States and State Appellees (Jan. 12, 2001), S. 17 f. Vgl. auch *The Economist* v. 6. 1. 2001, S. 53 f.; ferner *Cooper/Murray*, S. 8 ff. Bedenken wurden auch gegen die Integration von Suchfunktionen in das Betriebssystem geäußert: Siehe hierzu *NERA* – GAW Nr. 442 (16. 6. 2007).

353 *State of New York et al. v. Microsoft Corp.*, 2002 WL 31439655 *52-59, 86 (D.D.C 2002).

354 A.A. *Evans/Nichols/Schmalensee*, 1 J. Competition L. & Econ. 497 (2005); ebenso das DoJ, siehe hierzu Fn. 140 (S. 198). Zu neuen Beschwerden vgl. im 1. Teil § 2 B.II.2. e) aa) (S. 102, Fn. 446); zu – wie hier – kritischen Beurteilungen vgl. die Nachweise in Fn. 138 (S. 198).

355 Siehe insofern bereits die Diskussion in § 1 A.I. (S. 261 ff.).

struktureller Art zurückhaltend gezeigt hat – tatsächlich auf das Vorhandensein eines Entflechtungsinstrumentes zurückzuführen ist. Tendenziell scheint jedenfalls von Entflechtungen – wie auch die Fälle *Standard Oil* und *AT & T* belegen – keine nachhaltige Beeinträchtigung der Kompetitivität der betroffenen Märkte ausgegangen zu sein.

5. *Auswirkungen auf die allokative Effizienz des Marktes*

Insbesondere von Vertretern der Chicago-School wird bezweifelt, inwiefern Entflechtungen in der Lage seien, der (vermeintlichen) Zielsetzung des Sherman Act entsprechend den „consumer welfare" durch Preissenkungen oder die Steigerung des Output eines Marktes zu erhöhen.[356] So wurde im Zusammenhang mit dem Verfahren gegen *Microsoft* vertreten, die geplante Entflechtung werde unweigerlich zu drastisch höheren Preisen führen.[357] Diese Annahme ist allein im Hinblick auf die erheblichen Gewinnmargen, die der Software-Hersteller erzielt, fragwürdig.[358] Zugleich ist aus den bereits dargelegten Gründen paradox, einerseits das Risiko von Monopolpreisen aufgrund der strukturellen Trennung zu beschwören, andererseits den *wettbewerbsbedingten* Verlust der Möglichkeit, Monopolgewinne erzielen zu können, zu beklagen.[359] Die vermeintliche Gefahr von Monopolpreisen wird schließlich durch die von Kritikern des Verfahrens selbst behaupteten natürlichen Beschränkungen etwaiger Preissetzungsfreiräume, insbesondere durch Raubkopien, aber auch durch vorhandene oder potentielle Alternativen im Anwendungs- und Betriebssystemmarkt, eingedämmt.[360] Dies gilt auch insoweit, als nach der Zielsetzung der Entflechtung die Trennung von Anwendungs- und Betriebssystemsparte dazu führen sollte, den Anreiz zu beseitigen, Schnittstelleninformationen der eigenen Sparte vorzubehalten.[361]

Aufgrund der bereits vorhandenen Gewinnspannen im Betriebssystem- und Anwendungsbereich unterscheidet sich der *Microsoft*-Fall grundlegend von Konstellationen, in denen nach dem Wegfall der Möglichkeit, einzelne Geschäftsbereiche zu subventionieren, zwingend eine Anpassung an die Kosten mit der Konsequenz höherer Preise erfolgen muss. Auch hier hat der *AT & T*-Fall allerdings gezeigt, dass die Preiserhöhungen allenfalls moderat waren. Betrugen die jährlichen Gebührenerhöhungen vor der Entflechtung 6%, stiegen sie unmittelbar danach auf 8,7%. Dies hat manche Kritiker dazu verleitet, den örtlichen Abnehmer als Verlierer der Zerschlagung zu bezeichnen. Im Jahre 1989 war die Rate jedoch bereits auf 2,5% abgesunken. Im selben Zeitraum

---

356 Vgl. im 2. Teil § 2 A.III.3. (S. 218 ff.); *Bork*, Antitrust Paradox, S. 66, 89; siehe auch die Untersuchung von *Crandall*, Failure.

357 Siehe Fn. 252 (S. 323). Vgl. auch Kritik bei *Muris* in: *Eisenach/Lenard*, S. 90 („little benefit, other than employing a large number of lawyers and economists.")

358 Siehe oben Fn. 193 (S. 204).

359 Siehe bereits die Diskussion in § 2 B.I.2. b) (S. 323).

360 Siehe insofern im 2. Teil § 2 A.III.2. a) cc) (S. 203).

361 Siehe im 2. Teil § 2 A.III.2. a) dd) (S. 206).

fielen die Preise für Ferngespräche jedoch so dramatisch, dass die Höhe der Entgelte insgesamt eine sinkende Tendenz aufwies.[362] Freilich ließe sich insoweit vertreten, dass die Entwicklung der Preise auch deshalb moderat blieb, weil eine Kontrolle durch die Regulierungsbehörden erfolgte.[363] Da diese jedoch kostenorientiert ist, indiziert der *bis in das Jahr 2005 andauernde* Trend sinkender Preise auch, dass die Kosten der Telefongesellschaften wettbewerbsbedingt sanken.[364]

Freilich wäre im *Microsoft*-Fall eine entsprechende Kontrolle wie im Fall *AT & T* nicht gewährleistet gewesen. Allerdings wäre in ersterem Fall Wettbewerb – anders als im Fall der RBOC – grundsätzlich möglich gewesen, so dass im Falle einer angesichts der Erträge *Microsofts* unwahrscheinlichen Preisüberhöhung eine Erosion der Marktmacht des Software-Herstellers wahrscheinlich gewesen wäre. Die befürchteten Preisüberhöhungen wären vor diesem Hintergrund unwahrscheinlich gewesen. Die Erfahrungen mit anderen Fällen rechtfertigen keinen anderen Schluss. So wurde beispielsweise für den Fall *Standard Oil* vertreten, dass die Preisentwicklung, bedingt durch den Zutritt neuer Gesellschaften, bereits *vor* der Entflechtung rückläufig gewesen sei. Insofern habe nicht nur mangels Marktmacht oder Schädigung des gesellschaftlichen Wohls keine Notwendigkeit bestanden, eine Entflechtung vorzunehmen,[365] diese sei im Ergebnis sogar schädlich gewesen, da in ihrer Folge die Preise angestiegen seien.[366] Die Ursächlichkeit der Entflechtung für diese Entwicklung ist aber zweifelhaft. Zum einen nahm aufgrund der zunehmenden Elektrifizierung US-amerikanischer Haushalte die Nachfrage nach Kerosin, dem angestammten Markt des Trust, ab. Parallel dazu stieg die Nachfrage – und damit auch den Preis – für Benzin dank des Triumphzugs des Automobils.[367] Die Marktgegebenheiten vor und nach der Entflechtung sind mithin nicht vergleichbar. Zudem vernachlässigt die Fokussierung auf die Preisentwicklung, dass durch die Entflechtung der Marktzutritt erheblich erleichtert wurde. Begünstigt durch exogene Umstände wie die Entdeckung neuer Ölvorkommen ausserhalb der ehemaligen Einflusszone des Trust sowie die Veränderung der Nachfragestruktur, ermöglichte die Zerschlagung eine rapide Expansion von Gesellschaften, die nicht Teil des Trusts gewesen waren und bereits vor 1911 die Erosion des Marktanteils von *Standard Oil* eingeleitet hatten.[368] Dabei macht es die Überlagerung mehrerer Faktoren zwar unmöglich, die Ursächlichkeit

362 Vgl. *Crandall*, S. 59 ff.; *Irwin* in: *Adams*, S. 244, 257 (m. w. N.); siehe auch *Temin*, S. 191 ff. Anders *McAvoy/Robinson*, 2 Yale J. Reg. 225, 246 (1985).

363 Siehe insoweit Fn. 311 (S. 329).

364 Siehe dazu Fn. 306 (S. 328). Zur Preisentwicklung siehe *FCC*, Telephone Subscribership Report (25. 5. 2005), unter *http://www.fcc.gov/wcb/iatd/lec.html* abrufbar

365 In diesem Sinne *DiLorenzo*, 5 Int. Rev. L. & Econ. 73-90 (1985) (mit Gegenüberstellung der Entwicklung von Produktivität und Preisen für Trust-dominierte Märkte); *McChesney*, 23 Harv. J.L. & Pub. Pol 133, 135 (1999); *Graglia*, 23 Harv. J. L. & Pub. Pol. 11 (1999); *Armentano*, S. 99, 271.

366 Vgl. *Crandall*, Failure, S. 17 ff.

367 Siehe *Whitney*, S. 104 (m. w. N. zu Untersuchungen der FTC); *Crandall*, Failure, S. 16 ff.

368 Vgl. *Whitney I*, S. 106. Die neuen Gesellschaften reduzierten den addierten Marktanteil der Nachfolgegesellschaften immerhin von 80 % der Raffineriekapazität im Jahre 1911 auf 46 % im Jahre 1927. Ursprünglich lag der Marktanteil bei 90 %; vgl. aber *Crandall*, Failure, S. 19 ff. (wonach der Output des Marktes insgesamt gefallen sei: „perverse effect“).

der Entflechtung für die Entstehung von Wettbewerb zweifelsfrei festzustellen.[369] Es sind aber Zweifel angebracht, ob die Entwicklung der unabhängigen Ölgesellschaften ebenso reibungslos verlaufen wäre und entsprechende Marktanteilsverluste für die Nachfolgegesellschaften von *Standard Oil* zu verzeichnen gewesen wären, hätte man dem Trust die Instrumente belassen, mit deren Hilfe er den Wettbewerb bislang in Schach zu halten vermochte.[370] Nicht zu vernachlässigen ist ferner, dass die Entflechtung den Abbau von größenbedingten Entwicklungshemmnissen innerhalb des Trust förderte und damit *zur dynamischen Entwicklung* des Marktes beitrug.[371]

Ähnlich ambivalent ist der *Paramount*-Fall.[372] Die vertikale Entflechtung sicherer Absatzmärkte enthob die beklagten Produktionsgesellschaften von der Notwendigkeit, ihre Theater möglichst rentabel im Erstaufführungsgeschäft zu halten. Dies führte zu einer Verknappung des Filmangebots, die nur teilweise durch unabhängige Produzenten sowie die nicht integrierten Produktionsfirmen kompensiert werden konnte. Im Ergebnis stiegen die Mietgebühren für Filme und damit auch die Eintrittspreise für Erstaufführungen,[373] ohne dass sie in der Folge wieder gefallen wären. Allerdings ist dabei zu berücksichtigen, dass das *Paramount*-Verfahren auch die Unterbindung von Preisabsprachen zum Ziel hatte. Mithin lässt sich nicht ausschließen, dass – zumal in den auf die Entflechtung folgenden 20 Jahren wesentlicher Marktzutritt ausblieb – die Abhilfe sich als unzureichend erwies, um den beklagten Produktionsgesellschaften die Mittel zu nehmen, die ihnen weiterhin ein kollusives Parallelverhalten ermöglichten.[374] Zudem erhöhte sich der Wettbewerbsdruck auf dem Markt der Filmvorführung durch das Aufkommen von Drive-in-Kinos und die Fernsehrevolution, wobei letzteres gleichermaßen die Verknappung des Filmangebots erklärt.[375] Auf den Märkten der Filmproduktion sowie der Filmaufführung konnte jedoch eine erhebliche Zunahme von Wettbewerb – wenn auch nicht in Bezug auf den Parameter Preis – registriert werden.[376] Die Entflechtung führte vor allem zu einer Öffnung des Vorführungsmarkt für unabhängige Produ-

---

369 In diesem Sinne auch *Whitney I*, S. 107; *Hale*, 40 Col. L. Rev. 615, 618 (1940). Anders *Boudreaux/Folsom*, 44 Antitr. Bull. 555, 561 (1999), wonach die Regierung lediglich bereits geschaffene Tatsachen ratifiziert habe. Ähnlich *Elzinga et al.*, 9 Geo. Mason L. Rev. 633, 650 (2001); ebenfalls kritisch, wenn auch differenzierter, *Posner*, in: *Goldschmid et al.*, S. 393, 395 f.

370 Positive Bewertungen bei *Shepherd*, Treatment, S. 315 ff.; *ders.*, 35 N.Y. L. S. L. Rev. 917, 932-33 (1990); *Baker*, 61 Notre Dame L. Rev. 898, 898-99 (1986); *Scherer/Ross*, S. 451; *Kovacic*, 31 Conn. L. Rev. 1285, 1300 (1999); *Oehler* S. 238.

371 Siehe in § 2 B.I.2. b) (S. 323).

372 Siehe im 2. Teil § 2 B.II. (S. 231 f.)

373 Siehe auch *Crandall*, 20 Antitr. Bull. 49-88 (1975); *ders.*, Failure; ferner *Oehler*, S. 211.

374 Siehe dazu *Crandall*, Failure, S. 51 ff.

375 Vgl. Kritik bei *Posner*, in: *Goldschmid et al.*, S. 393, 395 f. Zu späteren Bemühungen, die großen nationalen Fernsehnetzwerke zu entflechten, siehe *Shepherd* in: *Kovaleff*, S. 1023; *U.S. v. NBC*, 1978-1 Trade Cas. (CCH) § 61,855 (C.D. Cal. 1977); *U.S. v. CBS*, 1980-81 Trade Cas. (CCH) § 63,594 (C.D. Cal. 1980); *U.S. v. ABC*, 1981-1 Trade Cas. § 64,150 (C.D. Cal. 1980).

376 Zu einer positiven Beurteilung vgl. *Waldman*, S. 82 ff. (wonach allerdings bereits in der gesamten Verhandlungsphase ein erhöhter Wettbewerb zu verzeichnen gewesen sei; zudem sei die Stellung *unabhängiger Verleiher* mangels Zugang zu qualitativ hochwertigen Filmen prekär geblieben); ferner *Whitney II*, S. 178; *Oehler*, S. 45; *Dewey*, 63 J. Pol. Econ. 93-102 (1955).

zenten und schuf damit – auch wenn die Erheblichkeit des Beitrags der US-amerikanischen Filmindustrie zur Entwicklung des „septième art" Geschmacksfrage ist – die Voraussetzung für die Entwicklung kreativer Impulse und kontroverser Ideen.[377]

6. *Folgerungen*

Quintessenz des Vorstehenden ist, dass eine Bewertung des Erfolgs von Entflechtungen allein unter dem Aspekt der allokativen Effizienz eines Marktes der Bedeutung ebenso wichtiger Wettbewerbsparameter wie Qualität, Innovation oder – im Fall *Paramount* – Pluralismus und Diversität, nicht ausreichend Rechnung trägt. Gerade die Erfahrungen mit der Entflechtung von *AT & T*, bei der man annahm, dass ihre Kosten durch das Auftreten von Wettbewerb kompensiert würden,[378] belegen, dass eine Fokussierung auf das Preisniveau verfehlt ist. Sie trägt volkswirtschaftlich ebenso wichtigen, wenn nicht gar wichtigeren Wettbewerbsparametern wie der dynamischen Entwicklung eines Marktes nicht ausreichend Rechnung. Entscheidend ist, dass – sofern sie überhaupt zu verzeichnen sind – Preiserhöhungen langfristig durch den einsetzenden Preis-, Innovations- und Qualitätswettbewerb kompensiert wurden.[379] Andererseits zeigen die US-amerikanischen Erfahrungen auch, dass die Auswirkungen einer Entflechtung vielfach durch unvorhergesehene Marktentwicklungen wie das Aufkommen neuer Technologien oder die schlichte Verlagerung von Märkten überlagert werden. Paradigmatisch sind, neben der bereits dargestellten Herausbildung neuer Wettbewerbsfaktoren in den Fällen *Paramount Pictures* und *Standard Oil*, die Entwicklungen im ersten *Du-Pont*-Fall, in dem der ursprüngliche Markt für Schwarzpulver nach der Entflechtung zur Bedeutungslosigkeit verkam,[380] oder das *Pullman*-Verfahren. Zwar gelang es in letzterem, den Zutritt anderer Anbieter – die allerdings bereits vor der Entflechtung vorhanden waren – zu erleichtern.[381] Aufgrund der zunehmenden Motorisierung der Bevölkerung entwickelte sich aber eine Quelle zunehmenden (indirekten) Wettbewerbs, während zugleich die Bedeutung des schienengebundenen Personentransports sank.[382]

---

377 Siehe *Waldman*, S. 88 f., wonach die Entflechtung „unzweifelhaft" dazu geführt habe, den Beitrag der Filmindustrie zur amerikanischen und weltweiten Kultur zu verbessern. Dagegen zu Recht *Rostow*, 14 U. Chi. L. Rev. 567, 591 (1946), der auf die Tätigkeit der *Motion Picture Association of America* (*MPAA*) verweist, die Filmproduzenten gewissen, z. T. kontraproduktiven Verhaltensregeln unterwirft. Aktuell zeichnet sich die *MPAA* durch ihren Feldzug gegen Raubkopien aus, mit dem die Industrie letztlich erheblichen Preissenkungen auf dem Markt vorzubeugen sucht.

378 Vgl. Assistant Attorney General *Baxter*, zitiert in *Brennan*, 40 Antitr. Bull. 455, 479 (1995).

379 In diesem Sinne für den *Microsoft*-Fall *Romer* Declaration, S. 32 (§ 71) (allerdings einräumend, dass die Höhe der Vorteile nicht quantifizierbar sei).

380 Vgl. *Posner*, Antitrust Law, S. 86; *Waldman*, S. 35; *Hale*, 40 Col. L. Rev. 615, 621 (1940); *Shepherd*, S. 316. Siehe bereits im 2. Teil § 2 A.III.2. b) bb) ccc) (S. 215 ff.).

381 Zu dem Fall siehe § 2 A.II.2. (S. 306).

382 Siehe *Posner*, in: *Goldschmid et al.*, S. 393, 395 f. Ähnliches gilt für den Vergleich zwischen Department of Justice und fünf großen Schlachtunternehmen der USA (vgl. dazu Fn. 81, S. 165): Hier führte das Aufkommen von Kühllastwagen dazu, dass die Bedeutung des schienengebunde-

Wenngleich sich nicht eindeutig feststellen lässt, dass die vorgenommenen strukturellen Eingriffe für die Verbesserung der Marktsituation verantwortlich sind, ist andererseits auch nicht ersichtlich, dass sie zu nachhaltigen Beeinträchtigungen des Marktes geführt hätten.[383] Beeinträchtigungen der *internationalen Wettbewerbsfähigkeit* lassen sich empirisch nicht belegen; ihre Berücksichtigung widerspricht zudem einer an wettbewerblichen Prinzipien orientierten Rechtsordnung. Ebensowenig lässt sich eine erhebliche *Gefährdung von Leistungsanreizen* – sei es für das von der Entflechtung betroffene Unternehmen selbst oder aber für andere Marktteilnehmer – durch strukturelle Eingriffe feststellen. Auch insoweit handelt es sich nicht um ein Kriterium, das Eingang in die nach der VO (EG) Nr. 1/2003 durchzuführende Verhältnismäßigkeitsprüfung im engeren Sinn finden müsste.[384] Dies gilt umso mehr, als die tatbestandlichen Voraussetzungen für die Annahme eines Missbrauchs, der eine Entflechtung rechtfertigen könnte, im europäischen Recht der Notwendigkeit Rechnung tragen, Leistungsanreize zu bewahren. Entflechtungen werden hier in der Regel nur im Zusammenhang mit strukturellen Vorteilen, die nicht Produkt von Leistungswettbewerb sind, oder im Falle wiederholter Zuwiderhandlungen in Betracht kommen.[385] In beiden Fällen sind nachteilige Auswirkungen auf Leistungsanreize nicht zu erwarten.

Soweit nachteilige Auswirkungen struktureller Eingriffe auf die *dynamische Effizienz* eines Marktes befürchtet werden, ist zunächst festzustellen, dass die Annahme, lediglich großen oder gar marktmächtigen Unternehmen sei möglich, Forschung und Entwicklung auf hohem Niveau zu betreiben und ihre Ergebnisse zu verwerten, fehlerhaft ist. Zwar ist richtig, dass zumindest auf der Vermarktungsstufe gewisse Größenvorteile bestehen; diese werden aber durch größenbedingte Ineffizienzen und die Inventionsleistung anderer Marktteilnehmer aufgewogen. Es wäre insofern fehlerhaft, die dynamische Effizienz des Marktes insgesamt mit dem Innovationspotential eines einzelnen Unternehmens gleichzusetzen. Eine Gefährdung durch strukturelle Abhilfen nach Artikel 7 Abs. 1 VO (EG) Nr. 1/2003 erscheint überdies ausgeschlossen, weil diese die Marktmacht eines Unternehmens als solche nicht unmittelbar angreifen sollen. Die Erfahrungen des Antitrust-Rechts belegen schließlich, dass Beeinträchtigungen der dynamischen Effizienz des Marktes *als ganzem* bislang nicht zu verzeichnen waren. Auch unter Berücksichtigung des Umstandes, dass die Ursächlichkeit der jeweiligen Entflechtungen für die erzielten Erfolge nicht gesichert ist, fällt doch auf, dass die Vitalität der betroffe-

---

nen Lebensmitteltransports abnahm. Vgl. *Posner*, a.a.O.; eingehend *Whitney I*, S. 27 ff.; zum heutigen Zeitpunkt lässt sich erneut ein hoher Konzentrationsgrad in der US-amerikanischen Fleischindustrie feststellen: siehe *Note*, 117 Harv. L. Rev. 2643 (2003).

383 Vgl. *Dewey* in: *Goldschmid et al.*, S. 8 („This is one ot the ironic features of American antitrust: the spectacular remedies of dissolution and divestiture decrees are most frequently employed in those cases where they have the least economic impact for either good or ill.").

384 Siehe dazu im 1. Teil § 3 A.I.3. c) (S. 131 ff.).

385 Siehe dazu im 1. Teil § 3 A.I.3. a) cc) (S. 120 ff.: für Zugangsverweigerungen) und § 3 A.I.3. b) aa) (S. 124 ff.: für Quersubventionen); siehe auch § 3 A.III. (S. 137 ff.).

nen Märkte im Gefolge von strukturellen Eingriffen im Vergleich zu dem Zustand *vor* dem Eingriff deutlich zunahm.

Ähnliches gilt für die *Gefährdung von Skalen- und Verbundvorteilen.* Dass erstere durch strukturelle Eingriffe nach Artikel 7 Abs. 1 VO (EG) Nr. 1/2003 angegriffen werden, kann ausgeschlossen werden. Nicht auszuschließen ist hingegen eine Gefährdung von Verbundvorteilen, die sowohl im Zusammenhang mit Quersubventionen als auch im Zusammenhang mit Leistungsverweigerungen, die naturgemäß das Vorhandensein komplementärer, aber abgrenzbarer Märkte erfordern, auftreten können.[386] Gleiches gilt für *Effizienzerwägungen*, die nach einer weit verbreiteten Auffassung eine Ausweitung der Tätigkeit eines Unternehmens auf Drittmärkte rechtfertigen.[387] Inwieweit derartige Erwägungen relevant sind, ist zweifelhaft. Sowohl die Erfahrungen in der Fusionskontrolle als auch die Erfahrungen mit Entflechtungen nach Section 2 Sherman Act deuten darauf hin, dass die Bedeutung von Größenvorteilen oder von Vorteilen aus einer Integration und Diversifikation überschätzt wird. Zunächst fehlt es an einer *quantitativen* Messung der möglichen Vorteile, so dass ihre Beeinträchtigung allenfalls einem Umkehrschluss zu entnehmen ist. Das Fehlen *signifikanter*, nachweislich auf eine Entflechtung zurückzuführender Preissteigerungen indiziert insoweit jedoch, dass etwaige Vorteile aus der Verbindung von Aktivitäten auf verschiedenen Märkten oder Marktstufen nicht so erheblich waren, dass sie zu einer wesentlichen Erhöhung der Kosten geführt hätten. Ursache hierfür ist auch hier, dass etwaige Vorteile durch entsprechende größenbedingte Nachteile kompensiert werden. Abgesehen davon, dass eine Gefährdung von Größenvorteilen unwahrscheinlich ist, wäre schließlich zu berücksichtigen, dass diese durch den Vorteil ungehinderten Wettbewerbs und die hiermit verbundenen gesamtwirtschaftlichen Vorteile aufgewogen würden. Gerade die Erfahrungen in den Fällen *AT & T* und *Standard Oil* belegen, dass die Vorteile erheblich sein können.

Mag es vor diesem Hintergrund auch an einem generellen Zielkonflikt zwischen produktiver und dynamischer Effizienz und strukturellen Eingriffen fehlen, ist im Hinblick auf empirische Erkenntnislücken grundsätzlich ein behutsames, einzelfallgerechtes Vorgehen angezeigt.[388] Obgleich die US-amerikanischen Erfahrungen tendenziell belegen, dass durch strukturelle Eingriffe zumindest keine erheblichen gesamtwirtschaftlichen Nachteile drohen, sollte hieraus nicht der Schluss gezogen werden, dass Größen-, Integrations- oder Diversifikationsvorteilen im Rahmen von strukturellen Eingriffen generell keine Beachtung geschenkt werden sollte. Allerdings stellt sich die Frage, wer die Beweislast für das Vorliegen dieser Vorteile tragen soll. Das US-amerikanische Recht hat hier bislang keine praktikablen Lösungsansätze entwickeln können und ist insofern nur bedingt hilfreich. Zwar wird die Auffassung vertreten, dass eine „efficiency defense" überhaupt nicht existiert, weil dem Sherman Act die Vermutung zugrunde liege,

386 Siehe Fn. 184 (S. 134); vgl. auch *Geradin* in: *Geradin*, S. 181, 193 f.

387 Siehe insofern Fn. 352 (S. 228) (dort auch zur Kritik an der Theorie des „leveraging").

388 Vgl. *Baker*, 63 Antitrust L.J. 621, 640 (1995); *McGowan*, 16 Berk. Tech. L.J. 729, 732-34 (2001); ferner *Areeda/Hovenkamp/Solow IIA*, § 407a.

Monopolmacht müsse notwendigerweise beseitigt werden.[389] Die diesbezüglich herangezogene Rechtsprechung ist aber aus den bereits dargelegten Gründen nicht zu verallgemeinern, zumal zweifelhaft ist, dass eine zwingende Erfolgsverpflichtung im Hinblick auf die Beseitigung von Monopolmacht ständiger Rechtsprechung entspricht.[390]

Andererseits erscheint es auch verfehlt, den in der zweiten *Alcoa*-Entscheidung verfolgten Ansatz zu übernehmen, wonach der Umstand, dass die Höhe der Größenvorteile nicht zu beziffern war, zu Lasten des Department of Justice gewertet wurde.[391] Die Kritik an dem zum Teil undifferenzierten Rückgriff des Department of Justice auf das Instrument der Entflechtung zeigt zwar, dass es sinnvoll ist, die Kommission zu verpflichten, im Rahmen einer umfassenden Abwägung Kosten und Nutzen einer Entflechtung darzulegen. Hierdurch wird das Bewusstsein für die ökonomischen Konsequenzen einer Abhilfe geschärft und ein vergleichbar undifferenziertes Verhalten wie in den USA vermieden.[392] Andererseits sind vergleichbare Schwierigkeiten wie im Antitrust-Recht angesichts der Spezialisierung der Kommission und einer klareren Zielsetzung der strukturellen Eingriffe nicht zu erwarten. Daher kann, auch um etwaigen Missbräuchen zu begegnen, den von einer Entflechtung betroffenen Unternehmen die volle Darlegungs- und Beweislast hinsichtlich Existenz und Höhe behaupteter Effizienzvorteile aufgebürdet werden. Dies entspricht der Beweislast im Rahmen der Fusionskontrolle[393] und der Anwendung des Artikels 81 Abs. 3 EG.[394] Diese unterscheiden sich zwar von strukturellen Eingriffen nach Artikel 7 Abs. 1 VO (EG) Nr. 1/2003; die vergleichbare Beweislast rechtfertigt sich aus der Erkenntnis, dass größenbedingte Effizienzvorteile stets Gefahr laufen, durch entsprechende Nachteile sowohl auf der Ebene der produktiven als auch der dynamischen Effizienz kompensiert zu werden. Sie rechtfertigt sich auch durch die Erfahrungen mit strukturellen Eingriffen im Antitrust-Recht, die erhebliche Beeinträchtigungen nicht erwarten lassen. Die Beweislastverteilung stellt zudem sicher, dass ein pauschaler Rückzug auf die Verteidigung der Opferung von Effizienzvorteilen verhindert wird und die Beweislast bei denen liegt, die aufgrund ihrer Sachnähe ohnehin den besseren Zugang zu den relevanten Daten haben.

II. Auswirkungen auf private Belange

Im Rahmen der Verhältnismäßigkeitsprüfung im engeren Sinn sind nach Artikel 7 Abs. 1 VO (EG) Nr. 1/2003 auch die Auswirkungen auf private Belange zu berücksich-

389 Siehe Fn. 51 (S. 253); ferner *Schulte-Braucks*, S. 84.
390 Siehe die Diskussion im 2. Teil, § 3 A.II. (S. 253 ff.).
391 Siehe Fn. 55 (S. 254).
392 Zur Kritik am Department of Justice siehe Fn. 57 (S. 254).
393 Siehe Leitlinien zur Bewertung horizontaler Zusammenschlüsse gemäß der Ratsverordnung über die Kontrolle von Unternehmenszusammenschlüssen, ABl. 2004 C 31/5 (Rn. 76 ff.).
394 Vgl. Leitlinien der Kommission zur Anwendbarkeit des Art. 81 auf Vereinbarungen über horizontale Zusammenarbeit, ABl. 2001 C 3/2 (Rn. 32).

tigen. Im Prinzip gilt dies auch für das Antitrust-Recht, wenngleich hier im Ansatz private Belange dem öffentlichen Interesse an einer wirksamen Abhilfe untergeordnet werden, de facto jedoch eine Abwägung privater und öffentlicher Belange stattfindet.[395] Bei den privaten Interessen sind zum einen diejenigen der Anteilsinhaber sowie der Arbeitnehmer eines Unternehmens zu berücksichtigen, zum anderen die Interessen der Unternehmen selbst. Die Beeinträchtigung ihrer Belange soll im Folgenden näher untersucht werden. Bereits erörtert wurden die Interessen privater Gläubiger, deren erhöhtes Risiko durch Zinsanpassungen im Zuge der praktischen Durchführung struktureller Eingriffe Berücksichtigung gefunden hat.[396] Es ist kein Fall ersichtlich, in dem eine Entflechtung dazu geführt hätte, dass Gläubiger ausgefallen wären. Daher kann angenommen werden, dass die Anpassungen auf der Ebene der praktischen Durchführung einer Entflechtung ausreichen, um den Interessen von Gläubigern Rechnung zu tragen.

1. Auswirkungen auf Anteilseigner

In der Regel bleibt die Eigentümerstellung von Anteilseignern durch eine strukturelle Abhilfe unangetastet, so dass sie allenfalls in ihrem Vermögen von dem Eingriff berührt werden. Eine Enteignung liegt insofern nicht vor.[397] Etwas anderes gilt nur für die Entflechtung von Kapitalbeteiligungen auf Aktionärsebene und für die Fälle, in denen die ursprüngliche Gesellschaft im Wege der Aufspaltung zur Aufnahme oder zur Neugründung liquidiert wird: Dies entspricht einem „split-up", der allerdings im Antitrust-Recht kaum praktiziert wurde und im europäischen Recht jedenfalls als einzig angeordnete Entflechtungsmethode nicht relevant werden dürfte.[398] Sofern eine Enteignung vorliegt, stellt sich die Frage, ob der erzielte Veräußerungserlös eine ausreichende Entschädigung für die Enteignung darstellt. In den anderen Fällen stellt sich die Frage nach einer unverhältnismäßigen Beeinträchtigung der Interessen von Anteilsinhabern, die zu einem Ausschluss der strukturellen Abhilfe führen muss.

In der Essenz kommt es in beiden Konstellationen darauf an, ob ein struktureller Eingriff den Wert der Beteiligung – und damit einen etwaig zu erzielenden Kaufpreis – verändert. Abweichungen können sich daraus ergeben, dass die Summe der an mehreren Unternehmen gehaltenen Anteile nicht zwingend mit dem vorher bestehenden Ganzen gleichzusetzen ist; Abweichungen können sich auch ergeben, wenn die Marktdominanz einen Niederschlag im Unternehmenswert gefunden hat. Inwieweit die Beseitigung der kapitalisierten Fähigkeit, „Monopolgewinne" – im Sinne von Gewinnen, die unter Wettbewerbsbedingungen nicht hätten erzielt werden können – zu erzielen, beachtlich ist, wird in einem ersten Schritt zu analysieren sein. Sodann wird zu untersuchen sein, ob

395 Siehe im 2. Teil § 3 C. (S. 257 ff.).
396 Siehe § 2 A.II.1. c) bb) (S. 303 ff.).
397 Vgl. im 1. Teil § 3 B.II.3. (S. 146 f.).
398 Vgl. im 1. Teil § 3 B.II.3. (S. 146). Zum „split-up" siehe Fn. 24 (S. 290).

die Entflechtungserfahrungen im Antitrust-Recht tatsächlich nachhaltige Beeinträchtigungen von Aktionärsinteressen belegen.

a) Beachtlichkeit des Einwands des Wegfalls von Monopolgewinnen

Entflechtungen wird regelmäßig – zuletzt im *Microsoft*-Fall – entgegengesetzt, sie würden sich zwangsläufig nachteilig auf den Unternehmenswert auswirken, weil sie einem Unternehmen die in seinem Wert kapitalisierte Fähigkeit nähmen, Monopolgewinne zu erzielen.[399] Damit beeinträchtigten strukturelle Eingriffe naturgemäß die Interessen der Eigentümer eines Unternehmens. Unabhängig von der Frage, ob sich eine derartige Beeinträchtigung empirisch überprüfen lässt, erscheint allerdings bereits der Ansatz zweifelhaft. Sowohl das europäische Recht als auch das US-amerikanische Recht knüpfen an wettbewerbswidriges Verhalten an; seine Feststellung belegt, dass Monopolgewinne ohne Rekurs auf wettbewerbswidriges Verhalten nicht mehr erzielt werden könnten. Der Eingriff beseitigt mithin einen Erfolg, den das Unternehmen bei rechtmäßigem Verhalten ohnehin nicht hätte erzielen können.[400] Die Beseitigung von Monopolgewinnen ist notwendige Konsequenz der Beseitigung von Verhaltensfreiräumen durch Wiederherstellung funktionsfähigen Wettbewerbs. Damit läuft der Einwand der Wertreduzierung auf ein Argument gegen Wettbewerb schlechthin hinaus und ist per se unbeachtlich.

Dagegen ließe sich zwar einwenden, dass ein struktureller Eingriff die Fähigkeit zur Erzielung von Monopolgewinnen schneller beseitigt als eine verhaltensorientierte Anordnung. Dies trifft aber nur auf die Fälle der horizontalen, innerhalb eines sachlich und geographisch relevanten Marktes stattfindenden Entflechtung zu. In den Fällen der vertikalen, funktionalen oder an geographischen Trennlinien erfolgenden Entflechtung bleibt indes das „Monopol" zunächst intakt. Dem Einwand kommt in diesem Fall keine Bedeutung zu.[401] Da die erste Variante im europäischen Recht a priori nicht in Betracht kommt, ist der Einwand der Beseitigung von Monopolgewinnen auch aus diesem Grund jedenfalls für das europäische Recht unbeachtlich. Selbst wenn man jedoch annehmen wollte, dass eine Beseitigung von Monopolgewinnen stattfindet, die über das übliche Spiel der Marktkräfte hinausgeht, stellt sich die Frage, ob die Belange der Aktionäre zu berücksichtigen sind. Da diese aufgrund ihrer Stimmrechte über die Möglichkeit verfügen, das Verhalten des Unternehmens zu beeinflussen, trifft sie eine gewisse Verant-

---

399 Vgl. *Elzinga/Breit*, S. 49 ff. (wonach die Beseitigung von Monopolgewinnen eine systemwidrige Bestrafung darstelle); ähnlich *Bebchuk/Walker*, 56 Bus. Lawyer 459, 472 (2001). Eingehende Diskussion bei *Adams*, 10 Antitrust L. & Econ. Rev. 51 (1978) (m. w. N.); vgl. ferner *Dewey*, 63 J. Pol. Econ. 93, 97 et seq. (1955); *Möschel*, Entflechtungen, S. 126; *Schulte-Braucks*, S. 101 ff. Für den *Microsoft*-Fall vgl. auch *Litan* Brief on Remedy, S. 66.

400 I. Erg. ähnlich *Averitt*, 40 Ohio St. L.J. 781, 822 (1979).

401 Vgl. *Dewey*, 63 J. Pol. Econ. 93, 98 (1955); dies wird von *Bebchuk/Walker*, 56 Bus. Lawyer 459, 472 (2001), für den *Microsoft*-Fall übersehen.

wortung für das entflechtungsauslösende Ereignis;[402] bei wertender Betrachtung besteht daher auch kein Anlass, Aktionären die Früchte dessen zu belassen, was ohne die Zuwiderhandlung nicht hätte erlangt werden können.[403]

Uneingeschränkt treffen derartige Erwägungen allerdings nur dann zu, wenn einem Anteilseigner maßgebliche Einflussnahmemöglichkeiten zukommen. Regelmäßig betrifft dies nur Großaktionäre. Bei Kleinaktionären fällt eine Zurechnung schwerer. Zudem erscheint es unbillig, Aktionäre, die ihre Anteile nach Kapitalisierung der Monopolprämie erworben haben, auf dieselbe Stufe zu stellen wie früher eingestiegene Anteilsinhaber.[404] Andererseits muss angenommen werden, dass auch der spät einsteigende oder der kleine Anleger in dem Bewusstsein der Monopolstellung investiert. Da diese nicht unveränderlich ist, birgt seine Anlageentscheidung stets das Risiko eines plötzlichen Wegfalls von Monopolgewinnen – sei es durch unerwartete Paradigmenwechsel auf dem Markt oder eben durch ein Kartellverfahren im Gefolge wettbewerbswidriger Verhaltensweisen. Es besteht keine Veranlassung, dem Anleger dieses Risiko zu nehmen. Für den Späteinsteiger gilt dies insoweit, als die Erfahrungen des Antitrust-Rechts zeigen, dass in der Regel Adjustierungen des Aktienwertes bereits mit der Einleitung eines Kartellverfahrens erfolgen. Er kommt insofern in den Genuß eines niedrigeren Einstiegspreises, ohne dass die Zerschlagung tatsächlich stattfinden muss.[405]

b) *Empirische Auswirkungen struktureller Eingriffe auf den Unternehmenswert*

Es besteht mithin aus rechtstheoretischer Sicht kein Anlass, eine Entschädigung für Wertminderungen zu gewähren, die entflechtungsbedingt durch den Wegfall der Möglichkeit, Monopolgewinne zu erzielen, eintreten können.[406] Werteinbußen können indes auch eintreten, weil beispielsweise Verbundvorteile beseitigt werden, die im Zuge einer Entflechtung generierten Transformationskosten besonders hoch sind oder der Verbund der Teile aus anderen Gründen mehr wert ist als die Einzelteile selbst.[407] Die praktischen Erfahrungen in den Fällen *Standard Oil* und *AT & T* deuten jedoch darauf hin, dass der Markt den Wert der Einzelteile eines Unternehmens höher einstuft als denjenigen des Unternehmens als Einheit; ähnliche Erfahrungen konnten mit freiwilligen Entflechtungen von Mischkonzernen Ende der 70er Jahre gesammelt werden.[408]

---

402 Vgl. explizit *U.S. v. Corn Products Refining Co.*, 234 F. 964, 1018 (S.D.N.Y. 1916).
403 Vgl. auch *Averitt*, 40 Ohio St. L.J. 781, 822 (1979).
404 *Elzinga/Breit*, S. 50; vgl. auch *Averitt*, 40 Ohio St. L.J. 781, 822 (1979).
405 Vgl. *Möschel*, Entflechtungen, S. 126.
406 Siehe auch *Adams*, 10 Antitrust L. & Econ. Rev. 51 (1978); *Averitt*, 40 Ohio St. L.J. 781, 822 (1979); *Schulte-Braucks*, S. 101 ff.
407 Vgl. *Bebchuk/Walker*, 56 Bus. Lawyer 459, 472 (2001), wonach dies grundsätzlich der Fall sei.
408 Lesenswert dazu *Buckley*, 16 J. Corp. L. 805, 808 et seq. (1991) (m. w. N.).

Im *Standard-Oil*-Fall war der Anteilswert bereits zum Zeitpunkt der Einleitung des Verfahrens im Jahre 1906 erheblich gefallen,[409] stieg aber noch am Tag der Verkündung des Urteils des Supreme Court.[410] Der addierte Wert der Nachfolgegesellschaften verdoppelte sich sodann innerhalb eines Jahres, während der Dow Jones Index lediglich um 7,6 % anstieg. Im Jahre 1917 hatte sich der Wert der Einzelunternehmen im Schnitt vervierfacht und war zehn Jahre nach der Entflechtung um das fünffache angestiegen.[411] In Börsenkreisen führte dies sogar dazu, dass die Hoffnung auf weitere Entflechtungen geäußert wurde.[412] Die Ursachen dieser Entwicklung werden unterschiedlich bewertet: Sie werden einerseits darin gesehen, dass die Zerschlagung des Trust eine erhebliche Restverflechtung in den Händen der *Rockefeller*-Familie sowie eine Vielzahl regionaler Monopole bestehen ließ, so dass eine Gefährdung von kapitalisierten Monopolgewinnen durch Wettbewerb nicht zu befürchten war.[413] Dies erklärt allerdings nicht die weiterhin positive Entwicklung der Anteilswerte zu einem Zeitpunkt, zu dem die Nachfolgegesellschaften im Wettbewerb mit anderen Gesellschaften standen. Die plausiblere Erklärung ist daher, dass die mit der Entflechtung verbundene Verschlankungskur dazu führte, dass größenbedingten Entwicklungshemmnisse beseitigt und stille Reserven freigesetzt wurden. Die sich hieraus ergebende Vitalisierung des Marktes sowohl in produktiver als auch in dynamischer Hinsicht wurde von den Aktienmärkten ebenso positiv bewertet wie von einigen Nachfolgegesellschaften selbst.[414]

Ähnlich positiv waren die Erfahrungen mit den Aktienkursen der Nachfolgegesellschaften im *AT & T*-Fall, die sich im Gefolge der Entflechtung ebenfalls innerhalb kürzester Zeit vervielfachten.[415] Auch hier deutet einiges darauf hin, dass die Wertentwicklung der entflochtenen Gesellschaften tatsächlich auf die Zunahme von Wettbewerb, nicht jedoch auf den Fortbestand von Verflechtungen oder auf die fortbestehende Möglichkeit zur Erzielung von Monopolgewinnen zurückzuführen war. Zum einen war die Erzielung von Monopolgewinnen – und damit auch ihre Kapitalisierung im Unternehmenswert – im *AT & T*-Fall aufgrund der Regulierung durch FCC und PUC ausgeschlossen.[416] Zum anderen blieben hier keine Restverflechtungen übrig, die die Ent-

---

409 Siehe *Crandall*, Failure, S. 22 f.

410 Vgl. aber *Whitney I*, S. 104, wonach diese Steigerung darauf zurückzuführen sein könne, dass die von Richter *White* enoncierte „rule of reason" grundsätzlich weiteres Wachstum absegnete.

411 Siehe *Burns*, 85 J. Pol. Econ. 717-39 (1977); *Kovacic*, 31 Conn. L. Rev. 1285, 1299 (1999); kritisch *Crandall*, Failure, S. 23 (mit detaillierter Darstellung).

412 *Comanor/Scherer*, 2 Int. J. Econ. Bus. 263, 266-267 (1995), *Theodore Roosevelt* zitierend: „No wonder that Wall Street's prayer now is: ‚Oh, Merciful Providence, give us another dissolution.'"; vgl. auch die Darstellung bei *Winerman*, 71 Antitrust L.J. 1, 7 (2003).

413 Vgl. Fn. 10 (S. 181); § 2 A.II.1. c) aa) (S. 301); *Fraidin*, 33 Geo. Wash. L. Rev. 899, 913 (1965).

414 Vgl. in § 2 B.I.2. b) (S. 323) und in § 2 B.I.3. (S. 332, m. w. N. in Fn. 333 ff.). Siehe ferner *Kovacic*, 31 Conn. L. Rev. 1285, 1298 (1999); *Schulte-Braucks*, S. 104.

415 Siehe *Temin*, S. 365: „The widow – that inevitable widow – holding *AT & T* stock in 1981 gained appreciably by 1986 if she held on to the combined shares of the operating companies and *AT & T* she was given at divestiture."

416 Siehe *Litan* Brief on Remedy, S. 64 (wonach dies allerdings die Erwartung begründet habe, dass der Unternehmenswert steige).

wicklung der Unternehmenswerte hätten erklären können. Dieser Schluss deckt sich mit der Annahme, dass mögliche Effizienzgewinne durch Verbund- oder sonstige Größenvorteile allenfalls marginal sind und im Falle ihrer Beseitigung hinreichend durch die Entstehung von Wettbewerbsdruck, der ein Unternehmen stimuliert, seine produktive oder dynamische Effizienz zu steigern, kompensiert werden.[417]

Diese kompensierende Wirkung ging sowohl im *AT & T*- als auch im *Standard-Oil*-Fall so weit, dass auch die Transformationskosten der Entflechtung, also die unmittelbar mit ihrer Durchführung zusammenhängenden Vermögenseinbußen, offenkundig keine Beeinträchtigung der Eigentümerinteressen nach sich zog. Allerdings fanden sich die Anleger im *Standard-Oil*-Verfahren plötzlich mit Anteilsscheinen an 33 Unternehmen wieder, deren jeweilige Einzelwerte zum Teil lächerlich gering waren.[418] Aufgrund der unzulänglichen Informationspolitik des Trust, der vor der Entflechtung kaum Daten über die Tochtergesellschaften veröffentlicht hatte und damit ihr Potential nicht zu erkennen gegeben hatte, veräußerte eine Vielzahl kleinerer Anleger die Anteile an Spekulanten. Ex-Präsident *Roosevelt* sah darin eine Schädigung von Kleinanlegern, die auch eintreten würde, falls andere Entflechtungen – vor allem in den letztlich gescheiterten Fällen *U.S. Steel Corp.* und *International Harvester* – durchgeführt würden.[419] Es ist indes nicht bekannt, dass Kleinanleger wirklich einen Schaden davon getragen hätten.[420]

In anderen Fällen waren im Anschluss an die strukturellen Eingriffe zwar keine so hohen Wachstumsraten zu verzeichnen. Es existieren aber kaum Beispiele dafür, dass strukturelle Eingriffe zu einer Vernichtung von Unternehmenswert geführt hätten.[421] Eine Ausnahme ist der *Paramount*-Fall. Hier war im zeitlichen Zusammenhang mit der Entflechtung ein erheblicher Wertverlust zu verzeichnen.[422] Allerdings verringerte sich zur selben Zeit der Kurs der nicht integrierten Unternehmen ebenfalls, weshalb nahe liegt, die Ursache für den Kursrückgang eher im zunehmenden Wettbewerb durch das Fernsehen zu sehen.[423] Auch die Entwicklung des Aktienkurses von *Microsoft* deutet darauf hin, dass nachteilige Auswirkungen auf den Aktienkurs nicht auf Entflechtungen zurückzuführen sind. Der Wert des Unternehmens hatte sich zwischen Mai 1998 und

---

417 Siehe *Kovacic*, 31 Conn. L. Rev. 1285, 1299-1300 (1999); *Litan* Brief on Remedy, S. 64 f.; *The Economist* v. 13. 11. 1999, S. 20; ferner *Buckley*, 16 J. Corp. L. 805, 825-32 (1991) (m. w. N.), der v. a. die Beseitigung „negativer Synergien" als Quelle für Effizienzsteigerungen durch Entflechtungen ausmacht. Dies entspricht letztlich auch den Erfahrungen, die im Bereich legislativer Dekonzentrationsbemühungen sowie im Rahmen *freiwilliger* Entflechtungen gesammelt werden konnten: siehe dazu § 2 B.I.1. b) (S. 314 ff.); *Buckley*, a. a. O., S. 811 ff.

418 Zu änlichen Schwierigkeiten im *AT & T*-Fall siehe *Temin*, S. 365.

419 Siehe *Whitney I*, S. 104; unklar ist allerdings, ob diese Erfahrung tatsächlich den Ausgang der Verfahren beeinflusst hat: siehe insoweit Fn. 25 (S. 250).

420 Siehe *Kovacic*, 31 Conn. L. Rev. 1285, 1299-1300 (1999).

421 Vgl. Überblick bei *Oehler*, S. 218 f. Danach entwickelten sich die Aktienkurse in keinem Fall nennenswert unterhalb der Steigerung des Dow Jones Industrial Average; die Entwicklung von *American Tobacco* lag 6,5 %, diejenige von *General Motors* 11 % über dem Industrial Average.

422 Siehe *Crandall*, Failure, S. 51 (wonach dies auf die Ablehnung des Marktes gegenüber der Entflechtung zurückzuführen sei).

423 Siehe Darstellung in § 2 B.I.5. (S. 337, m. w. N. in Fn. 375).

November 1999 (Findings of Fact) nahezu *verdoppelt*;[424] nach einem Höchststand von rund 119,00 US-Dollar im Januar 2000 fiel der Kurs auf ca. 70,00 US-Dollar nach den Conclusions of Law (April 2000).[425] Da das Department of Justice sich erst im Februar 2000 entschloss, eine strukturelle Abhilfe zu beantragen,[426] liegt nahe, den Kursverfall auf den strukturellen Eingriff zurückzuführen. Allerdings blieb das Endurteil, in dem die Zerschlagung angeordnet wurde, ohne Auswirkungen auf den Aktienkurs. Darüber hinaus wurde die Entwicklung durch den Niedergang der „New Economy" überlagert;[427] *Microsoft* selbst führte die nachteilige Entwicklung auf eine sinkende Nachfrage für PC und eine Verfehlung des Absatzziels für *Windows 2000* zurück.[428] Dass ein Zusammenhang mit dem strukturellen Eingriff nicht bestand, belegt schließlich der Umstand, dass der Wert des Unternehmens in der Folge weiter auf 40,00 US-Dollar sank, sich jedoch weder nach der Wahl Präsident *Bushs* – auf den das Unternehmen für das Kartellverfahren große Hoffnungen gesetzt hatte[429] – noch nach der endgültigen Aufhebung des erstinstanzlichen Urteils wesentlich veränderte. Nach einem „stock split" im Februar 2003 liegt der Kurs bis April 2007 im Mittel bei ca. 27,00 US-Dollar.[430]

c) Folgerungen

Für die im europäischen Recht vorzunehmende Verhältnismäßigkeitsprüfung bei strukturellen Eingriffen kann im Ergebnis festgehalten werden, dass der Wegfall von Monopolprofiten unbeachtlich ist. Die hier in Betracht kommenden Eingriffe verhindern lediglich, dass ein Unternehmen weiterhin Maßnahmen ergreifen kann, ohne die eine beherrschende Stellung und die mit ihr verbundene Möglichkeit der Erzielung von überdurchschnittlichen Gewinnen ohnehin nicht aufrecht erhalten werden könnten. Selbst wenn der Wegfall der kapitalisierten Fähigkeit zu unabhängigem Verhalten als relevante Beeinträchtigung der Interessen von Anteilseignern betrachtet würde, müsste dem im Rahmen der Verhältnismäßigkeitsprüfung das öffentliche Interesse an einem Wegfall von „Monopolgewinnen" entgegengesetzt werden. Bei unveränderter Kostenstruktur schlägt sich – ceteris paribus – die *mittelbare* Beseitigung der Fähigkeit zu unabhängigem Verhalten in einer Adjustierung von Preisen nieder. Die dabei erzielten Einsparungen stellen Ressourcen dar, die volkswirtschaftlich sinnvoll – und damit im öffentlichen

424 Vgl. *The Economist* vom 13. 11. 1999, S. 20.

425 Zu den genauen Daten siehe Fn. 130 (S. 197).

426 Siehe Fn. 131 (S. 197).

427 Vgl. *Auletta*, S. 396 (zu Stimmen, die den Niedergang der „New Economy" auf *Microsofts* Kartellprobleme zurückführen).

428 *Microsoft* veröffentlichte in diesem Zusammenhang die erste Gewinnwarnung seit 11 Jahren am 20. 12. 2000; hierbei handelte es sich um die 2. Gewinnwarnung in der Unternehmensgeschichte.

429 Siehe Fn. 136 (S. 198).

430 Informationen abgerufen unter *http://www.microsoft.com/msft/default.mspx*. Zu den Gewinnspannen im Jahr 2001 siehe bereits Fn. 193 (S. 204).

Interesse – anderweitig genutzt werden können. Dem kann aus den bereits dargelegten Gründen auch nicht entgegengesetzt werden, die Erzielung von Monopolprofiten sei erforderlich, um die dynamische Effizienz des Marktes sicherzustellen.[431] Überdies wären auch die grundsätzlichen Vorzüge unverfälschten Wettbewerbs in die Verhältnismäßigkeitsprüfung einzubeziehen.

Freilich lässt sich nicht ausschließen, dass eine erhebliche Beeinträchtigung von Aktionärsinteressen aus anderen Gründen eintritt. Soweit sich die Unternehmenswerte entflochtener Unternehmen regelmäßig positiv entwickelt haben, zeigen die Entflechtungserfahrungen in den USA jedoch, dass dies unwahrscheinlich ist. Sie belegen zugleich im Umkehrschluss, dass die Höhe der beseitigten Größenvorteile – für die keine Daten existieren – nicht signifikant gewesen sein kann. Dabei sind die Erfahrungen in den USA insoweit auf das europäische Recht übertragbar, als beispielsweise die Fälle *AT & T* und *Standard Oil* auch vertikale Entflechtungen zur Verhaltenskontrolle betrafen; zwar waren die Unternehmen nicht organisch gewachsen, hatten aber vor dem strukturellen Eingriff ausreichend Zeit gehabt, etwaige Verbundvorteile zu realisieren.

Soweit sich der Wert der einem strukturellen Eingriff unterzogenen Unternehmen bzw. ihrer Nachfolgegesellschaften im Antitrust-Recht in der Regel positiv entwickelt hat, kann hieraus auch geschlossen werden, dass es in den Fällen, in denen nach europäischem Verständnis eine Enteignung angenommen werden muss, keiner Entschädigungsleistungen bedarf. Der im Wege des Vorteilsausgleichs anzurechnende Veräußerungserlös dürfte hier regelmäßig als Kompensation genügen. Für den praktisch bedeutsamen Fall der (Sekundär-) Entflechtung auf Aktionärsebene – der insbesondere im Zusammenhang mit dem von der Kommission angedachten „ownership unbundling" im Energiesektor relevant würde – fällt dessen ungeachtet auf, dass die US-amerikanische Entflechtungspraxis die Fristen zur Veräußerung von Anteilen kontinuierlich verlängert hat, um eventuelle Beeinträchtigungen von Eigentumsinteressen zu vermeiden.[432] Die hierdurch eintretenden Verzögerungen gefährden indes neben den ohnehin regelmäßig eintretenden verfahrensbedingten Verzögerungen die Wahrscheinlichkeit einer zeitnahen Marktöffnung. Abhilfe bieten hier nur flankierende Stimmrechtsbeschränkungen bis zur endgültigen Veräußerung oder die im *El-Paso*-Fall durchgeführte Lösung über einer Treuhandgesellschaft zur Ausübung von Stimmrechten.[433]

Ein weiteres Problem in den Fällen der (Sekundär-) Entflechtung auf Ebene der Anteilseigner ist, dass es hierbei um einen steuerrechtlich relevanten Vorgang handeln kann,[434] der beispielsweise im Hinblick auf die einjährige Spekulationsfrist im deutschen Recht Schwierigkeiten bereiten könnte. Entsprechende Komplikationen können

---

431 Vgl. *Litan* Brief on Remedy, S. 66; gerade im *Microsoft*-Fall, in dem die Monopolprofite deutlich über dem lagen, was auch in einem Schumpeterschen Markt für Forschungs- und Entwicklungszwecke erforderlich ist (siehe Fn. 193, S. 204), wäre ihr Wegfall mithin unerheblich gewesen.

432 Siehe Fn. 104 (S. 302).

433 Siehe die Darstellung in § 2 A.II.1. c) aa) (S. 302).

434 Vgl. im deutschen Recht § 15 Abs. 1 UmwStG i. V. m. § 13 Abs. 1 UmwStG, § 21 UmwStG.

freilich auch bei marktüblichen Umstrukturierungsmaßnahmen auftreten, die allerdings aufgrund ihrer Freiwilligkeit und gesellschafterschützenden Zustimmungserfordernissen weniger problematisch erscheinen.[435] Hier genügen die notwendige Beteiligung des Entflechtungsadressaten am Entflechtungsplan und die insofern zu beachtenden gesellschafterschützenden Vorschriften unter Umständen nicht, um etwaige Beeinträchtigungen in Grenzen zu halten. Gegebenenfalls bedarf es hier wie im *Du-Pont*-Fall gesetzlicher Änderungen zur Abwendung erheblicher steuerlicher Nachteile.[436] Etwas anderes gilt, wenn die Entflechtung auf Anteilseigner beschränkt bleibt, deren Stimmanteile einen bestimmenden Einfluss im Unternehmen gewähren.[437] In diesem Fall rechtfertigt die Mitverantwortung der Gesellschafter für die in der Vergangenheit an den Tag gelegten Wettbewerbsverzerrungen, die letztlich den strukturellen Eingriff rechtfertigen, die Veräußerungsverpflichtung auch ungeachtet etwaiger Einbußen als verhältnismäßig zu betrachten.

2. *Auswirkungen für Arbeitnehmer*

Die Belange von Arbeitnehmern haben bislang bei der Durchführung von Entflechtungen im US-amerikanischen Recht eine untergeordnete Rolle gespielt. Berücksichtigung fanden sie in erster Linie bei der praktischen Ausgestaltung einer Entflechtung. Es ist aber kein Fall bekannt, in dem die Belange von Arbeitnehmern dazu geführt hätten, eine Entflechtung abzulehnen. Wohl aber hat das Gericht im zweiten *Alcoa*-Urteil eine horizontale Entflechtung auch mit der Begründung abgelehnt, den entflochtenen Unternehmen würde es nicht möglich sein, qualifizierte (Führungs-) Kräfte zu rekrutieren, die über ausreichende Erfahrung auf dem Gebiet der Aluminiumproduktion verfügten.[438]

Damit angesprochen ist ein generelles praktisches Problem von strukturellen Eingriffen: Die hinreichende personelle Ausstattung des zu entflechtenden Unternehmensteils ist grundsätzlich Voraussetzung dafür, dass der Entflechtungsgegenstand relevanter Wettbewerbsfaktor bleibt oder sich zu einem solchen entwickelt. Insofern stellt sich zunächst die Frage nach der Individualisierung derjenigen Mitarbeiter, die auf den neuen Unternehmensträger zu übertragen sind, um dessen Lebens- und Entwicklungsfähigkeit sicherzustellen. Relativ unproblematisch ist dies noch in den Fällen, in denen der Entflechtungsgegenstand bereits als eigenständiges Unternehmen betrieben wird.[439] In anderen Fällen kann indes das Problem auftreten, dass der übertragende Rechtsträger in quantitativer und qualitativer Hinsicht unzureichend Personal überträgt. So rekrutierte

---

435 Siehe *Buckley*, 16 J. Corp. L. 805, 832 et seq. (1991); zu steuerlichen Anreizen eines Verkaufs von Aktien und sonstigen Vermögenswerten in den USA vgl. *Levene*, 976 PLI/Corp 403, 410 (1997).

436 Siehe § 2 A.II.1. c) aa) (S. 300 ff.).

437 Zu entsprechenden Ansätzen im Fall *Microsoft* siehe Fn. 100 (S. 301).

438 Siehe *U.S. v. Aluminum Co. of America et al.*, 91 F. Supp. 333, 417 (S.D.N.Y. 1950). Zu der Entscheidung siehe bereits im 2. Teil § 3 A.II. (S. 253 ff.)

439 Vgl. *Kommission*, Merger Remedies, S. 84.

sich beispielsweise der Führungsstab zumindest eines der neu gegründeten Unternehmen im *American-Tobacco*-Fall nur aus der unteren Management-Ebene.[440] Um derartige Schwierigkeiten zu vermeiden, wurde im *Microsoft*-Verfahren vorgeschlagen, die Aufteilung entsprechend der Verfahrensweise im Fall *AT & T* dergestalt vorzunehmen, dass der Entflechtungsadressat Mitarbeitergruppen bilden solle, aus denen er selbst als letzter auswählen dürfe.[441]

Auch dann verbleiben regelmäßig Schwierigkeiten, weil Mitarbeiter nicht gegen ihren Willen versetzt werden können und eine zwangsweise Versetzung im Hinblick auf die Lebensfähigkeit des Entflechtungsobjekts kontraproduktiv wäre.[442] Vor allem bei Mitarbeitern auf der Führungsebene, die Schlüsselfunktionen einnehmen, weil sie über unabdingbares Know-how verfügen oder motivierenden Einfluss auf andere Mitarbeiter ausüben, bedarf es gewisser Anreize, zum aufnehmenden Rechtsträger zu wechseln und – vor allem – zu bleiben.[443] Die Berücksichtigung der Belange von Mitarbeitern auf der Ebene der praktischen Durchführung der Entflechtung ist insofern Korrelat des Entflechtungsziels.[444] Auf der Anreizseite – also derjenigen des aufnehmenden Rechtsträgers – sind als Minimallösung Lohnansprüche und Ansprüche auf Altersvorsorge zu übernehmen.[445] Darüber hinaus sind Maßnahmen erforderlich, die gewährleisten, dass eine Migration von Mitarbeitern vom übertragenden Rechtsträger weg stattfinden kann. Hierzu bedarf es unter Umständen der Modifizierung bestehender Arbeitsverträge oder einer Eliminierung von Langzeit- und Wettbewerbsklauseln. Sie sollen dem aufnehmenden Rechtsträger wiederum ermöglichen, auch Schlüsselfunktionen ausübende Führungskräfte zu übernehmen.[446] Um Restverflechtungen zu beseitigen, muss überdies die Unabhängigkeit leitender Mitarbeiter gewährleistet werden. Ein insofern auch in der US-amerikanischen Entflechtungspraxis „neues“ Problem ist die Teilnahme an Aktienoptionsprogrammen des abspaltenden Unternehmens. Hier muss unter Umständen die Möglichkeit geschaffen werden, derartige Instrumente zur Bindung an ein Unternehmen aufzulösen.[447] Der Mitarbeiter ist hier auch in seiner Eigenschaft als Anteilsinhaber von

440 Vgl. *Fraidin*, 33 Geo. Wash. L. Rev. 899, 917 (1965). I. Erg. blieb dies allerdings ohne Einfluss auf die Vitalität der Nachfolgegesellschaften von *American Tobacco*. Siehe Fn. 337 (S. 332). Vgl. aber zu einer anderen Betrachtungsweise *Posner*, Antitrust, S. 90: Eine Entflechtung gefährde die Effizienz des Marktes weil der bislang „effiziente“ Managerstab im Anschluss nur noch für einen geringeren Output verantwortlich zeichne. Dagegen zu Recht *Scherer* in: *Goldschmid et al.*, S. 16, 51 (mit Verweis auf entsprechende Reibungsverluste).

441 *Romaine/Salop*, 13 SUM Antitrust 15, 21 (1999) („classic cake-cutting problem“).

442 Siehe *FTC*, Divestiture Process, S. 37. Im deutschen Recht wäre § 613a Abs. 5 BGB zu beachten, der Arbeitnehmern bei einem Betriebsübergang ein Widerspruchsrecht nach Unterrichtung gibt: siehe hierzu auch *Grabolle in PwC*, S. 58.

443 Vgl. *FTC*, Divestiture Process, S. 37; siehe nunmehr auch *Kommission*, Merger Remedies, S. 84.

444 Siehe insoweit bereits die Darstellung bei *Oehler*, S. 216 ff. (m. w. N.).

445 Vgl. *Ford Motor Co. v. U.S.*, 405 U.S. 562, 572 (1972). Dies gilt unabhängig davon, ob eine Verselbständigungs- oder eine Veräußerungslösung gewählt wird.

446 Vgl. *FTC*, Divestiture Process, S. 37; *U.S. v. Combustion Engineering, Inc.*, 1971 Tr. Cas. (CCH) § 73,648 (D.C. Conn. 1971).

447 Vgl. *Romaine/Salop*, 13-SUM Antitrust 15, 22 (1999) („golden handcuffs“).

der Entflechtung betroffen. Insoweit ergeben sich indes keine Besonderheiten gegenüber anderen Anteilsinhabern.

Der Transfer von Personal stellt, insbesondere im Hinblick auf die Übertragung von Versorgungsansprüchen, eine regelmäßig komplexe Angelegenheit dar.[448] Allerdings unterscheidet sich der Prozess in dieser Hinsicht – zumal die betroffenen Unternehmen maßgeblich beteiligt sind – nicht von marktüblichen Umwandlungsvorgängen. Insofern sind etwaige Schwierigkeiten lösbar, ohne dass es zu einer wesentlichen Beeinträchtigung von Arbeitnehmerbelangen kommen muss. Im deutschen Recht gewährleistet dies die Vorschrift des § 613a BGB, sofern eine konkrete wirtschaftliche Einheit identitätswahrend auf einen Erwerber übergeht.[449] Rechtsfolge ist hier der Eintritt des aufnehmenden Rechtsträgers in die Rechte und Pflichten der zum Zeitpunkt des Übergangs bestehenden Arbeitsverhältnisse des abspaltenden Rechtsträgers.[450] Dies gilt grundsätzlich auch für leitende Mitarbeiter; allerdings bedarf es hier regelmäßig zur Herstellung einer gewissen Unabhängigkeit zwischen abspaltendem und übertragendem Rechtsträger substantiellerer Eingriffe in bestehende Arbeitsverträge, insbesondere im Hinblick auf leistungsabhängige Vergütungsbestandteile und Vertragslaufzeiten.[451]

Möglich ist eine Beeinträchtigung von Arbeitnehmerinteressen durch strukturelle Eingriffe allerdings noch insofern, als mit der durch den strukturellen Eingriff auch bezweckten Beseitigung von Monopolgewinnen unter anderem die Fähigkeit eines Arbeitgebers beeinträchtigt wird, höhere Entgelte zu zahlen. Hier wird zum Teil vertreten, dass die Fähigkeit zur Zahlung höherer Entgelte ihren Niederschlag in den Erwartungen der Mitarbeiter finde und sich auch in praktischer Hinsicht niederschlage, da ein Unternehmen mit steigenden Einnahmen anfälliger für gewerkschaftlichen Druck werde.[452] Auch hier gilt jedoch nicht anderes als für Aktionäre: Jedenfalls im europäischen Recht findet ein unmittelbarer Angriff auf die Fähigkeit zu unabhängigem Verhalten nicht statt. Eine Entflechtung richtet sich lediglich gegen die Fähigkeit zur Verhinderung wirksamen Wettbewerbs und nimmt damit Arbeitnehmern allenfalls einen Vorteil, über den sie ohne das wettbewerbswidrige Verhalten ihres Arbeitgebers ohnehin nicht verfügten.[453] Auch hier liefe die Anerkennung einer potentiellen, im Übrigen empirisch kaum zu belegenden Beeinträchtigung darauf hinaus, das Wettbewerbsprinzip als solches in Frage zu stellen.[454]

Dies gilt auch für die im *Microsoft*-Fall vorgetragene, mit dem Argument der Gefährdung von Innovationspotential verknüpfte Variante. *Microsoft* hatte vorgetragen,

448 Siehe auch *Kommission,* Merger Remedies, S. 84.
449 Siehe hierzu auch die Darstellung bei *Grabolle in PwC,* S. 53 ff. (m. w. N.).
450 Im deutschen Recht wären ggf. Informationspflichten nach § 111 S. 3 BetrVG zu beachten.
451 Siehe hierzu auch *Grabolle in PwC,* S. 62 ff.
452 Vgl. *Dewey,* 63 J. Pol. Econ. 93, 98-99 (1955); *Viscusi et al.,* S. 86.
453 Im US-amerikanischen Recht ist zudem zweifelhaft, ob Arbeitnehmer als Mitwirkende einer Zuwiderhandlung noch als „unschuldige" Dritte im Sinne von *U.S. v. American Tobacco Co.,* 221 U.S. 106, 185 (1911) (auszugsweise wiedergegeben in Fn. 3, S. 247) gelten können.
454 I. Erg. ähnlich *Dewey,* 63 J. Pol. Econ. 93, 102 (1955).

durch die Entflechtung an Attraktivität einzubüßen, was letztlich zu einer Abwanderung seiner hoch qualifizierten Mitarbeiter führen werde.[455] Tatsächlich hat die Entflechtung auch zu einer gewissen Abwanderung geführt.[456] Hierdurch entsteht jedoch zum einen kein gesamtwirtschaftlicher Schaden, weil das in den Mitarbeitern steckende geistige Potential naturgemäß nicht verloren geht. Zum anderen ist zweifelhaft, ob *Microsoft* selbst hierdurch ein Schaden entstanden ist, nachdem das Unternehmen selbst im vorangegangen Verfahren vorgetragen hatte, sein Kapital bestehe aus geistigen Produkten, das durch intelligente Menschen produziert werde; an letzteren bestehe jedoch weltweit kein Mangel.[457] Schließlich ist die Abwanderung von Mitarbeitern notwendige Konsequenz gewollten Wettbewerbs und damit von der Wahl der Abhilfe unabhängig. Der hierauf beruhende Einwand ist mithin irrelevant, soll das Wettbewerbsprinzip nicht als solches in Frage gestellt werden.

Die Erfahrung mit der Entflechtung im Fall *AT & T* hat allerdings gezeigt, dass Arbeitnehmer im Zusammenhang mit einem strukturellen Eingriff nachhaltig betroffen sein können. Nach dem Vergleich sollte *AT & T* den RBOC ausreichend Mitarbeiter zur Verfügung stellen, um einen von *AT & T* unabhängigen Betrieb zu gewährleisten; de facto kam es in der Folge jedoch zu einem massiven Stellenabbau. Er hat dazu geführt, dass Arbeitnehmer als „Verlierer" der Entflechtung bezeichnet wurden.[458] Auch hier ist jedoch fraglich, ob der Stellenabbau auf den strukturellen Eingriff als solchen zurückzuführen war. Der Vergleich zu liberalisierten Märkten in Europa zeigt, dass ein signifikanter Stellenabbau auch ohne strukturellen Eingriff stattfinden kann. Er ist letztlich Konsequenz des Wettbewerbsprinzips, das unter anderem die Notwendigkeit mit sich bringt, die Kosten eines Unternehmens, das bislang unter Zuhilfenahme wettbewerbswidriger Verhaltensweisen frei von Wettbewerbsdruck tätig war, anzupassen. Insofern ist nicht etwa der strukturelle Eingriff für etwaige Entlassungen verantwortlich, sondern die Entstehung von Wettbewerb.[459] Wollte man etwaige Beeinträchtigungen von Arbeitnehmern insofern Beachtung schenken, liefe dies erneut auf ein Plädoyer gegen Wettbewerb hinaus.

Die Problematik lässt eine gewisse politische Brisanz nicht missen, zumal die Artikel 2 und 125 ff. EG-Vertrag ausdrücklich Maßnahmen zur Sicherstellung eines hohen Beschäftigungsniveaus vorsehen. Sofern jedoch ein etwaiger Stellenabbau Konsequenz der Gewährleistung von Wettbewerb ist, würde die Berücksichtigung derartiger Zielset-

---

455 *U.S. v. Microsoft Corp.*, Defendant Microsoft Corp.'s Memorandum In Support of Its Motion For Summary Rejection of The Government's Breakup Proposal (May 10, 2000), 2000 WL 620183.

456 Vgl. *Auletta*, S. 393 (mit Hinweis auf den Verlust der Aura als „cool place to work").

457 Vgl. *U.S. v. Microsoft Corp.*, Memorandum in Opposition to Petition of the United States for an Order to Show Cause Why Respondent Microsoft Corporation Should Not Be Found in Civil Contempt (Nov. 10, 1997), S. 16.

458 Vgl. *Temin*, S. 364.

459 Vgl. insoweit *Crandall*, S. 66 f., der im Fall *AT & T* auf die im Gefolge der Entflechtung zu verzeichnende Zunahme der Produktivität von Angestellten im Telekommunikationssektor weist.

zungen dem zwingenden Mittelcharakter des Wettbewerbs zuwiderlaufen.[460] Folgerichtig hat das Gericht erster Instanz für den Bereich der Fusionskontrolle bereits entschieden, dass Arbeitnehmer keinen Anspruch auf den *Fortbestand der Unternehmensstruktur* hätten.[461] Im Umkehrschluss folgt hieraus, dass Entflechtungsanordnungen, deren bezweckte Auswirkungen auf die Unternehmensstruktur zur Kündigung von Arbeitsverhältnissen führen könnten, grundsätzlich zulässig sind.[462] Auf eine Interessenabwägung, die im Hinblick auf die mit funktionsfähigem Wettbewerb einhergehenden Vorteile ohnehin zu Lasten von Arbeitnehmern gehen müsste, kommt es nicht mehr an.

3. *Auswirkungen auf die Entflechtungsadressaten selbst*

Die Interessen von Unternehmen selbst haben bislang bei der Abwägung privater Belange im Antitrust-Recht eine nur geringe Rolle gespielt, sofern sie von den gesamtwirtschaftlichen Auswirkungen struktureller Eingriffe abgegrenzt werden. Ursache hierfür ist der bereits erwähnte utilitaristische Ansatz, demzufolge eine Gesellschaft als Geschöpf des Staates auch jederzeit von diesem restrukturiert werden kann.[463] Dementsprechend fehlen verlässliche Erhebungen zu den wirtschaftlichen Kosten struktureller Eingriffe für das Unternehmen selbst. Vielmehr beschränken sich etwaige Feststellungen hierzu beispielsweise im Fall *AT & T* auf den Umstand, dass das Unternehmen „erheblich" unter der Entflechtung gelitten habe.[464] Darüber hinaus werden die Transaktionskosten einer Entflechtung zwar zum Teil als signifikant beschrieben;[465] empirische Daten zu ihrer Höhe fehlen aber. Die in der Regel positive Entwicklung der Unternehmenswerte entflochtener Unternehmen deutet allerdings darauf hin, dass entstehende Transformationskosten kompensiert werden.[466]

Eine Rolle spielt hierbei sicherlich auch, dass durch strukturelle Eingriffe regelmäßig stille Reserven aufgedeckt werden. Hiermit im Zusammenhang steht allerdings wiederum das Problem möglicher ertragssteuerlicher Belastungen und – darüber hinaus – generell das Problem steuerlicher Belastungen, beispielsweise durch Grunderwerbssteuern oder durch die Beseitigung bestehender steuerlicher Querverbunde. Steuerliche

---

460 Siehe bereits die Diskussion in § 1 B.I. (S. 268 ff.). Vgl. auch *Fuchs*, WuW 1996, 269, 277, der für die Fusionskontrolle darauf hinweist, dass ihre objektive wettbewerbliche Schutzrichtung gegen die Inkorporierung individualschützender Zielsetzungen streitet.

461 EuG – *Gewerkschaften (Nestlé-Perrier)*, (27. 4. 1995, Rs. T-96/92, 12/93), Slg. 1995, II-1213 (Rn. 35 ff., 50).

462 Vgl. aber auch KOMM. – *Blokker/Toys „R" US* (26. 6. 1997), ABl. 1998 L 316/1 (Rn. 136, Art. 3), wonach die Verpflichtung *Blokkers*, die Übernahme von *Toys „R" US* rückgängig zu machen, nicht mit der Verpflichtung einhergehe, „Arbeitsverhältnisse zu beenden". Im deutschen Recht wäre allerdings ohnehin die Grenze des § 613a Abs. 4 BGB zu beachten.

463 Siehe im 2. Teil § 3 B. (S. 255).

464 Siehe *Temin*, S. 364, 366.

465 Vgl. *Sullivan/Grimes*, S. 78; vgl. auch *Oehler*, S. 220, der deshalb „spin-offs" auf Entflechtungen großen Stils beschränkt sehen will.

466 Zu den Auswirkungen auf den Unternehmenswert siehe § 2 B.II.1. b) (S. 344 ff.).

Belastungen, die nicht die Anteilseigner selbst betreffen, haben allerdings in der Rechtsprechung zum Antitrust-Recht offenkundig bislang keine Rolle gespielt.[467] Entsprechend fehlt es auch hier an empirischen Daten, die ohnehin aufgrund steuerlicher Unterschiede zwischen den USA und den europäischen Mitgliedsstaaten für den europäischen Rechtsraum nicht nutzbar gemacht werden können. Aus diesem Grund sollen steuerrechtliche Fragen hier nicht weiter vertieft werden; genügen soll allenfalls der Hinweis, dass jedenfalls die Übertragung von Teilbetrieben nach deutschem Recht ertragssteuerlich neutral gestaltet werden kann.[468] Für den Bereich der Grunderwerbssteuer wäre an eine analoge Anwendung der für Entflechtungen im Energiesektor bestehenden Steuererleichterungen zu denken.[469] Steuerliche Belastungen können mithin – gegebenenfalls durch Nutzung von Gestaltungsspielräumen[470] – in Grenzen gehalten werden; Anhaltspunkte dafür, dass sie generell eine Entflechtung als unverhältnismäßig erscheinen lassen, bestehen nicht.

III. Ergebnisse

Die Erfahrungen mit Entflechtungen im Antitrust-Recht zeigen, dass der gegen strukturelle Eingriffe vorgebrachte Einwand hoher wirtschaftlicher und sozialer Kosten empirisch nicht zu belegen ist. Zum Teil sind bereits die Prämissen des Arguments fehlerhaft. Dies gilt insbesondere für den Einwand der Beeinträchtigung der dynamischen Effizienz eines Marktes, der auf der irrigen Annahme beruht, dynamische Entwicklungen gingen nur von einem beherrschenden Unternehmen aus.[471] Ähnliches gilt für die Annahme der Beeinträchtigung der (internationalen) Wettbewerbsfähigkeit, die verkennt, dass letztere primär Produkt von Wettbewerb ist. In anderen Fällen sind die vermeintlichen sozialen Kosten unbeachtlich, da sie in Widerspruch zum Ziel unverfälschten Wettbewerbs stehen. Insbesondere gilt dies für die Beeinträchtigung von Aktionärs- oder Mitarbeiterinteressen durch den Wegfall von Monopolgewinnen, die nicht etwa Folge einer Entflechtung, sondern Produkt von Wettbewerb sind. Überdies zeigen die Erfahrungen im Antitrust-Recht, dass strukturelle Eingriffe – auch wenn ihre Ursächlichkeit für zu verzeichnende Erfolge nicht zweifelsfrei bestimmt werden kann – bei einer Gesamtbetrachtung weder für das Allgemeinwohl noch für die Aktionäre oder die Unternehmen selbst nachhaltige Schädigungen nach sich gezogen haben. Soweit tatsächlich Beeinträchtigungen von Aktionärsinteressen zu verzeichnen gewesen sind, handelte es sich in der Regel um kurzfristige, die weniger auf die Natur der gewählten

467 Zur Berücksichtigung steuerlicher Auswirkungen vgl. 2. Teil § 3 B. (S. 256).

468 Siehe §§ 15, 16, 20 und 24 UmwStG; hierzu *Gräf/Funke* in *PwC*, S. 40 f. Für Entflechtungen im Energiebereich (vgl. im 1. Teil § 3 A.I.3. c) – S. 131 ff.) ist dies in § 6 Abs. 2 EnWG angeordnet.

469 Vgl. § 6 Abs. 3 S. 1 EnWG; hierzu auch *Gräf/Funke* in *PwC*, S. 43 f.

470 Siehe ausführlich *Gräf/Funke* in *PwC*, S. 40 ff.

471 Siehe die Diskussion in § 2 B.I.2. a) (S. 319 ff.); ferner Fn. 55 (S. 265).

Abhilfe als auf die Einleitung eines Kartellverfahrens zurückzuführen waren.[472] Regelmäßig wurden etwaige Verluste durch die kurz- bis mittelfristige Entwicklung des Unternehmenswertes aufgefangen bzw. vielfach überkompensiert. Dasselbe gilt für kurzfristig eintretende Schädigungen des Entflechtungsgegenstandes selbst. Hier deutet einiges darauf hin, dass erfolgte strukturelle Eingriffe ungeachtet etwaiger Transaktionskosten oder steuerlicher Belastungen dazu beigetragen haben, die Entflechtungsadressaten im Ergebnis in erheblichem Umfang zu vitalisieren. Im Übrigen ist auch hier grundsätzlich zu beachten, dass etwaige Nachteile durch die Beteiligung der Betroffenen im Rahmen gehalten werden können.

C. *Wirkungsgrad der Entflechtungen*

Eine Evaluierung des Erfolgs der im Antitrust-Recht durchgeführten Entflechtungen ist mit erheblichen Schwierigkeiten verbunden. Ursache hierfür ist in erster Linie, dass die US-amerikanischen Verfolgungsbehörden selbst – mit Ausnahme einer Studie der FTC, die sich aber ebenso wie ihr Pendant auf europäischer Ebene auf eine Darstellung *praktischer* Schwierigkeiten beschränkt[473] – kaum Versuche unternommen haben, die Wirksamkeit der ergriffenen Maßnahmen zu evaluieren. Zwar sah der *AT & T*-Vergleich eine Überprüfung der Wirksamkeit der ergriffenen Maßnahmen im Rhythmus von drei Jahren vor. Zu dem Zeitpunkt, zu dem die zweite Bewertung hätte stattfinden sollen, war aber die erste Untersuchung noch nicht abgeschlossen; eine zweite fand, obgleich sie ein sinnvolles Instrument zur Korrektur unvorhergesehener Fehlentwicklungen dargestellt hätte,[474] im Ergebnis nie statt.[475] Die Bewertung des Wirkungsgrades struktureller Eingriffe kann sich mithin nur auf die in der Regel ideologisch eingefärbten und damit selten objektiven „Forschungs"-Ergebnisse Dritter stützen.[476] Schwierigkeiten bereitet zusätzlich, dass die Frage des Wirkungsgrades von Entflechtungen zum Teil in den größeren Kontext der Frage nach der Sinnfälligkeit des Antitrust-Rechts schlechthin eingebettet wird. Das Spektrum der Meinungen geht hier von der Feststellung, das Antitrust-Recht habe keinerlei positiven Auswirkungen gezeitigt,[477] bis hin zur Aussage, das Antitrust-Recht funktioniere.[478]

---

472 Zum Beleg vgl. die Entwicklung des Kurses von *Alcoa* sowie von *Paramount Pictures*, dargestellt bei *Crandall*, Failure, S. 43 f., 51 f.

473 *FTC*, Divestiture Process (1999); *Kommission*, Merger Remedies.

474 Wie hier *Kovacic*, 31 Conn. L. Rev. 1285, 1316 (1999).

475 Siehe *Shelanski/Sidak*, 68 U. Chi. L. Rev. 1, 93-94 (2001).

476 Vgl. auch *Kovacic*, 9 Geo. Mason L. Rev. 843 (2001).

477 Siehe z. B. *Crandall/Winston*, 17 J. Econ. Perspectives 3, 23-24 (2003); *Crandall*, 72 U. Chi. L. Rev. 3 (2005); siehe auch Nachweise in Fn. 31 (S. 263).

478 Vgl. z. B. *Baker*, 17 J. Econ. Perspectives 27, 28-35 (2003); *Werden*, S. 1 ff. (allerdings mit Schwerpunkt auf der Betrachtung der strafrechtlichen Verfolgung).

Ein weiteres Problem ist die Festlegung des Bewertungsmaßstabes, anhand dessen der Wirkungsgrad untersucht werden soll.[479] Schwierigkeiten bereitet insbesondere der Umstand, dass – wie bereits die Untersuchung der Auswirkungen struktureller Eingriffe gezeigt hat – die Festlegung eines Beurteilungskriteriums leicht Gefahr läuft, andere, ebenso wichtige Kriterien aus dem Blickwinkel zu verlieren. Letztlich zentrales Problem ist jedoch, dass jede Wirkungsanalyse darstellen muss, dass der durch den Eingriff erzielte Zustand „besser" ist als derjenige, der ohne den Eingriff bestünde. Die Aufgabe ist mithin unlösbar, da sie nur auf der Grundlage von Hypothesen und Prognosen arbeiten kann. Der Kritik des Wirtschafts- und Sozialausschusses ist mithin zu folgen, sofern diese den Wirkungsgrad von Maßnahmen struktureller Art als unsicher bezeichnet. In Anbetracht der Unvorhersehbarkeit wettbewerblicher Prozesse gilt dies jedoch für jede Art der Abhilfe. Grundlage für die Wirkungsanalyse US-amerikanischer Entflechtungen werden angesichts dieser Schwierigkeiten die Ziele von Maßnahmen struktureller Art nach Artikel 7 Abs. 1 VO (EG) Nr. 1/2003 sein. Hier geht es insbesondere um die Beseitigung des Anreizes und der Fähigkeit zu unabhängigem Verhalten; der strukturelle Eingriff soll insofern als *einmalige* Intervention *an die Stelle* einer sonst erforderlichen Verhaltenskontrolle treten. Inwieweit strukturelle Eingriffe diesem Anspruch gerecht werden, soll in einem ersten Schritt untersucht werden. Im Ergebnis soll der Eingriff überdies – insbesondere auf liberalisierten Märkten – zum Abbau von Marktmacht beitragen, um eine dauerhafte Marktöffnung auch ohne Rekurs auf eine Verhaltenskontrolle zu bewirken. Daher wird auch zu untersuchen sein, inwieweit das Ziel der Dekonzentration im US-amerikanischen Recht erreicht wurde.

I. Maßnahmen struktureller Art als taugliche Substitute einer Verhaltenskontrolle?

Seine Rechtfertigung findet der strukturelle Eingriff sowohl im europäischen als auch im US-amerikanischen Kartellrecht in der Annahme, er sei einer zeitaufwändigen, kostspieligen, mit Schwierigkeiten verbundenen und ineffizienten regulierenden Verhaltenskontrolle überlegen. Als einmaliger und punktueller Eingriff soll er den verhältnismäßig milderen Eingriff darstellen und somit unter rechtsstaatlichen Aspekten vorzugswürdig sein, zumal er das Unternehmen von den Fesseln einer regulierenden Kontrolle befreie. Inwieweit diese Annahmen zutrifft, wird im Folgenden insbesondere anhand der Erfahrungen im Fall *AT & T* zu untersuchen sein.

479 Zu den diesbezüglichen Schwierigkeiten vgl. bereits *Oehler*, S. 210.

Die Entflechtung von *AT & T* ist ein Paradebeispiel für eine Entflechtung als Mittel der Verhaltenskontrolle. Sie ist vor allem von Vertretern der Chicago-School als Maßnahme interpretiert worden, die ausschließlich Quersubventionen verhindern sollte.[480] Zum Zeitpunkt der Einleitung des Verfahrens spielten jedoch auch Zugangsbeschränkungen eine wesentliche Rolle.[481] Von der Zielsetzung her entspricht der Fall *AT & T* damit den Konstellationen, in denen strukturelle Abhilfen im europäischen Recht in Betracht kommen.[482] Gleichzeitig fügt sich der Fall in eine Linie mit den Entflechtungen im Antitrust-Recht, deren Ziel eine Verhaltenskontrolle war. Im Unterschied zu den Fällen, deren Zielsetzung aufgrund der praktischen Durchführung des Eingriffs irreführend sein konnte, lässt die Trennung sachlich abgrenzbarer Märkte im *AT & T*-Fall aber deutlich erkennen, dass Eingriffsobjekt nicht die durch unzureichenden tatsächlichen Wettbewerb vermittelte „power to control price" war.[483] Ob Quersubventionen – oder überhaupt eine Kostenunterschreitung – tatsächlich vorgelegen hatten, blieb aber im Fall *AT & T* ebenso wie in vorangegangenen Entscheidungen, deren Gegenstand auch Preisunterbietungen gewesen waren, offen.[484] Daher kann die Wirksamkeit der Entflechtung, abgesehen von der Feststellung der Zunahme der Wettbewerbsintensität, in dieser Hinsicht nicht verlässlich beurteilt werden. Anders liegt der Fall hinsichtlich der Beseitigung von Zugangsbeschränkungen. Hier konnte die bezweckte Marktöffnung bewirkt werden, auch wenn später bestritten worden ist, dass hierzu eine strukturelle Abhilfe erforderlich gewesen wäre.[485]

Der Gedanke der strukturellen Trennung kompetitiver und geschützter Bereiche setzte allerdings voraus, dass die Tätigkeit der regionalen Telefongesellschaften tatsächlich auf den Markt der Ortsgespräche beschränkt blieb. Deshalb wurde ihnen im Wege so genannter „line of business restrictions" die erneute Integration in die wettbewerblich strukturierten Märkte für Ferngespräche, für Telekommunikationstechnologie und für „information services" untersagt.[486] Da der Vergleich die Entwicklung des Marktes aber nicht behindern wollte, sah er diesbezüglich die Möglichkeit von Ausnahmegenehmigungen vor.[487] Ihre Erteilung wurde auch regelmäßig beantragt und führte dazu, dass der zuständige Richter mit einem kontinuierlichen Strom von Eingaben überflutet wur-

480 Vgl. Fn. 281 (S. 326) und Fn. 296 (S. 327).
481 Siehe § 2 B.I.2. c) bb) (S. 325 ff.).
482 Siehe im 1. Teil § 3 A.I.3. a) (S. 115 ff.) und § 3 A.I.3. b) (S. 124 ff.).
483 Zu den diesbezüglichen Abgrenzungsschwierigkeiten siehe im 2. Teil § 2 A.II. (S. 188 ff.).
484 Vgl. im 2. Teil § 2 B.III. (S. 239, m. w. N.) und Fn. 285 (S. 326). Siehe aber auch *Temin*, S. 357 f., wonach Quersubventionen im Ortsnetzbereich fortgesetzt worden seien.
485 Siehe § 2 B.I.2. c) cc) (S. 328 ff.).
486 Vgl. Sec. II. D. (1) Modified Final Judgment. Das Verbot der Betätigung im Bereich von „information services" wurde 1991 aufgehoben: siehe *U.S. v. Western Electric Co.*, 767 F.Supp. 308 (D.D.C. 1991), aff'd, 993 F.2d 1572 (D.C. Cir. 1993).
487 Siehe Sec. VIII (C) Modified Final Judgment.

de.[488] Bis zur Ersetzung des „Modified Final Judgment" durch den Telecommunications Act of 1996 etablierte sich Richter *Greene* damit *als dritte Regulierungsinstanz* neben der FCC und den PUC. Die stetig zunehmende mittlere Bearbeitungszeit der insgesamt über 900 Anträge setzte den Vergleich dem Vorwurf aus, die Entwicklung des äußerst dynamischen Telekommunikationssektors gehemmt zu haben, obwohl in 96 % aller Fälle eine Ausnahmegenehmigung erteilt wurde.[489]

Die „line of business restrictions" im Fall *AT & T* sind als zentrales Element für den Erfolg des Eingriffs in seiner Gesamtheit bezeichnet worden.[490] Tatsächlich unterscheiden sich die in derartigen Tätigkeitsbeschränkungen enthaltenen repressiven Verbote mit Erlaubnisvorbehalt in ihren wettbewerbs*sichernden* Auswirkungen grundlegend von anderen Arten der Verhaltenskontrolle. Während letztere ex post wirken und den Verfolgungsbehörden den Nachweis eines Wettbewerbsverstoßes aufbürden, liegt die Darlegungslast für die wettbewerbliche Adäquanz eines Verhaltens im Rahmen einer Tätigkeitsbeschränkung mit Ausnahmevorbehalt bei dem beherrschenden Unternehmen. Sie schützt insoweit – was letztlich Kern des Vorwurfs ist, die Kontrolle der RBOC habe sich hemmend auf die Entwicklung des Marktes ausgewirkt – in erster Linie den von anderen Marktteilnehmern ausgehenden Wettbewerb. Nichtsdestotrotz sind die Tätigkeitsbeschränkungen – neben dem Fortbestand lokaler Monopole – auch dafür verantwortlich, dass eine Verhaltenskontrolle auch nach der Entflechtung fortgesetzt werden musste.

Das auch von *AT & T* angestrebte Ziel einer Beseitigung jeglicher Verhaltenskontrolle wurde insoweit sowohl kurz- als auch langfristig verfehlt.[491] Letzteres ist darauf zurückzuführen, dass weder die Entflechtung von *AT & T* noch der Telecommunications Act die lokalen Monopole beseitigt hat. Regulierung und Durchsetzung des Wettbewerbsrechts finden daher nach wie vor parallel Anwendung.[492] Ursache sind unter anderem die im Telecommunications Act enthaltenen Zugangsverpflichtungen,[493] die zum Teil nur unzureichend erfüllt werden und zugleich eine Regulierung der Zugangsentgelte erforderlich machen.[494] Diesbezüglich hat der Supreme Court nunmehr allerdings eine Grenze durch die Entscheidung im Fall *Trinko* gesetzt. Sie schließt jedenfalls – im Unterschied zum europäischen Kartellrecht – eine parallele Kontrolle der Zugangsver-

---

488 Vgl. *Kearney*, 50 Hastings L.J. 1395, 1447 (1999) (Richter *Greene* zitierend).

489 Siehe bereits Fn. 315 (S. 329). Gegen den Vorwurf der Behinderung *Kearney*, 50 Hastings L.J. 1395, 1459-71 (1999). Vgl. auch *Shelanski/Sidak*, 68 U. Chi. L. Rev. 1, 54-55 (2001): 1993 betrug die mittlere Bearbeitungszeit 36 Monate, 1994 bereits 54,7 Monate. Siehe auch *Hausman/Sidak*, 109 Yale L.J. 417, 428 (1999).

490 Ähnlich *Mestmäcker* in: *FS Steindorff*, S. 1045, 1059.

491 Zur vermeintlichen Freiwilligkeit der Entflechtung siehe Fn. 265 (S. 324).

492 Siehe *Speta*, 71 Antitrust L.J. 99, 106 et seq. (2003); befürwortend *Cendan*, 78 N.Y.U. L. Rev. 1755, 1779 (2003) (m. w. N.). Neue Entflechtungen ablehnend *Crandall/Sidak*, 19 Yale J. Reg. 335 (2002).

493 Siehe 47 U.S.C. § 251(a)-(c); dazu *AT & T Corp. v. Iowa Utilities Bd.*, 525 U. S. 366, 371 (1999); *Cendan*, 78 N.Y.U. L. Rev. 1755, 1759-63 (2003).

494 *Verizon Communications Inc. v. FCC*, 122 S.Ct. 1646 (2002); dazu auch *Note*, 116 Harv. L. Rev. 200, 442 (2003); *Cendan*, 78 N.Y.U. L. Rev. 1755, 1756 (2003); siehe auch Fn. 318 (S. 329).

pflichtung durch Regulierungsbehörden und durch Anwendung von Section 2 Sherman Act aus.[495] Es bleibt dennoch die Erkenntnis, dass ein struktureller Eingriff die Notwendigkeit einer fortwährenden Verhaltenskontrolle nicht beseitigt. Dies hat beispielsweise dazu geführt, dass die PUC von Pennsylvania in ihrem Verfahren gegen *Verizon*, einer ehemaligen RBOC, von ihren ursprünglich radikalen Entflechtungsplänen Abstand genommen und sich weitgehend mit organisatorischen Restrukturierungen begnügt hat.[496]

2. *Weitere Beispiele für die Fortsetzung der Verhaltenskontrolle*

Soweit die Fortsetzung der Verhaltenskontrolle (auch) Folge der verhängten Tätigkeitsbeschränkungen war, ließe sich annehmen, dass das Problem auf den *AT & T*-Fall beschränkt gewesen ist. Ähnliche Verbote finden sich jedoch auch im *Paramount*-Verfahren, wobei sie durch medienrechtliche Konzentrationsbeschränkungen überlagert wurden.[497] Auch hier beseitigte die Entflechtung, zumal die Marktstruktur oligopolistisch geprägt blieb und damit weiterhin kollusives Parallelverhalten zuließ,[498] nicht die Notwendigkeit einer begleitenden Verhaltenskontrolle. Tatsächlich existiert – außerhalb der reinen Entflechtung von Kapitalbeteiligungen – kaum ein Entflechtungsfall, der dem Anspruch des „einfachen" und vor allem punktuellen Eingriffs, der eine weitere Verhaltenskontrolle überflüssig macht, gerecht würde.[499] Im Fall *Grinnell*, dessen Entflechtung als mit „lehrbuchartiger Perfektion" durchgeführt umschrieben wurde,[500] sollte beispielsweise neben der Entflechtung eine ergänzende Verhaltenskontrolle hinsichtlich des Preisgebarens der entflochtenen Unternehmen stattfinden.[501] Gleiches gilt für den Fall *United Shoe*, in dem zwar zunächst eine vertikale Entflechtung durchgeführt, diese aber von einer parallelen Verhaltenskontrolle flankiert wurde.[502]

Auch die Entflechtung *Microsofts* hätte letztlich eine ergänzende Verhaltenskontrolle *nicht* überflüssig gemacht. Der geplante Eingriff lehnte sich zwar an die Zerschlagung von *AT & T* an und ähnelt ihr zumindest insoweit, als die Trennung unter anderem

495 Siehe *Verizon Communications Inc. v. Law Offices of Curtis V. Trinko, LLP*, 540 U.S. 398, 404 (2004); dazu die Diskussion in § 2 B.II.3. (S. 238).

496 *Pennsylvania PUC*, Structural Separation of Bell Atlantic Pennsylvania, Inc., M-00001353, S. 31 (22. 3. 2001), unter *http://puc.paonline.com/* abrufbar; dazu auch *Ryan*, 24 ECLR 241, 245 (2003).

497 Siehe *Note*, 74 Yale L.J. 1041, 1043 et seq. (1965); zur Problematik der Medienregulierung in den USA siehe *Shelanski*, 94 Cal. L.Rev. 371 (2006). Zur heutigen Struktur des US-amerikanischen Filmmarktes *Litman*, S. 183 ff., insbes. S. 191 ff. Unter der permissiven *Reagan*-Regierung sind die vertikalen Integrationsverbote weitgehend unterlaufen worden, so dass nunmehr eine intensive Verflechtung von Produktion, Vertrieb, und Darbietung von Filmen – wenn auch über neue Medien wie Kabel, Internet und Fernsehen zu verzeichnen ist. Vgl. *Mestmäcker* in: *FS MPI*, 248 ff.

498 Siehe *Crandall*, Failure, S. 51 ff.; ferner § 2 B.I.5. (S. 337 f.).

499 Siehe zu diesem Anspruch Fn. 1 (S. 155).

500 Vgl. *Schulte-Braucks*, S. 204.

501 Siehe Fn. 44 (S. 185).

502 Vgl. Fn. 144 (S. 174).

dazu dienen sollte, wettbewerbswidrige Zugangsbehinderungen zu unterbinden.[503] Es wurden aber keine vergleichbaren Tätigkeitsbeschränkungen wie im Fall *AT & T* verhängt, da weder der Betriebssystem- noch der Anwendungsgesellschaft untersagt werden sollte, in den Markt des jeweils anderen Unternehmens einzudringen.[504] Allerdings wäre neben der gesellschaftsrechtlichen und organisatorischen Trennung von Anwendungen und Betriebssystemen eine entsprechende technologische Aufspaltung der letzteren erforderlich gewesen.[505] Insofern hätte abgegrenzt werden müssen, welche Bestandteile des Systems originäre Betriebssystemkomponenten sind und was „Anwendung" ist.[506] In der Folge hätte kontinuierlich überwacht werden müssen, inwieweit ursprünglich von „middleware" bereitgestellte Funktionen verbotswidrig, also ohne Deaktivierungsoption, dem Betriebssystem hinzugefügt wurden.[507] Folge wäre eine Einmischung in Fragen des Produktdesign gewesen, deren Schwierigkeiten verschiedene Gerichte in den *IBM*-Fällen veranlasst hatte, sich einer Intervention zu enthalten.[508] Da die Entflechtung zudem lediglich einen Teil der „Instrumente" zur Beschränkung des Wettbewerbs beseitigt hätte,[509] jedoch insbesondere die Möglichkeit, Wettbewerbsverzerrungen auf vertraglichem Wege herbeizuführen, unberührt gelassen hätte, sah die Abhilfe zusätzlich verhaltensorientierte, ausschließlich auf die Betriebssystemgesellschaft anzuwendende Beschränkungen vor, die dem letztlich geschlossenen Vergleich ähneln.[510]

3. Folgerungen für Maßnahmen struktureller Art nach der VO (EG) Nr. 1/2003

Änderungen an der Unternehmensstruktur sollen nach Artikel 7 Abs. 1 VO (EG) Nr. 1/2003 eine andernfalls erforderliche laufende Verhaltenskontrolle ersetzen, indem

---

503 Zu den Zielsetzungen des Eingriffs siehe im 2. Teil § 2 A.III.2. a) dd) (S. 206 f.). Zu einem Vergleich der Entflechtungen im Fall *AT & T* und *Microsoft* siehe *Shelanski/Sidak*, 68 U. Chi. L. Rev. 1 (2001); *Brennan*, 69 Geo. Wash. L. Rev. 1042 (2001) (die Zerschlagung von *AT & T* allerdings zu Unrecht nur als Maßnahme zur Verhinderung von Quersubventionen qualifizierend).

504 Siehe Vgl. Final Judgment § 2 b); ferner Fn. 211 (S. 207); wie hier *Brennan*, 69 Geo. Wash. L. Rev. 1042, 1081 (2001). Anders *Shelanski/Sidak*, 68 U. Chi. L. Rev. 1, 77 (2001).

505 Zu den zahlreichen Varianten des Betriebssystems siehe Fn. 273 (S. 214).

506 Zu Recht kritisch *Zittrain*, 31 Conn. L. Rev. 1361, 1371 (1999) („painful and difficult job").

507 Vgl. *Romer* Declaration, S. 19 (§ 41) und *Shapiro* Declaration, S. 17; ferner *Litan* Brief on Remedy, S. 46 ff. (allerdings hieraus die Notwendigkeit einer horizontalen Entflechtung schließend).

508 Siehe Fn. 164 (S. 201).

509 Siehe dazu bereits oben (S. 206).

510 *U.S. v. Microsoft Corp.*, 97 F.Supp.2d 59, 67 (D.D.C. 2000) (Final Judgment § 3): Wesentliche Elemente waren (1) ein Verbot von Vergeltungsmaßnahmen gegen Computer- und Software-Hersteller einschließlich der Verpflichtung zur Verwendung einheitlicher Lizenzbedingungen; (2) ein Verbot der Beschränkung der Gestaltungsfreiheit von OEMs; (3) eine Verpflichtung, Schnittstelleninformationen – soweit nötig – zur Verfügung zu stellen; (4) ein Verbot vertraglicher Ausschließlichkeitsvereinbarungen; (5) ein Verbot der vertraglichen Kopplung von Software sowie (6) ein Verbot der *irreversiblen* technischen Kopplung von „middleware" einschließlich der kaum umzusetzenden Pflicht, in den Fällen, in denen ein OEM den Zugang zu einem „middleware"-Produkt entferne, die Lizenzgebühr im Verhältnis *zu der Menge des entfernten Binärcodes* abzusenken: vgl. dazu *James*, 16-FALL Antitrust 58, 60 (2001) („hopelessly complicated and regulatory").

sie den in der Unternehmensstruktur selbst angesiedelten Anreiz und die Fähigkeit zu wettbewerbswidrigem Verhalten beseitigen.[511] Die vorstehenden Beispiele zeigen allerdings, dass diese Erwartung zu hoch gegriffen ist. Zwar beseitigt die strukturelle Trennung abgrenzbarer Märkte oder Marktstufen den Anreiz, den Zugang hierzu in wettbewerbswidriger Weise zu instrumentalisieren oder Kostenvorteile auf dem einen Markt zu wettbewerbswidrigen Zwecken auf dem zweiten Markt einzusetzen.[512] Der Anreiz, die intakt bleibende Dominanz auf dem Primärmarkt gegebenenfalls mit anderen Mitteln aufrechtzuerhalten, besteht aber unverändert fort. In der Regel erübrigt sich die Verhaltenskontrolle deshalb auch im Fall eines strukturellen Eingriffs nicht. Dies gilt erst recht dann, wenn mit Hilfe von Tätigkeitsbeschränkungen verhindert werden soll, dass eine erneute Integration oder Diversifikation stattfindet. Die Verhaltenskontrolle lässt sich nur dann vermeiden, wenn Marktmacht – wie zum Teil im Fall *Microsoft* gefordert[513] – unmittelbar beseitigt wird. Derartige Eingriffe sind indes im europäischen Kartellrecht unzulässig; im Antitrust-Recht ist ihre Zulässigkeit ebenfalls zweifelhaft.

Andererseits findet der strukturelle Eingriff zumindest nach Artikel 7 Abs. 1 VO (EG) Nr. 1/2003 seine Rechtfertigung auch darin, dass die an den Tag gelegten Zuwiderhandlungen weniger offenkundig und damit schwerer zu kontrollieren sind als beispielsweise vertragliche Beschränkungen.[514] Eine Entflechtung bringt mithin durchaus einen Fortschritt, da sie dazu führt, dass Intensität und Schwierigkeit der Verhaltenskontrolle abnehmen sollten, zumal der Anreiz zur Diskriminierung bei einer vollständigen eigentumsrechtlichen Entflechtung entfallen sollte.[515] De facto verlagert sich das Problem der Verhaltenskontrolle jedoch nur, wie insbesondere der Fall *AT & T* zeigt. Die strukturelle Trennung hat zur Folge, dass sich der Entflechtungsadressat die bislang von der entflochtenen Sparte erbrachte Leistung anderweitig beschaffen muss. Abgesehen von einer unter Umständen eintretenden Erhöhung der Transaktionskosten – die allerdings durch die Vorteile unverfälschten Wettbewerbs und den Wegfall von Ineffizienzen kompensiert wird[516] – ist dies im Grunde unproblematisch, wenn die entflochtene Leistung unter wettbewerblichen Bedingungen angeboten wird. Trifft dies jedoch aus rechtlichen, tatsächlichen oder wirtschaftlichen Gründen nicht zu, wird die Unternehmenssparte, welche den notwendigen Input kontrolliert, versuchen, ihren Gewinn zu maximieren (sofern keine Restverflechtungen bestehen, die eine erneute Bevorzugung des Entflechtungsadressaten nach sich ziehen). In diesem Fall muss der Zugang zu der Einrichtung im weitesten Sinn reguliert werden. Das Problem der wertungsabhängigen Zuordnung von Kosten, das den Rekurs auf den strukturellen Eingriff auch rechtfertig-

---

511 Siehe im 1. Teil § 3 A.I.3. (S. 111 ff., insbes. S. 112).

512 Vgl. im 1. Teil § 3 A.I.3. a) aa) (S. 115 ff.) und § 3 A.I.3. b) bb) (S. 127 ff.).

513 Zu entsprechenden Forderungen siehe im 2. Teil § 2 A.III.2. b) bb) bbb) (S. 213).

514 Siehe im 1. Teil § 3 A.I.3. (S. 114).

515 Vgl. im 1. Teil § 3 A.I.3. a) aa) (S. 115 ff.); siehe auch *Litan* Brief on Remedy, S. 24 (deshalb für den *Microsoft*-Fall die Zielerreichung für gesichert haltend).

516 Zu entsprechenden Erwartungen im Verfahren gegen *AT & T* siehe Assistant Attorney General *Baxter*, zitiert nach *Brennan*, 40 Antitr. Bull. 455, 479 (1995).

te,[517] wird insofern durch die Entflechtung nicht gelöst. Es verlagert sich lediglich auf die Ebene der Bemessung der „Angemessenenheit" des Zugangs- oder Leistungsentgelts, wobei hier anders als bei der Bewertung von Quersubventionen nicht nur die leistungsspezifischen Zusatzkosten zu berücksichtigen sind, sondern auch einer Beteiligung an den gemeinsamen Fixkosten erfolgen muss.[518] Letztlich wirft dies erneut die Frage der Geeignetheit der Kommission auf, die dann erforderliche laufende Entgeltkontrolle vornehmen zu können.[519] Derartige Tätigkeiten sollten indes spezialisierten Behörden vorbehalten bleiben, zumal die von der Kommission gefundenen Lösungen über Treuhänder oder Schiedsgutachter, die unter der Aufsicht der Kommission agieren, aufgrund der Verwendung unbestimmter Rechtsbegriffe an Bestimmtheit missen lassen.[520] Auch dieser Vorbehalt spricht – ebenso wie die tatbestandlichen Einschränkungen einer Zugangsverpflichtung[521] – dafür, strukturelle Eingriffe auf Konstellationen zu beschränken, in denen eine spezialisierte Regulierungsbehörde existiert. Insoweit sind die Vorbehalte des Supreme Court im Fall *Trinko* gegen eine Duplizierung von kartellrechtlichen und regulierenden Verhaltenskontrollen auf das europäische Recht übertragbar.[522]

II. Erfolge des Sherman Act als Instrument der Dekonzentrationspolitik

Fernziel einer Abhilfe, mit deren Hilfe weitere Zuwiderhandlungen unterbunden werden sollen, ist letztlich der endgültige Abbau von Marktbeherrschung durch die Kräfte des Marktes. Dies gilt insbesondere im Zusammenhang mit liberalisierten, in einer Übergangsphase regulierten Märkten. Die Eignung einer verhaltenskontrollierende Entflechtungsregelung hierzu wird allerdings in Frage gestellt.[523] Gerade im Antitrust-Recht wird kritisiert, dass die Anwendung des Sherman Act im Hinblick auf den Abbau von Marktmacht als Fehlschlag zu werten sei. Daher sollen die Erfahrungen des Sherman Act auch in dieser Hinsicht näher untersucht werden.

1. Kritik: Fehlschlag des Sherman als Mittel der Dekonzentrationspolitik

Die Erfolge des Sherman Act als Mittel der Dekonzentrationspolitik werden vielfach als enttäuschend bezeichnet. Einer weit verbreiteten Ansicht zufolge hätten sich die Kartell-

---

517 Siehe im 1. Teil § 3 A.I.3. a) aa) (S. 115 ff.).
518 Vgl. *Baumol/Merrill*, 73 N.Y. U. L. Rev. 1122, 1125 (1998); *Sidak/Spulber*, 97 Col. L. Rev. 1081, 1147-48 (1997). Zu Klagen von „long distance carriers" hinsichtlich der Höhe der Beteiligung vgl. *Crandall/ Sidak*, 19 Yale J. Reg. 335 (2002).
519 Siehe hierzu bereits die Diskussion im 1. Teil § 3 A.I.3. a) aa) (S. 115 ff.).
520 Vgl. Fn. 437 (S. 101) und Fn. 67 (S. 117); wie hier kritisch *Geradin*, 41 CMLR 1519, 1545 (2004).
521 Siehe im 1. Teil § 3 A.I.3. a) cc) (S. 120 ff.).
522 Zur Frage, ob die Rechtsprechung des Supreme Court auf die europäische Kartellpraxis zu Leistungsverweigerungen zu übertragen ist, vgl. ablehnend *Geradin*, 41 CMLR 1519, 1549 (2004).
523 Siehe bereits *Scholz*, S. 69.

behörden zwar vielfach – teilweise zu Unrecht[524] – in den Verfahren selbst durchsetzen können. Auf der Ebene der Abhilfe seien sie aber – zuletzt im Fall *Microsoft*[525] – regelmäßig „unterlegen“, weil radikale Umwälzungen innerhalb der US-amerikanischen Industrie auch dann ausgeblieben seien, wenn vertikale oder funktionale Entflechtungen durchgeführt wurden.[526] So wird sogar die mehrheitlich als Erfolg gefeierte Entflechtung im Fall *AT & T* kritisiert, weil es nicht gelungen sei, aus dem Unternehmen lediglich einen Wettbewerber unter anderen zu machen.[527] Auch die Entscheidung im Fall *Alcoa* wird als unzureichend kritisiert, obwohl die Monopolstellung des Unternehmens im Ergebnis beseitigt wurde.[528] Als Ursache für diesen „Fehlschlag“ wird regelmäßig das gerichtliche Verfahren bzw. die richterliche Zurückhaltung gegeißelt; daher seien im Rahmen von „consent decrees“ ohne richterliche Beteiligung regelmäßig größere Erfolge erzielt worden.[529] Als weitere Ursache für das Scheitern von Restrukturierungsbemühungen wird die Unfähigkeit der Kartellbehörden gesehen, eine kohärente und vor allem von politischen Einflüssen freie Antitrustpolitik zu formulieren.[530]

2. *Begründetheit der Enttäuschung?*

Die Berechtigung dieser Kritik erscheint – abgesehen von der Kritik am Fehlen einer stringenten Kartellpolitik – zweifelhaft. Sie gründet auf der Prämisse, dass der Sherman Act eine Möglichkeit, wenn nicht gar eine Pflicht, Monopole im ökonomischen Sinne auch ohne Bezug zu den festgestellten Wettbewerbsverzerrungen zu beseitigen, enthält. Die Ambivalenz mancher Urteile – insbesondere das *Alcoa*-Urteil – nährt entsprechende

---

524 Vgl. *Baker*, 61 Notre Dame L. Rev. 898, 898-99 (1986) (in Bezug auf den *Grinnell*-Fall).

525 In diesem Sinne *Bork in: Hahn*, High-Stakes Antitrust, S. 45, 55.

526 Vgl. Kritik bei *Adams* in: *Brock/Elzinga*, S. 191 („pyrrhic victories“; „[The] government has won many a law suit but lost many a cause.“); *Elzinga/Breit*, S. 45, 47 („Even ardent supporters of antitrust cannot claim or show many victories at the relief end of an antitrust trial. […] The consensus so far is that structural relief has been attempted in only a few cases, and it has been performed rather badly in those.“). Ähnlich *Hale*, 40 Col. L. Rev. 615-32 (1940); *Dewey*, 63 J. Pol. Econ. 93-102 (1955) („It is a commonplace in antitrust work that the government wins the opinions and the defendant wins the decrees.“); siehe ferner *Stigler*, Organization, S. 265, 270 (wonach der Sherman Act insgesamt kaum Auswirkungen auf die Marktkonzentration gezeitigt habe).

527 Siehe *Temin*, S. 360.

528 Vgl. Fn. 100 und Fn. 105 (S. 168); anders *Oehler*, S. 239 (das Verfahren als Erfolg wertend).

529 Siehe *Adams* in: *Brock/Elzinga*, S. 191, Fn. 101; *Dewey*, 63 J. Pol. Econ. 93, 94 (1955); vgl. auch *Sullivan*, S. 141 ff.; *Sullivan/Grimes*, S. 78.

530 Siehe dazu bereits § 1 A.III. (S. 266 ff.). Ferner *Sullivan*, S. 141 ff. („[…] Even now it is not an easy thing to point to significant remedial successes in Section 2 proceedings. […] Where major structural problems are involved antitrust policy is as yet hesitant, if not ill-formed, and […] the different elements in the policy are exaggerated by enforcement through a judicial system.“); zur Kritik an der Vorgehensweise der FTC sowie des Department of Justice siehe Nachweise in Fn. 57 (S. 254); ferner *Areeda/Hovenkamp IIIA*, § 810f.; *Kovacic*, 31 Conn. L. Rev. 1285, 1312 (1999); *Shepherd*, 35 N.Y. L. S. L. Rev. 917, 932-33 (1990); *Sullivan/Grimes*, S. 78. Anders allerdings *Bork* in: *Hahn*, High-Stakes Antitrust, S. 45; *White* in: *Hahn*, High-Stakes Antitrust, S. 1, 40 (beide zu neueren Entwicklungen während der Regierungszeit Präsident *Clintons*).

Erwartungen. Dies gilt auch für die praktische Durchführung mancher Entflechtung. Angesichts der Tendenz mancher Formulierung, sich zu verselbständigen und von dem zu entscheidenden Sachverhalt zu lösen,[531] gerät dabei jedoch aus dem Blickfeld, dass die Mehrzahl der Entscheidungen – richtigerweise – das Verhalten des Monopolisten, nicht die Marktstruktur als solche als Problem erachten.[532] Darin spiegelt sich letztlich die Erkenntnis wider, dass strukturgestaltende Eingriffe nicht geeignet sind, ohne Rücksicht auf die zu Tage getretenen Wettbewerbsverzerrungen eine sinnvolle Abhilfe zu schaffen.[533] Ist jedoch bereits die Prämisse fehlerhaft, entbehrt auch die Kritik am gerichtlichen Verfahren der Grundlage, zumal die (inexistenten) Erfolge der FTC nicht den Schluss zulassen, administrative Verfahren seien gerichtlichen überlegen.[534]

Andererseits trifft durchaus zu, dass sich die Gerichte in den meisten Fällen auf eine strukturelle Trennung abgrenzbarer Märkte und Marktstufen beschränkten, die dem Unternehmen lediglich mögliche Instrumente zu wettbewerbswidrigem Verhalten nehmen oder das Resultat wettbewerbswidrigen Verhaltens rückgängig machen sollte.[535] Teilweise waren die Eingriffe auch auf die vage Hoffnung gestützt, die entflochtene Unternehmenssparte werde sich langfristig zu einem aktuellen Wettbewerber entwickeln und damit zu einer Dekonzentration des Marktes beitragen.[536] Gerade der *Standard-Oil*-Fall zeigt indes, dass sich letztere Hoffnung – sofern sie sich überhaupt realisierte[537] – allenfalls nach Ablauf erheblicher Zeiträume in einem strukturellen Erfolg niederschlug. Hier dauerte es – nicht zuletzt mangels ausreichender Trennung der beteiligten finanziellen Interessen[538] – bis zum Jahre 1927, bis erheblicher Wettbewerb zwischen einzelnen Nachfolgegesellschaften zu verzeichnen war; erst im Jahre 1955 konnte schließlich festgestellt werden, dass drei der Nachfolgegesellschaft bundesweit tätig waren.[539]

Diese nur zögerliche Entwicklung von Wettbewerb zwischen den Nachfolgegesellschaften scheint die Kritik, nicht horizontale Entflechtungen hätten sich – wie im Übrigen auch verhaltensorientierte Maßnahmen[540] – als unzureichend erwiesen, um die Marktstruktur wirksam zu dekonzentrieren, zu belegen. Andererseits ist zweifelhaft, ob das Ziel der Dekonzentration durch hoheitlichen Eingriff aus wettbewerbspolitischer Sicht überhaupt erstrebenswert ist.[541] Denn auch die ohnehin raren horizontalen Eingriffe zeichnen sich kaum durch ihren durchschlagenden Erfolg aus. So konnte beispielsweise im Gefolge der *American-Tobacco*-Entscheidung weder ein nennenswerter Preis-

531 Vgl. *Areeda*, 58 Antitrust L.J. 841 (1990) (in Bezug auf die „essential facilities doctrine").
532 Zur Zahl der Entflechtungen siehe im 2. Teil § 2 C. (S. 245 f.).
533 Siehe die Diskussion in § 2 A.III.2. b) (S. 208 ff.).
534 Vgl. die Kritik bei *Muris* in: *Eisenach/Lenard*, S. 90; ferner die Diskussion in § 1 A.II. (S. 264 ff.).
535 Vgl. auch *Shepherd* in: *Kovaleff*, S. 1029.
536 Zu derartigen Hoffnungen vgl. Fn. 11 (S. 181 – *Standard Oil*); Fn. 143 (S. 174 – *United Shoe*); Fn. 17 (S. 249 – *Alcoa*) sowie Fn. 211 (S. 207 – *Microsoft*), dazu jeweils den begleitenden Text.
537 Vgl. insoweit Kritik bei *Fraidin*, 33 Geo. Wash. L. Rev. 899, 905 (1965); *Oehler*, S. 240.
538 Siehe dazu § 2 A.II.1. c) aa) (S. 301).
539 Vgl. *Whitney I*, S. 106.
540 Vgl. die Nachweise in Fn. 28 und Fn. 29 (S. 250).
541 Vgl. zweifelnd *Dewey* in: *Goldschmid et al.*, S. 13.

wettbewerb verzeichnet werden noch kann die durch den Eingriff geschaffene und in der Folge weitgehend unverändert gebliebene oligopolistische Marktstruktur als überlegene Marktform bezeichnet werden.[542] Andere strukturelle Eingriffe, wie beispielsweise gegen *Du Pont* oder *IBM*, konnten zwar zu einer unmittelbaren Marktanteilssenkung auf dem streitgegenständlichen relevanten Markt führen. Ihre Auswirkungen überdauerten aber nicht die Veränderungen, die der Markt in der Folge durchlief.[543] Dies gilt auch für den Fall *United Shoe*, in dem sich der Martkanteil des Unternehmens unmittelbar nach dem Eingriff erneut erhöhte.[544]

Gerade in den langfristigen Auswirkungen zeigt sich die Überlegenheit eines Eingriffs, der dem beklagten Unternehmen gezielt die Fähigkeit nimmt, den Wettbewerb zu beschränken. Im Fall *Standard Oil* mag sich der Wettbewerb zwischen den Nachfolgegesellschaften zwar nur zögerlich entwickelt haben. Der Erfolg der Entflechtung beruhte aber weniger darauf, dass sich die entsprechende Erwartung erfüllt hätte, sondern darauf, dass der Trust nicht mehr über die Mittel verfügte, *von Dritten* ausgehende wettbewerbliche Bedrohungen abzuwenden. Damit konnte der strukturelle Eingriff in seinen Auswirkungen allerdings auch eintretende Marktveränderungen überdauern.[545] Ebenso gelang es, mit den Entflechtungen in den Fällen *AT & T, Paramount Pictures* und *Pullman*, aber auch mit der vielfach kritisierten Entflechtung im *Grinnell*-Fall[546] oder mit der im *United-Shoe*-Fall angeordneten vertikalen Entflechtung, den *Zutritt* zu den streitgegenständlichen Märkten signifikant zu erleichtern.[547]

Aus wettbewerbspolitischen Perspektive genügt es jedoch völlig, wenn die Voraussetzungen für einen ungehinderten Marktzutritt geschaffen werden. Eines weitergehenden Eingriffs bedarf es insbesondere im Hinblick auf die dynamische Entwicklung eines Marktes nicht.[548] Entsprechende Forderungen, wie sie zuletzt im *Microsoft*-, aber auch im gescheiterten *IBM*-Verfahren, in dem ebenfalls nur funktionale Entflechtungen geplant waren,[549] gestellt wurden,[550] sind daher – auch aus praktischen Gründen – ohnehin abzulehnen.[551] Wird jedoch die richtige Perspektive gewählt, stellen sich die struk-

---

542 Zur Kritik siehe Fn. 256 (S. 213). Vgl. aber *Shepherd*, Treatment, S. 315 ff., wonach im *American-Tobacco*-Fall der Nutzen des Verfahrens in einem Verhältnis von 20:1 zu seinen Kosten gestanden habe. Ähnliche Quoten ermittelt Shepherd in den Fällen *International Harvester*, *U.S. Steel* (!) und *Alcoa*. Für *Standard Oil* kommt *Shepherd* gar auf einen Faktor von 67:1. Vgl. ferner *Oehler* S. 239 (den Fall ebenfalls als Erfolg wertend).

543 Vgl. bereits im 2. Teil § 2 A.III.2. b) bb) ccc) (S. 216 ff.).

544 Vgl. *Emhart Corp. v. USM Corp.*, 527 F.2d 177 (1st Cir. 1975) (Marktanteil bei 42 %).

545 Daher unzutreffend *Posner*, in: *Goldschmid et al.*, S. 393, 395 f. (wonach die meisten Fälle durch die eingetretenen Marktveränderungen „irrelevant" geworden seien).

546 Siehe *Waldman*, S. 58. Ohne nähere Begründung anders *Areeda/Hovenkamp III*, § 653c2.

547 Zum *United-Shoe*-Fall siehe *Waldman*, S. 46 ff.

548 Vgl. die Diskussion in § 2 B.I.2. a) (S. 321, m. w. N. in Fn. 233).

549 Siehe *Brock*, S. 231 ff.; *Wilder*, 20 Antitr. Bull. 725-31. (1977); *Schulte-Braucks*, S. 182 ff.

550 Vgl. *DeLamarter*, S. 326 ff. (eine Aufspaltung in *vertikal integrierte Unternehmen* fordernd); vgl. auch *Schulte-Braucks*, S. 188 ff. (m. w. N.); zu entsprechenden Forderungen im Fall *Microsoft* siehe im 2. Teil § 2 A.III.2. b) bb) bbb) (S. 213 f.).

551 Vgl. bereits die Diskussion im 2. Teil in § 2 A.III.2. b) bb) (S. 212 ff.).

turellen Eingriffe im Antitrust-Recht langfristig durchaus als Erfolg dar.[552] Auf die Frage der tatsächlichen Erosion von Marktmacht kommt es in diesem Fall gar nicht mehr an,[553] wenn dem Markt seine Fähigkeit wieder gegeben wird, sich selbst zu regulieren, und bereits die Möglichkeit von Marktzutritt ausreichend disziplinierend wirkt. Die Kritik an der Unzulänglichkeit der erzielten Umstrukturierungsmaßnahmen trägt diesen indirekten Auswirkungen der eingeleiteten Verfahren indes nicht genügend Rechnung.[554] Dabei wird sogar von bekannten Vertretern der Chicago-School anerkannt, dass die indirekten Auswirkungen der Anwendung des Sherman Act erhebliche Vorzüge für das gesellschaftliche Wohl mit sich gebracht haben.[555] Zu den indirekten Auswirkungen gehört auch, dass bereits von einem Kartellverfahren bedrohte Unternehmen stellenweise strukturelle Veränderungen zugelassen, teilweise sogar aktiv gefördert oder zumindest ihr Verhalten so weit diszipliniert haben, dass sie keine Angriffsfläche für eine hoheitliche Intervention boten.[556]

III. Folgerungen für Maßnahmen struktureller Art nach der VO (EG) Nr. 1/2003

Artikel 7 Abs. 1 S. 3, 1. Halbsatz VO (EG) Nr. 1/2003 erlaubt Maßnahmen struktureller Art, wenn diese im Vergleich zu einer verhaltensorientierten Abhilfe „weniger wirksam" sind. Erforderlich ist mithin die Feststellung, dass eine Verhaltenskontrolle aus quantitativen oder qualitativen Gründen nicht ausreichend wirksam ist. Zwar konnten insofern zwei Fallgruppen – nämlich Zugangsverweigerungen und Quersubventionen – ausgemacht werden, in denen eine Verhaltenskontrolle erheblichen Schwierigkeiten begegnet. Über den Wortlaut des Artikels 7 Abs. 1 VO (EG) Nr. 1/2003 hinaus muss die unzureichende Wirksamkeit einer Verhaltenskontrolle aber dadurch belegt werden, dass bisherige Bemühungen fruchtlos waren.[557]

Soweit die Zulässigkeit struktureller Eingriffe davon abhängt, dass diese „wirksamer" sind, stellt sich aber – nunmehr aus einer anderen Perspektive – die Frage, an wel-

552 I. Erg. ähnlich *Comanor*, 46 Antitr. Bull. 115, 120 (2001).

553 Dies gilt freilich dann nicht, wenn gesellschaftspolitische Ziele in den Vordergrund gerückt werden. Allerdings ist auch hier vertreten worden, dass kein Grund zur Enttäuschung bestehe: Vgl. *Rostow*, 14 U. Chi. L. Rev. 567, 574 (1946).

554 Vgl. *Waldman*, S. 155 ff. („The charge that antitrust policy gemerally does not yield significant results does not stand up to careful scrutiny."); i. Erg. ähnlich *Shepherd*, Treatment, S. 315 ff.; *ders.*, 35 N.Y. L. S. L. Rev. 917, 932-33 (1990).

555 Siehe *Waldman*, S. 164; *Shepherd*, Treatment, S. 315 ff. (durchschnittliche Kosten-Nutzen-Verhältnisse von 20:1 berechnend); nuancierter *Shepherd*, 35 N.Y. L. S. L. Rev. 917, 932-33 (1990) (nur noch ein Kosten-Nutzen-Verhältnis von 2:1 für große Verfahren berechnend). Vgl. auch *Posner*, Antitrust, S. 14, wonach die Kosten von Monopolen zwar lediglich 1 % des BSP betrügen, jedoch in Abwesenheit von Antitrust-Gesetzen höher lägen; vgl. auch *Crandall*, Failure, S. 83. Rigoros ablehnend, allerdings polemisch hingegen *Armentano*, S. 99, 271.

556 Eingehend dazu bereits § 2 B.I.4. (S. 332 ff.). Siehe auch *Waldman*, S. 21 f., 58, der daraus die Empfehlung ableitet, Fälle auszuwählen, die hohe Gewinne für das gesellschaftliche Wohl erwarten ließen, ohne dass die Frage eines Obsiegens bedeutsam sei.

557 Siehe die Diskussion im 1. Teil § 3 A.I.3. (S. 111 ff.).

chem Kriterium die Wirksamkeit einer Abhilfe zu messen ist. Soll die Eignung des Eingriffs zugrunde gelegt werden, bestehende Marktbeherrschung endgültig zu beseitigen, zeigen die US-amerikanischen Erfahrungen, dass vertikale und funktionale Entflechtungen keine Gewähr für einen endgültigen Abbau von Marktbeherrschung bieten können. Sie stellen lediglich eine entsprechende Chance dar, indem sie die Voraussetzungen für einen ungehinderten Marktzutritt schaffen; ob diese Chance ergriffen wird, hängt jedoch letztlich vom Markt selbst ab.

Ein zweites Kriterium zur Beurteilung der Überlegenheit struktureller Eingriffe könnte ihre Einmaligkeit sein. Auch hier zeigen die US-amerikanischen Erfahrungen jedoch, dass die mit Entflechtungen verbundene Vorstellung eines einmaligen und punktuellen Eingriffs außerhalb der Entflechtung von Kapitalbeteiligungen ohne weitergehende strukturelle Verflechtungen nicht aufrechterhalten werden kann. Es existiert insoweit kaum ein Fall, der ohne begleitende verhaltensorientierte Maßnahmen auskäme. Dies beginnt mit der Notwendigkeit vollzugs- und zielsichernder Anordnungen, ohne die kein struktureller Eingriff auskommt.[558] Schwerer wiegt jedoch, dass vertikale oder funktionale Entflechtungen zwar den Anreiz und die Fähigkeit beseitigen, bestimmte Zuwiderhandlungen zu begehen, aber – mit der Folge einer weiteren Verhaltenskontrolle – den Anreiz unberührt lassen, Marktbeherrschung mittels anderer Zuwiderhandlungen aufrecht zu erhalten. Eine Verhaltenskontrolle kann auch Resultat der Notwendigkeit sein, bestehende Verflechtungen zwischen den zu trennenden Sparten aufzulösen oder – im Fall von Tätigkeitsbeschränkungen – erneuten Verflechtungen vorzubeugen. Schließlich verlagert sich das Problem der Verhaltenskontrolle insbesondere bei Zugangsbeschränkungen lediglich auf eine andere Ebene, nämlich die der Kontrolle der Angemessenheit des Zugangsentgelts. Gleichzeitig spielt auch hier nochmals eine Rolle, dass bestehende Marktbeherrschung im Sinne der Fähigkeit zu unabhängigem Verhalten durch den Eingriff nicht unmittelbar beseitigt wird. Daher wird insbesondere auf liberalisierten Märkten, wie der Fall *AT & T* zeigt, in der Regel weiterhin eine Kontrolle von Ausbeutungsmissbräuchen erforderlich sein.

Soweit nach dem Vorstehenden die Notwendigkeit einer Verhaltenskontrolle regelmäßig nicht mit einem strukturellen Eingriff entfällt, kann die „altruistischen" Entflechtungen nach Artikel 7 Abs. 1 S. 3, 2. Halbsatz VO (EG) Nr. 1/2003 zugrunde liegende Argumentation des weniger belastenden Eingriffs kaum noch Geltung beanspruchen.[559] Dies bedeutet jedoch nicht, dass Maßnahmen struktureller Art generell abzulehnen wären, weil sie verhaltensorientierte Maßnahmen nicht vollständig zu ersetzen vermögen. Soweit die Fortsetzung einer Verhaltenskontrolle darauf beruht, dass der generelle Anreiz, Marktbeherrschung nötigenfalls auch mit anderen wettbewerbwidrigen Mitteln aufrecht zu erhalten, unberührt bleibt, sind etwaige Überwachungsschwierig-

558 Vgl. auch *Romer* Declaration, S. 19 (§ 41); *Shapiro* Declaration, S. 17.
559 Siehe dazu im 1. Teil § 3 A.I.3. (S. 111).

keiten regelmäßig geringer nach einem strukturellen Eingriff.[560] Darüber hinaus ist die Verhaltenskontrolle, sofern sie Folge des Ziels ist, eine Wiederherstellung des vor der Entflechtung bestehenden Zustandes zu verhindern, qualitativ eine andere als die ex post wirkende Verhaltenskontrolle. Anders als letztere wirkt sich die aus Tätigkeitsbeschränkungen resultierende Verhaltenskontrolle *zugunsten* des von Konkurrenten des beherrschenden Unternehmens ausgehenden Wettbewerbs aus. Insbesondere vermeiden sie das Problem zeitlicher Verzögerungen zu Lasten des Wettbewerbs.[561] Gerade hier zeigen die US-amerikanischen Erfahrungen, dass erhebliche Chancen bestehen, den Markt im Ergebnis tatsächlich wirksamer zu öffnen, als dies mit einer lediglich ex post wirkenden Verhaltenskontrolle möglich wäre.

Soweit jedoch die Notwendigkeit einer Verhaltenskontrolle fortbesteht, leben auch die Bedenken gegen die Geeignetheit von Kartellbehörden, laufende Verhaltenskontrollen durchzuführen, wieder auf. Dies spricht im Ergebnis dafür, strukturelle Eingriffe auf Fälle zu beschränken, in denen eine sektorspezifische Regulierungsbehörde bereits vorhanden ist.[562] Dies begegnet sowohl dem bei der kontinuierlichen Verhaltenskontrolle auftretenden Kapazitätsproblem als auch dem Problem mangelnder Spezialisierung.[563] Die vorgenannte Beschränkung hätte zugleich den Vorteil, eventuelle Folgekosten für die Allgemeinheit durch Preisüberhöhungen zu minimieren. Sie können theoretisch eintreten, weil durch die Entflechtung der Anreiz entfällt, die Nachfrage auf einem Sekundärmarkt durch niedrige Preise auf dem Primärmarkt zu stimulieren.[564] Das Vorhandensein einer Regulierungsbehörde gewährleistet hier – wie im Fall *AT & T* – dass die Entwicklung der Preise an die Kosten gekoppelt bleibt. Soweit die Erfahrungen des Antitrust-Rechts zeigen, dass wesentliche Kostensteigerungen unter anderem aufgrund der Beseitigung strukturell bedingter Ineffizienzen durch eine Entflechtung nicht zu erwarten sind, kann insofern wirksam eventuellen Preisüberhöhungen vorgebeugt werden. Die Beschränkung struktureller Eingriffe auf Fälle, in denen bereits eine Regulierungsbehörde vorhanden ist, ist schließlich auch Ausfluss der tatbestandlichen Voraussetzungen eines strukturellen Eingriffs nach Artikel 7 Abs. 1 VO (EG) Nr. 1/2003. Sie führen dazu, dass *allgemeine* Kontrahierungspflichten – deren wiederholte Verlet-

560 Siehe auch *Henderson* Declaration, S. 36 (§ 111) (für den *Microsoft*-Fall).

561 Zu derartigen Schwierigkeiten im *Microsoft*-Fall siehe im 1. Teil § 2 B.II.2. e) aa) (S. 102 f.) und *NERA* – GAW Nr. 359 (23. 10. 2005), wonach die für den *Microsoft*-Fall zuständige Richterin *Kollar-Kotelly* die Verzögerungstaktiken *Microsofts* beklagt habe; das DoJ beklagt zwischenzeitlich den Mangel an technischer Dokumentation, den Microsoft veröffentliche, um Wettbewerber als Teil seiner Verpflichtungen aus dem „consent decree" zu unterstützen: vgl. *NERA* – GAW Nr. 427 (9. 3. 2007). Die Dominanz Microsofts im Betriebssystembereich ist unverändert: vgl. *NERA* – GAW Nr. 322 (11. 2. 2005).

562 Vgl. insoweit auch *Deringer*, EuR 2001, 306, 320, demzufolge Entflechtungen als Mittel zur Öffnung einer von Staatsmonopolen durchsetzten Wirtschaft grundsätzlich zu begrüßen seien.

563 Nach der hier vertretenen Auffassung greift der Einwand der mangelnden ökonomischen Spezialisierung in pauschaler Form nicht für die Kommission ein; bei der sektorspezifischen Regulierung sind jedoch zusätzliche Eigenheiten eines Marktes zu beachten, die besser bei spezialisierten Regulierungsbehörden aufgehoben sind.

564 Siehe in § 2 B.I.2. und 3. (S. 227 ff. m. w. N. in Fn. 349, S. 227, und Fn. 371, S. 230).

zung die Annahme einer Wiederholungsgefahr rechtfertigen könnte – in der Regel nur im Zusammenhang mit (teil-) liberalisierten Märkten bestehen werden, weil hier entweder die Leistung nicht unter Rentabilitätsgesichtspunkten geschaffen wurde oder rechtliche Hindernisse einer Duplizierung entgegenstehen. Zudem werden hier zum Teil bereits abstrakt-generelle Zugangsverpflichtungen bestehen.[565]

D. Ergebnis und Ausblick: Chancen und Risiken struktureller Eingriffe

Eine Gesamtbetrachtung der Erfolge struktureller Eingriffen im Antitrust-Recht liefert gemischte Ergebnisse.[566] Insbesondere in den Fällen horizontaler Zerschlagungen wurde vielfach überhaupt keine Marktstrukturverbesserung erzielt, weil die bestehende monopolistische Marktstruktur durch eine oligopolistische ersetzt wurde. In anderen Fällen haben überholende Marktentwicklungen die Ursächlichkeit und damit auch die *Erforderlichkeit* eines strukturellen Eingriffs für eingetretene Verbesserungen der Wettbewerbsstruktur in Frage gestellt. Zweifel an der Erforderlichkeit der Eingriffe ergeben sich auch, weil die erzielten strukturellen Erfolge später vielfach revidiert wurden, indem den von einer Entflechtung betroffenen Unternehmen gestattet wurde, erneut vertikal zu integrieren.[567] Die insofern bestehenden Zweifel betreffen auch die am häufigsten als Beispiele für erfolgreiche Eingriffe genannten, allerdings 70 Jahre auseinander liegenden Verfahren gegen *Standard Oil* und *AT & T*. In letzterem Fall kommt hinzu, dass die radikalen Veränderungen eines Schlüsselsektors der Wirtschaft zumindest teilweise auf die Tätigkeit von Regulierungsbehörden zurückzuführen waren. Auch insoweit stellt sich die Frage nach der Erforderlichkeit eines strukturellen Eingriffs.

Das Risiko der Überholung eines Eingriffs durch die Marktentwicklung steht in einem engen Zusammenhang mit dem Problem exorbitanter Verfahrenslängen: Teilweise sind die Verzögerungen bei der praktischen Abwicklung der Entflechtung aufgetreten;[568] in der Regel jedoch traten diese bereits im Rahmen der Klärung der „liability" ein.[569] Daher ist nicht anzunehmen, dass verfahrensbedingte Verzögerungen auf das Entflechtungsinstrument selbst zurückzuführen sind.[570] Auch wenn im Übrigen die verfahrensrechtlichen Rahmenbedingungen in Europa Vorteile bieten, die zügigere Entscheidungen ermöglichen, sollten die Erfahrungen des Antitrust-Rechts mit verfahrensbedingten, den Erfolg eines Eingriffs in Frage stellenden Verzögerungen als Warnung

565 Siehe im 1. Teil § 3 A.I.3. a) cc) (S. 120 ff.).

566 Vgl. *Baker*, 61 Notre Dame L. Rev. 898, 898-99 (1986) („mixed bag"); *Sullivan/Grimes*, S. 78 („decidedly mixed results"). Vgl. auch *Oehler*, S. 237 ff., der kleineren Entflechtungen jegliche Effizienz abspricht.

567 Siehe Fn. 319 (S. 330) (für den Fall *AT & T*); ferner Fn. 193 (S. 315) (für den Fall *Standard Oil*).

568 Pardigmatisch sind die Entflechtungen von *El Paso* (Fn. 107, S. 302), von *Du Pont/General Motors* (Fn. 1, S. 247) und von *United Fruits* (§ 2 A.III.2. b) bb) ccc) – S. 217).

569 Wie hier *Averitt*, 40 Ohio St. L.J. 781, 798 (1979).

570 Siehe die Diskussion in § 1 A.I. (S. 260 ff.).

für die Anwendung von Maßnahmen struktureller Art im europäischen Recht dienen. Andererseits trat das Problem überholender Marktentwicklungen primär im Zusammenhang mit horizontalen, meist „freiwilligen" Entflechtungen auf, in denen exogene Daten hinsichtlich des zu erzielenden tatsächlichen Wettbewerbs gesetzt wurden. Derartige Eingriffe kommen im europäischen Kartellrecht nicht in Betracht. In den Fällen hingegen, in denen einem Unternehmen lediglich die Fähigkeit zur Verhinderung wirksamen Wettbewerbs genommen wurde, haben die Wirkungen der Entflechtung eventuelle Marktveränderungen überdauert. Dabei haben sie dazu beigetragen, den Markt wirksam für Wettbewerber zu öffnen und den Wettbewerbsprozesses zu dynamisieren. Insbesondere die Fälle *AT & T* und *Standard Oil*, aber auch andere Fälle zeigen, dass hier erhebliche Chancen bestehen. Sie bestätigen die bereits erörterte Erwartung, dass vertikale oder funktionale Entflechtungen zur Verhinderung von Quersubventionen und Zugangsbeschränkungen die beste Gewähr für die Entstehung wirksamen Wettbewerbs und für Innovationsschübe bieten.[571]

Dem stehen verhältnismäßig geringe Risiken gegenüber. Praktische Schwierigkeiten im Zusammenhang mit der Entflechtung als solcher haben sich grundsätzlich als lösbar erwiesen, sofern keine Veräußerungslösung gewählt wurde. Dabei war es stets möglich, Auswirkungen auf die Interessen unbeteiligter Dritter – Aktionäre, Gläubiger und Arbeitnehmer – hinreichend zu berücksichtigen. Insofern relativiert sich die Kritik an der Unfähigkeit von Gerichten und Kartellbehörden, einen strukturellen Eingriff umzusetzen, zumal die Gestaltung der Entflechtung stets unter Einbeziehung der betroffenen Unternehmen selbst erfolgte. Berechtigt bleibt die Kritik allenfalls insoweit, als weder Gerichte, Kartellbehörden oder sonstige Dritte Kosten, Nutzen und Auswirkungen einer Abhilfe struktureller Art *sicher* prognostizieren können.[572] Entsprechende Prognoseschwierigkeiten stellen sich indes in ähnlicher Form hinsichtlich der Konsequenzen einer *unzureichenden* oder einer *unterbleibenden* Abhilfe. Sie sind unabhängig davon, ob verhaltens- oder strukturorientierte Maßnahmen gewählt werden[573] und können daher nur bedingt als Argument gegen strukturelle Eingriffe angeführt werden. Überdies zeigen die Erfahrungen des Antitrust-Rechts, dass die vielfach prognostizierten katastrophalen Auswirkungen auf das gesellschaftliche Wohl durchgehend ausgeblieben sind. Auch wenn nicht immer eindeutig nachweisbar ist, dass eingetretene Erfolge ursächlich auf eine Entflechtung zurückzuführen ist, kann mit hinreichender Sicherheit behauptet werden, dass weder wirtschaftliche noch soziale Kosten einer Entflechtung erheblich gewesen wären. Entsprechende Befürchtungen beruhen zum Teil auf fehlerhaften Prämissen oder auf unbeachtlichen Erwägungen. Sofern Beeinträchtigungen – insbesondere durch Preiserhöhungen – empirisch messbar waren, hielten sich diese in Grenzen oder waren nicht unmittelbar mit dem strukturellen Eingriff in Verbindung zu bringen. Dar-

571 Vgl. im 1. Teil § 3 A.I.3. a) bb) (S. 119 ff.) und § 3 A.I.3. b) bb) (S. 127 ff.).
572 Siehe dazu kritisch *Areeda/Hovenkamp IIIA*, § 808b.
573 Wie hier *Shelanski/Sidak*, 68 U. Chi. L. Rev. 1, 32 (2001).

über hinaus spricht einiges dafür, dass etwaige Verluste durch gesamtwirtschaftliche Vorteile aufgewogen werden.

Nach alledem sprechen weder praktische Schwierigkeiten noch unabsehbare wirtschaftliche oder soziale Folgekosten gegen strukturelle Eingriffe, sofern sie zur Abstellung einer Zuwiderhandlung erforderlich und geeignet sind, weil eine erhebliche, in der Struktur des Unternehmens selbst angesiedelte Wiederholungsgefahr besteht. Allein dies beschränkt den Anwendungsbereich von Maßnahmen struktureller Art auf absolute Ausnahmefälle. Weitere Einschränkungen ergeben sich aus dem Umstand, dass die mit der Durchführung einer Entflechtung verbundene Regelungstiefe verdeutlicht, dass von einem „einfachen" Eingriff in den meisten Fällen keine Rede sein kann. Der Mythos der Entflechtung als einfache und einmalige Intervention wird umso mehr relativiert, als kaum eine Entflechtungsanordnung in der Lage ist, umfassend jegliches wettbewerbswidrige Verhalten zu beseitigen. Vielfach wurden daher strukturelle Eingriffe durch eine Verhaltenskontrolle ergänzt, die – wie der *AT & T*-Fall zeigt – in ihrem Umfang einer regulären Verhaltensregulierung kaum nachstehen. Hinzu kommt, dass durch den vertikale oder funktionale Entflechtungen zur Beseitigung der Fähigkeit zur Verhinderung wirksamen Wettbewerbs die marktbeherrschende Stellung im Sinne der Fähigkeit zu unabhängigem Verhalten unangetastet lassen. Die Notwendigkeit einer Verhaltenskontrolle wird insofern, insbesondere im Hinblick auf die notwendige Kostenkontrolle bei der Bewertung der Angemessenheit eines Zugangsentgelts, nicht beseitigt. Sie rechtfertigt unter anderem, Entflechtungen auf die Konstellationen zu beschränken, in denen eine Regulierungsbehörde bereits vorhanden ist.

Die Entflechtung von *AT & T* zeigt, dass in diesem Fall erhebliche Gewinne durch eine Entflechtung zu erzielen sind, da sich Regulierung und struktureller Eingriff dann ergänzen. Inwieweit ein struktureller Eingriff jedoch tatsächlich erforderlich ist, erscheint fraglich. In der US-amerikanischen Telekommunikationsindustrie ist derzeit ein – von der FCC abgesegneter – Trend zur erneuten Integration und damit zur Revision der Ergebnisse des Modified Final Judgment festzustellen. Gleichzeitig wird mit Blick auf die europäischen Erfahrungen im Zuge der Liberalisierungsbemühungen eine Regulierung durch FCC und PUC für ausreichend erachtet. Im europäischen Recht hat die Kommission zu Beginn des Jahres 2006 festgestellt, dass zwar die Gemeinschaftsregeln zu einer Öffnung der Märkte geführt haben, de facto aber nur ein Bruchteil der Märkte bereits vollständig wettbewerblich ausgeprägt ist.[574] Hier bleiben die Entwicklungen abzuwarten. Gleiches gilt für die Öffnung der Erdgasmärkte, auf denen die Kommission erhebliche Probleme identifiziert hat.[575] Inwieweit die hier ins Auge gefassten, über die bereits umzusetzenden Entflechtungen hinausgehenden strukturellen Eingriffe durchzusetzen sein werden, darf mit Spannung erwartet werden: Eine zentrale Erfahrung US-amerikanischer Entflechtungen ist, dass strukturelle Eingriffe, die zum Teil am Fehlen

574 Pressemitteilung der Kommission IP/06/125 v. 7. 2. 2006.

575 Siehe im 1. Teil § 3 A.I.3. c) (S. 131 ff.).

eines die Amtsdauer einer Regierung überlebenden Konsenses gescheitert sind, immer ein Politikum sind.[576] Der Theorie nach ist die Kommission als unabhängige Instanz hiergegen gefeit.[577] Ob die Kommission diesem Anspruch auch noch dann gerecht werden wird, wenn ein Eingriff in die Struktur eines als „national champion" gehegtes ehemaliges Staatsmonopol oder – wie im Fall *Microsoft* geplant[578] – eines florierenden US-amerikanischen Unternehmens erfolgen soll, bleibt aber abzuwarten.[579]

Ebenso bleibt abzuwarten, ob die Möglichkeit eines strukturellen Eingriffs in Verbindung mit der Möglichkeit von Verpflichtungszusagen künftig zu nennenswerten Unternehmensrestrukturierungen führen wird. Diese in der Literatur zum Teil befürchtete bzw. erwartete Entwicklung würde voraussetzen, dass das Risiko eines strukturellen Eingriffs realistisch ist.[580] Angesichts der strengen Voraussetzungen für Maßnahmen struktureller Art erscheint dies jedoch zweifelhaft.

576 In diesem Sinne *Sullivan/Grimes*, S. 78; ähnlich *Shepherd* in: *Kovaleff*, S. 1029.

577 Siehe § 1 A.III. (S. 266 ff.).

578 Zu den Plänen eines strukturellen Eingriffs gegen *Microsoft* siehe Fn. 449 (S. 102).

579 Tatsächlich stoßen die Pläne der Kommission für den Energiesektor nicht auf große Gegenliebe bei den Mitgliedstaaten: vgl. *NERA* – GAW Nr. 419 (12. 1. 2007) und Nr. 424 (16. 2. 2007); darüber hinaus deuten die Pläne zum EU-Reformvertrag darauf hin, dass wettbewerbsfremden Erwägungen künftig unter Umständen ein größerer Spielraum eingeräumt werden könnte: siehe hierzu Fn. 86 (S. 270).

580 Zu entsprechenden Befürchtungen vgl. *K. Schmidt*, BB 2003, 1237, 1242; neutraler hingegen *de Bronett*, Art. 7 Rn. 10.

Ergebnisse

1. Strukturelle Eingriffe in der Missbrauchskontrolle stehen aufgrund des systematischen Zusammenhangs zwischen Artikel 82 EG und den Artikeln 3 Abs. 1 lit. g und 81 Abs. 3 lit. b EG im Einklang mit „System und Geist" des europäischen Rechts der Wettbewerbsbeschränkungen. Die Begründung, Aufrechterhaltung oder Vertiefung einer beherrschenden Stellung muss, sofern sie mit wettbewerbswidrigen Mitteln erfolgt, nicht ohne weiteres hingenommen werden. Gleiches gilt für die Schaffung beherrschender Stellungen durch Mitgliedstaaten, durch die zwingend Missbräuche herausgefordert werden. Da das Werturteil über die zum Schutz des Wettbewerbs verbotenen Mittel auf die durch eine Zuwiderhandlung erlangte Fähigkeit zu unabhängigem Verhalten oder zur Verhinderung wirksamen Wettbewerbs ausstrahlt, kann Eingriffen zur Beseitigung dieser Fähigkeiten nicht entgegen gehalten werden, sie stünden im Widerspruch zu den Zielsetzungen des Artikels 82 EG.
2. Das Verbot wettbewerbswidrigen Verhaltens deckt daher in Verbindung mit dem abgeleiteten Werturteil über Marktbeherrschung Maßnahmen, die einem Unternehmen die Fähigkeit zur Verhinderung wirksamen Wettbewerbs nehmen und damit eine Teilkomponente des Rechtsbegriffs der Marktbeherrschung beseitigt. Der verhaltensorientierte Ansatz des Artikels 82 EG erlaubt jedoch die unmittelbare Beseitigung verhaltensmissbräuchlich begründeter Marktbeherrschung aus rechts- und wettbewerbspolitischen sowie aus praktischen Gründen nur, sofern die Ursächlichkeit eines Missbrauchs zweifelsfrei feststeht. Da es sich hierbei regelmäßig um Konstellationen handelt, die unter die Fusionskontrollverordnung fallen, wird dies im Rahmen der VO (EG) Nr. 1/2003 kaum praktisch relevant werden. Gleiches gilt für Maßnahmen zur Folgenbeseitigung, die hinter einer vollständigen Beseitigung der beherrschenden Stellung zurück bleiben. Zwar sind derartige Maßnahmen von Artikel 7 Abs. 1 VO (EG) Nr. 1/2003 – trotz eines ambivalenten Wortlauts – gedeckt; in der Regel wird aber der Kausalitätsnachweis angesichts der Vielzahl überlagernder Faktoren nicht zu führen sein.
3. Dem vorgenannten Ergebnis entspricht der Ansatz des US-amerikanischen Rechts weitgehend. Entgegen einer verbreiteten Auffassung enthält Section 2 Sherman Act kein Verbot bestimmter Marktstrukturen, sondern konzentriert sich in erster Linie auf eine Verhaltenskontrolle. Das Unwerturteil über „monopoly power" folgt aus ihrem Erwerb oder ihrer Aufrechterhaltung mit wettbewerbswidrigen Mitteln. Sofern der Ursächlichkeitsbeitrag einer Zuwiderhandlung für den Erwerb oder die Aufrechterhaltung einer Monopolstellung im rechtlichen Sinn zweifelhaft ist, muss diese auch nicht unmittelbar beseitigt werden. Eine entsprechende Erfolgsverpflichtung hat der Supreme Court zwar in seiner letzten Entflechtungsentscheidung enonciert. Sie fügt sich aber weder in die Linie der vorangegangenen Urteile ein, die strukturelle Eingriffe primär als Mittel der rückwirkenden oder der präventiven Ver-

haltenskontrolle betrachtet haben, noch trägt sie praktischen und wettbewerbspolitischen Vorbehalten ausreichend Rechnung. Wie das *Microsoft*-Verfahren gezeigt hat, sind daher Zweifel angebracht, dass die Erfolgsverpflichtung einen bleibenden Beitrag zum Antitrust-Recht darstellt. Entflechtungen dienen daher ebenso wie im europäischen Recht der Beseitigung der Folgen und der Verhinderung wettbewerbswidrigen Verhaltens.

4. Die rechtlichen Voraussetzungen von Entflechtungen sind allerdings im Antitrust-Recht nicht zuletzt dank einer äußerst ambivalenten Terminologie des Supreme Court und der Ungewissheit, inwieweit die vorgenannte Erfolgsverpflichtung noch Geltung beanspruchen kann, weitgehend unklar. Rechtspolitisch sind *in dieser Hinsicht* daher keine Erkenntnisse für das europäische Kartellrecht zu gewinnen. Immerhin lässt sich nicht zweifelsfrei belegen, dass die Möglichkeit struktureller Eingriffe signifikante Auswirkungen auf die tatbestandliche Konkretisierung von Section 2 Sherman Act gezeitigt hätte. Zwar lässt sich eine gewisse Interdependenz zwischen Tatbestands- und Rechtsfolgenseite feststellen; Abweichungen zwischen dem europäischen und dem zum Teil gegenüber marktmächtigen Unternehmen wohlwollenderen US-amerikanischem Wettbewerbsrecht erklären sich aber eher aus dem Zusammenspiel hoheitlicher und privatrechtlicher Durchsetzung des Antitrust-Rechts. Es zeichnet auch zu einem Teil für das Problem übermässiger Verfahrenslängen verantwortlich. Es ist daher nicht zu erwarten, dass die Einführung einer Ermächtigungsgrundlage für strukturelle Eingriffe im europäischen Recht die Rezeption von Artikel 82 EG gravierend verändern wird.
5. Die Voraussetzungen struktureller Eingriffe sind im europäischen Recht demgegenüber klarer. Artikel 7 Abs. 1 VO (EG) Nr. 1/2003 erlaubt im Einklang mit System und Geist der europäischen Wettbewerbsregeln Eingriffe struktureller Art, wenn die Struktur eines Unternehmens sowohl die Fähigkeit zu wettbewerbswidrigem Verhalten als auch einen entsprechenden Anreiz hierzu vermittelt. Der drohende Missbrauch muss von erheblichem Gewicht sein und ihm muss durch eine Verhaltenskontrolle im Hinblick auf die Natur der in Frage Zuwiderhandlung und der Zahl der betroffenen Konkurrenten nicht wirksam oder nicht rechtzeitig begegnet werden können. Insofern bedarf es auch einer erheblichen Wiederholungsgefahr, die mittels „eindeutiger Beweise“ zu prognostizieren sein muss.
6. Dass die in Artikel 7 Abs. 1 S. 3, 2. Halbsatz VO (EG) Nr. 1/2003 verankerte Möglichkeit „altruistischer Entflechtungen“ außerhalb freiwilliger Verpflichtungszusagen im Sinne des Artikels 9 VO (EG) Nr. 1/2003 praktische Bedeutung entfalten wird, ist zweifelhaft, zumal die US-amerikanischen Erfahrungen zeigen, dass auch strukturelle Eingriffe in der Regel eine Verhaltenskontrolle nicht vollständig überflüssig machen. Aus Artikel 7 Abs. 1 S. 3, 2. Halbsatz VO (EG) Nr. 1/2003 ergibt sich aber, dass allein die Notwendigkeit einer Verhaltenskontrolle bzw. die mit ihr verbundenen Schwierigkeiten nicht den Rekurs auf eine Abhilfe struktureller Art

rechtfertigen. Insofern ist die Wirksamkeit einer Verhaltenskontrolle stets auszuloten, bevor auf strukturelle Eingriffe Rekurs genommen wird. Als Ausfluss des in Artikel 7 Abs. 1 VO (EG) Nr. 1/2003 verankerten Verhältnismäßigkeitsprinzips ist zudem den weniger einschneidenden Mitteln einer Verhaltenskontrolle auf europäischer wie auf nationaler Ebene Rechnung zu tragen. Hier bestehen indes Zweifel, dass sie bei erheblichen Anreizen zu wettbewerbswidrigem Verhalten und geringer Wahrscheinlichkeit einer zeitnahen Entdeckung geeignet sind, ausreichend marktöffnende Wirkung zu erzielen. Ihre Existenz allein rechtfertigt mithin nicht, strukturelle Eingriffe schlechthin abzulehnen.

7. Bezüglich der abzustellenden Wettbewerbsverzerrungen kommen strukturelle Eingriffe in Anwendung der vorstehenden Grundsätze vor allem im Zusammenhang mit Leistungsverweigerungen und Quersubventionen in Betracht. Ihre Kontrolle ist angesichts der Vielzahl faktischer Behinderungsmöglichkeiten und der notwendigen Kostenkontrolle mit erheblichen Schwierigkeiten verbunden. Zugleich bestehen hier erhebliche Anreize zur Fortsetzung wettbewerbswidrigen Verhaltens aufgrund der Doppelstellung des Entflechtungsadressaten als Wettbewerber und Anbieter einer Leistung bzw. Eigentümer einer Einrichtung.
8. Eine wesentliche Erkenntnis der Erfahrungen des Antitrust-Rechts ist, dass vertikale oder funktionale strukturelle Eingriffe jedenfalls kurzfristig eine Verhaltenskontrolle nicht ersetzen. Insofern kann an dem Mythos einmaliger, punktueller struktureller Eingriffe kaum festgehalten werden. Hieraus folgt indes nicht, dass von Eingriffen in die Struktur eines beherrschenden Unternehmens gänzlich abgesehen werden müsste. Die verbleibende Verhaltenskontrolle ist nämlich in der Regel einfacher als diejenige, die als Alternative zur strukturellen Abhilfe hätte durchgeführt werden müssen. Zudem wirkt sie zugunsten des Restwettbewerbs, indem sie die mit einer ex-post-Kontrolle verbundenen Schwierigkeiten vermeidet.
9. Soweit strukturelle Eingriffe eine Verhaltenskontrolle regelmäßig nicht überflüssig machen, sollten sie sich auf Unternehmen beschränken, die auf (teil-) liberalisierten Märkten tätig sind und deren Tätigkeit der Kontrolle einer spezialisierten Regulierungsbehörde unterworfen ist. Die Beschränkung hat den Vorteil, etwaigen Preiserhöhungen im Gefolge einer Entflechtung wirksam entgegen treten zu können. Sie rechtfertigt sich zugleich aus den tatbestandlichen Voraussetzungen vor allem von Zugangsbehinderungen und aus der Notwendigkeit einer Bewahrung von Leistungsanreizen. Grenze für einen strukturellen Eingriff ist in diesem Fall, sofern der Entflechtungsadressat noch mit der Erbringung einer Dienstleistung von allgemeinem wirtschaftlichen Interesse betraut ist, die eventuelle Beeinträchtigung des finanziellen Gleichgewichts auf dem relevanten Markt der Dienstleistung von allgemeinem wirtschaftlichen Interesse. Zu berücksichtigen ist aber, dass aus der Verletzung spezialgesetzlicher Zugangsverpflichtungen nicht zwingend auf die Ungeeignetheit einer Verhaltenskontrolle geschlossen werden kann, da Zugangsverpflichtungen im

Rahmen eine Regulierung und kartellrechtliche Pflichten nicht notwendigerweise übereinstimmen.

10. *In praktischer Hinsicht* zeigen die US-amerikanischen ebenso wie die ansatzweise vorhandenen europäischen Erfahrungen, dass Maßnahmen struktureller Art zwar komplexe, in der Wirtschaftsrealität aber regelmäßig auftretende Vorgänge sind. Ihre Schwierigkeiten sind in Verbindung mit vollzugs- und zielsichernden Anordnungen in der Regel zu bewältigen, zumal der Entflechtungsadressat beteiligt wird. Letzteres kann allerdings zu Interessenkonflikten führen, die das Entflechtungsziel gefährden können. Die im Zusammenhang mit horizontalen Entflechtungen anzutreffenden Schwierigkeiten hinsichtlich der Vorgabe der zu erzielenden Marktstruktur stellen sich im europäischen Recht nicht. Als weitgehend unproblematisch hat sich auch die vermeintliche Erforderlichkeit von Bruchlinien erwiesen.
11. Überdies lassen die Erfahrungen des Antitrust-Rechts den Schluss zu, dass erhebliche nachteilige wirtschaftliche Auswirkungen durch strukturelle Eingriffe nicht zu erwarten sind. Selbst von horizontalen Eingriffen gingen keine signifikanten Gefahren für die Effizienz des Entflechtungsadressaten oder sein Innovationspotential aus. Durch Entflechtungen nach der VO (EG) Nr. 1/2003 bedrohte Effizienzvorteile sind ohnehin lediglich Verbund- und Integrationsvorteile, nicht jedoch Skalenvorteile. Inwieweit sie substantiell sind, ist zweifelhaft, zumal sie durch größenbedingte Ineffizienzen aufgewogen werden. Die regelmäßig positiven Reaktionen der Aktienmärkte sowie allenfalls geringfügige Preissteigerungen im Gefolge struktureller Eingriffe deuten darauf hin, dass die Vorteile als nicht erheblich einzustufen sind. Gleiches gilt auch für vermeintliche Innovationsvorteile, die gleichermaßen durch größenbedingte Ineffizienzen aufgewogen werden. Vor allem hier zeigen die US-amerikanischen Erfahrungen, dass durch strukturelle Eingriffe erhebliches Potential freigesetzt werden kann. Die Erfahrungen zeigen zudem, dass negative Auswirkungen auf die Wettbewerbsfähigkeit nicht zu befürchten sind: Von einer Entflechtung betroffene Unternehmen präsentierten sich in der Folge regelmäßig deutlich vitaler als andere Unternehmen. Schließlich sind entsprechende Befürchtungen insofern irrig, als Wettbewerbsfähigkeit Folge von, nicht Ursache für Wettbewerb ist.
12. Fehlgeleitet sind schließlich auch Befürchtungen, strukturelle Eingriffe könnten negative soziale Folgen, insbesondere für Arbeitnehmer und Anteilsinhaber, nach sich ziehen. Den Interessen beider Gruppen kann, sofern eine beachtliche Beeinträchtigung droht, bei der praktischen Gestaltung des Eingriffs ausreichend Rechnung getragen werden. Die Kursentwicklung der meisten Entflechtungsadressaten zeigt zudem, dass erhebliche nachteilige Auswirkungen auf Anteilsinhaber in der Regel bereits mit der Einleitung eines Kartellverfahrens eingetreten, nach Durchführung des Eingriffs jedoch ebenso regelmäßig kompensiert worden sind. Soweit darüber hinausgehende Beeinträchtigungen – insbesondere durch die Beseitigung von Mono-

polgewinnen – befürchtet werden, handelt es sich um Befürchtungen, die in einer am Wettbewerbsprinzip orientierten Rechtsordnung keinen Platz haben.

13. *Eigentumsrechtliche Bedenken* ergeben sich im europäischen Recht unter Berücksichtigung der Voraussetzungen struktureller Eingriffe und der Erfahrungen des Antitrust-Rechts mit den Wertentwicklungen umstrukturierter Unternehmen nicht. Eine entschädigungspflichtige Enteignung liegt allenfalls für den Fall der (Sekundär-) Entflechtung auf der Ebene der Anteilseigner vor; für den Entflechtungsadressaten selbst ist eine solche zu verneinen, weil die Entziehung eines wiederholt wettbewerbswidrig eingesetzten strukturellen Vorteils lediglich einen Verweis des Unternehmens in die Schranken der Rechtsordnung darstellt. Überdies bestimmt sich die Zulässigkeit eines strukturellen Eingriffs im Hinblick auf das autonom zu bestimmende Grundrecht auf Eigentum stets – ebenso wie für andere Grundrechte – nach der *Verhältnismäßigkeit* des Eingriffs, deren Fehlen zu einer Verletzung des Wesensgehaltes des Eigentums führt. Hieraus ergibt sich ein Gleichlauf zwischen der Zulässigkeit des Eingriffs in das Eigentum und den tatbestandlichen, ebenfalls am Verhältnismäßigkeitsgrundsatz zu messenden Voraussetzungen des strukturellen Eingriffs. Sind seine Voraussetzungen erfüllt, bedient letzterer das im Gemeinwohl liegende Interesse der Wiederherstellung unverfälschten Wettbewerbs und dient damit dem Schutz der Rechte und Freiheiten anderer Marktteilnehmer. Dies rechtfertigt grundsätzlich Eingriffe in das Eigentum. Das Fehlen milderer Mittel ist aufgrund der Unwirksamkeit vorangegangener Verhaltenskontrollen bereits belegt.

14. Die Wertentwicklung der in Anwendung von Section 2 Sherman Act umstrukturierten Unternehmen indiziert schließlich, dass der Eingriff nicht außer Verhältnis zu etwaigen, empirisch nicht belegbaren Belastungen steht. Sie zeigt auch, dass Anteilseigner selbst im Falle der Annahme einer Enteignung angemessen entschädigt werden (Vorteilsangleichung). Zudem kann den Belangen der Eigentümer Rechnung getragen werden, indem die Entflechtungsverfügung auf Anteile beschränkt wird, die einen bestimmenden Einfluss auf das Verhalten der separierten Unternehmen gewähren, und die Veräußerungsfristen, flankiert durch Stimmrechtsbeschränkungen, großzügig bemessen werden.

15. Die US-amerikanischen Erfahrungen zeigen allerdings, dass vielfach überholende Marktentwicklungen oder parallele Verhaltenskontrollen die Ursächlichkeit für eingetretene Verbesserungen der Wettbewerbsstruktur und damit auch die *Erforderlichkeit* eines strukturellen Eingriffs in Frage stellen. In Verbindung mit den strengen Anforderungen an Maßnahmen struktureller Art sollten diese mithin auf absolute Ausnahmefälle beschränkt bleiben. Auch wenn die US-amerikanischen Befunde insoweit ambivalent sind, scheinen in diesen Fällen die Chancen jedoch – wie vor allem die Fälle *AT & T* und *Standard Oil* zeigen – erheblich, sofern man sich damit begnügt, dem beherrschenden Unternehmen die Fähigkeit zur Verhinderung wirksamen Wettbewerbs zu nehmen.

Literaturverzeichnis

Abbamonte, Giuseppe B.: Cross-subsidisation and Community Competition Rules: Efficient Pricing Versus Equity?, 23 E.L. Rev. 414-433 (1998).

Ackermann, Thomas: Art. 85 Abs. 1 und die rule of reason, FIW-Schriftenreihe Nr. 172, Köln/Berlin/Bonn/München 1997.

Adams, Walter: Corporate Power and Economic Apologetics: A Public Policy Perspective, in: *Goldschmid et al.*, S. 360-377.

Adams, Walter: Dissolution, Divorcement, Divestiture: The Pyrrhic Victories of Antitrust, 27 Indiana L. J. 1 (1951), erneut abgedruckt in: *Brock/Elzinga* (zitiert nach Neudruck).

Adams, Walter: Public Policy in a Free Enterprise Economy, in: *Adams*, Structure, S. 349-376.

Adams, Walter (Hrsg): The Structure of American Industry, 8th ed., New York/London 1990.

Adams, Walter: Vertical Divestiture of Petroleum Majors: An Affirmative Case, in: *Brock/Elzinga*, S. 54-84.

Adams, Walter/Brock, James W.: Antitrust and Efficiency, 62 N.Y.U. L. Rev. 1116-1124 (1987).

Adams, Walter/Brock, James W.: Antitrust, Ideology, and the Arabesques of Economic Theory, 66 U. Co. L. Rev. 257-327 (1995).

Adams, Walter/Brock, James W.: The Antitrust Vision and its Revisionist Critics, 35 N.Y.U. L. Rev. 939-967 (1991).

Adams, Walter/Mueller, Hans: The Steel Industry, in: *Adams*, Structure, S. 72-100.

Admiraal, P. H. (Hrsg.): Merger and Competition Policy in the European Community, Oxford/Cambridge, Ma. 1990.

Ahlborn, Christian/Evans, David S./Padilla, Atilano Jorge: The Antitrust Economics of Tying: A Farewell to Per Se Illegality, 49 Antitr. Bull. 287-341 (2004).

Ahlborn, Christian/Evans, David S./Padilla, Atilano Jorge: Competition Policy in the New Economy, 22 ECLR 156-167 (2001).

Aigner, Andreas: Kollektive Marktbeherrschung im EG-Vertrag – zugleich eine Untersuchung der Behandlung von Oligopolfällen durch die Kommission und den Gerichtshof der Europäischen Gemeinschaften, Wien 2001.

Albers, Michael: Energy Liberalization and EC Competition Law, 25 Fordham Int'l L.J. 909-945 (2002).

Albers, Michael: „More economic approach" bei der Anwendung von Art. 82 EGV, WuW 2006, 3.

Albrecht, Stephan: Die neue Kronzeugenmitteilung der Europäischen Kommission, WRP 2007, 417-427.

Allen, D. Matthew/Coutrouis, Chris S.: Back to the Future: Toward a More Rigorous Analysis of Antitrust Class Actions, 48 Antitr. Bull. 463-503 (2003).

Andreangeli, Arianna: Courage Ltd. v Crehan and the Enforcement of Article 81 EC before National Courts, 25 ECLR 758-764 (2004)

Andrews, Philip: Is Meeting Competition a Defense to Predatory Pricing? The Irish Sugar Decision Suggests a New Approach, 19 ECLR 49-57 (1998).

Antitrust Division Manual: 3rd Edition, 1998 (Revised in Part, 2001), abrufbar unter *http://www.usdoj.gov/atr/foia/divisionmanual/table_of_contents.htm.*

Antitrust Modernization Commission: Report and Recommendations (April 2007), abrufbar unter *http://www.amc.gov/report_recommendation/amc_final_report.pdf.*

AOL, CCIA, ProComp, and SIIA: Brief of Amici Curiae *America Online, Inc., Computer & Communications Industry Asscociation, Project to Promote Competition & Innovation in the Digital Age, and Software & Information Industry Association* in Support of the United States and State Appellees, Microsoft Corp. v. U.S., Civ. Action No. 00-5212, 5213 (Jan. 12, 2001), unter *www.procompetition.org/headlines/AmiciBrief_011201.pdf* abrufbar (zitiert als Brief of Amici Curiae *AOL, Inc., CCIA, ProComp, and SIIA*).

Appeldoorn, Jochen: He Who Spareth his Rod, Hateth his Son? *Microsoft*, Super-dominance and Article 82 EC, 26 ECLR 653-658 (2005).
Areeda, Phillip E./Hovenkamp, Herbert/Solow, John L.: Antitrust Law: An Analysis of Antitrust Principles and Their Application: Vol. 2A, New York 1995; Vol. 4, New York 1998; Vol. 10, New York 1996 (zitiert nach Bandnummern).
Areeda, Phillip E./Hovenkamp, Herbert: Antitrust Law: An Analysis of Antitrust Principles and Their Application: Vol. 1, New York 1997; Vol. 2, New York 1995; Vol. 3, New York 1996 (2nd ed. 2002); Vol. 3A, New York 1996.
Areeda, Phillip E./Turner, Donald F.: Predatory Pricing and Related Practices under Sec. 2 of the Sherman Act, 88 Harv. L. Rev. 697-733 (1975).
Areeda, Phillip/Kaplow, Louis: Antitrust Analysis – Problems, Texts, Cases, 5. Auflage, New York 1997.
Areeda, Phillip/Turner, Donald F.: Antitrust Law: Vol. 1-3, 2nd edition, Boston/Toronto 1978.
Areeda, Phillip E.: Antitrust Law: An Analysis of Antitrust Principles and Their Application, Vol. 9, New York 1991 (zitiert nach Bandnummer).
Areeda, Phillip: Antitrust Violations Without Damage Recoveries, 89 Harv. L. Rev. 1127-1139 (1976).
Areeda, Phillip: Essential Facilities – An Epithet in Need of Limiting Principles, 58 Antitrust L.J. 841-853 (1990).
Armentano, Dominick T.: Antitrust and Monopoly: Anatomy of a Policy Failure, New York 1982.
Armentano, Dominik T.: Time to Repeal Antitrust Regulation, in: *Kovaleff*, S. 915-932.
Arnett, George W.: The Death of Glass-Steagall and the Birth of the Modern Financial Services Corporation, 203 N. J. Lawyer 42-45 (2000).
Arthur, Thomas C.: A Workable Rule Of Reason: A Less Ambitious Antitrust Role For The Federal Courts, 68 Antitrust L.J. 337-389 (2000).
Arowolo, Oluseye: Application of the Concept of Barriers to Entry Under Article 82 of the EC Treaty: is there a case for Review?, 26 ECLR 247-257 (2005).
Auletta, Ken: World War 3.0 – Microsoft and Its Enemies, New York 2001.
Averitt, Neil W.: Structural Remedies in Competition Cases Under the Federal Trade Commission Act, 40 Ohio St. L.J. 781-845 (1979).

Bach, Albrecht: Wettbewerbsrechtliche Schranken für staatliche Maßnahmen nach europäischem Gemeinschaftsrecht, Tübingen 1992.
Baden-Fuller, Charles W.: Economic Analysis of the Existence of a Dominant Position, 4 E.L. Rev. 423-441 (1979).
Baer, William J./Balto, David: The Politics of Federal Antitrust Enforcement, 23 Harv. J.L. & Pub. Pol. 113-132 (1999).
Baer, William J./Balto, David: Antitrust Enforcement and High-Technology Markets, 606 PLI/Pat 541-560 (2000).
Bär-Bouyssière, Bertold: Die Zusagenpraxis im Bereich der Fusionskontrolle in: *Schwarze*, Europäisches Wettbewerbsrecht, S. 119-130.
Bain, Joe S.: Barriers to New Competition – Their Character and Consequences in Manufacturing Industries (1956), 5th Printing, Cambridge 1971.
Bain, Joe S.: Relation of Profit-Rate to Industry Concentration, 65 Quart. J. Econ. 293-324 (1951).
Bain, Joe S: Industrial Organization, 2nd edition, New York, London, Sydney 1968.
Baker, Donald I.: Government Enforcement of Section Two, 61 Notre Dame L. Rev. 898-927 (1986).
Baker, Jonathan B.: Beyond Schumpeter vs. Arrow: How Antitrust Fosters Innovation, AEI-Brookings Joint Center for Regulatory Studies, Related Publication 07-04, Washington 2007.
Baker, Jonathan B.: Fringe Firms and Incentives to Innovate, 63 Antitrust L.J. 621-641 (1995).

Baker, Jonathan B.: Predatory Pricing After Brooke Group: An Economic Perspective, 62 Antitrust L.J. 585-603 (1994).
Baker, Jonathan B.: Promoting Innovation Competition Through the Aspen/Kodak Rule, 7 Geo. Mason U. L. Rev. 495-521 (1999).
Baker, Jonathan B.: Recent Developments in Economics that Challenge Chicago School Views, 58 Antitrust L.J. 645-655 (1989).
Baker, Jonathan B.: The Case for Antitrust Enforcement, 17 J. Econ. Perspectives 27-35 (2003).
Baker, Jonathan B./Bresnahan, Timothy F.: Empirical Methods of Identifying and Measuring Market Power, 61 Antitrust L.J. 3-16 (1992).
Ballerstedt, Kurt: Handlungsunwert oder Erfolgsunwert im Gesetz gegen Wettbewerbsbeschränkungen, in: *Coing et al., FS Böhm*, S. 179-198.
Balto, David/Pitofsky, Robert: Antitrust and Hich-Tech Industries: The New Challenge, 606 PLI/Pat 513-539 (2000).
Barbier de la Serre, Eric: Accelerated and Expedited Procedures before the EC Courts: A Review of the Practice, 43 CMLR 783-815 (2006).
Bartl, Ulrich: Immaterialgüterrechtliche Marktzutrittsschranken im System des Art. 82 EG – Lizenzverweigerung als Missbrauch einer beherrschenden Stellung; zugleich eine kritische Würdigung der Entscheidung der Europäischen Kommission in der Rechtssache IMS Health, Baden-Baden 2005.
Bartosch, Andreas: Anmerkung zum Urteil des EuGH – *Telefónica de España* (13. 12. 01, Rs. C-79/00), EuZW 2002, 150-154.
Bartosch, Andreas: Der Zugang zu einer wesentlichen Einrichtung – eine Zwischenbilanz nach dem Beschluss des EuG-Präsidenten vom 22. 12. 2004 in der Rechtssache Microsoft, RIW 2005, 241-247.
Bartosch, Andreas: Europäisches Telekommunikationsrecht in den Jahren 2000 und 2001, EuZW 2002, 389-396.
Bartosch, Andreas: Von der Freistellung zur Legalausnahme – was geschieht mit der Rechtssicherheit? WuW 2000, 462-473.
Bartosch, Andreas: Von der Freistellung zur Legalausnahme: Der Vorschlag der EG-Kommission für eine „neue Verordnung Nr. 17", EuZW 2001, 101-107.
Bartosch, Andreas: Welche Dimension hat das „Neue" im Airtours-Urteil des EuG?, EuZW 2002, 645-649.
Bartosch, Andreas: Wettbewerbsverzerrungen auf den Märkten für den Betrieb und die Nutzung von Flughafeninfrastrukturen – der neue Ansatz der Europäischen Kommission, WuW 2005, 1122-1133.
Bary, Gottfried von: Das Missbrauchsverbot des Art. 86 EWGV, Dissertation, München 1986.
Basedow, Jürgen/Drobnig, Ulrich/Ellger, Reinhard/Hopt, Klaus J./Kötz, Hein/Kulms, Rainer/Mestmäcker, Ernst-Joachim (Hrsg.): Aufbruch nach Europa, Festschrift 75 Jahre Max-Planck-Institut für Privatrecht, Tübingen 2001.
Bauer, Matthew J.: The Metamorphosis of Antitrust Law: From Standard Oil Co. of New Jersey v. U.S. to U.S. v. Microsoft Corporation, 5 Duquesne Bus. L.J. 81-97 (2003).
Baumgartner, Gerhard: EU-Mitgliedschaft und Grundrechtsschutz, Wien 1997.
Baumol William J./Merrill Thomas W.: Does the Constitution Require that We Kill the Competitive Goose? Pricing Local Phone Services to Rivals, 73 N.Y.U. L. Rev. 1122-1148 (1998).
Baumol, William J./Ordover, Janusz A.: Use of Antitrust to Subvert Competition, 28 J. L. & Econ. 247-65 (1985).
Baumol, William: Contestable Markets: An Uprising in the Theory of Industry Structure, 72 AER 1-15 (1982).
Baur, Jürgen F.: Kartellrecht und Politik, in: *Hübner/Ebke*, FS *Großfeld*, S. 73-81.
Baur, Jürgen F./Hopt, Klaus J./Mailänder, K. Peter (Hrsg.): Festschrift für *Ernst Steindorff* zum 70. Geburtstag, Berlin/New York 1990.

Baxter, William F.: Memorandum for the Attorney General in re U.S. v. IBM Corp., January 6, 1982, in: *Fox/Sullivan*, Cases, S. 237-241.

Bebchuk, Lucian Arye/Walker, David I: The Overlooked Corporate Finance Problems of a Microsoft Breakup, NBER Working Paper Series N° 8089, Cambridge, MA 2001; in abgekürzter Form ebenfalls in 56 Bus. Lawyer 459-481 (2001).

Bechtold, Rainer: Abwägung zwischen wettbewerblichen Vor- und Nachteilen eines Zusammenschlusses in der europäischen Fusionskontrolle, EuZW 1996, 389-393.

Bechtold, Rainer: Die Grundzüge der neuen EWG-Fusionskontrolle, RIW 1990, 253-262.

Bechtold, Rainer/Bosch, Wolfgang/Brinker, Ingo/Hirsbrunner, Simon: EG-Kartellrecht – Kommentar, München 2005.

Becker, Helmut/Scholz, Rupert (Hrsg.): Deutschland auf dem Weg in die Europäische Union - wieviel Eurozentralismus - wieviel Subsidiarität?, Köln 1994.

Beckmerhagen, Axel: Die essential facilities doctrine im US-amerikanischen und europäischen Kartellrecht, Dissertation, Baden-Baden 2002.

Behrens, Peter (Hrsg.): Europäisches Wettbewerbsrecht im Umbruch, Baden-Baden 2004.

Behrens, Peter: Ökonomische Effizienz im Kontext des Wettbewerbsrechts der EG, in: *Behrens u. a. (2006)*, S. 13-28.

Behrens, Peter/Braun, Ellen/Nowak, Carsten (Hrsg.): Europäisches Wettbewerbsrecht nach der Reform, Hamburg 2006.

Bellamy, Christopher/Child, Graham D.: Common Market Law of Competition, 3rd ed., London 1987 (4th edition 1993).

Berenguer Fuster, Luis: Modernización de las normas comunitarias de la competencia y seguridad jurídica, Joint Conference of the European Parliament and the European Commission on the Reform of European Competition Law (9./10. 11. 2000), abrufbar unter *http://europa.eu.int/comm/competition/conferences/2000/freiburg/speeches/berenguer.pdf*

Berg, Werner: Die Rechtsprechung des EuGH und EuG auf dem Gebiet des Kartellrechts im Jahr 2004, EWS 2005, 49-61.

Bergmann, Bettina: Maßstäbe für die Beurteilung einer Kosten-Preis-Schere im Kartellrecht, WuW 2001, 234-244.

Berrisch, Georg M./Burianski, Markus: Kartellrechtliche Schadensersatzansprüche nach der 7. GWB-Novelle – Eine Einschätzung der Zukunft privater Kartellrechtsdurchsetzung mittels Schadensersatzklagen in Deutschland, WuW 2005, 878-888.

Bickerstaff, Steve: Telecommunications and Internet Law – Recent Developments in United States, MMR 2001, 73-80.

Bickerstaff, Steve: Shackles on the Giant: How the Federal Government Created Microsoft, Personal Computers, and the Internet, 78 Tex. L. Rev. 1-103 (1999).

Birk, Axel: Das Prinzip des unverfälschten Wettbewerbs und seine Bedeutung im europäischen Gemeinschaftsrecht, Dissertation, Baden-Baden 1999.

Birk, Axel: Die Konkurrentenklage im EG-Wettbewerbsrecht, EWS 2003, 159-167.

Bittner, Carsten: Schadensersatzforderungen gegen Preiskartelle – Die ersten Gerichtsverfahren in Deutschland, in: *Behrens u. a. (2006)*, S. 151-164.

Blair, Roger D./Esquibel, Amanda K.: Some Remarks on Monopoly Leveraging, 40 Antitr. Bull. 371-396 (1995).

Blank, Josef: Europäische Fusionskontrolle im Rahmen der Artt. 85, 86 des EWG-Vertrages, Baden-Baden 1991.

Blankart, Charles B.: Modelle der Daseinsvorsorge aus EG-rechtlicher und ökonomischer Sicht, WuW 2002, 340-352.

Blizzard, Paula J.: United States v. Microsoft Corp., 13 Berk. Tech. L.J. 355-367 (1998).

Blonigen, Bruce A./Taylor, Christopher T.: R&D Activity and Acquisitions in High Technology Industries: Evidence from the U.S. Electronic and Electrical Equipment Industries, unter *http://www.ftc.gov/be/workpapers/rdactive.pdf* abrufbar.

Bolton, Patrick/Brodley, Joseph F./Riordan, Michael H.: Predatory Pricing: Response to Critique and further Elaboration, 89 Geo. L.J. 2495-2528 (2001).

Bolze, Christian: Le Marché commun face aux trusts, Étude comparative sur les groupes de sociétés et le droit de la concurrence dans la C.E.E., Nancy 1981.

Bomse, Stephen V.: Tying 1994: Kodak begins to develop, 847 PLI/Corp 745-770 (1994).

Borchardt, Knut/Fickentscher, Wolfgang: Wettbewerb, Wettbewerbsbeschränkungen, Marktbeherrschung, Stuttgart 1957, erneut abgedruckt in: *Fickentscher*, S. 89-159.

Bork, Robert H.: Antitrust and the Theory of Concentrated Markets, 46 Antitr. L.J. 873 (1977).

Bork, Robert H.: High-Stakes Antitrust – The Last Hurrah?, in: *Hahn*, High-Stakes Antitrust, S. 45-71.

Bork, Robert H.: The Antitrust Paradox: A Policy at War With Itself, (1st edition) New York 1978.

Bork, Robert H.: The Case Against Microsoft (July 12, 1999), abrufbar unter *http://www.procompetition.org/research/bork.html.*

Bork, Robert H.: The Role of Courts in Applying Economics, 54 Antitrust L.J. 21-26 (1985).

Bos, Pierre/Stuyck, Jules/Wytinck, Peter: Concentration Control in the European Economic Community, London/Norwell 1992.

Boudreaux, Donald J./Folsom, Burton W.: Microsoft and Standard Oil: Radical Lessons for Antitrust Reform, 44 Antitr. Bull. 555-576 (1999).

Bowman, Ward S.: Tying Arrangements and the Leverage Problem, 67 Yale L.J. 19-36 (1957).

Brei, Gerald: Begräbnis erster Klasse für die Fusionskontrolle konglomerater Zusammenschlüsse – Kritische Anmerkungen zum Urteil des EuG im Fall Tetra ./. Kommission, WuW 2003, 585-597.

Breitenmoser, Stephan/Riemer, Boris/Seitz, Claudia: Praxis des Europarechts – Grundrechtsschutz, Köln 2006.

Brennan, Timothy J.: Do Easy Cases Make Bad Law? Antitrust Innovations or Missed Opportunities In United States v. Microsoft, 69 Geo. Wash. L. Rev. 1042-1102 (2001).

Brennan, Timothy J.: Is the theory behind *U.S. v. AT&T* applicable today?, 40 Antitr. Bull. 455-482 (1995).

Brennan, Timothy J.: Saving Section 2: Reframing Monopolization Law, AEI-Brookings Joint Center for Regulatory Studies, Related Publication 05-27 (Dec. 2005), Washington 2005.

Brennan, Timothy J.: Why Regulated Firms Should Be Kept Out of Unregulated Markets: Understanding the Divestiture in *U.S. v. AT&T*, 32 Antitr. Bull. 741-793 (1987).

Bresnahan, Timothy F.: A Remedy That Falls Short of Restoring Competition, 16 Antitrust 67 (2001).

Breuel, Birgit: Marktwirtschaft in der Bundesrepublik Deutschland, WuW 1982, 651-661.

Brinkley, Joel/Lohr, Steve: U.S. v. Microsoft, New York et al. 2001.

Brock, Gerald W.: The U.S. Computer Industries: A Study of Market Power, Cambridge, Mass. 1975.

Brock, Gerald W: The Computer Industry, in: *Adams*, Structure, S. 161-182.

Brock, James W./Elzinga, Kenneth G. (Hrsg.): Antitrust, the Market, and the State – The Contributions of Walter Adams, Armonk/New York 1991.

Brodley, Joseph F./Ma, Ching-to Albert: Contract Penalties, Monopolizing Strategies, and Antitrust Policy, 45 Stan. L. Rev. 1161-1213 (1993).

Brozen, Yale: Bain's Concentration and Rates of Return Revisited, 14 J. L. & Econ. 351-369 (1971).

Buckley, F. H.: The Divestiture Decision, 16 J. Corp. L. 805-859 (1991).

Büdenbender, Ulrich: Durchleitungen in der Elektrizitätswirtschaft und Eigentumsschutz, WuW 2000, 119-135.

Burkert, Thomas O. J.: Die Zulässigkeit von Kopplungsgeschäften aus wettbewerbsrechtlicher Sicht, Dissertation, Baden-Baden 1992.

Burns, Malcolm R.: The Comparative Effects from Trust Busting: A Portfolio Analysis, 85 J. Pol. Econ. 717-739 (1977).

Busse, Matthias: Transaktionskosten und Wettbewerbspolitik, WuW 2002, 112-120.

Buxbaum, Richard M.: Enforcement of United States Antitrust Laws during the Reagan Administration: Review and Prospects, WuW 1989, 566-578.

Camesasca, Peter D./van den Bergh, Roger J.: Achilles Uncovered: Revisiting the European Commission's 1997 Market Definition Notice, 47 Antitr. Bull. 143-186 (2002).

Calliess, Christian/Ruffert, Matthias (Hrsg.): Kommentar des Vertrages über die Europäische Union und des Vertrages zur Gründung der Europäischen Gemeinschaft, 3. Aufl., Neuwied/Kriftel 2007.

Campbell, Christopher P.: Fit To Be Tied: How United States v. Microsoft Corp. Incorrectly Changed the Standard for Sherman Act Tying Violations Involving Software, 22 Loy. L.A. Ent. L. Rev. 583-612 (2002).

Carlton, Dennis W.: A General Analysis of Exclusionary Conduct and Refusal to Deal – Why Aspen and Kodak Are Misguided, 68 Antitrust L.J. 659-683 (2001).

Carlton, Dennis W./Waldman, Michael: Why Tie an Essential Good?, in: *Hahn*, S. 38-64.

Carstensen, Peter C.: Remedying the Microsoft Monopoly: Monopoly Law, the Rights of Buyers, and the Enclosure Movement in Intellectual Property, 44 Antitr. Bull. 577-617 (1999).

Cass, Ronald A./Hylton, Keith N.: Preserving Competition: Economic Analysis, Legal Standards, and Microsoft, 8 Geo. Mason L. Rev. 1-40 (1999).

Cave, Martin/Crowther, Peter: Pre-emptive Competition Policy Meets Regulatory Anti-trust, 26 ECLR 481-490 (2005).

Caves, Richard E.: American Industry: Structure, Conduct, Performance, 7th edition, Englewood Cliffs, N.J. 1992.

CCIA & SIIA: Brief on Remedy of Amici Curiae Computer and Communications Industry Association and Software and Information Industry Association, U.S. v. Microsoft Corp., Civ. Action No. 98-1232 (TPJ), unter *http://www.neramicrosoft.com/NeraDocuments/TheTrial/FindingsofFact/fof_court/siiaamicus.doc* abrufbar (zitiert als *CCIA & SIIA* Brief on Remedy).

Cederschiöld, Charlotte: Efficient Protection of Competition in an Enlarged Community Through Full Association of National Competition Authorities and National Courts, Joint Conference of the European Parliament and the European Commission on the Reform of European Competition Law on 9 and 10 November 2000 in Freiburg, abrufbar unter *http://europa.eu.int/comm/competition/conferences/2000/freiburg/speeches/cederschiold.pdf.*

Celler, Emanuel: The Trial Court's Competence to Pass upon Divestiture Relief, 10 Antitr. Bull. 693-705 (1965).

Cendan, Daniel L.: Filling the Gaps: a Principled Approach to Antitrust Enforcement Provides a Necessary Complement to the Telecommunications Act of 1996, 78 N.Y.U. L. Rev. 1755-1788 (2003).

Chang, Howard H./Evans, David S./Schmalensee, Richard: Has the Consumer Harm Standard Lost its Teeth?, in: *Hahn*, High-Stakes Antitrust, S. 72-116.

Chin, Yee Wah: Unilateral Technology Suppression: Appropriate Antitrust and Patent Law Remedies, 66 Antitrust L.J. 441-453 (1998).

Christensen, Peder/Rabassa, Valerié: The Airtours Decision: Is there a new Commission approach to collective dominance?, 22 ECLR 227-237 (2001).

Coase, Ronald A.: Durability and Monopoly, 15 J. L. & Econ. 143-149 (1972).

Cohen, Wesley M./Levin, Richard C./Mowery, David C.: Firm Size and R&D Intensity: A Re-Examination, NBER Working Paper No. 2205 (1987).

Cohen, Wesley M./Nelson, Richard R./Walsh, John P.: Protecting Their Intellectual Assets: Appropriability Conditions and Why U.S. Manufacturing Firms Patent (or not), NBER Working Paper No. 7552 (2000), ebenfalls unter *http://www.nber.org* verfügbar.

Coing, Helmut/Kronstein, Heinrich/Mestmäcker, Ernst-Joachim (Hrsg.): Wirtschaftsordnung und Rechtsordnung, Festschrift für *Franz Böhm*, Karlsruhe 1965.

Comandini, Vincenzo Visco: Postal Services, in: *Geradin*, S. 135-172.
Comanor, William S.: The Problem of Remedy in Monopolization Cases: The Microsoft Case as an example, 46 Antitr. Bull. 115-133 (2001).
Comanor, William S./Scherer, F. M.: Rewriting History: the Early Sherman Act Monopolization Cases, 2 Int. J. Econ. Bus. 263-289 (1995), neu abgedruckt in: *Scherer*, Competition Policy, S. 297-326.
Conant, Michael: Railroad Consolidations and the Antitrust Laws, 14 Stan. L. Rev. 489-519 (1962).
Cooper, Edward H.: Attempts and Monopolization: A Mildly Expansionary Answer to the Prophylactic Riddle of Section Two, 72 Mich. L. Rev. 373-462 (1974).
Cooper, Mark: Antitrust As Consumer Protection In The New Economy: Lessons From The Microsoft Case, 52 Hastings L.J. 813-889 (2001).
Cooper, Mark N./Murray, Christopher (Consumer Federation of America Consumer Union): Windows XP/.Net: Microsoft's Expanding Monopoly – How it Can Harm Consumers and what the Courts Must Do to Preserve Competition (26. 9. 2001), abrufbar unter *http://www.consumerfed.org/WINXP_anticompetitive_study.pdf.*
Cooper, Robert E./McCracken, Steven C./Swanson, Daniel G.: Monopolization and Attempted Monopolization, 813 PLI/Corp 453-502 (1993).
Cox, Alan: The Frequently Forgotten Benefits of Price Discrimination, NERA Antitrust Insights (March/ April 2002), abrufbar unter *http://www.nera.com.*
Crandall, Robert W.: After the Breakup, Washington 1990.
Crandall, Robert W.: The Failure of Structural Remedies in Sherman Act Monopolization Cases, Working Papers 01-05 (March 2001), abrufbar unter *http://aei.brookings.org/admin/pdffiles/working_01_05.PDF*; ebenfalls veröffentlicht in 80 Oregon L. Rev. 109-198 (2001).
Crandall, Robert W.: The Postwar Performance Of The Motion Picture Industry, 20 Antitr. Bull. 49-88 (1975).
Crandall, Robert W.: The Remedy for the „Bottleneck Monopoly" in Telecom: Isolate It, Share It, or Ignore It? 72 U. Chi. L. Rev. 3-25 (2005).
Crandall, Robert W./Sidak J. Gregory: Is Structural Separation of Incumbent Local Exchange Carriers Necessary for Competition?, 19 Yale J. Reg. 335-411 (2002).
Crandall, Robert W./Winston, Clifford: Does Antitrust Policy Improve Consumer Welfare? Assessing the Evidence, 17 J. Econ. Perspectives 3-24 (2003).
Crandall, Robert W./Sidak J. Gregory/Singer, Hal J.: The Empirical Case against Asymmetric Regulation of Broadband Internet Access, 17 Berk. Tech. L.J. 953-987 (2002).

Dauses, Manfred A.: Handbuch des EU-Wirtschaftsrechts, Band 1 und 2, Loseblattsammlung, München, 17. Ergänzungslieferung, Stand August 2006 (zitiert: *Bearbeiter* in: *Dauses*).
David, Paul A.: Clio and the Economics of QWERTY, 75 AER P. & P., 332-337 (1985).
Davis, Steven J./Murphy, Kevin M.: A Competitive Perspective on Internet Explorer, 90 AER P. & P. 184-187 (2000).
de Bronett, Georg-Klaus: Kommentar zum europäischen Kartellverfahrensrecht, München 2005.
De Frênes, Michael: Das US-amerikanische Kartellstrafrecht, Köln 1984.
De Jong, Henry W.: Mergers and Competition Policies, in: *Admiraal*, S. 39-70.
Demsetz, Harold: Barriers to Entry, 72 AER 47-57 (1982).
Demsetz, Harold: Two Systems of Belief About Monopoly, in: *Goldschmid et al.*, S. 164-184.
Denger, Michael L./Kosma, Montgomery N.: Predatory Pricing and Practices, 1226 PLI/Corp 259-291 (2001).
Deringer, Arved: Reform der Durchführungsverordnung zu den Art. 81 und 82 EG, EuR 2001, 306-323.

Deringer, Arved: Stellungnahme zum Weißbuch der Europäischen Kommission über die Modernisierung der Vorschriften zur Anwendung der Art. 85 und 86 EG-Vertrag (Art. 81 und 82 EG), EuZW 2000, 5-11.

Deselaers, Wolfgang/Obst, Silke: Weißbuch zum Europäischen Kartellrecht - Rechtssicherheit ade?, EWS 2000, 41-46.

Deselaers, Wolfgang: Die „Essential facilities"-Doktrin im Lichte des *Magill*-Urteils des EuGH, EuZW 1995, 563-569.

Dewey, Donald J.: The New Learning: One Man's View, in: *Goldschmid et al.*, S. 1-14.

DiLorenzo, Thomas J.: The Origins of Antitrust, 5 Int. Rev. L. & Econ.73-90 (1985).

Doherty, Barry: Just What are Essential Facilities?, 38 CMLR 397-436 (2001).

Dolan, William F.: Developments in Private Antitrust Enforcement in 1998, 1117 PLI/Corp 823-955 (1998).

Donald Dewey: Romance and Realism in Antitrust Policy, 63 J. Pol. Econ. 93-102 (1955).

Dreher, Meinrad/Adam, Michael: Abuse of Dominance Under Reform – Sound Economics and Established Case Law, 28 ECLR 278-284 (2007).

Dreyer, Joachim: Die europäische Fusionskontrolle aus Sicht eines Tochterunternehmens eines weltweit operierenden Konzerns, in: *Oberender*, S. 33-38.

Dubois, Jean-Pierre: La position dominante et son abus dans l'article 86 du traité de la C.E.E., Paris 1968.

Duden, Konrad: Entflechtung und Grundgesetz, in: *Coing et al., FS Böhm*, S. 3-20, Karlsruhe 1965.

Easterbrook, Frank H.: On Identifying Exclusionary Conduct, 61 Notre Dame L. Rev. 972-980 (1986).

Easterbrook, Frank H: Predatory Strategies and Counterstrategies, 48 U. Chi. L. Rev. 263-337 (1981).

Ebke, Werner F.: Die Europäische Aktiengesellschaft ist da – und jetzt? EWS 2002, 1.

Ebke, Werner F.: Ein Gesellschaftsrecht für Europa?, in: *Basedow u.a.*, S. 197-213.

Ebke, Werner F.: Erweiterte Anzeigepflichten bei Unternehmenszusammenschlüssen in den USA: Hart-Scott-Rodino Antitrust Improvements Act von 1976 und FTC Premerger Notification Rules von 1978, RIW 1979, 297-302.

Ebke, Werner F.: Interlocking Directorates, ZGR 19 (1990), 50-106.

Ebke, Werner F.: Internationaler Dienstleistungshandel, Unternehmenskooperation und das Problem des „Holding-out", in: *FS Mestmäcker*, S. 863-879.

Ebke, Werner F.: Neue Chancen für eine Europäisierung des Gesellschafts- und Unternehmensrechts, RIW 2001, 560.

Ebke, Werner F.: Unternehmensrecht und Binnenmarkt – E pluribus unum?, 62 RabelsZ 195-242 (1998).

Ebke, Werner F.: Unternehmensrechtsangleichung in der Europäischen Union: Brauchen wir ein European Law Institute?, in: *Hübner/Ebke*, FS *Großfeld*, S. 189-221.

Ehlermann, Claus Dieter: Artikel 3 des Kommissionsvorschlags vom September 2000 – wohlbegründet!, WuW 2001, 231.

Ehlermann, Claus Dieter: The Modernization of EC Antitrust Policy: A Legal and Cultural Revolution, 37 CMLR 537-590 (2000).

Eidenmüller, Horst: Effizienz als Rechtsprinzip – Möglichkeiten und Grenzen der ökonomischen Analyse des Rechts, 2. Auflage, Tübingen 1998.

Eilmansberger, Thomas: Abschlusszwang und Essenital Facility Doktrin nach Art. 82 EG – Überlegungen aus Anlass der Entscheidung „IMS Health", EWS 2003, 12-23.

Eilmansberger, Thomas: Der Umgang marktbeherrschender Unternehmen mit Immaterialgüterrechten im Lichte des Art. 86 EWGV, EuZW 1992, 625-634.

Eilmansberger, Thomas: How to Distinguish Good Form Bad Competition Under Article 82 EC: In Search of Clearer and More Coherent Standards for Anti-Competitive Abuses, 42 CMLR 129-177 (2005).

Eilmansberger, Thomas: Zum Vorschlag der Kommission für eine Reform des Kartellvollzugs, JZ 2001, 365-374.

Eisenach, Jeffrey A./Lenard, Thomas M. (Hrsg.): Competition, Innovation and the Microsoft Monopoly: Antitrust in the Digital Marketplace, Boston/Dordrecht/London 1999.

Eisenach, Jeffrey A./Lenard, Thomas M.: The Microsoft Monopoly: The Facts, The Law And The Remedy, Periodic Commentaries on the Policy Debate, Release 7.4, April 2000, abrufbar unter *http://www.pff.org/issues-pubs/pops/pop7.4microsoftmonopolyfacts.html.*

Elzinga, Kenneth G./Breit, William: The Antitrust Penalties: A Study in Law and Economics, New Haven/London 1976.

Elzinga, Kenneth G./Evans, David S./Nichols, Albert L.: United States v. Microsoft: Remedy Or Malady? 9 Geo. Mason L. Rev. 633-690 (2001).

Elzinga, Kenneth G./Mills, David E.: Predatory Pricing and Strategic Theory, 89 Geo. L.J. 2475-2494 (2001).

Elzinga, Kenneth G.: The Antimerger Law: Pyrrhic Victories?, 12 J. L. & Econ. 43-78 (1969).

Emiliou, Nicholas: The Principle of Proportionality in European Law – A Comparative Study, London/The Hague/Boston, 1996.

Emmerich, Volker/Sonnenschein, Jürgen: Konzernrecht, München 1997.

Emmerich, Volker: Anmerkungen zu der „neuen" Wettbewerbspolitik der Europäischen Kommission, WRP 2000, 858-862.

Emmerich, Volker: Europäische Fusionskontrolle nach dem Zigaretten-Urteil, in: *Baur/Hopt/Mailänder, FS Steindorff,* S. 951-966.

Emmerich, Volker: Kartellrecht, 10. Auflage, München 2006.

Emmerich, Volker: Stromdurchleitungen nach neuem Recht, in: *Hübner/Ebke,* FS *Großfeld,* S. 223-233.

Emmerich, Volker: Zur Mär von der Arbeitsüberlastung der Kommission – Kommentar, WuW 2001, 3.

Ende, Lothar/Kaiser, Jan: Wie weit ist die Liberalisierung der Schiene? – Eine Bestandsaufnahme über die Marktöffnung im Eisenbahnsektor, WuW 2004, 26-36.

Epstein, Richard A.: Monopoly Dominance or Level Playing Field? The New Antitrust Paradox, 72 U. Chi. L. Rev. 49-72 (2005).

Erichson, Howard M.: Coattail Class Actions: Reflections on Microsoft, Tobacco, and the Mixing of Public and Private Lawyering in Mass Litigation, 34 U.C. Davis L. Rev. 1-48 (2000).

Esquibel, Amanda Kay: Protecting Competition: The Role of Compensation and Deterrence for Improved Antitrust Enforcement, 41 Fl. L. Rev. 153-177 (1989).

Essebier, Jana: Dienstleistungen von allgemeinem wirtschaftlichem Interesse und Wettbewerb – eine rechtsvergleichende Untersuchung zu Art. 86 II EG, Baden-Baden 2005.

Evans, David S.: Tying: The Poster Child for Antitrust Modernization, in: *Hahn,* S. 65-88.

Evans David S./Schmalensee, Richard: The Economics of the Microsoft Antitrust Case in the United States: An Updated Post-Trial Primer, NERA 2000, abrufbar unter *http://www.neramicrosoft.com/NeraDocuments/Analyses/PostTrial.pdf.*

Evans, David S./Fisher, Franklin M./Rubinfeld, Daniel L./Schmalensee, Richard L.: Did Microsoft Harm Consumers? Two Opposing Views (2000), unter *http://www.aei.brookings.org/publications/books/consumers.pdf* abrufbar.

Evans, David S./Nichols, Albert L./Schmalensee, Richard: An Analysis of the Government's Economic Case in U.S. v. Microsoft, NERA 2000, unter *http://www.neramicrosoft.com/NeraDocuments/Analyses/ENS-Microsoft.pdf* abrufbar.

Evans, David S./Nichols, Albert L./Schmalensee, Richard: United States v. Microsoft: Did Consumers Win?, 1 J. Competition L. & Econ. 497-539 (2005).

Evans, David S./Padilla, A. Jorge: Competition Policy in Europe: A Trans-Atlantic Perspective, Competition Policy Insights March/April 2002, abrufbar unter *http://www.nera.com.*

Evans, David S./Padilla, A. Jorge: Designing Antitrust Rules for Assessing Unilateral Practices: A Neo-Chicago Approach, 72 U. Chi. L. Rev. 73-98 (2005).

Everling, Ulrich: Wirtschaftsverfassung und Richterrecht in der EG, in: *FS Mestmäcker*, S. 365-380.
Everling, Ulrich: Zur richterlichen Kontrolle der Tatsachenfeststellungen und der Beweiswürdigung durch die Kommission in Wettbewerbssachen, WuW 1989, 877-893.

Faith, Roger L./Leavens, Donald R./Tollison, Robert D.: Antitrust Pork Barrel, 19 J. L. & Econ. 211-240 (1976).
Farrell, Joseph/Katz, Michael L.: Effects of antitrust and intellectual property on compatibility and innovation, 43 Antitr. Bull. 609-650 (1998).
Farrell, Joseph/Saloner, Garth: Standardization, Compatibility, and Innovation, 16 Rand J. Econ. 70-83 (1985).
Faulhaber, Gerald R.: Cross-Subsidization: Pricing in Public Enterprises, 65 AER 966 (1975).
Fazio, Catherine/Stern, Scott: Innovation Incentives, Compatibility, and Expropriation as an Antitrust Remedy: The Legacy of the Borland/Ashton-Tate Consent Decree, 68 Antitrust L.J. 45-71 (2000).
Federal Trade Commission: A Study of the Commission's Divestiture Process (1999), abrufbar unter *http://www.ftc.gov/os/1999/9908/divestiture.pdf.*
FTC: Anticipating the 21st Century: Competition in the New High-Tech, Global Marketplace, 1996, unter *http://www.ftc.gov/opp/global.htm* abrufbar.
FTC: To Promote Innovation: The Proper Balance of Competition and Patent Law and Policy (Oct. 2003), unter *http://www.ftc.gov/us/2003/10/innovationrpt.pdf* abrufbar.
Feddersen, Sven: Gericht Erster Instanz erklärt Tetra Laval/Sidel-Entscheidung für nichtig, WuW 2003, 15-20.
Fezer, Karl-Heinz: Aspekte einer Rechtskritik an der economic analysis of law und am property rights approach, JZ 1986, 817-824.
Fezer, Karl-Heinz: Nochmals: Kritik an der ökonomischen Analyse des Rechts, JZ 1988, 223-228.
Fichert, Frank/Sohns, Anne: Wettbewerbsschutz auf dem Markt für Server- Betriebssysteme – Wettbewerbspolitische Anmerkungen zur Microsoft-Entscheidung der EU-Kommission, WuW 2004, 907-916.
Fickentscher, Wolfgang: Das Unrecht einer Wettbewerbsbeschränkung: Kritik an Weißbuch und VO-Entwurf zu Art. 81, 82 EG-Vertrag, WuW 2001, S. 446-458.
Fickentscher, Wolfgang: Mehrzielige Marktwirtschaft subjektiver Märkte – Wider das Europa- und das Weltmarktargument, in: *FS Mestmäcker*, S. 567-578.
Fickentscher, Wolfgang (Hrsg.): Recht und wirtschaftliche Freiheit, Band 1, Tübingen 1992.
Fickentscher, Wolfgang: Systemfragen im europäischen Recht der Wettbewerbsbeschränkungen, in: *Coing et al., FS Böhm*, S. 261-278.
Fickentscher, Wolfgang: Wirtschaftsrecht I, München 1983.
First, Henry/Greene, Thomas/O'Connor, Kevin: State Antitrust Law and Enforcement, 1181 PLI/Corp 831-869 (2000).
Fisher, Franklin M./McGowan, John J./Greenwood, Joan: Der Anti-Trust-Fall US gegen IBM, Tübingen 1985.
Fisher, Franklin M: Foreword to Antitrust and Innovative Industries, 32 UWLA L. Rev. 83-89 (2001).
Fisher, Franklin M: The IBM and Microsoft Cases, What's the Difference?, 90 AER P. & P. 180-183 (2000).
Fisher, Franklin: Direct Testimony in re U.S. v. Microsoft, No. 98-1232/1233 (TPJ), 05.01.1999, unter *http://www.usdoj.gov/atr/cases/f2000/2057.pdf* verfügbar.
Fleischer, Holger/Doege, Niels: Der Fall United States v. Microsoft, WuW 2000, 705-717.
Fleischer, Holger/Körber, Torsten: US-Antitrustrecht und EU-Wettbewerbsrecht, WuW 2001, S. 6-19.
Fleischer, Holger/Weyer, Hartmut: Neues zur „essential facilities"-Doktrin im Europäischen Wettbewerbsrecht, WuW 1999, 350-363.

Fleischer, Holger: Marktmissbrauch auf sekundären Produktmärkten – Vergleichende Betrachtungen zum deutschen, europäischen und amerikanischen Kartellrecht, RIW 2000, 22-30.
Fleischer, Holger: Missbräuchliche Produktvorankündigungen im Monopolrecht – Lehren aus United States v. Microsoft, WuW 1997, 203-211.
Förster, Christian: Mittelstandsförderung auf Europäisch – Neue Definition der kleinen und mittleren Unternehmen (KMU) zum 1. 1. 2005, EWS 2005, 4-8.
Folsom, Ralph H.: State Antitrust Remedies: Lessons from the Laboratories, in: *Kovaleff,* S. 821-863.
Fox, Eleanor M.: Antitrust and Regulatory Federalism: Races Up, Down, and Sideways, 75 N.Y.U. L. Rev. 1781-1807 (2000).
Fox, Eleanor M.: Is There Life in Aspen After Trinko? The Silent Revolution of Section 2 of the Sherman Act, 73 Antitrust L.J. 153-170 (2005).
Fox, Eleanor M.: What Is Harm To Competition? Exclusionary Practices And Anticompetitive Effect, 70 Antitrust L.J. 371-411 (2002).
Fox, Eleanor M./Sullivan, Lawrence A.: Antitrust – Retrospective and Prospective: Where Are We Coming From? Where Are We Going?, 62 N.Y.U. L. Rev. 936-970 (1987).
Fox, Eleanor M./Sullivan, Lawrence A.: Cases and Materials on Antitrust, St Paul 1989.
Fox, Eleanor M./Sullivan, Lawrence A.: The Good and Bad Trust Dichotomy: A Short History of a Legal Idea, in: *Kovaleff,* S. 77-102.
Fraidin, Stephen C.: Dissolution and Reconstitution: A Structural Remedy, and Alternatives, 33 Geo. Wash. L. Rev. 899-931 (1965).
Freyer, Tony: Regulating Big Business: Antitrust in Great Britain and America 1880–1990, Cambridge 1992.
Fuchs, Andreas: Kontrollierte Dezentralisierung der europäischen Wettbewerbsaufsicht, in: *Müller-Graff, Peter-Christian/Schneider, Jens-Peter/Schwarze, Jürgen (Hrsg.):* Vollzug des Europäischen Wirtschaftsrechts zwischen Zentralisierung und Dezentralisierung, EuR 2005 Beiheft 2, Baden-Baden 2005, S. 77-188.
Fuchs, Andreas: Wiederruf der Genehmigung und nachträgliche Untersagungsmöglichkeit nach der Fusionskontroll-Verordnung, EuZW 1996, 263-267.
Fuchs, Andreas: Zusagen, Auflagen und Bedingungen in der europäischen Fusionskontrolle, WuW 1996, 269-286.

Gärditz, Klaus Ferdinand: EG-Wettbewerbsrecht und Postmarktliberalisierung, EWS 2005, 490-498.
Gal, Michal S.: Monopoly Pricing as an Antitrust Offense in the U.S. and the EU: Two Systems of Belief About Monopoly? 49 Antitr. Bull. 343-384 (2004).
Gallot, Jérôme: Protection efficace de la concurrence dans une communauté élargie grâce à l'association des autorités de concurrence et des juridictions nationales, Joint Conference of the European Parliament and the European Commission on the Reform of European Competition Law on 9 and 10 November 2000 in Freiburg, abrufbar unter *http://europa.eu.int/comm/competition/conferences/2000/freiburg/speeches/gallot.pdf.*
Galloway, Jonathan: The Pursuit of National Champions: The Intersection of Competition Law and Industrial Policy, 28 ECLR 172-186 (2007).
Garza, Deborah A.: The Court of Appeals Sets Strict Limits on Tunney Act Review: The Microsoft Consent Decree, 10-Fall Antitrust 21-24 (1995).
Gavil, Andrew I.: Defining Reliable Forensic Economics in the Post-Daubert/Kumho Tire Era: Case Studies From Antitrust, 57 Wash. & Lee L. Rev. 831-878 (2000).
Gavil, Andrew I.: The End of Antitrust Trench Warfare? An Analysis of Some Procedural Aspects of the Microsoft Trial, 13-Summer Antitrust 7-13 (1999).
Geiger, Andreas: Das Weißbuch der EG-Kommission zu Art. 81, 82 EG – eine Reform, besser als ihr Ruf, EuZW 2000, 165-169.
Gellhorn, Ernest/James, Charles A./Pogue, Richard/Sims, Joe: Has Antitrust Outgrown Dual Enforcement? A Proposal for Rationalization, in: *Kovaleff,* S. 385-433.

Geradin, Damien: Main Issues of the Liberalization Process, in: *Geradin*, S. 181-205.
Geradin, Damien: Limiting the Scope of Article 82 EC: What Can The EU Learn From The U.S. Supreme Court's Judgment in *Trinko* in the Wake of *Microsoft*, *IMS*, and *Deutsche Telekom*? 41 CMLR 1519-1553 (2004).
Geradin, Damien (Hrsg.): The Liberalization of State Monopolies in the European Union and Beyond, The Hague 2000
Gerken, Lüder (Hrsg.): Europa zwischen Ordnungswettbewerb und Harmonisierung, Berlin 1995.
Gerstner, Louis V. Jr.: Wer sagt, Elefanten können nicht tanzen? Der Wiederaufstieg von IBM, Stuttgart/ München 2002.
Gerstner, Stephan: Preiskontrolle beim Infrastrukturzugang, WuW 2003, 131-141.
Gerwing, Bernd: Kooperative Gemeinschaftsunternehmen im EWG-Kartellrecht unter besonderer Berücksichtigung der Abgrenzungsfrage, Köln 1994.
Gifford, Daniel J./Raskind, Leo J.: Federal Antitrust Law, St. Paul 1983.
Gifford, Daniel J.: Microsoft Corporation, the Justice Department, and Antitrust Theory, 25 Sw. U. L. Rev. 621-670 (1996).
Ginsburg, Douglas H.: Rationalizing Antitrust: A Rejoinder to Professor Armentano, in: *Kovaleff*, S. 933-947.
Glais, Michel: Les concepts de „relevant market" et de „dépendance économique" au regard de l'article 86 du traité de Rome, RMC 1987, S. 203-206.
Gleiss, Alfred/Hirsch, Martin: Kommentar zum EWG-Kartellrecht, 3. Aufl., Heidelberg 1978.
Goldman, Berthold/Lyon-Caen, Antoine/Vogel, Louis: Droit commercial européen, 5ème édition, Paris 1994.
Goldschmid, Harvey J./Mann, H. Michael/Weston, J. Fred (Hrsg.): Industrial Concentration: The New Learning, Boston 1974.
Gotts Knable, Ilene/Krauss, Joseph G.: Divestiture Policy for New Economy Transactions: A Policy in Evolution? 1244 PLI/Corp 493-501 (2001).
Göthel, Stephan R.: Europäisches Bilanzrecht im Umbruch, DB 2001, 2057-2061.
Grabitz, Eberhard/Hilf, Meinhard (Hrsg.): Das Recht der Europäischen Union, Band 2, Loseblattsammlung, München, 31. Ergänzungslieferung, Stand Oktober 2006 (zitiert: *Bearbeiter* in: *Grabitz/ Hilf*).
Graglia, Lino A.: Is Antitrust Obsolete?, 23 Harv. J.L. & Pub. Pol. 11-21 (1999).
Granitz, Elizabeth/Klein, Benjamin: Monopolization by „Raising Rivals' Costs": The Standard Oil Case, 39 J. L. & Econ. 1-45 (1996).
Grave, Carsten: Anmerkung zum Urteil des EuG – *UPS Europe* (20. 3. 2002, Rs. T-175/99), EuZW 2002, 379-384.
Green, Mark J./Moore, B. C., jr./Wasserstein, Bruce: The Closed Enterprise System. Ralph Nader's Study Group Report on Antitrust Enforcement, New York 1972.
Greenhill Robert F./Williams, Jeffrey P.: Declaration on U.S. v. Microsoft, Civ. Action No. 98-1232 (April 28, 2000), abrufbar unter *http://www.usdoj.gov/atr/cases/f4600/4645.htm*.
Greve, Michael S.: Cartel Federalism? Antitrust Enforcement by State Attorneys General, 72 U. Chi. L. Rev. 99-122 (2005).
Grimes, Warren S.: Antitrust Tie-In Analysis After Kodak: Understanding The Role Of Market Imperfections, 62 Antitrust L.J. 263-320 (1994).
Grimes, Warren S.: The Antitrust Tying Law Schism: A Critique of Microsoft III and a Response to Hylton and Salinger, 70 Antitrust L.J. 199-229 (2002).
Groeben, Hans von der/Jürgen Schwarze (Hrsg.): Kommentar zum EWG-Vertrag, Band 2 und 4, 6. Aufl., Baden-Baden 2003 (zitiert nach den Herausgebern der Vorauflage *Groeben, Hans von der/ Thiesing, Jochen/ Ehlermann, Claus-Dieter* als *GTE/Bearbeiter*).
Gröning, Jochem: Die dezentrale Anwendung des EG-Kartellrechts gemäß dem Vorschlag der Kommission zur Ersetzung der VO 17/62, WRP 2001, 83-89.
Gröning, Jochem: Zur Gefahr divergierender Entscheidungen bei dezentraler Anwendung des EG-Kartellrechts, WRP 2000, 882-889.

Grzybek, Patrick: Prozessuale Grundrechte im Europäischen Gemeinschaftsrecht, Dissertation, Baden-Baden 1993.
Günter, Johannes: Berufsfreiheit und Eigentum in der Europäischen Union, Dissertation, Heidelberg 1998.
Gumbel, Tim: Grundrechte im EG-Kartellverfahren nach der VO 17/62, Dissertation, Berlin 2001.

Haarmann, Eva Maria: Die Verpflichtungszusage im Europäischen Wettbewerbsrecht, Baden-Baden 2006.
Hahn, Robert W. (Hrsg.): Antitrust Policy and Vertical Restraints, AEI-Brookings Joint Center for Regulatory Studies, Washington 2006.
Hahn, Robert W. (Hrsg.): High-Stakes Antitrust – The Last Hurrah? AEI-Brookings Joint Center for Regulatory Studies, Washington 2003.
Hahn, Robert W.: Breaking Up Should Be Hard to Do, Related Publications (May 2000), abrufbar unter *http://www.aei.brookings.org/publications/related/breaking_up.pdf.*
Hahn, Robert W./Layne-Farrar, Anne: Federalism in Antitrust, Working Paper 02-9 (September 2002), abrufbar unter *http://aei.brookings.org/admin/pdffiles/phpmM.pdf.*
Hale, George E.: Trust Dissolution: ‚Atomizing' Business Units of Monopolistic Size, 40 Col. L. Rev. 615-632 (1940).
Hall, Chris E./Hall, Robert E.: Toward a Quantification of the Effects of Microsoft's Conduct, 90 AER P. & P. 188-191 (2000).
Hamann, Hartmut: Das Unternehmen als Täter im europäischen Wettbewerbsrecht, Pfaffenweiler 1992.
Hamm, Steve/Himmelstein, Linda: „Why Startups Can't Avoid the Dreaded ‚M' Question", abrufbar unter *http://www.businessweek.com/1998/03/b3561007.htm.*
Hancher, Leigh/Buendia Sierra, José-Luis: Cross-Subsidization and EC Law, 35 CMLR 901-945 (1998).
Hansen, Hendrik: Die Wettbewerbspolitische Beurteilung von Forschungs- und Entwicklungskooperationen zwischen konkurrierenden Unternehmen, WuW 1999, 468-479.
Harchuck, Kara E.: Microsoft IV: The Dangers to Innovation Posed by the Irresponsible Application of a Rule of Reason Analysis to Product Design Claims, 97 Nw. U. L. Rev. 395-438 (2002).
Harris, Robert G./Jorde, Thomas M.: Antitrust Market Definition: An Integrated Approach, 72 Cal. L. Rev. 1-67 (1984).
Hart, Philip A.: Commentary, in: *Goldschmid et al.*, S. 400-403.
Hatch, Orin G.: Antitrust in the Digital Age, in: *Eisenach/Lenard*, S. 19-28.
Haslinger, Sebastian: Grundrechtsverletzungen durch Ownership unbundling? WuW 2007, 343-350.
Haupt, Heiko: Kollektive Marktbeherrschung in der europäischen Missbrauchs- und Fusionskontrolle nach dem Airtours-Urteil des Gerichts Erster Instanz, EWS 2002, 361-370.
Haus, Florian C.: Entflechtung nach der KartellVO?, WuW 2001, 659-664.
Haus, Florian C.: Kommunikationskartellrecht – Ein Rahmen für den Wettbewerb in Kommunikationsmärkten, WuW 2004, 171-178.
Hausman, Jerry A./Leonard, Gregory K./Sidak, Gregory J.: Does Bell Company Entry into Long-Distance Telecommunications Benefit Consumers? 70 Antitr. L.J. 463-484 (2002).
Hausman, Jerry A./Sidak, J. Gregory: A Consumer-Welfare Approach to the Mandatory Unbundling of Telecommunications Networks, 109 Yale L.J. 417 (1999).
Hay, George A.: Oligopoly, Shared Monopoly, and Antitrust Law, 67 Cornell L. Rev. 439-481 (1982).
Hayek, Friedrich August von: Der Wettbewerb als Entdeckungsverfahren, Kieler Vorträge Nr. 56, Kiel 1968.
Heiner, David A.: Assessing Tying Claims in the Context of Software Integration: A Suggested Framework for Applying the Rule of Reason, 72 U. Chi. L. Rev. 123-146 (2005).

Hempel, Rolf: Private Follow-on-Klagen im Kartellrecht, WuW 2005, 137-145.
Henderson, Rebecca M.: Declaration on U.S. v. Microsoft, Civ. Action No. 98-1232 (April 28, 2000), abrufbar unter *http://www.usdoj.gov/atr/cases/f4600/4644.htm.*
Herdzina, Klaus: Wettbewerbspolitik, 5. Auflage, Stuttgart 1999.
Herrmann, Armin: Die Entflechtung als Instrument der Wettbewerbspolitik, Berlin 1981.
Hillebrandt, Franca: Entflechtung der „Deutschland AG" durch Steuerfreiheit von Veräußerungsgewinnen, DBW 2001, S. 711-726.
Hintz, Erik: Der Fall Microsoft, DAJV-Newsletter 1/2000, S. 1-7.
Hirsbrunner, Simon: Die Entwicklung der Europäischen Fusionskontrolle in den Jahren 1997 und 1998, EuZW 1999, 389-395.
Hirsbrunner, Simon: Neue Entwicklungen der EG-Fusionskontrolle im Jahre 2001, EuZW 2002, 453-460.
Hirsbrunner, Simon: Neue Entwicklungen der Europäischen Fusionskontrolle in den Jahren 1999 und 2000, EuZW 2001, 197-202.
Hirsbrunner, Simon: Neue Entwicklungen der Europäischen Fusionskontrolle in den Jahren 2003/2004, EuZW 2005, 519-523.
Hirsbrunner, Simon: Neues aus Brüssel zum Verhältnis von Patent- und Kartellrecht: die AstraZeneca-Entscheidung der Europäischen Kommission, EWS 2005, 488-490.
Hoeren, Thomas: Europäisches Kartellrecht zwischen Verbots- und Missbrauchsprinzip – Überlegungen zur Entstehungsgeschichte des Art. 85 EGV, in: *Hübner/Ebke,* FS *Großfeld,* S. 405-421.
Hoet, Peter: Domination du marché ou théorie du partenaire obligatoire, RMC 1989, 135-157.
Hoffman, D. Bruce/Royal, M. Sean: Administrative Litigation and the FTC, Past, Present, and Future, 71 Antitrust L.J. 319-331 (2003).
Hoffmann, Jochen: Preisscheren durch vertikal integrierte Oligopole, WuW 2003, 1278-1289.
Hootz, Christian (Hrsg.): Gesetz gegen Wettbewerbsbeschränkungen und Europäisches Kartellrecht, Gemeinschaftskommentar, 5. Auflage, Band. 9, Köln/Berlin/Bonn/München, 2004 (zitiert: *GK-Bearbeiter*).
Höppner, Thomas: Die Pflicht, interne Produktionsmittel zu vermarkten – zugleich Anmerkung zum EuGH-Urteil IMS, EuZW 2004, 748-752.
Hoppmann, Erich: Das Konzept der optimalen Wettbewerbsintensität, Jahrbücher für Nationalökonomie und Statistik (Band 179), S. 286 ff. (1966).
Hossenfelder, Silke/Lutz, Martin: Die neue Durchführungsverordnung zu den Artikeln 81 und 82 EG-Vertrag, WuW 2003, 118-129.
Hovenkamp, Herbert: Antitrust Policy After Chicago, 84 Mich. L. Rev. 213-284 (1985).
Hovenkamp, Herbert: Antitrust Policy and the Social Cost of Monopoly, 78 Iowa L. Rev. 371-386 (1993).
Hovenkamp, Herbert: Antitrust Policy, Federalism, and the Theory of the Firm: A Historical Perspective, 59 Antitrust L.J. 75-91 (1990).
Hovenkamp, Herbert: Antitrust's Protected Classes, 88 Mich. L. Rev. 1 (1989).
Hovenkamp, Herbert: Distributive Justice and the Antitrust Laws, 51 Geo. Wash. L. Rev. 1-31 (1982).
Hovenkamp, Herbert: Exclusion and the Sherman Act, 72 U. Chi. L. Rev. 147-164 (2005).
Hovenkamp, Herbert: Federal Antitrust Policy: The Law of Competition and its Practice, rev. ed. of Economics and Federal Antitrust Law (1985), St. Paul, Ma. 1994.
Hovenkamp, Herbert: IP Ties an *Microsoft's* Rule of Reason, 47 Antitr. Bull. 369-422 (2002).
Hovenkamp, Herbert: Market Power in Aftermarkets: Antitrust Policy and the Kodak Case, 40 UCLA Law Review 1447-1459 (1993).
Hovenkamp, Herbert: The Antitrust Movement and the Rise of Industrial Organization, 68 Tex. L. Rev. 105-168 (1989).
Hübner, Ulrich/Ebke, Werner F. (Hrsg.): Festschrift für *Bernhard Großfeld* zum 65. Geburtstag, Heidelberg 1999.

Huron, Jeffrey G.: Section 16 of the Clayton Act: Divestiture an Intended Type of Injunctive Relief, 19 Pac. L.J. 143-170 (1987).
Hylton, Keith N./Salinger, Michael: Tying Law and Policy: A Decision-Theoretic Approach, 69 Antitrust L.J. 469-526 (2001).

Iansiti, Marco/Lerner, Josh: Evidence Regarding Microsoft and Innovation, Related Publication 02-4 (April 2002), abrufbar unter *http://aei.brookings.org/admin/pdffiles/innovation.pdf.*
Immenga, Frank A./Stopper, Martin: Die europäischen und US-amerikanischen Leitlinien zur horizontalen Kooperation, RIW 2001, 241-249.
Immenga, Ulrich/Fuchs, Andreas: Art. 85 EWG-Vertrag als Grenze für Unternehmensbeteiligungen? NJW 1988, 3052-3059.
Immenga, Ulrich/Mestmäcker, Ernst-Joachim (Hrsg.): EG-Wettbewerbsrecht, Band 1 und 2, München 1997 (zitiert *IM/Bearbeiter* [Bandnummer, 1. Aufl. 1997]); umstrukturierte Neuauflage erschienen als Wettbewerbsrecht, 4. Aufl., München 2007 (zitiert *IM/Bearbeiter* [Bandbezeichnung]).
Immenga, Ulrich/Mestmäcker, Ernst-Joachim: Gesetz gegen Wettbewerbsbeschränkungen (Kommentar), 3. Auflage, München 2001.
Immenga, Ulrich/Möschel, Wernhard/Reuter, Dieter (Hrsg.): Festschrift für *Ernst-Joachim Mestmäcker*, Baden-Baden 1996 (zitiert: *Autor* in *FS Mestmäcker*).
Immenga, Ulrich: Der Fall Microsoft – Zerrbild oder Vorbild?, RIW 9/2000, I.
Immenga, Ulrich: Diskussionsbeitrag, in: *Gerken*, S. 229-235.
Immenga, Ulrich: Eine Wende in der gemeinschaftsrechtlichen Kartellpolitik?, EuZW 1999, 609.
Immenga, Ulrich: Grenzen der Regulierung von Endkundenentgelten nach Öffnung der Telekommunikationsmärkte, WuW 1999, 949-961.
Immenga, Ulrich: Rechtsregeln für eine internationale Wettbewerbsordnung, in: *FS Mestmäcker*, S. 593-609.
Immenga, Ulrich: Wettbewerbspolitik contra Industriepolitik nach Maastricht, EuZW 1994, 14-18.
Immenga, Ulrich/Lange, Knut Werner: Entwicklungen des europäischen Kartellrechts im Jahr 2003, RIW 2003, 889-895.
Irwin, Manley R.: The Telecommunications Industry, in: *Adams*, S. 244-263.

Jacquemin, Alexis P./De Jong, Henry W.: European Industrial Organization, New York/Toronto, 1977.
Jacquemin, Alexis P.: Mergers and European Policy, in: *Admiraal*, S. 1-38.
Jaeger, Wolfgang: Die möglichen Auswirkungen einer Reform des EG-Wettbewerbsrechts für die nationalen Gerichte, WuW 2000, 1062-1074.
James, Charles A.: The Real Microsoft Case and Settlement, 16-Fall Antitrust 58-66 (2001).
Jarass, Hans D.: EU-Grundrechte, München 2005.
Jens, Uwe: Probleme einer Entflechtungsregelung im deutschen Wettbewerbsrecht, WuW 1978, 264-268.
Jewkes, John/Sawers, David/Stillerman, Richard: The Sources of Invention, 2nd edition, London 1969.
Jickeli, Joachim: Marktzutrittschranken im Recht der Wettbewerbsbeschränkungen, Baden-Baden 1990.
Joliet, René: Monopolisation et abus de position dominante – Essai comparatif sur l'article 2 du Sherman Act et l'article 86 du Traité de Rome, 5 RTDE 646-696 (1969).
Joliet, René: Monopolization and Abuse of Dominant Position – A Comparative Study of the American and European Approaches to the Control of Economic Power, Liège 1970.
Jones, Christopher/Gonsález-Díaz, F. Enrique: The EEC Merger Regulation, London 1992.
Joseph D. Kearney: From the Fall of the Bell System to the Telecommunications Act: Regulation of Telecommunications under Judge Greene, 50 Hastings L.J. 1395-1472 (1999).

Joskow, Paul L./Noll, Roger G.: The Bell Doctrine: Applications in Telecommunications, Electricity, and other Network Industries, 51 Stan. L. Rev. 1249-1315 (1999).

Jung, Peter: Die Reform der Durchsetzung des Wettbewerbsrechts – Wird sie funktionieren?, in: *Müller-Graff, Peter-Christian/Schwarze, Jürgen:* XXI-FIDE-Kongreß vom 2. bis 5. Juni in Dublin – Die deutschen Landesberichte, EuR 2005 Beiheft 1, S. 7-32, Baden-Baden 2005 (Nomos).

Junge, Werner: Die Auflösung von Unternehmenszusammenschlüssen nach § 24 Abs. 6 und 7 GWB, WuW 1985, 558-568.

Junghanns, Volker: Preis-Kosten-Scheren in der Telekommunikation, WuW 2002, 567-576.

Kahlenberg, Harald/Neuhaus, Kai: Erste praktische Erfahrungen mit Zusagenentscheidungen nach Art. 9 VO (EG) Nr. 1/2003, EuZW 2005, 620-624.

Kallaugher, John/Weitbrecht, Andreas: Developments under Articles 81 and 82 EC – The Year 2004 in Review, 26 ECLR 188-197 (2005).

Kamann, Hans-Georg/Horstkotte, Christian: Kommission versus nationale Gerichte – Kooperation oder Konfrontation im Kartellverfahren, WuW 2001, S. 458-468.

Kantzenbach, Erhard/Kottmann, Elke/Krüger, Reinald: Kollektive Marktbeherrschung: Neue Industrieökonomik und Erfahrungen aus der Europäischen Fusionskontrolle, Baden-Baden 1996.

Kantzenbach, Erhard/Kruse, Jörn: Kollektive Marktbeherrschung – das Konzept und seine Anwendbarkeit für die Wettbewerbspolitik, Brüssel, Luxemburg 1987.

Kaplow, Louis A.: Extension of Monopoly Power Through Leverage, 85 Col. L. Rev. 515-556 (1985).

Kaplow, Louis/Shavell, Steven: Property Rules Versus Liability Rules: An Economic Analysis, 109 Harv. L. Rev. 713-790 (1996).

Kapp, Thomas: Wettbewerbsbeschränkung durch vertikale Vertriebsbindung? Eine Studie zu § 18 GWB unter Berücksichtigung der neueren Entwicklung im US-Antitrustrecht, Baden-Baden 1984.

Kareff, Scott M.: Tetra Pak International SA v. Commission (Tetra Pak II): The European Approach to Monopoly Leveraging, 28 Law & Pol. Int'l Bus. 549-574 (1997).

Kattan, Joseph: Antitrust Training in High-Technology Companies, 14-Summer Antitrust 65-68 (2000).

Kattan, Joseph: The Decline of the Monopoly Leverage Doctrine, 9-Fall Antitrust 41-44 (1994).

Katz, Michael L./Shapiro, Carl: Antitrust in Software Markets, in: *Eisenach/Lenard*, S. 29-82.

Katz, Michael L./Shapiro, Carl: Network Externalities, Competition, and Compatibility, 75 AER 424-440 (1985).

Katz, Ronald S./Hart, Janet Arnold/Snyder, Theodore R.: Courts Adopt A Practical Approach: A Post-Kodak Working Guide To Market Definition, 11-Spring Antitrust 38-42 (1997).

Kayne, Veronica G.: Sec. 5 of the FTC Act: Not All Gaps Need Filling, 49 Antitr. Bull. 783-798 (2004).

Kaysen, Carl/Turner, Donald F: Antitrust Policy – An Economic and Legal Analysis, Cambridge 1965.

Kaysen, Carl: United States v. United Shoe Machinery Corporation – An Economic Analysis of an Anti-Trust Case, Cambridge, Massachusetts 1956.

Kerber, Markus C.: Die Unternehmensentflechtung nach dem GWB, Baden-Baden 1987.

Kerse, C. S.: EEC Antitrust Procedure, 2nd edition 1988.

Kischel, Uwe: Die Kontrolle der Verhältnismäßigkeit durch den Europäischen Gerichtshof, EuR 2000, 380-402.

Klees, Andreas: Europäisches Kartellverfahrensrecht mit Fusionskontrollverfahren, Köln, 2005.

Klees, Andreas/Hauser, Sebastian Max: Eigentumsrechtliche Entflechtung in der Energiewirtschaft als strukturelle Maßnahme i. S. des Art. 7 Abs. 1 Satz 2 VO 1/2003?, WuW 2007, S. 596-603.

Klein, Benjamin: An Economic Analysis of Microsoft's Conduct, 14-FALL Antitrust 38-45 (1999).

Klein, Benjamin: Microsoft's Use of Zero Price Bundling to Fight the „Browser Wars", in: *Eisenach/Lenard*, S. 217-253.

Klein, Benjamin: Did Microsoft Engage in Anticompetitive Exclusionary Behavior?, 46 Antitrust Bull. 71-113 (2001).

Klein, Joel I.: Antitrust Enforcement in the Twenty-First Century, 32 Conn. L. Rev. 1065-1073 (2000).

Kleinmann, Werner: Rabattgestaltung durch marktbeherrschende Unternehmen, EWS 2002, 466-473.

Klose, Tobias: Das Verhältnis des deutschen zum europäischen Kartellrecht in der Verfügungspraxis des Bundeskartellamtes, Berlin/Baden-Baden 1998.

Klotz, Robert/Delgado, Juan/Fehrenbach, Jerome: Zugangsentgelte in der Telekommunikation: Die Erfahrung mit dem entbündelten Zugang zur Teilnehmeranschlussleitung in der EU, WuW 2003, 346-358.

Knieps, Gunter: Interconnection and Network Access, 23 Fordham Int'l L.J. 90-115 (2000).

Kobayashi, Bruce H.: Two Tales of Bundling: Implications for the Application of Antitrust Law to Bundled Discounts, in: *Hahn*, S. 10-37.

Koch, Jens: Die Einbeziehung nichtwettbewerblicher Erwägungen in die Freistellungsentscheidung nach Art. 81 Abs. 3 EG, 169 ZHR 625-647 (2005).

Koch, Jens: Kartellrechtliche Schadensersatzansprüche mittelbar betroffener Marktteilnehmer nach § 33 GWB n. F., WuW 2005, 1210-1221.

Koenig, Christian: Wider wettbewerbswidrige Quersubventionen in vertikal integrierten Unternehmen! EuZW 2002, 289.

Koenig, Christian/Kühling, Jürgen/Winkler, Kay E.: Pflichten zur Veränderung von Netzinfrastrukturen – Eine Analyse der telekommunikations- und energierechtlichen Netzzugangsrechte, WuW 2003, 228-241.

Koenig, Christian/Neumann, Andreas/Schellberg: Neue Spielregeln für den Zugang zur Eisenbahninfrastruktur als Voraussetzung für chancengleichen Wettbewerb auf der Schiene, WuW 2006, 139-149.

Koenigs, Folkmar: Die VO Nr. 1/2003: Wende im Kartellrecht, DB 2003, 755-759.

Körber, Torsten: Machtmissbrauch durch Multimedia? Der Fall Microsoft zwischen Produktinnovation und Behinderungsmissbrauch, RIW 2004, 568-579.

Körber, Torsten: Geistiges Eigentum, essential facilities und „Innovationsmissbrauch" – Überlegungen zum Microsoft-Fall im Lichte der EuGH-Entscheidung IMS Health GmbH, RIW 2004, 881-891.

Kolasky, William J.: What is competition? A comparison of U.S. and European perspectives, 49 Antitr. Bull. 29-53 (2004).

Koller, Peter: Theorie des Rechts, Wien/Köln/Weimar 1992.

Kommission: Das Problem der Unternehmenskonzentration im Gemeinsamen Markt, Reihe Wettbewerb, Nr. 3, Brüssel 1966 (zitiert als *Kommission*, Konzentrationsmemorandum [1966]).

Kommission: Merger Remedies Study – Public Version (October 2005), abrufbar unter *http://europa.eu.int/comm/competition/mergers/legislation/remedies_study.pdf*

Kommission: The Essential Facilities Concept: Defining What Is Legitimate Competition in the Context of Companies' Duties to Supply Competitors and to Grant Access to Essential Facilities, Roundtables on Competition Policy, OCDE/GD (96) 113, abrufbar unter *http://www.oecd.org*.

Kopel, David B.: Antitrust after Microsoft: The Obsolescence of Antitrust in The Digital Era, Chicago 2001.

Korah, Valentine: An Introductory Guide to EC Competition Law and Practice, 5. Auflage, London 1994.

Korah, Valentine: Concept of a Dominant Position within the Meaning of Article 86, 17 CMLR 395-414 (1980).
Korah, Valentine/Lasok, Paul: Philip Morris and its Aftermath – Merger Control? 25 CMLR 333-368 (1988).
Kottke, Frank J.: Dissolution and Scale Economies, 5 Antitrust L. & Econ. Rev. 55-78 (1971).
Kovacic, William E.: Administrative Adjudication and the Use of New Economic Approaches in Antitrust Analysis, 5 Geo. Mason L. Rev. 313-320 (1997).
Kovacic, William E.: Designing Antitrust Remedies for Dominant Firm Misconduct, 31 Conn. L. Rev. 1285-1319 (1999).
Kovacic, William E.: Evaluating Antitrust Experiments: Using Ex Post Assessments of Government Enforcement Decisions to Inform Competition Policy, 9 Geo. Mason L. Rev. 843-860 (2001).
Kovacic, William E.: Failed Expectations: The Troubled Past and Uncertain Future of the Sherman Act as a Tool for Deconcentration, 74 Iowa L. Rev. 1105-1150 (1989).
Kovacic, William E.: Reagan's Judicial Appointees and Antitrust in the 1990s, 60 Fordham L. Rev. 49-124 (1991).
Kovacic, William E.: The Antitrust Paradox Revisited: Robert Bork and the Transformation of Modern Antitrust Policy, 36 Wayne L. Rev. 1413-1471 (1990).
Kovacic, William E.: The Modern Evolution of U.S. Competition Policy Enforcement Norms, 71 Antitrust L.J. 377-477 (2003).
Kovaleff, Theodore P. (Hrsg.): The Antitrust Impulse: An Economic, Historical, and Legal Analysis, Armonk, N.Y., 1994.
Kovaleff, Theodore P.: The Reagan REvolution, in: *Kovaleff*, S. 195-277.
Kovaleff, Theodore P.: Historical Perspective: An Introduction, in: *Kovaleff*, S. 3-18.
Krattenmaker, Thomas G./Lande, Robert H./Salop, Steven C.: Monopoly Power and Market Power in Antitrust Law, 76 Geo. L.J. 241-269 (1987).
Krattenmaker, Thomas G./Salop, Steven C.: Anticompetitive Exclusion: Raising Rivals' Costs to Achieve Power Over Price, 96 Yale L.J. 209-293 (1986).
Krouse, Clement G./Danger, Kenneth L./Cabolis, Christos/Carter, Tanja D./Riddle, Jon M./ Ryan, Daniel J.: The Bell System Divestiture, Deregulation and the Efficiency of the Operating Companies, 42 J. L. & Econ. 61-86 (1999).
Kuhmann, Thomas Otto: Das Ermittlungsverfahren im Internationalen Kartellrecht der USA, Baden-Baden 1988.
Kriete, Thomas/Werner, Thomas: Die Auswirkungen der neuen Strombinnenmarkt-Richtlinie auf das Unbundling in der Rechnungslegung, WuW 2004, 1272-1275.
Kuhn, Tilman: Preishöhenmissbrauch (excessive pricing) im deutschen und europäischen Kartellrecht, WuW 2006, 578-592

La Rochefordière, Christophe de: Le dégroupage de la boucle locale: un pas de plus dans la libéralisation des télécommunications. Exemple de complémentarité entre la régulation sectorielle et les règles de concurrence du Traité, EC Comp. Pol. NL. June 2000, S. 34.
La Rochefordière, Christophe de: Structural versus behavioral remedies: American hesitations in the telecommunications sector, EC Comp. Pol. NL. 2001, S. 11-15.
Lademann, Rainer: Industriepolitische Instrumentalisierung des GWB durch handelsspezifische Sektoralisierung?, WuW 1997, 496-502.
Lampert, Donna N.: Telecommunications, the Internet and Convergence: Regulation and ISPs, ASPs & ESPs, 597 PLI/Pat, 323-348 (2000).
Lampert, Thomas/Niejahr, Nina/Kübler, Johanna/Weidenbach, Georg: EG-KartellVO – Praxiskommentar zur VO (EG) Nr. 1/2003, Heidelberg 2004.
Lande, Robert H./Langenfeld, James: The Perfect Caper? Private Damages And The Microsoft Case, 69 Geo. Wash. L. Rev. 902-914 (2001).
Lande, Robert H.: Chicago Takes it on the Chin: Imperfect Information Could Play a Crucial Role in the Post-Kodak World, 62 Antitrust L.J. 193-202 (1993).

Lande, Robert H.: Chicago's False Foundation: Wealth Transfers (Not Just Efficiency) Should Guide Antitrust, 58 Antitrust L.J. 631-644 (1989).

Lande, Robert H.: Wealth Transfers As The Original And Primary Concern of Antitrust: The Efficiency Interpretation Challenged, 50 Hastings L.J. 871-957 (1999).

Landes, William M./Posner, Richard A.: Market Power in Antitrust Cases, 94 Harv. L. Rev. 937-996 (1981).

Landes, William M.: Optimal Sanctions for Antitrust Violations, 50 U. Chi. L. Rev., 652-678 (1983).

Lange, Bernd-Peter/Mendner, Jürgen-Hinrich/Berzau, Heinz: Konzentrationspolitik in den USA – Gesetzgebung, Institutionen, Rechtsprechung und Auswirkungen, Tübingen 1972.

Lange, Knut Werner: Die kartellrechtliche Kontrolle der Gewährung von Rabatten, WuW 2002, 220-229.

Lange, Knut Werner: Europäische Fusionskontrolle am Pranger, EWS 2003, 1.

Lange, Knut Wertner (Hrsg.): Handbuch zum deutschen und europäischen Kartellrecht, 2. Aufl., Frankfurt 2006.

Lange, Knut Werner: Kartellrechtlicher Unternehmensbegriff und staatliches Wirtschaftshandeln, WuW 2002, 953-961.

Langen, Eugen/Bunte, Hermann-Josef: Kommentar zum deutschen und europäischen Kartellrecht, Band 1, 9. Auflage; Band 2, 10. Auflage, Neuwied/Kriftel/Berlin 2006.

Langenfeld, James: How the „other half" lives: FTC nonmerger antitrust enforcement, 49 Antitr. Bull. 457-519 (2004).

Lao, Marina: Aspen Skiing and Trinko: Antitrust Intent and „Sacrifice", 23 Antitrust L.J. 171-208 (2005).

Lao, Marina: Unilateral Refusals to Sell or License Intellectual Property and the Antitrust Duty to Deal, Corn. J.L. & Pub. Pol. 193-221 (1999).

Larson, Alexander C.: Antitrust Tie-In Analysis after Kodak, 63 Antitrust L.J. 239-266 (1994).

Larson, Alexander C.: Cost Allocations, Predation, and Cross-Subsidies in Telecommunications, 14 J. Corp. L. 377-398 (1989).

Lecheler, Helmut/Gundel, Jörg: Ein weiterer Schritt zur Vollendung des Energie-Binnenmarktes: Die Beschleunigungs-Rechtsakte für den Binnenmarkt für Strom und Gas, EuZW 2004, 621-628.

Lecheler, Helmut/Herrmann, Joachim: Energierechtliches Unbundling und EG-Wettbewerbsrecht, WuW 2005, 482-492.

Leibenstein, Harvey: Allocative Efficiency vs. X-Efficiency, 56 AER 392-415 (1966).

Lenard, Thomas M.: Creating Competition in the Market for Operating Systems: A Structural Remedy for Microsoft (Progress & Freedom Foundation 2000), abrufbar unter *http://www.pff.org/remedies.htm.*

Lenard, Thomas M.: Creating Competition in the Market for Operating Systems: Alternative Structural Remedies in the Microsoft Case, 9 Geo. Mason L. Rev. 803-841 (2001).

Lenel, Hans Otto: Zu den Megafusionen in den letzten Jahren, 51 ORDO 1-31 (2000).

Lenz, Carl Otto/Mölls, Walter: Due Process im Wettbewerbsrecht der EWG, WuW 1991, 771-792.

Levin, Richard C./Cohen, Wesley M./Mowery, David C.: R&D Appropriability, Opportunity, and Market Structure: New Evidence on Some Schumpeterian Hypotheses, 75-2 AER P. & P. 20-24 (1985).

Levin, Richard C.: A New Look at the Patent System, 76 AER P. & P. 199-202 (1986).

Levine, Douglas B.: Structuring, Negotiating and Managing Divestiture Transactions, 976 PLI/Corp 403-475 (1997).

Levinson, Robert J./Romaine, R. Craig/Salop, Steven C.: The Flawed Fragmentation Critique of Structural Remedies in the Microsoft Case, 46 Antitr. Bull. 135-162 (2001).

Liebowitz, Stan J.: A Fool's Paradise, The Windows World After the Forced Breakup of Microsoft (24. 2. 2000), unter *http://www.pub.utdallas.edu/~liebowit/msstuff/newact.htm* abrufbar.

Liebowitz, Stan J.: An Expensive Pig in a Poke: Estimating the Cost of the District Court's Proposed Breakup of Microsoft, 9 Geo. Mason L. Rev. 727-760 (2001).

Liebowitz, Stan J.: Breaking Windows: Estimating the Costs of Breaking up Microsoft Windows, unter *http://www.pub.utdallas.edu/~liebowit/msstuff/actreport/actstudy.html* abrufbar (30. 4. 1999).

Liebowitz, Stan J./Margolis, Stephen E.: The Fable of the Keys, 33 J. L. & Econ. 1-25 (1990).

Liebowitz, Stan J./Margolis, Stephen E.: Winners, Losers & Microsoft: Competition and Antitrust in High Technology, Oakland 1999.

Lipsky, Abbott B., Jr./Sidak, J. Gregory: Essential Facilities, 51 Stan. L. Rev. 1187-1248 (1999).

Litan, Robert E./Niskanen, William: Going Digital: A Guide to Policy in the Digital Age, Washington, D.C., 1998.

Litan, Robert E./Noll, Roger G./Nordhaus, William D.: Comment on the Revised Proposed Final Judgment, Related Publications 02-1 (Jan. 2002), unter *http://aei.brookings.org/admin/pdffiles/rpfj.pdf* abrufbar.

Litan, Robert E./Noll, Roger G./Nordhaus, William D./Scherer, Frederic M.: Brief on Remedy of Amici Curiae Robert E. Litan, Roger G. Noll, William D. Nordhaus, Frederic M. Scherer, U.S. v. Microsoft Corp., unter *www.brook.edu/views/papers/litan/20000428.pdf* abrufbar.

Litan, Robert E./Nordhaus, William H.: Effective Structural Relief in U.S. v. Microsoft, (May 2000), unter *www.aei.brookings.org/publications/related/Structural_Relief.pdf* abrufbar.

Litan, Robert E.: Law and Policy in the Age of Internet, 50 Duke L. J. 1045-1085 (2001).

Litman, Barry R.: The Motion Picture Entertainment Industry, in: *Adams*, S. 183-213.

Loewenheim, Ulrich: Gewerbliche Schutzrechte, freier Warenverkehr und Lizenzverträge, GRUR 1982, 461-470.

Loewenheim Ulrich/Messen, Karl M./Riesenkamff (Hrsg.): Kartellrecht, Band 1: Europäisches Recht, München, 2005.

Lohse, Andrea: Gemeinschaftsunternehmen nach Inkrafttreten der Fusionskontrollverordnung, ZHR 1995, 159-206.

Lombardo, J. Neil: Resuscitating Monopoly Leveraging: Strategic Business Behavior and its Implications for the Proper Treatment of Unilateral Anticompetitive Conduct under Federal Antitrsut Laws, 41 St. Louis U. L.J. 387-452 (1996).

Lonbay, Julian/Biondi, Andrea (Hrsg.): Remedies for Breach of EC Law, Chichester et al. 1997.

Loos, Jan Henning: Die Entflechtung der Rechnungslegung als Instrument zur Durchsetzung des Netzzugangs in der Energiewirtschaft, Berlin 2004.

Lopatka, John E./Page, William H.: A (Cautionary) Note on Remedies in the Microsoft Case, 13-Summer Antitrust 25-28 (1999).

Lopatka, John E./Page, William H.: Devising a Microsoft Remedy that Serves Consumers, 69 Geo. Wash. L. Rev. 691-726 (2001).

Lopatka, John E./Page, William H.: Monopolization, Innovation, and Consumer Welfare, 69 Geo. Wash. L. Rev. 367-424 (2001).

Lopatka, John E./Page, William H.: Who Suffered Antitrust Injury in the Microsoft Case? 69 Geo. Wash. L. Rev. 829-859 (2001).

Lynch, Patrick: Sherman Act § 2 Offenses, 1180 PLI/Corp 303-333 (2000).

Maasch, Beate: Der EuGH und das Chaos, in: *Schmidt/Schwark, FS Raisch*, S. 417-431.

Machlup, Fritz: Oligopol und Freiheit, 18 ORDO 35-64 (1967).

Mansfield, Edwin: Patents and Innovation: An Empirical Study, 32 Management Science 173-181 (1986).

Markert, Kurt: Anmerkung zum Urteil *United Brands* vom 14. 2. 1978, Rs. C-27/76, EuR 1979, 48-58.

Markert, Kurt: Die Anwendung des US-amerikanischen Monopolisierungsverbots auf Verweigerungen des Zugangs zu „wesentlichen Einrichtungen", in: *FS Mestmäcker* S. 661-671.
Markert, Kurt: Die Verweigerung des Zugangs zu wesentlichen Einrichtungen als Problem der kartellrechtlichen Missbrauchsaufsicht, WuW 1995, 560-571.
Markham, Jesse W.: Concentration: A Stimulant or Retardant to Innovation, in: *Goldschmid et al.*, S. 247-272.
Markovits, Richard S.: On the Inevitable Arbitrariness of Market Definitions, 47 Antitr. Bull. 571-601 (2002).
Marquis, Mel: O2 (Germany) v Commission and the exotic mysteries of Article 81(1) EC, 32 E.L. Rev. 29-47 (2007).
Martin, John S.: Private Antitrust Litigation in Europe: What Fence is High Enough to Keep our th US Litigation Cowboy? 28 ECLR 2-7 (2007).
Martin, Stephen: The Petroleum Industry, in: *Adams*, S. 41-71.
Mason, Edward S.: Monopoly in Law and Economics, 47 Yale L.J. 34-49 (1937).
Masten, Scott E./Snyder, Edward A.: United States v. United Shoe Machinery Corp.: On the Merits, 36 J. L. & Econ. 33-70 (1993).
Maunz, Theodor/Dürig, Günter: Grundgesetz – Kommentar, Band 2, München, Loseblattsammlung, Stand Juni 2005.
Mayer-Schönberger, Viktor/Strasser, Mathias: A Closer Look at Telecom Deregulation: The European Advantage, 12 Harv. J. L. & Tech. 561-587 (1999).
Mayr, Michael: Wettbewerbsregulierung durch Entflechtung von Unternehmen, Wien 2004.
McAvoy, Paul W./Robinson, Kenneth: Losing by Judicial Policymaking: The First Year of the AT & T Divestiture, 2 Yale J. Reg. 225-262 (1985).
McAvoy, Paul W./Robinson, Kenneth: Winning By Losing: The *AT&T* Settlement and its Impact on Telecommunications, 1 Yale J. Reg. 1-42 (1983).
McChesney, Fred S.: Economics Versus Politics in Antitrust, 23 Harv. J.L. & Pub. Pol. 133-143 (1999).
McGee, John S.: Efficiency and Economies of Size, in: *Goldschmid et al.*, S. 55-97.
McGee, John S.: Predatory Price Cutting: The Standard Oil (N.J.) Case, 1 J. L. & Econ. 137-169 (1958).
McGee, John S.: Predatory Pricing Revisited, 23 J. L. & Econ. 289 (1980).
McGowan, David: Innovation, Uncertainty, and Stability in Antitrust Law, 16 Berk. Tech. L.J. 729-811 (2001).
McGowan, David: Regulating Competition in the Information Age: Computer Software as an Essential Facility under the Sherman Act, 18 Hast. Comm. & Ent. L.J. 771-851 (1996).
Meckfessel Judson, Lisa: Kodak v. Image Technical Services: The Taming of Matsushita and the Chicago School, Wis. L. Rev. 1633-1673 (1993).
Meese, Alan J.: Monopoly Bundling in Cyberspace: How Many Products Does Microsoft Sell?, 44 Antitr. Bull. 65-116 (1999).
Meese, Alan J.: Don't Disintegrate Microsoft (Yet), 9 Geo. Mason L. Rev. 761-801 (2001).
Mehta, Cyrus/Dahl, Michael: Das neue Kartellrecht in Großbritannien, WuW 2000, 1074-1085.
Melamed, A. Douglas: Antitrust, The New Regulation, 10-Fall Antitrust 13-15 (1995).
Mertikopoulou, Victoria: DG Competition's Discussion Paper on the Application of Article 82 EC to Exclusionary Abuses: the Proposed Economic Reform from a Legal Point of View, 28 ECLR 241-251 (2007).
Mestmäcker, Ernst-Joachim: Begrenzt abschreckend – Kommentar, WuW 2000, 683.
Mestmäcker, Ernst-Joachim: Das marktbeherrschende Unternehmen im Recht der Wettbewerbsbeschränkungen, Frankfurt 1959.
Mestmäcker, Ernst-Joachim: Die Beurteilung von Unternehmenszusammenschlüssen nach Art. 86 des Vertrages über die Europäische Wirtschaftsgemeinschaft, in: *von Caemmerer et al., FS Hallstein*, S. 322-354.
Mestmäcker, Ernst-Joachim: Europäisches Wettbewerbsrecht, München 1974.

Mestmäcker, Ernst-Joachim: Marktzugang und Monopolmissbrauch auf deregulierten Märkten, in: *Baur/Hopt/Mailänder, FS Steindorff,* S. 1045-1064.
Mestmäcker, Ernst-Joachim: Medienkonzentration im Internet, in: *Basedow et al., FS MPI,* S. 249-264.
Mestmäcker, Ernst-Joachim: Offene Märkte im System unverfälschten Wettbewerbs, in: *Coing et al., FS Böhm,* 345-391.
Mestmäcker, Ernst-Joachim: Staatliche Souveränität und offene Märkte – Konflikte bei der Anwendung von Wirtschaftsrecht, 52 RabelsZ 205-255 (1988).
Mestmäcker, Ernst-Joachim: Staat und Unternehmen im europäischen Gemeinschaftsrecht, Zur Bedeutung von Art. 90 EWGV, 52 RabelsZ 526-582 (1988).
Mestmäcker, Ernst-Joachim: Versuch einer kartellpolitischen Wende in der EU – Zum Weißbuch der Kommission über die Modernisierung der Vorschriften zur Anwendung der Art. 85 und 86 EGV a. F. (Art. 81 und 82 EG), EuZW 1999, 523-529.
Mestmäcker, Ernst-Joachim: Wettbewerbsrecht und Wettbewerbspolitik in der Europäischen Union, in: *Gerken,* S. 191-211.
Mestmäcker, Ernst-Joachim: Zum Begriff des Missbrauchs in Art. 86 des Vertrages über die Europäische Gemeinschaft, in: *Schmidt/Schwark, FS Raisch,* S. 441-467.
Mestmäcker, Ernst-Joachim/Schweitzer, Heike: Europäisches Wettbewerbsrecht, 2. Aufl., München 2004.
Metzger, Axel/Jaeger, Till: Open Source Software und deutsches Urheberrecht, GRURInt 1999, 839-848.
Möhring, Philipp: Entflechtungsmaßnahmen der EWG-Kommission bei Unternehmenskonzentrationen nach deutschem Recht, in: *Wahl/Serick/Niederländer,* S. 345-356.
Monopolkommission: Kartellpolitische Wende in der Europäischen Union? Sondergutachten 28, Baden-Baden 1999 (Auszug in WuW 1999, 977-979).
Monopolkommission: 1. Hauptgutachten 1973/75 – Mehr Wettbewerb ist möglich, Baden-Baden 1976.
Monopolkommission: 3. Hauptgutachten 1978/79 – Fusionskontrolle bleibt vorrangig, Baden-Baden 1980.
Monopolkommission: 6. Hauptgutachten 1984/85: Gesamtwirtschaftliche Chancen und Risiken wachsender Unternehmensgrößen, Baden-Baden 1986.
Monopolkommission: Wettbewerbsentwicklung bei der Telekommunikation 2005: Dynamik unter neuen Rahmenbedingungen, Sondergutachten gemäß § 121 Abs. 2 Telekommunikationsgesetz (Dez. 2005), abrufbar unter *www.monopolkommission.de.*
Monti, Giorgio: The Scope of Collective Dominance under Article 82 EC, 38 CMLR 131-157 (2001).
Möschel, Wernhard: Behördliche oder privatrechtliche Durchsetzung des Kartellrechts?, WuW 2007, S. 483-492.
Möschel, Wernhard: Das Verhältnis von Kartellbehörde und Sonderaufsichtsbehörden, WuW 2002, 683-688.
Möschel, Wernhard: Defätismus gegenüber Brüssel? – Kommentar, WuW 2000, 949.
Möschel, Wernhard: Dekonzentration als Mittel der Wettbewerbspolitik, in: Kontrolle von Marktmacht nach deutschem, europäischen und amerikanischen Kartellrecht, Referate eines FIW-Kolloquiums, FIW-Schriftenreihe Nr. 98, Köln/Berlin/ Bonn/München 1981.
Möschel, Wernhard: Der Oligopolmissbrauch im Recht der Wettbewerbsbeschränkungen, Tübingen 1974.
Möschel, Wernhard: Die Auflösung vollzogener Unternehmenszusammenschlüsse nach dem GWB im Spannungsfeld zum Bürgerlichen Recht und zum Gesellschaftsrecht, Heidelberg 1982.
Möschel, Wernhard: Die Öffnung der Breitbandkabelnetze für den Wettbewerb – Die Sicht der Monopolkommission, Beilage MMR 2/2001, 13-19.
Möschel, Wernhard: Entflechtung – Antimonopolrecht, in: *Diestelkamp, Bernhard (Hrsg.):* Zwischen Kontinuität und Fremdbestimmung, S. 233–244, Tübingen 1996.

Möschel, Wernhard: Entflechtungen im Recht der Wettbewerbsbeschränkungen, Tübingen 1979.

Möschel, Wernhard: Erweiterter Privatrechtsschutz im Kartellrecht? WuW 2006, 1.

Möschel, Wernhard: Europäisches Kartellrecht in liberalisierten Wirtschaftssektoren, WuW 1999, 832-841.

Möschel, Wernhard: Gutachten des wissenschaftlichen Beirates beim Bundesministerium für Wirtschaft und Technologie vom 1. 7. 2000, WuW 2000, 1096-1101.

Möschel, Wernhard: Schutzziele eines Wettbewerbsrechts, in: *Löwisch, Manfred/Schmidt-Leithoff, Christian/Schmiedel, Burkhard (Hrsg.):* Beiträge zum Handels- und Wirtschaftsrecht, Festschrift für *Fritz Rittner* zum 70. Geburtstag, München 1991, S. 405-421.

Möschel, Wernhard: Systemwechsel im Europäischen Wettbewerbsrecht? Zum Weißbuch der EG-Kommission zu den Art. 81 ff. EG-Vertrag, JZ 2000, 61-67.

Möschel, Wernhard: Untersagung von Zusammenschlüssen aufgrund gesellschaftspolitischer Kriterien?, in: Unternehmensstrukturen im europäischen Binnenmarkt, FIW-Schriftenreihe Nr. 137, S. 93-107, Köln 1990.

Möschel, Wernhard: Wettbewerbsgesetz und Unternehmensentflechtung, 31 ORDO 69-85 (1980).

Möschel, Wernhard: Wettbewerbssicherung versus Vermachtung in der Informationsgesellschaft, MMR 2001, 3-8.

Müller-Graff, Peter-Christian: Binnenmarktziel und Rechtsordnung, Bergisch Gladbach/Köln 1989.

Müller-Graff, Peter-Christian: Das Verhältnis von Grundrechten und Grundfreiheiten im Lichte des Europäischen Verfassungsvertrages, in: *Schwarze, Jürgen (Hrsg.)*, Europäische Verfassung und Grundrechtecharta, EuR Beiheft 1/2006, Baden-Baden 2006, S. 19-42.

Müller-Graff, Peter-Christian: Die Freistellung vom Kartellverbot, EuR 1992, 1-40.

Müller-Graff, Peter-Christian: Die wettbewerbsverfaßte Marktwirtschaft als gemeineuropäisches Verfassungsprinzip?, EuR 1997, 433-457.

Müller-Graff, Peter-Christian: Gemeinschaftsrechtliche Rahmenbedingungen der Liberalisierung und Privatisierung der Energiewirtschaft, in: *Keller, Erhard/Plassmann, Clemens/von Falck, Andreas (Hrsg.)*, Festschrift für *Winfried Tilmann* zum 65. Geburtstag, Köln/Berlin/Bonn/München 2003, S. 721-736.

Müller-Graff, Peter-Christian: Grundrechtsschutz im Gemeinschaftsrecht – Diskussionsbeitrag, in: *Becker/Scholz*, S. 203-206, 211.

Müller-Graff, Peter-Christian: Industriepolitik der EG – Diskussionsbeitrag, in: *Becker/Scholz*, S. 337-339.

Müller-Graff, Peter-Christian: Liberalisierung und Wettbewerb in der Telekommunikation in der EG, in: *Lamnek, Siegfried/Tinnefeld, Marie-Theres (Hrsg.)*, Globalisierung und informationelle Rechtskultur in Europa – Informationelle Teilhabe und weltweite Solidarität, Baden-Baden 1998, S. 156-175.

Müller-Graff, Peter-Christian: Strukturmerkmale des neuen Verfassungsvertrags, in: *Jopp, Mathias/Matl, Saskia (Hrsg.):* Der Vertrag über eine Verfassung für Europa – Analysen zur Konstitutionalisierung der EU, Baden-Baden 2005, S. 87-108.

Müller-Graff, Peter-Christian: Von der deutschen zur europäischen Wirtschaftsverfassung, 59 RabelsZ 749-756 (1995).

Müller-Graff, Peter-Christian: Wandel des Europäischen Wirtschaftsverfassungsrechts?, ZHR 168 (2004), S. 1-6.

Müller-Graff, Peter-Christian: Wettbewerbsregeln des gemeinschaftseuropäischen Binnenmarktes – Vortrag vor der Wirtschafts- und Sozialwissenschaftlichen Gesellschaft Trier e.V. am 12. 12. 1990, Trier 1991.

Müller-Graff, Peter-Christian/Kreß, Claus/Lorz, Alexander: Europäische Verfassung und Grundrechtecharta, Fachgruppenbericht der 30. Tagung für Rechtsvergleichung, JZ 2006, 455-456.

Müller-Graff, Peter-Christian/Riedel, Eibe: Gemeinsames Verfassungsrecht in der Europäischen Union, in: *Müller-Graff, Peter-Christian/Riedel, Eibe (Hrsg.),* Gemeinsames Verfassungsrecht in der Europäischen Union, Baden-Baden 1998, S. 9-14.

Müller, Matthias: Die „Essential Facilities"-Doktrin im Europäischen Kartellrecht, EuZW 1998, 232-237.

Müller-Michaels, Olaf: Grundrechtlicher Eigentumsschutz in der Europäischen Union, Berlin 1997.

Müller-Tautphaeus, Ken: Abhilfebefugnisse der Europäischen Kommission im Wettbewerbsrecht, Köln 2003.

Muris, Timothy J.: Is Heightened Antitrust Scrutiny Appropriate for Software Markets?, in: *Eisenach/Lenard*, S. 83-92.

Muris, Timothy J.: The FTC and the Law of Monopolization, 67 Antitrust L.J. 693-723 (2000).

Mussler, Werner: Die Wirtschaftsverfassung der Europäischen Gemeinschaft im Wandel, Baden-Baden 1998.

Nannes, John M.: Termination, Modification, and Enforcement of Antitrust Consent Decrees, 15-Fall Antitrust 55-58 (2000).

Nass, Klaus Otto: Eine Institution im Wandel: Die Europäische Kommission, in: *FS Mestmäcker* S. 411-432.

National Economic Research Associates: Global Antitrust Weekly, unter *www.nera.com* abrufbar (zitiert als NERA – Global Antitrust Weekly Nr.).

Nettesheim, Martin: Die Bananenmarkt-Entscheidung des BVerfG: Europarecht und nationaler Mindestgrundrechtsstandard, Jura 2001, 686-692.

Newberg, Joshua A.: The Emergence of Technology Markets in Antitrust Analysis, 14-Fall Antitrust 13-18 (1999).

Nichols, Bruce W.: Legislative History of the Glass-Steagall Act, 463 PLI/Corp 15-41 (1984).

Nicolaysen, Gert: Die gemeinschaftsrechtliche Begründung von Grundrechten, EuR 2003, 719-743.

Niemeyer, Hans-Jörg: Europäische Fusionskontrolle, BB 1991, Beilage 25.

Niemeyer, Jörg: Die Anwendbarkeit der Art. 85 und 86 EWG-Vertrag auf Unternehmenszusammenschlüsse nach Inkrafttreten der EG-Fusionskontrollverordnung, RIW 1991, 448-453.

Nikolinakos, Nikos: Encouraging Competition and Innovation in the Local Loop, 22 ECLR 25 (2001).

Niman, Neil B.: Platform Externalities and the Antitrust Case Against Microsoft, 47 Antitr. Bull. 641-660 (2002).

Nordemann, Jan Bernd: Gegenmacht und Fusionskontrolle, Baden-Baden 1996.

Note: An Experiment in Preventive Antitrust: Judicial Regulation of the Motion Picture Exhibition Market Under the Paramount Decrees, 74 Yale L.J. 1041-1112 (1965).

Note: Challenging Concentration of Control in the American Meat Industry, 117 Harv. L. Rev. 2643-2664 (2003)

Note: Complete Divestiture of Du Pont Stockholding in General Motors Held to Be Only Effective Remedy under Section 7 of the Clayton Act, 110 U. Pa. L. Rev. 436-440 (1962).

Note: The Collateral Estoppel Effect of Prior State Court Findings in Cases within Federal Jurisdiction, 91 Harv. L. Rev. 1281-1308 (1978).

Note: The Supreme Court – Leading Cases, 166 Harv. L. Rev. 200-452 (2003).

Nothhelfer, Wolfgang: Die leverage theory im europäischen Wettbewerbsrecht, Baden-Baden 2006.

Oberender, Peter (Hrsg.): Die Europäische Fusionskontrolle, Berlin 2000.

O'Connor, Kevin J.: The Divestiture Remedy in Sherman Act § 2 Cases, 13 Harv. J. Legis. 687 (1976).

O'Dell, Justin: Trouble Abroad: Microsoft's Antitrust Problems under the Law of the European Union, 30 Ga. J. Int'l & Comp. L. 101-139 (2001).

OECD: Competition Law and Policy in the European Union (2005), unter *www.oecd.org* abrufbar.

OECD: Fighting Hard-Core Cartels – Harm, Effective Sanctions, and Leniency Programmes (2002), abrufbar unter *www.oecd.org.*

OECD: Recommendation of the OECD Council Concerning Structural Separation in Regulated Industries, veröffentlicht als Annex zu *OECD,* Restructuring Public Utilities for Competition (2001).

OECD: Restructuring Public Utilities for Competition (2001), unter *www.oecd.org* abrufbar.

Oehler, Wolfgang: Entflechtung und Kontrahierungszwang – Methoden und Erfahrungen im amerikanischen Recht der Wettbewerbsbeschränkungen, Baden-Baden 1976.

Ong, Burton: Building Brick Barricades and other Barriers to Entry: Abusing a Dominant Position by Refusing to License Intellectual Property Rights, 26 ECLR 215-224 (2005).

Opi, Sergio Baches: The Application of the Essential Facilities Doctrine to Intellectual Property Licensing in the European Union and the United States: Are Intellectual Property Rights Still Sacrosanct? 11 Fordham Int. Prop., Med. & Ent. L.J. 409-507 (2001).

Oppenheim, Chesterfield S./Timberg, Sigmund/Van Cise, Jerrold: Divestiture as a Remedy under the Antitrust Laws, 19 Geo. Wash. L. Rev. 119-131 (1950).

Oppenheim, S. Chesterfield/Weston, Glen E./McCarthy, J. Thomas: Federal Antitrust Laws – Cases, Text, and Commentary, 4th edition, St. Paul, Minn. 1981.

Oppenländer, Karl Heinrich: Marktstrukturen und Unternehmensgrößen im EG-Binnenmarkt, in: Unternehmensstrukturen im europäischen Binnenmarkt, FIW-Schriftenreihe Nr. 137, S. 1-11, Köln 1990.

Ordover, Janusz A./Willig, Robert D.: Access and Bundling in High-Technology Markets, in: *Eisenach/ Lenard,* S. 103-128.

Orland, Leonard: The Microsoft End Game, 34 Conn. L. Rev. 221-231 (2001).

O'Rourke, Maureen A.: Property Rights and Competition on the Internet: In Search of an Appropriate Analogy, 16 Berk. Tech. L.J. 561-630 (2001).

Ost, Konrad: Private Kartellrechtsdurchsetzung : gesetzgeberische Entwicklungen in Deutschland und Europa, in: *Behrens u. a. (2006),* S. 109-122.

Ott, Claus: Die Ökonomische Analyse des Rechts – Irrweg oder Chance wissenschaftlicher Rechtserkenntnis?, JZ 1988, 213-223.

Page, William H.: Microsoft and the Public Choice Critique of Antitrust, 44 Antitr. Bull. 5 (1999).

Paulweber, Michael/Kögel, Rainer: Das europäische Wettbewerbsrecht am Scheideweg, AG 1999, 500-515.

Paulweber, Michael/Weinand, Armin: Europäische Wettbewerbspolitik und liberalisierte Märkte, EuZW 2001, 232-241.

Pearce de Azevedo, João/Walker, Mike: Market Dominance: Measurement Problems and Mistakes, 24 ECLR 640-643 (2003).

Pernice, Ingolf: Gemeinschaftsverfassung und Grundrechtsschutz – Grundlagen, Bestand und Perspektiven, NJW 1990, 2409-2420.

Petersen, Jan-Hendrik: Die Änderungen im Recht der US-Sammelklagen durch den Class Action Fairness Act of 2005, RIW 2005, 812-815.

Phlips, Louis: Predatory Pricing, Document of the Commission of the European Union, Brüssel 1987.

Piraino, Thomas A., Jr.: An Antitrust Remedy or Monopoly Leveraging by Electronic Networks, 93 Nw. U. L. Rev. 1-63 (1998).

Piraino, Thomas A., jr.: Identifying Monopolists' Illegal Conduct Under the Sherman Act, 75 N.Y.U. L. Rev. 809-892 (2000).

Pitofsky, Robert: Antitrust Analysis in High-Tech Industries: A 19th Century Discipline Addresses 21st Century Problems, 4 Tex. Rev. L. & Pol. 129-239 (1999).

Pitofsky, Robert: Antitrust and Intellectual Property: Unresolved Issues at the Heart of the New Economy, 16 Berk. Tech. L.J. 535-559 (2001).

Pitofsky, Robert: Past, Present, and Future of Antitrust Enforcement at the Federal Trade Commission, 72 U. Chi. L. Rev. 209-227 (2005).

Pitofsky, Robert/Patterson, Donna/Hooks, Jonathan: The Essential Facilities Doctrine under U.S. Law, 70 Antitrust L.J. 443-462 (2002).

Plomben, Peter: Efficient Enforcement of EU Competition Law, Joint Conference of the European Parliament and the European Commission on the Reform of European Competition Law on 9 and 10 November 2000 in Freiburg, abrufbar unter *http://europa.eu.int/comm/competition/conferences/2000/freiburg/speeches/plomben.pdf.*

Pohlmann, Petra: Doppelkontrolle von Gemeinschaftsunternehmen im europäischen Kartellrecht, WuW 2003, 473-491.

Porter, Michael E.: The Competitive Advantage of Nations, New York 1991 (Reprint).

Posner, Richard A./Easterbrook, Frank H.: Antitrust – Cases, Economic Notes and Other Materials, 2nd edition, St. Paul 1981.

Posner, Richard A.: A Statistical Study of Antitrust Enforcement, 13 J. L. & Econ. 365-419 (1970).

Posner, Richard A.: Antitrust in the New Economy, SF63 ALI-ABA 115-129 (2000); ebenfalls abgedruckt in 3 E-Commerce Law Report 8 (2001).

Posner, Richard A.: Antitrust Law – An Economic Perspective, Chicago, London 1976; 2nd ed. Chicago 2001.

Posner, Richard A.: Divestiture, Deconcentration, and Antitrust Policy, in: Kontrolle von Marktmacht nach deutschem, europäischem und amerikanischem Kartellrecht, FIW-Schriftenreihe (Bd. 98), Köln 1981, S. 58-72.

Posner, Richard A.: Economic Analysis of Law, 5th edition, New York 1998.

Posner, Richard A.: Oligopoly and the Antitrust Laws: A Suggested Approach, 21 Stan. L. Rev. 1562-1606 (1969).

Posner, Richard A.: Problems of a Policy of Deconcentration, in: *Goldschmid et al.*, S. 393-400.

Posner, Richard A.: The Chicago School of Antitrust Analysis, 127 U. Pa. L. Rev. 925-948 (1978/79).

Posner, Richard A.: The Effects of Deregulation on Competition: The Experience of the United States, 23 Fordham Int'l L.J. 7-19 (2000).

Posner, Richard A.: The Federal Trade Commission, 37 U. Chi. L. Rev. 47-89 (1969).

Posner, Richard A.: Vertical Restraints and Antitrust Policy 72 U. Chi. L. Rev. 229-241 (2005).

Prechal, Sacha: EC Requirements for an Effective Remedy, in: *Lonbay/Biondi*, S. 3-13.

Prentice, Robert: Vaporware: Imaginary High-Tech Products and Real Antitrust Liability in a Post-Chicago World, 57 Ohio St. L.J. 1163-1262 (1996).

PricewaterhouseCoopers AG WPG (Hrsg.): Entflechtung und Regulierung in der deutschen Energiewirtschaft, Freiburg, Berlin, München 2007 (zitiert: *Bearbeiter* in *PwC*).

Priest, George L: Antitrust Enforcement in the Information Age, 4 Tex. Rev. L. & Pol. 141-145 (1999).

Priest, George L: Flawed Efforts to Apply Modern Antitrust Law to Network Industries, in: *Hahn*, High-Stakes Antitrust, S. 117-158.

Project to Promote Competition and Innovation in the Digital Age: Micrsoft's Expanding Monopolies – Casting a Wider .NET: White Paper (May 15, 2001), abrufbar unter *www.procompetition.org.*

Rabkin, Alan B.: Judicial Misconduct in the Microsoft Case, 9-August Nevada Lawyer 14-15 (2001).

Rahl, James A.: Common Market and American Antitrust – Overlap and Conflict, New York 1970.

Rahl, James A.: Competition and Antitrust in American Economic Policy: Are There Useful Lessons for Europe?, 8 CMLR 284-312 (1971).

Rai, Arti K.: Fostering Cumulative Innovation in the Biopharmaceutical Industry: The Role of Patents and Antitrust, 16 Berk. Tech. L.J. 813-853 (2001).

Rall, Lothar/Kurz, Rudi: Kriterien zur wettbewerbspolitischen Beurteilung von Gemeinschaftsunternehmen: Eine Analyse aus der Sicht der Wettbewerbsregeln der Europäischen Gemeinschaft, Dokument der Kommission der Europäischen Gemeinschaft, Tübingen 1986.

Rasmussen, Garret G./Glazer, Kenneth L.: Antitrust Implications of Cases Rejecting Cross-Subsidization Arguments, 3-Fall Antitrust 28 (1988).

Reddy, Bernard J./Evans, David S./Nichols, Albert L.: Why Does Microsoft Charge so Little for Windows? National Economic Research Associates (NERA) 1999, abrufbar unter *http://www.neramicrosoft.com/NeraDocuments/Analyses/why_does_micro.html.*

Richemont, Jean de: Les Concentrations d'Entreprises et la Position Dominante, Paris 1971.

Riordan, Michael H./Salop, Steven C.: Evaluating Vertical Mergers: A Post-Chicago Approach, 63 Antitrust L.J. 513-564 (1995).

Rittaler, Jan B.: Industrial Concentration and the Chicago School of Antitrust Analysis: A Critical Evaluation on the Basis of Effective Competition, Frankfurt 1989.

Ritter, Lennart/Braun, W. David/Rawlinson, Francis: EEC Competition Law – A Practitioner's Guide, 2nd ed., The Hague, London, Boston 2000.

Rittner, Fritz: Zurück zum Missbrauchsprinzip im EG-Kartellrecht? – Zum Weißbuch der Kommission, DB 1999, 1485-1486.

Rittner, Fritz: Kartellpolitik und Gewaltenteilung in der EG, EuZW 2000, 129.

Rittner, Fritz: Wettbewerbs- und Kartellrecht, 6. Auflage, Heidelberg 1999.

Rivas, José/Stroud, Fay: Developments in EC Competition Law in 1999/2000: An Overview, 38 CMLR 935-990 (2001).

Rodino, Peter W. Jr.: The Future of Antitrust: Ideology vs. Legislative Intent, 35 Antitr. Bull. 575 (1990).

Roe, Mark J.: Chaos and Evolution in Law and Economics, 109 Harv. L. Rev. 641-668 (1996).

Romaine, Craig/Salop, Steven C.: Preserving Monopoly: Economic Analysis, Legal Standards, and Microsoft, 7-3 Geo. Mason L. Rev. 1-45 (1999).

Romaine, Craig/Salop, Steven C.: Slap Their Wrists? Tie Their Hands? Slice Them Into Pieces? Alternative Remedies For Monopolization in the Microsoft Case, 13-SUM Antitrust 15-23 (1999).

Romer, Paul M.: Declaration on U.S. v. Microsoft, Civ. Action No. 98-1232, 27. April 2000, Public Redacted Version, abrufbar unter *www.usdoj.gov/atr/cases/ f4600/4643.htm.*

Rostow, Eugene V.: The New Sherman Act: A Positive Instrument of Progress, 14 U. Chi. L. Rev. 567-600 (1946-47).

Royall, Sean M: Symposium: Post-Chicago Economics, Editors Note, 63 Antitrust L.J. 445-454 (1995).

Rubinfeld, Daniel L./Singer, Hal J.: Open Access to Broadband Networks: A Case Study of the AOL/Time Warner Merger, 16 Berk. Tech. L.J. 565-675 (2001).

Ruppelt, Hans-Jürgen: Anwendung des EG-Kartellrechts durch das Bundeskartellamt, in: *Niederleithinger, Ernst/Werner, Rosemarie/Wiedemann, Gerhard (Hrsg.):* Festschrift für *Otfried Lieberknecht*, München 1997, S. 515-531.

Ryan, Michael H.: Structural Separation: A Prerequesite for Effective Telecoms Competition? 24 ECLR 241-253 (2003).

Sachs, Klaus: Die rechtliche Abgrenzung des Schiedsgutachtens vom Schiedsverfahren am Beispiel des Unternehmenskaufvertrages – zugleich ein deutsch-französisches Rechtsvergleich, in: Grenzüberschreitungen: Beiträge zum internationalen Verfahrensrecht und zur Schiedsgerichtsbarkeit, Festschrift für *Peter Schlosser* zum 70. Geburtstag, S. 805-820, Tübingen (2005).

Säcker, Franz Jürgen/Boesche, Katharina Vera: Vertikale Fusionen im Energiesektor gefährden wirksamen Wettbewerb, BB 2001, 2329-2338.

Salop, Stephen C.: Using Leverage to Preserve Monopoly, in: *Eisenach/Lenard*, S. 93-102.

Salop, Steven C.: The First Principles Approach To Antitrust, Kodak, and Antitrust at the Millennium, 68 Antitrust L.J. 187-202 (2000).

Sauter, Wolf: Competition Law and Industrial Policy in the EU, Oxford 1997.

Schalast, Christoph/Rößner, Sören: Entgeltregulierung nach dem TKG – Der Beispielfall Breitbandkabelmarkt, WuW 2004, 595-603.

Scharpf, Christian: Art. 86 Abs. 2 EG als Ausnahmebestimmung von den Wettbewerbsvorschriften des EG-Vertrages für kommunale Unternehmen, EuR 2005, 605-624.

Schaub, Alexander/Dohms, Rüdiger: Das Weißbuch der Europäischen Kommission über die Modernisierung der Vorschriften zur Anwendung der Art. 81 und 82 EG-Vertrag, WuW 1999, 1055-1070.

Schebstadt, Arndt: Sektorspezifische Regulierung – Im Grenzgebiet zwischen Marktaufsicht und Marktgestaltung, WuW 2005, 6-14.

Scheffler, Arndt: Zur Rechtsprechung: Das Tetra-Laval-Urteil des EuGH, EuZW 2005, 751-752.

Scherer, F. M./Ross, David: Industrial Market Structure and Economic Performance, 3rd edition, Boston 1990.

Scherer, F. M.: Antitrust: Ideology or Economics?, 5 Critical Review 497-511 (1991), neu abgedruckt in: *Scherer*, Competition Policy, S. 28-42.

Scherer, F. M.: Big Blue: IBM's Use and Abuse of Power, 32 Antitr. Bull. 829-840 (1987).

Scherer, F. M.: Competition Policies for an Integrated World Economy, in: *Scherer*, Competition Policy, S. 375-390.

Scherer, F. M. (Hrsg.): Competition Policy, Domestic and International, Cheltenham/Northampton 2000.

Scherer, F. M.: Economies of Scale and Industrial Concentration, in: *Goldschmid et al.*, S. 16-54.

Scherer, F. M.: Summary Paper on Petroleum Exchanges: Federal Trade Commission Study Group on the Exxon et al. Litigation, 1977, in: *Scherer*, Competition Policy, S. 132-142.

Scherer, Frederic M.: Predatory Pricing and the Sherman Act, 89 Harv. L. Rev. 869-890 (1976).

Scherf, Dieter: Kooperative Gemeinschaftsunternehmen im europäischen Wettbewerbsrecht, RIW 1993, 297-304.

Schmalensee, Richard L.: Direct Testimony on U.S. v. Microsoft, Civ. Action No. 98-1232 (11. 1. 1999), abrufbar unter *www.microsoft.com/presspass/trial/schmal/schmal.asp*.

Schmalensee, Richard: Antitrust Issues in Schumpeterian Industries, 90 AER P. & P., 192-196 (2000).

Schmalensee, Richard: Ease of Entry: Has the Concept Been Applied Too Readily, 56 Antitrust L.J. 41-51 (1987).

Schmalensee, Richard: Economies of Scale and Barriers to Entry, 89 J. Pol. Econ. 1228-1238 (1981).

Schmidt, André: Der „more economic approach“ in der Missbrauchsaufsicht – Eine kritische Anmerkung zu den Vorschlägen der Generaldirektion Wettbewerb, WuW 2006, 1097-1105.

Schmidt, André: Die Europäische Wettbewerbspolitik nach dem Vertrag von Amsterdam, WuW 1999, 133-140.

Schmidt, Florian: Die Befugnis des Gemeinschaftsrichters zu unbeschränkter Ermessensnachprüfung – Die „pleine jurisdiction“ im europäischen Gemeinschaftsrecht unter besonderer Berücksichtigung des Bußgeldverfahrens im Kartellrecht, Diss. 1. Aufl. Freiburg, 2004.

Schmidt, Ingo/Rittaler, Jan B.: Die Chicago School of Antitrust Analysis, Baden-Baden 1986; Übersetzung ins Englische als: A Critical Evaluation of the Chicago School of Antitrust Analysis, Dordrecht/Boston/London 1989.

Schmidt, Ingo: Die Europäische Fusionskontrolle – eine Synopsis, in: *Oberender*, S. 9-26.
Schmidt, Ingo: Europäische Industriepolitik – ein Widerspruch zur Wettbewerbsordnung?, WuW 1995, 971-985.
Schmidt, Ingo: Handelskonzentration, Nachfragemacht und 6. GWB-Novelle, WuW 1997, 101-120.
Schmidt, Ingo: Wettbewerbspolitik und Kartellrecht, 8. Auflage, Stuttgart 2005.
Schmidt, Karsten: Europäische Fusionskontrolle im System des Rechts gegen Wettbewerbsbeschränkungen, BB 1990, 719-725.
Schmidt, Karsten: Europäisches Kartellverbot und „fehlerhafte Gesellschaft", in: *FS Mestmäcker*, S. 763-774.
Schmidt, Karsten: Umdenken im Kartellverfahrensrecht! Gedanken zur Europäischen VO Nr. 1/2003, BB 2003, 1237-1245.
Schmidt, Karsten/Schwark, Eberhard (Hrsg.): Unternehmen, Recht und Wirtschaftsordnung, Festschrift für *Peter Raisch*, Köln/Berlin/Bonn/München 1995.
Schmidt, Karsten: Vertragsnichtigkeit nach § 134 BGB durch nicht-regelnde Behördenmitteilung, NJW 1995, 2257-2258.
Schmidt, Richard: Die Entflechtung als Antitrust-Maßnahme, Dissertation, Münster 1964.
Schmidtchen, Dieter: Antitrust zwischen Marktmachtphobie und Effizienzeuphorie, in: *Möschel, Wernhard (Hrsg.):* Marktwirtschaft und Rechtsordnung – Festschrift zum 70. Geburtstag von *Erich Hoppmann*, Baden-Baden 1994, S. 143-166.
Schmidtchen, Dieter: Der „more economic approach" in der Wettbewerbspolitik, WuW 2006 S. 6-16.
Schmidtchen, Dieter: Fehlurteile über das Konzept der Wettbewerbsfreiheit, 39 ORDO 111-135 (1988).
Schmidt-Preuß, Matthias: Die Gewährleistung des Privateigentums durch Art. 14 GG im Lichte aktueller Probleme, AG 1996, 1-11.
Schnelle, Ulrich/Bartosch, Andreas: Umfang und Grenzen des EG-wettbewerbsrechtlichen Verbots der Quersubventionierung – Das Beispiel der europäischen Postmärkte, EWS 2001, 411-418.
Schnelle, Ulrich: Die Öffnung von leistungsnotwendigen Einrichtungen für Dritte und der Schutz des Eigentums, EuZW 1994, 556-562.
Schnelle, Ulrich: Verwendung von Monopoleinkünften zur Übernahme der gemeinschaftlichen Kontrolle an einem nicht auf dem vorbehaltenen Markt tätigen Unternehmen – Das EuG-Urteil UPS Europe SA/Kommission, EWS 2002, 271-273.
Schnelle, Ulrich: Wesentliche Änderungen in der Anwendung des EG-Kartellrechts durch die VO Nr. 1/2003, Der Syndikus März/April 2003.
Schnorbus, York: Gestaltungsfreiheit im Umwandlungsrecht, Baden-Baden 2001.
Schoen, Frank X.: Exclusionary Conduct after Trinko, 80 N.Y.U. L. Rev. 1625-1664 (2005).
Schohe, Gerrit: Das Verbot des Zusammenschlusses von Schneider und Legrand ist nichtig: Ein weiteres „Menetekel" für die Kommission, WuW 2003, 359-363.
Scholz, Rupert: Entflechtung und Verfassung, Baden-Baden 1981.
Scholz, Ulrich/Haus, Florian C.: Geldbußen im EG-Kartellrecht und Einkommensteuerrecht, EuZW 2002, 682-688.
Schroer, Thomas: Arbeitgeberhaftung bei der Spaltung von Rechtsträgern, Baden-Baden 2001.
Schroeter, Helmuth/Jakob, Thinam/Mederer, Wolfgang (Hrsg.): Kommentar zum Europäischen Wettbewerbsrecht, Baden-Baden 2003.
Schulte-Braucks, Reinhard: Die Auflösung marktbeherrschender Stellungen: Eine rechtsvergleichende Untersuchung des Problems der Marktmacht mit einer Fallstudie über die amerikanische Computerindustrie, Baden-Baden 1980.
Schumpeter, Joseph A.: Capitalism, Socialism, and Democracy, 3rd edition, New York 1950.
Schütz, Jörg: Die EG-Fusionskontrolle aus Sicht der Industrie, in: *Oberender*, S. 57-67.
Schütz, Jörg: Zur Änderung des Kartellverfahrens nach Art. 81 EGV, WuW 2000, 686-696.

Schwarze, Jürgen: Der Grundrechtsschutz für Unternehmen in der Europäischen Grundrechtecharta, EuZW 2001, 517-524.

Schwarze, Jürgen: Der Schutz der Grundrechte durch den EuGH, NJW 2005, 3459-3466.

Schwarze, Jürgen: Der Schutz des geistigen Eigentums im europäischen Recht der Wettbewerbsbeschränkungen, EuZW 2002, 75-81.

Schwarze, Jürgen (Hrsg.): EU-Kommentar, Baden-Baden 2000 (zitiert: *Bearb.* in: *Schwarze*).

Schwarze, Jürgen (Hrsg.): Europäisches Wettbewerbsrecht im Wandel, Baden-Baden 2001.

Schwarze, Jürgen/Weitbrecht, Andreas: Grundzüge des europäischen Kartellverfahrensrechts, Baden-Baden, 2004.

Schwartz, Richard L.: Pretrial Preparation in Antitrust Cases: What Can One Learn From the Microsoft Case?, 1152 PLI/Corp 17-108 (1999).

Schweitzer, Heike: Öffentliche Unternehmen im Binnenmarkt – Rechtfertigen mitgliedstaatliche Regulierungsinteressen die Beschneidung des Geltungsbereichs von Gemeinschaftsrechtsnormen? – Die Kompetenzverteilung zwischen Gemeinschaft und Mitgliedstaaten als Auslegungsprinzip in der Rechtsprechung des EuGH zu Art. 31, Art. 86 und Art. 87 EG, in: *Behrens u. a. (2006)*, S. 81-107.

Schweitzer, Michael/Hummer, Waldemar: Europarecht, 6. Aufl., Neuwied/Kriftel/Berlin 2003.

Schwintowski, Hans-Peter: Der Zugang zu wesentlichen Einrichtungen, WuW 1999, 842-853.

Schwintowski, Hans-Peter: Vertikale Beschränkungen im europäischen Wettbewerbsrecht – eine juristisch-ökonomische Kritik des neuen Konzepts der Kommission, in: *Berger, Klaus Peter/Ebke, Werner F./Elsing, Siegfried/Großfeld, Bernhard/Kühne, Gunther (Hrsg.)*: Festschrift für *Otto Sandrock* zum 70. Geburtstag, Heidelberg 2000, S. 901-922.

Schwintowski, Hans-Peter: Voraussetzungen und Grenzen der sektorspezifischen Regulierung auf deutschen Postmärkten, EWS 2002, 552-555.

Selmer, Peter: Unternehmensentflechtung und Grundgesetz, Köln/Berlin/Bonn/München 1981.

Shapiro, Carl: Declaration on U.S. v. Microsoft, Civ. Action No. 98-1232 (April 28, 2000), unter *http://www.usdoj.gov/atr/cases/f4600/4642.htm* abrufbar.

Shavell, Steven: Deterrence and the Punishment of Attempts, 19 J. Leg. Stud. 435-466 (1990).

Shelanski, Howard A.: Antitrust as Mass Media Regulation: Can Merger Standards Protect the Public Interest?, 94 Cal. L.Rev. 371-421 (2006).

Shelanski, Howard A./Sidak, J. Gregory: Antitrust Divestiture in Network Industries, 68 U. Chi. L. Rev. 1-99 (2001).

Shepherd, William G.: Economic Analysis to Guide Antitrust Enforcement: Prospects for Section 2, 35 N.Y. L. S. L. Rev. 917-938 (1990).

Shepherd, William G.: Elements of Market Structure, 54 Rev. Econ. & Stat. 25-37 (1972).

Shepherd, William G.: Section 2 and the Problem of Market Dominance, in: *Kovaleff*, S. 1005-1049.

Shepherd, William G.: The Treatment of Market Power – Antitrust, Regulation, and Public Enterprise, New York/London 1975.

Shepherd, William G: The Economics of Industrial Organization, 4th edition, New Jersey 1997.

Shughart, William F.: Antitrust Policy and Interest-Groups Politics, New York, Westport, London 1990.

Sibley, David S.: Opening Declaration, U.S. v. Microsoft Corp., Civ. Action No. 98-1232 (May 18, 1998), unter *http://www.usdoj.gov/atr/cases/f1700/1767.htm* abrufbar.

Sidak, J. Gregory/Spulber, Daniel F.: Givings, Takings, and The Fallacy of Forward-Looking Costs, 72 N.Y.U. L. Rev. 1068-1164 (1997).

Sidak, J. Gregory/Spulber, Daniel F.: The Tragedy of the Telecommons: Government Pricing of Unbundled Network Elements Under the Telecommunications Act of 1996, 97 Col. L. Rev. 1081 (1997).

Siegel, Stanley: When Corporations Divide: A Statutory and Financial Analysis, 79 Harv. L. Rev. 534-570 (1966).

Simons, Henry C.: Economic Policy for a Free Society, 6th impression, Chicago 1969.

Simons, Joseph J./Scheffman, David: Nonmerger enforcement at the FTC: an aggressive pro-consumer agenda, 49 Antitr. Bull. 471-519 (2004).

Sims, Joe/Herman, Deborah P.: The Effect of Twenty Years of Hart-Scott-Rodino On Merger Practice: A Case Study in the Law of Unintended Consequences Applied to Antitrust Legislation, 65 Antitrust L.J. 865-904 (1997).

Skitol, Robert A.: The Shifting Sands of Antitrust Policy: Where it Has Been, Where It Is Now, Where It Will Be in Its Third Century, 9 Corn. J. L. & Pub. Pol. 239-266 (1999).

Slot, Piet Jan: Energy (Electricity and Natural Gas), in: *Geradin*, S. 49-65.

Smith, Adam: An Inquiry into the Nature and Causes of the Wealth of Nations, 1776, Neudruck, New York 1991.

Soltész, Ulrich/Steinle, Christian/Bielesz, Holger: Rekordgeldbußen versus Bestimmtheitsgebot: Die Kartellverordnung auf dem Prüfstein höherrangigen Rechts, EuZW 2003, 202-210.

Sonderman, Andrew J.: Behavioral or Structural Solutions: Prospects for a Deregulated Natural Gas Industry, 20 Energy L.J. 23-51 (1999).

Speta, James B.: Antitrust and Local Competition under the Telecommunications Act, 71 Antitrust L.J. 99-145 (2003).

Springer, Ulrich: „Meeting Competition“: Justification of Price Discrimination under E.C. and U.S. Antitrust Law, 4 ECLR 251-258 (1997).

Springer, Ulrich: Borden and United Brands Revisited: A Comparison of the Elements of Price Discrimination under E.C. and U.S. Antitrust Law, 18 ECLR 42-52 (1997).

Spulber, Daniel F.: Deregulating Telecommunications, 12 Yale J. Reg. 25 (1995).

Squeri, Stephen J.: Government Investigation and Enforcement: Antitrust Division And The Federal Trade Commission, 1181 PLI/Corp 873-960 (2000).

Squire & Sanders (Hrsg.): Legal Study on Part II of the Local Loop Sectoral Inquiry (February 2002), abrufbar unter *http://europa.eu.int/comm/competition/antitrust/others/sector_inquiries/local_loop/local_loop_unbundling_inquiry.pdf.*

Stelzer, Irwin M.: Antitrust's Continuing Relevance in the 21st Century, 4 Tex. Rev. L. & Pol. 147-152 (1999).

Stelzer, Irwin M.: Microsoft and the Antitrust Laws: Old Fashioned Problems and a New Economy Company (Policy Matters 01-09, 2001), unter *http://www.aei.brookings.org/publications/policy/policy_01_09.asp* abrufbar.

Steuer, Richard M.: Counseling Without Case Law, 63 Antitrust L.J. 823-852 (1995).

Steuer, Richard M: Private Divestiture Actions, California v. American Stores Co., 59 Fordham L. Rev. 799-810 (1991).

Stewing, Clemens: Gasdurchleitung nach deutschem Recht, BB 1995, 1968-1972.

Stigler, George J.: Memoirs of an Unregulated Economist, New York 1988.

Stigler, George J.: The Origins of the Sherman Act, 14 J. Leg. Stud. 1-12 (1985).

Stigler, George J.: The Organization of Industry, Homewood, Ill. 1968.

Stocking, George W./Mueller, Willard F.: The Cellophane Case and the New Competition, 45 AER 29-63 (1955).

Stoll, Neal R./Goldfein, Shepard: Microsoft – Remedies in Monopoly Cases, 223 N.Y. L.J. 3 (No. 30, February 15, 2000).

Stopper, Martin: Leitlinien für Horizontalvereinbarungen: Ende des Regel-Ausnahme-Prinzips von Art. 81 EG?, EuZW 2001, 426-430.

Streit, Manfred E./Mussler, Werner: Wettbewerb der Systeme und Binnenmarktprogramm, in: *Gerken*, S. 75-108.

Stutz, David: Advice to Microsoft regarding commodity software (2003), abrufbar unter *http://www.synthesist.net/writing/onleavingms.html.*

Sullivan, E. Thomas: The Jurisprudence of Antitrust Divestiture: The Path Less Traveled, 86 Minn. L. Rev. 565-614 (2002).

Sullivan, E.Thomas: Antitrust Remedies in the U.S. and EU: Advancing a Standard of Proportionality, 48 Antitr. Bull. 377-425 (2003).

Sullivan, Lawrence A./Fickentscher, Wolfgang: On the Growth of the Antitrust Idea, 16 Berk. J. Int. L. 187-233 (1998).
Sullivan, Lawrence A./Grimes, Warren S.: The Law of Antitrust: An Integrated Handbook, St. Paul, Minn. 2000.
Sullivan, Lawrence A.: Handbook of the Law of Antitrust, St. Paul, Minn. 1977.
Sullivan, Lawrence A.: Monopolization: Corporate Strategy, the IBM Cases, and the Transformation of the Law, 60 Tex. L. Rev. 587-647 (1982).
Sullivan, Lawrence A.: Section 2 of the Sherman Act and Vertical Strategies by Dominant Firms, 21 Sw. U. L. Rev. 1227-1263 (1992).
Sullivan, Lawrence A: Monopolization: Corporate Strategy, the IBM Cases, and the Transformation of the Law, 60 Tex. L. Rev. 587-647 (1982).
Suter Deplazes, Dominik C: Gemeinschaftsunternehmen im europäischen und schweizerischen Wettbewerbsrecht: Geltendes Recht und Reformvorschläge, Zürich 2000.

Talus, Kim/Wälde, Thomas: Electricity interconnectors in EU law: energy security, long term infrastructure contracts and competition law, 32 E.L. Rev. 125-137 (2007).
Tarrant, Andrew: Accounting Separation: The Hole in the Heart of the EU Telecommunications Regime, 24 ECLR 273-279 (2003).
Taylor, Robert P.: Intellectual Property as „Essential Facility", 658 PLI/Pat 679-706 (2001).
Temin, Peter: The Fall of the Bell System: A Study in Prices and Politics, Cambridge et al., 1987.
Temin, Peter/Peters, Geoffrey: Cross-Subsidization in the Telephone Network, 21 Will. L. Rev. 199-223 (1985).
Temple Lang, John: Committment Decisions under Regulation 1/2003: Legal Aspects of a New Kind of Competition Decision, 24 ECLR 347-356 (2003)
Temple Lang, John: Competition Law and Regulation Law from an EC Perspective, 23 Fordham Int. L.J. 116-121 (2000).
Temple Lang, John: Defining Legitimate Competition: Companies' Duties to Supply Competitors, and Access to Essential Facilities, 18 Fordham Int. L.J. 437-524 (1994).
Temple Lang, John: Media, Multimedia, and European Community Antitrust Law, 21 Fordham Int. L.J. 1296-1381 (1998).
ten Kate, Adriaan/Niels, Gunnar: Antitrust in the U.S. and the EU – Converging or Diverging Paths, 49 Antitr. Bull. 1-27 (2004).
ten Kate, Adriaan/Niels, Gunnar: On the rationality of predatory pricing: the debate between Chicago and post-Chicago, 47 Antitr. Bull. 1-24 (2002).
Thorelli, Hans B.: The Federal Antitrust Policy: Origination of an American Tradition, Baltimore 1955.
Thorne, John: A Categorical Rule Limiting Section 2 of the Sherman Act, 72 U. Chi. L. Rev. 289-307 (2005).
Thyri, Peter: Immaterialgüterrechte und Zugang zur wesentlichen Einrichtung – Der Fall Microsoft im Licht von IMS-Health, WuW 2005, 388-399.
Tickle, Geraldine E./Tyler, Colin D.: Community Competition Law, Recovering Damages in the English Courts. New Era? False Dawn!, in: *Lonbay/Biondi*, S. 133-143.
Timmins, Paul V.: Divestiture as a Remedy in Private Actions Brought Under Section 16 of the Clayton Act, 84 Mich. L. Rev. 1579-1597 (1986).
Tirole, Jean: The Theory of Industrial Organization, 14 ed., Cambridge, MA, 2003.
Tollison, Robert D.: Public Choice and Antitrust, in: *High, Jack C./Gable Wayne E. (Hrsg.):* A Century of The Sherman Act: American Economic Opinion, 1890 – 1990, Fairfax 1992, S. 281-291.
Tom, Willard K.: The 1975 Xerox Consent Decree: Ancient Artifacts and Current Tensions, 68 Antitrust L.J. 967-990 (2001).
Turnbull: Barriers to Entry, Article 86 EC and the Abuse of a Dominant Position: An Economic Critique of European Community Competition Law, ECLR 1996, 96-103.

Turner, Donald F.: Antitrust Policy and the Cellophane Case, 70 Harv. L. Rev. 281-318 (1956/1957).
Turner, Donald F.: The Definition of Agreement Under the Sherman Act: Conscious Parallelism and Refusals to Deal, 75 Harv. L. Rev. 655-706 (1962).
Turner, Donald F.: The Durability, Relevance, and Future of American Antitrust Policy, 75 Cal. L. Rev. 797-815 (1987).

Ullenbruch, Michael: Neueste Entwicklungen im amerikanischen Antitrustrecht: Strukturelle Eingriffe in Märkte, Dissertation, Tübingen 1977.
Usher, John A.: General Principles of EC Law, London/New York 1998

Vallindas, Georges: New Directions in EC Competition Policy: The Case of Merger Control, 12 E.L.J. 636-660 (2006).
van Miert, Karel: Die Wettbewerbspolitik der neuen Kommission, WuW 1995, 553-560, ebenfalls abgedruckt in EC Comp. Pol. NL. No. 5, 1995, 1-6.
van Miert, Karel: Liberalization of the Economy of the European Union: The Game is not (yet) Over, in: *Geradin*, S. 1-12.
van Miert, Karel: Probleme der wettbewerblichen Öffnung von Märkten mit Netzstrukturen aus europäischer Sicht, WuW 1998, 7-14.
van Miert, Karel: Wettbewerbspolitik und die Zusammenarbeit zwischen den Kartellbehörden, in: *Gerken*, S. 219-228.
Viani, Bruno E.: Consequences of Vertical Separation and Monopoly: Evidence from the Telecom Privatizations, AEI-Brookings Joint Center for Regulatory Studies, Working Paper 06-20 (Aug. 2006).
Viscusi, W Kip/Vernon, John M/Harrington, Joseph E: Economics of Regulation and Antitrust, 4th edition, Cambridge/London 2005.
Völcker, Sven B.: Developments in EC Competition Law in 2005: An Overview, 43 CMLR 1409-1446 (2006).
Vogelenzang, P.: Abuse of a Dominant Position in Art. 86, The Problem of Causality and some Applications, 13 CMLR 61-78 (1976).
Volz, Thorsten Michael: Das Unbundling in der britischen und deutschen Energiewirtschaft, Frankfurt 2006.
von Caemmerer, Ernst/Schlochauer, Hans-Jürgen/Steindorff, Ernst: Probleme des Europäischen Rechts, Festschrift für *Walter Hallstein*, Frankfurt 1966.
von Weizsäcker, Christian C.: Barriers to Entry: A Theoretical Treatment, Berlin 1980.
Vossestein, Adrian J.: Corporate Efforts to Influence Public Authorities, 37 CMLR 1383-1402 (2000).

Waelbroeck, Michel/Frignani, Aldo: Concurrence, in: Commentaire *Jacques Mégret*, Droit de la CE, Vol. 4, Bruxelles 1997.
Wagner, Achim: Der Systemwechsel im EG-Kartellrecht – Gruppenfreistellungen und Übergangsproblematik, WRP 2003, 1369-1389.
Wagner, Dana R.: The Keepers of the Gates: Intellectual Property, Antitrust, and the Regulatory Implications of Systems Technology, 51 Hastings L.J. 1073-1129 (2000).
Wahl, Eduard/Serick, Rolf/Niederländer, Hubert (Hrsg.): Rechtsvergleichung und Rechtsvereinheitlichung, Festschrift zum fünfzigjährigen Bestehen des Instituts für ausländisches und internationales Privat- und Wirtschaftsrecht der Universität Heidelberg, Heidelberg 1967.
Walston, Roderick E.: The Constitution and Property: Due Process, Regulatory Takings, and Judicial Takings, 2001 Utah L. Rev. 379-438 (2001).
Wamser, Frank: Enforcement of Antitrust Law, Frankfurt 1994.
Warren-Boulton, Frederick R.: Direct Testimony in re U.S. v. Microsoft, No. 98-1232/1233 (TPJ), unter *http://www.usdoj.gov/atr/cases/f2000/2079.pdf* verfügbar.

Wedekind, Hasso: Die Anwendung der Kartellvorschriften des EWG-Vertrages auf Patentlizenzverträge, Dissertation, Baden-Baden 1989.
Weidenbach, Georg/Leupold, Henning: Das Impala-Urteil des EuG – Gemeinsame Marktbeherrschung „letzter Akt"?, EWS 2006, 433-438.
Weiner, Michael L.: Antitrust and the Rise of the Regulatory Consent Decree, 10-Fall Antitrust 4-8 (1995).
Weisburst, Sanford I.: Judicial Review of Settlements and Consent Decrees: An Economic Analysis, 28 J. Leg. Stud. 55-99 (1999).
Weiss, Leonard W: Concentration-Profits Relationship and Antitrust, in: *Goldschmid et al.*, S. 184-233.
Weiß, Wolfgang: Öffentliche Unternehmen und EGV, EuR 2003, 166-190.
Weitbrecht, Andreas: Das neue EG-Kartellverfahrensrecht, EuZW 2003, 69-73.
Weitbrecht, Andreas: Die Entwicklung des Europäischen Kartellrechts in den Jahren 1998 und 1999, EuZW 2000, 496-503.
Weitbrecht, Andreas: Europäisches Kartellrecht 2000/2001, EuZW 2002, 581-589.
Weitbrecht, Andreas: To Harmonize or Not to Harmonize – Zur Diskussion um die 7. GWB-Novelle, EuZW 2004, 449.
Werden, Gregory J.: The Effect of Antitrust Policy on Consumer Welfare – What Crandall an Winston Overlook, AEI-Brookings Joint Center for Regulatory Studies, Related Publication 04-09, Washington 2004.
Wesseling, Rein: The Draft-regulation Modernising the Competition Rules: The Commission Is Married to one Idea, 26 E.L. Rev. 357-378 (2001).
Weyer, Hartmut: Nach der Reform: Gestaltung der Wettbewerbspolitik durch die Kommission?, ZHR 164 (2000), 611-637.
Whish, Richard: Regulation 2790/1999: The Commission's „New Style" Block Exemption for Vertical Agreements, 37 CMLR 887-924 (2000).
White, Lawrence J.: Antitrust Activities during the Clinton Administration, in: *Hahn*, High-Stakes Antitrust, S. 11-44.
White, Lawrence J.: Microsoft And Browsers – Are the Antitrust Problems Really New?, in: *Eisenach/Lenard*, S. 137-154.
Whitney, Simon N.: Antitrust Policies: American Experience in Twenty Industries, New York 1958.
Wiedemann, Gerhard: Handbuch des Kartellrechts, München 1999 (zitiert: *Bearbeiter* in: *Wiedemann*).
Wiedmann, Wolfgang: Der Begriff des „Monopolizing" in einem rechtsvergleichenden System von Wettbewerbsbeschränkungen, Dissertation, München 1984.
Wieland, Bernhard: Die Entflechtung des amerikanischen Fernmeldemonopols, Berlin 1985.
Wilcox, Clair: Public Policies Toward Business, 3rd ed., Homewood, Ill. 1966.
Wilder, Ronald P.: Book Reviews – Gerald W. Brock, The U.S. Computer Industries: A Study of Market Power, 20 Antitr. Bull. 725-731 (1977).
Wiley, John Shepard, Jr./Rasmusen, Eric/Ramseyer, J. Mark: The Leasing Monopolist, 37 UCLA L. Rev. 693-731 (1990).
Williamson, Oliver: Markets and Hierarchies: Analysis and Antitrust Implications – A Study in the Economics of Internal Organization, New York 1975.
Wind, Elena: Remedies and Sanctions in Article 82 of the EC Treaty, 26 ECLR 659-668 (2005).
Winerman, Marc: The Origins of the FTC: Concentration, Cooperation, Control, and Competition, 71 Antitrust L.J. 1-97 (2003).
Winkler, Rolf M.: Die Kartellbußgeldpraxis der Europäischen Kommission seit 2000, Der Syndikus, Heft 32 (2003), S. 21-24.
Wirtz, Markus M./Möller, Silke: Das Diskussionspapier der Kommission zur Anwendung von Art. 82 EG auf Behinderungsmissbräuche, WuW 2006, 226-234.
Wolf, Dieter: Erlass einer Gruppenfreistellungsverordnung für vertikale Wettbewerbsbeschränkungen, EuZW 1999, 641.

Wolf, Dieter: Nationale Kartellämter und die Wettbewerbsbehörde der EU, in: *Gerken*, S. 237-243.

Wollenberg, Keith K.: An Economic Analysis of Tie-In Sales: Re-Examining the Leverage Theory, 39 Stan. L. Rev. 737-760 (1987).

Wouters, Jan: European Company Law: Quo Vadis?, 37 CMLR 257-307 (2000).

Würdinger, Hans: Freiheit der persönlichen Entfaltung, Kartell- und Wettbewerbsrecht, WuW 1953, 721-734.

Zenke, Ines/Thomale, Hans-Christoph: Die Kalkulation von Netznutzungsentgelten Strom sowie Mess- und Verrechnungspreisen, WuW 2005, 28-42.

Zimmerlich, Antje: Der Fall Microsoft – Herausforderungen für das Wettbewerbsrecht durch die Internetökonomie, WRP 2004, 1260-1272.

Zinsmeister, Ute: Die dezentrale Anwendung des EG-Wettbewerbsrechts durch die nationalen Kartellbehörden in der Praxis, WuW 1999, 115-120.

Zittrain, Jonathan: The Un-Microsoft Un-Remedy: Law Can Prevent the Problem that it Can't Patch Later, 31 Conn. L. Rev. 1361-1374 (1999).